KAI TRAMPEDACH

PLATON,
DIE AKADEMIE
UND DIE
ZEITGENÖSSISCHE
POLITIK

FRANZ STEINER VERLAG STUTTGART
1994

Gedruckt mit Unterstützung
des Deutschen Archäologischen Instituts

Die Deutsche Bibliothek - CIP-Einheitsaufnahme
[Hermes / Einzelschriften]
Hermes : Zeitschrift für klassische Philologie. Einzelschriften.
- Stuttgart : Steiner.
    Früher Schriftenreihe
    Fortlaufende Beil. zu: Hermes
66. Trampedach, Kai: Platon, die Akademie und die
    zeitgenössische Politik. - 1994
Trampedach, Kai:
Platon, die Akademie und die zeitgenössische Politik / Kai
Trampedach. - Stuttgart : Steiner, 1994
    (Hermes : Einzelschriften ; 66)
    Zugl.: Freiburg (Breisgau), Univ., Diss., 1993
    ISBN 3-515-06453-2

KAI TRAMPEDACH

PLATON, DIE AKADEMIE UND DIE ZEITGENÖSSISCHE POLITIK

HERMES

ZEITSCHRIFT FÜR KLASSISCHE PHILOLOGIE

EINZELSCHRIFTEN

HERAUSGEGEBEN VON

JÜRGEN BLÄNSDORF
JOCHEN BLEICKEN
WOLFGANG KULLMANN

HEFT 66

FRANZ STEINER VERLAG STUTTGART
1994

INHALT

Inhalt

VORWORT

Bei der vorliegenden Monographie handelt es sich um die leicht überarbeitete Fassung einer Dissertation, die im Wintersemester 1992/93 von der Philosophischen Fakultät IV der Universität Freiburg i. Br. angenommen wurde.

Mein Dank gilt zuvörderst meinem Doktorvater, Herrn Professor Dr. H.-J. Gehrke. Er hat mich auf das Thema aufmerksam gemacht und meine Arbeit in jeder Hinsicht gefördert. Ganz besonders danke ich meinem Freund Ulrich Gotter für die anregenden und ermunternden Gespräche und die Großzügigkeit, mit der er mir auch in praktischen Dingen oft geholfen hat. Von Herrn Professor J. Martin und Herrn Dr. E. Flaig habe ich in Lehrveranstaltungen und Gesprächen viel gelernt. Auch dafür möchte ich danken. Außerdem danke ich Norbert Blößner, Michael Chronz, Christoph Müller, Sabine Panzram und Andreas Pečar für ihre kritische Lektüre des fertigen Manuskripts, aus der manche Verbesserung hervorging. Schließlich gebührt mein Dank der „Studienstiftung des Deutschen Volkes" für das Promotionsstipendium und dem Deutschen Archäologischen Institut für den Druckkostenzuschuß.

Gewidmet sei das Buch meinen Eltern, die mich auf meinem Bildungsgang stets verständnisvoll unterstützt haben.

Kai Trampedach
Jerusalem, 1. Januar 1994

EINLEITUNG

Die vorliegende Arbeit versteht sich als ein Beitrag zur politischen Wirkungsgeschichte Platons. Sie fragt nach der Bedeutung Platons und seiner Philosophie für die praktische Politik seiner Zeit. Dabei werden zunächst die Aktivitäten Platons und seiner Schüler untersucht, bevor in einem zweiten Teil die Schriften des Meisters selbst ins Blickfeld rücken.[1] Wir wissen von dem Versuch Platons und seiner Freunde, in Sizilien politischen Einfluß zu gewinnen. Wir wissen ebenfalls von mehreren Platonschülern, die sich an verschiedenen Stellen der griechischen Welt als Politiker, Gesetzgeber oder Berater einflußreicher Politiker hervortaten. Mit einer bloßen, affirmativen Aufzählung, bei der es die Forschungsliteratur meistens bewenden läßt, ist allerdings so gut wie nichts gesagt. Es bedarf einer genauen Kenntnis der Umstände, unter denen sich das politische Engagement Platons und seiner Schüler jeweils ereignete, um zu den wichtigen Fragen allererst vorzudringen: War die Akademie eine „politische Macht"[2] in Griechenland? Gab es Versuche, platonische Staatsphilosophie in die Realität des vierten vorchristlichen Jahrhunderts einzubringen? Hat Platon einen historisch faßbaren Einfluß auf die verfassungspolitische Entwicklung seiner Zeit genommen? – Damit sind Probleme angesprochen, die sowohl historische Relevanz beanspruchen dürfen als auch, wie zu zeigen ist, von großer Bedeutung für das Verständnis der platonischen Staatsphilosophie sind.

Als Platonschüler sollen hier nur persönliche Schüler Platons gelten, d.h. Männer, die zu Lebzeiten des Philosophen der Akademie angehört haben. Zunächst ist also jeweils zu prüfen, ob ein in der Überlieferung als Platonschüler auftretender Politiker diese Bezeichnung zu Recht trägt. Bei der Beurteilung seines politischen Wirkens werde ich mich an folgenden Leitfragen orientieren: Lassen sich ungewohnte, d.h. philosophisch vermittelte Motive feststellen? Oder läßt sich seine Politik im Rahmen der überlieferten Angaben einleuchtender erklären als im Rekurs auf platonische Staatsphilosophie? Die philosophische Motivierung eines Politikers, die Beeinflussung seines Handelns, ist also positiv zu beweisen, wobei äußerliche Analogien und sprachliche Konvergenzen in keinem Fall ausreichen.

Durch diesen methodischen Ansatz, so selbstverständlich er auch scheinen mag, unterscheidet sich die vorliegende Untersuchung nahezu von der gesamten vorangehenden Literatur zum Themenbereich. Es wird zumeist unreflektiert vorausgesetzt, daß die politischen Aktivitäten von Platonschülern in der Regel von philosophisch inspirierten Reformvorstellungen geleitet sind, die dann mehr oder weniger offen zu Tage treten. Die Ursache liegt m. E. in einem bestimmten Platonbild, mit dem die

---

1   Nach Fertigstellung der vorliegenden Arbeit sind zwei Aufsätze von P.A. Brunt erschienen, die für das Thema von großer Bedeutung sind: The Model City of Plato's Laws und Plato's Academy and Politics (in: ders., Studies in Greek History and Thought, Oxford 1993, 245 ff. und 282 ff.). In den von ihm behandelten Fragen kommt Brunt zu ähnlichen Ergebnissen wie ich.

2   Ed. Meyer, GdA V 490; vgl. Düring, Aristoteles 6; Wörle, Platonschüler 165 ff.; Vatai, Intellectuals 64 ff. u.a.

Interpreten (hauptsächlich Philosophen und Philologen, aber auch Historiker) bereits an die Quellen herangehen. Ungefähr seit der Jahrhundertwende hat sich die Vorstellung vom „verhinderten Politiker" Platon weithin durchgesetzt, zum guten Teil dank der Autorität von Wilamowitz.[3]

Eng verbunden mit dieser Entwicklung war die ebenfalls von Wilamowitz inaugurierte, allgemein erfolgreiche Rehabilitierung einiger, bis dahin meist für unecht erachteter Briefe, die unter dem Namen Platons überliefert wurden; dabei spielte der lange Siebte Brief, der auch Autobiographisches enthält, eine hervorragende Rolle.[4] Er wurde zum Schlüsseldokument, um Klarheit über die Intentionen eines Autors zu gewinnen, der sich in seinem übrigen Werk bekanntlich niemals in eigenem Namen äußert.

Die „politische" Platon-Deutung hatte natürlich Konsequenzen für die Einschätzung der Akademie. Da weder über ihre Organisation und Struktur noch über ihre Lehrgegenstände und Lehrmethode direkte und zuverlässige Informationen vorliegen[5], genügte zahlreichen Autoren der bloße Hinweis auf die Politik von Platonschülern, um die politische Bedeutung und Zielsetzung der Akademie im ganzen zu demonstrieren. So ist es geradezu ein wissenschaftlicher Topos geworden, die Akademie als „school of practical statesmenship" oder „training-ground of legislators and statesmen" oder „first organized school of political science in antiquity" zu charakterisieren.[6] Darüber hinaus sind, wie wir sehen werden, die Versuche gar nicht selten, die Akademie außerdem einer bestimmten politischen Richtung zuzuordnen.

Allerdings wurde die politische Tätigkeit einzelner Platonschüler, wenn man einmal von Dion absieht, relativ selten erschöpfend behandelt. Die einzige vollständi-

---

3   Das 1919 erstmals erschienene Platon-Buch von Wilamowitz stieß zwar keineswegs auf einhellige Zustimmung; besonders der Versuch des Autors, die Dialoge mit persönlichen Erfahrungen Platons zu erklären, wurde oft ungünstig beurteilt, weil das Einfühlungsvermögen von Wilamowitz allzu deutlich auf psychologische Allgemeinplätze beschränkt blieb. Aber dennoch wurden zentrale Aspekte der wilamowitzschen Deutung fast zum Allgemeingut der Wissenschaft, allen voran das Bild von Platon als einem Manne, der sich zur Politik berufen fühlte und seine Beschränkung auf die Lehrtätigkeit und Schriftstellerei als „den bittersten Verzicht" (Platon I 5) empfand. Zur Bedeutung von Wilamowitz in der Geschichte der Platon-Philologie vgl. Tigerstedt, Interpreting Plato 40 ff.

4   Vgl. G. Müller, Arch. f. Philosophie 3 (1949), 268 f.; H. Leisegang, RE XX 2531 formuliert völlig zu Recht: „Der (7.) Brief, den v. Wilamowitz P.(laton) II 299 als einen Baustein bezeichnet, der verworfen wurde, aber zum Eckstein werden müsse, ist für die neuere Forschung die wichtigste Quelle für Platons Leben, für das Verständnis seiner Philosophie überhaupt und besonders in ihrer letzten Fassung geworden."

5   Die spärliche Überlieferung zur Akademie ist versammelt bei Isnardi Parente (Hrsg.), Speusippo. Frammenti 9 ff.

6   Morrison, CQ 52 (1958), 199. 211; Barker, CR 45 (1931), 165; Chroust, Rev. of Politics 29 (1967), 25 ff.; ebenso oder ähnlich: Wilamowitz, Platon I 217. 238 f.; Stenzel, Platon der Erzieher 95 f. 257; Friedländer, Platon I 96 ff.; Field, Plato and his Contemporaries 45 ff.; Herter, Platons Akademie 17 f.; Schuhl, REG 59/60 (1946/7), 53; Marrou, Geschichte der Erziehung 98 ff.; Berve, Dion 138; Gaiser, Platons ungeschriebene Lehre 456 f.; Bien, PhJ 76 (1968/9), 293; Hentschke, Politik und Philosophie 50; Jermann, Philosophie und Politik 176 ff. mit A. 183; Klosko, The Development of Plato's Political Theory 188; Ed. Meyer, Düring, Wörle, Vatai (siehe A.1) u.a.

ge und detaillierte Gesamtdarstellung zum Thema stammt von Andrea Wörle und ist 1981 erschienen.[7] Auch diese pflegt die skizzierten Vorurteile der Platon-Literatur, indem sie das Handeln der Platonschüler von vornherein und fraglos unter dem Gesichtspunkt eines Zusammenwirkens von Politik und Philosophie betrachtet. Charakteristischerweise nimmt die Arbeit Wörles ihren Ausgang von einigen Zitaten Platons (hauptsächlich aus den Briefen), in welchen er seine Verantwortung gegenüber der politischen Realität bekundet. Da ihn die Zustände in seiner Heimatstadt Athen von der politischen Teilnahme abhalten, wird er, so Wörle, dieser Verantwortung durch die philosophische und politische Erziehung in der Akademie gerecht. Ein Bild vom Politiker Platon wird demnach nicht zuletzt durch das Wirken seiner Schüler vermittelt. Anstatt aber diese Aktivitäten erst einmal völlig unabhängig von Platon zu untersuchen, um dann zu prüfen, ob sie einer philosophischen Erklärung bedürfen, wird die (im übrigen keineswegs unumstrittene) Interpretation bestimmter Äußerungen Platons zur leitenden Hinsicht auf die Quellen. Insofern ist es kein Wunder, daß Wörle immer wieder die Überlieferung pressen oder zurechtbiegen muß, um eine halbwegs stimmige Darstellung zu erreichen. An Widersprüchen fehlt es dieser korrekturbedürftigen Arbeit trotzdem nicht.

Um Platons Verhältnis zur praktischen Politik zu bestimmen, reicht es freilich nicht aus, das historisch-empirische Material über die politische Tätigkeit des Philosophen und seiner Schüler aufzuarbeiten und in der Auseinandersetzung mit der wissenschaftlichen Literatur zu sichern. Ein ausschließlich an der historischen Faktizität orientiertes Fragen greift notwendigerweise zu kurz. Deshalb ist das Thema auch von Platon selbst her anzugehen, indem die Frage nach seiner Behandlung des Politischen und seinen politischen Intentionen, soweit sie in seinen Schriften zum Ausdruck kommen, aufgeworfen wird. Unter welchem Gesichtspunkt beschäftigt sich Platon mit Politik? Wie bewertet er die reale Politik seiner Zeit? Welche Aufgabe setzt er der Politik? Wie geht er mit politischen Begriffen um? Versteht er darunter dasselbe wie seine Landsleute und wenn nein, wie läßt sich der Unterschied fassen? Welcher Begriff des Politischen liegt seinen Staatsentwürfen zugrunde und wie verhält sich dieser zur zeitgenössischen Praxis? Hatte er ein aus den Dialogen und Briefen zu erschließendes politisches Programm, das auf Realisierung zielte? Oder war sein Denken zumindest geeignet, als Ausgangspunkt von Reformbestrebungen zu dienen? Und glaubte Platon selbst an die praktische Wirksamkeit der Philosophie auf dem Felde der Politik?

Zur Beantwortung dieser Fragen werden Interpretationen vorgelegt, die sich vor allem auf die Dialoge „Protagoras", „Gorgias", „Politeia", „Theaitetos", „Politikos" und „Nomoi" sowie den Siebten Brief beziehen. Diese Interpretationen sind historisch-soziologischer, nicht philosophischer, philologischer oder gar biographischer Art. Es wird in ihnen also weder darum gehen, Platon „in die Seele zu dringen"[8] noch

---

7   A. Wörle, Die politische Tätigkeit der Schüler Platons, (Göppinger Akademische Beiträge Nr. 112), Lauterburg 1981.

8   Von Wilamowitz, Platon XI ff. Bei einem Autor wie Platon, über dessen Leben so wenig brauchbare Informationen vorliegen, halte ich es für hermeneutisch grundsätzlich unzulässig, seine Dialoge, in denen er sich immer nur vermittelt äußert, als Lebenszeugnisse zu verstehen und biographisch auszuschlachten. Dennoch hat Wilamowitz durchaus – wenn auch meist vorsichtiger urteilende – Nachfolger gefunden.

darum, ob Platons politische Theorien in sich stimmig, vernünftig und überzeugend sind, sondern wie sich diese Theorien zur Lebenspraxis der zeitgenössischen Polisgesellschaften, ihren Werten und Institutionen verhalten und ob sie virulente Probleme aufgreifen und einer realisierbaren Lösung näherbringen.

Der Vergleich mit der Lebenswelt wird dadurch erleichtert, daß Platon selbst in den Dialogen griechische Durchschnittsbürger und ihre Vordenker mit seinen jeweiligen „Gewährsmännern" (Sokrates, der Fremde, der Athener) ins Gespräch bringt. Die Argumentationen beider Seiten werden daher nachgezeichnet und auf ihre fundamentalen Voraussetzungen hin untersucht. Dabei wird zuletzt ein Perspektivenwechsel vollzogen: Das Verhältnis von Philosophie und Politik wird als politisches, nicht philosophisches Problem aufgefaßt; der praktischen, nicht der theoretischen Politikkompetenz der Philosophie gilt die Frage.[9] Man mag das eine Froschperspektive nennen; bei der historischen Aufgabenstellung dieser Arbeit handelt es sich gleichwohl um die angemessene Sichtweise. Daß dabei der Denker Platon weder mit dem ganzen Reichtum seiner Themen noch in seiner zeitlosen Bedeutung in den Blick kommt, versteht sich von selbst.

Um eine alphabetische Auflistung der Platonschüler zu vermeiden, erfolgt die Gliederung im ersten Teil dieser Arbeit nach inhaltlichen Zusammenhängen sachlicher und räumlicher Art. Zunächst werden Nomotheten, „Tyrannen", „Tyrannenmörder", Berater von Monarchen und einfache Politiker aus dem Kreise der Akademie voneinander unterschieden. In den Kapitelüberschriften wird ihrem Namen der Ort ihrer (u.U. angeblichen) Tätigkeit (nicht ihrer Herkunft!) hinzugefügt. Die Aktivitäten von Platonschülern in der syrakusanischen und athenischen Politik werden als zusammenhängende Komplexe gesondert behandelt.

Im übrigen erschien es angesichts der sehr heterogenen Literatur zu unserem Thema sinnvoll, die Bibliographie zu gliedern. Zunächst werden daher Werke und Aufsätze zur griechischen Geschichte und Literatur aufgeführt, darauf allgemeine Arbeiten über Platon und seine Schüler, und schließlich folgen Spezialuntersuchungen zu einzelnen Platonschülern bzw. dem Ort ihres Wirkens. Die in den einzelnen Kapiteln jeweils in Kurzform zitierte Literatur findet sich in dieser dritten Bibliographie, die nach dem Muster der Gliederung unterteilt ist. Für die Abkürzungen gilt das Verzeichnis von L'Année Philologique. Im übrigen wurde der Platon-Text in der Budé-Ausgabe benutzt; den Übersetzungen liegt, sofern nicht anders vermerkt, die korrigierte Schleiermacher-Übertragung zugrunde.[10]

Zur Ökonomie der Arbeit fällt auf, daß ausgerechnet das Kapitel über denjenigen Platonschüler vergleichsweise ausführlich geraten ist, über den am wenigsten bekannt ist. Das angebliche Wirken des Aristonymos in Arkadien gab Anlaß, einmal exemplarisch den Horizont des Möglichen für eine Gesetzgebung im 4. Jahrhundert v. Chr. auszuleuchten. Deshalb habe ich dieses Kapitel an den Anfang der empirischen Untersuchungen gesetzt.

9 Das unterscheidet diese Arbeit grundsätzlich von Untersuchungen wie sie A.B. Hentschke (1971) und Ch. Jermann (1986) unter dem Titel „Politik und Philosophie" bzw. „Philosophie und Politik" zu Platon vorgelegt haben.
10 Platon. Werke in acht Bänden. Griechisch und Deutsch, herausgegeben von Günther Eigler, Darmstadt 1977 ff.

A.

EMPIRISCHER TEIL
DIE PLATONISCHE AKADEMIE IN DER
ZEITGENÖSSISCHEN POLITIK

I. ZUR ÜBERLIEFERUNG

Bevor wir in die eigentliche Untersuchung eintreten können, sind noch einige quellenkritische Bemerkungen erforderlich. Eine je unvollständige Übersicht der Platonschüler vermitteln uns vier antike Autoren: Philodem, Diogenes Laertius, Athenaios und Plutarch. Die Aufzählung deutet bereits das Dilemma an: Wir sind auf solch späte und noch spätere Informationen angewiesen, da wir so gut wie keine zeitgenössischen Quellen über die Aktivitäten der Platonschule besitzen. Die einzige Quellengruppe, die hier zu nennen wäre, sind die platonischen Briefe. Wegen ihrer Tendenz ist ihnen gegenüber ebenfalls Skepsis angebracht, selbst wenn man, wie in dieser Arbeit, die Frage nach der Echtheit hintanstellt und sie als Zeugnisse ernst nimmt, die zumindest aus der Tradition der Platonschule stammen müssen und nicht lange nach Platons Tod entstanden sein können.

Nun beruhen die Angaben der genannten Autoren bereits auf einer Überlieferung, die wir z.T. in Ansätzen kennen und der wir dort jedesmal mit großer Vorsicht zu begegnen haben. Hellenistische Doxographen und Biographen pflegten „freien" Umgang mit den ihnen zugänglichen Daten. Tatsachen, Vermutungen und Deutungen werden oft ungetrennt nebeneinandergestellt. Im übrigen galt es in der Antike zu allen Zeiten als legitimes Verfahren eines Autors, Zusammenhänge aufgrund psychologischer und sonstiger Wahrscheinlichkeiten oder stilistischer Ähnlichkeiten zu rekonstruieren. Außerdem benutzten die Biographen sehr häufig Anekdoten, um die Lebensweise und das Denken ihrer Helden zu charakterisieren. Die Anekdote aber unterliegt eo ipso nicht den Ansprüchen historischer Glaubwürdigkeit. Ihre ursprüngliche Funktion innerhalb der peripatetischen Biographie verweist auf philosophische Wurzeln: die Entwicklung einer Vielfalt von menschlichen Charakteren. Doch zunehmend trat der Unterhaltungswert der Anekdote in den Vordergrund; sie diente schließlich dazu, das Bedürfnis des Publikums nach aufregenden Kuriositäten zu befriedigen. Daneben setzte man sie natürlich als Waffe in den philosophischen Auseinandersetzungen ein, die besonders gerne auf biographisch-persönlicher Ebene ausgetragen wurden. Diese Bemerkungen erhalten ihr besonderes Gewicht im Hinblick auf eine Berühmtheit wie Platon, der wie nur wenige andere über die Jahrhunderte hinweg im Mittelpunkt der Auseinandersetzungen sich bekämpfender Philosophenschulen stand und dessen Biographie immer Gegenstand polemischer oder apologetischer Abhandlungen war.[1]

Die älteste Quelle, die unter anderem auch über die politische Tätigkeit von Platonschülern Auskunft gibt, sind die in zwei herkulanensischen Papyri fragmentarisch

---

1   Vgl. den ausgezeichneten Überblick über die antike biographische Literatur zu Platon von
     Leisegang, RE XX 2342 ff.; Tigerstedt, Interpreting Plato 36 f. spricht von einem „biographischen
     Mythos"; über Anekdoten Platon betreffend: Riginos, Platonica passim; Geffcken, Antiplatonika,
     Hermes 64 (1929), 87 ff.; allgemein über die Anekdote in der Biographie: Momigliano,
     Biography 68 ff., bes. 84.

erhaltenen Academica des Philodem von Gadara. Das Werk stammt aus der Mitte des ersten vorchristlichen Jahrhunderts und gehört zu den Diadochaí genannten Schulgeschichten, die vorwiegend biographisch orientiert sind. Philodem **hat** dazu älteres Material gesammelt, redigiert, exzerpiert und gelegentlich auch kommentiert. Konrad Gaiser hat den Text jüngst neu herausgegeben und mit einem umfangreichen Kommentar versehen.[2] Gegenüber der Erstedition von Siegfried Mekler aus dem Jahre 1902[3] gelingt es Gaiser, den Text vollständiger zu lesen und in seiner mutmaßlichen Reihenfolge zu rekonstruieren; außerdem legt er eine sorgfältige Analyse der philodemschen Quellen vor. Seine Ergänzungen sind allerdings manchmal sehr hypothetisch und – ebenso wie der Kommentar – von einem bestimmten Platon- und Akademieverständnis geleitet, so daß Gaiser gelegentlich in den Text hineinliest, was doch allererst aus ihm hervorgehen sollte. Dennoch erscheint seine Edition in ihrer Übersichtlichkeit, Genauigkeit und philologischen Gelehrsamkeit vorbildlich.

Diogenes Laertius hat aus der ihm vorliegenden Literatur eine Liste von Platonschülern zusammengestellt.[4] Unter den aufgezählten Namen finden sich auch Politiker, u.a. die athenischen Redner Demosthenes, Hypereides und Lykurgos.

Eine eindeutig platonfeindliche Tendenz verfolgt Athenaios, der seinen Exkurs über Platonschüler in den Deipnosophistai mit dem Satz beginnen läßt: καὶ οἱ πολλοὶ τῶν μαθητῶν αὐτοῦ τυραννικοί τινες καὶ διάβολοι γεγόνασιν.[5] Zum Beleg wird das verwerfliche Wirken von fünf Platonschülern beschrieben. Athenaios nennt als seine Quellen einen unbekannten Autor namens Eurypylos, einen gewissen Dikaiokles von Knidos, von dem nur noch eine weitere, ebenfalls der Platonschule feindliche Erwähnung überliefert ist[6] und die Rede des Demagogen Demochares im Prozeß des Sophokles gegen Philon aus dem Jahre 307/6 v. Chr. Nach dem Einzug des Demetrios Poliorketes in Athen hatte Sophokles einen Volksbeschluß durchgesetzt, der die Auflösung der Philosophenschulen verfügte, die makedonischer Sympathien verdächtig waren. Dagegen brachte Philon erfolgreich eine γραφὴ παρανόμων ein, wobei die Sache des Sophokles von Demochares vertreten wurde. Demochares suchte nun natürlich den Philosophen alle möglichen Schandtaten nachzusagen, wobei er nach all dem, was wir über ihn, den Neffen des Demosthenes, wissen, nicht gerade zimperlich zu Werke gegangen sein dürfte.[7] Allerdings wird man ihm nicht jeden Quellenwert absprechen dürfen, zumal seine Aussagen im Gegensatz zu denen anderer Autoren noch aus einer relativen zeitlichen Nähe zu den in Frage stehenden Ereignissen stammen. Der Bericht des Athenaios, der auch mit Polemik gegen die

---

2   Gaiser, Philodems Academica. Die Berichte über Platon und die Alte Akademie in zwei herkulanensischen Papyri (Supplementum Platonicum, Bd. 1), Stuttgart-Bad Cannstatt 1988.
3   Index Academicorum Herculanensis, ed. Mekler, Berlin 1902 (Neudruck 1958); vgl. Leo, Biographie 73 f.
4   Diog. Laert. III 46.
5   Athen. XI 508 D.
6   Euseb. praep. ev. XIV 731; vgl. auch v. Wilamowitz, Antigonos von Karystos 313 A. 23.
7   H. Swoboda, RE s.v. Demochares; v. Wilamowitz, Antigonos von Karystos 189 ff. 270 ff. Die Fragmente über die Rede gegen die Philosophen sind versammelt bei J.G. Baiter/H. Sauppe (Hrsg.), Oratores Attici II, Turin 1850 unter Nr. LXII (341 f.). Vgl. auch G. Marasco, Democare di Leuconoe – Politica e cultura ad Atene fra IV e III sec. a.C., Florenz 1984.

zeitgenössischen Akademiker nicht spart, ist jedenfalls mit Vorsicht zu behandeln. Das gilt vor allem da, wo keine Parallelüberlieferung vorliegt.[8]

Während Athenaios seinen Exkurs mit den Worten ταῦτ᾽ ὠφεληθεὶς ἐκ τῆς καλῆς Πολιτείας καὶ τῶν παρανόμων Νόμων[9] schließt, stellt Plutarch seinen Ausführungen über die politische Bedeutung der Platonschule in der Schrift Adversus Colotem den programmatischen Einleitungssatz voran: Πλάτων δὲ καλοὺς μὲν ἐν γράμμασι λόγους περὶ νόμων καὶ πολιτείας ἀπέλιπε, πολὺ δὲ κρείττονας ἐνεποίησε τοῖς ἑταίροις...[10] Schärfer ist der Gegensatz zwischen platonfeindlicher und platonfreundlicher Haltung kaum zum Ausdruck zu bringen, wobei charakteristischerweise in beiden Fällen das **Handeln** von Platonschülern – also die scheinbaren praktischen Konsequenzen der platonischen Philosophie – den Maßstab für die Beurteilung abgibt. Dahinter steht eine bestimmte Betrachtungsweise der Philosophie, die weniger an metaphysischen oder erkenntnistheoretischen Problemen interessiert ist als vielmehr an praktischen Auswirkungen, an ethischen Postulaten. Plutarch darf wohl als ein besonders hervorragender Vertreter dieser an „großen Taten" orientierten Tendenz angesprochen werden.

Die vermutlich im Jahre 99 n. Chr. erschienene Schrift πρὸς Κωλώτην ὑπὲρ τῶν ἄλλων φιλοσόφων ist gegen den Epikureer Kolotes und seine Abhandlung περὶ τοῦ ὅτι κατὰ τὰ τῶν ἄλλων φιλοσόφων δόγματα οὐδὲ ζῆν ἐστιν gerichtet.[11] Plutarch zählt in dieser ausgesprochen antiepikureischen Polemik Verdienste und Leistungen auf, welche die von Kolotes angegriffenen Philosophen bzw. deren Schüler für Staat und Gesellschaft erbracht haben.[12] Die Akademie wird besonders hervorgehoben; ihr vorbildliches politisches Engagement soll unter Heranziehung zahlreicher Beispiele vorgeführt werden. Von Befreiung geht die Rede, von Strategenämtern, von nomothetischer Tätigkeit, von Berater- und Gesandtenfunktion. Zum Teil bleibt offen, ob es überhaupt zu einer Durchführung im intendierten Sinne gekommen ist. Leider nennt Plutarch keine Gewährsleute für seine Angaben. Der Aufzählung folgt die abwertende Darstellung der epikureischen Zurückgezogenheit, die weder in Worten noch in Taten irgendetwas Nützliches für die menschliche Gemeinschaft hervorgebracht habe. Plutarchs Beschäftigung mit den Platonschülern verfolgt letztlich kein historisches, sondern ein biographisches Interesse. Friedrich Leo hat den Unterschied von βίος und ἱστορία bei Plutarch prägnant gekennzeichnet: „ἱστορία erzählt die πράξεις von Völkern und Männern, βίος schildert das ἦθος eines Mannes. Diesem Zweck dient im βίος die Erzählung der πράξεις, nur soviel wird von den der Geschichte angehörenden πράξεις ausgewählt und nur soweit wird von den ausgewählten berichtet, als es für die Schilderung des ἦθος dienlich ist."[13] Plutarch versucht, das Ethos der Platonschule herauszuarbeiten. Unter diesem Gesichtspunkt wählt er seine Beispiele aus, wobei es ihm auf Einzelheiten nicht ankommt. Es liegt

8 Wie bei Euphraios von Oreos, Euaion von Lampsakos und Timolaos (=Timaios) von Kyzikos.
9 Athen. 509 B.
10 Plut. adv. Col. 32, 1126 C.
11 Die Datierung ergibt sich aus der Widmung an den römischen Prokonsul der Provinz Achaia L. Herrenius Saturninus; vgl. Westman, Plutarch gegen Kolotes 21.
12 Westman (wie A.9) 128 nennt das „Aretalogie der Philosophen".
13 Leo, Biographie 147.

daher ganz auf dieser erkenntnisleitenden Linie, wenn er Platons praktischer Lehrtätigkeit einen noch höheren Rang zumißt als seiner Autorschaft bedeutender staatsphilosophischer Schriften. Beide Bereiche seines Wirkens – und das ist für die antike Platon-Rezeption überhaupt kennzeichnend – stehen, wenn nicht unvermittelt, so doch nur lose verbunden nebeneinander. Die gerühmten Aktivitäten seiner Schüler werden als **ethische** Konsequenz seiner Philosophie beschrieben, während die Rede von der Verwirklichung irgendwelcher Theorien modernen Interpreten vorbehalten blieb.

Die Plutarchstelle fügt sich in ein gängiges antikes Schema, das Gigon auf folgende Weise beschrieben hat: „Seit der Zeit da die ionische Physiologia aus sich die Problematik eines βίος θεωρητικός entwickelte, also seit dem Ende des 5. Jahrhunderts, gibt es die Frage, wie sich der Philosoph zum βίος πολιτικός verhält. In der Doxographie entsteht die Rubrik εἰ πολιτεύσεται ὁ σοφός. Wo dies bejaht wird, pflegt zum Beleg gezeigt zu werden, wie sich der Philosoph als Gesetzgeber, als politischer Erzieher und Berater ausgezeichnet oder der Polis in heiklen Missionen zur Verfügung gestellt hat. Gegen die Historizität der einzelnen Fälle ist damit noch nichts gesagt. Immerhin muß damit gerechnet werden, daß gelegentlich aus Konkurrenzgründen solche Fälle auch erfunden werden.“[14]

Die skizzierte Quellenlage erklärt den hohen Stellenwert, den die Quellenkritik im Rahmen der vorliegenden Untersuchungen einnehmen muß. Glücklicherweise ist die Überlieferung zur griechischen Geschichte des 4. Jahrhunderts v. Chr. relativ reichhaltig, so daß oft immerhin die Möglichkeit besteht, spätere Nachrichten über das politische Wirken von Platonschülern in das ursprüngliche Umfeld einzuordnen und auf ihre Glaubwürdigkeit hin zu prüfen. Dennoch läßt sich über die Historizität nicht immer ein eindeutiges Urteil fällen.

14   Gigon, MH 15 (1959) (s. ARISTOTELES), 164. Den positivistischen Optimismus von Vatai, Intellectuals 12 f. kann ich leider nicht teilen: „In pleading his case, Demochares naturally weighted the evidence against the philosophers, just as Plutarch used only positive examples to glorify the same class of individuals. In neither case need the material be rejected. Special pleading dictated the selection of examples, but one can work with and through the open biases of Plutarch and Demochares ... to achieve a useful and informed synthesis of political activism of assorted philosophers, with special reference to the fourth century, the peak of their political activity.“

II. NOMOTHETEN

1. ARISTONYMOS – ARKADIEN

a) Die Überlieferung

Der Platonschüler Aristonymos wird in unseren Quellen nur ein einziges Mal erwähnt. Von Plutarch stammt folgender Satz: Πλάτων δὲ τῶν ἑταίρων ἐξαπέστειλεν Ἀρκάσι μὲν Ἀριστώνυμον διακοσμήσοντα τὴν πολιτείαν, Ἠλείοις δὲ Φορμίονα, Μενέδημον δὲ Πυρραίοις.[1]

Über die Herkunft des Aristonymos ist nichts bekannt. Die Erwähnung Platons ermöglicht eine grobe chronologische Einordnung in die erste Hälfte des 4. Jahrhunderts. Eine weitere Eingrenzung ergibt sich wahrscheinlich aus der Nennung der Adressaten. Denn die Arkader bildeten in dem in Frage kommenden Zeitraum nur zwischen 370 und 362 v. Chr. eine politische Einheit, für die Aristonymos eine Verfassung hätte entwerfen können. Wenn Plutarch sich genau ausdrückt und also die Arkader im ganzen meint, kann die Aussendung des Aristonymos daher nur in diese Zeit fallen. In der modernen Literatur ist die Angabe sowohl auf die Gründung des Arkadischen Bundes 370[2] als auch auf die Gründung des neuen Hauptortes Megalopolis[3] bezogen worden. Da letztere ebenfalls eine panarkadische Angelegenheit war, könnten auch in diesem Fall „die Arkader" zurecht als Adressaten benannt werden. Zu vernachlässigen ist die Möglichkeit, daß Plutarch eine allgemeine Formulierung gewählt hat, und seine Äußerung mit einer einzelnen arkadischen Polis oder einem der beiden nach 363 fortexistierenden Teile des Arkadischen Bundes in Verbindung gebracht werden müßte.[4] Mit großer Wahrscheinlichkeit können wir davon ausgehen, daß Aristonymos, sofern die Angabe Plutarchs überhaupt stimmt[5], entweder am Entwurf der Verfassung des Arkadischen Bundes oder der von Megalopolis mitwirken sollte.

---

1   Plut. adv. Col. 1126 C.
2   H. Schaefer 424; Dušanić 288. 344 f.; ders., REG 92 (1979), 320 f.; Baunert/Petersen 82; Wörle, der die Sekundärliteratur zu dieser Frage offenbar völlig unbekannt ist, bringt die Tätigkeit von Aristonymos mit der „Gründung eines arkadischen Bundesstaates und seines Zentrums Megalopolis" in Verbindung (Platonschüler 102 ff.).
3   Ed. Meyer, GdA V 490; Friedländer, Platon I 107; Schuhl, REG 59/60 (1946/47), 49; Vatai, Intellectuals 74 A. 70; Bearzot, Platone e i Moderati Ateniesi 75.
4   So, aber mit der Begründung, daß Platon der den Arkadischen Bund beherrschenden „Volkspartei" nicht gewogen gewesen sein kann, Vollgraf 353: „Forsitan illis Arcadibus operam suam praestiterit Aristonymus, quibus post Epaminondae mortem praefuit Mantineia"; ähnlich Isnardi Parente, Studi 280 f.
5   Was A. Schaefer, Demosthenes II 171 A. 1 in Frage stellt; unentschieden Gigon, Gymnasium 68 (1962), 209 f.

Ob er, Phormion und Menedemos wirklich Verfassungsentwürfe ausarbeiteten und ob diese schließlich in die Tat umgesetzt wurden, läßt Plutarch leider offen, – möglicherweise, weil die Platonschüler aus irgendwelchen Gründen nicht zum Zuge kamen und es ihm an dieser Stelle genügte, Platon als eine Art allgemeine Autorität in nomothetischen Fragen vorzustellen.[6]

Jedenfalls erlaubt der Satz in seiner Unbestimmtheit noch keineswegs die Schlußfolgerung, daß die arkadische Bundesverfassung platonisch inspiriert ist. Sollte dagegen die Geschichte des Bundes oder seiner Verfassung, soweit wir sie kennen, positive Hinweise oder Anzeichen einer platonischen Beeinflussung zeigen, so könnten wir in Plutarchs Bemerkungen vielleicht eine Erklärung finden.

b) Die Gründung des Arkadischen Bundes

Im Jahre 370 v. Chr. schlossen sich die Arkader erstmals zu einem Bund zusammen, der ihnen gemeinschaftliches politisches Handeln ermöglichen sollte.[7] Als Zentralland der Peloponnes ist Arkadien nach Norden und Osten durch Gebirgsketten von den benachbarten Landschaften getrennt; nur West-Arkadien liegt offen. Relativ gute Wegverbindungen bestehen allerdings auch zu Lakonien und Messenien. Die Arkader haben sich seit frühester Zeit als ethnische Einheit begriffen und wurden auch von den anderen Hellenen so betrachtet[8], obwohl eine zentralarkadische Gebirgskette das Land in zwei politisch und wirtschaftlich ziemlich unterschiedlich strukturierte Teile scheidet.[9] Die Arkader hielten sich für autochthon, was zu ihrem Selbstbewußtsein einiges beitrug. Sie vereinigten sich in Kultgemeinschaften, deren wichtigste die für Zeus Lykaion war.[10]

Warum bildeten die Arkader nicht schon früher auch in politischer Hinsicht eine Einheit, wie andere hellenische Stämme? Zwei Gründe, die miteinander in engem Zusammenhang stehen, scheinen hier ausschlaggebend gewesen zu sein:

1. Die dauerhafte Feindschaft der beiden am meisten entwickelten arkadischen Poleis Mantineia und Tegea; ihre Gebiete im ostarkadischen Becken, dessen Erträge für beide Poleis die Existenzgrundlage war, grenzten unmittelbar aneinander.

2. Die Nachbarschaft eines Sparta, das jegliche Machtbildung auf der Peloponnes zu verhindern wußte[11], wobei es regionale Zwistigkeiten wie den Gegensatz zwischen Mantineia und Tegea geschickt benutzte.

---

6 Über den Textzusammenhang vgl. die grundsätzlichen Bemerkungen in der Einleitung.
7 Ein älterer Bund des beginnenden 5. Jahrhunderts, über den ausschließlich numismatische Zeugnisse vorliegen, war wahrscheinlich kaum mehr als eine sakrale Vereinigung: vgl. Roy, Phoenix 26 (1972), 334 ff.
8 Vgl. Gehrke, Jenseits von Athen und Sparta 152 ff.
9 Als topographische Übersicht besonders anschaulich: Callmer 3 ff.
10 E. Meyer, Kl P s.v. Arkadien.
11 Die enorme strategische Bedeutung der ostarkadischen Ebene für Sparta haben St. u. H. Hodkinson 241 angemessen herausgestellt.

Ohne die Auflösung dieser beiden Hemmnisse war die Gründung eines arkadischen
κοινόν unmöglich.[12] Die Geschichte Arkadiens bis 370 zeigt, daß der Gegensatz
zwischen Mantineia und Tegea immer wieder ein gemeinsames Vorgehen der Arkader
gegen Sparta verhinderte.

Im Sommer 371 beendete die schwere Niederlage der Spartaner gegen die
Thebaner bei Leuktra die spartanische Hegemonie in Griechenland und – wenn auch
nicht abrupt[13], so doch in ihren Folgen – auf der Peloponnes. Die Mantineier waren
die ersten, die sich rührten. Sie schlossen sich noch im Jahre 371 dem Frieden von
Athen an, der den Teilnehmern Autonomie und Hilfeleistung bei einem Angriff
garantierte. Im Vertrauen darauf machten die Mantineier den Dioikismos, den ihnen
die Spartaner 385 aufgezwungen hatten, rückgängig und stellten die Demokratie
wieder her.[14] Einen nennenswerten Widerstand der Oligarchen gegen diese Entwicklung hat es offenbar nicht gegeben. Die Spartaner dagegen konnten sich mit den
gefährlichen Tendenzen in Mantineia nicht abfinden. Der wirkungslose Protest des
Spartanerkönigs Agesilaos[15] trug aber im Gegenteil dazu bei, das Ansehen der
Spartaner weiter zu vermindern.

Die für die Begründung des Bundes unmittelbar entscheidenden Ereignisse
trugen sich 370 in Tegea zu. Dort ereignete sich eine Stasis, in deren Verlauf die
Demokraten, als deren Programm Xenophon die Bildung eines Arkadikons nennt,
mit ausschlaggebender Hilfe mantineiischer Truppen die spartafreundlichen Oligarchen
von der Macht verdrängten. Achthundert „Oligarchen" flohen nach Sparta, viele
fielen während der Kämpfe oder wurden nach der Gefangennahme hingerichtet.[16]
Nun war der Weg für die Bildung des Arkadischen Bundes frei.[17]

Denn Mantineia und Tegea standen jetzt einig für die im gemeinsamen Kampf
durchgesetzte Demokratie, in ihrer nicht widerrufbaren Feindschaft zu Sparta. Zwar
sollte sich für den Arkadischen Bund auf verhängnisvolle Weise zeigen, daß der
traditionelle Interessenkonflikt nicht in seinen Ursachen beseitigt war[18], aber für den
Augenblick blieb Sparta nur noch die Möglichkeit, den sich formierenden Bund mit
militärischen Mitteln auseinanderzutreiben. Daher rückten im Herbst 370 Agesilaos
mit seinen Truppen von Süden und der Spartiate Polytropos mit einem Söldnerheer

---

12   Das wird exemplarisch durch eine Episode des Peloponnesischen Krieges vorgeführt, als Teile
     von Arkadien gegen Sparta aufbegehrten und sich eine Zeitlang behaupten konnten, indem sie
     mit Argos, Elis und Athen den sog. Sonderbund bildeten.
13   Wie Roy, Historia 20 (1971), 569 zu Recht betont.
14   Xen. hell. VI 5,1 ff.
15   Ebd. VI 5,4
16   Ebd. VI 5,6 ff.; Diod. XV 59,2 f. spricht von 1400 verbannten Arkadern; vgl. Gehrke, Stasis
     154 f.
17   Dušanić 282 f. läßt den Bund schon Ende 371 gegründet sein, ohne dafür überzeugende
     Argumente zu liefern. Abgesehen davon, daß die Quellen 370 nahelegen, waren die politischen
     Voraussetzungen für die Gründung des Arkadikons erst nach der tegeatischen Stasis erfüllt; vgl.
     Roy, Historia 23 (1974), 505 ff.
18   Das hatte u.a. seine Ursache in der in beiden Poleis unterschiedlichen Entwicklung zur Demo-
     kratie: Tegea war nach dem blutigen Bürgerkrieg auf eine wesentlich radikalere Linie festgelegt
     als Mantineia, wo sich der Übergang zur Demokratie offenbar friedlich und im weitgehenden
     Einverständnis vollzog; vgl. Roy, Historia 20 (1971), 570.

von Norden in Arkadien ein. Das Unternehmen scheiterte jedoch: Polytropos wurde in einem Scharmützel getötet, Agesilaos verwüstete das Land, mußte aber unverrichteter Dinge wieder abziehen, da die Arkader in der Erwartung thebanischer Hilfe eine Schlacht verweigerten.[19] Mit den Thebanern hatten die Arkader nämlich inzwischen ein Bündnis geschlossen, nachdem sie in Athen erfolglos darum ersucht hatten.[20] Mit dem Erscheinen von Epaminondas war das Schicksal der spartanischen Hegemonie auf der Peloponnes endgültig besiegelt. Die verbündeten Truppen drangen im Winter 370/69 sogar in Lakonien ein und verheerten das Land, ohne daß die Spartaner ernsthaften Widerstand leisten konnten.[21] Das κοινὸν τῶν ᾽Αρκάδων war damit endgültig konstituiert, wenn es auch noch keineswegs alle in Frage kommenden Gemeinden umfaßte. Widerstrebende, d.h. mit Sparta verbündete Poleis wie Orchomenos, Heraia und Lepreon wurden zum Beitritt genötigt. Im Nordosten gelegene Orte wie Stymphalos und Alea scheinen erst ein paar Jahre später dem Bunde beigetreten zu sein.[22]

Wer hat das Konzept der Vereinigung Arkadiens in einem Bund entwickelt? Die Quellen – Xenophon und Diodor – erlauben keine eindeutige Antwort. Diodor schreibt, der Tegeate Lykomedes habe die Arkader überredet, sich zu einer Gemeinschaft zusammenzuschließen und eine allgemeine Versammlung zu bilden, bestehend aus zehntausend Männern, die das Recht haben sollten, über Krieg und Frieden zu beschließen.[23] In der modernen Forschung ist allenthalben darauf hingewiesen worden, daß Diodor sich bei der Angabe der Herkunft vertan haben müsse. Gemeint sei vielmehr der bekannte mantineiische Politiker Lykomedes[24], von dem wir wissen, daß er bis zu seiner Ermordung durch arkadische Exulanten im Jahre 366 der hervorragende Politiker des Arkadischen Bundes gewesen ist. Lykomedes von Mantineia wird so zum „Vater" des Arkadischen Bundes[25], Mantineia zur Heimat der panarkadischen Idee.[26] Diese Theorie besitzt eine hohe Plausibilität, erlaubt aber andererseits auch Zweifel. Bei Xenophon sind es die oppositionellen Demokraten von Tegea, welche die Bildung eines Arkadikons als erste zu ihrem Programm erheben.[27] In seinem Bericht über den Wiederaufbau Mantineias ist davon nicht die Rede. Hier ergibt sich aus dem Einverständnis der Mantineier mit den tegeatischen

---

19 Xen. hell. VI 5,11 ff.: Diod. XV 59,4. 62,1 f.
20 Ebd. XV 62,3.
21 Ebd. XV 64 f.
22 Sie sind in der Liste der δαμιοργοί des sog. Phylarchos-Dekretes (Tod, GHI II, Nr.132=IG V 2,1) nicht repräsentiert. 366 war allerdings ein gewisser Aineas von Stymphalos Stratege des Arkadischen Bundes, was die Mitgliedschaft von Stymphalos voraussetzt; vgl. Tods Kommentar, GHI II 101.
23 Diod. XV 59,1.
24 Xen. hell. VII 1,23; Paus. VIII 27,2; vgl. z. B. Dušanić 285 A. 21; Gehrke, Stasis 105 A. 19; Roy, Historia 20 (1971), 570.
25 Busolt/Swoboda, GS 1401; Larsen, Repr. Gouvernment 74; Gehrke, Stasis 105. 154; Callmer 106.
26 Beloch, GG III 2,169; Amit, Poleis 179; Fougères 434; Hiller, RE II 1128 (s.v. Arkadia).
27 Xen. hell. VI 5,6. Möglich wäre natürlich auch ein Irrtum Diodors bei der Namensangabe, so daß wir statt Lykomedes, der in Xenophons Bericht nicht vor 369 auftaucht, einen tegeatischen Politiker einzusetzen hätten.

Demokraten, wie es der Verlauf der Ereignisse in Tegea zeigt, daß sie mit deren Programm vertraut gewesen sein müssen. Natürlich können die tegeatischen Demokraten auch von Lykomedes und seinen Freunden zu ihrer panarkadischen Propaganda inspiriert worden sein. Der konkrete Ausgangspunkt der panarkadischen Idee ist also nicht genau zu ermitteln. Ihr Ursprung dürfte weit in die arkadische Geschichte zurückreichen. Soviel wird man sagen können: Der Plan zu einem Arkadischen Bund wurde von demokratischen Kreisen in Mantineia und Tegea aufgegriffen, als sich im Jahre 370 diejenige politische Konstellation herausbildete, die seine Verwirklichung ermöglichte.[28] Er hatte, wie gezeigt wurde, notwendigerweise eine antispartanische Stoßrichtung. Deshalb konnte er nur von demokratischen Kreisen formuliert werden, da die Oligarchen gerade auf der Peloponnes traditionell spartafreundlich waren oder sogar ihre Macht dem spartanischen Einfluß verdankten. Der Gründung des Arkadischen Bundes mußten deshalb die demokratischen Umschwünge in den beiden wichtigsten arkadischen Poleis vorausgehen. Daraus ergibt sich selbstverständlich, daß auch die Bundesverfassung demokratischen Charakters war, was wiederum zur Folge hatte, daß spätestens jetzt die anderen arkadischen Mitgliedsstaaten demokratisiert wurden.[29]

Außerdem konnte das Arkadikon nach den geschilderten Ereignissen und bei den angenommenen Voraussetzungen nur bundesstaatlich organisiert sein. Eine dominierende Polis wie z. B. in Boiotien gab es in Arkadien nicht. Der freiwillige Beitritt vieler arkadischer Poleis zum Bund zeigt, daß die panarkadische Idee den weit verbreiteten Autonomievorstellungen nicht widersprach. Der innerarkadische Widerstand war dagegen hauptsächlich durch oligarchische Machtinteressen motiviert. Traditionelle Feindschaft war, wie die Beziehung zwischen Mantineia und Tegea bewiesen hat, zumindest zeitweise überwindbar im Zeichen panarkadischer Solidarität.[30] Ob mit der Gründung von Megalopolis eine Entwicklung zu einem arkadischen Einheitsstaat geplant war, wie Braunert/Petersen ausgeführt haben[31], unterliegt starkem Zweifel und muß hier offen bleiben.

Unter den geschilderten Umständen hatte Aristonymos sein Gesetzgebungswerk durchzuführen, wenn wir Plutarchs Hinweis ernst nehmen und auf den Arkadischen Bund beziehen. Was für Kompetenzen blieben ihm unter diesen Umständen? Jedenfalls ist sein politischer und konzeptioneller Spielraum mit dem archaischer und klassischer Nomotheten nicht vergleichbar gewesen. Dies schon aus prinzipiellen Erwägungen: Zur Zeit Solons etwa befanden sich die Verfassungsformen erst in statu nascendi, was einem Gesetzgeber unvergleichlich viel größere Möglichkeiten in die Hand gab, auf die Verfassungsentwicklung einzuwirken. Darüber hinaus konnte Aristonymos auf die Grundlagen der arkadischen Verfassung, ihren demokratischen und föderalen Charakter keinen Einfluß nehmen, weil die Vorgänge, die zur Begründung des Arkadischen Bundes führten, dessen verfassungsrechtliche Grundlagen bereits determinierten. Im Unterschied zur klassischen Nomothetik verfügte Ari-

28 Roy, Historia 20 (1971), 570 f.
29 Ders. 572; Niese 521.
30 Xen. hell. VI 5,11 erklärt das Fernbleiben der Orchomenier mit ihrem Haß gegen Mantineia; man wird aber ebenso wie bei Heraia und Lepreon den Widerstand der mit Sparta verbundenen Oligarchen gegen eine Zwangsdemokratisierung in Rechnung zu stellen haben.
31 Braunert/Petersen 81 ff.

stonymos offenbar auch nicht über eine besondere Autorität, weder als eine in ganz Griechenland bekannte Persönlichkeit noch als arkadischer Politiker mit einer entsprechenden Hausmacht[32]; wir wissen ja noch nicht einmal, ob er überhaupt Arkader war. Wenn er tatsächlich tätig wurde, muß sich seine Aufgabe daher auf die Ausarbeitung der verfassungstechnischen Details beschränkt haben. Dafür spricht auch, daß bis auf Plutarch kein antiker Schriftsteller seine Tätigkeit der Erwähnung wert fand.

Über Gründe der eventuellen Berufung von Aristonymos kann nur spekuliert werden. Das intellektuelle Ansehen der Akademie könnte dabei eine Rolle gespielt haben. Natürlich könnten diejenigen mantineiischen Emigranten, die nach dem Dioikismos aus ihrer Heimatstadt 385 nach Athen flohen[33], mit Platon in näheren Kontakt gekommen sein, was sie nach ihrer Rückkehr veranlaßt haben könnte, Platon um einen Fachmann aus der Akademie zur Ausgestaltung der arkadischen Bundesverfassung zu bitten.[34] Dušanić geht aber noch weiter, indem er die Vorgeschichte des Bundes in Athen lokalisiert und vor der Behauptung nicht zurückschreckt: „The future federation must have been conceived in Athens by the Mantinean emigrants of 385, with the aid of Plato and, possibly, Isocrates.“[35] Eine plausible Begründung für die kühne Hypothese findet sich bei Dušanić nicht. Selbst wenn es stimmte, was Dušanić glauben machen will, daß Platon mannigfaltige Beziehung zu mehreren Arkadern bzw. Arkadien unterhielt[36], so besagt das in dem Zusammenhang ebensowenig wie Platons angebliche Sympathien für die dioikisierten Mantineier.[37] Dušanić setzt stillschweigend voraus, daß die mantineiischen Emigranten eine hervorragende Rolle bei der Begründung des Arkadischen Bundes gespielt haben.[38] Dafür gibt es in den Quellen ebenfalls keinen Anhaltspunkt.

Die Konstruktionen dienen Dušanić dazu, Platon in einen Zusammenhang mit dem Arkadischen Bund zu bringen. Mit solchen Voraussetzungen ist der Boden bereitet, um in der arkadischen Bundesverfassung Reflexe platonischer Staatstheorie aufweisen zu können: „... the influences of the doctrines of the Academy upon the Arcadian constitution seem certain and important, and may even throw some light on Plato's political thought and activity...“[39] Im folgenden soll die leider ziemlich lückenhafte Überlieferung über die arkadische Bundesverfassung auf Dušanić' These hin untersucht werden.

32 Er ist also noch nicht einmal mit dem vornehmen mantineiischen Gesetzgeber Nikodoros vergleichbar, der nach Ail. var. hist. II 22 f. Mantineia demokratisierte, vermutlich in den zwanziger Jahren des 5. Jahrhunderts; vgl. Callmer 90; H. Schaefer 424; Gehrke, Stasis 102 f. mit A.3 und 4.

33 Sie bekamen dort die Atelie verliehen (IG II2 33,7 f.).

34 H. Schaefer 424.

35 Dušanić 289. Isokrates kommt über seinen Schüler Hieronymos (Schol. zu Demosth. XIX 11) ins Spiel, den Dušanić mit einem Mitglied der Oikistenkommission von Megalopolis, Hieronymos ἐκ Μαιναλου (Paus. VIII 27,2), identifiziert.

36 Dušanić 288 f.

37 Solche und sogar einen direkten Kontakt zu den Mantineiern behauptet Dušanić 288 auf Grund einer, um das mindeste zu sagen, äußerst gewagten Interpretation von Plat. Symp. 193 A.

38 Natürlich wird Lykomedes von Dušanić 301 A. 94 zu einem mantineiischen Emigranten in Athen erklärt; das hatte vor ihm schon Fougères 434 A. 2 vermutet.

39 Dušanić 344 f.

c) Die Organisation des Arkadischen Bundes

α) Die Bundesversammlung

Die wichtigste Institution der arkadischen Bundesverfassung war die Volksversammlung.[40] Sie beschloß über Krieg und Frieden[41], über Bündnisse mit anderen
Staaten und sonstige auswärtige Angelegenheiten.[42] Sie schickte ferner Gesandte aus,
nahm deren Berichte entgegen, empfing fremde Gesandte[43] und verlieh die Proxenie
und andere Ehren an Ausländer.[44] Sie war für die Besoldung der Bundestruppen und
die Beschaffung des dazu erforderlichen Geldes zuständig.[45] Sie hielt Gericht, nicht
nur über die von ihr gewählten Bundesbeamten, sondern auch über Beamte und
Privatbürger der Gliedstaaten.[46] Außerdem übte sie bei Gebietsstreitigkeiten zwischen Einzelstaaten und bei inneren Streitigkeiten die Schiedsgerichtsbarkeit aus.[47]
Die Volksversammlung der Arkader war also in allen bedeutenden Fragen des
Bundes die entscheidende Instanz.

   Nun stellt sich die wichtige Frage nach der Zusammensetzung dieser Volksversammlung. Waren alle erwachsenen Arkader zur Teilnahme berechtigt? Oder
wurde die arkadische Bürgerschaft durch eine Auswahl, etwa nach einem bestimmten
Zensus, konstituiert? Oder waren die einzelnen Städte gemäß der Größe ihres Gebietes und ihrer Bevölkerung durch Abgeordnete in der Versammlung vertreten? Dabei
ist allgemein die demokratische Tendenz des Bundes in der Forschung unbestritten.
Sie ergibt sich auch zwingend aus den Umständen, unter denen die Gründung sich
ereignete, sowie aus der Politik des Bundes bis zu seinem Auseinanderbrechen 363.
Offenbar kommt angesichts der ungenügenden Quellenlage dem ungewöhnlichen
Namen der Versammlung große Bedeutung zu: οἱ μύριοι.

   Die beiden einzigen antiken Quellen, die uns immerhin einen Ansatz zur Erklärung dieses Begriffes bieten, scheinen sich zu widersprechen. Diodor spricht von
einer σύνοδος συνεστῶσα ἐξ ἀνδρῶν μυρίων[48], was allgemein als ein Indiz dafür
angesehen wird, daß die Bundesversammlung tatsächlich auf 10.000 Männer beschränkt war. In einem Aristoteles-Fragment dagegen heißt es von den μύριοι:
συνέδριόν ἐστι κοινὸν ᾿Αρκάδων ἁπάντων.[49] Das würde bei der Bevölkerungs-
struktur Arkadiens bedeuten, daß wesentlich mehr als 10.000 Männer zur Teilnahme
an der Versammlung berechtigt gewesen wären.[50]

---

40   Vgl. Busolt/Swoboda, GS 1407.
41   Xen. hell. VII 4,35; Diod. XV 59,1.
42   Xen. hell. VII 4,2; Diod. XV 62,3.
43   Xen. hell. VII 1,33. 38; 4,39.
44   Tod, GHI II Nr. 132 (= IG V 2,1).
45   Xen. hell. VII 4,33 ff.
46   Ebd. VII 4,33. 35. 38.
47   IG V 2,343 A, Z. 9 ff.
48   Diod. XV 59,1.
49   Arist. fr. 442 (ed. Rose); selbstverständlich ist Aristoteles, dem Verfasser oder Herausgeber
     einer Studie ἡ κοινὴ ᾿Αρκάδων πολιτεία, ein höherer Quellenwert zuzumessen als Diodor,
     dessen Definition auf seiner eigenen Interpretation des Begriffes μύριοι als konkrete Zahl
     beruhen könnte.
50   St. u. H. Hodkinson 277 ff. kommen allein für Mantineia auf eine Bürgerzahl von 2.900, „wobei

Zumindest mit dem Zeugnis des Aristoteles gerät Salmon in Konflikt, wenn er die Myrioi als fixe Zahl nennt, die sich proportional aus den Abgeordneten der einzelnen Bundesstädte zusammensetzt.[51] Sein Ansatzpunkt ist das sogenannte Phylarchos-Dekret, mit dem der Athener Phylarchos zum Proxenos und Euergetes der Arkader erklärt wird.[52] Angehängt an den Beschluß ist eine Liste von 50 Damiorgoi, bei denen es sich um arkadische Bundesbeamte handelt, die wahrscheinlich die Funktion einer Exekutivkommission des Rates hatten, ähnlich wie die Prytanen in Athen.[53] Aus der Zusammensetzung der 50 Damiorgoi leitet Salmon die verwaltungsmäßige Teilung Arkadiens in 10 Bezirke ab, die analog zu den Damiorgoi nach einem proportionalen Schlüssel auch den 500 Mann starken Rat und die wörtlich zu verstehenden „Zehntausend" gebildet hätten.[54] Diese hypothetische Konstruktion bringt Salmon im Zusammenhang einer Untersuchung über den Boiotischen Bund in der Zeit von 447/6 bis 385 v. Chr., der durch eine Aufteilung Boiotiens in 11 Bezirke, die gleichmäßig an der Regierungsbildung beteiligt waren, gekennzeichnet ist. Salmons Exkurs über die arkadische Bundesverfassung ist durchgängig von der Analogie zu dem erwähnten Boiotischen Bund bestimmt. Leider ignoriert Salmon dabei den oligarchischen Charakter der boiotischen Verfassung, die demzufolge die Institution einer Volksversammlung nicht kannte. Ob die Bedeutung von Megalopolis für den Arkadischen Bund mit der von Theben für Boiotien parallelisiert werden kann, unterliegt ebenfalls schweren Zweifeln. Nehmen wir mit Salmon die Myrioi als eine Versammlung von genau 10.000 Männern, so folgt daraus, daß die einzelnen Städte ihre Abgeordneten entweder gewählt oder ausgelost haben müssen, sei es unter allen Bürgern, oder sei es unter einem durch einen bestimmten Zensus festgelegten Teil der Bürgerschaft. Ein solch aufwendiges Verfahren ist im 4. Jahrhundert ungewöhnlich und unwahrscheinlich, zumal es in den Quellen nicht einmal andeutungsweise eine Bestätigung findet.[55] Außerdem ist zu bedenken, daß der Bund zur Zeit des Phylarchos-Dekretes noch nicht einmal ganz Arkadien umfaßte, weshalb man sich davor gehütet haben wird, den Status quo durch feste Zahlen gleichsam zu verewigen.[56]

Eine in der Forschung zuletzt häufig vertretene Ansicht sieht in den μύριοι die arkadischen Vollbürger, die den Hoplitenzensus aufweisen müssen. Der Name μύριοι erklärt sich aus der Tatsache, daß die Zahl der arkadischen Hopliten ungefähr 10.000

---

die geschätzten Zahlen wegen des ... zugrundegelegten Berechnungsmodells eher die unterste mögliche Grenze markieren" (Gehrke, Jenseits von Athen und Sparta 109).

51 Salmon 104 ff.; vgl. auch Giovannini, Sympolitie 46.

52 Die Datierung der Inschrift ist außerordentlich problematisch, was zu sehr unterschiedlichen Ansetzungen geführt hat; von den meisten neueren Interpreten (Ausnahme Dušanić 332 ff.) wird sie in die Zeit 367-362 gesetzt, wobei dann wohl nur 367 in Frage kommt; vgl. Tod, GHI II Nr. 132 mit Kommentar.

53 Salmon 104. Nach Larsen, Repr. Gouvernment 73 und GFS 187 ist die Institution zu groß für eine Exekutivbehörde wie etwa die Boiotarchen und zu klein für einen demokratischen Rat; vgl. auch Busolt/Swoboda, GS 1409 mit A.1; Giovannini, Sympolitie 45 f.; Dušanić 340.

54 S.o. A.51

55 Es widerspricht im Gegenteil dem Zeugnis des Aristoteles (s.o., A.50).

56 Nach Salmon 105 besaßen die in der Urkunde nicht berücksichtigten nordarkadischen Poleis (Kaphyai, Alea, Stymphalos, Pheneos) einen Status von „communautés sujettes" – eine nicht überzeugende Behauptung.

betragen habe.[57] Schaefer wendet dagegen zurecht ein, daß erstens die Gesamtzahl der arkadischen Hopliten größer gewesen sein dürfte und daß es zweitens „politisch kaum sehr klug gewesen wäre, eine konkrete Zahl zur Bezeichnung der Vollbürger an den Anfang einer politischen Entwicklung zu setzen, deren Umfang man nicht voraussah und für die eine derartige Festlegung zu einem gefährlichen Hemmnis werden konnte". Schaefer versteht dagegen die „Zehntausend" als eine Idealziffer, die den „Wechsel von der Aristokratie zu einer maßvollen Demokratie" ausdrücken soll. Die Vorstellung von den μύριοι leitet er aus Athen ab und bringt sie über arkadische Emigranten von 385 und die Tätigkeit des Aristonymos in Verbindung mit der platonischen Staatsphilosophie.[58]

Im siebten platonischen Brief findet sich der Begriff πόλις μυρίανδρος (337 C). Nun sollte eigentlich schon die Tatsache, daß der 7. Brief frühestens knapp 20 Jahre nach der Gründung des Arkadischen Bundes verfaßt wurde, große Vorsicht nahelegen, vor allem wenn die spätere Bemerkung, die sich auf Verhältnisse in Sizilien bezieht, das frühere Geschehen in Arkadien erklären soll, welches damit in keinem Zusammenhang steht. Das ist kein methodisch sauberes Vorgehen, welches das Aufstellen eines ursächlichen Zusammenhangs erlaubt. Vielmehr müßte Schaefer zeigen, daß die Vorstellung von einer πόλις μυρίανδρος auch schon vor 370 im platonischen Denken eine Rolle spielt. Doch selbst davon abgesehen, gibt die von Schaefer angeführte Stelle für seine Argumentation nichts her. Platon erteilt den Freunden Dions Ratschläge, wie eine von στάσεις καὶ ἔχθραι καὶ μίση καὶ ἀπιστίαι heimgesuchte Stadt gerettet werden könnte. Die Machthaber sollten selbst und von sich aus die Männer auswählen, die sie als die besten unter den Griechen in Erfahrung gebracht hätten. Das sollten ältere Männer sein, die Frauen und Kinder und möglichst viele gute und bekannte Vorfahren und ausreichenden Besitz haben. Es folgt der erklärende Einschub (in Parenthese): ἀριθμὸν δὲ εἶναι μυριάνδρῳ πόλει πεντήκοντα ἱκανοὶ τοιοῦτοι, bevor Platon fortfährt, das empfohlene procedere zu erläutern. Die ausgewählten Männer sollte man mit Bitten und möglichst großen Ehrungen aus ihrer Heimat herbeiholen lassen und sie dann auffordern, Gesetze zu geben, die weder die siegreiche noch die unterlegene Partei begünstigen, sondern das Gleiche der ganzen Stadt zuteilen. Aus dem Zusammenhang geht m. E. nicht hervor, daß Platon mit dem Begriff πόλις μυρίανδρος „einen bestimmten Gemeindetypus" meint, „der nicht zu groß und nicht zu klein ist, um nicht durch eines der beiden Extreme in seiner politischen Funktion behindert zu werden".[59] In dem zitierten Satz geht es doch vielmehr um die Frage, wieviele ausgewählte Männer als Gesetzgeber berufen werden müssen, um die verfahrenen Zustände in einer vom Bürgerkrieg geschwächten Stadt neu zu ordnen. Platon hat das sicher bewußt ganz allgemein formuliert, so daß seine Ratschläge nicht nur für Syrakus und Sizilien relevant waren. Deshalb ist πόλις μυρίανδρος hier als eine rein quantitative Angabe zu verstehen.[60]

57   Larsen, Repr. Gouvernment 75 und GFS 186 f.; Busolt/Swoboda, GS 1406; E. Meyer, Staats-
     kunde 114 f.; Salmon 104 f.: „une assemblée censitaire".
58   H. Schaefer 423 f.; übernommen von Braunert/Petersen 82.
59   H. Schaefer 404.
60   Ob nun wirklich eine Stadt von ungefähr zehntausend Männern oder einfach eine Großstadt
     gemeint ist; im ersten Fall hätte Platon nur eine Zahlenproportion genannt, während im zweiten

Ganz unklar und unbestimmt bleibt bei Schaefer, wie er die zitierte Stelle aus dem siebten Brief mit der arkadischen Bundesversammlung verknüpfen will. Viktor Ehrenberg ist schon vor Schaefer eine Parallelität aufgefallen, die sich allerdings bei genauerem Hinsehen als oberflächlich enthüllt. Er identifiziert die Damiorgoi aus dem Phylarchos-Dekret mit den von Xenophon erwähnten ἄρχοντες des Arkadischen Bundes[61], so daß der Bürgerversammlung der Myrioi ein herrschendes Gremium von fünfzig Mann gegenübersteht. „Genau das gleiche fordert Platon im siebten Brief...".[62] Wir wissen jedoch nichts Positives über die Funktion der Damiorgoi. Eine Gleichsetzung mit den ἄρχοντες ist ganz hypothetisch.[63] Dagegen wissen wir, daß die Damiorgoi nicht von irgendwelchen Machthabern und nicht wegen ihrer ἀρετή und nicht unter den Griechen ausgewählt worden sind, um Gesetze zu geben. Vielmehr handelte es sich um eine arkadische Bundesbehörde, deren Mitglieder von ihrer jeweiligen Heimatpolis gewählt wurden. Ehrenberg glaubt zwar nicht an die unmittelbare Abhängigkeit der einen von der anderen Stelle (wahrscheinlich war ihm anders als Schäfer und Dušanić der Platonschüler Aristonymos unbekannt); immerhin verweist er wegen der angeblichen Parallelität die Konzeption der Myrioi „in den Bezirk staatstheoretischen Denkens."[64]

Dušanić, der ansonsten von einer ganz anderen Position als Schaefer und Ehrenberg ausgeht, führt die Myrioi ebenfalls auf platonische Vorstellungen zurück. Auch er zieht die erwähnte Stelle aus dem siebten Brief heran, indem er, ohne einen neuen Gesichtspunkt vorzubringen, auf Schaefer und Ehrenberg verweist.[65] Zusätzlich vermutet Dušanić den Einfluß von Hippodamos[66], was Schaefer im Grunde durch die Behauptung schon nahegelegt hatte, daß die Begriffsverbindung πόλις μυρίανδρος „nach Inhalt und Formulierung als das geistige Eigentum des Hippodamos anzusehen ist".[67] Dušanić zufolge war Hippodamos in der Akademie sehr populär.[68] Welcher Schluß ist aus diesen Andeutungen zu ziehen? Zumindest Dušanić muß man wohl so verstehen, daß er die arkadischen Myrioi als das Ergebnis der von Platon rezipierten und von seinem Schüler Aristonymos angewendeten Staatstheorie des Hippodamos ansieht.[69]

Fall die Angabe für Syrakus, deren Bevölkerungsumfang wesentlich größer gewesen sein muß, unmittelbare Bedeutung gehabt hätte. Der exemplarische Charakter der Parenthese wird durch eine Konjektur von Wilamowitz noch verstärkt. Wilamowitz ersetzt den Indikativ durch den Optativ (statt εἶναι nunmehr εἶεν ἄν) und macht so aus dem Realis einen Potentialis der Gegenwart.

61   Xen. hell. VII 4,33.
62   Ehrenberg, RE XVI 1100 (s.v. Myrioi).
63   Trotz den Vermutungen von Busolt/Swoboda, GS 1408; Larsen, GFS 187; Giovannini 45.
64   S.o. A. 62.
65   Dušanić 344; ders., REG 92 (1979), 320.
66   Ders. 288 A.45. 344 A.54.
67   H. Schaefer 407.
68   Einen stichhaltigen Beweis für diese Behauptung wird man bei ihm vergeblich suchen.
69   Die Absurdität dieser Annahme wird, auch abgesehen von den Voraussetzungen, deutlich, wenn man nach den charakteristischen Motiven der hippodamischen Staatstheorie, etwa dem Prinzip der Dreigliederung, in der arkadischen Bundesverfassung sucht; vgl. Gehrke, Hippodamos 61 ff. Neuerdings (1989) behauptet Dušanić, daß der Name der arkadischen Versammlung auf pythagoreische Modelle zurückgeht (Plato's Academy, Elis and Arcadia after Leuctra 85 A. 37).

An dieser Stelle muß die interessante Frage offen bleiben, ob und in welcher Weise hippodamische Überlegungen die platonische Staatsphilosophie beeinflußt haben. Aber festzuhalten ist, daß der Begriff „zehntausend" in Bezug auf die Polis weder als reale Zahl noch als Idealziffer in Platons Staatstheorie eine Rolle spielt. Hätte er für Platon eine Bedeutung gehabt, so erschiene es verwunderlich, daß der Terminus nicht in der „Politeia", nicht im angeblich besonders von hippodamischen Vorstellungen beeinflußten „Kritias" und nicht in den „Nomoi" auftaucht, obwohl in allen drei Werken die Notwendigkeit einer Bevölkerungsbegrenzung thematisiert wurde.[70] Platon war sich der politischen Gefahren eines starken Bevölkerungswachstums bewußt; für ihn war das richtige Maß einer Polis aber mit einer realen oder idealen Zahl nicht zu treffen, sondern abhängig von den jeweiligen Umständen, von dem je real Angemessenen. Die rätselhafte Bezeichnung Myrioi für die arkadische Bundesversammlung ist also von Platon her nicht erklärbar. Bleibt die Frage, ob sie inhaltlich, d.h. ihrem Charaker nach etwas mit Platon zu tun hat. Oder sollte sie sich als Name und als Institution mit Hilfe der überlieferten historischen Angaben einleuchtender erklären lassen als im Rückgriff auf staatstheoretische Konzepte?

Die Einrichtung von Demokratien in den beiden wichtigsten arkadischen Städten war eine Voraussetzung für die Gründung des Arkadischen Bundes. Nach den politischen Umständen der Gründung konnte der Arkadische Bund nur demokratisch organisiert sein. Namhafte Historiker meinten dennoch einen Zensus, meist den Hopliten-Zensus, für die Teilnahme an der Bundesversammlung voraussetzen zu müssen, womit sie die gesamtarkadische Verfassung als eine gemäßigte oder maßvolle Demokratie charakterisieren wollten.[71] Da aber noch nicht einmal die Hälfte der wehrfähigen Männer Arkadiens den Hoplitenzensus erreicht haben dürfte, ist eine solche Klassifizierung irreführend.[72] Unter den besonders rückständigen sozialen und wirtschaftlichen Bedingungen in Arkadien müßte die Beschränkung des aktiven Bürgerrechts auf die Hopliten Oligarchie genannt werden.

Dagegen spricht aber die kompromißlos demokratische Außenpolitik des Bundes bis zu seinem Auseinanderfallen, die sogar vor bewaffneten Interventionen zugunsten von Demokraten in anderen Staaten nicht zurückschreckte.[73]

In Tegea wären bei einem Hoplitenzensus nach den Verlusten des Jahres 370 nur noch wenige Bürger in der Lage gewesen, die Stadt in der Bundesversammlung zu repräsentieren. Das ist als Ergebnis eines demokratischen Umsturzes schlechthin unvorstellbar.[74] Außerdem ist die Rolle der Eparitoi, einer stehenden Truppe von fünftausend Mann, die auch Polizeiaufgaben erfüllte, zu bedenken. Dieses Berufsheer bestand nur aus Arkadern, die Sold für ihre Tätigkeit erhielten. Dabei dürfte es

---

70 Plat. Pol. 423 C; Kritias 112 D; Nom. 737 C – 738 B, wo als Beispiel die Zahl von 5040 genannt wird; vgl. dazu die Kritik des Aristoteles, pol. 1265 a 38 ff.

71 S.o. A.57.

72 Nach St. und H. Hodkinson 276 ff. erreichte nur etwa die Hälfte der mantineiischen Bürger den Hoplitenstatus. Mantineia gehörte aber zu den wirtschaftlich und sozial am meisten entwickelten arkadischen Poleis, so daß allgemein mit einem noch deutlich niedrigeren Anteil der Hopliten an der Gesamtbevölkerung zu rechnen ist.

73 Vgl. Roy, Historia 20 (1971), 586.

74 Dušanić 341 mit A.29.

sich hauptsächlich um mittellose Leute gehandelt haben, die früher als Söldner in die Fremde ziehen mußten, also keine Hopliten waren.[75] Ist es möglich, daß man diese Leute einerseits in Arkadien selbst gehalten und ihnen andererseits ein politisches Mitspracherecht verweigert hat? Natürlich wollte der Arkadische Bund keine Söldner im eigenen Land, sondern er brauchte gute und möglichst motivierte Soldaten.[76] Es gibt also für die Annahme eines Zensuswahlrechts keinen Grund: Die Myrioi waren die demokratische Versammlung eines demokratischen Bundes, d.h. alle erwachsenen Arkader waren aufgefordert, an ihr teilzunehmen.[77]

Vielleicht gelingt es, in einem letzten Anlauf auch noch den Namen Myrioi einleuchtend zu erklären. Dabei kommt der kurzen Rede des Lykomedes, so wie sie Xenophon überliefert, große Bedeutung zu, weil sie einen Eindruck vom spezifischen Selbstbewußtsein der Arkader vermittelt. Danach „erfüllte dieser die Arkader mit Selbstvertrauen, indem er sagte, daß ihnen allein die Peloponnes Vaterland wäre, denn nur sie würden als Ureinwohner darin leben; außerdem sei von allen hellenischen Stämmen der arkadische am größten und körperlich am stärksten".[78] Auf diese Weise begründet Lykomedes den eigenständigen Machtanspruch der Arkader und fordert seine Landsleute auf, sich nicht länger der Vorherrschaft einer fremden Macht, sei es der Spartaner oder sei es der Thebaner, zu unterwerfen.

Der von Lykomedes vorgetragene Anspruch der Arkader, der größte griechische Stamm zu sein, war nicht nur eine rhetorische Beschwörungsformel, sondern wurde in der Bundespolitik berücksichtigt, etwa indem man sich bemühte, den männlichen Bevölkerungsüberschuß im eigenen Lande als Soldaten zu beschäftigen und so aus der früheren Not eine Tugend im Sinne panarkadischer Machtpolitik zu machen. Vor diesem Hintergrund erscheint es denkbar, daß die Arkader ihre Größe im ungewöhnlichen Namen ihrer Volksversammlung demonstrieren wollten. Gerade im Verhältnis zu den vergleichsweise wenigen Spartiaten, die nach Leuktra übriggeblieben waren, war der Name μύριοι geeignet, um das erwachte Selbstbewußtsein des demokratischen Arkadien gegen den Erbfeind zum Ausdruck zu bringen. Schaefer hat in dem bereits mehrfach angeführten Aufsatz die Entwicklung des Wortes μύριοι im Bedeutungsfeld zwischen „unendlich", „grenzenlos" und „zehntausend" untersucht.[79] Offenbar empfand der Grieche beide Bedeutungen ungetrennt, was die für uns unklaren Formulierungen der zeitgenössischen Quellen erklären würde.[80] Für ihn bedeutete μύριοι die höchste Zahlenangabe, „gewissermaßen als Grenzscheide zwischen dem zählbaren und dem unzählbaren".[81] Der Name der arkadischen Bundesversammlung sollte m.E. genau diese Assoziationen hervorrufen und damit auf den

---

75 Diod. XV 62,2; Xen. hell. VII 4,22 ff.
76 Gehrke, Stasis 156; Roy, Historia 20 (1971), 572.
77 Gehrke, Stasis 155 f.; Dušanić 340 f.; Ed. Meyer, GdA V 418; Beloch GG III 1,175; Hiller, RE II 1128 (s.v. Arkadia).
78 Xen. hell. VII 1,23 f.: ...,οὗτος (Λυκομήδης) ἐνέπλησε φρονήματος τοὺς Ἀρκάδας, λέγων ὡς μόνοις μὲν αὐτοῖς πατρὶς Πελοπόννησος εἴη, μόνοι γὰρ αὐτόχθονες ἐν αὐτῇ οἰκοῖεν, πλεῖστον δὲ τῶν Ἑλληνικῶν φύλων τὸ Ἀρκαδικὸν εἴη καὶ σώματα ἐγκρατέστατα ἔχοι.
79 H. Schaefer 407 ff.
80 Vgl. unter diesem Aspekt Diod. XV 59,1.
81 H. Schaefer 408.

Machtzuwachs des demokratischen und vereinigten Arkadien hinweisen. Damit wäre die Frage nach einer platonischen Beeinflussung in diesem Punkt erledigt.

β) Der Stratege

Unsere Quellen legen nahe, daß der Arkadische Bund nur einen Strategen gewählt hat, was im 4. Jahrhundert sicher ungewöhnlich gewesen ist.[82] Wir finden bei Diodor im Jahre 370 und 369 Lykomedes als Strategen[83] sowie bei Xenophon 366 einen gewissen Aineas von Stymphalos.[84] Obwohl uns leider weitere Informationen über den Aufgabenbereich des Strategen im Arkadischen Bund nicht vorliegen, meinten einige moderne Forscher, ihm auch weitreichende politische Kompetenzen zusprechen zu können.[85] Zur Begründung wird die wichtige Rolle des mindestens zweimaligen Amtsinhabers Lykomedes in der arkadischen Politik angeführt, obwohl daraus keineswegs die Kompetenzen des Amtes an sich ablesbar sind. Lykomedes konnte kraft seiner hervorragenden Persönlichkeit, nicht kraft irgendeiner Amtsbefugnis großen Einfluß auf die arkadische Politik nehmen. Bei den Friedensverhandlungen in Theben 366 gibt er als arkadischer Gesandter den Ton an[86]; den Myrioi empfiehlt er erfolgreich, Bündnisverhandlungen mit Athen aufzunehmen, wobei er sich gleich zum Gesandten wählen läßt.[87] Das alles hat mit dem Amt des Strategen nicht das geringste zu tun. Natürlich ist der Stratege ein wichtiger Bundesbeamter gewesen, schon allein deswegen, weil er die militärische Macht in seiner Person konzentrierte. Aber seine Stilisierung zum führenden Politiker des Bundes erlaubt die Quellenlage nicht.

Damit wäre ein weiteres Eingehen auf Dušanić, der als Hauptelemente der Verfassung die Volksversammlung und den Strategen „with their great and complementary powers" betrachtet, eigentlich überflüssig.[88] Aber Dušanić hat auch hierfür eine angeblich platonische Begründung gefunden. Im – rund 20 Jahre später erschienenen – Dialog „Nomoi" wird die These ausgedrückt, daß eine Verfassung monarchische und demokratische Formen kombinieren sollte.[89] Die beiden von Dušanić angeführten Belegstellen[90] lassen sich aber in keinen Zusammenhang mit der arkadischen Bundesverfassung bringen, im Gegenteil: Platon meint offenbar etwas ganz anderes. Es gibt zwei Mütter unter den Verfassungen, sagt er, aus denen alle anderen entstanden sind: die Monarchie und die Demokratie. Die erste hat bei

82 Beloch, GG III 1,175 sah sich offenbar deswegen veranlaßt, ein Kollegium von Strategen anzunehmen, was den Quellen immerhin nicht widerspricht. Eine vergleichbare Regelung aus späterer Zeit findet sich beim Achaiischen Bund nach 245 v. Chr.: vgl. Larsen, GFS 220.

83 Diod. XV 62,2 (370) und 67,2 (369).

84 Xen. hell. VII 3,1.

85 Dušanić 341 f.; Busolt/Swoboda, GS 1409; Larsen, Repr. Gouvernment 74: „... his position was such that he could well be called the president".

86 Xen. hell. VII 1,39.

87 Ebd. VII 4,2.

88 Dušanić 344.

89 Ebd.

90 Plat. Nom. 693 DE, 756 E.

den Persern die höchste Vollkommenheit erreicht, die zweite in Athen. Eine gut verwaltete Stadt muß an beiden Verfassungstypen Anteil haben. Als reale Beispiele für gute Annäherung an das richtige Maß zwischen beiden verworfenen Extremen nennt Platon Aristokratien wie die spartanische und die kretische Verfassung.[91] Der Arkadische Bund dagegen stammt nicht von zwei Müttern ab; er war einzig und allein Kind der Demokratie, wodurch er in deutlichem Gegensatz zu der in den „Nomoi" entworfenen Verfassung steht, der schon Aristoteles mit vollem Recht eine Tendenz zur Oligarchie bescheinigt hat.[92] Der arkadische Stratege besaß auch bei weitestgehender Interpretation seiner Amtsbefugnis keine wie immer geartete monarchische Gewalt; er war ein – wahrscheinlich jährlich neu oder wieder – zu wählender Beamter[93], der der Volksversammlung Rechenschaft schuldete. Es bleibt unverständlich, wie Dušanić, der selbst den strikt demokratischen Charakter des Bundes betont, an solchen Evidenzen vorbeisehen konnte. Sein zweiter Beleg aus den Nomoi ist nicht aufschlußreicher: Wieder ist die Rede von der Mitte zwischen einer monarchischen und einer demokratischen Verfassung, dieses Mal in bezug auf ein kompliziertes Wahlverfahren für einen nach Schätzungsklassen zusammengesetzten Rat (756 E).

Kein Historiker würde für die Existenz von Strategen in einer Polis oder einem Koinon einen philosophischen Erklärungsbedarf sehen. Daß erstmalig der Arkadische Bund anscheinend nur einen Strategen besaß, verändert die Lage nicht grundsätzlich, sondern erklärt sich möglicherweise mit den innen- und außenpolitischen Schwierig-keiten, die bei der Gründung des Bundes zu überwinden waren. Besonders die Todfeindschaft mit Sparta, die dem Arkadikon in die Wiege gelegt worden war, ließ es den Arkadern vermutlich geraten erscheinen, die militärische Führung um der Effizienz willen in einer Person zu konzentrieren. Außerdem mag anfangs Begeiste-rung für Lykomedes mit im Spiel gewesen sein[94], so daß man ihm keine Kollegen an die Seite stellen wollte. Nachdem sich seine Amtsführung bewährt hatte, könnten seine Nachfolger von seinen Erfolgen und seinem Ansehen profitiert haben. Jeden-falls sind wir auch von der Sache her nicht genötigt, zur Erklärung die gesetzgebende Tätigkeit eines Platonschülers anzunehmen.

γ) Die Epariten

Beim Aufstellen eines Bundesheeres haben sich die Arkader offenbar von zwei Aspekten leiten lassen:
1. Vom thebanischen Vorbild[95]; Theben bekämpfte die Spartaner deshalb erfolg-reich, weil es eine den Spartiaten in Spezialisierung, Motivierung und Zuverläs-sigkeit vergleichbare Kerntruppe ins Feld schicken konnte.

---

91 Nom. 693 E; vgl. Kriton 52 E; G. Müller, Studien 181.
92 Arist. pol. 1266 a 5 ff.
93 Das unterscheidet ihn auch grundsätzlich von den spartanischen Königen.
94 Vgl. Xen. hell. VII 1,23.
95 Parke, GMS 92 f. mit der allerdings unzutreffenden Begründung, daß der Arkadische Bund eine Schöpfung Thebens sei.

2. Von der Überzeugung, daß nur die Ausnutzung der großen menschlichen Ressourcen des Landes, d.h. hier der Qualität und Quantität seiner Soldaten, die Selbstbehauptung und eine unabhängige Politik des jungen Bundesstaates ermöglichen würde.[96] Dementsprechend mußte der Bund für den Lebensunterhalt der mittellosen Soldaten sorgen. Man hat die bei Diodor überlieferte Zahl fünftausend für den Umfang der Eparitoi (Diodor nennt sie Epilektoi) manchmal angezweifelt.[97] In der Tat erscheinen sie etwa verglichen mit der „Heiligen Schar" der Thebaner sehr hoch, und die Aufwendungen für eine solche Truppe müssen beträchtlich gewesen sein. Aber gerade das erklärt, warum die Frage der Besoldung der Eparitoi zum Anlaß für Auseinandersetzungen werden konnte, die letztlich zur Spaltung des Bundes führten.

Zu den Eparitai findet Dušanić eine ganz besonders kühne Analogie bei Platon. Er fragt nämlich, ob sie irgendeine Beziehung mit dem Soldatenstand der „Politeia" haben, wobei er zwei Parallelen andeutet. Die Eparitai hätten einem Staat im Staate geähnelt[98], was doch wohl heißt, daß ihre Loyalität dem Staatsganzen gegenüber begrenzt war und daß sie faktisch als eine Körperschaft eigenen Rechtes handelten, die sich der legitimen Verfügungsgewalt entzog. Für eine solche Interpretation gibt aber die uns bekannte Geschichte des Arkadischen Bundes keinen Anhaltspunkt. Gerade die Streitigkeiten, die zur Auflösung des panarkadischen Bundes führten, zeigen das; denn der Gegensatz teilte auch die Eparitai.[99]

Doch noch weniger als bei den arkadischen Eparitai, bei denen uns eine fragmentarische Überlieferung ein klares Urteil vorenthält, können wir bei dem Soldatenstand in Platons Poliskonstruktion von einem Staat im Staate reden. Die Stellung der Soldaten im „Politeia"-Modell, die Platon mit spezifischen Rechten und Pflichten verbunden hat, ist in keiner Weise mit einer lohnabhängigen Truppe eines demokratischen Bundesstaates vergleichbar.[100] Platon hatte eine ausgesprochene Abneigung gegen den demokratischen Brauch, Bürger für staatliche Aufgaben zu entlohnen. Sokrates kritisiert Perikles im „Gorgias" (515 E) mit den Worten: Ταυτὶ γὰρ ἔγωγε ἀκούω, Περικλέα πεποιηκέναι 'Αθηναίους ἀργοὺς καὶ δειλοὺς καὶ λάλους καὶ φιλαργύρους, εἰς μισθοφορίαν πρῶτον καταστήσαντα. Das spielt auf die Einführung des Richtersolds an, ist aber auf alle Arten von Bürgersold übertragbar. Auch die Eparitai waren μισθοφόροι.

Daß die Eparitai militärische und polizeiliche Aufgaben erfüllten, wie Platon es seinen Wächtern zugedacht hatte, ist eine belanglose Gemeinsamkeit, zumal sich die polizeiliche Tätigkeit der Eparitai natürlich nur auf Bundesangelegenheiten bezog. Wer sollte denn sonst in einem großflächigen Bundesstaat den Entscheidungen der Bundesgewalt nötigenfalls Geltung verschaffen, wenn nicht die Bundesarmee?

---

96 Vgl. die Rede des Lykomedes bei Xen. hell. VII 1,23 f.
97 Parke, GMS 93 A.1.
98 Dušanić 344.
99 Die ärmeren Soldaten bleiben nach dem Ausbleiben der Soldzahlungen weg (Xen. hell. VII 4,34), kämpfen aber bei der Schlacht von Mantineia mit den Thebanern (ebd. VII 4,36). Deswegen ist auch irreführend, den Eparitai insgesamt, wie Parke, GMS 93, „a highly dangerous esprit de corps" zu unterstellen.
100 Vgl. z. B. Plat. Pol. 417 AB.

d) Die Außenpolitik des Arkadischen Bundes

Nach Dušanić könnte sogar die arkadische Außenpolitik der Jahre 370 bis 364 den Einfluß Platons widerspiegeln. „The policy of the Koinon not to expand beyond its ethnic boundaries and to take Arcardian autochthony as its watchward may have followed Plato's advice, too."[101] In der Tat war Platon ein scharfer Gegner einer Politik der Stärke, jener Geisteshaltung, wie sie z.B. im sogenannten Melier-Dialog des Thukydides zum Ausdruck kommt. Vergegenwärtigen wir uns etwa die Dialoge, die Sokrates mit Kallikles im „Gorgias" und mit Thrasymachos im ersten Buch der „Politeia" führte, so wird einerseits deutlich, mit welchem Ernst Platon die Vorstellung vom naturgegebenen Recht des Stärkeren sowohl auf zwischenmenschlicher als auch auf zwischenstaatlicher Ebene bekämpft hat, andererseits aber auch, welche Aufmerksamkeit er solchen offensichtlich repräsentativen Meinungen zuwendete.[102] Eine selbstgenügsame Politik, wie Dušanić sie dem Arkadischen Bund unterstellt, hätte also mit Sicherheit Platons Beifall finden müssen.

Doch läßt sich in der angesprochenen Hinsicht nichts Ungewöhnliches an der arkadischen Politik entdecken. Die Arkader hatten ein weites Verständnis von ihren ethnischen Grenzen: Der Bund inkorporierte Triphylien mit Lepreon als Zentrum[103], entriß den Spartanern die Aigytis und Skiritis und teilte sie dem Gebiet von Megalopolis zu[104] und annektierte die Ortschaft Lasion von Elis.[105] Dagegen ließe sich freilich noch nichts einwenden, wenn sich, was wir nicht wissen, die betroffene Bevölkerung als Arkader betrachtete.

Insofern hat Dušanić Recht: Der Arkadische Bund expandierte nicht über seine – wenn auch weit verstandenen – ethnischen Grenzen. Das ist allerdings in keiner Weise bemerkenswert, sondern schlicht selbstverständlich. Die Thebaner z. B. waren zeitweise der Hegemon von ganz Griechenland; trotzdem haben sie nie daran gedacht, den Boiotischen Bund über die Grenzen Boiotiens hinaus auszudehnen.[106] Sie hätten sich damit selbst geschadet[107]; schließlich hatte sich die Herrschaftspraxis zu dieser Zeit schon längst über bloße Annexionspolitik hinaus zu Systemen informeller Herrschaft entwickelt, welche durch Parteigänger in anderen Staaten und durch Symmachien befestigt waren. Im übrigen unterschieden die Arkader nicht zwischen Autonomie- und Hegemoniepolitik, womit sie sich gut in die Logik des zeitgenössischen politischen Handelns einfügten. Das führt zu einem unbewältigt geblie-

---

101 Dušanić 344.
102 Die gesamte „Politeia" kann auch als konzeptionelle Widerlegung des Thrasymachos gelesen werden.
103 Tod, GHI II Nr. 132, Z.20; in einem in Delphi errichteten Weihgeschenk wird flugs ein Triphylos als Sohn des mythischen Stammvaters Arkas dargestellt; vgl. Pomtow, AM 14 (1889), 19 ff. 24.
104 Paus. VIII 27,4.
105 Xen. hell. VII 4,12.
106 Beim späteren Achaischen Bund, den Dušanić 308 mit A.112 als einziges Beispiel anführt, liegen die Dinge doch ganz anders.
107 Die Eleer haben es bei dem Versuch, Triphylien ihrem Staatsgebiet anzugliedern, ohne den Triphyliern politisches Mitspracherecht einzuräumen, erfahren; s. unter PHORMION, S. 35 f mit A.8.

benen Problem des 4. Jahrhunderts (oder der griechischen Geschichte überhaupt), welches auch Platon durchaus erkannt hat[108]: Daß es nämlich einen allgemeinen Frieden in Griechenland solange nicht geben werde, solange griechische Poleis unter der eigentlichen Autonomie auch die Beherrschung der Nachbarn verständen. Die Arkader machten da keine Ausnahme; Selbstbehauptung war bei ihnen von Machtansprüchen nicht zu trennen. Das zeigt die fast permanente Kriegführung von 370 bis 363 ebenso wie die Interventionen in Phleius 369[109], zugunsten der achaiischen Demokraten 367/6[110], in Sikyon (Frühjahr und Sommer 366)[111] sowie die Ausrichtung der olympischen Spiele 364[112].

Daß Dušanić die behauptete Autochthonie der Arkader mit ihrer angeblich selbstgenügsamen Außenpolitik in Verbindung bringt, ist völlig unverständlich. Xenophon läßt Lykomedes in der schon zitierten Rede sagen, daß ihnen (den Arkadern) allein die Peloponnes das Vaterland sei, da sie die einzig autochthonen Bewohner seien (VII 1,23). Das Argument sollte zunächst den arkadischen Anspruch auf Autonomie gegenüber den Großmächten unterstreichen, war daneben aber bestens geeignet, den Machtanspruch des Arkadischen Bundes auf der Peloponnes „historisch" zu legitimieren.

e) Platon und Megalopolis

Diogenes Laertius schreibt unter Berufung auf Pamphile, daß die Arkader und Thebaner, als sie Megalopolis gründeten, Platon als Gesetzgeber einluden: ὁ δὲ μαθὼν ἴσον ἔχειν οὐ θέλοντας οὐκ ἐπορεύθη (III 23).

Die gleiche Geschichte überliefert etwas wortreicher Ailian; er hat höchstwahrscheinlich ebenfalls aus Pamphile geschöpft und gibt als Urheber der Einladung auch Arkader und Thebaner an. Danach war Platon schon im Begriff anzunehmen, als er die Gesandten fragte, πῶς ἔχουσι πρὸς τὸ ἴσον ἔχειν ἅπαντες; ἐπεὶ δὲ ἔμαθε παρ᾽ αὐτῶν ὅτι καὶ πάνυ ἀλλοτρίως οὐδὲ πείσει αὐτοὺς τιμᾶν τὴν ἰσονομίαν, ἀπείπατο τὴν πρὸς αὐτοὺς ἐπιδημίαν (var. hist. II 42).

Die chronologische Einordnung dieser Angaben bereitet große Schwierigkeiten, vor allem wegen des genannten Zusammenwirkens der Arkader und Thebaner. Schon Niese hat schlüssig gezeigt, daß man bei der Datierung der Gründung von Megalopolis Diodor XV 72,4 folgen muß und somit auf das Jahr 368/67 kommt.[113] Zu dieser Zeit war das Verhältnis zwischen den beiden Bündnispartnern schon nicht

---

108 Plat. Pol. 471 AB.
109 Xen. hell. VII 2,5 ff.
110 Xen. hell. VII 1,43; vgl. Roy, Historia 10 (1971), 579 ff.
111 Xen. hell. VII 1,44. 3,1 ff.; zu den Daten vgl. Gehrke, Stasis 148 f. und 370 ff.
112 Xen. hell. VII 4,28 f.
113 Niese 527 ff.; ebenso Roy, Historia 20 (1971), 590 ff.; Braunert/Petersen 61 ff.; Moggi, Synecismi 307 ff.; vgl. Lanzilotta, La fondazione di Megalopoli, RSA 5 (1975), 25 ff. – Paus. VII 27,8 setzt die Gründung ins Jahr 371/0 v. Chr., das Marmor Parium (FGrHist 239 = Tod, GHI II Nr. 205, A § 73) notiert sie zwischen 371/0 und 368/7 v. Chr.; Xenophon ignoriert charakteristischerweise die Gründung der „Großen Stadt" vor den Toren Spartas.

mehr ungetrübt[114]; mehr als allenfalls finanzielle und militärische Hilfe können die Thebaner bei der Gründung nicht geleistet haben. Auch Epaminondas, den Pausanias als den eigentlichen Gründer der Stadt bezeichnet, war zu dieser Zeit nicht auf der Peloponnes, kann also nicht unmittelbar am Geschehen teilgenommen haben.[115] Die Bestellung Platons zum Gesetzgeber einer noch nicht gegründeten Stadt ist ebenfalls unwahrscheinlich, zumal aus beiden Quellen hervorgeht, daß Platon zunächst bereit war, die Einladung anzunehmen und nach Arkadien zu reisen. Megalopolis muß also schon existiert haben. Auch davon abgesehen, ist die Datierung von Dušanić ins Frühjahr 369 inakzeptabel.[116] Just zu der Zeit, als Athen ein Bündnis mit Sparta abschloß[117], sollte sich ein Athener in herausragender Weise an einer so offenkundig antispartanischen Gründung beteiligt haben? Und dann auch noch ausgerechnet Platon? Die einzig mögliche, wenn auch nicht restlos überzeugende Datierung scheint mir das Jahr 367 zu sein[118], als Epaminondas zu seinem dritten Feldzug auf der Peloponnes erschien[119] und bevor sich die Arkader mit ihm wegen der Behandlung der achaiischen Städte überwarfen. Rätselhaft genug bleibt die Geschichte in jedem Falle.[120]

Man kann nur darüber spekulieren, was die Arkader und Boioter veranlaßt haben könnte, gerade Platon als Gesetzgeber für Megalopolis anzuwerben. Bearzot motiviert die Einladung mit philosophischen Neigungen des Epaminondas, der angeblich mit dem pythagoreischen Kreis in Theben verbunden war und über Männer wie Lysis, Simmias, Kebes und Philolaos indirekte Beziehungen mit Platon haben konnte.[121] Dabei handelt es sich freilich um eine sehr gewagte Kombination, denn wir wissen lediglich, daß Epaminondas in seiner Jugend von dem Phythagoreer Lysis unterrichtet wurde.[122] Daß er sich im Verlaufe seiner politischen Laufbahn je von philosophischen Erwägungen leiten ließ, ist nicht ersichtlich. Wenn er tatsächlich

114 Vgl. Xen. hell. VII 1,23. 39.
115 Roy, Historia 20 (1971), 577 f.; Braunert/Petersen 63 ff. machen plausibel, daß die Angabe von Pausanias hier im übertragenen Sinne zu verstehen ist: Epaminondas hat mit seiner spektakulären Winterexpedition nach Sparta die militärischen Voraussetzungen geschaffen, die die Gründung einer „großen Stadt" in SW-Arkadien ermöglichten. Außerdem hat er möglicherweise (Paus. VIII 27,2) die Arkader zu dem Synoikismos angeregt.
116 Dušanić 293 A.29. Auch Braunert/Petersen 67 A.43a denken wegen der Schwierigkeit, die mit der gemeinsamen Nennung von Arkadern und Thebanern verbunden ist, offensichtlich an die Zeit 370-69 v. Chr.
117 Diod. XV 67,1.
118 Die Athener waren auch zu diesem Zeitpunkt noch Verbündete der Spartaner; erst 366, nachdem ihnen die Thebaner Oropos entrissen hatten, wechselten sie die Seiten. Vgl. Xen. hell. VII 4,1 ff.
119 Xen. hell. VII 1,41; Diod. XV 75,2; die Datierung des Epaminondas-Feldzuges nach Gehrke, Stasis 14. 372.
120 G. Müller, Studien 177 A.1 hält sie mit gutem Grund für eine „Fabel"; ebenso Zeller, Philos. d. Gr. II 1, 422 A.1 und Moggi, Synecismi 316; skeptisch ist Riginos, Platonica 191 ff., während Isnardi Parente, Studi 276 f., wie meistens unkritisch ist.
121 Platone e i Moderati Ateniesi 73. Die Kontakte der Thebaner Simmias und Kebes zum sokratischen Kreis bezeugt der „Phaidon"; dort (51 E) findet sich auch die Nachricht von einem Aufenthalt des italischen Pythagoreers Philolaos in Theben.
122 Kl P s.v. Lysis; vgl. v. Fritz, RE XXIV 215 f. (s.v. Pythagoreer).

über Kontakte zu Platon verfügte, kann er jedenfalls kein Platonkenner gewesen sein. Jedem Leser des „Gorgias" oder der „Politeia" müßten nämlich zumindest starke Zweifel gekommen sein, ob Platon für eine von so prononciert antispartanischen Motiven und Gefühlen getragene, demokratische Gründung der geeignete Mann war. Oder reichte den Urhebern der Einladung die einfache Tatsache, daß Platon als Verfasser einer umfangreichen Schrift über den besten Staat hervorgetreten war? Sollte seine intellektuelle Kapazität benutzt werden, der Gründung der Stadt vor den Toren Spartas zusätzliche Publizität zu verleihen?

Über die Gründe, die Platon zur Ablehnung des angeblichen Angebotes bewogen, ist uns glücklicherweise eine Andeutung überliefert. Er sprach mit den Abgesandten offenbar über die Umstände der Gründung und über die Vorstellungen der Auftraggeber, wobei er feststellte, daß sie das ἴσον ἔχειν nicht wollten oder – anders ausgedrückt – daß sie die Isonomia nicht ehrten.

Dieser Einwand zeigt aufs neue die Fragwürdigkeit der Geschichte. Der Begriff ἰσονομία bezeichnet ursprünglich, wie Ehrenberg dargelegt hat, den adeligen Anspruch auf Gleichheit gegen die Tyrannis.[123] In kleisthenischer Zeit wird er zum Ausdruck der Gleichheit aller Bürger, „sei es als Anteil am Staat, sei es als Gleichheit vor dem Gesetz".[124] Seitdem ist ἰσονομία aufs engste mit ἐλευθερία verbunden und endgültig als demokratischer Begriff etabliert.[125] Natürlich war sich Platon dieser Zusammenhänge bewußt. Eine positive Erwähnung der Isonomia kennen wir von ihm nur aus dem 7. Brief[126], falls er der Autor desselben ist; dort überwiegt die antityrannische Konnotation des Begriffs, die jedoch im Fall von Megalopolis keine Bedeutung gehabt haben kann.[127] In den Dialogen, namentlich der „Politeia", benutzt Platon den Terminus zur Diskreditierung der Demokratie. Sokrates nennt die Demokratie in der „Politeia" ἡδεῖα πολιτεία καὶ ἄναρχος καὶ ποικίλη, ἰσότητά τινα ὁμοίως ἴσοις τε καὶ ἀνίσοις διανέμουσα (558 C); der dazugehörige demokratische Mensch lebt βίον ἰσονομικοῦ τινος ἀνδρός (561 E). „Beispiele krassesterAusartung der Demokratie sind (für Sokrates, d.Vf.) die Ungebundenheit der gekauften Sklaven und andererseits die zwischen Mann und Frau bestehende ἰσονομία καὶ ἐλευθερία (563 B)."[128] Bei diesem Befund wäre es, gelinde gesagt, merkwürdig, wenn Platon bei den demokratisch verfaßten Arkadern und Thebanern ausgerechnet die Bereitschaft zur Schaffung von Isonomia in Megalopolis vermißt haben sollte. Wir müssen daher – gesetzt, die ganze Geschichte hat überhaupt einen realen Kern – die Verwendung des Wortes Isonomia auf das Konto der Ahnungslosigkeit Ailians oder seiner Quelle (Pamphile?) setzen.

Dagegen ließe sich das sowohl von Diogenes als auch von Ailian angeführte ἴσον ἔχειν mit Platon als das einem jeden jeweils Zustehende fassen[129]; die Herrschaft

---

123 RE Suppl. VII 293 ff. (s.v. Isonomia).
124 Ebd. 295.
125 Ebd. 296.
126 326 D. 336 D.
127 S.u. S. 273; der unplatonische Gebrauch von Isonomia im 7. Brief ist für Vlastos 33 A.2 einer der wichtigsten Gründe, die ihn an seiner Echtheit zweifeln lassen.
128 Ehrenberg, RE Suppl. VII 299.
129 Vgl. Gorg. 508 A, Nom. 757 A ff.

steht nach Platon aber nur den Besten zu, in der „Politeia" den besonders erzogenen
und ausgebildeten Philosophen. Anders sieht es bei der Verteilung des Besitzes aus;
hier hat sich Platon gegen allzu große Unterschiede ausgesprochen.[130] Die Vorstellung vom πλέον ἔχειν als dem natürlichen Recht des Stärkeren, dem das ἴσον ἔχειν
als Übereinkuft der Schwachen und Untüchtigen entgegensteht, hat er vehement
bekämpft.[131] Beide komplementär zu verstehenden Aspekte umschreiben Platons
Begriff von der wahren (geometrischen, dem Verdienst proportionalen) Gleichheit,
so daß wir mit Gaiser feststellen können: „Wenn an dieser Geschichte etwas Richti-
ges ist, so kann Platon nur eine ‚geometrische Gleichheit' der Bürger gefordert haben,
zu der allerdings (wie die ‚Nomoi' zeigen) die Gleichheit vor dem Gesetz, Wahlrecht
für alle (wenn auch nicht gleiches Gewicht der Stimmen) und ausgewogene Besitzverhältnisse gehörten."[132]

    Ähnlich wie im Fall des Arkadischen Bundes wurde auch für Megalopolis durch
die politischen Rahmenbedingungen die Verfassung in ihren Grundzügen festgelegt.
Megalopolis war von vornherein eine bestimmte Rolle im Arkadischen Bund zu-
gedacht, die sich Platons Verfügung ebenso entzogen hätte, wie der demokratische
Charakter der zu entwerfenden Verfassung, die natürlich der allgemeinen Aus-
richtung des Bundes entsprechen mußte.[133] Auch die Besitzverhältnisse hätte Platon
vermutlich nicht im Sinne des ἴσον ἔχειν beeinflussen können[134], da es sich bei
Megalopolis ja nicht um eine Koloniegründung handelte, sondern um einen
Synoikismos, noch dazu um einen teilweise unfreiwilligen. Ich will eine gewisse
Verwandtschaft zwischen beiden Phänomenen nicht bestreiten, aber ein gravierender
Unterschied liegt doch gerade in der Frage der Landverteilung. Kolonisten suchen
sich einen geeigneten Platz und bemächtigen sich des umliegenden Landes, das sie
nach eigenem Gutdünken untereinander aufteilen können. Bei einem Synoikismos
hat das verfügbare Land bereits seine Besitzer, so daß sich grundsätzlich nichts an
den bestehenden Zuständen auf dem Land ändert. Dementsprechend bewirkte die
Gründung von Megalopolis noch nicht einmal einen grundlegenden Wandel in der
Siedlungsweise der Bevölkerung, die überwiegend auf Einzelgehöften lebte. „Die
Stadtgründung hatte demnach zunächst gar keinen ökonomischen Effekt, der agrarische
Horizont blieb unverrückt."[135]

    Daß Platon die Einladung ausschlug, in Megalopolis als Gesetzgeber zu wirken,
überrascht daher nicht. Er hätte sich in einem ihm nicht genehmen Rahmen mit
verfassungstechnischen Details abgeben müssen[136], sich leicht verstricken können,

---

130 Vgl. Pol. 421 D ff. Nom. 684 DE. 744 D ff. In diesem Sinne hat Gehrke, Stasis 156 A. 23,
    Platons Gleichheitsforderung gegen eine entsprechende Behauptung bei Braunert/Petersen 82
    A. 116 nicht auf eine demokratische Verfassung, sondern auf die Besitzverhältnisse bezogen.
131 Z.B. Gorg. 483 C. 484 A. 448E f.; Widerlegung des Thrasymachos in Buch I der „Politeia".
132 Philodems Academica 366. Dies ist freilich im Hinblick auf die politische Konkretion der
    geometrischen Gleichheit cum grano salis zu nehmen, weil das spätere Konzept der „Nomoi"
    nicht ohne weiteres für die Zeit der Gründung von Megalopolis vorausgesetzt werden kann.
133 Ein Punkt, der durch die zusätzliche Nennung der Thebaner noch unterstrichen wird.
134 Vgl. Nom. 684 B ff. 736 C, wo Platon ausdrücklich darauf hinweist, daß Gesetzgeber früherer
    Zeiten es viel leichter hatten, eine gewisse Gleichheit im Hinblick auf den Besitz durchzusetzen.
135 Gehrke, Jenseits von Athen und Sparta 112.
136 Dušanić 344 mit A. 56 betrachtet die Zahl von zehn Oikisten (Paus. VIII 27,2) mit Hinweis auf

und selbst im günstigsten Falle hätte der Erfolg nicht die vielfältigen Risiken der Unternehmung aufgewogen. Nun liegt es natürlich nahe, die Geschichte mit der angeblichen Tätigkeit des Platonschülers Aristonymos in Arkadien in einen Zusammenhang zu bringen. In der Tat könnten beide Zeugnisse Kontakte zwischen Platon und Arkadien andeuten. Eine politische Zusammenarbeit ist dabei jedenfalls nicht herausgekommen, wie die Untersuchung gezeigt hat. Man sollte wohl mehr an persönliche Beziehungen denken.[137]

Darüber hinaus ist versucht worden, Plutarchs Bemerkung über Aristonymos auf Megalopolis zu beziehen, was der Text zuläßt. Platon habe also nach seiner Ablehnung den Arkadern an seiner Stelle den Aristonymos geschickt.[138] Die sachlichen Gründe, die Platon bewogen, nicht nach Megalopolis zu reisen, sind selbstverständlich ohne weiteres auf seinen Schüler übertragbar. Platon könnte ihn trotzdem geschickt haben, sei es, um arkadischen Freunden einen Gefallen zu erweisen oder sei es, um ihm, der als „Namenloser" nichts zu verlieren hatte, eine wertvolle Erfahrung zu ermöglichen. Doch das bleibt Spekulation und ist für unsere Untersuchung ohne Belang. Entscheidend ist vielmehr Platons eigene, von uns ohne weiteres nachvollziehbare Erkenntnis, daß in Megalopolis die Voraussetzungen für eine gesetzgeberische Tätigkeit nach seinen Vorstellungen nicht gegeben waren.[139]

2. PHORMION – ELIS

a) Die Überlieferung

Während uns Aristonymos nur über das 32. Kapitel der plutarchischen Schrift πρὸς Κωλώτην bekannt ist, gibt uns Plutarch in Praec. ger. reip. 10, 805 d einen zusätzlichen Hinweis zur Tätigkeit des Phormion in Elis.

Plutarch vergleicht dort Phormion mit dem athenischen Politiker Ephialtes. Beide hätten sich Einfluß und Ruhm erworben, indem sie die Macht des verhaßten oligarchischen Rates beschränkten. Im Unterschied zu Aristonymos haben wir daher ein Zeugnis, daß Phormion wirklich tätig wurde. Plutarch fügt Ephialtes und Phormion als historische Beispiele in seine Argumentation ein. Es gibt an dieser Stelle keinen Grund, sein Zeugnis in Zweifel zu ziehen.

Phormions Gesetzgebung fand im Rahmen einer demokratischen Neuordnung statt, der eine Machtübernahme der Demokraten wahrscheinlich unmittelbar voraus-

---

Plat. Nom. 702 C als Zeichen platonischer Beeinflussung, was absurd ist: erstens hat sie keine besondere Bedeutung in Platons Konzept von einem Gesetzesstaat und zweitens findet sie, wenn überhaupt, auch in der Gründung von Thurioi ein Vorbild (vgl. Braunert/Petersen 80 f.). Wahrscheinlicher ist die umgekehrte Annahme von Morrow, Plato's Cretan City 8 A. 11, daß die „Nomoi" in diesem Punkt von der Gründung von Megalopolis beeinflußt sind.

137 Vgl. Dušanić 288 f.

138 S. A.3.

139 Natürlich kann die Geschichte sehr wohl eine späte Erfindung sein (s.o. A.121). Edelstein, Plato's Seventh Letter 164 A.87, hält sie für eine Reflexion des späteren Einflusses der Akademie (unter Arkesilaos als Schulhaupt) auf die Administration von Megalopolis (Plut. Philopoimen 1,2 f.); den anekdotischen Kontext analysiert Riginos, Platonica 191 ff.

gegangen war. Das ergibt sich sowohl aus dem Vergleich mit Ephialtes[140] als auch vor allem aus der Deutlichkeit, mit der ihm Plutarch die Entmachtung eines ausdrücklich als oligarchisch gekennzeichneten Rates zuschreibt.[141] Der Zusammenhang Phormions mit einer demokratischen Erneuerung in Elis erleichtert uns die Datierung seiner Tätigkeit, die ja schon durch Plut. adv. Col. 1126 c auf Platons Lebenszeit eingegrenzt ist.

b) Phormions Einordnung in die elische Geschichte

Zu Beginn des 4. Jahrhunderts herrschten die Demokraten in Elis. Zwar ist manchenorts die Auffassung vertreten worden, die Oligarchen hätten im Gefolge der elischen Niederlage im Krieg gegen Sparta die Macht an sich gerissen oder von den Spartanern übertragen bekommen[142], doch gibt es dafür keinen Anhaltspunkt in den Quellen.[143] Im Gegenteil widerspricht eine solche Auffassung sogar dem Zeugnis Xenophons, unserer wichtigsten Quelle für den elisch-spartanischen Krieg. Dieser berichtet von einem Aufstand der Oligarchen, die dafür einen sehr günstigen Zeitpunkt ausgesucht hatten. Der spartanische König war 401 mit seinem Heer gegen die unbefestigte Stadt Elis gezogen, hatte sich aber mit der Verwüstung der Vororte begnügt und ließ, während er nach Kyllene weiterging, seine Truppen ausgiebig das reiche Land plündern. Obwohl viele Eleer der Vernichtung ihres Besitzes zusehen mußten und obwohl man damit rechnen konnte, daß Agis zur Unterstützung der Oligarchen erneut auf die Hauptstadt marschieren würde, scheiterte der oligarchische Putsch. Die Anstifter flohen zu den Spartanern, nachdem die Volkspartei in den Straßenkämpfen die Oberhand behalten hatte. Konsequenterweise waren es die Demokraten[144], die im nächsten Jahr einen sehr verlustreichen Frieden mit Sparta abschließen mußten. Darüber hinaus spricht nichts gegen das Zeugnis Xenophons. Warum sollten die Spartaner zusätzlich zu den harten Friedensbedingungen, die sie den Eleern diktiert hatten, auf der Einrichtung eines unpopulären Regimes bestehen, dessen Anführer sich soeben als unfähig erwiesen hatten, trotz den sehr günstigen Umständen die Macht zu übernehmen?[145] Außerdem hätte das wohl einen weiteren Feldzug gefordert; denn daß die Demokraten kampflos das Feld ihren Gegnern geräumt hätten und ins Exil gewichen wären, ist undenkbar.

140 Der Vergleich bezieht sich auf ein bestimmtes politisches Handeln und nicht auf allgemeine Tugenden, wie z.B. bei Plut. Demosth. 14,1, wo Phokion bezüglich seiner ἀνδρεία und δικαιοσύνη mit Ephialtes, Aristeides und Kimon in einer Reihe genannt wird, woraus man natürlich keine politischen Schlußfolgerungen ziehen kann, vgl. Gehrke, Phokion 196 A.79.

141 Was Ed. Meyer, GdA V 451 A.2 dazu veranlaßt hat, Phormion eine „gemäßigt konservative Verfassung" zuzuschreiben, bleibt daher unerfindlich. Vielleicht traute er einem Platonschüler keine demokratische Gesetzgebung zu. Ähnlich denkt offenbar Isnardi Parente, Studi 279, die Phormion im Rahmen der oligarchischen Konsolidierung nach 365 „una nuova e più rationale legislazione ispirata a criteri aristocratici" zuschreibt.

142 Swoboda, RE V 2428 f. (s.v. Elis); Dušanić 61; ders., REG 92 (1979), 322.

143 Xen. hell. III 2,21 ff.; Paus. III 8,3 ff.; Diod. XIV 17. 34.

144 Xen. hell. II 2,30 und Paus. III 8,5 erwähnen ausdrücklich den Anführer Thrasydaios.

145 Vgl. Beloch, GG III 1,18 f.; Ed. Meyer, GdA V 48; Gehrke, Stasis 54 A.12.

Daher brauchen wir auch keinen Verfassungsumschwung, für den die Quellen wiederum keinen Hinweis bieten, nach der Schlacht von Leuktra anzunehmen.[146] Vielmehr förderte das demokratische Elis, das nach der Niederlage Spartas außenpolitische Bewegungsmöglichkeiten wiedergewonnen hatte, die Formierung einer demokratischen Interessenkoalition gegen Sparta auf der Peloponnes, wobei es den Eleern vor allem um die Rückgewinnung der 401 verlorenen Gebiete ging. Nachdem es den Demokraten nicht gelungen war, die elischen Ansprüche auf Triphylien gegenüber Arkadien durchzusetzen, nahmen die Oligarchen das Heft in die Hand, ohne daß es dabei zu Gewaltsamkeiten gekommen wäre.[147] Durch ihren Angriff auf den Ort Lasion in der Akroreia, der dem Arkadischen Bund beigetreten war, lösten sie den elisch-arkadischen Krieg aus. Als sich jedoch das Kriegsglück zugunsten der Arkader neigte, schlugen die elischen Demokraten los; doch behielten die Oligarchen mit Hilfe der Elitetruppe der „Dreihundert" die Oberhand und trieben sie ins Exil. Später nahmen diese Vertriebenen mit einigen Arkadern Pylos in Besitz, um sich eine günstige Ausgangsposition für die Rückkehr zu verschaffen. Dort wurden sie von den Oligarchen vernichtet, als die Arkader gerade mit den Spartanern in Kromnos beschäftigt waren.[148] Damit hatten die Oligarchen ihre Stellung für die nächste Zeit befestigt.

Um 350 v. Chr. muß dann wieder ein demokratischer Umsturz stattgefunden haben, der nicht lange Bestand hatte, da die Demokratie um 343 erneut gestürzt wurde.[149] Nach allem, was wir über die elische Geschichte in der ersten Hälfte des 4. Jahrhunderts wissen, kann die Tätigkeit des Platonschülers Phormion nur in diesen Zeitabschnitt fallen.[150] Vorher ist für sie sozusagen kein Platz[151], und eine spätere Ansetzung würde der Behauptung Plutarchs widersprechen, daß Platon selbst Phormion den Eleern schickte. Nach dem Umsturz von 365 wurde die Verfassung sicher im oligarchischen Sinne geändert.[152] Es ist sehr gut vorstellbar, daß dem Rat dabei besonders weitreichende Kompetenzen verliehen wurden, die Phormion rund fünfzehn Jahre später zurücknahm. Solches Tun ist in dem von uns vermuteten historischen Zusammenhang keineswegs ungewöhnlich; Friedländers Behauptung: „Man erkennt ... in der Reform des Phormion Platons eigentlichen Herrschergedanken, soweit er in den Staat der Gegenwart eindrang..."[153] ist mehr als gewagt und entbehrt angesichts der dürftigen Quellenlage jeder Grundlage. Ganz und gar unvorstellbar ist es, daß Phormion den Rat der Neunzig, von dem Aristoteles Pol. V 6, 1306 a, 12 ff.

146 Dušanić 61; ders. REG 92 (1979), 322.

147 Xen. hell. VII 4,15; vgl. Gehrke, Stasis 54 mit A.18; Roy (s. ARISTONYMOS) 573. 583. 590.

148 Xen. hell. VII 4,13-26; vgl. Gehrke, Stasis 54 f.; Swoboda, RE V 2403 f.

149 Beloch, GG III 1,541 mit A.1; Swoboda, RE V 2406 f.; Gehrke, Stasis 56 f.; zur Datierung des oligarchischen Putsches vgl. Gehrke, Stasis 57 A.25.

150 Beloch (wie A.10); Gehrke, Stasis 56; Reinach, REG 16 (1903), 189.

151 Das gilt sowohl für Dušanić' Zuordnung in das Jahr 371 (s.o., A.146) als auch für die Verbindung Phormions mit der Oligarchie von 364, die Ed. Meyer und Isnardi Parente in Erwägung zogen (s.o. A.141).

152 Vgl. Gehrke, Stasis 55 A.22, der auf den Begriff πολιτεία in IG² 112 (=Syll. 181=StV II 290), Z. 32 und auf die einleuchtende Neuergänzung von Dušanić, AM 94 (1979) (s. ARISTONYMOS), 133 f. hinweist.

153 Friedländer, Platon I 108.

als einem extrem oligarchischen Organ spricht, beseitigt haben könnte[154], da die
Aristoteles-Stelle unverkennbar archaische Verhältnisse reflektiert.[155]

c) Das sog. Amnestiegesetz

Am Ende des letzten Jahrhunderts ist ein elisches Gesetz entdeckt worden, das
epigraphische Kriterien in die Mitte des 4. Jahrhunderts verweisen.[156] Es wurde von
Dušanić und Gehrke mit der Tätigkeit des Phormion in Verbindung gebracht.[157] Das
Gesetz verbietet Verbannungen und Enteignungen der Nachkommen von Verbannten
unter Androhung schwerer Strafen und erlaubt nicht nur bereits Verbannten die
Rückkehr unter Gewährung einer Amnestie, sondern übt sogar einen leisen Zwang in
diese Richtung aus, indem es Zuwendungen an die im Exil verbleibenden Eleer aus
ihren Gütern untersagt.

Schon die Lesung der in schwierigem und eigenartigem Dialekt verfaßten Inschrift hat seit ihrem Erscheinen zu unterschiedlichen Ergebnissen geführt. Erst recht
keine Einigkeit ist über die Datierung des Gesetzes erzielt worden. Ohne hier auf die
Einzelheiten der Diskussion eingehen zu können, scheint mir die Argumentation, die
erstmals Keil vertrat, die plausibelste zu sein: Er ordnet das Gesetz der Demokratie
von ca. 350 zu.[158] Dabei darf allerdings nicht vergessen werden, daß auch diese
Ansetzung einen hypothetischen Charakter besitzt, weil über sie chronologische
Sicherheit ebensowenig zu erlangen ist wie über das Wirken des Phormion. Mit
diesen notwendigen Einschränkungen können wir in der Tat von einer Koinzidenz
der Tätigkeit des Platonschülers in Elis und dem Amnestiegesetz ausgehen. Natürlich
drängt sich dann die Frage auf, die Dušanić glaubte, positiv beantworten zu können,
ob das Dokument von platonischen Vorstellungen beeinflußt ist.[159]

Der starke Versöhnungswille, der aus dem Gesetz spricht, ist natürlich nicht
exklusiv platonisch[160] und trägt zur Beantwortung unserer Frage nichts bei, auch

---

154 Von Fritz, RE XX 540 (s.v. Phormion); Wörle, Platonschüler 112 f.
155 Swoboda, RE V 2423; Gehrke, Stasis 52.
156 Erstmals ediert von Szanto, Jh Ö A I 1 (1898), 197-212; vgl. Wilhelm, ebd., Beiblatt, 195 f.;
     Danielsson, Eranos 3 (1898), 129-148; Meister, Vb Leipzig 1899, 218-228; Keil, NGG 1899,
     136-148; C.D. Buck, The Greek Dialects, 262 f.
157 Dušanić 62; ders., REG 92 (1979), 322 f., der demnach gezwungen ist, das Gesetz in die Zeit
     371-365 v. Chr., „wahrscheinlich 368“, zu setzen, was bereits an der inakzeptablen Vorausset-
     zung einer Demokratisierung im Jahre 371 scheitert; Gehrke, Stasis 56 mit A.23 und 24.
158 Keil 162 ff.; ebenso Swoboda, RE V 2406; Kiechle 353 mit A.59; Gehrke, Stasis 56 A.23; den
     dort vertretenen Argumenten gegen die Datierung auf 335 (Szanto 211 ff.; Meister 224; Buck,
     The Greek Dialects 263) schließe ich mich an. Der Bezug auf die Auseinandersetzungen von
     365 und 343 (Reinach 190) scheidet wegen der unversöhnlichen Härte, mit der diese Konflikte
     ausgetragen wurden, aus.
159 Dušanić 63: „A natural conjecture is that some of the political conceptions of the Academy are
     reflected in the text discussed“; vgl. ders., REG 92 (1979), 322 f.: „... une loi d’amnistie élénne,
     qui parait être influencée par la pensée de Platon...“
160 Das muß auch Dušanić, REG 92 (1979), 323 zugeben; trotzdem benutzt er, ebd. und Elis 63, das
     Argument.

wenn er ganz allgemein im Sinn Platons gewesen sein mag.[161] Das zeigen etwa Platons Vorschläge zur Versöhnung in den von Parteienstreit und Staseis heimgesuchten Städten Siziliens nach Dions Tod.[162] Sie gehen allerdings über eine bloße Amnestie insofern hinaus, als sie auf einen wirklichen Ausgleich der konkurrierenden Gruppen hinzielen, etwa durch die Berufung eines von allen Seiten akzeptierten, unabhängigen Gremiums von Nomotheten.[163] Das vorliegende Gesetz paßt dagegen gut in das Kalkül einer Partei, die unkonventionelle Methoden nicht scheut, um den verfassungsmäßigen status quo zu festigen. Die um 350 herrschenden Demokraten konnten sich unschwer ausrechnen, daß sich die Oligarchen mit ihrem Exil nicht abfinden, sondern um jeden Preis ihre Rückkehr versuchen würden. Sie boten daher den besiegten Oligarchen „in geschickter Weise" die Hand zum Frieden, „um die eigene Stellung zu sichern und die Gegner zu binden und zu schwächen".[164] Die Mitwirkung des Phormion konnte dann ihrem Vorgehen zusätzliche Glaubwürdigkeit verleihen.[165] – Diese Interpretation beruht allerdings auf Unabwägbarkeiten, die sich vor allem aus der Tatsache ergeben, daß es sich bei dem Amnestiegesetz nur um Zusatzbestimmungen handelt, daß wir also nicht alle damals getroffenen Maßnahmen kennen.[166]

Es soll immerhin die Möglichkeit erwogen werden, daß Phormion als über den Parteien stehende Autorität im Einverständnis mit den herrschenden Oligarchen um 350 die Verfassung demokratisiert hat und mit dem Amnestiegesetz die Rückkehr der 365/64 verbannten Demokraten veranlassen wollte.[167] Dann läge seine Tätigkeit zumindest formal auf der Linie der Vorschläge, die Platon den zerstrittenen sizilischen Städten machte. Allerdings erscheint es sehr ungewöhnlich, daß rund fünfzehn Jahre nach einer sehr blutigen Stasis die Verbannten bzw. ihre im Lande verbliebenen Nachkommen nach wie vor über ihren Besitz verfügen und damit sicher nicht gerade zum Vorteil der Herrschenden schalten und walten konnten, wie sie wollten.[168]

Zudem war die Versöhnung offenbar nicht sehr tiefgehend. Schon 343 gab es in Elis wieder Krieg, was die Tätigkeit eines unabhängigen, ausgleichenden Nomotheten eher unwahrscheinlich macht oder ihr ein ungünstiges Zeugnis ausstellt.

161 Die athenische Amnestie von 403 wird z.B. vom Verfasser des 7. Briefes günstig beurteilt (325 b); vgl. Dušanić, REG 92 (1979), 323 A.28.
162 Ep. VII 336 E – 337 D; zu den von Dušanić 63 angeführten Belegen: Ep. VII passim bezieht sich nur bei sehr großzügiger Auslegung und ep. VII 350 D überhaupt nicht auf eine „transitional situation" zu den Vorgängen, die das Amnestiegesetz reflektiert.
163 Ob Platons Vorschläge geeignet waren, einen solchen Ausgleich zustande zu bringen, ist freilich eine andere Frage.
164 Keil 164.
165 Zumal wenn Phormion, was trotz v. Fritz, RE XX 540 und Wörle, Platonschüler 112 f. gut möglich ist, kein Eleer war. Deshalb ist er selbstverständlich noch nicht zum bloßen Handlanger der Demokraten degradiert. In die alte Tradition der Nomotheten und Aisymneten wird man ihn in jedem Falle stellen können; vgl. Gehrke, Stasis 261.
166 Das ergibt sich aus dem zu Anfang gesetzten δέ; vgl. Danielsson 132; Meister 221; Keil 164; Buck 263; Gehrke, Stasis 56 A.23.
167 Gehrke, Stasis 56.
168 Auch Gehrke, ebd. A.23, tut sich schwer mit diesem Einwand.

Die eigenartige Dialektmischung, in der das Amnestiegesetz verfaßt ist, hat Kiechle zum Gegenstand einer ausführlichen Untersuchung gemacht.[169] Er betrachtet die zahlreich auftretenden Aiolismen als ein Zugeständnis der Eleer an die eingemeindeten Perioiken.[170] Bereits kurz vor 368 hat Elis seinen Perioiken anscheinend das Bürgerrecht verliehen.[171] Nachdem die Eleer nun im Krieg mit Arkadien die Erfahrung machen mußten, „daß sich alte Stammesgegensätze nicht durch formelle Einbürgerungsakte beseitigen ließen"[172], hätten sie sich zu dieser Art von sprachlicher Integrationspolitik gegenüber den Perioiken entschlossen. Haben wir es mit einem Zeugnis von einer Subtilität zu tun, die den Horizont der praktischen Politik im 4. Jahrhundert überstieg, wie Dušanić meint?[173] Durchaus nicht, wenn denn Kiechles historische Erklärung überzeugend ist. Es war gerade nach 364 nicht ausgeschlossen, daß unter dem Schlagwort Autonomie „weitere Versuche der gerade in Hellas oder der Peloponnes dominierenden Macht folgen würden, sich selbst Einfluß auf die Agonothesie in Olympia zu sichern".[174] Dem haben die Eleer durch ihre Integrationspolitik vorzubeugen versucht. Wenn Phormion daran beteiligt gewesen sein sollte, so stand er in der Tradition einer (demokratischen) Politik, die bereits 368 mit der Einbürgerung der Perioiken begonnen hatte. Wir sind daher nicht genötigt, auf Platons Interesse „für Probleme der Sprache und des Dialekts"[175] zurückzugreifen.

Schließlich hat Dušanić versucht, die spezifischen Bestimmungen des Gesetzes in ein Verhältnis mit Angaben, wie sie Platon in dem Dialog „Nomoi" entwickelt, zu bringen und damit zu erklären.[176] Es ist erstaunlich, wie Dušanić dabei an der konkreten Situation, in der das Gesetz entstanden ist, und an den von ihm verfolgten Absichten vorbeigeht und so tut, als sei es Teil einer umfangreichen, auch die Einzelheiten des täglichen Lebens regulierenden, eben platonischen Gesetzessammlung. Dušanić zieht z.B. einen Paragraphen aus den „Nomoi" heran, der festlegt, daß den Kindern und der Sippe eines zu Tode verurteilten Verbrechers, falls sie die Gesinnung des Vaters nicht teilen, der gute Ruf erhalten bleiben soll. Platon fügt hinzu: „Daß aber der Besitz solcher Leute eingezogen wird, das wird wohl kaum zu einem Staat passen, in dem die Landlose stets dieselben und gleichen bleiben müssen" (855 A).

169 Das Verhältnis von Elis, Triphylien und der Pisatis im Spiegel der Dialektunterschiede, Rh M 103 (1960), 336 ff.
170 Kiechle 360 ff.
171 Das ergibt sich nach Gschnitzer, Abh. Orte im griech. Altertum 13 A.16 und Kiechle 356 f. aus der Erhöhung der Zahl der Hellanodiken zur Zeit der 103. Ol. von 10 auf 12 und ihrer Reduzierung während der 104. Ol. (364 v. Chr.) auf 8, was mit den Gebietsverlusten im Krieg gegen Arkadien zu erklären ist; vgl. Kahrstedt 157 ff.
172 Kiechle 358 unter Hinweis auf die Kollaboration der Pisaten mit den Arkadern bei der Ausrichtung der Olympiade 364 v. Chr.
173 Dušanić, REG 92 (1979), 323 f.
174 Kiechle 360 gegen Dušanić, ebd. 324, der die Inaktualität des Pisatenproblems um 350 v. Chr. behauptet, um so den Dialekt der Inschrift mit der o.a. Bürgerrechtsverleihung an die Perioiken zusammenzubringen.
175 Dušanić, ebd. 323 mit A.33.
176 Dušanić 63 f.

Was hat das mit unserem Gesetz zu tun, das sich auf eine geschehene Stasis bezieht und eine zukünftig zu befürchtende vermeiden soll?

Dušanić setzt andere Akzente; er sieht ein charakteristisches Element des Gesetzes in „son souci de éviter la concentration de la propriété agraire".[177] In seinem Anschluß an Platon gibt Dušanić implizit vor, Platons Forderung nach Gleichheit der Landlose sei in Elis bereits verwirklicht gewesen, so daß jeder Eingriff in die Besitzverhältnisse das Gleichgewicht der Stadt zerstört hätte, was wiederum die moralische Entartung der Reichen nach sich ziehen müßte.[178] Eine solche Gedankenkette scheitert aber bereits an ihren inakzeptablen Voraussetzungen.

Es erübrigt sich, auf weitere „Parallelen" zwischen dem Amnestiegesetz und Platons „Gesetzen" einzugehen. Angebliche Ähnlichkeiten in den Strafbestimmungen beruhen allenfalls auf oberflächlichen und nichtssagenden Analogien.[179] – Dušanić' Versuch, dem Amnestiegesetz einen philosophischen Hintergrund zuzuschreiben, hat keine brauchbaren Ergebnisse zu Tage gefördert. Doch bleibt es gut vorstellbar, daß der Platonschüler Phormion die Anregung zu dem Versuch gab, die Verhältnisse in Elis mittels einer Amnestie zu stabilisieren.[180] An die maßgebliche Beteiligung spezifisch philosophischer Überlegungen braucht man deswegen nicht zu denken.

3. MENEDEMOS – PYRRHA[181]

Von einer Gesetzgebung des Menedemos in Pyrrha (Plut. adv. Col. 1126 C; s.o.) wissen wir nichts. Deshalb und angesichts des fast völligen Mangels an historiographischen und epigraphischen Informationen über Pyrrha in der ersten Hälfte des 4. Jahrhunderts ist jeder Versuch einer Datierung und erst recht einer inhaltlichen Bestimmung seiner Tätigkeit von vornherein zum Scheitern verurteilt.

Zwischen 375 und 368/67 ist Pyrrha dem Zweiten Attischen Seebund beigetreten.[182] Um das Jahr 350 hat es in den beiden größten lesbischen Städten Mytilene und

177 Ders.; REG 92 (1979), 323.
178 Dušanić 63.
179 Ebd.; die Gleichung ἱερόσυλος = ἀγαλματοφώρας (Z. 13). Bei Platon sollen die gleichen Richter Tempelraub und Hochverrat bzw. Umsturz nach denselben Prinzipien aburteilen (856 C); im Amnestiegesetz ist für die Vernichtung der Stele, auf der das Gesetz veröffentlicht ist, dieselbe Strafe wie für den Heiligtumsraub vorgesehen (Z. 12/13). Und die Verfluchungsformel für mögliche Gesetzesbrecher (Z. 3-6) widerspricht eher Platons Überlegungen zu dem Thema in den „Nomoi" (931 B ff.), auch wenn Dušanić mit großer Spitzfindigkeit das Gegenteil zu erweisen sucht; vgl. Keil 141 ff., der sein Mißverständnis der in Frage stehenden Stelle unseres Gesetzes durch ein Platon-Zitat (Nom. 933 A ff.) stützen will, wobei er aber nicht mit Dušanić (s.o.) übereinkommt.
180 Vgl. Gehrke, Stasis 261 ff. mit A.5, wo zahlreiche Beispiele für die Tätigkeit von „Versöhnern" und das Erlassen von Amnestien angeführt sind.
181 Sämtliche Quellen zu Menedemos (acht Testimonia und ein Fragmentum) sind gesammelt, übersetzt und kommentiert bei Lasserre, De Léodamas 93 ff. 307 ff. 523 ff.
182 Zwischen der Abfassung von IG II² 43 (Syll. 147 = StV II 257), in dem die lesbischen Städte Antissa und Eresos bereits als Seebundsmitglieder verzeichnet sind, und IG II² 107 (=Syll.164), in dem auch Pyrrha erscheint; vgl. Pistorius 39, der das J. 373 v. Chr. und Timotheos' Fahrt nach Thrakien als terminus adquem ansieht.

Methymna vermutlich oligarchische Umstürze gegeben, die in beiden Fällen nach kurzer Zeit in eine Tyrannis mündeten.[183] Ob sich ähnliche Vorgänge auch in Antissa, Eresos und Pyrrha abspielten, ist ungewiß.[184]

Über Menedemos liegen wenige verstreute Hinweise vor, die sich aber leider nicht in einen Zusammenhang mit seiner Aufgabe in Pyrrha bringen lassen. Im Gegensatz zu Aristonymos und Phormion, deren Herkunft wir nicht kennen, steht im Falle des Menedemos Pyrrha als seine Heimatstadt fest.[185] Im Lehrbetrieb der Akademie scheint er eine bedeutende Position innegehabt zu haben[186]; auch hat er offenbar sokratische Dialoge verfaßt.[187] Nach dem Tode des Speusippos (339 v. Chr.) bewarb er sich um dessen Nachfolge als Leiter der Akademie, unterlag aber (wie auch Herakleides) knapp dem Xenokrates. Daraufhin verließ er die Akademie und gründete eine eigene Schule.[188] Plutarchs Anekdote, der zufolge Ephoros, Xenokrates und Menedemos eine Einladung Alexanders ausgeschlagen hätten[189], wird heute allgemein als wertlos angesehen.[190]

Pistorius setzt Menedemos' Wirken in seiner Heimatstadt „wohl nicht allzu lange" vor Platons Tod an; er vermutet einen Zusammenhang mit inneren Wirren in Pyrrha, die etwa gleichzeitig mit Vorgängen in Mytilene und Methymna stattgefunden haben könnten, „bei denen Menedemos als διαλλακτής wirken und das Staatswesen in philosophischem Sinne gestalten sollte".[191]

In den gleichen Kontext stellt Lasserre die Gesetzgebung des Menedemos. Trotz dem Fehlen jedes Hinweises nimmt er an, daß der Philosoph nach einem oligarchischen Umsturz, den Lasserre in Analogie zu den beiden großen lesbischen Poleis auch für Pyrrha Mitte der fünfziger Jahre behauptet, die Ordnung „au modèle oligarchique de la République et des Lois" gestaltete. Nach dem Sturz der Oligarchie Anfang der vierziger Jahre, wiederum in Analogie zu Vorgängen in Mytilene und Methymna, sei Menedemos nach Athen in die Akademie zurückgekehrt.[192]

Genauso hypothetisch und noch unwahrscheinlicher ist der Ansatz von Dušanić. Er sieht die Intervention von Menedemos mit dem Eintritt von Pyrrha in den Seebund

---

183 Mytilene: Demosth. XV 19; [Demosth.] XL 36 f.; vgl. Pistorius 48; Gehrke, Stasis 122. Methymna: Theop. (FGr Hist 115) F 227; Isokr. ep. VII 8 f.; vgl. Pistorius 48; Gehrke, Stasis 113.

184 Vgl. Pistorius 56, der dies vermutet; skeptisch dagegen Gehrke, Stasis 24. 63. 134.

185 Philod. Acad. col. 6,2f. (Gaiser 187); Porph. bei Kyrill. c. Julian. VI 208 c (p. 10 Nauck); vgl. v. Fritz, RE s.v. Menedemos Nr. 8; Gehrke, Stasis 265 A.5 in diesem Punkt unrichtig.

186 FAC II s.v. Epikrates Frg. 11 (=Athen. 59 D).

187 Porph. bei Kyrill. c. Julian. VI 208 c (p. 10 Nauck2).

188 Philod. Acad. col. 6,41 – 7,10 (Gaiser 193).

189 Plut. de stoic. repugn. 20 (1043 D).

190 Von Fritz, RE XV 788 (s.v. Menedemos Nr. 8); Schwartz, RE VI 2 (s.v. Ephoros); Dörrie, RE IX A 1513 (s.v. Xenokrates); anders Lasserre, De Léodamas 526 f., der allerlei Spekulation an die „Nachricht" knüpft.

191 Pistorius 55 A.4; v. Fritz (a.O.) reicht bereits der Hinweis Plutarchs, um Menedemos „Gesetze im Sinne der Akademie" zu unterstellen; da bleibt sogar Wörle 46 skeptisch.

192 Lasserre, De Léodamas 525. Ob Platons Dialoge „Politeia" und „Nomoi" überhaupt, wie Lasserre bedenkenlos unterstellt, ein „oligarchisches Modell" oder auch nur allgemein ein praktisches Modell für eine Gesetzgebung abgeben, wird im zweiten Teil dieser Arbeit untersucht.

zwischen 372 und 368 zusammenfallen; wieso er meinte, sich dabei auf „l'opinion courante" berufen zu dürfen, ist unerfindlich.[193] Auch Timotheos spielte angeblich eine Rolle. Dušanić behauptet nämlich bedeutungsvoll, daß sich Timotheos um 372/ 71, „l' époque immédiatement antérieure à la législation de Ménédème" auf Lesbos aufgehalten habe.[194] Auf diese Weise wird Menedemos genauso wie Aristonymos und Phormion zum Parteigänger des Timotheos und einer „orientation qu'on pourrait qualifier de panathénienne".[195]

Gegen die frühe Ansetzung von Dušanić scheinen mir vor allem die wenigen Lebensdaten zu sprechen, die wir von Menedemos besitzen. Er lebte wohl noch einige Zeit nach 339; auch läßt seine Kandidatur als Nachfolger von Speusippos auf sein ungefähres Alter schließen: ein älterer Mann, aber noch kein Greis.[196] Dann wäre er um das Jahr 370 noch ziemlich jung gewesen. Daß Platon einen jungen Mann für die schwierige Aufgabe einer Gesetzgebung geeignet hielt, darf bezweifelt werden.

4. ARISTOTELES – STAGEIRA/ATHEN

a) Zur Biographie

Die antike Überlieferung zum Leben des Aristoteles ist außerordentlich unzuverlässig.[197] Eine starke aristotelesfeindliche biographische Tradition, die schon zu Lebzeiten des Philosophen begann, löste im Laufe der Zeit natürlich auch Widerspruch aus. Vorwürfe wurden mit Rechtfertigungen, Unterstellungen mit Erfindungen beantwortet. Unsere Überlieferung basiert auf den Auseinandersetzungen konkurrierender Philosophenschulen, die sich mit Vorliebe der biographischen Einzelheiten bemächtigten. Die hellenistischen Biographen trugen in dem Bestreben, ihre Leser zu unterhalten, das ihre dazu bei und stürzten sich eifrig auf Klatsch und Anekdoten. Aus diesem Material wurde in der Spätantike schließlich die populäre Aristoteles-Legende geformt, von der die neun unterschiedlichen Kurzfassungen der Biographie des Neoplatonikers Ptolemaios Zeugnis ablegen.

Glücklicherweise besitzen wir jedoch einen zuverlässigen chronologischen Bericht zum Leben des Aristoteles[198], der auf Philochoros (und damit auf die Zeit um die Wende vom 4. zum 3. Jahrhundert) zurückgeht.[199] Er enthält nicht nur Daten, die

---

193 Dušanić, REG 92 (1979), 324, der sich ebd. A.38 auf Paraskevaides, RE XXIV 1413 (s.v. Pyrrha auf Lesbos) beruft. Dieser jedoch läßt die Frage mit der allgemeinen Formulierung „vor 348" (Platons Tod) ausdrücklich offen.

194 Dušanić, REG 92 (1979), 326.

195 Ebd. 325.

196 Das zeigt auch der Vergleich mit seinen Mitbewerbern: Xenokrates wurde, wie aus Diog. Laert. IV 14 zu folgern ist, 396/95 geboren, Herakleides ca. 390; vgl. Dörrie, Kl P s.v. Xenokrates Nr. 3 und Herakleides Nr. 15.

197 Vgl. Düring, RE Suppl. XI 162 ff. (s.v. Aristoteles); ders., Aristotle in the Ancient Biographical Tradition 459 ff.

198 Apollodoros bei Diog. Laert. V 9 f. = FGrHist 244 F 38; Dion. Hal. ep. ad. Amm. 5,727.

199 Düring, Biogr. Trad. 255 ff.

für sich bereits politisch aufschlußreich sind, sondern bildet auch das Gerüst für die Einordnung der übrigen biographischen Nachrichten.

Aristoteles wurde 384 v. Chr. in Stageira auf der Chalkidike geboren. Sein Vater Nikomachos war Arzt und stand in den Diensten des makedonischen Königs Amyntas III., des Großvaters von Alexander.[200] Mit siebzehn Jahren kam Aristoteles nach Athen und trat der Akademie bei, der er annähernd zwanzig Jahre lang angehörte. 348/7 verließ er Athen, um sich in die Troas, unter die Obhut des Tyrannen Hermias von Atarneus, zu begeben. Nach einem kürzeren Aufenthalt in Mytilene auf Lesbos (345/6-343/2) lebte Aristoteles in Makedonien, bevor er 335/4 nach Athen zurückkehrte. Nach Alexanders Tod 323 verließ er Athen ein zweites Mal und zog sich nach Chalkis zurück, wo er 322 v. Chr. starb.

Die langjährigen Aufenthalte bei dem „promakedonischen" Herrscher Hermias von Atarneus[201] und in Makedonien selbst sowie der Zeitpunkt seiner Rückkehr nach Athen, kurz nachdem Alexander Theben dem Erdboden gleichgemacht hatte, belegen, was bereits der familiäre Hintergrund vermuten läßt: eine enge Bindung des Aristoteles an das makedonische Herrscherhaus. Darauf deutet auch die gut bezeugte Freundschaft des Philosophen zu Antipatros hin[202]; außerdem weist die Anklage in Athen im Vorfeld des Lamischen Krieges[203], die Aristoteles zum Entweichen nach Chalkis zwang, in diese Richtung. Vor diesem Hintergrund erscheint es möglich, daß schon seine Abreise aus Athen 348/7 mit der makedonischen Politik zu tun hatte[204] und nicht, wie man oft angenommen hat, mit der Nachfolgeregelung in der Akademie nach Platons Tod.[205] Unterstützt wird diese Annahme durch die Polemik, die Demochares im Jahre 306 gegen die Philosophen in Athen richtete.[206] Darin behauptete er über Aristoteles erstens, daß antiathenische Briefe von ihm abgefangen wurden, zweitens, daß er Stageira an die Makedonen verraten habe, und drittens, daß er Philipp nach der Zerstörung von Olynth die reichsten Bürger der Stadt angezeigt habe.

Mulvany erkennt in den Angriffen des Demochares einen wahren Kern.[207] Stageira habe als andrische Gründung auf der Chalkidike mehr Grund gehabt, den olynthischen Bund als den makedonischen König zu fürchten. Es habe leicht das chalkidische Olynth als eine größere Gefahr für seine Autonomie ansehen können

---

200 Diog.Laert. V 1 et al.; vgl. Düring, Biogr. Trad. 263 ff.

201 Dazu siehe unter HERMIAS, S. 66 ff.

202 Aristoteles schrieb Briefe an Antipater (Diog. Laert. V 27), aus denen einige, vermutlich echte (vgl. Wilamowitz, Aristoteles und Athen I 339 A. 39) Fragmente (frg. 663 ff. Rose) überliefert sind. Außerdem setzte er Antipater zu seinem Testamentsvollstrecker ein (Diog. Laert. V 11 f.); vgl. Paus. VI 4,8 und Düring, RE Suppl. XI 180.

203 Nach einer verworrenen antiken Tradition (vgl. Düring, Biogr. Trad. 341 f.) soll formelle Asebieanklage gegen Aristoteles erhoben worden sein: vgl. Düring RE Suppl. XI 180; Gigon, MH 15 (1958), 175 ff.

204 Düring, RE Suppl. XI 176 f.; Chroust 157 f.; Grayeff 26 ff.

205 Wilamowitz, Aristoteles und Athen I 329.

206 Euseb. praep. ev. XV 13-15 aus Aristokles (vgl. Düring, Biogr. Trad. 374); über den Quellenwert der Demochares-Rede siehe die allgemeinen Bemerkungen S. 18 f.

207 Notes on the Legend of Aristotle, CQ 20 (1926), 163 f.

denn die unzivilisierten Makedonen.[208] Wenn wir Aristoteles nun im Interesse seiner Heimatstadt eine promakedonische Haltung im olynthischen Krieg unterstellten, so hätte Demochares seine Vorwürfe nicht völlig frei erfunden, sondern nur polemisch zugespitzt. Auf diese Weise bekäme in der Terminologie eines antimakedonischen Demagogen die Behauptung des Verrats einen Sinn. Allerdings müßten wir dann wohl einen Aufenthalt des Aristoteles in Makedonien oder Stageira um 350 annehmen, wofür es in den Quellen keinen Anhaltspunkt gibt. Auch bleibt zweifelhaft, ob Aristoteles derart massiv für Philipp Partei ergriff.

Sollte er sich allerdings doch in den letzten Jahren seines Akademielebens zugunsten von Makedonien betätigt haben, wäre seine Stellung in Athen nach der Eroberung Olynths durch Philipp 348 wohl tatsächlich prekär geworden. Der Fall der großen chalkidischen Stadt löste eine starke antimakedonische Stimmung aus, auf deren Wogen sich Demosthenes in eine einflußreiche Position tragen ließ.[209] So erklärte sich die Behauptung moderner Forscher, daß der „Ausländer" Aristoteles Athen 347, ob vor oder nach Platons Tod, wegen seines μακεδονισμός verlassen mußte.[210]

Die ganze Konstruktion bleibt jedoch höchst spekulativ. Das gilt erst recht für die darüber hinausgehenden Überlegungen von Anton-Hermann Chroust[211], der in Aristoteles einen politischen Agenten Makedoniens im Dienste von Philipp, Alexander und Antipater sieht. Chroust zufolge geht Aristoteles auf Anweisung Philipps zu Hermias, um bei dem Herrscher von Atarneus die makedonischen Interessen zu vertreten. Der Einfluß auf Hermias sei aus strategischen Gründen von größter Bedeutung für Philipp gewesen, denn das von Hermias kontrollierte Gebiet habe sowohl als Basis für die Einkreisung Thrakiens als auch als Brückenkopf für die Invasion Kleinasiens dienen können.[212] Um die mutmaßlichen Motive für Aristoteles' Reise nach Kleinasien zu ergründen, bedarf es jedoch nicht so weitreichender Vermutungen, die zudem das Kalkül des Makedonenkönigs im Jahre 347 (!) kaum zutreffend wiedergeben dürften. Aristoteles' Schwager und einstiger Vormund Proxenos stammte nämlich aus Atarneus[213], und die Annahme liegt nahe, daß er den Kontakt zu Hermias vermittelt hat. Außerdem verfügte die Akademie nach dem Zeugnis des pseudo-platonischen 6. Briefes bereits vor Platons Tod über Verbindungen zu dem klein-asiatischen Herrscher. Wie beim makedonischen Königshaus scheinen auch für das Verhältnis zu Hermias persönliche Beziehungen Aristoteles' ausschlaggebend gewesen zu sein.

In den Briefen an Antipater, die Diogenes Laertius (V 27) in seinem Verzeichnis der aristotelischen Werke nennt, vermutet Chroust gar, obwohl in den überlieferten Fragmenten (663 ff. Rose) nichts darauf hindeutet, „intelligence reports on the

---

208 Ebd. unter Hinweis auf die andrischen Kolonien Akanthos und Apollonia, die 382 v. Chr. Sparta gegen den aggressiven Olynthischen Bund zur Hilfe riefen (Xen. hell. V 2,14).
209 Beloch, GG II 1, 505 ff.
210 S.o. A. 204.
211 Erstmals in den sechziger Jahren in mehreren Aufsätzen erschienen, seit 1973 in überarbeiteter Fassung versammelt im ersten Band von Chrousts zweibändigem Aristoteles-Buch.
212 Ebd. 120. 159 ff.
213 Düring, RE Suppl. XI 173.

political situations and events in Athens and, probably, in the rest of Greece".[214] Die
Behauptung des berüchtigten Philosophenverleumders Demochares bietet wohl kaum
eine ausreichende Grundlage für eine derartige Kombination. Außerdem scheint sie
mit den Vorwürfen über Aristoteles' angebliche Verstrickung in den Fall von Olynth
verbunden gewesen zu sein, nicht aber mit Aristoteles' Verhältnis zu Antipater.
Chrousts Darstellung folgt einem ähnlichen Kalkül wie schon die hellenistische
Biographie: Es wäre ungewöhnlich, erklärt er, wenn der geistig prominenteste
Makedone seiner Zeit keine aktive und vielleicht bedeutende Rolle beim kometen-
haften Aufstieg Makedoniens aus ziemlich unbedeutenden und halbbarbarischen
Verhältnissen zu einer Weltherrschaft innerhalb einer Generation gespielt hätte.[215]
Dem ist zunächst entgegenzuhalten, daß Aristoteles kein Makedone war, sondern ein
Hellene ionischer Abstammung, der in einer freien Polis auf der Chalkidike geboren
wurde. Weiterhin finden wir trotz seinen guten Beziehungen zum makedonischen
Königshof in seinem Werk keinen Hinweis auf eine Unterstützung der politischen
Ambitionen Makedoniens.[216] Erstaunlich ist doch gerade, daß der kometenhafte
Aufstieg Makedoniens und der alle damaligen Grenzen sprengende Alexanderzug
keine Spuren in den aristotelischen Schriften hinterlassen hat. Dort erscheint vielmehr die partikularistische Poliswelt als selbstverständliche Basis politischer Reflexion.[217] Auch wenn es Chroust nicht wahrhaben will: Noch nicht einmal intellektuell
hat Aristoteles einen wesentlichen Anteil am welthistorischen Geschehen genommen, um von einer aktiven Rolle ganz zu schweigen.

Zusammenfassend ist festzuhalten, daß Aristoteles die Verbindung zum
makedonischen Königshaus gleichsam in die Wiege gelegt bekam und daß er offenbar sein Leben lang daran festhielt. Es handelte sich wohl um eine Art von Klien-
telbeziehung, die nichts mit seinem geistigen Leben, etwa seiner Mitgliedschaft in
der Akademie, zu tun hatte. Philosophische, ideologische oder politische Motive für
eine Begünstigung Makedoniens sucht man in seinem Werk dementsprechend vergebens.

---

214 Aristotle 171; ebenso noch jüngst Vatai, Intellectuals 115 f.
215 Ebd. 171f. In seinem Bestreben, Aristoteles als „Staatsmann" zu erweisen (vgl. 375 f.), ist
    Chroust jedes, auch noch so apokryphe Zeugnis aus der Aristoteles-Legende recht. Sein Fazit:
    „In a manner and on a scale of which Plato could never have dreamed, this former member of the
    Platonic Academy carried out one of the basic aims as well as major tenets of the Academy: to
    re-shape and to re-orientate the political and cultural affairs of the whole Western mankind."
    (176) In der Tat wäre Platon wohl nicht im Traum darauf gekommen, daß man die Welt als
    makedonischer Spitzel grundsätzlich verändern kann!
216 Vgl. Düring, RE Suppl. XI 179 f.
217 Der hellenistische Gelehrte Eratosthenes zitiert Aristoteles (frg. 658 Rose) mit folgendem Rat
    an Alexander: „Behandele die Griechen als ihr Führer (ἡγεμονικῶς), die Barbaren als Herr-
    scher (δεσποτικῶς), indem du für jene wie für Freunde und Verwandte sorgst, für diese aber so,
    wie man unvernünftigen Geschöpfen Futter und Nahrung gibt." Die Äußerung fügt sich trefflich
    zu dem, was Aristoteles dem Leser detailliert in seiner „Politik" zumutet und belegt seinen
    polisbeschränkten Horizont.

b) Als Wohltäter seiner Heimatstadt

Einer ziemlich späten, allerdings relativ breiten, wenn auch in sich widersprüchlichen Überlieferung zufolge hat Aristoteles am makedonischen Hof den Wiederaufbau seiner von Philipp zerstörten Heimatstadt Stageira erreicht.[218] Dabei erscheinen sowohl Philipp als auch Alexander in der Rolle desjenigen, der den Wiederaufbau und die Rückkehr der vertriebenen Bürger gewährt.[210] An zwei Stellen hören wir, daß Aristoteles den Stageiriten auch Gesetze gab.[220]

Die Zerstörung von Stageira wird im allgemeinen in einen Zusammenhang mit der Kampagne Philipps gegen Olynth 349/48 v. Chr. gesetzt.[221] Diodor XVI 52,9 gibt dafür allerdings nichts her, da dort nicht von Stageira die Rede ist.[222] Aus der Erwähnung des väterlichen Hauses in Aristoteles' Testament[223] ist zum einen zu schließen, daß Stageira um 323 jedenfalls existiert haben muß. Zum anderen kann demnach die Stadt von Philipp zumindest nicht vollständig vernichtet worden sein. Der Aufbau und die Gesetzgebung des Aristoteles müßten in die Zeit von Aristoteles' Aufenthalt in Makedonien von 343 bis 335 v. Chr. fallen.[224]

Außer im Zusammenhang mit dem Aristotelesbios deutet nichts auf eine Zerstörung Stageiras durch Philipp hin. Was sollte einen so unbedeutenden Ort wie Stageira

218 Die Quellen sind bei Düring, Biogr. Trad. 290 ff. versammelt. Es fehlt dort Plut. de stoic. repugn. 20,6 (1043 D). Besonders Valerius Maximus (V 5, ext 5) und Dio Chrysostomos (Or. 47,8), ganz zu schweigen von den Ptolemaios-Exzerpten, demonstrieren, zu welch ausgefallenen Varianten die Geschichte weiterentwickelt wurde. Nach Valerius erreicht Aristoteles den Wiederaufbau von Stageira erst als in Athen darniederliegender sterbenskranker Mann. Schon die Lokalisierung „Athenis" verdeutlicht den historischen Wert dieser Quelle, denn Aristoteles starb bekanntlich in Chalkis. Außerdem bliebe Aristoteles' testamentarische Verfügung das väterliche Haus betreffend (Diog. Laert. V 4) unverständlich, folgte man Valerius. Schließlich muß die politische Situation des Jahres 323/2 berücksichtigt werden. Soll suggeriert werden, daß Antipater dem Freunde Aristoteles seinen letzten Wunsch erfüllte? Eine solche Interpretation unterstellte wohl dem Valerius Max., vielleicht aber nicht seiner Vorlage, eine Subtilität, die ihm fernlag. Düring, Biogr. Trad. 293 f., betrachtet die Quelle m. E. zurecht als indiskutabel; Gigon, MH 15 (1958), 180 spricht dagegen trotz allen Ungereimtheiten von einer „Notiz, die wir vorsichtigerweise als eine etwas ausgefallene Variante in der Datierung eines an sich nicht ganz klar fixierbaren Ereignisses rubrizieren dürfen". – Dion Chrysostomos zitiert Or. 47,8 aus einem natürlich unechten Aristoteles-Brief. Darin beklagt sich der Philosoph heftig darüber, daß man seiner Absicht, Stageira wiederaufzubauen, im engsten Umkreis des Königs gezielt Steine in den Weg lege, so daß er im Begriff sei zu resignieren.

219 Für Philipp als Wiederbegründer sprechen sich aus: Zeller, Philos. d. Gr. II 2,25 mit A.3, der Plut. einen Vorrang an Zuverlässigkeit gibt; A. Schaefer, Demosthenes II 154 A.2. 445; Vatai Intellectuals 96 f.; Berve, Alexanderreich II Nr. 135; Wirth, Philipp 119; Hammond/Griffith, Macedonia II 319 A.1; für Alexander: Jaeger, Aristoteles 124; Cawkwell, Philip 90.

220 Plut. adv. Col. 32 (1126 d); Diog. Laert. V 4.

221 Hammond/Griffith, Macedonia II 317 A.1 u.a.

222 Beloch, GG III 1,494 mit A.1; Oberhummer, RE s.v. Stageiros konjizieren statt der Handschriftenüberlieferungen Γειραν und Σειρα (mit jeweils unterschiedlicher Betonung) Στάγειραν. Dagegen ist mit Gigon, Vit. Marc. 56, einzuwenden, daß Stageira als φρούριον wohl kaum zutreffend bezeichnet ist. Vgl. außerdem Mulvany 163; Düring, Biogr. Trad. 293; Gigon, MH 15 (1958), 188 A.87; Brocker 28 f.; Mac Gregor, The Athenian Tribute Lists I 488 f.

223 Diog. Laert. V 4; auch Theophrast übereignet in seinem Testament (Diog. Laert V 52) ein Grundstück in Stageira.

224 Apollodor (FGr Hist 244) F 38.

dazu verleiten, dem makedonischen König einen völlig aussichtslosen Widerstand zu leisten, eine Haltung, die, als es ernst wurde, von allen chalkidischen Städten nur noch Olynth wagte?[225] Vielmehr scheint es, als wenn die Quellen, die vom Wiederaufbau auf Betreiben des Aristoteles berichten, auf die Polemik des Demochares reagierten. Dann lassen sich die Berichte über Aristoteles' Wohltaten für Stageira als eine Antwort auf den Vorwurf des Verrats verstehen; Brocker nennt sie „apologetische Legenden".[226]

Aristoteles erscheint in diesem Zusammenhang auch als Gesetzgeber. Möglicherweise unterstellte man ihm praktische Erfahrung auf einem Gebiet, auf dem er als Theoretiker und Sammler von Verfassungen eine Autorität war.[227] Und wo anders hätte ein hellenistischer Biograph eine Gesetzgebung des Aristoteles lokalisieren sollen, wenn nicht in Stageira? Solche Beiträge zum βίος πολιτικός eines Philosophen sind in aller Regel geeignet, sein Renommé zu erhöhen. Ihre Herausarbeitung ist ein Grundzug enkomiastischer Literatur.[228]

Es gibt also gute Gründe, der ganzen Überlieferung zu diesem Thema zu mißtrauen. Bei genauer Betrachtung macht keine unserer Quellen einen zuverlässigen oder gut informierten Eindruck. Vielmehr scheint es, als wenn wir einem feststehenden Motiv der Aristoteles-Biographie gegenüberstünden, das uns vielleicht gerade wegen seiner Unbestimmtheit in Variationen vorliegt.

Ähnliches gilt für den übergreifenden Komplex von Aristoteles' Tätigkeit als Erzieher Alexanders. Denn die Wohltätigkeit für Stageira gehört in den Rahmen dieser Geschichte. Nach Plutarch (Alex. 7,2) berief Philipp „den berühmtesten und gelehrtesten Philosophen" zum Lehrer Alexanders „und zahlte ihm ein hohes und seiner würdiges Lehrgeld: er ließ die Stadt Stageira, aus der Aristoteles stammte und die von ihm zerstört worden war, wieder aufbauen und die Bürger, die geflüchtet oder zu Sklaven gemacht worden waren, sich wieder dort ansiedeln". Die Darstellung erweckt Zweifel: War der gut vierzigjährige Aristoteles bereits, wenn überhaupt zu Lebzeiten, der ἐνδοξότατος καὶ λογιώτατος τῶν φιλοσόφων, ein Mann, dem König Philipp für sein Engagement einen hohen Preis zahlen mußte? Eher scheint der biographische Wunsch, den großen Philosophen und den gewaltigen Eroberer auf möglichst würdige Weise miteinander zu verknüpfen, Vater des Gedankens gewesen zu sein. Es ist schon merkwürdig, daß sich der Name des Aristoteles bei den

---

225 Vgl. Beloch, GG III 1, 494.

226 Brocker 42. Daß die angeblichen Verdienste von Aristoteles für Stageira auf eine apologetische Quelle (wahrscheinlich Hermippos) zurückgehen, zeigt Mulvany 164 überzeugend: „The conventional story ... may be ascribed to the belief that Stagira must have suffered in the general destruction of Chalcidice of which Demosthenes told, combined either that Stagira existed as a city, or more probably with a desire to refute the allegation of Demochares that Aristotle betrayed it".

227 Ebd. 41.

228 Der ganze Komplex geht nach Düring, Biogr. Trad. 293 und Gigon, MH 15 (1958), 187 auf den hellenistischen Aristoteles-Biographen Hermippos zurück, der um 200 v. Chr. lebte. Gigon, ebd. 192 bezeichnet seine Tendenz „maßvoll enkomiastisch". Hermippos schrieb auch περὶ τῶν νομοθετῶν (Athen. 619 b), „hat also sicher erzählt, wie Aristoteles der Stadt Stageira Gesetze gab" (Gigon, ebd. 187). Vgl. auch Düring, RE Suppl. XI 166 und Leo, Biographie 125 ff., der ein vernichtendes Urteil über Hermippos fällt.

Alexanderhistorikern (FGrHist 117-153) kein einziges Mal findet.[229] Selbst die
zeitgenössischen Autoren Onesikritos und Marsyas, die ausführlich über die Jugend
Alexanders berichtet haben, haben offenbar nichts über Aristoteles' Rolle am
Makedonenhof erzählt.[230] Erst eine Generation später setzt ein gewisser Alexinos
von Elis, wie eine an sich belanglose Bemerkung belegt, voraus, daß Alexander von
Aristoteles Unterricht erhielt.[231] Je später, desto ausführlicher und genauer werden
unsere Quellen zu dem Thema. Trotz der gebotenen Skepsis[232] soll damit eine
Beteiligung Aristoteles' an der Erziehung Alexanders nicht grundsätzlich geleugnet
werden. Die Bedeutung jedoch, die ihr in der biographischen Überlieferung beigelegt
wurde, ist sicherlich übertrieben.[233] Im übrigen sind andere Lehrer Alexanders gut
bezeugt: Leonidas, ein Verwandter der Olympias, leitete die Erziehung des jungen
Kronprinzen, und der Akarnane Lysimachos stand als Erzieher bei Alexander in
solchen Ehren, daß er ihn auf seinen Asien-Feldzug mitnahm.[234] Aristoteles war also
in diesem Zusammenhang allenfalls einer unter mehreren. Einen erkennbaren Einfluß hat er auf die politischen Überzeugungen Alexanders nicht ausgeübt.[235]

c) Als Wohltäter Athens

Abschließend sei noch kurz das Hermippos-Zitat bei Diogenes Laertius V 2 betrachtet. Danach weilte Aristoteles gerade als Gesandter der Athener bei Philipp, als
Xenokrates zum Leiter der Akademie gewählt wurde (339/8 v. Chr.).[236] Das ist nun
ganz offensichtlich eine „apologetic fiction"[237], die auch dadurch nicht glaubwürdi-
ger wird, daß man sie wie Gigon[238] mit den Aussagen einer arabischen Vita kombiniert, nach der die Athener dem Aristoteles nach Chaironea eine Ehreninschrift für
seine verdienstvollen Interventionen bei Philipp errichteten. Zum einen widerspricht
die Angabe Hermippos' der detaillierten Chronologie Apollodors, derzufolge
Aristoteles nicht vor 335 nach Athen zurückkehrte. Zum anderen ist es undenkbar,
daß die Athener einem Xenos, der noch dazu im Verdacht stand, ein Makedonenfreund
zu sein und dessen Verbindung mit dem Herrn von Atarneus in Athen erhebliches

229 Gigon, Vit. Marc. 20.
230 FGrHist 134 und 135; vgl. Berve, Alexanderreich II Nr. 583 und 489.
231 Aristokles bei Euseb. praep. ev. XV 13 ff. (= Düring, Biogr. Trad. 374); vgl. Chroust, Aristotle
      126.
232 Vgl. besonders das Kapitel bei Chroust, Aristotle 125 ff., „Was Aristotle Actually the Chief
      Preceptor of Alexander the Great?"
233 Düring, Biogr. Trad. 287 f.; nach Wehrli (Schule des Aristoteles IX 75 f.) und Gigon (MH 15,
      185) hat Aristoteles die homerischen Epen sicher nicht ediert, so daß auch die schöne Geschich-
      te bei Plutarch (Alex. 8,2), wonach Alexander mit einem von Aristoteles besorgten Homer-
      Exemplar durch Asien zog, bezweifelt werden könnte.
234 Plut. Alex. 5. 24; vgl. Berve, Alexanderreich II 469. 481; Chroust, Aristotle 127 f.
235 Vgl. Hamilton, Alexanders Early Life, G & R 12 (1965), 119.
236 Vgl. Philod. Acad. col. 6,44 ff. (Gaiser 193), wo bei der Wahl zum Nachfolger von Speusippos
      die Abwesenheit von Aristoteles ausdrücklich hervorgehoben wird. Von einer offiziellen Missi-
      on für Athen hören wir dort freilich nichts.
237 Düring, Biogr. Trad. 58.
238 Gigon, MH 15 (1958), 162.

Aufsehen erregt hatte[239], eine so wichtige Mission anvertrauten, eine Gesandtschaft immerhin, die Gigon auf „die Verhandlungen der Jahre 340/39 unmittelbar vor dem letzten, in die Schlacht von Chaironea einmündenden Feldzug" bezieht.[240]

Nach Usaibia, einem arabischen Autor, der die Ptolemaios-Biographie aus dem 4. nachchristlichen Jahrhundert exzerpierte, haben die Athener Aristoteles zu ihrem Proxenos und Euergetes gemacht und die Inschrift auf der Akropolis aufgestellt. Der Athener Himeraios habe sich dieser Entscheidung widersetzt und die Inschrift gestürzt. Deswegen sei er später von Antipater getötet worden. Daraufhin habe ein Athener namens Stephanos, unterstützt von zahlreichen anderen, den Text wiederhergestellt und einen Bericht über den Frevel des Himeraios hinzugefügt.[241] Der Text der Inschrift, wie ihn Usaibia überliefert, folgt ziemlich genau dem üblichen Formular solcher Dekrete. Außerdem ist uns Himeraios als ein prominenter antimakedonischer Politiker bekannt, der tatsächlich, wenn auch aus Gründen, die nichts mit Aristoteles zu tun hatten, 322 von Antipater hingerichtet wurde. Sprache und Details machen klar, daß diese Geschichte über Ptolemaios auf eine hellenistische Quelle zurückgehen muß. Chroust hält sie für glaubwürdig. Er nimmt an, daß Alexander im Jahre 335 Athen das Schicksal Thebens nur auf inständige Bitten von Aristoteles ersparte.[242] Dies und frühere Interventionen des Philosophen bei Philipp zu ihren Gunsten habe die Athener zu der bei Usaibia beschriebenen Ehrung veranlaßt. Doch nach Chroust dauerte Aristoteles' Popularität in Athen nicht lange. Durch seine Agententätigkeit für Antipater habe er sich schnell wieder unbeliebt gemacht, so daß er nach Alexanders Tod nach Chalkis fliehen mußte. Zu dieser Zeit, also während des Lamischen Krieges, sei auch seine Ehreninschrift auf der Akropolis von Himeraios gestürzt worden. Chrousts Annahmen haben keine Quellenbasis und sind reine Spekulationen.

Der Bericht von Usaibia stimmt nicht mit unseren Kenntnissen über Aristoteles' Status in Athen überein.[243] Außerdem scheint mir hier ein argumentum ex silentio ausnahmsweise überzeugend: Wenn Aristoteles tatsächlich bei Philipp und Alexander Vergünstigungen für Athen erreicht hätte (und sogar dergestalt, daß er die Vernichtung der Stadt 335 abgewendet hätte), würde uns dies wahrscheinlich nicht nur in einer arabischen Vita des 6. Jahrhunderts n. Chr. mitgeteilt. Schließlich hätte er als Proxenos und Euergetes der Athener die Stadt 323 wohl kaum fluchtartig verlassen müssen. – Wie die Gesandtschaftsgeschichte ist vermutlich auch die athenische Ehrung des Aristoteles eine Erfindung des notorisch unzuverlässigen Hermippos von Smyrna.[244] Düring erklärt ihr Zustandekommen so: Nach der Schlacht von Chaironeia wurde Philipp eine Ehrenstatue auf der Akropolis gesetzt und für Alexander und Antipater wurde ein Proxeniedekret beschlossen. Diese Ehrungen wurden von Hermippos auf Aristoteles übertragen, und fertig war die nette Erzählung.[245]

---

239 Ebd. 174.
240 Ders., Vit. Marc. 58.
241 Düring, Biogr. Trad. 215 f.; für das folgende vgl. Dürings Kommentar 232 ff. und Gigon, MH 15 (1958), 162 ff.
242 Chroust, Aristotle 137 ff. 166 ff.; ähnlich Vatai, Intellectuals 115.
243 Düring, Biogr. Trad. 236.
244 Gigon, MH 15 (1958), 163.
245 S.o. A.243.

Welchen Zweck verfolgte Hermippos mit seinen Geschichtchen? Erstens wollte er Aristoteles als Wohltäter Athens darstellen. Hier wird an einem Bild gearbeitet, vor dessen Hintergrund die spätere Anklage des Aristoteles, die ihn zur Übersiedlung nach Chalkis zwang, und die Angriffe von Rednern wie Demochares als besonders niederträchtig und verleumderisch aussehen sollen. Die zweite Absicht liegt in der Beantwortung der Frage, warum Aristoteles, wiewohl der γνησιώτατος der Schüler Platons[246], nicht zum Leiter der Akademie aufgestiegen ist. Während sich Aristoteles für Athen in Makedonien einsetzt, wird Xenokrates zum Scholarchen gewählt. Der Undank setzt Aristoteles ins Recht gegenüber der Akademie und begründet seinen Entschluß, eine eigene Schule zu eröffnen.[247]

Angesichts des völligen Schweigens der zeitgenössischen Quellen ist es nicht möglich, Aussagen über die politischen Aktivitäten des Platonschülers Aristoteles zu machen. Das Versagen der späteren Überlieferung hat seine Ursache in der großen Bedeutung des Aristoteles: Schon bald nach seinem Tode rankten sich zahlreiche Legenden um seine Person. Zudem stand er, darin seinem Lehrer vergleichbar, jahrhundertelang inmitten der philosophischen Auseinandersetzung, was dem Umgang mit seinen biographischen Daten keineswegs förderlich war.

5. EUDOXOS – KNIDOS

a) Zur Biographie

Über die Lebensdaten des Eudoxos läßt sich noch schwerer Klarheit gewinnen als im Fall des Aristoteles, weil bereits die chronologische Überlieferung sehr widersprüchlich ist.[248] Die lange vorherrschende Bestimmung von Eudoxos' Lebenszeit beruht auf Daten, die Diogenes Laertius aus Apollodors Chronik überliefert.[249] Demnach fiel Eudoxos' ἀκμή in die 103. Olympiade (368-365 v. Chr.); er starb im Alter von dreiundfünfzig Jahren. Daraus hat man seit Boeckh geschlossen, daß Eudoxos von 408-355 v. Chr. lebte.[250] In jüngster Zeit ist diese Datierung allerdings wiederholt bezweifelt worden[251] – mit Recht, wie ich meine. Ohne mich hier im einzelnen auf die komplizierte Auseinandersetzung einlassen zu können[252], führe ich nur die wichtigsten Argumente an:

1. Die ἀκμή eines Menschen fällt bei Apollodor durchaus nicht immer ins vierzigste Lebensjahr, sondern wird oft mit einem besonders markanten Ereignis in

---

246 Diog. Laert. V 1 nach Hermippos; vgl. Gigon, MH 15 (1958), 150 f., der darin Hermipps „programmatische Aussage über die philosophiegeschichtliche Stellung des Aristoteles überhaupt" sieht.

247 Ebd. 158.

248 Sämtliche Testimonia sind in der Fragmentsammlung von Lasserre (3 ff.) zusammengestellt.

249 FGrHist 244 F76 (= Diog. Laert. VIII 90).

250 Boeckh 151; Jacoby, Apollodors Chronik 315; ders., FGr Hist Komm. II 751; Hultsch, RE VI 931 u.a.

251 Santillana, Isis 32 (1941), 250 ff.; Merlan 98 ff.; Lasserre 137 ff.; Waschkies 34 ff.; Mau, Kl P s.v. Eudoxos.

252 Sie ist kurz bei Lasserre und ausführlich bei Waschkies (s.A.251) dokumentiert.

Verbindung gebracht.[253] Im Falle von Eudoxos haben wir in diesem Sinne mehrere mögliche ἀκμαί.[254] Bei Apollodor wird Eudoxos' ἀκμή mit der Entdek-kung „gekrümmter Linien" (τὰ περὶ τὰς καμπύλας γραμμάς) verknüpft. Die Angabe könnte auf den Πλατωνικὸς διάλογος des Eratosthenes zurückgehen, in dem dieser Platon, Archytas und Eudoxos über ein mathematisches Problem diskutieren ließ.[255] Dabei hätte Eratosthenes Eudoxos seine Theorie „gekrümm-ter Linien" vortragen lassen.[256] Der von Eratosthenes fingierte „Mathematiker-kongreß" wurde dann später als historisches Ereignis mißverstanden und in die 103. Olympiade gelegt, weil man für diese Zeit von Platons zweiter Sizilienreise und in deren Verlauf von einer Begegnung mit Archytas wußte.[257] Unter diesen Umständen wäre Apollodors Zeugnis für die Datierung wertlos.

2. Aus der Naturgeschichte des jüngeren Plinius (30,3) folgt, daß Eudoxos Platon überlebte.[258]

3. Eudoxos unternahm im Alter von dreiundzwanzig Jahren in Begleitung des Arztes Chrysippos eine Reise nach Ägypten, wobei er mit einem Empfehlungs-schreiben des Agesilaos an den König Nektanebos ausgestattet war.[259] Nektanebos I. regierte von 381 bis 363 v. Chr.[260]; besondere Beziehungen zu Sparta und Agesilaos sind aber erst seit 368 anzunehmen.[261]

Eudoxos hat sich daher mit dem erwähnten Empfehlungsschreiben zwischen 368 und 363 in Ägypten aufgehalten, so daß wir als Geburtsdatum ungefähr 390 ansetzen können.[262]

Nach seiner Rückkehr ging er nach Kyzikos und gründete eine Schule.[263] Ver-mutlich um die Mitte der fünfziger Jahre begab sich Eudoxos nach Athen, wo er in näheren Kontakt zu Platon und der Akademie trat.[264] Trotz entsprechenden Behaup-tungen bereits in der Antike[265] läßt sich Eudoxos keineswegs ohne weiteres als Platonschüler bezeichnen. Zum Zeitpunkt seiner Übersiedlung von Kyzikos nach Athen, bei der ihn zahlreiche Schüler begleitet haben sollen, war Eudoxos bereits ein

---

253 Jacoby, Apollodors Chronik 47 A.19; Waschkies 38.

254 Santillana 253.

255 Gigon, Vit. Marc. (s. ARISTOTELES) 50; vgl. Dörrie, Wurzeln des Platonismus, BS 7 (116 ff.) mit Kommentar (352 ff.).

256 Vgl. Lasserre 20 (D 24. 25).

257 Waschkies 38 ff.

258 Vgl. Lasserre 138; Waschkies 35.

259 Diog. Laert. VIII 87.

260 Judeich, Kleinasiatische Studien 145 f.; Helck, Kl P s.u. Nektanebos Nr. 1.

261 Vgl. die Zusammenarbeit von Ariobarzanes und Sparta seit 368 (Xen. hell. VII 1,27) und die aktive Beteiligung des Agesilaos am Satrapenaufstand 366-364 v. Chr. (Xen. Agesilaos II 25 f.), den natürlich auch Nektanebos unterstützte. Eine direkte Verbindung zwischen Sparta und Ägypten in jener Zeit ist bezeugt durch Isokrates, Archidamos 63: vgl. Judeich (s.o. A.260) 164; Santillana 255 ff.

262 So Santillana; Lasserre, Waschkies, Mau (s. A. 251); ebd. weitere Argumente für diese Datierung.

263 Diog. Laert. VIII 87.

264 Philostrat. vit. soph. 484; Diog. Laert. VIII 87. Außerdem hat angeblich (ebd. 86) bereits der junge Eudoxos während eines zweimonatigen Studienaufenthaltes die Bekanntschaft Platons gemacht.

265 Sotion bei Diog. Laert. VIII 86; Strab. XIV 656. XVII 806; Philargyr. III 2,56 (Hagen); Ail. var. hist. VII 17.

berühmter Gelehrter. Aus einem fruchtbaren Gedankenaustausch und einem freund-
schaftlichen Verhältnis zwischen dem jüngeren Eudoxos und dem älteren Platon, an
dem auch ihre jeweiligen Schulen Anteil hatten, konnte leicht ein Lehrer-Schüler-
Verhältnis in maiorem gloriam Platonis konstruiert werden. Dessen absurdeste Variante
findet sich bei Strabon XVII 806. Ausgehend von der Tradition, die sowohl für Platon
als auch für Eudoxos einen längeren Ägyptenaufenthalt bezeugt, heißt es dort, daß
Eudoxos mit Platon nach Ägypten gereist sei, wo beide dreizehn Jahre lang mit
ägyptischen Priestern verkehrt hätten.[266] Ebenso erfunden ist die Nachricht, Eudoxos
habe den gerade bei Dionysios II. weilenden Platon auf Sizilien besucht.[267] Das geht
in keiner Weise mit der ernst zu nehmenden biographischen Überlieferung zusammen.[268] Was schließlich die in der modernen Literatur leider oft kolportierte Geschichte angeht, derzufolge Eudoxos 367 bis 365 als Vertreter Platons während seiner
zweiten Sizilienreise Leiter der Akademie gewesen sei[269], so hat Waschkies ihren
Grund in einer falschen Interpretation einer unzuverlässigen Quelle detailliert und
überzeugend gezeigt[270]; sie gehört tatsächlich „ins Raritätenkabinett philologischer
Grotesken".[271]

Abgesehen von den biographischen Daten, läßt sich Eudoxos auch nicht in eine
philosophische Abkunft von Platon stellen[272], denn er setzt offensichtlich nicht nur
andere (nämlich naturwissenschaftliche) Schwerpunkte, sondern wich in der Physik
und in der Ethik auch deutlich von Platon ab.[273] In der Mathematik zog sich Eudoxos
durch seine Praxisorientierung Platons Kritik zu, wenn wir Eratosthenes glauben
dürfen.[274] Seine Lehre von der Lust als dem höchsten Gut scheint sogar als Gegen-
entwurf zur platonischen Ideenlehre konzipiert worden zu sein.[275] Bei der Bedeutung
des Ethischen und Metaphysischen für Platons politische Vorstellungen dürfen wir
von vornherein annehmen, daß Eudoxos, der diese Grundlagen nicht teilte, auch als
Nomothet eigene Wege ging, wie viele Inspirationen er im übrigen von Platon

---

266 Vgl. Hultsch, RE VI 932 (s.v. Eudoxos); Dušanić, Chiron 10 (1980), 134 A.152 ist geneigt, der
    Fabel einen ernsten Kern einzuräumen.
267 Ail. var. hist. VII 17.
268 Hultsch, RE VI 932; Lasserre 146: „Die überlieferte Biographie weiß nur von zwei Begegnun-
    gen Platons mit Eudoxos (...) und schließt eine andere motivisch aus..."
269 FGrHist 328 F 223 aus Vita Aristotelis Marciana §11. Den Zusammenhang (Eintritt des
    Aristoteles in die Akademie unter dem Scholarchat des Eudoxos) stellte als erster Jacoby,
    Apollodors Chronik 324 A.18 her; ihm folgten u.a.: Düring, Biogr. Trad. 257; ders. RE Suppl.
    XI 171 ff.; Grayeff 18 (alle drei Titel s. ARISTOTELES); Dušanić, Chiron 10 (1980), 132;
    Wörle, Platonschüler 153; Leisegang, RE XX 2324 (s.v. Platon); Field, Plato and His
    Contemporaries 36 f.; v. Fritz 478 ff.; Merlan 99 f.; zusammenfassend und unentschieden
    Gigon, Vit. Marc. 49 f. (s. ARISTOTELES)
270 Waschkies 41 ff.; vgl. auch Lasserre 138.
271 Schmitz, Die Ideenlehre des Aristoteles II 159 f.
272 Diog. Laert. behandelt ihn bezeichnenderweise unter den Pythagoreern.
273 Zeller, Philos. d. Gr. II 1,1040.
274 Bei Plut. quaest. conv. 8,2,1 (718 EF). Marcellus 14,9-11: vgl. Dörrie, Wurzeln des Platonismus
    120 ff. 359 f.
275 Arist. eth. Nic. 1172 b 9 ff., wo Platon verteidigt wird. Im übrigen scheint die Stelle (b15 ff.)
    anzudeuten, daß Aristoteles Eudoxos persönlich gekannt hat; vgl. Jaeger, Aristoteles 16 mit A.1
    und Düring, Aristoteles 253; Wilamowitz, Platon I 498; Schmitz, Die Ideenlehre des Aristoteles
    II 164 ff.

empfangen haben mag. Schließlich wird dieses Ergebnis durch die Modalitäten seiner Berufung nach Knidos bestätigt: Unter großen Ehrungen überredeten ihn seine Landsleute zur Aufgabe seiner Lehrtätigkeit in Athen und zur Übersiedlung nach Knidos.[276]

Die Rückkehr des Eudoxos in seine Heimatstadt wird um die Jahrhundertmitte oder etwas später anzusetzen sein. Der Tod hat den dreiundfünfzigjährigen[277] wahrscheinlich um 337 v. Chr. ereilt. Demnach wäre die zweifach bezeugte Gesetzgebung in Knidos[278] zwischen ca. 350 und ca. 337 zu datieren.

b) Zur Gesetzgebung

Es liegt nahe, daß Eudoxos von seinen Mitbürgern im Zusammenhang mit einer Staatskrise gerufen wurde, um kraft seiner überlegenen intellektuellen Autorität die Einheit der Polis auf nomothetischem Wege wiederherzustellen. Leider ist unsere Kenntnis der knidischen Verfassungsgeschichte äußerst dürftig. Unsere beiden einzigen Hinweise stammen von Aristoteles, der von einer besonders strengen und unpopulären Oligarchie in Knidos berichtet, die durch das Volk gestürzt wurde, nachdem die Oligarchen untereinander in Streit geraten waren.[279] Die moderne Forschung hat im allgemeinen die Tätigkeit des Eudoxos mit dieser Nachricht verbunden, indem sie ihm die Demokratisierung des knidischen Staates zuschrieb, ohne daß sie über eine bloße Assoziation der beiden einzigen bekannten verfassungsgeschichtlichen Ereignisse hinausgekommen wäre.[280] Das gilt vor allem dann, wenn man, wie es dieselben Forscher überwiegend tun, Plutarch quaest. Gr. 4 (292 AB) auf den Hinweis des Aristoteles bezieht. Demnach bildeten sechzig auf Lebenszeit ausgewählte ἀμνήμονες einen aristokratischen Rat, der von einem sogenannten ἀφεστήρ geleitet wurde.[281] Soll man annehmen, daß ein solch unverkennbar archaisches Gremium die Macht bis ins 4. Jahrhundert hinein behauptet hatte? Immerhin war Knidos bis 411 v. Chr. Mitglied des attisch-delischen Seebundes, was freilich nicht unbedingt verfassungspolitische Konsequenzen gehabt haben muß. Auch räumlich liegt es offen für die Tendenzen der griechischen Welt. Die Existenz einer restriktiven Oligarchie in der von Plutarch beschriebenen Art darf daher im 4. Jahrhundert als unwahrscheinlich gelten.[282]

---

276 Diog. Laert. VIII 88.

277 Diog. Laert. VIII 90.

278 Diog. Laert VIII 88; Plut. adv. Col. 32 (1126 D). Diog. Laert. nimmt seine Kenntnis ausdrücklich aus Hermippos, den wir bereits als unzuverlässig kennengelernt haben; für Plut. gilt höchstwahrscheinlich, zumal er Eudoxos in einem Satz mit Aristoteles (s.o.) nennt, das gleiche.

279 Arist. pol. 1305 b 12 ff., 1306 b 3 ff. Beide Stellen sind ähnlich und passen gut zusammen, so daß sie sich wohl auf die gleichen Ereignisse beziehen; vgl. dagegen u.a. Hornblower, Mausolus 117 f.

280 Bürchner, RE XI 919 (s.v. Knidos); Halliday, The Greek Questions of Plutarch 48 unter Berufung auf K.O. Müller (keine Stellenangabe); Bean/Cook 211 unter Berufung auf Leake (Antiquities of Ionia 10); Lasserre 142; Kahn 17 mit A.76; Dušanić, Chiron 10 (1980), 133 mit A.149; Wörle, Platonschüler 154; vorsichtig Gehrke, Stasis 79 (s.u. A.282).

281 Der Titel ἀφεστήρ taucht noch in einem kaiserzeitlichen Ehrendekret (BMI IV 788, Z.18) auf.

282 Gehrke, Stasis 79 hält das Bestehen der von Aristoteles beschriebenen Oligarchie im 4.

Die persönlichen Beziehungen von Eudoxos passen nicht recht in das Bild vom demokratischen Nomotheten. Den Kontakt zum spartanischen König Agesilaos haben wir bereits erwähnt. Von Kyzikos aus besuchte Eudoxos den karischen Dynasten Mausollos, wie Diogenes Laertius (VIII 87) zu berichten weiß. Mausollos war wiederum durch Gastfreundschaft (ξενία) mit Agesilaos verbunden.[283] Die Beziehung Eudoxos-Mausollos fand in der Literatur zu Eudoxos so gut wie keine Beachtung[284], obwohl sie politisch bedeutsam gewesen sein könnte. Denn Knidos hat höchstwahrscheinlich zum unmittelbaren Einflußgebiet des Mausollos gehört.[285] Daher könnte sein Aufenthalt bei Mausollos durchaus einen politischen Hintergrund gehabt haben. Allerdings ist es eine allzu gewagte Behauptung, Eudoxos deswegen – wie Hornblower es tut – eine oligarchische Gesetzgebung im Auftrag von Mausollos zu unterstellen.[286] Das paßt auch nicht in den chronologischen Rahmen, weil Mausollos bereits 353 v. Chr. starb, Eudoxos aber frühestens in den vierziger Jahren nomothetisch tätig wurde.

Eudoxos' Gesetzgebung könnte aber auch mit einem anderen wichtigen Ereignis der knidischen Geschichte zu tun haben, das freilich nur archäologisch greifbar ist. Bean und Cook haben in ihrer umfangreichen Untersuchung über die Knidia nachzuweisen versucht, daß die Stadt in der Mitte des 4. Jahrhunderts von der Mitte der Halbinsel („Burgaz") an deren westliche Spitze („Tekir") verlegt wurde.[287] Für den Fall einer Neugründung liegt der Gedanke nahe, daß die Knidier ihren berühmten Landsmann mit der Gesetzgebung beauftragten. Doch letztlich bleibt der Anlaß ebenso spekulativ wie der Charakter[288] oder gar der Gehalt der Gesetzgebung des Eudoxos.

Jahrhundert immerhin für möglich, aber keineswegs für sicher: Charakter und Struktur weisen eher in die archaische Zeit.

283 Xen. Ages. II 27; vgl. Judeich, Kleinasiatische Studien 203 mit A.249; Santillana 257.

284 Nach Dušanić, Chiron 10 (1980), 133 f. mit A.153 war Eudoxos u.a. (panhellenisch, panathenisch, antipersisch, energisch antioligarchisch) auch antikarisch eingestellt – ein Urteil, das auf reiner Imagination beruht.

285 Vgl. Hornblower, Mausolus 115 ff. Ansonsten wurde dieses Problem meines Wissens in der Forschung ignoriert, wenn man von der Andeutung Zieglers, Kl P s.v. Knidos absieht.

286 Hornblower, Mausolus 118 f.; vgl. ebd. 337.

287 Bean/Cook 202 ff. Zur Datierung dieser Verlegung, wie Bean/Cook ebd. 211 f. meinten, taugt die Tätigkeit des Eudoxos allerdings nicht; als Alternative schlagen sie die politischen Wechsel vor, die Alexanders Sieg am Granikos 334 v. Chr. folgten. Diese Datierung wird von ihnen in einer späteren Stellungnahme, ABSA 52 (1957), 85 f. bevorzugt. Schließlich sei darauf aufmerksam gemacht, daß Kahn, Knidos 10 ff. und Blümel, I v Knidos I 1f., einige gewichtige Einwände gegen die ansonsten allgemein akzeptierte These von Bean und Cook über die Verlegung der Stadt vorgebracht haben. Die Frage kann hier nicht behandelt werden.

288 Die von Dittenberger auf ca. 330 datierte Inschrift SIG³ 290 deutet auf eine Demokratie in Knidos hin. Sie könnte wegen ihrer zeitlichen Nähe zur Gesetzgebung des Eudoxos ein (letztlich zu schwaches) Indiz dafür abgeben, daß Eudoxos den knidischen Staat demokratisierte. Eine Demokratisierung könnte auch im Gefolge des Alexanderzuges stattgefunden haben; vgl. Hornblower, Mausolus 119.

III. „TYRANNEN"

1. EUAION – LAMPSAKOS

Angeblich versuchte der Platonschüler Euaion von Lampsakos[1], die Herrschaft über seine Heimatstadt zu gewinnen: Er beanspruchte die Akropolis als Pfand, während er seinen Mitbürgern eine offenbar beträchtliche Geldsumme lieh. Als die Lampsakener seine Absichten durchschauten, zahlten sie ihm das Darlehen zurück und vertrieben ihn.[2]

Die Darstellung bei Athenaios suggeriert, „als habe Euaion von vornherein nicht mit der Rückgabe des Geldes gerechnet und sich durch den Besitz der Stadtburg die Tyrannis gewissermaßen kaufen wollen".[3] Sollte er wirklich die Errichtung einer Tyrannis angestrebt haben, so hätte er eine ungewöhnliche Methode gewählt.[4]

Wenn man die merkwürdige Geschichte aus einer ausgesprochen tendenziösen Überlieferung überhaupt halten will, dann muß sich Lampsakos zum Zeitpunkt der Anleihe in einer sehr schwierigen Situation befunden haben: Nur aus einem dringenden Geldbedarf sind die ungünstigen Konditionen verstehbar, unter denen die Stadt mit Euaion abschloß. Berve stellt sich vor, daß die Gelder zur Befestigung oder zum Ausbau der Akropolis verwendet wurden.[5] Euaion seinerseits wollte die Situation offenbar für seine persönlichen Interessen ausnutzen. Eine genauere Datierung des beschriebenen Vorganges ist nicht möglich, da sich kein Zusammenhang mit einem uns bekannten Ereignis herstellen läßt.[6]

2. TIMOLAOS – KYZIKOS

Timolaos von Kyzikos[7] versuchte, sich mit Hilfe des kleinphrygischen Satrapen Arrhidaios seiner Heimatstadt zu bemächtigen, nachdem er vorher durch großzügige

---

1 Diog. Laert. III 46.
2 Eurypylos, Dikaiokles von Knidos und Demochares bei Athen. 508 f.; zur Überlieferung vgl. die entsprechenden Bemerkungen S. 17 ff.
3 Wörle, Platonschüler 159.
4 Das nimmt Wörle 160 als Indiz, „daß hinter dem von Athenaios geschilderten Streben nach der Tyrannis ein ungeschickter Versuch eines Platonschülers verborgen ist, sich politische Macht zu verschaffen, um platonische Vorstellungen zu verwirklichen."
5 Berve, Tyrannis 312 f.
6 Frisch, I v Lampsakos 126; Leaf (s. HERMIAS – ATARNEUS/ASSOS) 96 setzt die Ereignisse in die Mitte des 4. Jahrhunderts; Berve, Tyrannis 312 legt sich sogar auf die erste Hälfte der fünfziger Jahre fest: eine mögliche, aber nicht zwingende, also beliebige Datierung. Sämtliche Zeugnisse über Lampsakos im 4. Jahrhundert finden sich bei Frisch 122-129 versammelt.
7 Bei Athen. 509 A steht Timaios, der höchstwahrscheinlich mit dem in der Liste der Platonschüler bei Diog. Laert. III 46 aufgezählten Timolaos identisch ist; vgl. Philod. Acad. col. 6,12 (Gaiser 185): Danach kam Timolaos in dem von Speusipp verfaßten „Leichenmahl Platons" vor.

Geld- und Getreidespenden das Vertrauen seiner Mitbürger gewonnen hatte. Im Gegensatz zu Euaion von Lampsakos bediente sich Timolaos also ganz gewöhnlicher, oft angewandter Methoden, um die Herrschaft zu erlangen. Dennoch scheiterte auch er: Seine Mitbürger stellten ihn vor Gericht und verurteilten ihn. Zwar kam er mit dem Leben davon, und sogar das Schicksal der Verbannung blieb ihm erspart[8], doch verbrachte er sein weiteres Leben in Unehre, wie es bei Athenaios heißt.[9]

Der Hinweis auf Arrhidaios ermöglicht uns, den Vorgang etwas näher zu beleuchten und grob zu datieren. Arrhidaios war seit dem Vertrag von Triparadeisos (321 v. Chr.) Satrap des hellespontischen Phrygien. Weil er sich offenbar von Antigonos bedroht fühlte[10], versuchte er, die militärisch wichtigsten Plätze des Landes zu besetzen, um sich besser verteidigen zu können. So wandte er sich im Jahre 319 auch an das strategisch sehr wichtige Kyzikos, das er durch eine Besatzung sichern wollte.[11] Die Kyzikener verweigerten sich jedoch und setzten sich gegen eine Belagerung durch Arrhidaios' Truppen erfolgreich zur Wehr.[12] Offensichtlich hängt der Putschversuch des Timolaos mit diesen Ereignissen zusammen. Nach dem Abzug des Arrhidaios, der durch sein Vorgehen gegen eine freie Polis Antigonos Monophthalmos die Möglichkeit zum Eingreifen gab[13], wird er auf keinen Fall stattgefunden haben.[14] Aber auch die Annahme, daß Timolaos die Belagerung seiner Heimatstadt durch Arrhidaios für seine Zwecke ausnutzen wollte[15], ist sehr unwahrscheinlich. Nach der Darstellung Diodors scheint die Stadt vielmehr geschlossen gegen den Satrapen gestanden zu haben. Am wahrscheinlichsten ist daher die Annahme, daß Arrhidaios hoffte, die Stadt durch die Unterstützung eines angesehenen Bürgers, der ihm verpflichtet war, unter seine Kontrolle zu bringen.[16] Erst nach dem Scheitern des Timolaos entschloß er sich vermutlich, sein Anliegen selbst in die Hand zu nehmen, obwohl er damit rechnen mußte, Antigonos einen willkommenen Anlaß zum Eingreifen zu liefern. Sein unentschlossenes Vorgehen gegen Kyzikos ist vor allem aus dem Versuch zu verstehen, Antigonos aus der Angelegenheit herauszuhalten. Deshalb bemühte er sich, die Anwendung von Gewalt zu vermeiden und die Kyzikener durch eine bloße Drohgebärde zum Einlenken zu veranlassen. Und deshalb fand er sich zu langwierigen Verhandlungen bereit, durch welche die Kyzikener Zeit gewannen, sich zu sammeln und Nachschub aus Byzantion heranzuholen. Auf diese Weise verpaßte er den günstigen Augenblick zum Angriff. Deshalb schließlich brach er die Belagerung sofort ab, als er feststellen mußte, daß Kyzikos sich endgültig

---

8 Berve, Tyrannis 519 vermutet die Rücksicht auf seinen bedeutenden Anhang als Grund für die milde Strafe.

9 Demochares bei Athen. 509 A.

10 Wie die Formulierung bei Diod. XVIII 51, 1 nahelegt; vgl. O. Müller, Antigonos Monophthalmos 24 f. mit A.48; Engel, Unters. z. Machtaufstieg d. Antigonos 36 f.

11 Diod. XVIII 51,1; Marmor Parium (FGr Hist 239) B 12.

12 Diod. XVIII 51,2-7.

13 Vgl. O. Müller, Antigonos Monophthalmos 24 f. mit A.47.

14 Gegen Marquardt 71 und Droysen, GdH II 328 A.149.

15 Berve, Tyrannis 312. Nach Engel, Unters. z. Machtaufstieg d. Antigonos 36 A.138 unter (unmöglicher) Berufung auf Mar. Par. B 12 soll Timolaos Arrhidaios erst zu seiner Aktion gegen Kyzikos veranlaßt haben, was im übrigen auch dem Bericht Diodors widerspricht.

16 Niese, Geschichte der griechischen und makedonischen Staaten I 235; Hasluck 172 f. mit A.4.

zum Widerstand entschlossen hatte. Am Ende war seine Strategie vollkommen gescheitert: Weder besaß er Kyzikos, noch hatte er die Intervention des Antigonos vermeiden können. Der Versuch des Platonschülers Timolaos, sich mit Hilfe des Arrhidaios zum Tyrannen über Kyzikos zu machen, muß daher vor die zuletzt geschilderten Ereignisse gesetzt werden: in die Jahre 320-319 v. Chr.[17]

3. CHAIRON – PELLENE

Chairon von Pellene, ein Schüler sowohl von Platon als auch von Xenokrates[18] sowie ein bedeutender Ringkämpfer, der allein vier olympische Siege vorweisen konnte[19], bemächtigte sich angeblich im Einverständnis mit Alexander der Herrschaft in seiner Heimatstadt.[20] Eine unmittelbare Hilfe leistete ihm dabei der makedonische Feldherr Korrhagos[21], als er spätestens im Sommer 331 v. Chr. mit Heeresmacht auf die Peloponnes zog, um den aufrührerischen Spartanerkönig Agis III. zu maßregeln.[22] Nach der vernichtenden Niederlage des Korrhagos, bei der dieser vermutlich den Tod fand, sorgte Chairon dafür, daß Pellene sich als einzige Stadt Achaias nicht dem Agis-Aufstand anschloß, sondern wie Megalopolis, Messene, Argos und Korinth den Makedonen treu blieb.[23]

Nach innen soll er nach Art eines brutalen Tyrannen geherrscht haben, indem er die Aristokraten (τοὺς ἀρίστους τῶν πολιτῶν) vertrieb und ihren Besitz und ihre Frauen ihren Sklaven überantwortete.[24] Daß Chairon durch seine Machtübernahme eine demokratische Verfassung in Pellene beseitigte, wie Pseudo-Demosthenes glauben machen will[25], erscheint daher unwahrscheinlich. Vielmehr dürfte sich die Aktion des Chairon gegen eine in Achaia seit jeher verbreitete Hoplitenpoliteia[26]

17 Von Fritz, RE s.v. Timolaos Nr. 1; Berve, Tyrannis 419.
18 Demochares bei Athen. 509 B; Hermippos bei Philod. Acad. col.11,1 ff. (Gaiser 219 ff.). Hermipp, der in seinem Werk Περὶ τῶν ἀπὸ φιλοσοφίας εἰς ἀριστείας καὶ δυναστείας μεθεστηκότων (vgl. Gaiser 495) über Chairon berichtete, basiert einerseits wahrscheinlich ebenfalls auf Demochares, andererseits explizit auf dem Peripatetiker Phainias von Eresos: Gaiser 124 ff. Chairons Name erscheint auch in Philodems Schülerliste, Acad. col. 6,4 (Gaiser 184).
19 Paus. VII 27,7; Philod. Acad. col. 11,11 ff. 12,4 f.
20 [Demosth.] XVII 10; Paus. VII 27,7.
21 Philod. Acad. col.11,33 ff. 12,38 ff.
22 Berve, Alexanderreich II Nr. 444; Kaerst, RE s.v. Chairon Nr. 4; Culasso Gastaldi 236; A. Schaefer, Demosthenes III 134 läßt Chairon – ohne Kenntnis des herkulaneischen Papyros – schon nach der Zerstörung Thebens 335 v. Chr. an die Macht kommen.
23 Aischin. III 165; Din. I 34; vgl. Kaerst, RE s.v. Chairon Nr. 4; E. Meyer, RE s.v. Pellene Nr. 1; Berve, Alexanderreich II Nr. 818; ders., Tyrannis 307 f.; Volkmann, Kl P s.v. Chairon Nr. 4; McQueen 47.
24 Athen. 509 B; Philod. Acad. col. 11,38 ff. Das Motiv ist toposverdächtig, wie denn das gleiche Vorgehen auch den Tyrannen Dionysios I. von Syrakus (Diod. XIV 66,5), Klearchos von Herakleia Pontike (Justin. XVI 5,1 ff.; s.u.) und Nabis von Sparta (Polyb. XVI 13,1) zugeschrieben wurde.
25 [Demosth.] XVII 10; vgl. Haussoullier 155 f.
26 Vgl. Gehrke, Jenseits von Athen u. Sparta 145 f.

gerichtet haben, deren Protagonisten vielleicht auch noch zu dieser Zeit der traditionell engen Bindung an Sparta zu entsprechen versuchten.[27] Letzteres würde jedenfalls die Einmischung des Korrhagos erklären.

Chairon hat angeblich weitere Beispiele seiner Tatkraft geben wollen. Nach Phainias soll er beabsichtigt haben, eine Stadt Chaironeia in der Nähe der „Megarischen Sümpfe" zu gründen[28], deren Name dann sowohl auf ihren Gründer als auch auf den Ort des entscheidenden Sieges derjenigen Macht verwiesen hätte, der er seine Herrschaft verdankte.[29] Unter der doppelten Bedingung, daß Gaisers in diesem Punkt sehr hypothetische Textrekonstruktion zutrifft und Phainias die Wahrheit schreibt, hätte sich Chairon außerdem erfolglos an einem Durchstich des Isthmos versucht.[30] Da jedoch weder der Isthmos noch gar „Megarische Sümpfe" jemals auf dem Gebiet von Pellene lagen, fragt man sich freilich, wie der Tyrann seine großartigen Aufgaben hätte in Angriff nehmen sollen. Eine plausible Antwort darauf ist meines Wissens bisher noch nicht vorgetragen worden. Wahrscheinlich wurden solche Geschichten erfunden, um den Größenwahn des Tyrannen zu illustrieren.

Über Chairons weiteres Schicksal ist nichts bekannt. Vermutlich endete er bereits vor der Aufhebung der Tyrannenherrschaften durch Alexander ebenso gewaltsam, wie er regiert hatte, weil das Phainias-Zitat bei Philodemos aus der Schrift über die Beseitigung von Tyrannen aus Rache (τυράννων ἀναίρεσις ἐκ τιμωρίας)[31] stammen dürfte.[32]

Philosophische Kreise betrachteten Chairon offenbar als Abtrünnigen, für dessen Vergehen die Akademie natürlich keine Verantwortung trug. Der Peripatetiker Phainias betont, daß Chairon sich während seines Aufenthaltes in der Akademie, namentlich bei dem seit 339 amtierenden Scholarchen Xenokrates, gedeihlich entwickelte und erst später, nach seiner Abreise aus Athen, der Pleonexia verfiel.[33] Dagegen haben Demochares und Athenaios die Untaten Chairons gerade aus seiner philosophischen Erziehung abgeleitet.[34]

27 McQueen 46 f. zeigt, daß Achaia seit 367 bei jeder Gelegenheit auf der Seite Spartas und damit gegen Theben bzw. Makedonien stand.
28 Philod. Acad. col. 12,7 ff. (Gaiser 225).
29 Berve, Tyrannis 307.
30 S.o. A.28.
31 Wehrli, Schule des Aristoteles 9, fr. 14 ff.
32 Gomperz, Wiener Studien 4 (1882), 115 f. A.14; Gaiser, Philodems Academica 126 ff.; Berve, Tyrannis 677. Unwahrscheinlich ist dagegen die Vermutung Nieses, Geschichte der griechischen und makedonischen Staaten I 287 A.2, daß Chairon erst 313 durch Antigonos vertrieben wurde.
33 Philod. Acad. col. 12,2 ff. 22 ff.; ähnlich Hermippos ebd. col. 11,14 ff. (Gaiser 219 ff.). Angesichts dieser Distanzierungen ist es umso unverständlicher, daß Wörle, Platonschüler 111, selbst dem Chairon noch eine Motivation im Sinne platonischer Staatsphilosophie zubilligt: „Man kann aber auch hier die Auslegung der Chairon feindlich gesinnten Überlieferung beiseitelassen und in dieser geplanten Stadtgründung den Ausdruck einer gesetzgeberischen Initiative sehen, die ihren Ausgangspunkt in der Akademie hatte."
34 Athen. 509 B.

4. HERMIAS – ATARNEUS/ASSOS

Hermias wurde schon in der biographischen Literatur des Peripatos zu einer Art Philosophenkönig stilisiert. Moderne Interpreten haben dieses Bild, gestützt auf die Autorität Werner Jaegers,[35] häufig übernommen. Nach Ehrenberg etwa war Hermias' Regierung „eine Oligarchie der Weisen, ein Versuch philosophischer Herrschaft, wie sie Platon in Syrakus nicht geglückt war... Hermias regierte nach platonischen Grundsätzen, deren Ziel die Einheit von Macht und Recht war.“[36] – Finden solch weitgehende Behauptungen in den Quellen über Hermias einen Rückhalt oder handelt es sich um Kombinationen, die auf nicht reflektierten Voraussetzungen beruhen?

Hermias und seine Herrschaft heute richtig zu beurteilen, fällt schwer, weil wir mit zwei einander schroff gegenüberstehenden Überlieferungssträngen, die beide auf zeitgenössische Zeugnisse zurückgehen, konfrontiert sind.[37] Er erscheint in der Tradition ebenso als verachtenswerter Tyrann und skrupelloser Emporkömmling wie als weiser, maßvoller Herrscher.[38] Auf der einen Seite stehen die – übrigens untereinander verfeindeten – Chier Theopomp und Theokrit, die ihm offensichtlich beide übel nahmen, daß er über ein Gebiet herrschte, welches einst chiischer Festlandsbesitz gewesen war.[39] Für die andere Seite zeugt Aristoteles, der für Hermias ein Grabmal in Delphi errichtete und ihm zu Ehren eine Hymne auf die ἀρετή verfaßte, sowie sein Neffe Kallisthenes, der Hermias in einem Enkomion feierte.[40] Während sich die antike Literatur mehrheitlich, d.h. vor allem außerhalb der peripatetischen Schultradition, am Bild des Theopomp orientierte[41], überwiegt in der modernen Forschung die sich an Aristoteles und Kallisthenes anschließende Verherrlichung des Hermias. Für ihre Bewertung ist oft schon Hermias' Umgang „mit Männern von der sittlichen Höhe eines Aristoteles und Xenokrates“ ausschlaggebend[42]. Eine solche idealistische

---

35 Jaeger, Aristoteles 112 ff.; vgl. z.B. Vatai, Intellectuals 93ff., der das von Jaeger entworfene Bild vollständig übernimmt.

36 Ehrenberg 125; ebenso schon Jaeger, Aristoteles 115 und zuletzt Lasserre, De Léodamas 541 sowie Gaiser, Theophrast in Assos 10. 20 und Philodems Acad. 386.

37 Die gesamte Überlieferung ist zusammengestellt bei Berve, Tyrannis 688 f.

38 Bereits Didym. IV 61 ff. macht auf die zwiespältige Beurteilung des Hermias aufmerksam und stellt beide Seiten einander gegenüber.

39 FGrHist 115 F 250 u. 291; Diog. Laert. V 11 (Theokrits Spottepigramm auf Hermias); Atarneus als chiischer Festlandsbesitz: Herod. I 160 u. VII 106.

40 Aristoteles, fr. 674. 675 Rose; Kallisthenes (FGr Hist 124) F 2; vgl. Wormell, The Literary Tradition concerning Hermias of Atarneus. Herman, Ritualised Friendship 129, zählt „the composition of epitaphs, poems and of other literary pieces designed to express one's emotions towards one's xenos and spread his renown“ zu den rituellen Leistungen der ξενία. Dergleichen ist also, wie zahlreiche weitere Beispiele belegen, sozusagen normaler Bestandteil griechischer Freundschaftsbeziehungen. Außerdem enthalten bezeichnenderweise weder die Hymne des Aristoteles noch das Enkomion des Kallisthenes irgendeinen Hinweis auf philosophische Neigungen des Gefeierten.

41 Es ist wohl kein Zufall, daß Plutarch Hermias nirgends erwähnt und daß die spätantike, enkomiastische Vita Aristotelis Marciana die Hermias-Episode ganz aus dem Leben des Aristoteles eliminiert; vgl. Gigon, MH 15 (1958) (s. ARISTOTELES), 171.

42 Von der Mühll, RE Suppl. III 1128 (s.v. Hermias); ähnlich Düring, RE Suppl. XI 177 f. (s.v. Aristoteles) und Wormell 65, der noch darüber hinausgeht: Aristoteles' Hymne sei für jeden

Annahme, die eine Kongruenz zwischen Leben und Werk voraussetzt, wurde von der Wirklichkeit oft genug widerlegt.

Im Falle des Hermias haben wir nicht die Möglichkeit, dem leidenschaftlichen Für oder Wider der Überlieferung zu entgehen und es durch eine ausgewogene, annähernd widerspruchsfreie Darstellung zu ersetzen. Wir stehen vielmehr, was Person und Herrschaft des Hermias angeht, vor einem historischen Rätsel, das insgesamt m. E. nicht mehr aufzulösen ist. Eine unserer Aufgaben ist daher die Destruktion allzu stimmiger Darstellungen, die oft genug psychologistische Erklärungsmuster dort einsetzen, wo es an Wissen fehlt.

a) Zur Biographie

Schon über die Herkunft des Hermias ist ebensowenig Klarheit zu gewinnen wie über seinen Tod. Theopomp, der ihm freilich übel will, nennt ihn εὐνοῦχος, βάρβαρος (Βιθυνός) und δοῦλος[43], und darin folgt ihm der überwiegende Teil der antiken Überlieferung.[44] In der Forschung ist diese Charakterisierung wiederholt angezweifelt worden. Wie Mulvany als erster meinte, geht aus Aristoteles' dem Hermias geweihter Hymne, die von einem aggressiven hellenischen Selbstbewußtsein getragen ist, aus dem delphischen Epigramm und aus der Tatsache, daß Hermias die Eleer dazu brachte, ihn in den olympischen Waffenstillstand mit einzubeziehen, hervor, daß Hermias Grieche war.[45] Demgegenüber hat Gigon mit Recht auf „den – bei aller Schönheit – konventionellen Charakter" des aristotelischen Gedichtes aufmerksam gemacht „und die ἐκεχειρία ist kein Beweis, da sie ja von demselben Theopomp in demselben Brief an Philipp erwähnt wird, in welchem Hermias βάρβαρος heißt...; Theopomp gegen Theopomp ausspielen zu wollen, geht wirklich nicht."[46]

Außerdem will Mulvany die Angaben von Theopomp aus Herodot VIII 104-106 ableiten. Dort findet sich im Zusammenhang mit Atarneus die Geschichte eines gewissen Hermotinos, der Eunuche und Sklave war.[47] Daß Theopomp und Theokrit von daher diese Eigenschaften auf Hermias übertragen hätten, ist aber unwahrscheinlich; warum sollten die Zeitgenossen des Hermias übereinstimmend auf Herodot zurückgreifen, um ihn zu verleumden? Eine solche – eventuell leichtfertige oder böswillige – Verwechslung wäre allenfalls einem wesentlich späteren Autor zuzutrauen.

Versuch, die Karriere des Hermias zu rekonstruieren und seinen Charakter zu verstehen, von überragender Bedeutung.

43 FGrHist 115 F 250 und 291.

44 Strab. XIII 1,57; Diog. Laert. V 3 ff.; Lukian, Eun. 9; Demetrios de eloc. 293; Libanios LVII 52; Helladios b. Phot. bibl. 530 a, 34; Suda s.v. Ἑρμίας. Demetrios von Magnesia, der im 1. Jahrhundert v. Chr. schreibt, behauptet (bei Diog. Laert. V 3) sogar, daß Hermias seinen Herren Eubulos ermordete.

45 Mulvany, CQ 20 (1926) (s. ARISTOTELES), 155: „He may have been in fact a Bithynian of birth, yet not of blood..."; seiner Argumentation folgten Wormell 73 und Düring, Biogr. Trad. (s. ARISTOTELES) 276; vgl. Jaeger, Aristoteles 113 A.1.

46 Gigon, MH 15 (1958), 172 A.50; vgl. Herman wie oben A.40.

47 S.o. A.45.

Man kann Theopomps Behauptung in Anbetracht der pointierten Einseitigkeit, für die er bekannt ist[48], als bloße Verleumdung verwerfen[49]; eine stichhaltige Begründung für ein solches Urteil wird man so leicht nicht geben können.[50]

Auch die Umstände von Hermias' Tod liegen im Ungewissen. Das beginnt schon bei der Datierung, die ihrerseits von der Datierung der Wiedereroberung Ägyptens durch die Perser abhängig ist. Der erfolgreich beendete Feldzug gegen Ägypten bildet die Voraussetzung für die Aufmerksamkeit, die der persische Großkönig nunmehr seinen kleinasiatischen Reichsteilen zuwandte. Mit der Wahrnehmung seiner Interessen in diesem Gebiet beauftragte Artaxerxes III. Ochos seinen Feldherrn Mentor von Rhodos, dessen erster Feldzug sich gegen den revoltierenden Tyrannen Hermias von Atarneus richtete.[51]

Hermias' Vorgänger Eubulos hatte seine Herrschaft im Zusammenhang mit den sogenannten Satrapenaufständen der sechziger Jahre des 4. Jahrhunderts v. Chr. begründet.[52] Er war ursprünglich wohl ein Geldverleiher oder Bankier mit Sitz in Assos, der sich vermutlich durch großzügige finanzielle Unterstützung des aufständischen Ariobarzanes die Städte Assos und Atarneus erwerben konnte[53], die er in der Folge auch gegen Angriffe des Satrapen Autophradates zu behaupten wußte.[54] Eubulos und seinem Nachfolger Hermias gelang es, eine kleine Territorialherrschaft südlich des Idagebirges und an der aiolischen Küste zu errichten, deren genauer Umfang leider nicht festzustellen ist. Diodor spricht von vielen Festungen und Städten, über die Hermias gebot.[55] Ob diese Herrschaft vom persischen Großkönig überhaupt jemals mehr denn bloß geduldet worden ist, unterliegt starken Zweifeln. Hermias fühlte sich wohl schon länger und vor allem seit der Wiedereroberung Ägyptens durch die Perser in seiner Unabhängigkeit bedroht und nahm Verbindung mit dem makedonischen König auf.[56] Die Perser bekamen Wind von der Sache: Sie rückten mit einem Heer an, luden Hermias zu einer Unterredung, wobei sie den Abtrünnigen verhafteten. Er wurde an den persischen Königshof nach Susa geschickt und dort hingerichtet. Mentor täuschte mit Hilfe von Hermias' Siegelring dessen Gefährten einen Frieden vor, den er dazu benutzte, sich aller Festungen und Städte zu bemächtigen.[57]

48 Vgl. Schranz, Theopomps Philippika 75.
49 Düring (s.o. A. 45).
50 Vgl. Gigon, MH 15 (1958), 172. Schon in der Antike beurteilte man die Glaubwürdigkeit des Theopomp unterschiedlich: vgl. etwa die positive Einschätzung durch Dion. Hal. (VI 782 f.) und die negative des Polyb. (VIII 11 ff.).
51 Diod. XVI 52,1 ff.
52 Judeich, Kleinasiatische Studien 208 A.1; Hornblower, Mausolus 174.
53 Strab. XIII 1,57; Boeckh 187; Leaf 295 f.
54 Arist. pol. 1267 a 31 ff.
55 Diod. XVI 52,3; vgl. hingegen Theopomp (F 250), der Hermias nur über σκοπέλουϛ καὶ μικρ[ὰ χωρία] herrschen läßt.
56 [Demosth.] X 32 mit Scholien; Didym. VIII 30.
57 Strab. XIII 1,57, wo fälschlich Memnon statt Mentor als persischer Heerführer genannt wird; Diod XVI 52,6 ff.; Polyain. VI 48; [Arist.] oec. 1351 a 33 ff.

Da über die ägyptische Expedition des Ochos keine chronologische Sicherheit zu gewinnen ist[58], hängt die Datierung von Hermias' Untergang davon ab, welchen Quellenwert man Strabon respektive der pseudo-demosthenischen 4. Philippika zuerkennen will. Nach Strabon ist die Flucht der Philosophen aus Assos eine Folge der Festnahme des Hermias. Da wir wissen, daß Aristoteles, den Strabon u.a. im Blick hat, 345/4 von Assos nach Mytilene übersiedelte[59], erhalten wir das nämliche Datum für Hermias' Verhaftung.[60] – In der unter dem Namen des Demosthenes erhaltenen Philippika, die auf die Situation von 341/40 gestellt ist, findet sich eine Anspielung auf Hermias. Dort heißt es: „(...) Zweitens ist der Mann, der alles mit inszenierte und wußte, was Philipp gegen den Großkönig vorbereitet, gefaßt, und der Großkönig wird all sein Tun nicht durch Beschwerden von uns hören, die wir, wie er glauben könnte, für unsere eigenen Interessen sprechen, sondern von jemandem, der das selbst betrieb und durchführte...".[61] Daß hier Hermias gemeint ist, wußten wir bereits von dem Scholiasten, dessen Angaben somit durch Didymos bestätigt werden. Danach ist der Tyrann erst kürzlich gefangen genommen worden und befindet sich wahrscheinlich gerade auf dem Abtransport zum Großkönig nach Susa, denn seine von Pseudo-Demosthenes erwartete Aussage über Philipps antipersische Pläne liegt noch in der Zukunft. Mit Hilfe der Rede kommen wir daher auf das ungefähre Datum 342/1 für Hermias' Sturz. Außerdem gibt die Anordnung sowohl bei Theopomp, der im 46. Buch seiner Philippika über Hermias schreibt, als auch bei Anaximenes von Lampsakos, der gleiches im 6. Buch seiner Geschichte Philipps unternimmt, ein zusätzliches Indiz dafür, daß die Verhaftung von Hermias ins Jahr 342/41 fällt.[62] Mir scheint diese Datierung die plausiblere zu sein[63], da auch eine antipersische Bündnispolitik Philipps eher zu dem späteren Zeitpunkt passen mag und zumal Strabon, wie sich weiter unten zeigen wird, hier keine unbedingt zuverlässige Quelle ist.

Über die Umstände, unter denen Hermias in Susa den Tod erlitt, zirkulierten schon in der Antike verschiedene, mehr oder weniger breit ausgeschmückte Versionen.[64] Das findet seine einfache Erklärung m. E. darin, daß kein Grieche jemals genau erfuhr, was mit ihm am Perserhof geschah.[65]

So gestaltete denn jeder Autor den Tod des Helden mit psychologischem Einfühlungsvermögen nach dem Bild, welches er sich von seinem Leben gemacht hatte. Theopomp läßt ihn nach grausamer Folter am Kreuz verenden[66]; ihm „paßte es als effektvolles und verdientes Ende für einen aus der schmutzigsten Niederung zum

58   Vgl. allerdings den Indizienbeweis von Gehrke, Phokion 227 f., der die Eroberung Ägyptens in den Winter 343/42 setzt, – ein Ansatz, der bestens mit dem unten gewonnenen Ergebnis zusammenpaßt.

59   Dion. Hal. ad Amm. 5; Diog. Laert. VI 9 aus Apollodor (FGrHist 244 F 38).

60   Berve, Tyrannis 335; Leaf 297; Sordi 107 ff.; Judeich, Kleinasiatische Studien 261; Wilamowitz, Aristoteles u. Athen I 334; Lasserre, De Léodamas 539.

61   [Demosth.] X 32 (Übers. W. Unte); vgl. Schol. S. 202,27 Dindorf; Didym. VIII 30.

62   Kahrstedt, Forschungen 14; Körte 390 f.; Stähelin 145; Schranz, Theopomps Philippika 68 f.; Macher 10 f.; vgl. o. A.58.

63   Entsprechend dem in der Forschung überwiegenden Ansatz.

64   Didym. VI 51 ff. zählt einige auf; vgl. Ovid, Ibis 319 f.

65   Vgl. Foucart 67. 126 f.; Macher 9.

66   FGrHist 115 F 291 (=Didym. V 18 ff.).

übermütigen Tyrannen emporgekommenen und jäh gestürzten Hermias".[67] Aber
auch die Version, die Kallisthenes in seinem bewegenden Enkomion auf Hermias
anbietet[68], ist nicht wahrscheinlicher.[69] Seinem Onkel folgend besingt er die ἀρετή,
die den Helden auch noch im Angesicht des Todes auszeichnete. Über seine Beziehung zu Philipp und von dessen Plänen habe er nichts verraten. Von solcher Stand-
festigkeit beeindruckt habe der König ihn schon begnadigen wollen, was schließlich
nur am eifersüchtigen Widerstand von Mentor und Bagoas gescheitert sei. Doch sei
ihm der Tod wenigstens ohne Qualen gewährt worden. In einem Abschiedsbrief an
die Freunde und Gefährten habe er versichert, οὐδὲν ἀνάξιον φιλοσοφίας οὐδ'
ἄσχημον begangen zu haben. Zwar handelt es sich bei diesem Satz zweifellos nicht
um ein authentisches, aber doch sehr charakteristisches Zeugnis: Seine Anhänger
sahen seine Herrschaft philosophischen Maßstäben verpflichtet. Das führt die Untersuchung endlich an ihr eigentliches Thema, das Verhältnis von Philosophie und
Politik, heran. Im folgenden soll anhand von drei wichtigen Quellen versucht werden,
das Verhältnis des Hermias zur (platonischen) Philosophie näher zu bestimmen.

b) Der platonische 6. Brief

Der unter dem Namen Platons überlieferte 6. Brief richtet sich an die beiden
langjährigen, inzwischen nach Kleinasien zurückgekehrten Platonschüler Erastos
und Koriskos von Skepsis auf der einen und Hermias von Atarneus auf der anderen
Seite und bemüht sich, den „Nachbarn" (322 C7. 323 A5) die Vorteile einer engen
Beziehung einzuschärfen. Seine Echtheit ist umstritten. Der Platon des 6. Briefes
erwähnt beiläufig, Hermias noch nicht begegnet zu sein.[70] Dagegen steht das Zeugnis
Strabons, wonach Hermias während eines Aufenthaltes in Athen Schüler von Platon
und Aristoteles gewesen sei.[71] Boeckh und andere nach ihm haben daraus geschlossen, daß der 6. Brief eine Fälschung ist.[72] Andererseits ist das vom Brief thematisierte
Verhältnis der beiden Platoniker zu Hermias durch andere Quellen belegt; Erastos
und vermutlich auch Koriskos werden in dem unten zu besprechenden
Didymosfragment erwähnt[73], und Theopomp hebt in seinem Brief an Philipp hervor,
daß Hermias μετὰ τῶν Πλατωνείων φιλοσοφεῖ.[74] Der Verfasser des 6. Briefes war
jedenfalls gut informiert, und man sollte ihm vor Strabon den Vorzug geben.[75] Strabon wußte vielleicht von einem Aufenthalt des Hermias in Athen; da ihm dessen

---

67 Von der Mühll, RE Suppl. III 1128.
68 FGrHist 124 F 2 (=Didym. V 66 ff.).
69 Wormell 77 f. sieht keinen Grund, an ihrer historischen Wahrheit zu zweifeln. Seine Auffassung
    ist repräsentativ für die Forschungsliteratur.
70 Ep. VI 322 E.
71 Strab. XIII 1,57.
72 Boeckh 189 f.
73 Didym. V 53 f.
74 F 250 = Didym. V 25.
75 Soweit ist Brinkmanns Argumentation für eine Autorschaft Platons, Rh M 66 (1911), 226 ff.,
    sicher zuzustimmen.

spätere Kontakte zu Platonschülern (unter ihnen Aristoteles) bekannt waren, machte er Hermias einfach zum Schüler sowohl von Platon als auch von Aristoteles[76] – eine naheliegende Kombination.

Hermias erscheint denn auch nirgends in einer Liste von Platonschülern.[77] Dennoch bleiben gewichtige Einwände gegen Platons Autorschaft bestehen.[78] Die Situation, auf deren Hintergrund der Brief verfaßt wurde, erscheint rätselhaft. Die beiden genannten Parteien werden als Nachbarn vorgestellt, die aufeinander angewiesen sind. Man hat daraus geschlossen, daß Erastos und Koriskos eine leitende Stellung in ihrer Vaterstadt Skepsis einnahmen, weshalb Platon sie und ihren Nachbarn Hermias von Atarneus zur politischen Zusammenarbeit ermunterte.[79] Dabei ist durchaus ungewiß, ob sich die beiden Platonschüler zum (fiktiven) Briefzeitpunkt überhaupt in ihrer etwa hundert Kilometer entfernten, auf der anderen Seite des Ida-Gebirges gelegenen Heimatstadt aufhielten oder nicht vielmehr schon in Assos[80], das zum Einflußbereich von Hermias gehörte. Der Begriff „Nachbarschaft" scheint mir im Zusammenhang eher die letztere Möglichkeit nahezulegen, zumal der Briefautor an die Bildungsbeflissenheit und das Mäzenatentum des Tyrannen apelliert: Zuverlässige Freunde mit vernünftiger Gesinnung (ἦθος ὑγιές) bedeuteten für alle Vorhaben größere Macht (δύναμις) als viele Pferde, Bundesgenossen im Kriege oder Geldeinnahmen. Außerdem widerspricht einer politischen Deutung die Art und Weise, wie die beiden Platoniker im folgenden als bloße Theoretiker charakterisiert werden: Ihnen eigne zwar das schöne Wissen (σοφία) um die Ideen, aber sie bräuchten auch das Wissen (hier wird ebenfalls das Wort σοφία – auf ganz unplatonische Weise – gebraucht), wie man sich vor schlechten Menschen schützt. Sie sollen sich an Hermias halten, „damit sie nicht gezwungen werden, das wahre Wissen zu vernachlässigen und sich um dieses menschliche und von der Notwendigkeit bestimmte mehr, als sie sollten, zu kümmern. Diese Fähigkeit scheint mir wiederum Hermias ... von Natur aus und als eine auf Erfahrung gegründete Kunst zu besitzen" (322 E f.). Der Briefautor betrachtet Erastos und Koriskos also als theoretisch orientierte Philosophen (und gerade nicht als Politiker), für die der praktisch fähige Politiker (und gerade nicht Philosoph) Hermias das Schutzpatronat übernehmen soll.

---

76 Die Lehrerschaft des Aristoteles mag als ein zusätzliches Indiz für eine Kombination ex eventu gelten, denn der Athen-Aufenthalt des Hermias müßte in die fünfziger Jahre des 4. Jahrhunderts fallen. Wormell 59 versucht beide Zeugnisse in Einklang zu bringen, indem er einfach die Abwesenheit Platons zu der Zeit annimmt, als Hermias Athen und die Akademie besuchte; ebenso Gaiser, Theophrast in Assos 19.

77 Athenaios etwa, der ihn kennt, zählt ihn nicht zu den Platonschülern, die sich als Gewaltherrscher betätigten (XI 508 ff.), obwohl er ihm da gut ins Konzept gepaßt hätte.

78 Vgl. Edelstein, Plato's Seventh Letter 122 f.; Souilhé (ed.), Platon. Lettres (griech.-franz.), Paris ⁴1977, S. XCII ff.- H. Schmitz, Ideenlehre des Aristoteles II 133 ff. versucht den Brief zu retten, indem er den rätselhaften Schlußabschnitt (ab 323 C6), der von einer besonders eigenartigen mystischen Atmosphäre getragen wird, zum nachträglichen Zusatz erklärt. Er sieht darin ein echtes Xenokratesfragment. Im übrigen hebt er den Brief auf eine ganz andere Ebene, da er ihn als „Auseinandersetzung Platons mit einer Sekte akademischer Genossen", nämlich den „bloßen Enthusiasten der Ideenlehre", betrachtet (136 f.).

79 Jaeger, Aristoteles 113; Brinkmann 226; Pavese 114.

80 Lasserre, De Léodamas 539.

Hermias erbte um 350 v. Chr. die Herrschaft von seinem verstorbenen Vorgänger Eubulos, dessen Mitregent er zuvor schon gewesen war.[81] Wäre der Brief echt, so müßte er zwischen 350 und Platons Tod 347 v. Chr. verfaßt worden sein. In diesem Falle sollte man hinter den nebulösen Formulierungen vielleicht nicht mehr sehen als ein beidseitiges Empfehlungsschreiben, wobei Platon sich bzw. die Akademie als Schiedsrichter für eventuelle Streitigkeiten anbietet. Einem späteren Autor des Briefes könnte es lediglich darum gegangen sein, das Verhältnis Platons und seiner Schule zu Hermias von Atarneus zu dokumentieren.[82] Außerdem war der Brief geeignet, der Polemik, wie sie u.a. Theopompos vorbrachte, die Spitze zu nehmen, indem er die Harmlosigkeit der Beziehung vor Augen führte.

Den 6. Brief wie Jaeger als „die feierliche Urkunde dieses seltsamen Bundes zwischen Realpolitik und theoretischen Erneuerungsplänen" zu interpretieren[83], ist jedenfalls hermeneutisch unzulässig. Das gilt auch für die ähnliche Behauptung Wormells, Platon habe im 6. Brief einem Experiment „in idealistic gouvernment" seinen Segen erteilt.[84] Der Text enthält keine politischen Implikationen.[85]

Nach dem wohl nicht authentischen, höchstwahrscheinlich aber sachlich richtigen Zeugnis des 6. Platonbriefes, war Hermias kein Schüler Platons. Doch besaß er Kontakte zur Akademie, die durch den 6. Brief sowie seinen Umgang mit den Platonschülern Erastos, Koriskos, Aristoteles und vermutlich auch Xenokrates belegt werden. Das rechtfertigt es, ihn in die vorliegende Untersuchung über das politische Wirken von Platonschülern einzubeziehen.

c) Papyros-Fragmente aus Didymos und Philodemos

Hat nun Hermias seine Herrschaft platonischen Reformvorstellungen geöffnet? Der Demosthenes-Kommentar des Didymos enthält eine Passage, die eine positive Beantwortung der Frage nahezulegen scheint.[86] Leider ist an dieser Stelle der Papyros, dem wir die Überlieferung des Kommentars verdanken, beschädigt, so daß unser

---

81 Theopomp F 291; Strab. XIII 1,57.
82 Ebenso, wenn auch mit entgegengesetzter Tendenz, Ep. Socr. 34 (Orelli 36), p. 56 Köhler.
83 Jaeger 114; vgl. Bidez 136.
84 Wormell 58; vgl. ebd. 60: „A marked dignity of style and solemnity of tone pervade the letter, giving it a religious atmosphere reminiscent of an oracular utterance ... As colonists sought the advice and approval of the Delphic god before setting out on their venture, so these three colleagues, who aim at founding an off-shoot of the Academy in Asia Minor and at putting into practice its political theories, appeal to Plato for his sanction and assistance. His letter is to be to them a 'convenant and binding law', binding because of his immense prestige..." – Wenn man Platons Briefe als Orakelsprüche liest, kann man freilich zu erstaunlichen Ergebnissen kommen!
85 Charakteristisch ist der Kommentar von Wörle 132: „Obwohl Platon sich über die Aufgabe, die Hermias, Erastos und Koriskos sich vorgenommen hatten, nicht genauer äußert, liegt die Vermutung nahe, daß Erastos und Koriskos versuchten, gemeinsam mit Hermias politische Reformgedanken aus der Akademie zu verwirklichen."
86 Didym. V 52-63. Bei den folgenden Zitaten aus den Papyri werden nur Ergänzungen kenntlich gemacht. Für die genaue Textgestalt vgl. die unten angegebenen Editionen.

weitgehend fragmentarischer Text zum guten Teil von nicht unproblematischen Ergänzungen abhängt.[87]

Zunächst ist die Rede von Feldzügen in das umliegende Land bzw. von der Eroberung desselben.[88] Dann bestätigt der Text, was schon der 6. Brief andeutete, daß Hermias Beziehungen zu Philosophen aus der Akademie unterhielt. Zweifelsfrei werden Erastos und Aristoteles genannt (vermutlich auch Koriskos und möglicherweise Theophrast[89]), denen Hermias etwas schenkt, vielleicht ein Grundstück. Aus dem folgenden entnehmen wir, daß Hermias die Tyrannis in eine mildere Herrschaft (δυναστεία) umwandelte. Obwohl es nicht ausdrücklich in dem erhaltenen Text steht (der direkte Anschluß ist verloren), legt doch der Zusammenhang nahe, daß die Philosophen diesen Wechsel anregten, der, wie sich im weiteren zeigt, für Hermias positive Folgen hatte. Deswegen wurde ihm nämlich die ganze Umgebung bis Assos zuteil. Soll das bedeuten, „daß sich die Nachbarn des Hermias freiwillig unter seine Herrschaft begaben, weil sie von seiner Reform tief beeindruckt waren"[90]? Vielleicht haben einige Gemeinden zwischen Atarneus und Assos in der Tat die Schutzherrschaft des Hermias freiwillig akzeptiert, als sie nicht mehr befürchten zu müssen glaubten, daß Hermias sie zum Objekt seiner persönlichen Verfügungsgewalt mißbrauchen würde. Assos selbst war kein Neuerwerb; es gehörte jedenfalls schon zu dem Herrschaftsbereich, den Hermias von seinem Vorgänger Eubulos erbte.[91]

An die Wendung διὸ καὶ πάσ[ης τῆς σύ]νε[γγ]υς ἐπῆρξεν ἕως 'Ασσοῦ schließt sich ein Nebensatz an, dessen Sinn nicht mehr zuverlässig wiederhergestellt werden kann. Die folgende Version mit Ergänzungen der ersten Herausgeber Diels/Schubart wurde in der Literatur meistens zugrundegelegt: ὅτε δ[ὴ καὶ ὑπερησ]θεὶς τοῖς εἰρημ[έν]οις φιλοσόφοις ἀ[πένειμεν] τὴν 'Ασσίων πόλιν.[92] Für eine ganz andere Rekonstruktion entschieden sich die Editoren Pearson und Stephens: ὅτε [δὴ πάνθ' ὑπερ]θεὶς τοῖς εἰρημένοις φιλοσόφοις ἀ[πήιει εἰς] τὴν 'Ασσίων πόλιν.[93] Hermias soll den Philosophen seine Herrschaft übergeben und sich selbst nach Assos zurückgezogen haben? Eine absurdere Version sowohl im Hinblick auf unsere historische Überlieferung als auch im Zusammenhang des erhaltenen Textes kann sich niemand so leicht ausdenken. Was sich Pearson und Stephens dabei gedacht haben, bleibt völlig unerfindlich.[94] Eine weitere hypothetische Rekonstruktion bietet Foucart an: Er behält die von Diels/Schubart vorgeschlagene Verbform ἀ[πένειμεν] bei, unterlegt aber dem Satz einen ganz anderen Sinn, indem er ihn ὅτε [δὴ λόγων

---

87 Vgl. die teilweise erheblich voneinander abweichenden Ergänzungen von Diels/Schubart (1904), Foucart (1909), Pearson/Stephens (1983), Laserre (1987) und Gaiser (1985/1988).

88 Didym. V 52 f.: ...]εις τὴν περιξ εστρατηγει. Das genaue Verständnis der Stelle hängt davon ab, ob man das ...]εις als Präposition oder als Partizipendung auffaßt.

89 Vgl. Gaiser, Theophrast in Assos 12. 21. Außerdem wird Xenokrates' Aufenthalt bei Hermias von Strabon XIII 1,57 behauptet.

90 Wörle, Platonschüler 135.

91 S.o. A.53 und 54.

92 Diels/Schubart 23.

93 Pearson/Stephens 17.

94 Vgl. die vernichtende Kritik von Wankel an der Didymos-Edition von Pearson und Stephens, Gnomon 59 (1987), 213 ff. Wankel, ebd. 221, rechnet die besprochene Passage sehr wohlwollend unter die Rubrik „unsichere Ergänzungen".

κορεσ]θεὶς beginnen läßt. Hermias sei nach anfänglicher Begeisterung der philosophischen Querelen und Diskussionen müde gewesen und habe die Philosophen
„d'une manière honorable" in die von Atarneus auf dem Landweg ziemlich weit
entfernte Stadt Assos abgeschoben[95] – ein Beispiel psychologischer Einfühlung, das
nur deswegen besonders krass erscheint, weil es der Tendenz unserer Quellen widerspricht. Von den drei vorgestellten Ergänzungen ist also allenfalls die Diels/
Schubartsche brauchbar[96]; doch mögen sie insgesamt als Beleg dafür genommen
werden, daß dem erhaltenen Fragment ganz unterschiedliche Aussagen untergeschoben
werden können, zumal das Verb des Satzes, auf das hier viel ankommt, ergänzt
werden muß.

Nichtsdestoweniger hat gerade dieser Satz in der Diels/Schubartschen Version
weitreichende Interpretationen hervorgerufen. Weithin wird Assos als Geschenk des
Hermias an die Philosophen betrachtet, wobei die einen meinen, daß es die Einkünfte
aus der Stadt waren, die den Philosophen zugute kamen[97], während die anderen sogar
eine Akademikerherrschaft über Assos annehmen. Demnach hat Hermias den Philosophen die Stadt als eine Art persönliches Experimentierfeld übereignet.[98] Die in
Frage stehende Stelle (die Richtigkeit der Diels/Schubartschen Ergänzung einmal
vorausgesetzt) öffnet sich aber einem viel naheliegenderen Verständnis, wenn man
Philodems Akademikerindex hinzuzieht, in dem es von Hermias heißt: [παρα-
γεν]όμε[νοις δ᾽ αὐτοῖς τὰ τε] ἄλλα πάντα [ἐπόησε κοινὰ κ]αὶ πό[λιν ἔδωκεν]
οἰκ[εῖ]ν τὴν ᾿Ασ[ό]ν, ἐν ᾗ ἐκεῖνοί τε δια[τρίβο]ντες ἐφιλοσόφουν εἰς ἕνα
[περί]πατον συνιόντες καὶ [πάν]τα [τὰ δέο]νθ᾽᾿Ερμίας δή[που] παρετ[ε]θή[κει].[99]
Gaiser übersetzt diesen Passus wie folgt: „Als sie (die Philosophen, d.Vf.) zu ihm
(Hermias, d.Vf.) gekommen waren, machte er ihnen[100] alles zum Gemeingut, und er
gab ihnen eine Stadt, nämlich Assos zum Wohnen (und Verwalten?), wo diese Leute
schulmäßig philosophierten, indem sie sich zu einer gemeinschaftlichen Institution
zusammenschlossen, und wo Hermias alles, wessen sie bedurften, ja schon bereitge-
stellt hatte."

Nur ein an den Text herangetragenes Vorurteil kann dazu führen, οἰκεῖν in
diesem Zusammenhang als Verwalten zu verstehen.[101] Denn der Nebensatz präzisiert
die Aussage des Hauptsatzes und zeigt, daß mit οἰκεῖν hier lediglich der Aufenthalt
gemeint ist. Von dem weiteren Text sind nur noch einige Buchstaben erhalten, so daß

---

95 Foucart 157 f.
96 Ähnlich sind die Versionen von Lasserre (De Léodamas 108: ὅτε δ[ὴ καὶ ὑπεραγασ]θεὶς ...)
    und Gaiser (Theophrast in Assos 12: ὅτε δ[ὴ πάντα παρα]θεὶς ...), die beide das Diels/
    Schubartsche Verb (ἀ[πένειμεν]) übernehmen.
97 Foucart 158; Mulvany (s. ARISTOTELES) 165.
98 Berve, Tyrannis 133 f.; Andrews 144; Bidez 144; Barker (s. ARISTOTELES) 165; Lasserre, De
    Léodamas 541.
99 Philod. Acad. Col. V 1 ff. (Gaiser 161 ff.). Gaiser macht 100 ff. wahrscheinlich, daß es sich bei
    dem von Philodem benutzten Autor um Philochoros handelt.
100 αὐτοῖς hat hier nach Gaiser 382 eher den Sinn von „für sie", „zu ihren Gunsten" als „mit ihnen".
101 Während Gaiser eine solche Interpretation immerhin noch mit einem Fragezeichen in Klam-
    mern setzt (vgl. auch 382 und 385), hat Lasserre, De Léodamas 541, keine Scheu, das Ergebnis
    seiner hypothetischen Didymos-Interpretation in Philodems Aussage hineinzutragen. Er ent-
    deckt auf diese Weise „une véritable oligarchie des philosophes au gouvernement d'Assos".

Gaisers Rekonstruktion allein von seinem Vorverständnis zeugt.[102] Aus dem Philodem-Fragment läßt sich also bloß entnehmen, daß sich die bei Hermias lebenden Philosophen zu einer Gemeinschaft zusammenschlossen und daß der Herrscher ihnen zu diesem Zwecke Assos als Wohnort zuwies. Vielleicht schenkte er ihnen dort ein Grundstück und förderte sie auch auf andere Weise, so daß sie ungehindert ihren Studien nachgehen konnten. So scheinen die Philosophen in Assos tatsächlich eine Art „Tochterschule der Akademie" gebildet zu haben, an der sich außer Aristoteles wahrscheinlich auch Xenokrates, Erastos, Koriskos und Theophrast beteiligt haben.[103]

Eine politische Tätigkeit der Platonschüler ist dagegen nirgends bezeugt. Auch die Mäßigung der Tyrannis, die den Philosophen bei Didymos zugute gehalten wird, hat, wie wir sehen werden, keine institutionellen Spuren hinterlassen. Wie schon Diels/Schubart, Foucart und zuletzt Wormell deutlich gemacht haben, handelt es sich bei dem hermiasfreundlichen Autor, den Didymos an der Stelle zitiert, höchstwahrscheinlich um Hermippos.[104] Wir wurden mit ihm bereits weiter oben bekannt und werden auch von daher seinen Quellenwert nicht besonders hoch einschätzen.[105] Noch ausführlicher als in seiner Aristoteles-Biographie hat sich Hermippos vermutlich in dem Buch περὶ τῶν ἀπὸ φιλοσοφίας εἰς ἀριστείας καὶ δυναστείας μεθεστηκότων über Hermias geäußert[106], wie aus seinem Hinweis auf die von Hermias eingeführte Abmilderung der Tyrannis hervorgeht.

d) Der Bündnisvertrag mit Erythrai

Das einzige Dokument, das zuverlässigen Aufschluß über den Charakter von Hermias' Herrschaft gewährt, ist ein inschriftlich erhaltener Vertrag zwischen Hermias καὶ οἱ ἑταῖροι auf der einen und den Erythraiern auf der anderen Seite.[107]

---

102 In der Übersetzung lautet sie, von Gaiser selbst als „exempli gratia" bezeichnet, folgendermaßen: „Sie (die Philosophen, d.V.) meinten, daß sich unter dem Einfluß der Philosophie tyrannisch regierte Staaten zur Alleinherrschaft des ehrenwertesten Mannes verwandeln würden. Einen Wettkampf um das Beste zu kämpfen, dazu riefen sie die Politiker auf, wobei sie selbst Platons Wort bekräftigten, damit (wenigstens) ein Land im Lauf der ganzen Zeit sie (= die Philosophen) als durchaus brauchbare Politiker erweise."

103 Jaeger, Aristoteles 116; Bidez 144; Gaiser, Theophrast in Assos 10. Die Skepsis von Düring, RE Suppl. XI 178 und Biogr. Trad. (s. ARISTOTELES) halte ich in diesem Punkt für übertrieben.

104 Diels/Schubart XXXVIII; Foucart 155 ff.; Wormell 80. Die Zuordnung ist inzwischen allgemein akzeptiert: vgl. Düring, Biogr. Trad. 275; Gaiser, Philodems Acad. 101 f.

105 Vgl. Heibges, RE s. v. Hermippos Nr. 6: „Bei diesem ganzen Anekdotenkram, der auf den Namen des H. zurückgeht, ist es natürlich keine Frage, daß er wissenschaftlich sehr gering einzuschätzen ist" (VIII 851); Gigon, MH 15 (1958), 171: „Daß Hermippos bestrebt war, die Verbindung zwischen Aristoteles und Hermias in möglichst günstigem Licht zu schildern, ist aus der allgemeinen Tendenz seines Werkes zwingend zu folgern." Leo, Biographie 126 sieht „dem Hermippos das Mal der systematischen Fälschung auf die Stirn gedrückt".

106 Diels/Schubart XXXVII f.; Gaiser, Philodems Acad. 101.

107 Syll.[3] 229; Tod, GHI II Nr. 165; Bengtson, StV Nr. 322; Engelmann/Merkelbach, I v Erythrai Nr. 9.

Der Vertrag sichert beiden Parteien das Recht zu, ihr Eigentum in Krisenzeiten abgabenfrei auf dem Territorium des Vertragspartners zu deponieren. Außerdem enthält er die Eidesformel, mit der man sich gegenseitig Hilfe „zu Lande und zu Wasser" verspricht. Ein solches Schutz- und Trutzbündnis, das sich wohl gegen den Perserkönig gerichtet hat, bestand vielleicht auch mit anderen ionischen und aiolischen Städten.[108] Es bietet keine Anhaltspunkte, die eine präzisere Datierung innerhalb der Regierungszeit des Hermias (ca. 350-342 v. Chr.) ermöglichen. Deutlich wird der Einfluß des Hermias in der nordostägäischen Region. Noch ein paar Jahre zuvor hatten die Erythraier den Mausollos geehrt[109]; Hermias scheint nun die Hekatomniden in deren nördlichem Einflußbereich beerbt zu haben.[110] Darauf deuten auch die Ausfälle des Theopomp hin, der ihm schändliches Verhalten gegenüber Chiern, Mytilenaiern und den meisten Ionern nachsagt.[111]

Allerdings war Hermias mindestens formell kein Alleinherrscher. In der Inschrift taucht Hermias καὶ οἱ ἑταῖροι als fixe Formel auf. Die Frage, wer nun diese ἑταῖροι waren, die Hermias an seiner Macht teilhaben ließ, hat natürlich die Kombinationslust der Interpreten besonders herausgefordert; sie hat ebenso natürlich ganz unterschiedliche Antworten hervorgerufen. Boeckh dachte an „die vorzüglichsten der Befehlshaber in den Städten und festen Plätzen".[112] Leaf sieht in Hermias in erster Linie den ehemaligen Mitarbeiter und Nachfolger des „Bankers" Eubulos, dessen Macht zum großen Teil von seiner Kontrolle der lokalen Finanzen abhängig gewesen sei. So sei seine Bank in Assos genauso einflußreich wie sein politischer Besitz von Atarneus gewesen. Demzufolge könnten mit den ἑταῖροι kaum andere als seine Geschäftspartner gemeint sein; so wie er selbst einst von Eubulos zum Teilhaber erhoben worden war, habe er nach dessen Tod andere in diese Position gebracht.[113]

Die meisten Anhänger fand jedoch die Identifizierung der Gefährten mit jenen Platonikern, „auf deren Anregung und mit deren Hilfe Hermias die Tyrannis in eine mildere Herrschaft umwandelte".[114] Dabei wird die Rolle der einzelnen Philosophen unterschiedlich bewertet: Jaeger, der ein besonderes Gewicht auf den 6. Brief legt, zählt nur Erastos und Koriskos zu den ἑταῖροι.[115] Pavese wiederum betont die Bedeutung des Aristoteles.[116] Dessen Ehe mit der Adoptivtochter (Nichte) von Hermias habe letztendlich den gleichen Effekt wie eine Adoption gehabt. Nach

---

108 Engelmann/Merkelbach 59; Tod, GHI II 190.
109 Engelmann/Merkelbach Nr. 8.
110 Hornblower, Mausolus 109 f.; Cawkwell, Philip 53.
111 FGrHist 115 F 291 (= Didym. V 18 ff.); vgl. Wormell 70; daß Hermias vor gewaltsamen Aktionen nicht zurückschreckte, darauf deutet auch Didym. V 52 f. hin: s. S. 73 mit A.88.
112 Boeckh 191; ähnlich Foucart 157: „les chefs et les représentants des petits pays voisins que celui-ci avait annexés à Atarnée; et qu'il (Hermias) les associa ensuite à son pouvoir"; Tod, GHI II 189: „probably his chief officers commanding important points in his principality..."; Macher 16.
113 Leaf 299; vgl. Calhoun, Business Life 124 ff. Den ökonomischen Ursprung seiner Herrschaft betont auch besonders Bidez 135.
114 Ehrenberg 125; Gaiser, Theophrast in Assos 20.
115 Jaeger 112; Bidez 137. Andrews 144 spricht von „triple tyranny".
116 Pavese 116.

Hermias' Absicht, meint Pavese, sollte Aristoteles die Dynastie von Atarneus fortsetzen.[117]

Eine besonders interessante Kombination ist Andrews zu verdanken, der eine ominöse Anspielung aus der „Politik" des Aristoteles auf Hermias bezieht.[118] Es geht um den Satz: „Nur ein einziger Mann unter denen, die früher an der Herrschaft waren, konnte sich dazu entschließen, diese Ordnung einzuführen …".[119] Mit der angesprochenen Ordnung (τάξις) ist die μέση πολιτεία gemeint, die sich auf diejenigen Klassen stützt, welche anderweitig als οἱ ὅπλα παρεχόμενοι bezeichnet werden.

Das Bürgerrecht ist hier an gemäßigt großen Besitz gebunden. Wenn Hermias der Mann war, der diese Ordnung eingeführt hat, sucht man natürlich nach Hinweisen auf eine μέση πολιτεία in seinem Herrschaftsbereich.[120] Die erste der beiden von Andrews offerierten Möglichkeiten geht von der inschriftlich bezeugten Wendung Ἑρμίας καὶ οἱ ἑταῖροι aus. „Is it stretching a phrase too far to interpret this as the governing council of a polity in which οἱ ὅπλα παρεχόμενοι formed the citizenbody, and were eligible for election to a council of ἑταῖροι, of which Hermias was the permanent president?"[121] Mit der Erwägung, daß der Gebrauch des Wortes ἑταῖροι eher eine persönliche denn eine konstitutionelle Beziehung beinhaltet, nimmt sich Andrews rhetorisch zurück. Doch sieht er noch eine zweite Möglichkeit für die μέση πολιτεία: In Assos, das Hermias den Philosophen zur Verfügung gestellt habe, hätten diese als Gesetzgeber im platonischen und aristotelischen Sinne gewirkt.[122] Bei genauerem Hinsehen ist diese Version nicht weniger phantastisch als die erste. Sowohl ein Erfolg als auch ein Scheitern der Philosophen hätte unabsehbare Turbulenzen hervorrufen können; ein solches Risiko konnte sich Hermias, dessen Liebe zur Philosophie wohl kaum bis zum politischen Selbstmord ging, in Anbetracht seiner exponierten strategischen Lage und der ständigen Bedrohung durch die Perser nicht leisten.

Bei dem gegebenen Wissensstand läßt sich nicht entscheiden, wer die ἑταῖροι des Hermias waren.[123] Alle drei vorgenommenen Identifikationen – Militärbefehlshaber, Bankteilhaber oder Philosophen – sind gleichermaßen möglich. An dem

---

117 Mulvany (s. ARISTOTELES) 156 unterzieht die Geschichte mit Pythias, der Frau des Aristoteles, einer gründlichen Prüfung und kommt zu folgendem Ergebnis: „And the whole story of relationship between Pythias and Hermias may have no other foundation in fact than that Aristotle had come to Athens about 335 with a wife who was known to be from Asia Minor."

118 Andrews 141 ff.; zustimmend Merlan, Historia 3 (1954), 80 A.1.

119 Arist. pol. 1296 a 38 ff. (Übers. O. Gigon).

120 Alle anderen Interpreten dieser Stelle, die sehr verschiedene Identifikationen vornahmen (von Solon bis Timoleon), hefteten ihren Blick auf die μέση πολιτεία; Andrews geht von der Frage aus, warum Aristoteles den Namen ihres einzigen Schöpfers verschweigt. Jener Mann habe in einer einzigartigen Beziehung zu Aristoteles gestanden, die den Schülern des Lykaion und der Welt bekannt gewesen sei.

121 Andrews 143.

122 Ebd. 144.

123 Auch aus der Tatsache, daß der Abschiedsbrief von Hermias bei Kallisthenes πρὸ[ς] τοὺ[ς φ]ί[λους καὶ τοὺς ἑ]ταίρους (Didym. VI 15 f.) adressiert ist, läßt sich kein zwingender Grund ableiten. Abgesehen vom fiktiven Charakter des Briefes (s.o. S. 70) könnten die Philosophen hier als φίλοι angesprochen sein.

politischen Charakter von Hermias' Herrschaft läßt der Bündnisvertrag mit Erythrai indessen keinen Zweifel.[124] Der Polis steht als gleichberechtiger Vertragspartner ein Einzelner mit seinen Genossen gegenüber. Wohlgemerkt tritt Hermias nicht einmal zum Schein als hochrangiger Funktionär einer wie immer gearteten politischen Gemeinschaft auf (z.B. als στρατηγὸς αὐτοκράτωρ), sondern er ist als Einzelperson Träger der letzten staatlichen Gewalt. „Er war bereit, seine Herrschaft mit anderen zu teilen, vorausgesetzt, daß diese anderen seine Gefährten waren. Der Sache wie der Form nach sind wir von der Gemeinde weit entfernt, der reinen Alleinherrschaft ganz nahe."[125] Dementsprechend verpflichten sich die Erythraier, nicht nur Hermias' Land, sondern eben auch seine Herrschaft nach Möglichkeit zu verteidigen (Z.13 ff.). Dieses „Regiment einer Hetairie"[126] bedeutete zumindest im staatsrechtlichen Sinne keine mildere Herrschaft als eine Tyrannis[127]; es ist vielmehr als eine kollektive Tyrannis anzusehen. Der Begriff δυναστεία, der bei Didymos (aus Hermippos) für die Abmilderung der Tyrannis steht, deutet in die gleiche Richtung: Aristoteles benutzt ihn zur Bezeichnung einer exklusiven Oligarchie.[128] Dennoch behauptet Gaiser: „Offenbar hat Hermias unter dem Einfluß der philosophischen Ratgeber und nach eigener philosophischer Überzeugung die uneingeschränkte Tyrannenmacht zugunsten einer gesetzlich fundierten und kollegiale Mitsprache ermöglichenden Monarchie ‚gemildert'."[129] Wenn man das epigraphische Zeugnis vor die „Bekehrung" des Hermias datiert, ließe sich Gaisers Beurteilung vielleicht als wohlmeinende Hypothese verteidigen. Doch dann dürfte man nicht, wie Gaiser unter anderen (s.o.), die Hetairoi mit den Philosophen identifizieren.

Wenn Hermias sein beträchtliches Territorium regierte, indem er angesehene Freunde an der Macht beteiligte, so zeugt das vielleicht von einer gewissen politischen Klugheit. Mit Platon und seiner Philosophie hat es dagegen nichts zu tun. Eine „gemäßigte und philosophische Tyrannis"[130] müßte Platon als contradictio in adiecto gelten. Die Tyrannis ist ihm die schlechteste aller denkbaren Staatsformen und der Tyrannos der äußerste Gegenmensch des Philosophen.

In den „Nomoi" meint Platon, daß von einer Tyrannis her am besten und am schnellsten die beste Stadt entstehen kann, wenn ein gutes Geschick einen hervorragenden Gesetzgeber und einen wohlgesitteten Tyrannen zusammenführt.[131] Sein Ziel ist auch und gerade hier die Beseitigung der Tyrannis. Der junge, wohlgesittete Tyrann entledigt sich der Tyrannis, indem er die Stadt mit Hilfe eines guten Gesetzgebers den besten Gesetzen überantwortet. Es will manchmal so scheinen, als wenn diese Ausgangslage in Atarneus in vielleicht einzigartiger Weise gegeben war. Doch

---

124 Vgl. Gschnitzer 30 ff.
125 Ebd. 31.
126 Berve, Tyrannis 333.
127 Was nicht ausschließt, daß es etwa Hermipp so vorkam; vgl. Berve, Tyrannis 689: „Die Umwandlung der Tyrannis in eine mildere Dynasteia (Didym. a.a.O.) zeigt gerade, daß die Tyrannis als Herrschaftsform bestehen blieb." Von einer Umwandlung in eine „gleichsam legale Herrschaftsform", wie Friedländer, Platon I 108 meint, kann also keine Rede sein.
128 Arist. 1292 b 5 ff. u.a.; vgl. Gehrke, Stasis 318 f.
129 Theophrast in Assos 20. Philodems Acad. 386.
130 Pavese 116.
131 Plat. Nom. 709 E ff.; vgl. Heintzeler, Das Bild des Tyrannen bei Platon 101 ff.

findet sich keine Spur für eine konstitutionelle Selbstbeschränkung von Hermias. Das einzige Dokument, das zuverlässigen Aufschluß über seine Regierung gewährt, offenbart nicht eine Nomos-Herrschaft, sondern im Gegenteil die Herrschaft einer Hetairie. Sollten sich Platonschüler daran beteiligt haben, so hätten sie ganz gewiß nicht im Sinne ihres Meisters gehandelt.[132]

Wenn man Platon hier unbedingt ins Spiel bringen will, bleibt nur der Rekurs auf das radikale Konzept der Philosophenherrschaft nach dem Muster der „Politeia". Unter dieser Voraussetzung müßte man annehmen, daß die Philosophen unter Führung von Hermias ihre ewigen Werten verpflichtete Herrschaft direkt und unmittelbar, d.h. unter Abschaffung sämtlicher politischer Strukturen (wie Volksversammlung, Rat, Beamte etc.), ausgeübt hätten. Dann müßte man jedoch feststellen, daß dieses einzigartige Experiment durch die Gefangennahme des Hermias und die persische Besetzung seines Gebietes politisch gescheitert ist, daß es offenbar nicht, wie von Platon prophezeit, das Ende allen Übels bewirkt hat und daß es – nicht zuletzt – überhaupt keine Spuren im zeitgenössischen Bewußtsein hinterlassen hat. Bei einer zurückhaltenden Interpretation des vorliegenden Quellenmaterials muß man jedoch den Gedanken, daß es unter Hermias von Atarneus endlich doch einmal zu einer, wenn auch nur kurzen, Vereinigung von Geist und Macht gekommen ist[133], als Wunschtraum beseelter Platonforscher zurückweisen.

5. KLEARCHOS – HERAKLEIA PONTIKE

a) Machtergreifung

In den sechziger Jahren des 4. Jahrhunderts v. Chr. geriet die Stadt Herakleia am Pontos in eine schwere politische Krise, die maßgeblich durch ökonomische Faktoren herbeigeführt wurde. Einer zahlenmäßig kleinen, aber mächtigen Gruppe von großgrundbesitzenden Adeligen standen breitere Volksschichten gegenüber, die sich zunehmender Verarmung ausgesetzt sahen. Eine Stasiskonstellation bildete sich heraus, wobei der Demos Schuldentilgung und die Neuverteilung des Landes forderte.[134] Darauf konnten sich die Oligarchen, deren konstitutionelles Organ der sogenannte Rat der Dreihundert war, natürlich nicht einlassen, wollten sie nicht ihre sozioökonomischen Grundlagen aufs Spiel setzen. Verschärft wurde die Situation noch durch die gefährliche außenpolitische Lage.[135] Die persische Zentralgewalt in Kleinasien wurde zu jener Zeit durch die sogenannten Satrapenaufstände erschüttert. Die Gefahr eines Angriffs durch einen aufständischen Satrapen, der sich durch die Besetzung der Stadt zusätzliche Einkünfte und einen günstigen Zugang zum Meer

---

132 Vgl. Sartori, Platone e le Eterie, Historia 7 (1958), 157 ff.: Sartori zeigt, daß Platon politische Hetairien durchweg „stigmatizza con durezza" (171). Die wichtigsten Stellen sind: Pol. 365 D, Theait. 173 CD, Nom. 856 B.

133 Siehe z.B. die in A.102 zitierten Ergänzungen des Philodem-Fragments durch Gaiser.

134 Justin. XVI 4,2; Memnon (FGrHist 434) F 3, 1 f.; vgl. Beloch, GG III 1,137; Busolt/Swoboda, GS 402; Burstein 47; Gehrke, Stasis 71 f. 324

135 Burstein 48 f. betont diesen Aspekt m.E. zurecht.

versprechen mochte, war durchaus gegeben, wie sowohl parallele Ereignisse anderswo[136] als auch die folgenden Vorgänge in Herakleia selbst zeigen.

In dieser bedrohlichen Situation sah sich der Rat nach auswärtiger Unterstützung um: Aber weder der Athener Timotheos (365) noch der Thebaner Epaminondas (364), die beide nacheinander mit ihren Flotten im Hellespont operierten, waren bereit, dem Ruf der Oligarchen zu folgen und sich in die inneren Verhältnisse Herakleias einzumischen.[137] So wandten sie sich im Spätsommer 364[138] an ihren Landsmann und Standesgenossen Klearchos, den sie selbst einst vertrieben hatten und der inzwischen als Söldnerführer in den Diensten des persischen Dynasten Mithridates stand.[139] Klearchos wurde offiziell der Auftrag übertragen, als ἔφορος τῆς αὖθις ὁμονοίας einen Ausgleich zwischen den beiden verfeindeten Parteien zustande zu bringen.[140] In Wirklichkeit jedoch erwartete der Rat von Klearchos die Durchsetzung der oligarchischen Interessen.[141] Auch Mithridates glaubte, ihn für seine Zwecke benützen zu können. Er schloß ein Abkommen mit Klearchos, demzufolge ihm letzterer die Stadt ausliefern sollte, um dann selbst als ihr Kommandant eingesetzt zu werden.[142] Mithridates stellte dem Klearchos zu diesem Zweck seine Söldner zur Verfügung; er hatte offenbar schon früher seinen begehrlichen Blick auf die bedeutende Stadt gelenkt.[143] Nun ergriff er die günstige Gelegenheit, um sich durch Klearchos in ihren Besitz zu bringen. Ein geläufiges Verfahren, wie schon der Blick auf unsere vorangehenden Untersuchungen zeigt: Der aufständische Satrap Ariobarzanes erhob annähernd zur gleichen Zeit den Bithynier Eubulos (den Vorgänger des Hermias) zum „Tyrannen" über die Städte Assos und Atarneus, während noch 45 Jahre später der makedonische Satrap des hellespontischen Phrygien auf eben die gleiche Weise versuchte, seine gefährdete Position durch die Einnahme von Kyzikos zu stärken; auch Chairon von Pellene verdankte seine Macht einer auswärtigen Intervention.

Klearchos scheint nun zunächst ganz im Sinne des Oligarchen agiert zu haben; er durfte seine Soldaten auf der Akropolis stationieren und war damit bereits der Herr der Stadt.[144] Auf geschickte Weise entledigte er sich darauf seiner Verpflichtungen gegenüber Mithridates. Als der zum verabredeten Zeitpunkt kam, um Herakleia zu

---

136 Der aufständische Satrap Ariobarzanes bemächtigte sich mehrerer Städte am Hellespont (Demosth. XXIII 141 f.), während sein Verbündeter Datames sich in Sinope festsetzen konnte (Diod. XV 91,2). Belochs Äußerung (GG III 1,138): „Von den Persern war wenig zu fürchten, da eben damals der große Satrapenaufstand ausbrach..." ist also unzutreffend; im Gegenteil verschärfte der Satrapenaufstand die Situation.

137 Justin. XVI 4,3.

138 Burstein 51; zur Chronologie vgl. Beloch, GG III 2,94 ff.

139 Suda s.v. Κλέαρχος (= Ailian F. 86 Hercher); Justin. XVI 4,4 f. Die Gründe für Klearchos' Verbannung sind unbekannt: neben politischen sind auch persönliche Motive denkbar.

140 Suda s.v. Κλέαρχος; Justin. XVI 4,9: arbiter civilis discordiae; Lenk, die in Klearchos von Anfang an den Parteiführer „des radikal gesinnten armen Volkes" (77) sieht, wird von den Quellen eindeutig widerlegt.

141 Justin XVI 4,10: defensor senatoriae causae.

142 Justin XVI 4, 6 f.

143 Ebd. wird Mithridates als civium suorum (Clearchi) hostis bezeichnet.

144 Polyain. II 30 f.; Ain. takt. XII 4 f.; Justin XVI 4,11; vgl. Burstein 51.

übernehmen, setzte ihn Klearchos gefangen. Erst nach Zahlung eines sehr hohen Lösegeldes, das ihm dazu diente, die Söldner selbst zu verpflichten, ließ er Mithridates frei.[145] Der unbeschränkten Macht standen jetzt nur noch die Oligarchen im Wege, gegen die sich Klearchos nun wendete. Zwar scheiterte sein Versuch, den Rat während einer Versammlung vollständig zu verhaften: Nur eine Minderheit ging ihm in die Falle, während sich die Mehrheit durch Flucht über die Stadt- und Landesgrenzen seinem Zugriff zu entziehen wußte.[146] Gleichzeitig aber versicherte er sich der Unterstützung des Demos, indem er sich von einer Volksversammlung mit außerordentlichen Vollmachten ausstatten ließ.[147] Den Exulanten gelang es, in anderen Städten Bundesgenossen zu finden.[148] Ihr Kriegszug gegen Klearchos endete allerdings mit einer vernichtenden Niederlage.[149] Klearchos, der im Jahre 364 v. Chr. als Aisymnet nach Herakleia gerufen worden war, regierte de facto als unbeschränkter Herrscher zwölf Jahre lang über die Stadt, bis er in einer Palastrevolte ein Ende fand, das dem gewaltsamen Charakter seiner Regierung entsprach.[150]

b) Regierung

Das Bild, welches die antiken Quellen von der Persönlichkeit und Regierung des Klearchos gezeichnet haben, zeigt einen typischen Tyrannen.[151] Damit ist ein Hauptproblem angesprochen, mit dem sich eine ausführliche moderne Untersuchung (die in diesem Rahmen nicht zu leisten ist) auseinandersetzen muß: der mehr oder weniger topische Charakter der Überlieferung.[152] Sichere Ergebnisse sind dabei natürlich nicht zu erzielen, weil unklar bleibt, wie weit Klearchos sich dem typischen Bild eines antiken Tyrannen tatsächlich angenähert hat. Besondere Vorsicht ist jedenfalls immer da geboten, wo man seine Handlungsweise mit psychologischen Mustern zu erklären sucht, etwa indem man ihr Arroganz oder Überheblichkeit zugrunde legt. Mag davon auch viel im Spiel gewesen sein, so ist doch zunächst zu fragen, ob nicht vielmehr ein politisches Kalkül dahinterstecken kann.

Klearchos war ohne jeden Zweifel ein besonders fähiger Politiker, der nicht nur mit großem Geschick die Macht zu erringen vermochte, sondern sich auch auf ihre Behauptung verstand, so daß sogar seine Ermordung keine bedeutende Erschütterung der Tyrannis hervorrief und er eine Dynastie begründete, die immerhin knapp achtzig Jahre über Herakleia herrschte (bis 287 v. Chr.). Sein innenpolitisches Vorgehen

---

145 Justin XVI 4,8 f.
146 Polyain. II 30,2; Justin XVI 4,17.
147 Justin XVI 4,12 ff.
148 Justin XVI 5,1.
149 Justin XVI 5,5.
150 Diod. XVI 36,3.
151 Zur Klearchos betreffenden Überlieferung vgl. Laqueur, RE XIII 1098 ff. (s.v. Lokalchronik) und besonders Apel 7 ff.
152 Eindeutige Beispiele für Anekdoten, die auf Tyrannentopoi beruhen, sind die Gift-Story des Theopomp (FGr Hist 115 F 181), der Hinweis Plutarchs (ad. princ. inerud. 781 DE), wonach Klearchos aus Furcht in einer Kiste schläft, sowie der Bericht über die qualvolle Agonie des Tyrannen, bei der ihn die Bilder seiner Opfer verfolgen (Memnon F 1,3).

richtete er offenkundig an der geläufigen Maxime aus: τὸ τοὺς φίλους εὖ ποιεῖν καὶ τοὺς ἐχθροὺς κακῶς.[153]

Gegenüber seinen Feinden ließ er keine Gnade walten, wendete vielmehr rücksichtslose Gewalt an und erstickte jeden feindlichen Ansatz schon im Keim. Die gefangenen Ratsherren wurden trotz der Zahlung von Lösegeldern hingerichtet[154], die Frauen der Flüchtlinge wurden angeblich zur Vermählung mit ihren von Klearchos freigelassenen Sklaven gezwungen[155]; die in der Schlacht besiegten und gefangenen Oligarchen wurden in einem Triumphzug durch die Stadt geführt und dann ebenso exekutiert wie ihre noch übriggebliebenen innerstädtischen Sympathisanten.[156] Damit war der grundbesitzende Adel in Herakleia praktisch vernichtet, und die wenigen Überlebenden dieser Gruppe waren auch im Ausland vor den Nachstellungen des Klearchos keineswegs sicher.[157]

Die plötzliche Beseitigung der jahrhundertealten Führungsklasse brachte gewaltige Umschichtungen mit sich, führte aber letztlich nur zu einem „Austausch der Elite" in Herakleia. Von einer sozialen Revolution kann keine Rede sein.[158] Zwar hatte sich das Schuldenproblem durch die Ausschaltung der Hauptgläubiger gleichsam von selbst erledigt. Doch mit einer „divisio agrorum divitum" im Sinne der Armen wurde es nichts. Klearchos gab das herrenlose Land, sofern er es nicht selbst behielt, seinen wichtigsten Gefolgsleuten.[159] Auch am Status der Mariandyner, einer helotisierten Bevölkerungsgruppe, änderte Klearchos nichts. Sie erhielten lediglich neue Herren; die erwähnte Sklavenbefreiung[160] kann sich nur auf die persönlichen Bediensteten der Oligarchen beziehen.[161] Knapp zwanzig Jahre später war Klearchos' Sohn Timotheos erneut mit dem Problem der Überschuldung konfrontiert[162], was ebenfalls darauf hindeutet, daß unter Klearchos keine grundsätzliche Änderung der wirtschaftlichen und sozialen Verhältnisse eintrat.

Von außen wurde das Regiment des Klearchos durch die aufständischen Satrapen bedroht, die ihn seit dem Betrug an Mithridates als Feind betrachten mußten. Aus dieser Konstellation resultierten wohl die engen Beziehungen, die Klearchos zum persischen Königshof unterhielt und die er auch nach dem Zusammenbruch der Satrapenaufstände im Jahre 361 pflegte, was in seinen zahlreichen Gesandtschaften

---

153 So z.B. unter Berufung auf Simonides die Gerechtigkeitsdefinition des Polemarchos in Platons „Politeia" 332 D.
154 Justin XVI 4,19 f.
155 Justin XVI 5,2 ff.: Einerseits zweifellos ein besonders toposverdächtiger Vorwurf, der auch gegenüber den Tyrannen Chairon von Pellene (s.o.) und Dionysios I. von Syrakus erhoben wurde, andererseits ist der politische Sinn einer solchen Maßnahme ohne weiteres einsichtig; vgl. Burstein 53, der die zwangsweise Verheiratung der Frauen nur mit Offizieren und Gefährten des Tyrannen, aber nicht mit Sklaven zugestehen mag.
156 Justin XVI 5,5 ff.
157 Burstein 53.
158 Burstein 59; Gehrke, Stasis 324.
159 Burstein 59 f. gegen Apel 32 u. Lenk 80.
160 Justin XVI 5,1.
161 Burstein 59 unter Hinweis auf Arist. pol. 1327 b 12-16 und Plat. Nom. 776 CD; ebenso Wörle, Platonschüler 148 f.
162 Memnon (FGr Hist 434) F 3,1.

zu Artaxerxes II. und nach dessen Tod (359/58) zu Artaxerxes III. Ochos zum Ausdruck kommt.[163]

Nur ein einziges militärisches Unternehmen, das allerdings einen beträchtlichen außenpolitischen Ehrgeiz verrät, ist aus der zwölfjährigen Regierungszeit des Klearchos überliefert. Klearchos unternahm einen Feldzug gegen die Stadt Astakos an der Propontis, wozu er neben seinen Söldnern auch das gesamte Bürgeraufgebot mobilisierte. Die Operation scheiterte. Während der Belagerung der Stadt, die im Hochsommer stattfand, brach im Bürgerheer, das in einem niedrig gelegenen Sumpfgebiet lagerte, das Sumpffieber aus und forderte so hohe Verluste, daß Klearchos den Rückzug befehlen mußte. Folgt man Polyainos, der die Geschichte überliefert, ist genau das dem diabolischen Kalkül des Klearchos entsprungen: Er habe auf subtile Weise den Tod vieler Bürger herbeiführen wollen.[164] Diese Behauptung ist offenkundig aus der Tatsache abgeleitet worden, daß die Söldner von dem Unglück nicht betroffen wurden. Doch es gibt eine sehr viel einleuchtendere Motivation für den Feldzug. Ein Blick auf die Karte zeigt die große strategische Bedeutung, die ein Stützpunkt an der Propontis wie Astakos – in unmittelbarer Nähe des Bosporus und mit direktem Zugang zur Ägäis – für Herakleia haben konnte.[165] Und für die Aufstellung des Bürgerheeres in dem Sumpfgebiet gibt Polyainos selbst eine militärische Begründung.[166]

Das verlustreiche Scheitern der Expedition verschlechterte das innenpolitische Klima, so daß sich Klearchos vermutlich gezwungen sah, die Bürger zu entwaffnen.[167] Hinfort verfolgte er keine weiteren Expansionspläne.

Klearchos war in der Lage, bei seinem Angriff auf Astakos eine zuverlässige Bürgertruppe zu benutzen. Schon diese Tatsache zeigt, daß seine Regierung zumindest am Anfang eine beträchtliche Popularität genoß, obwohl es nicht zu Landverteilungen im Sinne der Armen gekommen war.[168] Klearchos regierte im übrigen mit oder neben demokratischen Institutionen. Ähnlich wie der ältere Dionysios ließ er sich von der Volksversammlung zum στρατηγὸς αὐτοκράτωρ wählen und rechnete so „im Namen des Volkes" mit den Oligarchen ab.[169] Auch danach scheint seine Herrschaft einzig auf diesem Amt beruht zu haben, das ihm den Oberbefehl über die Armee und die Kontrolle sämtlicher militärischer Angelegenheiten sicherte. „This office and his own prestige, therefore, gave him a position of enormous power and

---

163 Ebd. F 1,4; Burstein 54.
164 Polyain. II 30,3: Κλέαρχος βουλόμενος πολλοὺς τῶν πολιτῶν ἀποκτεῖναι πρόφασιν οὐκ ἔχων ... Ich rechne den Vorwurf der tyrannenfeindlichen Phantasie des Autors bzw. seiner Quelle an; vgl. Burstein 55 f.: „an example of the post hoc, propter hoc fallacy".
165 Vgl. Burstein 55.
166 Polyain. II 30,3: μὴ Θρᾷκες ἐπιφανῶσιν ἐκ τῆς χώρας. Beloch, GG III 1,138 und Berve, Tyrannis 318 haben daraus den Schluß gezogen, daß Astakos unter bithynische Herrschaft gekommen war; die Formulierung läßt aber eher an eine helotisierte Bevölkerung denken, die von der herakleotischen Bürgertruppe daran gehindert werden sollte, ihren Herren in der Stadt Zuzug zu leisten; vgl. Burstein 55 mit A.64.
167 Das läßt sich aus Isokr. ep. VII 9 erschließen.
168 Vgl. Gehrke, Stasis 72. 324; Burstein 60.
169 Justin XVI 4,15 f.: plebs summum ad eum imperium defert.

influence in Heraclea's public life which was still completely constitutional."[170] Durch die konstitutionelle Form eines demokratischen Gemeinwesens, in dem die Volksversammlung ihre normalen Funktionen ausübte[171] und der „Tyrann" offiziell nur einer unter anderen städtischen Beamten war, unterscheidet sich die Herrschaft des Klearchos grundlegend von der des Hermias, der – wie wir oben gesehen haben – auch de jure als Alleinherrscher regierte.[172] Der Unterschied erklärt sich freilich schon aus den verschiedenen Entstehungsbedingungen: Klearchos kam innerhalb einer bedeutenden Polis nach oben; er konnte es sich schwerlich leisten, seine Mitbürger in aller Form zu Untertanen zu degradieren. Hermias dagegen regierte eher nach Art eines persischen Dynasten.

Die religiösen Exaltationen, die die Quellen dem Klearchos nachsagen[173], interpretiert Burstein m.E. zutreffend mit dem Bestreben des Klearchos, seiner Beziehung zu den Herakleoten eine neue Qualität zu verleihen. Wenn er sich eine göttliche Herkunft zulegte, so sollte man darin wohl weniger ein Zeichen von Überheblichkeit sehen, als vielmehr den Versuch, die persönliche Verbindung zum Volk durch eine dynastische zu ersetzen.[174]

Auch abgesehen von seinem politischen Vorgehen hat er sich in seinem Lebensstil, wie ausdrücklich bezeugt ist, Dionysios I. von Syrakus zum Vorbild genommen.[175] Das kommt in seinem ganzen Auftreten sowie in der kulturellen Aktivität, die er entfaltete, zum Ausdruck. Er gründete, wie es heißt, vor allen anderen Herrschern eine Bibliothek.[176] Außerdem ließ sich an seinem Hof ein Kreis von Philosophen nieder, aus dem schließlich seine Mörder hervorgingen.[177]

c) Beziehung zur Akademie und zu Athen

In seiner Jugend hielt sich Klearchos längere Zeit hindurch in Athen auf, wie es für einen Aristokraten seines Zuschnittes nicht ungewöhnlich war. Er verkehrte in der Akademie und nahm vier Jahre lang am Unterricht des Isokrates teil.[178] Die Überlie-

---

170 Burstein 60; vgl. Franke 132 ff., der nachweist, daß Klearchos entgegen früheren Annahmen keine Münzen mit seinem Signet drucken ließ. „Die herakleotischen Münzen erweckten so den Anschein, als bestehe die Demokratie nach wie vor in ihren alten Formen weiter" (138).

171 Vgl. IG II² 117, Z.21 f.: Die Athener schickten 361 einen Gesandten zu Verhandlungen an „die Herakleoten", d.h. die Volksversammlung von Herakleia, nicht an den „Tyrannen".

172 Man sollte den staatsrechtlichen Aspekt nicht zu gering schätzen. Die antiken Autoren sind in der Regel an dieser Seite nicht interessiert; ihre Aufmerksamkeit gilt weit mehr der biographischen Anekdote, so daß sie leicht einen verzerrten Gesamteindruck vermitteln können.

173 Justin XVI 5,9 ff.; Suda s.v. Κλέαρχος; Memnon (FGr Hist 434) F 1,1.

174 Burstein 62 f. weist darüber hinaus den Vorwurf der Selbstvergöttlichung (vgl. A.173) zurecht und gegen Berve, Tyrannis 318 sowie Lenk 77 und Apel 35 als Anachronismus zurück. Der Lysander-Kult in Samos ebenso wie die kultische Verehrung Philipps in Amphipolis waren etwas wesentlich anderes. Sie entsprangen dem Bedürfnis von Städten, die ihren „Rettern" den höchsten Dank bekunden wollten. Man sollte in Klearchos eben nicht nur den Vorläufer hellenistischer Könige, sondern auch den Mann seiner Zeit sehen.

175 Diod. XV 81,5. Er gab im übrigen seinem zweiten Sohn den Namen Dionysios.

176 Memnon (FGr Hist 434) F 1,2.

177 Justin XVI 5,13; Suda s.v. Κλέαρχος.

178 Memnon F 1,1.

ferung scheint in diesem Punkt verläßlich zu sein; sie geht vermutlich auf den herakleotischen Lokalchronisten Nymphis, den Memnon exzerpiert hat (und das heißt in die Mitte des 3. Jahrhunderts v. Chr.), zurück.[179] Ein kurzer Aufenthalt des Klearchos in der Akademie wird ansonsten nur noch von Ailian bzw. im selben Wortlaut in der Suda erwähnt.[180] Hier findet sich die Begebenheit zu einer phantastischen Geschichte ausgeschmückt, derzufolge Klearchos im Traum eine Frau erscheint, die ihn auffordert: ἄπιθι τῆς ᾿Ακαδημίας καὶ φεῦγε φιλοσοφίαν. Natürlich läuft das auf ein vaticinium ex eventu hinaus.

Einigermaßen erstaunlich erscheint es, daß sich die platonfeindliche antike Literatur die Person des Klearchos nicht zunutze gemacht hat. Athenaios etwa kennt Klearchos, beschreibt ihn auch ohne weiteres als grausamen Tyrannen[181]; doch ist ihm darüber hinaus eine Verbindung zur Platonschule offenbar unbekannt gewesen, sonst hätte er ihn sicher mit Freuden in seine Liste der verdorbenen Platonschüler aufgenommen.[182] Philodem und Justin nennen seinen Mörder Chion, nicht aber ihn selbst, einen Platonschüler.[183] Auch in der entsprechenden Liste bei Diogenes Laertius taucht sein Name nicht auf. Warum ignorieren diese Autoren, die ja auch sonst „Tyrannen" aus der Schule Platons aufzählen, ausgerechnet eine so spektakuläre Gestalt wie Klearchos? Die Lage der Überlieferung deutet m.E. darauf hin, daß Klearchos' Besuch der Akademie nur oberflächlich und kurzzeitig gewesen ist. In den engeren Kreis der Platonschüler dürfte er niemals vorgestoßen sein.[184]

Anders sieht es im Falle des Isokrates aus. Das Zeugnis des Memnon, das von einem vierjährigen Unterricht des Klearchos bei Isokrates spricht, findet seine Bestätigung in einem Brief, den Isokrates um das Jahr 345 v. Chr. herum an Timotheos, den Sohn und Nachfolger des Klearchos, richtete.[185] Daraus geht hervor, daß Klearchos nicht nur Schüler, sondern auch Gastfreund (ξένος) des Isokrates war. Wegen der Regierungsweise von Klearchos kühlte das Verhältnis ab, ohne jedoch ganz abzubrechen. Der Brief verfolgt nun das Ziel, die Gastfreundschaft (ξενία) zwischen den Häusern des Timotheos und des Isokrates zu erneuern.[186]

Klearchos war also viel mehr Isokrates- als Platonschüler. Allerdings trägt weder das eine noch das andere zur Erklärung seiner politischen Laufbahn bei. Philosophische Antriebe vermutet denn auch niemand bei dem ehrgeizigen Machtpolitiker. Seine kulturellen Aktivitäten werden meistens aus den Anregungen, die er in Athen empfangen haben soll, abgeleitet.[187] Ebenso könnte dafür seine Bewunderung für den

179 Vgl. Apel 7 ff.; Jacoby, Kommentar zu FGrHist 434; Burstein 54. Laquer XIII 1101 (s.v. Lokalchronik) sieht Theopomp als Memnons Quelle an.
180 Suda s.v. Κλέαρχος (= Ailian F 86 Hercher).
181 Athen. 85 AB.
182 Wörle, Platonschüler 144.
183 Philod. Acad. col. 6,13 (Gaiser 185); Justin. XVI 5,13.
184 Das ist kein bloßes argumentum ex silentio; die Formulierungen bei Memnon und in der Suda deuten ebenfalls in diese Richtung.
185 Isokr. ep. VII: vgl. besonders 12 f. Ich sehe keinen Anhaltspunkt, an der Echtheit des Briefes zu zweifeln; vgl. Wilamowitz, Aristoteles und Athen II 390 f.; Blaß, Beredsamkeit II 330; Apel 15. In jüngerer Zeit ist die Frage der Echtheit m.W. nicht behandelt worden.
186 Vgl. Herman, Ritualised Friendship 65. 70.
187 Lenk 79; Berve, Tyrannis 318; Wörle, Platonschüler 150; Dušanić, Chiron 10 (1980), 131 A.130.

älteren Dionysios den Ausschlag gegeben haben. Man sollte nicht vergessen, daß die Munifizenz eines Herrschers natürlich immer auch politisch-propagandistische Ziele verfolgte.[188]

Wahrscheinlich haben die Athener dem Klearchos ihr Bürgerrecht verliehen, und zwar durch die Initiative des Strategen Timotheos, wie Demosthenes berichtet: καὶ πάλιν, Τιμοθέῳ διδόντες τὴν δωρειάν, δι᾽ ἐκεῖνον ἐδώκατε καὶ Κλεάρχῳ καί τισιν ἄλλοις πολιτείαν (XX 84).

Klearchos seinerseits hat seinen ältesten Sohn Timotheos genannt[189], offenkundig aus Freundschaft und Verehrung zu dem athenischen Strategen, was seine Identität mit dem von Demosthenes angeführten Klearchos nahelegt. Die Auszeichnung des Timotheos kann nur ins Jahr 375 v. Chr. fallen, nachdem Timotheos von seiner erfolgreichen Korkyra-Expedition nach Athen zurückgekehrt war.[190] In diesem Zusammenhang, also lange vor seiner Tyrannis, erhielt Klearchos das attische Bürgerrecht, vermutlich für seinen militärischen Dienst unter dem erfolgreichen Feldherrn[191], der wie er selbst ein Schüler des Isokrates gewesen ist. In der Forschungsliteratur wird die Bürgerrechtsverleihung meistens erst in die Regierungszeit des Klearchos datiert und als Auszeichnung eines für die Athener wichtigen Potentaten verstanden.[192] Nun mochte den Athenern das Wohlwollen einer bedeutenden Stadt wie Herakleia, die zudem in der Nähe ihrer Getreideroute lag, wirklich einiges wert sein, so daß sie vielleicht sogar die Verbindung zu einem verrufenen Tyrannen nicht scheuten[193]; allein, dafür fehlt jeder Anhaltspunkt in den Quellen. Eine attische Inschrift verzeichnet ein Ereignis geringfügiger Bedeutung, das die Athener veranlaßte, einen Gesandten nach Herakleia zu schicken.[194] Dabei deutet nichts auf ein besonders enges Verhältnis zwischen Athen und Herakleia hin, wie Burstein klargestellt hat: „...it suggests that relations were correct and moderately friendly but not more, exactly the situation one would expect in the case of two states of whom continued commercial contact was mutually profitable, but whose political interests touched at no point.“[195]

Dušanić hat an die in der Bürgerrechtsverleihung zum Ausdruck kommende Beziehung zwischen Timotheos und Klearchos die weitreichende Vermutung einer politischen Allianz geknüpft. Demnach wurde Klearchos bei seiner Machtergreifung durch Timotheos' Flotte aktiv unterstützt.[196] In den Quellen gibt es keinen Anhalts-

---

188 Für Wörle (s.o. A.187) ist Klearchos' Besuch der athenischen Philosophenschule eine Gewähr, daß er in seiner Machtausübung nicht so schlimm gewesen sein kann, wie die Quellen ihn schildern. Die Bibliotheksgründung zeigt ihr, „daß Klearchos nicht nur das Anliegen hatte, seine Macht zu festigen oder zu vergrößern“. In diesem Punkt ähnlich: Dušanić (s.o. A.187).

189 Er wurde 363 oder 362 geboren; vgl. Beloch, GG III 2,94 f.

190 Aischin. III 243; Corn. Nep. 2,2 f.; Paus. I 3,2; Tod, GHI II Nr. 128; vgl. Burstein 50 mit A.32 und Vatai, Intellectuals 88.

191 Parke, GMS 97 A.5.

192 A. Schaefer, Demosthenes I 120; Judeich, Kleinasiatische Studien 276; Apel 34 mit A.2; Franke 131; Berve, Tyrannis 318; Dušanić, Chiron 10 (1980), 130.

193 Daß Klearchos in Athen eine „schlechte Presse“ hatte, bezeugt Isokrates (ep. VII).

194 IG II² 117.

195 Burstein 58 gegen A. Schaefer, Demosthenes I 122 A.2.

196 Dušanić, Chiron 10 (1980), 130 f. erwägt übrigens auch, ob die Akademie, die er an die Stelle

punkt für diese erstaunliche Hypothese. Darüber hinaus ist sie völlig überflüssig. Sie fügt sich in keiner Weise in die Überlieferung, aus der eindeutig hervorgeht, daß Klearchos die Hilfe einer attischen Flotte nicht benötigte. Im übrigen herrscht zwar noch einige Unklarheit über Abfolge und Verlauf von Timotheos' Operationen in der Nordägäis zwischen 365 und 362[197], aber in dem Punkt ist man sich einig: Im Jahre 364, als Klearchos sich der Herrschaft über Herakleia bemächtigte, kämpfte Timotheos auf der Chalkidike und vor Amphipolis.[198] Auch deshalb ist seine Mitwirkung an den gleichzeitigen Vorgängen in Herakleia am Pontos ausgeschlossen.

der Isokrates-Schule setzt, für die Machtübernahme des Klearchos verantwortlich war oder dabei zumindest eine Rolle spielte.

197 Vgl. Kallet, Iphikrates, Timotheos, and Athens, 371-360 B.C., GRBS 24 (1983), 239 ff.

198 Klee, RE VI A 1328 (s.v. Timotheos Nr.3); Kallet (s.o. A.197); W. Schmitz, Seebundpolitik 303.

IV. „TYRANNENMÖRDER"

1. CHION – HERAKLEIA PONTIKE

Im Jahre 352 v. Chr. fiel der Tyrann Klearchos von Herakleia Pontike einer Verschwörung zum Opfer, an deren Spitze der Platonschüler Chion stand.[1] Er wurde vermutlich während eines Opferfestes ermordet.[2] Die Tyrannis als solche konnten Chion und seine zahlreichen Mittäter damit freilich nicht beseitigen: Sie wurden unmittelbar nach der Tat niedergemacht; die Herrschaft über Herakleia blieb in der Familie des Tyrannen.[3]

Chion war ein Verwandter des Klearchos[4] und gehörte wahrscheinlich zu den wenigen Menschen, die relativ leicht Zugang zu dem ansonsten sehr mißtrauischen und vorsichtigen Tyrannen hatten.[5] Es sieht ganz so aus, als habe er eine bedeutende Stellung an dessen Hof eingenommen.[6] Bei der Verschwörung handelte es sich also um eine Palastrevolte[7], die, da sie offenbar keine Verbindung zur städtischen Opposition besaß, leicht niedergeschlagen werden konnte.

Dušanić sieht die Mörder, unter denen er mehrere Platonschüler ausmacht[8], wenigstens zum Teil von einem „esprit de corps" inspiriert[9]; doch dürfte sich die Akademie, der Klearchos allenfalls kurz angehört hat[10], kaum durch dessen Despotismus kompromittiert gefühlt haben. Eher hatte Isokrates Grund, sich von einem ehemaligen Schüler zu distanzieren.[11]

---

1 Memnon (FGr Hist 434) F 1,3; Justin XVI 5,12 ff.; Suda s.v. Κλέαρχος (= Ailian F 86 Hercher); Philod. Acad. col. 6,12 ff. (Gaiser 185). Bei Memnon sind neben Chion als Verschwörer Leon und Euxenos καὶ ἕτεροι οὐκ ὀλίγοι genannt; Justinus erwähnt Leonides und fünfzig andere, die Suda spricht von Leonides und Antitheos. Nach Schuhl, REG 59/60 (1946/7), 51 und Isnardi Parente, Studi 290, ist Leon(ides) mit dem Platonschüler Leon von Byzantion (s.u.) identisch, – in Anbetracht der Häufigkeit des Namens eine mehr als gewagte Vermutung.
2 Memnon F 1,4; Diod. XVI 36,3 (während der Dionysien); Justin. XVI 5,14 ff. (während einer Audienz in der Burg).
3 Justin. XVI 5, 16 ff.; Memnon F 1,5.
4 Memnon F 1,4.
5 Das geht aus Justin. XVI 5,14 ff. hervor.
6 Apel (s. KLEARCHOS) 38 f.; Wörle, Platonschüler 150. Burstein (s. KLEARCHOS) 64 nennt ihn „court philosopher who" – so die sich daran anschließende haltlose Spekulation – „may once have hoped to make a philosopher-king of him (Clearchus, d. Vf.)"; genauso Vatai, Intellectuals 88.
7 Gehrke, Stasis 72: „eine Art von Palastrevolution"; Burstein 65: „Clearchus was killed by his friends and not his enemies."
8 Nach Justin. war auch der Mittäter Leonides ein Platonschüler; die Suda nennt Leonides und Antitheos φιλοσόφω καὶ τώδε ἄνδρε.
9 Dušanić, Chiron 10 (1980), 131.
10 S.o. S. 85.
11 Isokr. ep. VII, besonders 12 f.

Die Quellen beschreiben Chion und seine Tat im wesentlichen übereinstimmend. Memnon nennt ihn ἀνὴρ μεγαλόφρων, ohne seine Zugehörigkeit zur Akademie, für die Philodem unsere älteste Quelle ist, zu erwähnen. Justin leitet die Tat unmittelbar aus der Philosophie Platons ab: erant hi discipuli Platonis philosophi, qui virtutem ad quam cotidie praeceptis magistri erudiebantur, patriae exhibere cupientes ... Auch die Suda (=Ailian) stellt einen Zusammenhang zwischen dem Platonschüler und dem Tyrannenmörder her: καὶ τὸ μισοτύραννον ἐκ τῆς ἐκείνου (Πλάτωνος) ἑστίας σπασάμενος ἠλευθέρωσε τὴν πατρίδα.[12]

Mit diesen beiden Sätzen ist auch das Hauptthema der Chion-Briefe ziemlich genau umschrieben. Es handelt sich dabei um eine Novelle in siebzehn Briefen, deren Tendenz ihr Herausgeber und Kommentator Düring wie folgt charakterisiert: „The author presents a young nobleman who, inspired by the study of Plato's philosophy, becomes an ardent defender of political freedom and sacrifices his life in the fight against tyranny".[13] Die Briefe stammen, wie Düring in seiner detaillierten Einleitung überzeugend zeigt, aus der zweiten Hälfte des ersten nachchristlichen Jahrhunderts.[14] Sie enthalten zahlreiche Anachronismen und sind als historische Quelle völlig unbrauchbar. Viel interessanter sind sie als Zeugnis für das Verständnis der Philosophie Platons durch einen wohlmeinenden Epigonen zur Zeit ihrer Entstehung. Der Autor war ein Zeitgenosse Plutarchs, und wie dieser versteht er Platons Philosophie in erster Linie als Anleitung bzw. Erziehung zur guten Tat. Der Tyrannenmord war in diesem Umfeld ein besonders beliebtes Thema, um herausragende Tugend und konsequente Freiheits- und Vaterlandsliebe zu demonstrieren. So nimmt es nicht wunder, daß annähernd zur selben Zeit auch dem bedeutendsten Platonschüler aus dem pontischen Herakleia, Herakleides, das Verdienst unterstellt wird, den Tyrannen getötet und das Vaterland befreit zu haben.[15] Das stimmt weder mit der biographischen Tradition über Herakleides[16] noch mit den Berichten über den Mord an Klearchos überein.[17] Herakleides verließ 339/38 Athen und kehrte nach Herakleia zurück.[18] Zu dieser Zeit regierte dort Timotheos, der Sohn des Klearchos, der den Mörder seines Vaters wohl kaum freundlich empfangen hätte.

Wie steht nun Platon zum Tyrannenmord? Die Frage wird weder in seinen Dialogen noch in den Briefen behandelt.[19] Sicher wird man ihn in seinen Schriften als

---

12 Die Belege wie oben in A.1.
13 Düring, Chion 7; vgl. Billaut 36 und Apel 11: „Der Verfasser dieser Briefe zeigt, wie Chion unter platonischem Einfluß den Entschluß faßt, den Tyrannen zu ermorden."
14 Düring, Chion 14 ff. 24.
15 Demetrios von Magnesia bei Diog. Laert. V 89. Wehrli, Schule des Aristoteles VII 62 und Berve, Tyrannis 680 f. betrachten die Angabe als Verwechslung mit dem Mörder des thrakischen Königs Kothys, Herakleides von Ainos; Apel 79 nimmt sie ernst; zu Demetrios vgl. Leo, Biographie 45.
16 Vgl. Wehrli, RE Suppl. XI 675 ff. (s.v. Herakleides Nr. 45).
17 S.o. A.1.
18 Philod. Acad. col. 7,6 ff. (Gaiser 193).
19 H.G. Schmidt, Tyrannenmord 6; Billaut 33. – Dušanić, Chiron 10 (1980), 122 zieht (im Zusammenhang der Ermordung des Odrysenkönigs Kothys durch die beiden Platonschüler Python und Herakleides von Ainos, s.u.) die berühmte Stelle aus dem „Politikos" (293 A-E) heran, wonach der politische Mord in einigen schwierigen Fällen erlaubt sei. Die in Frage

μισοτύραννος bezeichnen müssen. Dem sollte man aber in der Praxis kein großes Gewicht beimessen. Bekanntlich hat er den Umgang mit Tyrannen gleichwohl nicht gescheut, und im übrigen entsprach seine Wertung (allerdings nicht die Begründung dieser Wertung) in diesem Punkt nur der öffentlichen communis opinio in Griechenland und speziell in Athen.

Die moderne Forschung hat m.E. die ziemlich durchsichtige antike Stilisierung des Chion allzu leichtfertig übernommen.[20] Die Frage seiner Motivation muß in Ermangelung zeitgenössischer Quellen und angesichts der tendenziösen Überlieferung aus späterer Zeit offen bleiben.

2. PYTHON UND HERAKLEIDES – THRAKIEN

Für Plutarch waren die Mörder des thrakischen Herrschers Kothys, die Brüder Python und Herakleides von Ainos, geeignet, den Ruhm der Platonschule zu erhöhen.[21] Kothys war eigentlich kein „Tyrann", weil diese Bezeichnung nur unter den Bedingungen der griechischen Poliswelt einen Sinn hat, sondern König des thrakischen Stammes der Odrysen.[22] Er regierte von 384 v. Chr. an und erhielt als wichtiger Verbündeter Athens das attische Bürgerrecht.[23] In den sechziger Jahren des 4. Jahrhunderts wechselte er die Seiten und agierte nun als Gegner Athens, dem er bis zu seinem Tod an der Propontis und auf der thrakischen Chersones herbe Verluste

stehende Passage versagt sich aber einer derart allgemeinen Interpretation. Die wahren Herrscher (οἱ ἐπιστήμῃ καὶ τῷ δικαίῳ προσχρώμενοι) und nur diese dürfen einige (τινάς) töten oder vertreiben, um den Staat zu seinem Besten zu reinigen, wie der Arzt manchmal auch vor schmerzhaften Heilmethoden nicht zurückschrecken darf. Ziel ist die Verbesserung der Staatsverfassung. Was hat das mit dem Thema „Tyrannenmord" zu tun?

20 Z. B. Ed. Meyer, GdA V 477: „auch hier (bei der Ermordung von Klearchos, d.V.) waren es, wie auf Sizilien, die idealen, von der Akademie gepflegten Gedanken, die sich gegen die brutale Gewalt erhoben und zur Verwirklichung ihrer Pläne vor dem Mord nicht zurückschreckten." Vgl. Berve, Tyrannis 318. 350; Billaut 30 f.

21 Plut. adv. Col. 1126 C.

22 Die Frage nach dem Unterschied zwischen Tyrann und König kann hier nicht in extenso erörtert werden. Lenschau RE VII A 1839 ff. (s.v. Tyrannos) hat deutlich gemacht, daß die Kategorie der Legitimität auf neuzeitlichen Vorstellungen beruht, für die es keine antiken Entsprechungen gibt. In den Memorabilien (IV 6,12) läßt Xenophon Sokrates den Unterschied der beiden monarchischen Staatsformen wie folgt erklären: τὴν μὲν γὰρ ἑκόντων τε τῶν ἀνθρώπων καὶ κατὰ νόμους τῶν πόλεων ἀρχὴν βασιλείαν ἡγεῖτο, τὴν δὲ ἀκόντων τε καὶ μὴ κατὰ νόμους, ἀλλ' ὅπως ὁ ἄρχων βούλοιτο, τυραννίδα – ähnlich Thuk. I 96,1 mit III 37,2; Gorg. fr. 11a,14 (Diels); Plat. Politik. 276 E. 291 DE und Arist. pol. 1295 a 20 ff. 1313 a 10 ff. – Die Kriterien, die der Definition zugrunde liegen, sind auf „barbarische" Stämme wie die Thraker selbstverständlich nicht anwendbar.

23 Demosth. XXIII 118. Dem attischen Strategen Iphikrates gab er seine Tochter zur Frau (Corn. Nep. Iphikr. 3; Anaxandrides bei Athen. 131 A ff.); vgl. Höck, Odrysenreich 91 ff.; Fol 1002; zur Chronologie seiner Herrschaft, die nach Harpokration s.v. und Suda s.v. 24 Jahre dauerte, s.u. A.25.

zufügte.[24] In der zweiten Hälfte des Jahres 360[25] wurde er unter unbekannten Umständen von den Platonschülern[26] Python und Herakleides ermordet.[27]

Nach der Tat begaben sich die Attentäter nach Athen, wo sie sich als Helden feiern ließen.[28] Die Athener zeigten sich dankbar für die Befreiung von einem gefährlichen Feind: Sie verliehen Python und Herakleides genauso ihr Bürgerrecht wie ein paar Jahre zuvor ihrem Opfer.[29] Python jedoch blieb seiner neuen Heimat nicht lange treu. Als ihm Beziehungen zu Philipp vorteilhafter erschienen, ergriff er – laut Demosthenes – ohne Zögern dessen Partei und begab sich nach Makedonien.[30]

Die spätere Überlieferung der Tat ist in ihrer Tendenz aufschlußreich, wenngleich nach unseren bisherigen Studien nicht mehr überraschend. Plutarch schreibt den beiden Platonschülern die Befreiung Thrakiens zu[31], natürlich ohne zu erklären, wer da in Thrakien wozu befreit worden ist. Der klischeehafte Charakter der Befreiungsformel (zumal in dem Zusammenhang einer antiepikureischen Streitschrift) ist offensichtlich; die Voraussetzungen, Umstände und Konsequenzen der Tat interessieren Plutarch nicht. Auch Philostratos, der um die Wende zum 3. Jahrhundert n. Chr., also etwa hundert Jahre nach Plutarch, schreibt, geht es lediglich um das moralische Exempel. Ihm gilt der Despotismus als der beste Prüfstein für Philosophen, und in diesem Zusammenhang leitet er den Mord an Kothys aus der anspruchsvollen Erziehung der beiden Täter in der Akademie ab.[32]

Die zeitgenössischen Quellen wissen es besser. Aristoteles entwirft in seiner „Politik" eine Typologie des „Tyrannen"- bzw. Herrschermordes, wobei er eine

---

24 Vgl. Höck, Odrysenreich 93 ff.; Fol 1006 ff.; May 188 f. 192 weist auf die – an der Münzenentwicklung ablesbaren – negativen Folgen des Krieges für Ainos, der Heimatstadt der Attentäter, hin.

25 Das Datum ergibt sich aus der Kombination von Demosth. XXIII 163 (Ermordung von Kothys, als der attische Stratege Kephisodotos an den Hellespont kam) und Schol. Aischin. III 51 (Kephisodotos' Strategie 360/59): vgl. Beloch, GG III 2,87. – Höck, Odrysenreich 97 ff. und Fol 1006 haben die Tat unter Berufung auf Hegesandros (bei Athen. 248 E) und Theopomp (bei Athen. 531 E) ins Jahr 359 heruntergesetzt, da aus den beiden Autoren hervorzugehen scheint, daß Kothys' Ermordung erst nach dem Regierungsantritt des makedonischen Königs Philipp II. geschah; es handelt sich bei den angeführten Stellen jedoch um Anekdoten, denen im Vergleich zu den oben genannten Zeugnissen keine chronologische Bedeutung zukommt, wie Beloch, GG III 2,61 überzeugend gezeigt hat.

26 Philod. Acad. col. 6,15 ff. (Gaiser 185 f.); Diog. Laert. III 46; Plut. adv. Col. 1126 c; Philostr. vit. Apoll. Tyan. VII 2.

27 Demosth. XXIII 119.127.163; Arist. pol. 1311 b 20; Plut. de laud. ips. 542 EF, praep. reip. ger. 816 E; s.o. A.6.

28 Plut. de laud. ips. 542 EF, praep. reip. ger. 816 E.

29 Demosth. XXIII 119. 126 f.; Philod. Acad. col. 6,17 ff. (Gaiser 186); Diog. Laert. IX 95 mit Gaiser, Philodems Acad. 112 f.

30 Demosth. XXIII 127. Diese Nachricht verführte A. Schaefer, Demosth. II 375 f. und Zeller, Philos. d. Gr. II 1,420 zu der nicht stichhaltigen Hypothese, Python von Ainos mit dem bekannten promakedonischen Politiker und Gesandten Philipps, Python von Byzantion, zu identifizieren; vgl. H.H. Schmitt, RE XXIV 611 (s.v. Python Nr. 3 u. Nr. 4) und Wörle, Platonschüler 158 f.

31 S.o. A.21.

32 Philostrat. vit. Apoll. Tyan. VII 1 f.

Vielzahl von Beispielen heranzieht.[33] Ein Attentatstypus διὰ φιλοσοφίαν kommt bei ihm nicht vor. Am ehesten entspringt in Aristoteles' Darstellung der Tyrannenmord διὰ φιλοτιμίαν sozusagen höheren Motiven: Die wenigen, die aus diesem Grunde handeln, wagen die Tat, ohne für den Fall des Scheiterns an ihre Rettung zu denken, nicht um Reichtum und Ehrungen willen, sondern „wie wenn dies eine der besonders hervorragenden Taten wäre, durch die man berühmt und unter den Menschen angesehen wird; sie wollen mit ihrem Angriff auf die Alleinherrscher nicht die Alleinherrschaft gewinnen, sondern Ruhm."[34]

Doch eben nicht unter diese Rubrik zählt Aristoteles das Attentat von Python und Herakleides; er gibt vielmehr als Motiv die Rache für den Vater an.[35] Die moderne Forschung ist dem Urteil mehrheitlich gefolgt.[36]

Allerdings wurde die Tat auch zuweilen mit der Beantwortung der Frage nach ihrem Nutznießer als eine Handlung erklärt, die vom politischen Interesse Athens inspiriert gewesen sei.[37] Doch fehlt dafür jeder Anhaltspunkt in den Quellen. Die Art und Weise, wie Demosthenes Python von Ainos als typischen „Konjunkturritter"[38] schildert, scheint darüber hinaus gegen diese Annahme zu sprechen. Wir haben keinen Grund, über das gut bezeugte Motiv einer Privatrache der beiden Platonschüler hinauszugehen.[39]

---

33   Arist. pol. 1311 a 17 – 1312 a 38.
34   Ebd. 1312 a 21 ff. (Übers. O. Gigon).
35   Ebd. 1311 b 20. Daß das Motiv der Rache ernst zu nehmen ist und durchaus nicht von einer „kritischen" Geschichtswissenschaft durch ein politisches oder gar philosophisches Motiv substituiert werden muß, hat Gehrke, Die Griechen und die Rache, Saeculum 38 (1987), 121 ff., vorgeführt.
36   Wörle, Platonschüler 157 f.; H.H. Schmitt, RE XXVI 611 (s.v. Python Nr. 3); A. Schaefer, Demosthenes I 157; Höck, Odrysenreich 100; ders. Kothys 269; Wiesner 132.
37   Dušanić, Chiron 10 (1980), 122 (vgl. CHION A.19); Fol 1006; Grayeff (s. ARISTOTELES) 24; Isnardi Parente, Studi 292.
38   H.H. Schmitt, RE s.v. Python Nr.3.
39   Das gilt natürlich erst recht für den Versuch, Platons Philosophie für den Mord in Anspruch zu nehmen; so Strazzula 327; Berve, Tyrannis 350; Schuhl, REG 59/60 (1946/47), 50 f.

V. POLITISCHE BERATER/POLITIKER

1. EUPHRAIOS – MAKEDONIEN/OREOS

a) Am makedonischen Königshof

In der zweiten Hälfte der sechziger Jahre hielt sich der Platonschüler Euphraios von Oreos am Hof des makedonischen Königs Perdikkas III. auf.[1] Im platonischen Corpus ist ein Empfehlungsschreiben an Perdikkas überliefert, aus dem hervorgeht, daß Platon mit der Aussendung eines Schülers nach Makedonien dem Wunsch des jungen Königs nachkommt.[2] Über den Zweck der Reise und die Aufgaben des Euphraios am königlichen Hofe läßt sich dieser pseudoplatonische Brief[3] nur in sehr dunklen Wendungen vernehmen. Jede Staatsform habe ihre eigene Stimme, die es jeweils zu treffen gelte. Euphraios soll nun in der Umgebung des Königs dazu beitragen, der Stimme der Monarchie Gehör zu verschaffen bzw. τοὺς γὰρ τῆς μοναρχίας λόγους ... συνεξευρήσειν (322 A). Wilamowitz hat das wörtlich genommen und als Empfehlung des Euphraios für die königliche Kanzlei des Perdikkas interpretiert. „Ein makedonischer König hatte Hellenen nötig, die ihm seine diplomatischen Schreiben aufsetzten."[4] Doch zeigt der zweite Teil des Briefes[5] ebenso wie die übrige Überlieferung zu Euphraios in Makedonien, daß „die Stimme der Monarchie" im übertragenen Sinne zu verstehen ist. Euphraios ist demnach als philosophischer Berater zu Perdikkas gereist. Seine Position am königlichen Hofe dürfte also wesentlich bedeutender gewesen sein als die eines Kanzleischreibers oder -vorstehers. Ob letzten Endes auch politisch einflußreicher, ist allerdings eine andere Frage.

Athenaios bestätigt, was der euphemistische 5. Brief mit seinen unpräzisen Formulierungen anzudeuten scheint. Euphraios, obwohl von niederer Abkunft und gehässig, habe geherrscht wie der König selbst. Er habe die Gesellschaft des Königs so gefühllos zusammengestellt, daß er niemanden am gemeinsamen Mahl teilnehmen ließ, der nicht Geometrie und Philosophie zu treiben wußte.[6] – Natürlich übertreibt Athenaios hier, wie sich schon aus seiner feindlichen Haltung gegen Platon und seine

---

1 [Plat.] ep. V; Athen. 508 DE; Karystios bei Athen. 506 EF.
2 [Plat.] ep. V 321 C.
3 Von Wilamowitz, Platon II 280; Edelstein, Plato's Seventh Letter 124 mit A.8. Vatai, Intellectuals 28 schlägt Speusippos als Verfasser des Briefes vor.
4 Von Wilamowitz, Platon II 280 A.3.
5 Im 2. Teil des Briefes erklärt [Platon], warum er nichts unternommen hat, um der wahren Stimme der Demokratie in Athen zum Durchbruch zu verhelfen. Davon abgesehen ist die Tatsache, daß der Platon des 5. Briefes sich bei einem fremden König über sein persönliches Verhältnis zu Athen ausläßt, ein Argument gegen die Echtheit des Briefes; vgl. von Wilamowitz (s.o. A.4).
6 Athen. 508 DE.

Schule ergibt.[7] Er führt Euphraios als Beispiel für das verwerfliche Tun vieler Platonschüler an. Sein Bericht hört sich aber so an, als habe sich Euphraios tatsächlich von den – wenn nicht spezifischen, so doch charakteristischen – Idealen der platonischen Erziehung, für die die Geometrie bekanntlich eine hervorragende Rolle spielte[8], leiten lassen.

Beloch ordnet die Episode dem großen und langwierigen Prozeß der Hellenisierung des makedonischen Königshauses und Adels zu und sieht Euphraios in einer Reihe, die von Euripides bis auf Aristoteles reicht.[9] Es ist unter diesen Umständen nicht überraschend, daß der mit königlicher Autorität ausgestattete Euphraios bei seinem Erziehungsprogramm auf den Widerstand des selbstbewußten makedonischen Adels stieß. Für einen politischen Einfluß des Euphraios liefert diese Geschichte keinen Hinweis. Die Bemerkung, daß Euphraios herrschte (ἐβασίλευε) wie Perdikkas selbst, illustriert lediglich die Anmaßung, mit der Euphraios angeblich Einfluß auf die königliche Tischgesellschaft nahm.

Einen zweiten Hinweis über Euphraios' Wirken am makedonischen Königshof verdanken wir dem Brief Speusipps an Philipp.[10] Darin heißt es: „Ich höre, daß auch Theopomp sich bei Euch aufhält, ein frostiger Mensch, und daß er Platon schmäht, als ob nicht gerade Platon zur Zeit des Perdikkas den Grund für Deine Herrschaft gelegt hätte, und es ihm nicht allzeit schmerzlich gewesen wäre, wenn irgend etwas Rohes und Liebloses zwischen den Brüdern vorfiel."[11]

Der Satz, der Platon für die Begründung von Philipps Herrschaft in Anspruch nimmt, steht in einer Quelle, die als (hauptsächlich gegen Isokrates gerichtete, nebenbei auch athenische Interessen verletzende) öffentliche Propagandaschrift verfaßt wurde.[12] Natürlich übertreibt Speusipp in seinem Bemühen, Platon gegen Verleumdungen am makedonischen Hof zu verteidigen. Eine andere Quelle belehrt uns, daß wir in der seltsamen Behauptung Speusipps nicht mehr als eine Anspielung auf die makedonische Tätigkeit des Platonschülers Euphraios sehen sollten, die für Philipp letztlich positive Konsequenzen brachte.

Karystios von Pergamon nämlich zitiert Speusipps Bemerkung, nach der Platon der eigentliche Grund von Philipps Herrschaft sei und fügt hinzu, daß es der von Platon nach Makedonien geschickte Euphraios gewesen sei, der Perdikkas überredete, Philipp etwas Land zuzuteilen. Hier habe Philipp eine Truppe unterhalten, die er

---

7 S.o. Kap. I.

8 Vgl. Dikaiarchos bei Philod Acad. col. Y 2 ff. (Gaiser 152; vgl. 342 ff.); Plut. quaest. conv. 718 b ff.; Friedländer, Platon I 97 f.; Herter, Platons Akademie 12 ff; Cherniss, Die ältere Akademie 81 ff.

9 Beloch, GG III 1,470 f.; vgl. Errington, Geschichte Makedoniens 201; Cawkwell, Philip 51; Bengtson, Philipp und Alexander 50.

10 Die Herausgeber Bickermann/Sykutris 29 ff. haben die Echtheit des Briefes, der zweifelsfrei in den Winter 343/42 datiert werden kann, plausibel gemacht. Die Einwände von Bertelli, AAT 110 (1976), 275 ff. und AAT 111 (1977), 75 ff., sind nicht überzeugend.

11 Bickermann/Sykutris 11. 17 (Kap. 12): Πυνθάνομαι δὲ καὶ Θεόπομπον παρ' ὑμῖν μὲν εἶναι πάνυ ψυχρόν, περὶ δὲ Πλάτωνος βλασφημεῖν, καὶ ταῦθ' ὥσπερ οὐ Πλάτωνος τὴν ἀρχὴν τῆς ἀρχῆς ἐπὶ Περδίκκου κατασκευάσαντος καὶ διὰ τέλους χαλεπῶς φέροντος, εἴ τι γίγνοιτο παρ' ὑμῖν ἀνήμερον ἢ μὴ φιλάδελφον.

12 Ebd. 18 f. 45; siehe unten, S. 138 ff.

bei Perdikkas' Tod in Bereitschaft hatte, um sich der Regierung zu bemächtigen.[13] Diese Erklärung evoziert allerdings neue Fragen, denn Makedonien kannte zur Zeit von Perdikkas' Regierung, wie Hammond/Griffith ausgeführt haben, keine inneren Provinzen, denen Strategen oder Gouverneure zugeteilt waren.[14] „A prince of the royal house could expect to be given a part of the royal estates to live on, one supposes, and it is not easy to see just what **more** than this 'assigning some territory to Philip' could possibly mean, or just what, in the way of a private army, Philip could maintain without becoming positively an object of suspicion."[15] Hammond/Griffith entwickeln zwei Hypothesen, um den Sachverhalt aufzuklären: 1. Perdikkas beauftragte Philipp, einige sehr wichtige Gebiete in einer Zeit zu beschützen, als er von vielen Seiten unter Druck geriet.[16] Dabei wäre vielleicht an Vorsichtsmaßnahmen gegen eine illyrische Invasion zu denken.[17] – 2. Die Rede von der „Landzuteilung" beinhaltet euphemistische Züge und meint in Wirklichkeit, daß Philipp auf einem königlichen Gut leben durfte, anstatt eingesperrt oder ins Exil geschickt zu werden. Dann könnte man die Bemerkung Speusipps, wonach Platon betroffen gewesen wäre, wenn etwas Rohes und Unbrüderliches zwischen Perdikkas und Philipp vorfiel, auf tatsächliche Streitigkeiten zurückführen.[18] Demnach hätte Euphraios zwischen den Brüdern vermittelt, was natürlich vor allem Philipp zugute kommen mußte. Doch handelt es sich hierbei, wie gesagt, um bloße Spekulation, die in anderen Quellen weder Bestätigung noch Widerlegung findet. Die Stellung des Euphraios am Hof Perdikkas III. bleibt also rätselhaft.

Dušanić, der ja auch sonst die politische Aktivität der Akademie mit der Politik des Timotheos in Verbindung bringen will, hat die Hypothese aufgestellt, daß Timotheos während der kurzlebigen athenisch-makedonischen Allianz 364/63[19] die Verbindung zwischen Euphraios und Perdikkas vermittelte.[20] Die Verknüpfung von Euphraios' Aussendung mit diesen Ereignissen ist aber unwahrscheinlich, da Perdikkas das Bündnis mit Athen aufgezwungen worden war, weshalb er es zum frühestmöglichen Zeitpunkt brach.[21] Timotheos hat im Kampf um die makedonische Thronfolge auch nicht, wie Dušanić behauptet[22], eine positive Haltung gegenüber Perdikkas eingenommen; vermutlich hat er im Gegenteil andere makedonische Konkurrenten gegen ihn ausgespielt, wie denn Athen überhaupt den Usurpator Ptolemaios gefördert hat,

---

13 Karystios bei Athen. 506 EF: Εὐφραῖον γὰρ ἀπέστειλε τὸν Ὠρείτην πρὸς Περδίκκαν Πλάτων, ὃς ἔπεισεν ἀπομερίσαι τινὰ χώραν Φιλίππῳ. διατρέφων δ' ἐνταῦθα δύναμιν, ὡς ἀπέθανε Περδίκκας, ἐξ ἑτοίμου δυνάμεως ὑπαρχούσης ἐπέπεσε τοῖς πράγμασι. Athenaios bezweifelt im Anschluß die Richtigkeit der zitierten Geschichte: τοῦτο δ' εἴπερ οὕτως ἀληθείας ἔχει, θεὸς ἂν εἰδείη.

14 Hammond/Griffith, Macedonia II 207 gegen die unkritische Übernahme der antiken Angabe, z. B. durch Geyer 138: „Teilfürstentum".

15 Ebd.

16 Ebd. 188.

17 Ebd. 207.

18 Ebd. 207 f.

19 Demosth. II 14; Polyain. III 10,14.

20 Dušanić, Chiron 10 (1980), 119.

21 Hammond/Griffith, Macedonia II 186 f.; Beloch, GG III 1,220.

22 S.o. A.20.

während Theben auf der anderen Seite Perdikkas als legitimen König unterstützte.[23] Die fadenscheinigen Assoziationen, mit denen Dušanić eine „private Beziehung" zwischen Timotheos und Euphraios wahrscheinlich zu machen sucht[24], bedürfen keines Kommentars.

Euphraios hat vielleicht mit dem jungen König über die Grundsätze der Monarchie philosophiert. Er hat am makedonischen Königshof zur Entwicklung hellenischer Bildung beigetragen. Möglicherweise hat er es sogar vermocht, Streitigkeiten innerhalb der Herrscherfamilie zu schlichten. Daß er indessen auf die makedonische Politik unter Perdikkas III. irgendeinen Einfluß besessen hätte, ist nach all dem, was darüber bekannt ist, ganz unwahrscheinlich.[25]

b) In seiner Heimatstadt Oreos

Wie lange Euphraios sich in Makedonien aufhielt, wissen wir nicht. Runde zwanzig Jahre später taucht er noch einmal im Zusammenhang mit politischen Konflikten in seiner Heimatstadt Oreos auf.[26] Ende 343 oder Anfang 342 strengte er einen Hochverratsprozeß gegen die promakedonische Gruppierung unter Führung des Philistides an. Seine Gegner kamen ihm jedoch zuvor und warfen ihn unter dem Vorwurf, die Stadt in Aufruhr zu versetzen, ins Gefängnis. Euphraios war auch in Oreos offenbar nicht sehr populär, denn der Demos kümmerte sich nicht nur nicht um sein Schicksal, sondern äußerte sogar Schadenfreude. Daraufhin setzten die promakedonischen Politiker ihre Konspirationen in aller Ruhe fort. Erst als makedonische Truppen vor der Stadt erschienen, formierte sich Widerstand, der allerdings nichts mehr auszurichten vermochte: Philistides und seine Parteigänger öffneten den Makedonen die Tore. Nun konnten sie ungehindert eine exklusive Oligarchie errichten, wobei sie ihre Gegner töteten oder verbannten. Euphraios beging während dieser Vorgänge Selbstmord, was Demosthenes zum Anlaß nahm, ihn zum antiphilippischen Märtyrer zu erheben.[27]

Nach Karystios verursachte Parmenion Euphraios' Tod in Oreos.[28] Doch ist der zeitgenössischen Version der Vorzug zu geben. Warum sollte Demosthenes kurz nach den Ereignissen, die vielen seiner Zuhörer bekannt sein mußten, die Wahrheit ohne Grund verfälschen? Denn die Ermordung des Euphraios durch einen makedonischen General hätte ihm zweifellos genauso gut ins Konzept gepaßt. Man kann

23 Geyer 134 f.; Hammond/Griffith, Macedonia II 184 ff.
24 S.o. A.20: „Timotheos' manifold contribution to the pro-Athenian orientation of Euphraeus' native city Oreos-Histiaea in Euboea makes in turn a private connection between Euphraeus and Conon's son, both Panhellens, a possible, even probable factor in the events c. 364."
25 Vgl. Hammond/Griffith, Macedonie II 203; Gomperz, Wiener St. 4 (1882), 110 ff., bes. 112 f. A.11: „Wahr braucht kaum mehr zu sein als das Eine, daß Euphraios zur Zeit der Belehnung Philipps durch Perdikkas an dessen Hoflager verweilte."
26 Das folgende nach Demosth. IX 59-62; vgl. (auch zum Datum) Gehrke, Stasis 74 f.
27 Demosth. IX 62: ὁ δ' Εὐφραῖος ἐκεῖνος ἀπέσφαξεν ἑαυτόν, ἔργῳ μαρτυρήσας ὅτι καὶ δικαίως καὶ καθαρῶς ὑπὲρ τῶν πολιτῶν ἀνθειστήκει Φιλίππῳ.
28 Karystios bei Athen. 508 E.

beide Ereignisse am besten dadurch in Einklang bringen, daß man Parmenion als Anführer der makedonischen Truppen annimmt, die 342 auf Euboia operierten.[29]

Athenaios bringt den Tod des Euphraios mit seinem angeblich überheblichen Verhalten am makedonischen Königshof in Verbindung.[30] Demnach hätte Parmenion sozusagen eine offene Rechnung beglichen, und Euphraios hätte ein nach seiner Art verdientes Ende gefunden. Das fügt sich so glatt in Athenaios' Konzept von den schändlichen Platonschülern ein, daß es bezweifelt werden muß. In der Tat reichen die Vorgänge in Oreos ohne weiteres aus, um den Tod von Euphraios zu verstehen.[31]

Euphraios war ein Gegner der makedonenfreundlichen Hetairie in seiner Heimatstadt. Wenn Demosthenes ihn als Kämpfer für die Freiheit seiner Landsleute bezeichnet und auf seinen einstigen Aufenthalt in Athen (wie er sich bereits durch seine Zugehörigkeit zur Akademie ergibt) hinweist, so können solche Formulierungen durchaus andeuten, daß Euphraios eine proathenische Orientierung von Oreos befürwortete.[32] Außerdem wollte er seiner Stadt wohl die demokratische Verfassung[33] erhalten, die er durch die Aktivitäten von Philistides und seinen Anhängern zurecht gefährdet sah. Doch schilderte ihn Demosthenes als Einzelkämpfer und nicht als Führer einer „Partei" oder gar eines „Regimes".[34] Euphraios war offenbar gar kein Politiker im engeren Sinne. Er mischte sich ein, als er die Einheit der Polis durch eine bürgerkriegswillige Clique gefährdet sah. Dies und die Zivilcourage, mit der er es tat, könnte man als Ausfluß eines philosophischen Ethos verstehen. Ein langfristiges politisches Konzept jedoch, das über die Bewahrung des demokratischen status quo hinausging, scheint auch Euphraios nicht verfolgt zu haben.

2. LEON – BYZANTION

Der Platonschüler Leon von Byzantion tritt nur bei der Verteidigung seiner Heimatstadt gegen Philipp ins Licht der historischen Überlieferung.

Nach der Eroberung Thrakiens im Jahre 341 v. Chr. geriet Philipp zunehmend in einen Gegensatz zu den Städten an der thrakischen Küste, an der Propontis und am westlichen Pontos, die sich von dem übermächtig gewordenen makedonischen König bedroht fühlten[35], – nicht ohne Grund, wie sich zeigen sollte. Zunächst brachte Philipp eine Anzahl von Städten an der Westküste des Schwarzen Meeres unter seine Kontrolle.[36] Dann (im Frühjahr 340) wandte er sich gegen Perinth.[37] Die Stadt

---

29 Brunt 252; Cawkwell, Demosthenes' Policy 211; ders., Euboea 53 f.

30 Das ὅθεν ist wohl der Ausdruck des Athenaios, um das Vorangehende mit dem Karystios-Zitat zu verknüpfen.

31 Gegen Dušanić, Chiron 10 (1980), 121 A.68.

32 Gehrke, Stasis 74 A.9.

33 Brunt 251; Gehrke, Stasis 74; Wörle, Platonschüler 120.

34 Gegen Brunt 259 A.3, der Euphraios als „the genuine democratic leader at Oreus" bezeichnet und Wirth, Philipp 120, der von dem „athenfreundlichen Regime des Euphraios" spricht, das „durch die Revolution eines Philistides gestürzt" wurde; vgl. Wörle (s. A.33).

35 Wüst, Philipp 123.

36 Diod. XVI 71; Justin. IX 2; vgl. Wüst, Philipp 125 mit A.1.

37 Diod. XVI 74,2 ff.; zur Datierung vgl. Wüst, Philipp 127 mit A.3.

widerstand jedoch erfolgreich der Belagerung durch Philipps Truppen, nicht zuletzt deshalb, weil ihr die Byzantier, die zuvor noch mit Philipp verbündet waren, tatkräftige Hilfe leisteten. Daraufhin entschloß sich Philipp, mit dem größten Teil seiner Streitmacht gegen Byzantion zu ziehen, um sich überfallartig der weitgehend entblößten Stadt zu bemächtigen. Der Anschlag mißlang aber; Philipp mußte sich auf die Belagerung der Stadt einrichten (Herbst 340).[38] Gleichzeitig ließ er eine große athenische Getreideflotte am Bosporus kapern[39], wodurch natürlich der Kriegsfall mit Athen eintrat.[40]

Die Athener schickten nun zuerst eine in der Nähe operierende Flotte unter dem Kommando des Chares nach Byzantion, um die Stadt in ihrem Widerstand gegen Philipp zu unterstützen.[41] Die Hilfe blieb jedoch ineffektiv, weil die Byzantier den Athenern mißtrauten und Chares offenbar nicht in den Hafen einlaufen ließen. Natürlich wurde dieses Verhalten der Byzantier in Athen als Brüskierung empfunden. Dennoch entschloß man sich, eine zweite Flotte zur Unterstützung von Byzantion auszusenden. Sie wurde Phokion anvertraut, der bei den Verbündeten über ein besonderes Ansehen verfügte und dem es auch gelang, mit seinen Truppen in die Stadt aufgenommen und an der Verteidigung beteiligt zu werden. Daß Phokion nun so ohne weiteres Einlaß in Byzantion fand, war zum guten Teil der Fürsprache Leons zu verdanken, der ihn aus der Akademie kannte und gegenüber seinen Landsleuten für ihn bürgte.[42] Der Vorgang deutet an, daß Leon eine bedeutende Stellung in der Stadt eingenommen hat.[43] Die Zusammenarbeit mit Phokion gestaltete sich erfolgreich. Im Frühjahr 339 brach Philipp die Belagerung ab und zog sich zurück; den Krieg um die Meerengen hatte er verloren.[44]

Die übrige Überlieferung zu Leon ist für historische Zwecke so gut wie wertlos. Sie besteht aus Anekdoten, welche die Schlagfertigkeit und Geistesgegenwärtigkeit von Leon vorführen sollen. Philostrat bestätigt, daß Leon als Jüngling Platonschüler gewesen ist, später wegen seiner stilistischen Vielfalt und Schlagfertigkeit jedoch Sophist genannt wurde. Als Beispiel führt er eine Geschichte an, die zwar auch mit Philipps Belagerung von Byzantion zusammenhängt, die aber die Geschehnisse auf charakteristische Weise umprägt. Danach gelingt es Leon, Philipp in einem Wortwechsel durch eine interessante Replik davon zu überzeugen, seine feindlichen Absichten gegen Byzantion aufzugeben. Philostrat setzt hinzu, was er für die Moral von der Geschichte hält: καὶ ἠλευθεροῦτο Βυζάντιον Δημοσθένους μὲν πολλὰ πρὸς Ἀθηναίους εἰπόντος, Λέοντος δὲ ὀλίγα πρὸς αὐτὸν τὸν Φίλιππον.[45] Der einzige historische Reflex dieser Anekdote liegt in der führenden Beteiligung Leons

---

38   Die wichtigsten Quellen für die makedonische Belagerung von Byzantion: Demosth. XVIII 87;
      [Demosth.] XI 5; Diod. XVI 76; Plut. Phok. 14; Justin. IX 1; Frontin. I 3,4; Didym. X 37 ff.
39   Didym. X 45 ff.; Demosth. XVIII 139; Justin. IX 1.
40   Vgl. Wüst, Philipp 131 f.; Gehrke, Phokion 46 f. A.35.
41   Für das Folgende vgl. Plut. Phok. 14,2 ff. und Gehrke, Phokion 47 ff.
42   Plut. Phok. 14,4.
43   Gehrke, Phokion 51; Wörle, Platonschüler 127. Daß Leon die Verteidigung der Stadt **leitete**,
      wie Newskaja 7. 124 meint, geht aus Plutarch allerdings nicht hervor.
44   Wüst, Philipp 142.
45   Philostr. vit. soph. 485.

am Widerstand seiner Heimatstadt gegen Philipp. Daß Leon eine byzantinische Gesandtschaft zu Philipp angeführt hat[46], läßt sich daraus nicht entnehmen, denn die Begegnung zwischen Leon und Philipp ist ja ein integrativer Bestandteil der Geschichte.

Ähnlich verhält es sich mit der zweiten Andekdote, die Philostrat erzählt. Sie findet sich ebenfalls in der Suda und – in einer anderen Version – bei Athenaios.[47] Darin tritt Leon als Gesandter vor der attischen Volksversammlung auf und beeindruckt die Athener durch die Schlagfertigkeit, mit der er auf ihr Gelächter über seine unförmige Statur reagiert.[48] Er spielt nämlich auf den inneren Zustand Athens an, den Philostratos wie folgt kennzeichnet: ἐστασίαζε μὲν πολὺν ἤδη χρόνον ἡ πόλις καὶ παρὰ τὰ ἤθη ἐπολιτεύετο. Durch seinen Witz erreicht er, daß die Athener ihre Eintracht wiederherstellen.

Bei Athenaios, der Leon als **Quelle** angibt, ist es Python von Byzantion, der berühmte Gesandte Philipps, der eine Stasissituation unter seinen Landsleuten durch die gleiche Geschichte zu schlichten versucht, die ihren Aufhänger in seiner Dickleibigkeit findet. Welches die ursprüngliche Fassung der „Wander-Anekdote"[49] war, läßt sich nicht entscheiden, zumal von Python eine öffentliche Betätigung in Byzantion nicht bekannt ist, wohl aber in Athen, während von Leon geradewegs das Umgekehrte gilt. Der historische Hintergrund, sofern man überhaupt davon sprechen kann, ist also nicht auszumachen; der lehrhafte Kern der Anekdote wurde offensichtlich mit unterschiedlichen äußeren Anlässen in Verbindung gebracht, so daß die Annahme einer Gesandtschaft Leons nach Athen[50] nicht zwingend ist.

Eine dritte Anekdote erzählt vom Tod Leons. Philipp habe seinen Widersacher Leon aus Rache bei den Byzantiern verleumdet, indem er in einem Brief behauptete, Leon habe ihn nur deshalb nicht in die Stadt eingelassen, weil er das geforderte Bestechungsgeld nicht bezahlen wollte. Daraufhin sei das Volk vor dem Hause Leons zusammengelaufen. Leon habe sich aus Furcht, gesteinigt zu werden, erhängt, μηδὲν ἀπὸ τῆς σοφίας καὶ τῶν λόγων κερδάνας ὁ δείλαιος.[51]

Die ziemlich plumpe Verleumdung berechtigt schon für sich genommen zu Zweifeln. Nun ist der Suda-Artikel auch in sich widersprüchlich. Leon wird als „peripatetischer Philosoph und Sophist, Schüler Platons oder, wie manche sagen, des Aristoteles" vorgestellt. Dieser konfusen Einleitung folgt eine Auflistung seiner Schriften, unter denen sich die Titel τὰ κατὰ Φίλιππον καὶ τὸ Βυζάντιον und τὰ κατ' Ἀλέξανδρον befinden. Zumindest das letztgenannte Werk ist unvereinbar mit

---

46 A. Schaefer, Demosthenes II 509.

47 Philostr. (s.o. A.45); Suda s.v. Λέων; Athen. 550 F.

48 „Was lacht ihr, Athener? Weil ich so dick bin? Ich habe eine Frau zu Hause, die ist viel dicker als ich; und wenn wir uns vertragen, ist das Bett groß genug für uns beide, aber wenn wir Streit haben, ist noch nicht einmal das Haus groß genug." (Eigene Übers.).

49 Jacoby, Kommentar zu FGrHist 132; vgl. Bux, RE XII 2009 f. (s.v. Leon Nr.23).

50 A. Schaefer, Demosthenes II 509; Bux, RE XII 2008. Nach Wörle, Platonschüler 125 fand die Gesandtschaft „vermutlich nach Philipps Eindringen nach Thrakien statt und hatte zum Ziel die Wiederaufnahme des Bündnisses zwischen Athen und Byzanz und die athenische Unterstützung gegen Philipp". Auch abgesehen von Leon, gibt es in den Quellen keinen Hinweis auf eine derartige Gesandtschaft der Byzantier nach Athen.

51 Suda s.v. Λέων (265).

der Todesversion, die Leon zu Lebzeiten Philipps sterben läßt. Es gibt zwei Möglichkeiten, den Widerspruch zu erklären.

1. Der Suda-Artikel vermischt zwei Personen miteinander. Dann wäre der Platoniker und Politiker Leon vom Peripatetiker und Historiker Leon zu scheiden.[52] In diesem Falle wäre die Todesversion auf den Politiker Leon zu beziehen, der somit zwischen 340 und 336 sein Ende gefunden hätte, vielleicht im Zusammenhang mit einem Friedensschluß zwischen Philipp und Byzantion im Jahre 337 v. Chr.[53]

2. Der Politiker und der Historiker Leon sind identisch.[54] Der Suda-Artikel ist konfus. Die Todesversion ist daher abzulehnen.

Die erste Erklärung hat einiges für sich: Sie beseitigt die Unstimmigkeit des Textes auf einfache Weise, indem sie den Widerspruch auflöst und somit den Zeugniswert der Quelle gelten lassen kann. Im übrigen kommt der Name Leon in Byzantion nicht selten vor[55], so daß eine Verwechslung ohne weiteres möglich scheint. Dennoch halte ich letztlich die Annahme einer Identität für plausibler. Denn erstens besteht eine innere Verbindung zwischen dem historischen Schaffen, soweit es an den überlieferten Titeln ablesbar ist, und dem politischen Wirken des Leon.[56] Zweitens ist die Todesversion auch in sich nicht überzeugend. Warum hätten die Byzantier den Verleumdungen Philipps, deren Beweggründe nur zu offensichtlich waren, Glauben schenken sollen?[57] Ein von Plutarch überliefertes Apophthegma des Leon, wonach er lieber durch seine Mitbürger als mit ihnen sterben will, könnte den Anlaß für die Konstruktion der Geschichte abgegeben haben.[58] Drittens fehlt in den Quellen ein überzeugender Anlaß für die Vorgänge, die der Suda zufolge in Leons Selbstmord mündeten. Die Annahme eines Friedensschlusses zwischen Philipp und Byzantion[59] ist eine bloße Vermutung: aus der zum Beleg herangezogenen Arrian-Stelle (I 3,3) geht lediglich hervor, daß Byzantion 335 eine makedonische Flottenstation gewesen ist.

3. DELIOS (DIAS) – ?

Die zweifache Überlieferung über die Tätigkeit des Platonschülers Delios von Ephesos ist von unterschiedlicher Glaubwürdigkeit. Plutarch berichtet, daß Delios von den in Kleinasien wohnenden Griechen zu Alexander geschickt wurde und ihn am meisten dazu anstachelte, den Krieg gegen die Barbaren zu unternehmen.[60]

---

52 Jacoby, Kommentar zu FGrHist 132; Bux, RE XII 2011 f.
53 A. Schaefer, Demosthenes III 51; Wirth, Philipp 137.
54 Wörle, Platonschüler 127; Newskaja 124; Berve, Alexanderreich II Nr. 468.
55 Jacoby (s. A.52).
56 Berve (s. A.54).
57 Vgl. Wörle, Platonschüler 126 f.
58 Plut. Nik. 22,3: „Βούλομαι γὰρ, ἔφη (zu seinen Mitbürgern), μᾶλλον ὑφ᾽ ὑμῶν ἢ μεθ᾽ ὑμῶν ἀποθανεῖν." Schaefer (s. A.53) sieht in dem Ausspruch eine Bestätigung der in der Suda überlieferten Todesversion, während Wörle (s. A.57) jeden Zusammenhang der beiden Stellen zu bestreiten sucht.
59 Siehe A.53.
60 Plut. adv. Col. 1126 D: ὁ δὲ πεμφθεὶς πρὸς ᾿Αλέξανδρον ὑπὸ τῶν ἐν ᾿Ασίᾳ κατοικούντων

Eine ähnliche Geschichte erzählt Philostratos von einem Akademiker namens Dias von Ephesos; als dieser sah, daß Philipp den Griechen lästig wurde, überredete er ihn, nach Kleinasien zu ziehen und forderte die Griechen auf, ihm zu folgen, denn es sei gut, in der Fremde zu dienen, wenn man nur zu Hause frei sei.[61]

Die Zeugnisse sind einander ähnlich genug, um sie auf die gleiche Begebenheit zurückführen zu können.[62] Doch zeigen sich auf der anderen Seite auch große Unterschiede. Philostrats Geschichte ist ganz auf die Schlußpointe hin ausgerichtet, ist Anekdote. Nicht umsonst fehlt ihr ein konkret historischer Rahmen, der bei Plutarch durch die Erwähnung der Gesandtschaft doch mindestens angedeutet ist. Die von Philostratos beschriebene Unterstellung Delios' (Dias'), wonach ein gemeinsam mit Philipp zu unternehmender Feldzug nach Kleinasien die Freiheit Griechenlands garantiere (wohl weil Philipp von den griechischen Angelegenheiten abgelenkt wurde), liegt zwar ganz auf der Linie der panhellenischen Propaganda des Isokrates, ist aber gerade deswegen völlig unrealistisch. Der Feldzug nach Asien setzte ja gerade die Unterwerfung des griechischen Mutterlandes voraus und sollte zu ihrer Befestigung beitragen.[63]

Der Bericht Plutarchs stellt, wie in diesem Fall ex silentio unterstellt werden muß, eine Übertreibung dar, ist aber gleichwohl ernst zu nehmen. Daß Delios im Auftrag kleinasiatischer Griechen Alexander zum Zug gegen die Perser aufforderte, etwa 336 beim korinthischen Bundestag[64], erscheint immerhin möglich. Dann wäre Delios der pro-makedonischen Bewegung in Kleinasien zu assoziieren, die sich von den Makedonen eine Restitution der Demokratie erhoffte.[65]

Ἑλλήνων καὶ μάλιστα διακαύσας καὶ παροξύνας ἅψασθαι τοῦ πρὸς τοὺς βαρβάρους πολέμου Δήλιος ἦν Ἐφέσιος, ἑταῖρος Πλάτωνος.

61 Philostr. vit. soph. 485 f.: τὸν Φίλιππον ὁρῶν χαλεπὸν ὄντα τοῖς Ἕλλησιν ἐπὶ τὴν Ἀσίαν στρατεύειν ἔπεισε, καὶ πρὸς τοὺς Ἕλλησιν διεξῆλθε λέγων, ὡς δέον ἀκολουθεῖν στρατευοντι, καλὸν γὰρ εἶναι καὶ τὸ ἔξω δουλεύειν ἐπὶ τῷ οἴκοι ἐλευθεροῦσθαι.

62 Vgl. Natorp, RE s.v. Delios Nr.2 (IV 2446); Zeller, Philos. d. Gr. II 1, 420 A.1; Berve, Alexanderreich II Nr. 251; Wörle, Platonschüler 121 ff.

63 Vgl. Gehrke, Stasis 59 A.22 (gegen Wörle 122 f.); zur panhellenischen und antipersischen Propaganda des Isokrates vgl. Markle III, Support of Athenian Intellectuals for Philip, JHS 96 (1976), 80 ff. Speusippos würde ich in diesem Zusammenhang nicht (wie Gehrke ebd.) heranziehen: Sein Brief an Philipp ist in erster Linie als Polemik gegen Isokrates zu verstehen, dann verteidigt er mytho-genealogisch die Ansprüche Philipps gegen Athen; vgl. Bickermann/ Sykutris (s. EUPHRAIOS) 45. Das sich panhellenisch gebende Perserkriegskonzept des Isokrates findet sich bei Speusippos nirgends.

64 Berve, Alexanderreich II Nr. 251; Wörle, Platonschüler 123.

65 Diese Bewegung besaß in Delios' Heimatstadt Ephesos eine besondere Bedeutung: vgl. Gehrke, Stasis 59 mit A.22, der allerdings die m.E. notwendige Differenzierung der beiden Quellen nicht vornimmt und somit eine Verbindung von Delios mit der promakedonischen Bewegung überhaupt abstreitet.

VI. DIE AKADEMIE IN DER SYRAKUSANISCHEN POLITIK

Von allen Verbindungen Platons und der Akademie zur zeitgenössischen Politik ist zweifellos die Anteilnahme und Mitwirkung an den Geschehnissen in Syrakus am bedeutsamsten gewesen. Platon reiste, teilweise in Begleitung wichtiger Mitglieder seiner Schule, dreimal nach Sizilien und kam dort mit den Tyrannen Dionysios I. und Dionysios II. zusammen. Er besaß in Dion, einem Mitglied der Tyrannenfamilie, einen einflußreichen Freund und Bewunderer. Als dieser aus dem Exil, in das ihn der jüngere Dionysios vertrieben hatte, aufbrach, um die sizilische Tyrannis zu stürzen, begleiteten ihn mehrere Freunde aus dem Kreise der Akademie. Wider alle Erwartung gelang das Unternehmen, was zur Folge hatte, daß mit Dion ein (nach Ausweis der platonischen Briefe) authentischer Platonschüler fast drei Jahre lang eine der größten und wichtigsten Städte der griechischen Welt regierte. Und selbst nach Dions Ermordung riß der Kontakt nicht ab, wie die Exemplare sieben und acht der unter dem Namen Platons firmierenden Briefe nahelegen. Dions politische Nachfolger, die Platon mit diesen Briefen vorgeblich beraten wollte, eroberten die Macht rasch zurück und behaupteten sie noch einmal etwa sieben Jahre.

Wenn man nach reformerischen Impulsen Platons in der politischen Praxis seiner Zeit sucht, gibt es daher keinen geeigneteren Schauplatz als Syrakus, zumal zu den dortigen Ereignissen, die unter Beteiligung des Philosophen und seiner Schüler stattfanden, eine vergleichsweise umfangreiche Überlieferung vorliegt. Auch in der modernen Literatur hat die folgenlose Episode aus der Geschichte des 4. Jahrhunderts v. Chr. große Aufmerksamkeit gefunden, weil sie das ewig prekäre Verhältnis von Geist und Macht geschichtlich zu illustrieren scheint.

Aus der historischen Literatur zum Thema ist Helmut Berves Dion-Monographie hervorzuheben; wer sich ein umfassendes Bild von den Ereignissen machen will, wird dort bestens bedient. Für Quellenanalyse, Chronologie und Vollständigkeit sei daher auf Berves sorgfältige Arbeit verwiesen. Meine Untersuchung kann sich in diesem Kapitel auf ihre eigentliche Aufgabe beschränken: die Darstellung derjenigen Handlungen, für die eine philosophische Motivation in Anspruch genommen wurde. Es trifft sich, daß ich gerade in diesem Punkt zu ganz anderen Ergebnissen komme als Berve.

1. ZUR ÜBERLIEFERUNG

Die vorliegende Überlieferung beruht hauptsächlich auf apologetischen Quellen aus dem Umkreis der Akademie. Zwar gab es von Anfang an auch Darstellungen, die die politische Rolle der Akademie in Syrakus ungünstig beurteilten, aber sie sind nicht nur verlorengegangen, sondern offenbar auch ohne großen Einfluß auf die weitere Überlieferung der Geschichte geblieben.[1] Das Gegenteil trifft für die historisch

---

1 Hier ist besonders das Werk des Syrakusaners Athanis (FGrHist 562) zu nennen; vgl. Berve 9 f.

relevanten Exemplare des platonischen Briefcorpus zu. Während diese in ihrer Mehrzahl zweifellos mehr oder weniger törichte Fälschungen sind, ist die Authentizität der herausragenden Briefe sieben und acht bekanntlich umstritten. Die Echtheitsfrage ist jedoch in diesem Zusammenhang, da es um die Feststellung und Erklärung der Tatsachen geht, von untergeordneter Bedeutung. Weil die Briefe zumindest aus der Tradition der Platonschule stammen und nicht lange nach Platons Tod entstanden sein können, sind sie unabhängig von ihrer Autorschaft als wichtige historische Quellen zu behandeln. Der siebte und der achte Brief enthalten eine Interpretation der politischen Philosophie Platons im Hinblick auf die Praxis, die ich im zweiten Teil dieser Arbeit eingehend analysieren werde; dann werde ich auch auf das Echtheitsproblem zurückkommen.

Bei der Benutzung der Briefe als historische Quellen muß das Interesse berücksichtigt werden, das in ihrer Veröffentlichung zum Ausdruck kommt. Dieses Interesse besteht in erster Linie, vor allem bei dem zentralen siebten Brief, in Verteidigung und Rechtfertigung.[2] Der Verfasser des siebten Briefes deutet selbst an einigen Stellen an, daß die Verwicklung der Akademie in die syrakusanische Politik heftiger Kritik ausgesetzt war.[3] Spuren davon sind in der Überlieferung auch noch greifbar.[4] Der angebliche Zweck des Briefes, der Rat Platons an die Dioneer, ist gegenüber dem tatsächlichen Zweck des Briefes, der Apologie, ganz in den Hintergrund gedrängt; außerdem dient er als zusätzlicher Beleg für die idealen Antriebe der Akademie. Der Briefautor begnügt sich nämlich nicht mit einer Darstellung der Ereignisse aus seiner Sicht. Seine eigentliche Verteidigungsstrategie besteht vielmehr in dem Versuch, dem Handeln von Platon und Dion einen philosophischen Überbau zu verschaffen, der es aus der Sphäre gewöhnlicher politischer Machenschaften prinzipiell heraushebt.[5]

Den apologetischen Charakter der Briefe müssen wir uns jedenfalls vor Augen halten, wenn wir uns gleich denjenigen Vorgängen zuwenden, die ihre Abfassung später notwendig machen sollten. Das ist angesichts der Tatsache, daß fast die gesamte antike Überlieferung über das Wirken von Platon und Dion in Syrakus zu einem wesentlichen Teil von den Briefen abhängt,[6] besonders zu unterstreichen.

Eine weitere zeitgenössische Quelle, die uns allerdings nur noch über wenige Fragmente bei späteren Autoren vorliegt, stammt ebenfalls aus dem Umkreis der Akademie. Über den Feldzug des Dion nach Syrakus und dessen Taten bis zu seinem

---

2   S.u. S. 259 ff.
3   328 C. 330 C. 334 B. 352 A.
4   [Plat.] ep. II 310 D – 312 C; Aristoxenos fr. 62 – 64 Wehrli; Epikur bei Diog. Laert. X 18; Demochares bei Philod. Acad. col. 10,18 ff. 33 ff. (Gaiser 215 f.); vgl. Chroust, Plato's Detractors in Antiquity, Rev. of Metaphysics 16 (1962), 103 ff.
5   S.u. S. 260.
6   Insofern sagt Vatai, Intellectuals 25, zu Recht: „If one momentarily sets aside the Platonic Epistles, it is difficult to establish whether Plato had any political contact at all with the Younger Dionysios in Sicily." Boas, Fact and Legend in the Biography of Plato, PR 57 (1948), 453 tendiert deswegen dazu, die ganze Geschichte für eine Fiktion zu halten; ebenso Finley, Ancient Sicily 91 ff., der allerdings Platons erste Sizilienreise davon ausnimmt. Doch lassen sich unter dieser Voraussetzung keine plausiblen Gründe für die Abfassung der Briefe, ob echt oder unecht, finden.

Untergang berichtete Timonides von Leukas, selbst ein Teilnehmer der Expedition, in Form eines Briefes an Speusippos, den Nachfolger Platons als Leiter der Akademie. Vermutlich veröffentlichte Speusippos diesen Bericht, auf dem die Darstellung vor allem Plutarchs in hohem Maße beruht.[7] Timonides ist nun zweifellos ein wertvoller Augenzeuge, daneben aber auch ein engagierter Mitstreiter Dions, der selbst vor groben Verzerrungen der Tatsachen nicht zurückschreckte, wenn es darum ging, das Bild Dions und seiner akademischen Freunde sauber zu halten.[8]

Die späteren Darstellungen von Cornelius Nepos, Diodor und Plutarch dürften außerdem vor allem aus den Werken von Theopompos, Ephoros und Timaios geschöpft haben.[9] Was nun Cornelius Nepos und Plutarch und damit unsere wichtigsten Quellen angeht, so ist deren biographischer Charakter zu betonen. Daß die antike Biographie anderen Gesetzen gehorchte als die Geschichtsschreibung, dürfte hinreichend klar sein.[10] Liest man etwa die Dion-Vita von Cornelius Nepos unter historischen Gesichtspunkten, kommt man um ihre Beurteilung als konfus, widersprüchlich etc. kaum herum; als Biographie aber, mit der ihr innewohnenden literarischen oder populärphilosophischen Zielsetzung, bildet sie, wie Ludwig Voit gezeigt hat, „durchaus ein Ganzes".[11] Ähnlich verhält es sich mit Plutarch. Der schreibt gleich im ersten Kapitel seiner Dion-Biographie offen, worauf es ihm ankommt. Erstens nämlich will er die Vorwürfe gegen die Akademie zurückweisen, und zweitens sollen ihm die βίοι von Dion und Brutus (der römischen Parallele zu Dion) quasi, d.h. auf charakteristisch reduzierte Weise, Platons Satz vom Philosophen-König verifizieren. Demnach waren beide Platonschüler, und beide sind, so Plutarch, „vom gleichen Ringplatz zu ihren gewaltigen Kämpfen aufgebrochen. (...) So haben sie für das Wort des Führers, der sie zur Tugend leitete, Zeugnis abgelegt, daß Klugheit und Gerechtigkeit sich einen müssen mit Macht und Glück, wenn staatsmännische Tätigkeit Schönheit und Größe erreichen soll. Wenn der Ringmeister Hippomachos erklärte, er könne seine Schüler schon von weitem erkennen, auch wenn sie nur Fleisch vom Markt heimtrügen, so ist es verständlich, wenn in den Handlungen der Schüler desselben Philosophen die gleichen Grundsätze hervorleuchten und ihren Taten den gleichen Takt und die gleiche Harmonie der schönen Gerechtigkeit verleihen."[12] – Dions Leben wird hier also von vornherein unter dem Gesichtspunkt des Platonschülers betrachtet;[13] und solche literarischen Kriterien, die bereits für die Konzeption des βίος von tragender Bedeutung sind, muß der moderne Historiker in Rechnung stellen, wenn er – gegen die Absicht des Autors – eine antike Biographie als Geschichtsquelle benutzen will. Bei diesen Bemerkungen handelt es sich nur scheinbar um Selbstverständlichkeiten, wie sich im folgenden herausstellen wird.

7   Jacoby, Komm. zu FGrH 561; Capelle, RE s.v. Timonides von Leukas.
8   Etwa in der Beschreibung der Auseinandersetzung zwischen Dion und Herakleides: s.u. A.88; vgl. Berve 8 f. und Lehmann 401 ff.
9   Die Überlieferung findet sich überzeugend bei Berve 7 ff. analysiert.
10 Plutarch selbst hat bekanntlich in der Einleitung seiner Alexander-Biographie ausdrücklich darauf hingewiesen.
11 Voit 180.
12 Plut., Dion 1 (Übers. Wilhelm Ax).
13 Die Bezogenheit Dions auf die Akademie wird von Plutarch auch bes. im 52. Kapitel der Biographie betont.

2. PLATONS ERSTE SIZILIENREISE

Anfang der achtziger Jahre des 4. Jahrhunderts[14] reiste Platon zunächst nach Unteritalien, wo er mit dort ansässigen Pythagoreern zusammenkam, und dann nach
Sizilien.[15] Neben Naturstudien wie der Erkundung des Ätna[16] ist ein Aufenthalt in
Syrakus bezeugt. Daß Platon die damals nach Athen größte griechische Stadt besich-
tigen wollte, bedarf eigentlich keiner Erklärung. Der 7. Brief bietet denn auch keine
an, bemüht vielmehr schon im Hinblick auf die späteren Ereignisse die τύχη.[17] Eine
andere Version finden wir bei Diodor XV 7,1 und Cornelius Nepos II 2. Danach hat
der Tyrann Dionysios I. Platon, der gerade in Tarent weilte, auf Bitten seines jungen
Schwagers Dion hin nach Syrakus eingeladen. Nun ist bekannt, daß Dionysios sich
nicht nur selber als Dichter betätigte, sondern auch bedeutende Künstler an seinem
Hofe versammelte.[18] Warum sollte er also nicht auch Platon nach Syrakus eingeladen
haben? Auf der anderen Seite erscheint fraglich, ob Platon zu dieser Zeit bereits der
Mann war, dem von Tarent ein solcher Ruf nach Syrakus vorauseilte. Selbst unter der
Voraussetzung, daß Platon wirklich von Dionysios gerufen wurde, erscheint die
Vermutung Sanders' von einem „very real interest by Dionysius at least in the
theoretical establishment of a just monarchy of a Platonic type"[19] völlig aus der Luft
gegriffen. Das widerspricht nicht nur allem, was wir über die Person und die Politik
des Dionysios wissen,[20] sondern ist außerdem schon aus chronologischen Gründen
absurd: Was ist hier unter einer „Monarchie platonischen Typs" zu verstehen, zu
einer Zeit, da Platon kaum die ersten Dialoge veröffentlicht hatte?

Ein allgemeines Interesse an philosophischer Reflexion hingegen wird man bei
Dionysios unterstellen dürfen.[21] Und auf dieser Ebene könnte eine von Dion vermittelte Begegnung mit Platon stattgefunden haben. Die in Variationen vorliegende
Anekdote jedoch, die die biographischen Quellen[22] mit einer solchen Begegnung
verbinden, beruht ganz auf der Gegenüberstellung des hybriden Alleinherrschers, der
die Bestätigung seiner Eudaimonia erwartet, und des furchtlosen Weisen, der diese
verweigert. Dabei handelt es sich um ein literarisches Motiv, das sich in dem von
Herodot erzählten Gespräch zwischen Solon und Kroisos vorgezeichnet findet.[23]
Anders als Solon wäre Platon aber seine Offenherzigkeit (παρρησία) gegenüber dem
Tyrannen beinahe zum Verhängnis geworden. Eine weitere, mindestens ebenso
beliebte Anekdote berichtet nämlich, wie Dionysios daraufhin den Verkauf Platons in
die Sklaverei veranlaßte.[24] Tatsächlich scheint Platons Schiff auf der Rückreise von

---

14 Ep. VII 324 A: σχεδὸν ἔτη τεττράκοντα γεγονώς.
15 Philod. Acad. col. X,5 ff. (Gaiser 165); Cic. Rep. I 10.
16 Athen. XI 507 B; Apul. de Plat. I 4; Diog. Laert. III 18; Olympiod., vit. Plat. 3 ff.
17 Ep. VII 326 DE; ebenso Plut. 4,2.
18 Vgl. Strohecker, Dionysios 87 f. 99 f.
19 Sanders, Plato's First Visit to Sicily, Kokalos 25 (1979), 208.
20 Vgl. Strohecker, Dionysios 103.
21 Ebd. 102 f.
22 Philod. Acad. col. X,12 ff. (Gaiser 165); Plut. 5,1 ff.; Diog. Laert. III 18; u.a.
23 Riginos, Platonica 75; vgl. allgemein Gray, Xenophon's Hiero and the meeting of the wise man
    and the tyrant in Greek literature, CQ 36 (1986), 115 ff.
24 Philod. Acad. col. X,16 ff. (Gaiser 166); Diog. Laert. III 19; Plut. 5,5 ff.; Diod. XV 7,1.

Syrakus nach Athen von Spartanern gekapert worden zu sein, so daß der Philosoph auf dem Sklavenmarkt von Aigina landete. Vom Spätsommer 389 bis zum Frühjahr 387 waren Spartaner auf der Insel stationiert; außerdem fanden in dieser Zeit gelegentlich Kriegshandlungen im Saronischen Golf statt.[25] Daß Dionysios Platons Mißgeschick angelastet wurde, ist eine spätere Kombination, von der unsere früheste Quelle bezeichnenderweise nichts weiß.[26] Die tyrannenfeindliche Legende läßt sich allenfalls als Indiz dafür nehmen, daß Platons Beziehungen zum Tyrannenhof einen unfreundlichen Abschluß fanden.[27] Auch hierfür hat Sanders eine neue Erklärung bereit, indem er auf den politischen Hintergrund verweist. Das Auf und Ab der Beziehungen zwischen Athen und dem Tyrannen habe den Aufenthalt Platons und anderer Künstler in Syrakus beeinflußt.[28] Doch abgesehen davon, daß bereits die Beschreibung dieser Beziehung bei Sanders nicht zu überzeugen vermag,[29] bleibt der naheliegende Einwand unbeantwortet, warum denn Dionysios aus Enttäuschung über die attische Politik oder über literarische Angriffe aus Athen die zufällig an seinem Hofe anwesenden attischen Künstler bestrafen sollte. In solcher Argumentation scheint sich vielmehr – gegen die Absicht ihres Autors – ein tyrannenfeindlicher Topos antiker Herkunft fortzuschreiben.

In den Briefen findet sich bezeichnenderweise (vor allem angesichts ihrer apologetischen Tendenz) kein Hinweis auf einen Zusammenstoß Platons mit Dionysios. Im Gegenteil überrascht die durchaus ambivalente Beurteilung des Tyrannen.[30] Der Verfasser des 7. Briefes erklärt die Tyrannis als natürliche Folge der luxuriösen sizilischen Lebensweise, nicht aber als zufälliges Ergebnis des perfiden Machtstrebens

---

25 Xen. hell. V 1-24
26 Neanthes bei Philod. Acad. col. 2,38 ff. (Gaiser 174 f.); vgl. Gaisers Kommentar 416 ff. und Berve 20, der bereits ohne Kenntnis des Neanthes-Fragments annahm, daß Platon ohne Schuld des Dionysios auf der Heimreise in die Hände der sich mit Athen im Kriegszustand befindlichen Aigineten fiel. Riginos läßt in ihrer Analyse der verschiedenen Überlieferungen der Anekdote (Platonica 86 ff.) die Frage nach einem historischen Kern offen (ebd. 89): Ihre Darstellung spricht aber im Grunde für sich. Die Historizität der Anekdote wurde zuerst von Kahrstedt, WJA 2 (1947), 295 ff. bezweifelt.
27 Strohecker, Dionysios 105 und Platon und Dionysios 235 findet dafür in den Umständen und den bekannten Anschauungen der beiden Männer plausible Gründe.
28 Sanders, Plato's First Visit 212 ff; ders., Dionysius 11 ff. 175.
29 Nach Sanders (ebd.) erstrebte Dionysios Ende der neunziger Jahre ein Bündnis mit Athen, womit die Besuche der Literaten an seinem Hof zusammenhingen. Der Königsfriede (386 v. Chr.) habe jedoch das Ende von Dionysios' Bemühungen um Athen markiert, was die Zerstörung der friedlichen Beziehungen zu den Künstlern zur Folge gehabt habe. Dagegen läßt sich mit Strohecker, Platon und Dionysios 227 f. (auch ders., Dionysios 23) einwenden, daß es Athen war, welches 393 v. Chr. (s. Tod, GHI II 108) Dionysios als Bundesgenossen gegen Sparta zu gewinnen suchte. Das war freilich ein aussichtsloses Unterfangen, wie Strohecker ebd. 228 zurecht herausstellt: „Dionysios hielt während seiner ganzen Regierung an dem Bündnis mit Sparta, das ihn in seinen Anfängen wirksam unterstützt hatte, unverbrüchlich fest." Zu einer politischen Annäherung zwischen Athen und Dionysios kam es dementsprechend erst 368/67 (s. Tod, GHI II 133. 136), als sich Athen mit Sparta im Bündnis gegen Theben befand. – Im übrigen ist höchst fraglich, ob sich innerhalb von Sanders' Schema einer aktiven „Kulturpolitik" das Verhältnis zwischen Dionysios und den an seinem Hofe anwesenden Künstlern sinnvoll beschreiben läßt.
30 Strohecker, Platon und Dionysios 254 f.

eines einzelnen.[31] Diese Argumentation, für die sich eine bedeutsame Analogie in der „Politeia" (575 A ff.) findet, läuft im Briefzusammenhang auf eine indirekte Entlastung des Dionysios hinaus.[32] Zwar gibt es in den Briefen auch Hinweise auf dessen „tyrannischen" Charakter,[33] doch seine Bedeutung für die Rettung des sizilischen Griechentums vor den Karthagern wird ebenfalls hervorgehoben.[34]

Das wichtigste Ereignis der ersten Sizilienreise Platons war jedoch nicht die Begegnung mit dem älteren Dionysios, sondern die enge Freundschaft, welche damals zwischen Platon und dem jungen Dion entstand. Dion war vornehmer Herkunft und Mitglied der Tyrannenfamilie; zugleich Schwager und Schwiegersohn des älteren Dionysios. Sein Vater Hipparinos war Dionysios' engster Mitstreiter in den Auseinandersetzungen, die zur Errichtung der Tyrannis führten.[35] Die antiken Biographen beschreiben – aufbauend auf den 7. Brief (327 A) – den Kontakt mit Platon als entscheidende Zäsur in Dions Leben.[36] Danach habe er in der Folge dem berüchtigten „Sicilian way of life" radikal entsagt und sich einer tugendhaften und moderaten Lebensweise befleißigt, die – so erneut der 7. Brief (327 B) – sogar zunehmend Anstoß in seiner an den Gepflogenheiten der Tyrannis ausgerichteten Umgebung erregte.

Doch, und das erwähnt der Brief *nicht*, politischen Anstoß hat Dion in den folgenden zwanzig Jahren bis zum Tode des älteren Dionysios keineswegs erregt, im Gegenteil: Er stieg sogar zum engsten Vertrauten des Tyrannen auf,[37] ihm wurden wichtige Gesandschaften anvertraut, u.a. nach Karthago,[38] und schließlich gewann er durch seinen Dienst gewaltige Reichtümer.[39] Die Begegnung mit Platon hat Dion also nicht von seiner durch Geburt vorgezeichneten politischen Laufbahn abgebracht.[40]

---

31 Ep. VII 326 B ff.

32 Finley, Plato and Practical Politics 79. Nach Sanders, Dionysius 22f. 70 stößt sich Platon weniger am despotischen Charakter von Dionysios' Regime, das ihm vielmehr „too democratic or liberal" erschien. Doch liegt hier nach platonischem Verständnis wohl kaum ein Gegensatz vor.

33 Bes. ep. VII 331 E ff.

34 Ep. VIII 353 A ff. 355 D. Ep. VII 327 E erfährt Dionysios' ἀρχὴ τῆς Ἰταλίας καὶ Σικελίας indirekt eine positive Bewertung.

35 Vgl. Strohecker, Dionysios 39; von Arist. pol. 1306 a 1 ff. wird Hipparinos als ein durch verschwenderische Lebensführung verarmter Aristokrat charakterisiert, der sich von dem Umsturz eine Verbesserung seiner persönlichen Lage erhoffte und darum den Aufstieg des Tyrannen förderte. In ep. VIII 353 A f. hingegen erscheint Hipparinos als uneigennütziger Berater von Dionysios, dem sich die Rettung Siziliens gleich diesem verdankt.

36 Corn. Nep. Dion 2,3; Plut. 4,2.

37 Beim Tode des Dionysios bekleidete er höchstwahrscheinlich das Amt des Nauarchen: Plut. 7,1 mit Strohecker, Dionysios 158.

38 Plut. 5,4; Corn. Nep. 1,3 ff.

39 Plut. 15,3; Corn.Nep. 1,2; ep. VII 347 B.

40 Vgl. Berve 24: „So ist aufs Ganze gesehen, weder im politischen noch im privaten Bereich von einer durch den Verkehr mit Platon bewirkten Wandlung Dions etwas zu erkennen."

3. PLATONS ZWEITE UND DRITTE SIZILIENREISE

Platons weitere Kontakte zu dem sizilischen Tyrannenhof stehen in engem Zusammenhang mit der Politik Dions. Deswegen wird die Frage nach den politischen Antrieben des eigentümlichsten Platonschülers im Mittelpunkt der folgenden Überlegungen stehen. Hat Dion mit seiner Politik das Ziel verfolgt, „die staatspolitische Konzeption Platons in die politische Wirklichkeit umzusetzen", wie Helmut Berve bereits im ersten Satz seiner Dion-Monographie fraglos voraussetzt?

Wenn man den 7. Brief oder die Dion-Biographie von Plutarch liest, drängt sich eine positive Antwort auf. Daher überrascht es nicht, daß der bei weitem überwiegende Teil der modernen Historiker Dion als einen politisch gescheiterten Platoniker sieht.[41] Dion erlitt Schiffbruch, so nochmals Berve, „weil er in ideologischer Befangenheit weder der Tradition noch den Erfordernissen seiner Heimatstadt, so sehr er an ihr hing und ihr zu dienen meinte, Rechnung trug".[42] Nach Eduard Meyer stieß Dion auf den „Widerstand der Masse, die sich nicht zum Objekt staatswissenschaftlicher Experimente hergeben wollte".[43] Dions Scheitern mit dem Versuch, die politischen Ideale Platons in Syrakus durchzusetzen, untersucht auch Kurt von Fritz, um daran anschließend „das Problem der Philosophenherrschaft" zu erörtern. Um das Ergebnis seines anregenden Büchleins vorwegzunehmen: Dions Scheitern scheint ihm in Anschluß an Kant[44] ein notwendiges Scheitern zu sein. Der Fall Platon in Sizilien zeige erstens, daß schon die Assoziation mit der politischen Macht (und nicht erst deren Besitz) für den freien Gebrauch der Vernunft verderblich sei.[45] Zweitens habe Platon aber zu der Auseinandersetzung darüber, was recht und was unrecht sei „bewußt und unbewußt und gerade auch da, wo er mit seinen Bemühungen in der Praxis gescheitert ist, einen unvergänglichen Beitrag geliefert".[46] Leider problematisiert von Fritz die allen seinen geistreichen Bemerkungen zugrundeliegende Voraussetzung nicht. Ihm genügt der Nachweis, daß Dion nicht nach der Tyrannis gestrebt hat, um ihn als platonischen Politiker erscheinen zu lassen[47] – eine auf jeden Fall unbefriedigende Alternative.[48]

Wenn man Dions langjährige treue Dienste für Dionysios I. mit dem Anspruch der Philosophie konfrontiert, so zeigt sich bereits hier, daß beides nicht miteinander zu vereinbaren ist.[49] Die moderne Rechtfertigung, derzufolge Dion sich eine Position aufgebaut habe, um nach dem Tode des strengen Tyrannen platonisch wirken zu

---

41   Die wichtigsten Ausnahmen sind Beloch und Finley.

42   Berve 133

43   Ed. Meyer, GdA V 505

44   I. Kant, Zum ewigen Frieden, 2. Aufl. 1796, 70 f.: „Daß Könige philosophieren, oder Philosophen Könige würden, ist nicht zu erwarten, aber auch nicht zu wünschen; weil der Besitz der Gewalt das freie Urteil der Vernunft unvermeidlich verdirbt" (zit. nach Kant-Studienausgabe, hrsg. v. W. Weischedel, Bd. VI 228).

45   Von Fritz, Platon in Sizilien 140.

46   Ebd. 143.

47   Ebd. 82 ff. und 108; ebenso Berve 65.

48   Sprute, Dions syrakusanische Politik und die politischen Ideale Platons, Hermes 100 (1972), 295 f.

49   Vgl. z.B. Plat. Gorg. 510 B ff. und Pol. 496 C ff.

können,[50] ist schon psychologisch unwahrscheinlich. Außerdem wird sie durch die Umstände, unter denen die von Dion betriebene zweite Reise Platons nach Syrakus zustande kam, eher widerlegt als gestützt.

Kurz vor dem Tode des älteren Dionysios 367 versuchte Dion erfolglos, ihn zu einer Testamentsänderung gegen seinen ältesten Sohn, den nachmaligen Dionysios II., zu bewegen.[51] Dabei mag ihn sowohl der Zweifel an den Fähigkeiten des Thronfolgers, der Familie die Herrschaft zu erhalten, als auch die Sorge um seine persönliche Machtstellung motiviert haben.[52] Vor allem anderen aber dürfte er auf die Übertragung der Thronfolge an seine Neffen, die Söhne des Tyrannen aus der Ehe mit seiner – Dions – Schwester, gehofft haben.

Nach dem Thronwechsel veranlaßte Dion die Einladung Platons nach Syrakus,[53] um sein durch das Erbmanöver belastetes Verhältnis zu Dionysios II. zu verbessern und seinen politischen Einfluß zu festigen. Zuvor hatte die dionfeindliche Hofpartei von Dionysios II. die Rückberufung des Philistos aus dem Exil, in das ihn der ältere Dionysios geschickt hatte, erwirkt.[54] Philistos erwies sich als Vertreter eines entschlossenen Kurses und als treuer Anhänger der Tyrannis.[55] Platons politische Einflußmöglichkeiten waren also bereits von Anfang an durch seine Zugehörigkeit zu einer der beiden rivalisierenden Parteien beschränkt.[56] Dementsprechend konnte er in politischen Dingen nicht als unabhängige Instanz auftreten, sondern hatte grundsätzlich mit dem Widerstand der Philistos-Fraktion zu rechnen.[57] Nur so ist es zu verstehen, daß seine Bemühungen um den jungen Tyrannen durch seine Beziehung zu Dion nachhaltig gestört werden konnten. Dion verfolgte nämlich auch weiterhin andere Wege, um seine persönlichen Ziele zu befördern: Noch vor der Ankunft Platons konspirierte er mit den Syrakusanern Theodotes und Herakleides,[58] und später, als er trotz Platon unter zunehmenden Druck der Philistos-Partei geriet, nahm er eigenmächtig Kontakt zu Bevollmächtigten der sich mit Syrakus im Kriegszustand befindlichen Karthager auf,[59] was man mit dem modernen Begriff „Landesverrat" bezeichnen könnte.[60] Als diese Umtriebe aufflogen, wurde er von Dionysios verbannt,

---

50 Berve 25; von Fritz 64 f.

51 Plut. 6,2 f.; Corn. Nep. 2,4 f.

52 Vgl. Sprute 297 f.

53 Ep. VII 327 C; Corn. Nep. 3,1; Plut. 10,1 ff.

54 Corn. Nep. 3,2; Plut. 11,2 ff.

55 Zu Philistos, der sich auch als ein an Thukydides geschulter Historiker (FGrHist 556) einen Namen machte, bes. in seinem mutmaßlichen Gegensatz zu Platon, vgl. Strohecker, Platon und Dionysios 249 ff.

56 Der Verfasser von ep. VII wußte darum, wenn er von der Gefahr spricht, in der Dion schwebte und der Verpflichtung, dem Gastfreund zu helfen (328 C ff.; vgl. auch 329 BC). Als erstes Motiv für die Reise findet sich in ep. VII (und danach in der weiteren Überlieferung) die Erziehung Dionysios' II. (327 C ff.).

57 Plut. 14,1 ff.

58 Plut. 12,1 ff.

59 Plut. 14,4.

60 Selbst Plutarch ist nicht in der Lage, eine sachliche Rechtfertigung Dions anzuführen; dazu Breitenbach, Platon und Dion 29: „Um verräterische Hintergedanken kann es sich nicht handeln: bei der absoluten Garantie, die Platon später in seinen Briefen für die völlige Rechtlichkeit und Lauterkeit Dions übernimmt, ist dies ausgeschlossen." Eine solche Argumentation ist freilich unwiderlegbar. – In ep. VII findet sich übrigens nichts zu diesem Thema.

wobei er großzügigerweise sogar sein Vermögen behalten durfte.[61] Platon solidarisierte sich mit dem Schicksal Dions; sein Verhältnis zu Dionysios II. wurde zunehmend unerfreulicher. Schließlich reiste er nach Athen zurück, ohne etwas für Dion erreicht zu haben.[62] Immerhin war es ihm zuvor noch gelungen, ξενία und φιλία zwischen Archytas und den Tarentinern auf der einen und Dionysios auf der anderen Seite zu stiften.[63]

Dennoch nahm er, wenn auch widerstrebend, wenige Jahre später die Einladung von Dionysios zu einer dritten Reise nach Sizilien an.[64] Er folgte damit der dringenden Bitte Dions und der tarentinischen Freunde, die ihn, wie es im 7. Brief (338 B ff.) heißt, unter Hinweis auf ein angebliches neuerliches philosophisches Interesse Dionysios' dazu überredeten. Nun ist es schon merkwürdig, daß Platon, der den jungen Tyrannen während seines vorhergehenden mehrmonatigen Aufenthaltes gut kennengelernt haben mußte, diesem Gerede Glauben schenkte. Dion aber verfolgte offenkundig sein eigenes Interesse: er hoffte, seine Rückkehr aus der Verbannung mittels Platon erreichen zu können, während Archytas und die Tarentiner um das freundschaftliche Verhältnis zu Dionysios fürchteten. Dionysios schließlich hatte in Platon „eine Art von Pfand gegenüber gefährlichen Umtrieben Dions".[65]

Die Hoffnungen Dions erfüllten sich zunächst nicht, und noch während Platon sich in Syrakus aufhielt, störte er das Unternehmen erneut, indem er seine Agitation gegen Dionysios begann oder intensivierte.[66] Dionysios reagierte, indem er Dions Geldzufuhr aus den sizilischen Besitzungen stoppte,[67] gleichzeitig aber Platon einen Vermittlungsvorschlag unterbreitete, der ihm „bei allem Entgegenkommen doch Sicherung gegen Dions Umtriebe" verschaffen sollte.[68] Danach war Dionysios sogar bereit, Dion sein ganzes Vermögen zukommen zu lassen, wenn Platon und seine Freunde dafür bürgten, daß dieser nichts gegen ihn unternehme.[69] Doch auch dieser Kompromiß ging an dem Verhalten Dions und seiner Freunde in Syrakus zuschanden.[70]

Denn zur gleichen Zeit, da Platon in der nächsten Umgebung des Tyrannen auf der syrakusanischen Burg weilte und die Angelegenheiten Dions verhandelte, unterhielt sein Neffe (und späterer Nachfolger als Leiter der Akademie) Speusippos Kontakt zu Oppositionellen in der Stadt und erkundete die Aussichten für einen von Dion angeführten Putsch.[71] Als Platon nach einem gescheiterten Söldneraufstand

61   Corn. Nep. 4,1; Plut. 14,5; Corn. Nep. gibt „gegenseitiges Mißtrauen" als Grund für die Verbannung an; vgl. Berve 37.
62   Ep. VII 329 E ff.; Plut. 16,1 ff.; zur Datierung vgl. Berve 34. 41, wonach sich Platons Aufenthalt in Syrakus vom Frühsommer bis zum Frühherbst des Jahres 366 v. Chr. erstreckte.
63   Ep. VII 338 C. Archytas war ein führender Politiker und Stratege von Tarent, gleichzeitig pythagoreischer Philosoph und Mathematiker. Platon hat ihn wahrscheinlich um 388 v. Chr., während seines Aufenthaltes bei den Pythagoreern in Tarent (s.o. A.15), kennengelernt.
64   Platon hielt sich zum dritten Mal vom Frühjahr 361 (Berve 47) bis zum Sommer 360 (auf der Heimfahrt besuchte er die Olympischen Spiele, ep. VII 350 B) in Syrakus auf.
65   Berve 45.
66   Sprute 300 mit A.5.
67   Ep. VII 345 C; Plut. 18,1.
68   Berve 51.
69   Ep. VII 346 B ff.: Das Kapital sollte Dion nur mit Zustimmung Platons angreifen dürfen.
70   Sprute 300 f.; Berve 53 ff.; Sordi, Sicilia 14.
71   Plut. 22,2 f.

auch noch Partei für den von Dionysios der Rädelsführerschaft bezichtigten Herakleides ergriff, führten diese Vorgänge schließlich zur endgültigen Entfremdung zwischen Dionysios und Platon[72] und damit auch zum endgültigen Bruch zwischen Dionysios und Dion.[73]

Die beiden Aufenthalte Platons am Hofe des jüngeren Dionysios ähneln einander in ihrem Verlauf: Beide Male wurde ihm ein großer Empfang bereitet, und beide Male schied er mehr oder weniger im Unfrieden. Das erklärt sich aus der Tatsache, daß Platon durch das Verhalten Dions und seiner Freunde, aber auch durch seine eigene Loyalität zu diesem zunehmend in die Rolle eines Interessenvertreters von Dion geriet, dessen Ambitionen den jungen Tyrannen verständlicherweise mit Mißtrauen erfüllten.[74]

4. DIONS REGIERUNG IN SYRAKUS

Dionysios wollte die Ausweisung Dions im Jahre 366 nicht als Verbannung (φυγή), sondern als eine Reise ins Ausland (ἀποδημία) verstanden wissen.[75] Deswegen beließ er ihn im vollen Besitz seines Vermögens. Dazu wird ihn die Hoffnung veranlaßt haben, Dion möglichst ruhig zu stellen. Doch ging das Kalkül nicht auf: Sein gewaltiger Reichtum erlaubte Dion vielmehr ein glänzendes Auftreten in Griechenland.[76] Er verschaffte sich Kontakte zu führenden Kreisen vieler griechischer Städte, sammelte Ehrendekrete ein und nahm an den großen panhellenischen Festen teil.[77] Dieses Verhalten verstärkte Dionysios' Mißtrauen und trug maßgeblich zum Scheitern von Platons Vermittlungsmission bei. Als Platon Dion auf der Rückkehr von Syrakus 360 bei den olympischen Spielen traf, verkündete dieser seinen Entschluß zu einem gewaltsamen Vorgehen gegen Dionysios. Dem 7. Brief (350 B) zufolge hat sich Platon seinerzeit von dem Expeditionsplan distanziert[78] und angeblich versucht, Dion zur Versöhnung mit Dionysios zu bewegen.

Von seinen Schülern beteiligten sich jedoch, soweit wir sie namentlich kennen, Eudemos von Kypros, Timonides von Leukas, Miltas aus Thessalien sowie die Athener Brüder Kallippos und Philostratos an Dions Unternehmung,[79] was Berve als „Hinweis auf die überpersönliche, dem Geiste der Akademie entsprechende Ziel-

---

72　Ep. VII 348 A ff.; vgl. Berve 56: Aus mehreren Gründen konnte Dionysios den Verdacht hegen, „daß es sich bei der Söldnerrevolte um einen von Dions Anhang angezettelten Aufstand gehandelt hatte". Platon konnte erst nach der Intervention des Archytas die Heimreise antreten: ep. VII 350 AB; Plut. 20.

73　Dionysios konfiszierte Dions Vermögen und verheiratete seine Schwester Arete, Dions Frau, an einen Gefolgsmann, letzteres aber wahrscheinlich erst, als er Nachricht von Dions Kriegsvorbereitungen erhielt (vgl. Corn. Nep. 4,3). Nach der plausiblen Vermutung Berves (60) sollte Dion dadurch in aller Form aus der Tyrannenfamilie ausgestoßen werden.

74　Vgl. Sprute 300 f.

75　Plut. 15,2; ähnlich ep. VII 338 A; vgl. Seibert, Flüchtlinge 250 ff.

76　Plut. 15,3.

77　Plut. 17,3 ff.

78　Vgl. Philod. Acad. col. Z,15 ff. (Gaiser 171).

79　Plut. 22,5 f.; FGrHist 561 T 1. 2. 3b; Ep. VII 338 E; vgl. Berve 65.

setzung" derselben betrachtet.[80] Die Quellen sprechen freilich eine andere Sprache. Speusippos, anscheinend Dions Intimus in der Akademie,[81] hatte ja – wie erwähnt – bereits die Unbeliebtheit des Tyrannen ausgekundschaftet und beurteilte dementsprechend die Erfolgschancen der Expedition sehr zuversichtlich. Er und die anderen Akademiker waren durch die vielfältigen Bande der Gastfreundschaft (ξενία) mit Dion verbunden und dürften es dementsprechend[82] als eine Ehrenpflicht angesehen haben, einem Freunde zu helfen, zumal der Zug gegen einen Tyrannen immer auch eine ruhmvolle Tat genannt werden konnte.[83] Was Dion selbst betrifft, so finden sich in den Quellen neben dem Befreiungsmotiv drei zusammenhängende Beweggründe, ohne daß vom „Geist der Akademie" die Rede wäre: 1. Rache,[84] 2. Verachtung für Dionysios,[85] 3. φιλοτιμία.[86]

Dion figuriert in der aristotelischen „Politik" als Musterbeispiel für das Tyrannenattentat διὰ φιλοτιμίαν. Täter, die aus diesem Motiv handeln, wollen, so Aristoteles, mit ihrem Angriff auf die Tyrannis nicht die Alleinherrschaft gewinnen, noch großen Reichtum oder hohe Ämter, sondern Ruhm. Dabei dürfen sie nicht an ihre eigene Rettung denken. „Sie müssen sich, wozu freilich nicht viele imstande sein werden, den Entschluß des Dion zum Vorbild nehmen, der mit ganz wenigen gegen Dionysios zog und sagte, wie immer die Sache fortginge, ihm genüge es, so weit zu gelangen, daß es, wenn er auch beim ersten kleinen Schritt ins Land sterben sollte, für ihn ein schöner Tod sein würde." Wenn der Zeitgenosse Aristoteles Dion an dieser Stelle als Beispiel heranzieht, so vermute ich darin einen Reflex original dionischer Propaganda. So wollten Dion und seine Freunde höchstwahrscheinlich gesehen werden, und so sah sie die gesamte dionfreundliche Überlieferung. Aber selbst hier ist – wie gesagt – von platonischer Philosophie nicht die Rede, sondern von dem heroischen Ideal der griechischen Aristokratie. Nicht aus der platonischen Ethik,[87] sondern aus der homerischen Wertewelt hat Dion offenkundig die Motivation für seinen abenteuerlichen Feldzug empfangen.

Wichtiger als die Unterstützung aus dem Kreise der Akademie wurde für Dion die Zusammenarbeit mit Herakleides, dem einstigen Söldnerführer des Dionysios, der sich während des letzten Platonaufenthaltes in Syrakus der Verfolgung, die ihm die angebliche Anzettelung eines Aufstandes eingebracht hatte, durch Flucht entziehen konnte. Der gemeinsame Kriegsplan sah vor, daß Dion mit einem kleineren Kontingent direkt nach Sizilien segeln sollte, um die in Unteritalien postierte Flotte

---

80 Berve 64.

81 Plut. 17,1; vgl. Philod. Acad. col. T,21 ff. (Gaiser 189).

82 Herman, Ritualised Friendship passim, hat Art und Intensität der Verpflichtungen, die der ξενία innewohnen, überzeugend beschrieben (bes. 118 ff.). Zu den Pflichten gegenüber einem ξένος gehörte übrigens im gegebenen Falle auch die Heeresfolge (vgl. ebd. 97 ff.).

83 Sprute 305.

84 ep. VII 350 BC; Plut. comp. Dion et Brut. 3,5.

85 Arist. pol. 1312 a 4 ff.

86 Arist. pol. 1312 a 36 ff.

87 Daß der 7. Brief (351 C) das sokratische Motto: „Besser Unrecht leiden als Unrecht tun" für Dions Handeln in Anspruch nimmt, obwohl wenige Zeilen zuvor Rache als Grund für Dions Sizilien-Expedition benannt wird (350 BC), wirft ein bezeichnendes Licht auf den Charakter dieses Zeugnisses: s.u. S. 269.

des Tyrannen zum Heimkehren zu veranlassen. Dann sollte Herakleides mit dem größeren Teil der Flotte auf der freigewordenen Küstenroute nachfolgen.[88]

Also brach Dion im Spätsommer des Jahres 357 v. Chr. von der westgriechischen Insel Zakynthos mit nur 800 Mann auf, um zunächst den karthagisch kontrollierten Teil Siziliens anzusteuern. Als er nach stürmischer Überfahrt bei der Stadt Minoa in Westsizilien landete, versagten ihm die Karthager begreiflicherweise nicht die Unterstützung. Bei seinem eiligen Vorrücken auf Syrakus erhielt Dion Zuzug von Griechen aus dem Gebiet von Akragas, Gela und Kamarina sowie von Sikanern und Sikelern aus dem Binnenland. Auf die Nachrichten von Dions Vormarsch hin war in Syrakus inzwischen der Aufstand losgebrochen, der das Tyrannenregiment beseitigte und dem Dionysios, der sich selbst übrigens in Unteritalien aufhielt, nur noch die Inselburg Ortygia ließ. Dion zog also kampflos und unter dem Jubel der Bevölkerung in Syrakus ein.[89] Mit einer vergleichsweise winzigen Truppe hatte er die damals mächtigste Militärmonarchie der griechischen Welt in die Knie gezwungen, so daß der tiefe Eindruck, den dieses Ereignis den Zeitgenossen und auch noch den Nachkommen machte, nicht verwunderlich ist.[90]

Von der eilends zusammengelaufenden Menge wurde Dion zum στρατηγὸς αὐτοκράτωρ ernannt;[91] mit diesem Amt dominierte er in den nächsten drei Jahren – von einer kurzen Unterbrechung abgesehen – die syrakusanische Politik. Sein weiteres Vorgehen stand ganz im Zeichen des Kampfes gegen Dionysios, der mit der Tyrannenburg ja noch über einen Stützpunkt in der Stadt verfügte. Von dort unternahm Dionysios nicht nur gelegentliche Überfälle auf die Stadt, sondern organisierte auch eine umfangreiche subversive Tätigkeit, die darauf zielte, Dion vor dem syrakusanischen Volk zu diskreditieren. Er konnte dazu auf die verwandschaftlichen Bindungen Dions zur Tyrannenfamilie aufmerksam machen und ihn dem Verdacht aussetzen, selbst nach der Tyrannis zu streben.[92] Offenbar blieben diese geschickt ausgestreuten Anschuldigungen nicht ohne Erfolg.[93]

Unterdessen[94] war Herakleides mit der zweiten Gruppe der noch in Griechenland angeworbenen Söldner in Syrakus eingetroffen. Herakleides eröffnete nun die zweite

---

88 Diod. XVI 6,4 f. Nach Plut. 32,2 haben sich Dion und Herakleides schon bei den Angriffsvorbereitungen auf den Peloponnes entzweit, so daß Herakleides später auf eigene Faust nach Syrakus segelte. Diese sicherlich auf Timonides zurückgehende Behauptung ist schon von J. H. Thiel (Mededeel. Nederl. Akad. Wetensch., N.R. 4, Aft. Letterk. 1941, 163 ff.) und Berve 67 ff. mit guten Gründen zurückgewiesen worden. Den endgültigen Beweis erbrachte G. A. Lehmann, Historia 19 (1970), 401 ff., indem er auf ein bis dato übersehenes Quellenzeugnis (Aen. Tact. 31,30 f.) hinwies. Demnach handelt es sich bei der von Plutarch überlieferten Version des Akademikers Timonides um eine absichtliche Entstellung der Tatsachen zum Zwecke der Rehabilitierung Dions, der ja später die Ermordung von Herakleides veranlaßte. – Überhaupt verdient Diodor in der Schilderung der folgenden Vorgänge in Syrakus gegenüber Plutarch den Vorzug, wie Meister, Die sizilische Geschichte bei Diodor 110 ff., und Sordi 16 ff. in detaillierten Quellenstudien gezeigt haben.

89 Diod. XVI 9,4 ff.; Plut. 22,5 ff.; vgl. Berve 69 ff.

90 Demosth. XX 162; Arist. pol. 1312 a 35 ff.; Diod. XVI 9,1 ff.; Corn. Nep. 5,3 u.a.

91 Gemeinsam mit seinem Bruder Megakles, von dem aber später keine Rede mehr ist; Plut. 29,2; Diod. XVI 10,3.

92 Plut. 31.

93 Wie bes. deutlich die „Sosis-Intrige", Plut. 34, veranschaulicht.

94 Nach Sordi 23 im Oktober 357: prima della stagione del „mare chiuso".

Front, die das Geschehen in Syrakus in den nächsten Monaten prägen sollte, indem er sich an die Spitze der dionfeindlichen Stimmung stellte. Wie es zum abrupten Bruch zwischen den beiden ehemaligen Kampfgefährten kam, läßt sich nicht genau sagen. Möglicherweise war Dion nicht bereit, die Macht mit dem ankommenden Herakleides zu teilen, während dieser genau darauf bestand.[95] Daß „ideologische" Differenzen (was immer das im antiken Kontext bedeuten soll) den Grund für die Feindschaft legten, darf in Anbetracht der Vorgeschichte ihrer Beziehung für sehr unwahrscheinlich angesehen werden.[96]

Jedenfalls ließ sich Herakleides von der Volksversammlung zum Nauarchen wählen. Dion, der einen solchen Eingriff in seine Kompetenzen natürlich nicht hinnehmen wollte, bestand erfolgreich auf der Zurücknahme dieses Beschlusses, um nach einem Gespräch mit Herakleides dessen erneute Bestellung zum Nauarchen selbst vorzuschlagen, wobei er ihm sogar eine Leibwache konzedierte, wie er selbst sie hatte.[97] Das Vorgehen zeigt m.E., daß Dion auf seinem Führungsanspruch beharrte, aber zugleich versuchte, Herakleides in hervorgehobener Position an der Machtausübung zu beteiligen.

Doch dieser gab sich damit nicht zufrieden. Seine Stunde kam, als es ihm, und nicht Dion, gelang, Dionysios eine schwere Niederlage beizubringen. Er führte nämlich die syrakusanische Flotte zu einem bedeutenden Seesieg und beendete damit die Überlegenheit des Tyrannen zur See.[98] Der Fall von Ortygia schien nur noch eine Frage der Zeit zu sein.[99] Herakleides benutzte die Situation, um in die Offensive zu gehen. Er profitierte zusätzlich von der verbreiteten Unzufriedenheit mit Dion und seinen Söldnern, die man, da sich der Kampf gegen Dionysios zuletzt überwiegend zur See abgespielt hatte, zunehmend für entbehrlich hielt.[100] So kam es auf Initiative des Herakleides zu drei Maßnahmen der Volksversammlung, die Dion der Hegemonie in Syrakus beraubten. Erstens wurde eine neue Verteilung der Ländereien gegen den ausdrücklichen Widerstand Dions beschlossen; zweitens sollte Dions Söldnern kein Sold mehr gezahlt werden; und drittens wollte man fünfundzwanzig neue Feldherrn wählen, um, wie es bei Plutarch heißt, „Dions Druck zu entgehen".[101] Mit der Entmachtung Dions und der damit einhergehenden vollständigen Wiederherstellung der Demokratie[102] hatte die syrakusanische Volksversammlung im Sommer 356[103] eine Stasis-Konstellation herbeigeführt.[104] Zum offenen Bürgerkrieg kam es gleich-

---

95 Vgl. Corn. Nep. 6,3: deinde orta dissensio est inter eum (Dion) et Heraclidem, qui, quod ei principatum non concedebat, factionem comparavit.

96 Soweit stimme ich Orth, Der Syrakusaner Herakleides als Politiker, Historia 28 (1979), 56 zu.

97 Plut. 33,1 ff.; vgl. aber Diod. XVI 16,2 mit Sordi 24 f.

98 Diod. XVI 16,2 ff.; Plut. 35,2 bagatellisiert bezeichnenderweise den Erfolg; vgl. Berve 81.

99 So sah es offenbar auch Dionysios, der seinem Sohn das Kommando über die Festung überließ und selbst in seinen unteritalischen Herrschaftsbereich entwich (Plut. 37,1).

100 Plut. 35,2.

101 Plut. 37,3 ff.

102 Das kommt in der Restitution des Strategenkollegiums zum Ausdruck: Berve 87.

103 Vgl. Sordi 27 f.

104 Für Fuks, Redistribution of Land and Houses in Syracuse in 356 B.C. and its ideological Aspects, CQ 18 (1968), 222 bedeutet diese στάσις „an original contribution to Greek revolutionary thought". Seine Konstruktion eines ideologischen Hintergrundes stützt sich vor

wohl nicht, weil sich Dion mit den Söldnern nach Leontinoi zurückzog, wo er mit offenen Armen empfangen wurde.[105]

Doch die Syrakusaner freuten sich nicht lange der neu gewonnenen Freiheit.[106] Sehr bald erwuchs ihnen von der schon überwunden geglaubten Burg schwerste Gefahr, die zumindest die vornehmen Kreise veranlaßte, Dion zurückzurufen.[107] Denn Dionysios' Söldner unternahmen einen unerwarteten Ausfall, überrumpelten die Belagerer und zogen plündernd und marodierend durch die Stadt. Nur noch Dions Eingreifen, so meinte man zunächst, könne Syrakus retten. Als die Söldnerhaufen für Stunden ihr Vernichtungswerk einstellten und man die Gefahr vorüber glaubte, erhob sich jedoch sofort Widerstand gegen die Rückkehr Dions. Während seine Gegner die Stadttore besetzten, baten ihn die Honoratioren (γνώριμοι), sein Kommen zu beschleunigen. Erst ein neuer, noch heftigerer Angriff der Burgbesatzung ebnete Dion endgültig den Weg zurück in die Stadt. Nachdem es ihm mit seiner Truppe gelungen war, die marodierenden Haufen in die Burg zurückzudrängen und diese erneut einzuschließen, hatte sich Dion die Stadt zum zweiten Mal erobert.

Jetzt hätte Dion zweifellos dem Ansinnen seiner Freunde folgen und seine Gegner beseitigen können. Daß er es nicht tat, läßt ihn Plutarch mit seiner Mitgliedschaft in der Akademie begründen.[108] Und in der Tat mag sein Zurückschrecken vor offener Gewaltsamkeit damit zusammenhängen, daß er sich zu diesem Zeitpunkt noch vor einer „idealen Öffentlichkeit" verantwortlich fühlte. Denn angesichts der ihm nach wie vor ungünstigen Volksstimmung konnte er es nicht riskieren, Herakleides vor ein ordentliches Gericht zu bringen, zumal sich dieser eigentlich nichts Ungesetzliches hatte zuschulden kommen lassen.[109] So bemühte er sich weiter, seine Suprematie mittels einer Versöhnungsstrategie zu behaupten.

In der nächsten Volksversammlung ließ sich Dion von Herakleides zum στρατηγὸς αὐτοκράτωρ vorschlagen, der den Oberbefehl zu Lande und zu Wasser vereinigen sollte. Plutarch notiert dazu die Zustimmung der ἄριστοι und den Einspruch der Masse, besonders des ναυτικὸς ὄχλος, der in Herakleides seinen Interessenvertreter sah. Dion gab daraufhin nach und überließ Herakleides das Kommando zur See. Doch in der Sache blieb er hart: Gegen heftigen Protest setzte er die Wiederherstellung der früheren Besitzverhältnisse durch.[110]

allem auf den Satz, der sich bei Plutarch 37,5 als Begründung für den Landverteilungsantrag findet: „... denn die Gleichheit sei der Anfang der Freiheit und die Armut für die Besitzlosen der Grund ihrer Sklaverei". Gegen eine solche Ideologisierung des Konflikts habe ich vor allem folgendes einzuwenden: Erstens ist keineswegs klar, ob es sich bei dem angeführten Satz von Plutarch um einen Originalbeitrag der syrakusanischen Auseinandersetzungen von 356 v. Chr. handelt; zweitens läßt sich der Satz nur mit Hilfe moderner Ideologie als Beweisstück „on the ideology of social-revolutionary movement in Greece" (ebd. 223) verwenden und drittens stellt gerade Plutarch die personenorientierten Gegensätze in den Vordergrund, was dem Bild der στάσις im 5. und 4. Jahrhundert entspricht (vgl. Gehrke, Stasis passim).

105 Diod. XVI 17,3 ff.; Plut. 39,1 ff.
106 Diod. XVI 18 ff.; Plut. 41,1 ff.; vgl. Berve 89 ff.
107 Plut. 42,4; vgl. Diod. XVI 20,1.
108 Plut. 47,2 ff. Nach Berve 14 stammt Dions Rede nicht aus einer Vorlage (etwa Timonides), sondern ist von Plutarch selbst eingefügt worden, „um zu zeigen, wie sehr sein Held von den ethischen Maximen der Akademie durchdrungen war".
109 Vgl. Westlake, Dion: a Study in Liberation 258.

Zweimal und zuletzt erfolgreich widersetzte sich Dion dem Versuch der syrakusanischen Volksversammlung, „den Besitz an Feldern und Häusern neu zu ordnen".[111] Berve sieht Dion hier ganz im Sinne Platons handeln[112]. In der Tat wird es im 7. Brief (351 B) als Unrecht bezeichnet, wenn jemand deshalb von einer Stadt geschätzt wird, weil er der Mehrheit das Gut der Minderheit auf Grund von Abstimmungen zuteilt. Auch in der „Politeia" (566 A ff.) wird das Versprechen eines γῆς ἀναδασμός mit dem Versuch zusammengebracht, eine Tyrannis zu errichten. – Von Fritz hingegen hält unter Berufung auf die „Nomoi" (684 DE; vgl. 744 D und ep. VIII 355 B) „eine einigermaßen gleichmäßige Verteilung des Grundbesitzes" für ein platonisches Prinzip.[113] Er fügt hinzu: „Auch setzen Platons Staatsutopien ja überall voraus, daß es keine Kluft zwischen Reichen und Armen gibt, wie es sie in Sizilien in außergewöhnlichem Maße gab. Wenn es Dion also mit der Nachfolge Platons ernst war" – und daran zweifelt von Fritz nicht -, „kann er nicht im Prinzip gegen eine gleichmäßigere Verteilung des Grundbesitzes gewesen sein, sondern sich nur gegen eine anarchische Verwirklichung solcher Tendenzen gewendet haben sowie gegen eine Art der Durchführung, die heftige Antagonismen innerhalb der Bevölkerung hervorrufen mußte."[114] Eine scharfsinnige Hypothese, gewiß, aber ohne jede Wahrscheinlichkeit: Sollte die Volksversammlung tatsächlich keinerlei Bestimmungen für die Durchführung der Landverteilung erlassen haben? Nur in diesem unwahrscheinlichen Fall[115] könnte man von einer anarchischen Landverteilung sprechen, denn die Existenz eines Volksbeschlusses ist ausdrücklich bezeugt. Und warum hat Dion dann nicht für ein gesetzliches Verfahren gesorgt?

Ebensowenig wie von Fritz' Bemühen, Dion gegen den Anschein eine platonische Motivierung zu unterstellen, überzeugt Berves Behauptung einer Identität von Dions Verhalten mit platonischen Vorstellungen. Wenn sich nämlich Platon-Zitate aus den Briefen und den Dialogen sowohl dafür als auch dagegen anführen lassen, dann kann man Platon überhaupt keine eindeutigen Handlungsmaximen in dieser Frage entnehmen. Die einzige Passage, die sich entfernt auf die syrakusanische Situation im Jahre 356 v. Chr. beziehen ließe, bietet auch keine Lösung und wird nicht umsonst von den Interpreten übergangen. In den „Nomoi" heißt es über die starken sozialen Ungleichgewichte in den alten Städten (im Gegensatz zu der dort entworfenen Neugründung), daß ein Gesetzgeber sie weder ruhen lassen noch irgendwie daran rühren dürfe, sondern daß er auf eine allmähliche freiwillige Umverteilung des Landes und einen Erlaß der Schulden durch verständige Reiche hinwirken sollte (736C-E). Ein frommer Wunsch sei das, läßt Platon selbst seinen Protagonisten

---

110 Plut. 48,2 f.
111 Plut. 37,3. 48,3: Die Formulierungen deuten darauf hin, daß es nicht nur um den Besitz der Tyrannenfamilie ging; vgl. Berve 86. Westlake 258 meint, daß Dion bei der Annullierung des Volksbeschlusses zur Landverteilung seine Kompetenzen überschritten habe; ebenso Berve 95. Sordi 35 betrachtet Dions Verhältnis zur Volksversammlung, deren Beschlüsse offenbar von seiner Zustimmung abhingen, als das eines Tyrannen.
112 Berve 86; ebenso Orth 63 mit A. 33.
113 Von Fritz 100 f.; ebenso Sprute 309 f.
114 Von Fritz 101.
115 Vgl. Sprute 303.

sagen, ein Wunsch, fügen wir hinzu, der vor dem Hintergrund der zeitgenössischen Realität ganz im idealen Rahmen des Dialoges bleibt. Dions Intransigenz gegenüber einer Neuverteilung des Landbesitzes war an sich also weder platonisch noch unplatonisch, sondern entsprach, wie zu zeigen sein wird, den Interessen einer aristokratischen Politik in ganz und gar nicht philosophischem Sinne.

Das Geschehen im folgenden Jahr stand im Zeichen des Bemühens, die Verteidiger der Tyrannenburg zum Aufgeben zu zwingen. Der Konflikt zwischen Dion und Herakleides schwelte unterdessen weiter. Wegen der Unzuverlässigkeit unserer Quellen läßt sich kaum Klarheit über die einzelnen Vorgänge gewinnen, in denen auch zwei spartanische „Vermittler" namens Pharax und Gaisylos eine kurzfristige Rolle spielten.[116]

Kurz bevor Dionysios die Tyrannenfestung in Syrakus aufgeben mußte,[117] lösten die Syrakusaner ihre Flotte auf, berichtet Plutarch. Er gibt dafür drei Gründe an: Erstens habe es für sie keine Verwendung mehr gegeben, zweitens habe ihre Erhaltung deswegen unnütze Kosten verursacht und drittens habe sie immer wieder Streit (στάσις) zwischen den Führern verursacht.[118] – Dieser Beschluß mußte vor allem Dion und den vermögenden Kreisen in der Stadt, die die Hauptlast der Kosten trugen, zugute kommen. Dion nämlich war unter den Schiffsleuten besonders unbeliebt, und die Flotte war ein Instrument in der Hand seines Gegenspielers Herakleides.[119] Diese Überlegungen veranlaßten Berve, entgegen dem Zeugnis Plutarchs Dion statt der Volksversammlung zum Urheber der Flottenauflösung zu erklären.[120] Eine unnötige Annahme, wie mir scheint, denn warum sollte es Dion, der sich gerade im Aufwind befand, nicht einmal gelungen sein, die Volksversammlung auf seine Seite zu bringen?[121] Auch die von Plutarch für die Maßnahme genannten Gründe erachtet Berve in der Nachfolge Eduard Meyers für unzureichend. Der Platonschüler habe mit der Flotte vor allem ein „unerwünschtes Element" auf dem Weg der Verwirklichung des rechten Staates beseitigen wollen.[122]

Aber hätte eine Stadt wie Syrakus ein für allemal oder auch nur für einen philosophisch determinierten Zeitraum (etwa bis zur endgültigen Etablierung des rechten Staates) auf die Flotte verzichten können, wo doch die politischen Ereignisse ihre Wiedereinrichtung jederzeit notwendig machen konnten? Berve verweist auf die „Nomoi" (706 C ff.): Glaubt er, daß Dion – analog zu den Gründern jener fiktiven kretischen Stadt – Syrakus ins Landesinnere verlegen wollte?

Dion hat vielleicht das aristokratische Ressentiment gegen die Flotte[123] mit Platon geteilt, entscheidend aber blieben die von Plutarch angegebenen handfesten

---

116 Vgl. dazu Berve 95 ff.

117 Wohl im Sommer-Herbst 355: vgl. Berve 102 mit A. 1.

118 Plut. 50,1. Eine solche Maßnahme zu einer Zeit, da die Belagerung fortdauerte und allem Anschein nach sogar in die entscheidene Phase trat, bezeichnet Sordi 37 f. zurecht als „decisione stranissima": Die Auflösung der Flotte kann demnach erst nach der Übergabe der Burg stattgefunden haben.

119 Plut. 48,2 f. u.a.

120 Berve 100.

121 Vgl. Sprute 304.

122 Berve 101; vgl. Ed. Meyer, GdA V 506 f.; Breitenbach 56.

123 Vgl. etwa Ps.-Xen. Athen. Pol. I 2. II 7 ff.; vgl. Momigliano, Sea-power in Greek Thought, Secondo contributo 57 ff.

politischen Vorteile, die Dion in Übereinstimmung mit der Volksversammlung die Flottenauflösung betreiben ließen. Insgesamt erinnert der Beschluß an den Versuch von Herakleides, Dion durch die Entlassung seiner Söldner zu entmachten. Demnach hätte Dion jetzt den Spieß umgedreht.

Nach der Übergabe der Burg beschenkte und ehrte Dion Anhänger, Verbündete und Söldner,[124] machte jedoch keine Anstalten, sein außerordentliches Mandat, das doch aller Wahrscheinlichkeit nach bis zur endgültigen Vertreibung des Tyrannen aus der Stadt befristet war,[125] zurückzugeben. Wollte Dion wie der ältere Dionysios das Amt eines στρατηγὸς αὐτοκράτωρ benutzen, um sich zum Tyrannen aufzuschwingen, wie nicht nur antike Kritiker meinten?[126] Dafür scheint Dions Weigerung zu sprechen, die Tyrannenburg zu schleifen, wie es Timoleon später tat.[127] Freilich verlegte er seinen Wohnsitz nicht auf die Burg, vielmehr dürfte er dort – nach der plausiblen Vermutung von Berve[128] – seine Söldner stationiert haben, um für alle Fälle gerüstet zu sein. Auch in diesem Punkt läßt sich Dions Verhalten also nicht eindeutig klassifizieren. Wiederum finden wir ihn bei dem Versuch, die Vorherrschaft im Staate zu behaupten und zu sichern. Auf der anderen Seite scheint er jedoch nicht geradezu nach der Tyrannis gestrebt zu haben; dafür hätte er zu viele günstige Gelegenheiten ungenutzt verstreichen lassen.[129]

Dann aber liegt es nahe, daß Dion seine nunmehr widerrechtlichen Machtbefugnisse zur Verwirklichung platonischer Reformgedanken festhalten wollte. Berve und von Fritz haben denn auch in diesem Sinne argumentiert und Dion das Ziel unterstellt, eine „gemischte Verfassung" einzuführen,[130] ohne allerdings genau zu erklären, was daran spezifisch platonisch sein soll. Die antiken Autoren wußten zu dem Thema wenig zu berichten, so daß man sich mit Andeutungen aus den Briefen und bei Plutarch begnügen muß. Im 7. Brief (351 C) ist nur allgemein die Rede davon, daß Dion Syrakus unter die Herrschaft der Gesetze bringen wollte. Der 8. Brief, der scheinbar konkretere Pläne enthält, läßt sich schon deshalb nicht heranziehen, weil er Dions Freunde nach dessen Tod zu beraten vorgibt, mithin auf eine stark verwandelte politische Situation zu beziehen ist. Berve meint dennoch, aus dem 8. Brief ungefähr rekonstruieren zu können, „was die neue Verfassung bringen

124 Plut. 50,2. 52,1.
125 Darauf deuten Plut. 33,4 und Diod. XVI 10,3 hin: vgl. Berve 74. 103. Die außerordentliche Strategie wurde vom Volk offenkundig eingesetzt, um die Polissouveränität wiederherzustellen und zu sichern. Alles darüber hinausgehende (weitere Bekämpfung des Dionysios, Verhandlungen mit Gegnern und Verbündeten) war – gegen Breitenbach 95 f. (= 66 A. 81) und von Fritz 102 – Sache der regulären Polisorgane. Von Fritz (ebd.) billigt dem στρατηγὸς αὐτοκράτωρ außerdem eine politische Kompetenz zu: Dion habe sich mit einer „Neuordnung der Struktur des syrakusanischen Staates" betraut sehen können. Dafür fehlt jedoch der Anhaltspunkt in den Quellen. Wie die folgenden Geschehnisse zeigen, tat Dion lediglich so, als besitze er einen politischen Auftrag in dem von v. Fritz angedeuteten Sinne.
126 Beloch, GG II 332 f.; Glotz, HG III 411 f.; Bengtson, GG 290; Finley, Ancient Sicily 90; Sordi 38 ff.
127 Plut. Timol. 22,1.
128 Berve 103.
129 Vgl. Sprute 301 f.
130 Berve 109 ff.; von Fritz 115.

sollte"[131]. Dazu muß er freilich den Rat, den der Verfasser des 8. Briefes dem toten Dion in den Mund legt, auf die Lage der Jahre 355/4 hinbiegen. Dions Verfassungskonzept hätte demnach folgendermaßen ausgesehen: „ein mehrstelliges Königtum lakedaimonischer Prägung", also mit militärischer Kompetenz (obwohl der 8. Brief seine Funktion auf sakrale Aufgaben beschränkt), bestehend aus drei Mitgliedern der Tyrannenfamilie (sic!), nämlich Dion selbst, Hipparinos (Neffe Dions und Stiefbruder des jüngeren Dionysios) sowie Apollokrates (Sohn desselben); „ein regierendes Kollegium, das ebenso wie später die höchsten richterlichen Beamten nach ‚aristokratischem' Prinzip, nämlich durch Auswahl der Besten und Gerechtesten zu konstituieren ist" und schließlich „das Fortbestehen von Rat, Volksversammlung und Gerichten der Demokratie".[132] Abgesehen vom bloß spekulativen Charakter dieser Rekonstruktion, hätte ein derartiger Plan angesichts der Volksstimmung völlig außerhalb der politischen Möglichkeiten Dions gelegen.[133]

Nun findet sich auch bei Plutarch eine Notiz zu Dions Verfassungsplänen.[134] Danach hätte Dion ein Synhedrion zur Ausarbeitung der künftigen Verfassung berufen. Seine Mitglieder sollten zur Hälfte aus angesehenen Syrakusanern bestehen und zur anderen Hälfte aus dem seit langem oligarchisch regierten Korinth kommen. Als Grund gibt Plutarch Dions antidemokratische Haltung an und fügt hinzu, daß Dion eine Regierungsform einführen wollte, „in der die Aristokratie in den wichtigen Angelegenheiten die Führung und Entscheidung besaß". So weit, so klar – wenn Plutarch dem Dion darüber hinaus nicht noch einen Gedanken aus den „Nomoi" zugeschrieben hätte, demzufolge er nach spartanischem und kretischem Vorbild die guten Eigenschaften der Volksherrschaft mit denen der Königsherrschaft hätte verbinden wollen.[135] An diese Bemerkung, zu der sich noch ein abfälliges Platon-Wort über die Demokratie aus der „Politeia" (557 D) gesellt, knüpft Berve seine Überlegungen zur „gemischten Verfassung", womit er sich m.E. von der literarischen Kunst Plutarchs hat in die Irre leiten lassen.[136] Plutarch versucht selber an dieser Stelle, seinem biographischen Konzept folgend (s.o.), Dions Vorgehen mit Platons Philosophie zu verbinden. Bei genauerem Hinsehen zeigt sich nämlich, daß die geschilderte Orientierung Dions an der korinthischen Oligarchie mit der Berufung auf Platon in keinem Zusammenhang steht: Inwiefern sollten ausgerechnet die Korinther, um von den Syrakusanern zu schweigen, die die andere Hälfte des Synhedrion bilden sollten, qualifiziert sein, einen platonischen Verfassungsentwurf vorzulegen?[137] Warum sich Dion mit der Bitte um Mitarbeit an der Neuordnung der syrakusanischen Verhältnisse ausgerechnet an Korinth wandte, ist leicht einzusehen. Einmal konnte er auf Syrakus' traditionelle Verbindungen zur Mutterstadt hinweisen; dann dürfte er selbst, der in den Jahren der „Verbannung" über einen Wohnsitz in

---

131 Berve 109.
132 Ebd. 110.
133 Vgl. Sprute 307.
134 Plut. 53,2.
135 Hierbei könnte es sich um Plutarchs Auslegung des 8. Briefes mit Hilfe der „Nomoi" handeln; vgl. Westlake 261; Sprute 307.
136 Berve 110 f.
137 Vgl. Sprute 308.

Korinth verfügte, persönliche Beziehungen dorthin besessen haben.[138] So verband er mit der Hinzuziehung korinthischer Gesetzgeber das Ziel, seinem Verfassungswerk eine höhere Autorität zu verleihen.[139]

Von irgendwelchen positiven Ergebnissen der Versammlungstätigkeit ist nichts bekannt. Was den Charakter der angestrebten Neuordnung betrifft, so kann nach alldem von einer „gemischten Verfassung" keine Rede sein, es sei denn, man versteht (wie es manchmal den Anschein hat) unter der Bezeichnung „gemischte Verfassung" nichts anderes als einen Euphemismus für „Oligarchie".

Unterdessen setzte Herakleides auch nach seiner Entmachtung als Flottenkommandant seinen Widerstand gegen Dion fort. Er weigerte sich mit dem Hinweis auf die Zuständigkeit der Volksversammlung, an den Sitzungen des Synhedrion teilzunehmen und warf Dion darüber hinaus vor, die Tyrannenburg nicht zerstört und das Grab des älteren Dionysios nicht geschändet zu haben. Daß Dion Berater aus Korinth holen ließ, betrachtete er außerdem als Mißachtung der Bürger. Schließlich beendete Dion den Konflikt, indem er Herakleides ermorden ließ.[140]

Auch diese Tat hat man in der modernen Forschung unter Hinweis auf den Dialog „Politikos" „platonisch" zu begründen versucht.[141] Im „Politikos" wird der Staatsmann jedoch im normativen, nicht im faktischen Sinn zum Thema gemacht.[142] Nach einer umfangreichen Methodenreflexion, die den Hauptteil des Dialoges ausmacht, wird dem wahren Staatsmann das Recht zugebilligt, sich über bestehende Gesetze hinwegzusetzen und uneinsichtige Gegner gegebenenfalls zu beseitigen. Besonders signifikant ist die Haltung des Dialogführers zu den Gesetzen: Da sie ihre Entstehung immer einer bestimmten Konstellation verdanken, immer schriftlich fixiert und damit unflexibel sind, können sie die vollständige Gerechtigkeit niemals erreichen. Der wahrhaft Wissende, der natürlich auch ein wahrhaft Gerechter ist, wird ihnen somit grundsätzlich überlegen sein.[143] Erkennt man diesem idealphilosophischen Konzept überhaupt Verwertbarkeit für die reale Politik zu, so steht es im scharfen Gegensatz zu den „Nomoi", die ja gerade auf die Fiktion eines wahren Politikers verzichten und eine umfassende Herrschaft der Gesetze postulieren. Und auf der Linie der „Nomoi" liegt das, was die Briefe dem Dion als Ziel zuschreiben, nämlich ganz Sizilien unter die Herrschaft der Gesetze zu stellen. Damit ist jedoch jedes gewaltsame Vorgehen schlechthin nicht zu vereinbaren. Wenn sich also dieselben Autoren, die sonst Dions angeblich platonische Politik an den „Nomoi" und den Briefen messen, immer dann, wenn Dion ungesetzlich und gewaltsam vorgeht, auf den „Politikos" berufen, so bewegen sie sich auf zwei völlig unterschiedlichen,

---

138 Diod. XVI 6,5; Corn. Nep. 5,1; Berve 43.
139 Sordi 38 f. geht gar so weit, das Synhedrion auf folgende Weise zu charakterisieren: „... un organo di tipo dinastico, formato dai filoi di Dione, sulla linea dei ‚consigli di amici' che già esistevano sotto la tirannide".
140 Plut. 53,1 ff.; vgl. Corn. Nep. 6,5.
141 Ed. Meyer, GdA V 508 f.; Berve 103. 127; Wörle, Platonschüler 84. Capizzi, Platone nel suo tempo 188 sieht in dem Dialog geradezu den Beitrag Platons zur sizilischen Expedition der Akademie; dagegen auch von Fritz 122 ff. und Isnardi Parente, Filosofia e politica nelle lettere di Platone 190.
142 Plat. Politikos 258 B.
143 Ebd. 293 D – 301 A.

einander im Hinblick auf die reale Politik ausschließenden Diskursebenen und führen auf diese Weise die Beliebigkeit ihrer Argumentation in aller Deutlichkeit vor Augen.

Durch Herakleides' Ermordung leitete Dion in der antiken Biographie seinen eigenen Untergang ein.[144] Nach der Untat erscheint er als gebrochener Mann, den – von Reue und Trübsal umgetrieben – Vorahnungen über sein bevorstehendes Ende plagen. Der topische Charakter dieses Motivs ist offensichtlich.[145] In der antiken Literatur gibt es keinen plötzlichen, unerwarteten Untergang eines Helden, und so mußte auch der Tod des Dion psychologisch vorbereitet werden.

In Wirklichkeit scheint ihn seine zunehmende Geldnot in Schwierigkeiten gebracht zu haben. Zuerst verteilte er das Vermögen seiner Gegner unter die Söldner. Doch schon bald mußte er auch die Besitztümer seiner Anhänger angreifen, um die Soldaten bezahlen zu können. Das kostete ihn verständlicherweise die Sympathie der oligarchischen Kreise, so daß er fast allen Rückhalts in der Bürgerschaft verlustig ging. Die Masse des Volkes sah in ihm jetzt nur noch den Tyrannen, der – wie auch seine Anhänger zunehmend glaubten – seine Herrschaft unter einem milderen Namen als dem der Tyrannis etablieren wollte. Als er sich schließlich auch auf seine Söldner nicht mehr verlassen konnte, war sein Ende besiegelt.[146]

Nach der biographischen Überlieferung beauftragte er einen alten Gefährten, den Athener Kallippos, den er in der Akademie kennengelernt hatte, mit der Bespitzelung des Volkes, um Gegner ausfindig zu machen und gegebenenfalls auszuschalten. Dieser habe jedoch die Freiheit benutzt, um in aller Ruhe Dions Ermordung zu planen und durchzuführen.[147] Aristoteles hingegen, der hier sicher den Vorzug verdient, sagt, daß Kallippos sich vorher von Dion losgesagt habe.[148] Dion starb, von allen Freunden verlassen, vermutlich im August 354 v. Chr.[149]

Wegen der literarischen Stilisierungen ist es schwierig, ein stimmiges Bild von Dions politischer Persönlichkeit zu entwerfen. Jürgen Sprute hat die Aufgabe m.E. am glaubwürdigsten gelöst, indem er von einer Analyse der überlieferten Maßnahmen ausging. Er charakterisiert Dion als machtbewußten, überlegt handelnden Politiker, „der zunächst seine Absichten auf legalem Weg zu verwirklichen sucht und so lange die verfassungsmäßigen Institutionen respektiert, wie ihm die Erreichung seiner Ziele innerhalb der Legitimität irgendwie möglich erscheint, der aber auch keine Hemmungen hat, die Schranken der Legalität zu überschreiten und sowohl sanfte als auch brutale Gewalt anzuwenden, wenn er auf rechtmäßigem Wege mit seiner Politik nicht weiterkommt".[150]

Dabei läßt sich Dions Vorgehen, auch nach unserer fragmentarischen Kenntnis, durchweg aus der jeweiligen Situation heraus verstehen und bedarf keiner ideologi-

---

144 Plut. 55. 56,2; Corn. Nep. 7,3.

145 Vgl. Sprute 304. Dennoch wird die Geschichte von den meisten neueren Interpreten ernstgenommen: vgl. etwa Vatai, Intellectuals 92, der Dion „a Macbeth-like sense of guilt" zuschreibt; ebenso Berve 107 f., von Fritz 106; Wörle 84 u.a.

146 Corn. Nep. 7. Das beredte Schweigen Plutarchs zu dieser Phase zeigt, daß er „in der Überlieferung jetzt Dinge fand, die schlecht zu seinem Dion verherrlichenden Bilde paßten" (Berve 112).

147 Plut. 54,3 ff. 56 f.; Corn. Nep. 8 f.: Dort wird der Verschwörer irrtümlich Kallikrates genannt.

148 Arist. rhet. 1373 a 19 ff.

149 Zum Datum: Beloch, GG III 2, 379; Berve 120 A. 3.

150 Sprute 304.

schen Fundierung in Gestalt eines widerspruchsvollen Bezuges auf platonisches Gedankengut. Von dem Spezialfall der Briefe (s.u.) einmal abgesehen, finden wir in den antiken Quellen auch kaum Belege für solche Bezüge. Selbst bei Plutarch sind es in erster Linie ethische Qualitäten wie Selbstbeherrschung und Bescheidenheit, die Dion als Platonschüler charakterisieren sollen. Und auf dieser Ebene mag es zutreffen, daß Dion sich u.a. auf die Akademie bezogen fühlte und deswegen vor allzu offenkundigen Gewaltsamkeiten zurückschreckte. Doch das muß notwendigerweise Spekulation bleiben. Nach Philodem[151] hat Dion selbst, als er 360 während der Olympischen Spiele mit Platon und anderen Freunden zusammenkam und Dionysios öffentlich den Krieg erklärte, sein politisches Ziel mit dem Wort „Oligarchie" umrissen. Und tatsächlich verfolgte er unter Behauptung seines persönlichen Primates eine Politik, die vor allem den oligarchischen Kreisen in der Stadt zugute kam. Von ihnen ist er dementsprechend bis kurz vor seinen Tod unterstützt worden.[152] Erst als die Opfer, die Dion der gesamten Bürgerschaft auferlegte, zu groß wurden und man seinem Regime keine Zukunft mehr zutrauen konnte, haben sich die Oligarchen von ihm abgewandt.[153] Auch die Hinzuziehung korinthischer Oligarchen zum verfassungsgebenden Synhedrion zeigt, daß Dion einen Staat anstrebte, in dem, wie schon Sprute meinte, „oligarchischen Kreisen der entscheidene politische Einfluß zukommen sollte".[154] In Anbetracht der ausgesprochen demokratischen Politik seines Gegenspielers Herakleides lassen sich also auch die Konflikte in Syrakus bis zu einem gewissen Grade aus dem – uns aus der griechischen Geschichte wohlvertrauten – Antagonismus zwischen demokratischen und oligarchischen Kräften verstehen.[155]

5. KALLIPPOS

Der Dion-Mörder Kallippos ist mindestens aus dem Umkreis der Akademie hervorgegangen. Die Distanzierung des 7. Briefes (333 E) ist in Anbetracht seiner apologetischen Tendenz als Bestätigung der entsprechenden Quellenhinweise[156] zu ver-

---

151 Acad. col. Z,14 (Gaiser 170 f.; vgl. 406).

152 Plut. 34,5. 42,3. 48,2-4. 49,3.

153 Corn. Nep. 7,2 f.

154 Sprute 310; ähnlich Ryle, Plato's Progress 75 ff. bes. 80, wo Dion als „champion of the Sicilian property owners and the Major Quisling of the Carthaginians" bezeichnet wird.

155 Die Auseinandersetzungen in Syrakus nach dem Sturz des Tyrannen bewegen sich, soweit erkennbar, durchaus in dem Rahmen, den Gehrke (Stasis passim) für die inneren Kriege im griechischen Mutterland dieser Zeit herausgearbeitet hat. Das gilt natürlich erst recht für die Motive der um die Macht streitenden Gruppen, die sich „nicht primär als Repräsentanten einer politischen Programmatik verstehen" lassen (Gehrke, Stasis 336). Orth 51 ff., der Herakleides als opportunistischen Machtpolitiker gegenüber dem platonischen Staatsreformer abzuwerten versucht, scheint mir hingegen die Bedeutung des politischen Programms für die Auseinandersetzung bei weitem zu überschätzen. Ob Herakleides nun ein überzeugter Demokrat war oder nicht (im modernen Sinne war er es sicher nicht; seine aristokratische Herkunft, die Orth 52 f. ins Feld führt, war freilich für einen demokratischen Parteiführer gar nichts Ungewöhnliches – vgl. Gehrke, Stasis 321. 330) – entscheidend ist in unserem Zusammenhang vielmehr, daß Herakleides sich der demokratischen Methode bediente, so wie sich andererseits Dion auf die Oligarchen stützte.

156 Athen. 508 EF; Diog. Laert. III 46; Suda s.v. Κάλλιππος.

stehen. Während seiner „Verbannung" wohnte Dion bei seinen athenischen Aufenthalten im Hause des Kallippos,[157] mit dem ihn anscheinend auch die gemeinsame Teilnahme an Geheimkulten verband.[158]

In der attischen Politik spielte Kallippos als Unterbefehlshaber des Timomachos eine kleine Rolle, als er gegen Ende des Jahres 361 den verbannten Kallistratos auf einem Kriegsschiff von Makedonien nach Thasos herüberholte.[159] Zwischen 360 und 357 ist er dann, wahrscheinlich wegen seiner Tätigkeit im Dienste des Timomachos, vor Gericht gestellt worden.[160] Der drohenden Verurteilung entzog er sich durch freiwilliges Exil. 357 begleitete er seinen Freund Dion auf der Expedition nach Sizilien, an deren Durchführung er in hervorragender Position beteiligt war. Dementsprechend zog er gemeinsam mit Dion an der Spitze der Befreiungstruppen in Syrakus ein. Die nächste Zeit scheint er loyal zu Dion gestanden zu haben; wir hören wenigstens nichts von ihm.

Erst im Zusammenhang mit der Ermordung Dions taucht er wieder in der Überlieferung auf. Dabei spielt er, von einer wichtigen Ausnahme abgesehen, durchweg die Rolle des Schurken.[161] Kallippos soll dem Dion angesichts der wachsenden Unzufriedenheit im Volke nach der Ermordung des Herakleides seine Spitzeldienste angeboten haben. Nachdem dieser darauf eingegangen sei, habe Kallippos seine Aufgabe dazu genutzt, zum einen das Volk weiter gegen Dion aufzuhetzen und zum anderen dessen Ermordung in aller Ruhe zu planen. Die ganze Erzählung mutet gerade in den ausschmückenden Details wie eine romanhafte Erfindung an. Dieser Eindruck wird durch das Zeugnis des Aristoteles bestätigt, wonach sich Kallippos vorher von Dion losgesagt hat. Seine Tat erscheint bei Aristoteles, der Kallippos höchstwahrscheinlich persönlich kannte, „nahezu als nicht Unrecht-Tun".[162] Kallippos ließ Dion ermorden, als dieser durch zunehmend tyrannische Maßnahmen das Vertrauen von Volk und Söldnern verloren hatte. Dabei mag neben persönlichem Ehrgeiz das Ziel im Vordergrund gestanden haben, „die Ruhe in Syrakus zu gewährleisten und den Kampf gegen Dionysios' Truppen auf Sizilien fortzusetzen".[163] Darüber hinaus wollte er sein Vorgehen zweifellos als „Tyrannenmord" verstanden wissen. Dessen dürfte er sich auch in dem Brief an die Athener gerühmt haben, den er bald nach der Ermordung Dions schrieb.[164]

Kallippos, der wohl das syrakusanische Bürgerrecht erworben hatte, wirkte dreizehn Monate lang als Führer der Soldtruppen und Schützer des Demos in Syrakus.[165] Eine erneute στάσις, die von den Resten der dionischen Partei angezettelt und von den Oligarchen vermutlich unterstützt wurde, konnte er niederschlagen. Allerdings entwichen die Aufständischen nach Leontinoi.[166] Als Kallippos jedoch

---

157 Plut. 17,1.
158 Ep. VII 333 E; vgl. Plut. 54,1.
159 [Demosth.] 50, 47 ff.; vgl. Stähelin, RE s.v. Kallippos.
160 Demosth. 36,51.
161 Vor allem in den biographischen Quellen: Corn. Nep. 8 f.; Plut. 54 ff.
162 Arist. rhet. 1373 a 19 ff.
163 Berve 116.
164 Plut. 58,1; vgl. Berve 120; Vatai, Intellectuals 92.
165 Diod. XVI 31,7 mit Berve 123 f.
166 Diod. XVI 36,5.

die Stadt mit seinen Soldaten verlassen hatte, um dem Dionysios die sizilischen
Städte Katane und Messene zu entreißen, erlag Syrakus dem Angriff der Dion-
Freunde unter Führung des Hipparinos (Dions Neffe und des älteren Dionysios
Sohn), der die Herrschaft zwei Jahre lang behaupten konnte.[167]

Nachdem Kallippos Katane und unter schweren Verlusten Messene gewonnen
hatte, wandte er sich gegen Rhegion, wo er ein weiteres Mal die Besatzung des
Dionysios vertrieb und den Bürgern die Autonomie zurückgab. In Rhegion wurde er
von zwei Männern aus seiner Umgebung ermordet, als er die Ansprüche der Söldner
nicht mehr befriedigen konnte.[168]

Daß Kallippos für sich selbst die Tyrannis erstrebt hätte, ist trotz den Behauptungen der Quellen seinem Vorgehen nicht abzulesen.[169] Im Gegenteil scheint er versucht zu haben, sich durch eine ausgesprochen antityrannische Politik zu profilieren.
Man sollte nicht vergessen, daß seine Gegner Dion, Hipparinos und Dionysios ein-
und derselben, wenn auch in sich zerfallenen Tyrannenfamilie entstammten. Berves
Fazit übernehme ich uneingeschränkt: „So zeigt sich sein Bild als das eines jener
Condottieren, wie sie damals auch in der Ägäiswelt häufig begegnen, eines Mannes,
der als Befehlshaber der Soldtruppen einer Stadt zugleich politisch in ihr eine
maßgebende Rolle spielte. Welches seine geheimen Absichten für die Zukunft
waren, wissen wir nicht, bei seinen Lebzeiten jedenfalls hat er die Demokratie in
Syrakus gewahrt und sich bemüht, die dem Dionysios untertänigen Städte zu befrei-
en."[170]

Die platonfreundliche Literatur stempelte Kallippos zum Apostaten der
Platonschule. Das war er in der Tat aber nur insoweit, als er einen Freund aus der
Akademie ermordete. Gemessen an einer idealpolitischen Konzeption unterscheidet
sich Kallippos nicht von anderen Akademikern, die sich auf dem Felde der Politik
betätigten. Seine Laufbahn enthüllt nur ein weiteres Mal das Unangemessene eines
solchen Bezuges.[171]

---

167 Ebd.; Plut. 58,2.
168 Diod. XVI 45,9; Plut. 58,3; vgl. Plut. Timol. 11,4.
169 Berve 124 f. und Wörle, Platonschüler 95 gegen Sordi 44 und Vatai, Intellectuals 92 f. u.a.
170 Berve 125.
171 Dagegen behauptet Isnardi Parente, Studi 299: „Callippo è il tipico avventuriero di formazione
   filosofica, un certo tipo di tiranno con giustificazioni teoriche, di tiranno intellettuale che la
   Grecia non ha conosciuto prima del IV secolo; il tipo di tiranno più effimero, proprio per la sua
   sostanziale artificiosità." All das liest die Autorin aus den oben ausgebreiteten Quellen heraus.

VII. DIE AKADEMIE IN DER ATHENISCHEN POLITIK

1. DIE REDNER

Seit der hohen Zeit der hellenistischen Biographie wird von den vier attischen Rednern Demosthenes, Aischines, Lykurgos und Hypereides behauptet, daß sie Platonschüler gewesen seien.[1] Ich sehe bei unserem geringen Wissen über die Struktur und Organisation der Akademie keine Möglichkeit, die Angabe grundsätzlich zurückzuweisen. Auf der anderen Seite bestehen an der Glaubwürdigkeit der Überlieferung gravierende Zweifel, denn in den erhaltenen Reden der genannten Politiker finden sich nirgends Spuren, die auf eine Mitgliedschaft in der Akademie hinweisen. Ebensowenig lassen sich im Handeln der vier Politiker Motive ausmachen, die als platonisch zu qualifizieren wären. Da auch die moderne Forschung, zumindest bei Demosthenes und Aischines, keinen wahrnehmbaren Einfluß Platons auf ihre politische Position entdeckt hat,[2] beschränke ich mich weitgehend auf einige quellenkritische Bemerkungen.

Unsere Hauptquelle, die pseudoplutarchische Schrift über die zehn Redner, steht bereits in einer verfestigten Tradition, der schon der augusteische Gelehrte Caecilius von Kaleakte mit seinem Werk περὶ τοῦ χαρακτῆρος τῶν δέκα ῥητόρων Ausdruck verliehen hatte. Caecilius wiederum schöpfte seine Kenntnisse aus den βίοι Hermipps und dem Werk περὶ δημαγωγῶν des Idomeneus.[3] Schon die hellenistischen Biographen legten großen Wert auf die Darstellung von Schülerverhältnissen.[4] Das gilt verstärkt für die Dekalogien, die in der römischen Kaiserzeit populär wurden[5]: Die Lebensab-

---

1   Die Quellen: [Plut.] vit. dec. orat. 840 B. 841 B. 844 BC. 848 D; Diog. Laert. III 46; Olympiod., in Gorg. XLI 10,198; Cic. Brut. XXXI 121. de orat. I 20,89. de off. I 1,4. Orat. IV 15f.; Plut. Demosth. 5,5; Quint. instit. orat. XII 2,22. XII 10,24; Gell. N.A. III 13; [Lukian], Enk. Demosth. XII 47; Philostr. vit. Soph. I 18; Schol. in Demosth. XXII 40 (114 C); Schol. in Aisch. I 4; Phot. Bibl. 61; Apollonios, περὶ Αἰσχ. ῥητ. S. 3. S. 6 Schultz – gehen ausdrücklich oder unausdrücklich auf die hellenistischen Biographen und Autoren Hermippos von Smyrna, Idomeneus von Lampsakos, Chamaileon von Herakleia Pontike, Polemon von Ilion und Mnesistratos von Thasos zurück.

2   Glaubensbekenntnisse nicht gerechnet, wie das von Egermann, Vom attischen Menschenbild 59: „... daß Demosthenes, der sich auch sonst auf der Seite des neuen Menschenbildes zeigt, von der geistigen Macht, die Platon nun einmal darstellte, nicht unberührt geblieben ist. Galt doch Platons Philosophie gerade der Neugestaltung des Lebens, auch des politischen." Ich erkenne darin wohl den hochgestimmten Ton eines „neuen Humanismus", aber kein Argument. Ähnlich Wörle, Platonschüler, in ihren jeweiligen Kapiteln zu Demosthenes, Aischines, Lykurg und Hypereides.

3   Leo, Biographie 31 ff.; Kunst, RE XIII 2, 2447 (s.v. Lykurgos Nr. 10); Ziegler, RE XXI 878 f. (s.v. Plutarchos).

4   Vgl. Leo, Biographie 48 u.a.

5   Susemihl, Literatur in der Alexandrinerzeit I 520 ff. II 485 f. mit den Korrekturen II 675 f. 694 ff.

risse der hervorragenden zehn Männer einer Kunstsparte gehorchten einem festgelegten biographischen Schema, das neben Herkunft, Werken, Lebensalter, Tod und
Todesart sowie Nachkommen auch die Aufzählung der Lehrer vorsah.[6] Gemäß dem
Charakter der antiken Biographie, für die es individuelle Zufälligkeiten nicht gab,
war damit nicht nur eine Aussage über die Erziehung, sondern bereits über die
Gesinnung und Lebensführung des kanonisierten Künstlers verbunden. So erklärt
sich die merkwürdige Tatsache, daß alle attischen Redner aus dem späteren klassischen Kanon[7], bei denen es chronologisch vertretbar erschien, Platonschüler heißen
und daß sie gleichzeitig auch als Schüler des Isokrates auftauchen. Wer in Athen
außer Platon und Isokrates hätte aus späterer Sicht würdig erscheinen können, die
wortgewaltigen Helden zu unterrichten?[8] Schon die gemeinsame Nennung von Platon
und Isokrates wird dem modernen Betrachter eine gewisse Skepsis empfehlen.
Außerdem spiegelt die Erwähnung Platons eine Situation wider, wie sie sowohl die
hellenistischen als auch die kaiserzeitlichen Gelehrten vorfanden, in der die Rhetorik
ihres politischen Sinns verlustig gegangen war und sozusagen als Unterabteilung der
Philosophie galt. Durch die Setzung Platons zum Lehrer von Demosthenes, Aischines,
Lykurgos und Hypereides wird die Philosophie gleichsam zur Stifterin der klassischen Rhetorik erhoben.

Die griechische Biographie ist seit ihrer Ausprägung durch Aristoxenos von
Tarent durch eine Mischung von realen und fiktiven Elementen charakterisiert.[9]
Unsere Gewährsmänner Idomeneus und Hermippos sind typische Vertreter der Gat-
tung: Sie haben nicht nur ein außerordentliches Interesse an Skandalgeschichten und
boshaftem Klatsch gezeigt, sondern ihnen ist auch die bewußte Fabrikation von
Details zuzutrauen.[10]

Für die Überlieferung des Verhältnisses zwischen Platon und **Demosthenes** hat
offenkundig wieder einmal Hermippos die zentrale Rolle gespielt. Plutarch in seinem
Demosthenes-Bios und Gellius berufen sich für die Angabe, daß der Redner in seiner
Jugend die Platonschule besucht habe, ausdrücklich auf den alexandrinischen
Biographen.[11] Diogenes Laertius (III 46) verdankt die Angabe Sabinus, der seinerseits einen ansonsten fast unbekannten Mnesistratos von Thasos zitiert. Nach Susemihl
handelte es sich um einen Gelehrten, der am Hof des Ptolemaios Euergetes und seines

6   Leo, Biographie 33 f.
7   Zum Prozeß der Kanonisierung im 1. Jahrhundert v. Chr. vgl. Kunstmann, Antike Theorien über
    Entwicklung und Verfall der Redekunst 131 ff.
8   Pseudo-Lukian, dessen chronologische Kenntnisse über das 4. Jahrhundert v. Chr. offenbar nur
    noch vage waren, zählt bezeichnenderweise als Lehrer des Demosthenes neben Platon solche
    Größen wie Aristoteles, Xenokrates und Theophrast auf (Enk. Dem. 12).
9   Vgl. Momigliano, The Development of Greek Biography 55 ff. und bes. Fairweather, Fiction in
    the Biographies of Ancient Writers, Anc Soc 5 (1974), 231 ff.
10 Vgl. Susemihl, Literatur in der Alexandrinerzeit I 493 ff. 594; Jacoby, FGrHist 338, Kommen-
    tar; Wehrli, MH 30 (1973), 208.
11 Plut. Demosth. 5,5; Gellius III 13 = fr. 71. 72 Wehrli, Schule des Aristoteles, Suppl. I; vgl.
    Wehrlis Kommentar, ebd. 86 f.; A. Schaefer, Demosthenes I 311 f.; Dörrie, Platonismus II
    369 ff.

Nachfolgers lebte.[12] Drerup spricht in diesem Zusammenhang von dem „Demosthenes-Roman in der peripatetischen Biographie"[13]: „Das Ziel dieses Romans ist lediglich Unterhaltung, keineswegs aber eine Glorifizierung des Redners, da wir hiervon keine Spur, an mehreren Stellen (Jugendgeschichte, sittlicher Charakter, selbst Beredsamkeit) vielmehr das Gegenteil in einer bewußten Herabsetzung des Helden beobachten können."[14] Drerups Urteil wird durch die Anekdoten, die Demosthenes' Aufenthalt in der Akademie beschreiben, bestätigt. Bei Olympiodoros erhält Demosthenes von einem eifrigen Schüler Platons eine Ohrfeige, als er nach einem Vortrag des Meisters einseitig nur die Sprache lobt.[15] Es liegt auf der Hand, daß der berühmte Redner die philosophischen Schläge stellvertretend für die Rhetorik insgesamt einstecken muß. Eine Variante dieser Geschichte findet sich in den Scholien zu Galen. Danach weist Platon den jungen Demosthenes aus seiner Schule, weil dieser seine Aufmerksamkeit weniger auf die Gedanken als auf die Sprache der Vorträge richtet; doch der Relegierte schleicht sich durch den Garten wieder herein, um weiterzuhören.[16] Auf einem Gegensatz von Philosophie und Rhetorik beruht auch die Anekdote, die Gellius aus Hermippos erzählt: Der junge Demosthenes hört zufällig die Verteidigungsrede des Kallistratos im Oropos-Prozeß und ist davon so begeistert, daß er Platon und die Akademie sofort verläßt und sich dem Kallistratos anschließt.[17] Hier wird die Berufung des Demosthenes zum Redner also als Abkehr von der Philosophie gestaltet.

Ganz andere Bedeutung legt Cicero der angeblichen Lehrzeit Demosthenes' in der Akademie bei. Er kann sich den großen Redner ohne philosophische Bildung schlechterdings nicht vorstellen. Cicero nennt einen Brief bzw. „Briefe" von Demosthenes, aus denen hervorgehe, daß dieser ein eifriger Hörer Platons gewesen sei.[18] Tatsächlich erwähnt einer der sechs unter Demosthenes' Namen überlieferten Briefe die Platonschule; allerdings wird dort nur Bewunderung ausgedrückt, denn es heißt von der διατριβὴ Πλάτωνος, daß sie wahrhaftig außerhalb der gemeinen Vorteilnahmen und der damit zusammenhängenden Winkelzüge stünde und alles nach dem Besten und Gerechtesten beurteile.[19] Von einer Schülerschaft des vorgeblichen Verfassers verlautet dagegen nichts. Entweder bezog sich Cicero daher irrtümlich (vielleicht weil er, wie Goldstein annimmt, aus dem Gedächtnis zitiert) auf den vorliegenden Brief[20] oder er kannte weitere, mittlerweile verlorene Briefe von Demosthenes. Um Fälschungen wird es sich in jedem Fall gehandelt haben. Selbst Goldstein, der in seiner umfangreichen Studie zum demosthenischen Briefcorpus gegen die überwiegende Forschungsmeinung immerhin vier der sechs Exemplare für echt hält, weist den angeführten 5. Brief zurück.[21] Nach Goldstein ist er vor dem Ende

---

12   Literatur in der Alexandrinerzeit I 499 f.
13   Demosthenes im Urteile des Altertums 49 ff.
14   Ebd. 75.
15   In Gorg. XLI 10.
16   Ein Papyrusfund, ediert von Kalbfleisch, RhM 92 (1943/4), 190 f.; vgl. Riginos, Platonica 134 f.
17   Gellius III 13 = Hermippos, fr. 72 Wehrli.
18   Brut. 31,121. Orat. 4,15.
19   [Demosth.] ep. V 3.
20   Goldstein, Letters of Demosthenes 6 mit A.1.
21   Ebd. 261 ff.; vgl. Schaefer, Demosthenes I 312; Blass, Beredsamkeit III 1, 11 f.

des 3. Jahrhunderts, also zur Zeit von Hermipp, in die Sammlung eingegliedert worden, um den Einfluß der Platonschule auf den jungen ehrgeizigen Demosthenes zur Schau zu stellen.

Wie Cicero auch immer zu der Nachricht gekommen ist – offenkundig paßte sie ihm ausgezeichnet ins Konzept. Der Gedanke einer Verbindung des in seinen Augen größten Redners mit dem in seinen Augen größten Philosophen war zu verführerisch, als daß er ihm hätte kritisch begegnen können. Was nun erscheint Cicero an Demosthenes platonisch? Erstens entdeckt er eine stilistische Verwandtschaft: Demosthenes' Platonkenntnis zeige sich ex genere et granditate verborum.[22] Zweitens ist ihm seine Seelenkenntnis, sein Vermögen, die Gemüter der Richter oder des Volkes nach allen Seiten zu lenken, ohne philosophische Bildung nicht denkbar.[23] Besonders deutlich wird Ciceros Anliegen in der Schrift „Orator", die der Frage nach dem idealen Redner gewidmet ist. Dieser muß Beredsamkeit und Bildung, rhetorisches und philosophisches Können in sich vereinigen. Philosophie ist dabei kein Selbstzweck, sondern besitzt als Kenntnis, durch welche Mittel die verschiedenen Teile der Seele angesprochen werden, eine funktionale Bedeutung für die Überzeugungsarbeit der Rhetorik.[24] Als historische Beispiele führt Cicero Perikles und Demosthenes an, die erst durch die Belehrungen von Anaxagoras bzw. Platon zu wirklichen Könnern ihrer Kunst wurden.[25] Das Platon-Demosthenes-Exemplum ist von zentraler Bedeutung für Ciceros rhetorische Theorie, die er letztlich ganz auf seine Person zugeschnitten hat: „Und ich bekenne es, daß ich zum Redner geworden bin ... nicht in den Lehrstätten der Rhetoren, sondern in den Hallen der Akademie"[26] – wie Demosthenes, könnte man hinzufügen, den er gleichzeitig zum Solitär der Rhetorikgeschichte stilisiert.[27]

Doch Cicero sieht sich nicht nur als legitimen Nachfolger seines bewunderten Vorbildes, sondern sogar gelegentlich als dessen Überwinder, insofern er sich im Gegensatz zu Demosthenes als genuinen Philosophen betrachtet. In „De officiis" bezeichnet sich Cicero, der bekanntlich nicht unter einem mangelnden Selbstbewußtsein litt, als letztlich einzigartigen Vertreter sowohl der philosophischen als auch der rhetorischen Kunst. „Soweit ich sehe", schreibt er, „hat es bisher kein Grieche (von den Römern ganz zu schweigen, d.Vf.) fertiggebracht, beide Stilarten sich zu eigen zu machen, die Gewalt der öffentlichen Rede und den ruhigen Ton der philosophischen Erörterung, und auf beiden Gebieten Gleiches zu leisten. (...) Wie weit ich es in beiden Richtungen gebracht habe, darüber mögen andere urteilen; soviel ist sicher, bemüht war ich um beide. Hätte ein Platon Neigung zum Redner gehabt, so bin ich der Meinung, er hätte Großes leisten können an Wucht und Fülle des Ausdrucks, und Demosthenes hätte, wenn er das, was er in Platons Schule gelernt hatte, beibehalten

22   Cic. Brut. 31,121.
23   Cic. de orat. I 19, 88.
24   Orat. 3,13. 4,14.
25   Ebd. 4,15. Die Parallele von Demosthenes und Platon zu Perikles und Anaxagoras wird übernommen von Quintillian, instit. orat. XII 2,22.
26   Orat. 3,12
27   Ebd. 2,6: In oratoribus vero, Graecis quidem, admirabile est quantum inter omnis unus excellat. Gemeint ist Demosthenes.

hätte, und hätte vortragen wollen, es in ebenso anmutiger wie glänzender Form zu leisten vermocht."[28] Die gesuchte Meisterschaft auf beiden Feldern erreicht eben erst Cicero selbst, der sich hier gleichsam als Synthese seiner beiden großen Idole präsentiert.

Es sollte deutlich geworden sein, warum Cicero die Geschichte der Verbindung von Platon und Demosthenes, die er aus seinen Quellen herauslas, so begierig aufgriff. Mit ähnlichen Motiven, das mag die vergleichsweise ausführliche Besprechung dieser Frage rechtfertigen, haben wir auch bei Autoren zu rechnen, über deren erkenntnisleitendes Interesse wir nicht so gut Bescheid wissen wie bei Cicero.

Von gleicher Art, wenn auch weniger dicht, ist die Überlieferung, die einen Hauptgegner des Demosthenes ebenfalls Platonschüler sein läßt. Wie Pseudo-Plutarch unter Berufung auf „einige" berichtet, war der attische Politiker **Aischines** ein Hörer von Isokrates und Platon.[29] Dagegen wird dort die abweichende Meinung des Caecilius angeführt, der Aischines den Unterricht des Redners und Politikers Leodamas empfangen läßt.[30] Photios führt neben Platon einen unbekannten Antalkidas als Lehrer von Aischines auf.[31] Die Suda schließlich macht Aischines zum Schüler des Sophisten Alkidamas.[32] Man sieht an diesem Beispiel, daß man in der biographischen Tradition die Bildung der klassichen Redner mit den unterschiedlichsten Namen verband. – Ein anonymer Bios nimmt Demetrios von Phaleron, Idomeneus, Hermippos und Caecilius für die Behauptung in Anspruch, daß Aischines erst ein Schüler des Sokrates war, dann des Platon. Doch habe er diese Männer nicht um der Erkenntnis willen gehört, weil er das Gepräge (χαρακτήρ) des Platonikers nicht bewahrte.[33] Überhaupt abgelehnt wird das Schülerverhältnis bei Apollonius, Vita Aeschinis – φασὶ μέντοι τινὲς αὐτὸν ἀκουστὴν γενέσθαι Πλάτωνός τε καὶ Σωκράτους, ψευδόμενοι.[34] – sowie im Kommentar des Scholiasten zu Aischines I 4.[35] Dort heißt es: „Zu Unrecht nennt Aischines die Tyrannis eine Verfassung. Die Verfassung besteht nämlich aus Gesetzen, in der Tyrannis herrschen aber ungesetzliche Zustände. Und daraus geht klar hervor, daß er Platon nicht hörte. Denn jener spricht von drei Verfassungen, Platon aber sowohl von zwei als auch von fünf als auch von sieben."

Das Bild, das diese Quellen vermitteln, entspricht weitgehend der bereits oben skizzierten allgemeinen Überlieferungslinie. Die Schrift über die zehn Redner und das Aischines-Scholion gehen über Caecilius auf Idomeneus und Hermippos zurück. Rätselhaft ist in diesem Zusammenhang nur die Erwähnung des Demetrios von Phaleron, dem als jüngerem Zeitgenossen kaum zuzutrauen ist, daß er Aischines als Platonschüler und noch dazu als Schüler des Sokrates bezeichnet hat. Denn letzteres kann natürlich schon aus chronologischen Gründen nicht stimmen. Es liegt also

---

28 De off. 1,3 f.
29 [Plut.] vit. dec. orat. 840 B; vgl. Philostr. vit. soph. I 18.
30 Über das Kalkül, das sich hinter dieser Behauptung verbirgt, vgl. Dörrie, Platonismus II 375 f.
31 Phot. Bibl. 61 (20 a 40).
32 Suda s.v. Αἰσχίνες (I 2,184 Adler).
33 Περὶ Αἰσχ. S. 6 Schultz = Demetrios fr. 171 Wehrli = Hermippos fr. 79 Wehrli.
34 S. 3 Schultz.
35 S. 254 Schultz.

vermutlich eine Verwechslung entweder des Redners mit dem Sokratiker Aischines von Sphettos[36] oder von Sokrates mit Isokrates vor. Letzteres erscheint mir wahrscheinlicher, weil Isokrates hier ja auch sonst mit Platon in einem Atemzug genannt wird.[37] Nach Wehrlis Vermutung gründet die Behauptung des Demetrios in der Beobachtung stilistischer Beziehungen zu Platon, der Idomeneus, Hermippos oder Caecilius die Feststellung entgegengehalten hätten, Aischines' Stil sei nicht platonisch.[38] Daß Demetrios von Phaleron Aischines als Schüler von Platon und Sokrates (oder Isokrates) betrachtet hat, ist jedoch in metaphorischer Auslegung mindestens ebenso abwegig wie nach einem buchstäblichen Verständnis. Plausibler, wenn auch ebenso ungewiß wie Wehrlis Vermutung, erscheint mir der Rückgriff auf eine Überlegung von Blass. Danach trug nicht der Phalereer, sondern Demetrios von Magnesia, ein Zeitgenosse Ciceros, der eine reiche Fülle biographischen Materials verarbeitete, die falsche Nachricht weiter.[39]

Im Falle des **Lykurgos** ist eine Schulzeit bei Platon besser belegt. Diogenes Laertius (III 46) vermerkt als Quellen Chamaileon, einen Peripatetiker, der um die Wende vom 4. zum 3. Jahrhundert schrieb, sowie den Periegeten Polemon aus der ersten Hälfte des zweiten Jahrhunderts. Pseudo-Plutarch berichtet, daß er Hörer des Philosophen Platon wurde und sich zunächst der Philosophie widmete. Dann, nachdem er auch Isokratesschüler gewesen sei, habe er eine formidable Karriere als Redner begonnen.[40]

Das wichtigste Zeugnis aber stammt aus dem „Gorgias"-Kommentar des Olympiodoros. Dieser zitiert den milesischen Rhetor Philiskos, einen Isokratesschüler, der einen βίος Λυκούργου schrieb, mit der Bemerkung, daß Lykurgos ein großer Mann war und vieles durchführte, was von jemandem, der Platons Lehre (λόγοι) nicht gehört hat, nicht durchzuführen ist.[41] Die Formulierung zeigt deutlich den biographischen Kontext der Äußerung: Die Größe des Mannes, sein Ethos wird mit der Bildung erklärt, die er beim ersten Philosophen seiner Zeit empfing. Wir bewegen uns also in der idealen Sphäre der Biographie[42] und dürfen Philiskos nicht so verstehen, als wenn die politische Tätigkeit des Lykurg eine direkte Umsetzung platonischer Philosophie bedeutet hätte.[43] Die „Platonismen", die besonders Renehan aus der einzigen erhaltenen Rede des Lykurgos („Gegen Leokrates") zu Tage förder-

36 Wörle, Platonschüler 54; Jacoby, Komm. zu FGrHist 338 F 13.
37 Wehrli, Komm. zu Hermippos fr. 79.
38 Komm. zu Demetrios von Phaleron fr. 171.
39 Blass, Beredsamkeit III 2,156 A. 4; Susemihl, Literatur in der Alexandrinerzeit I 140 A. 708, vgl. 507 f.; vgl. dagegen Jacoby (s.o. A.36).
40 [Plut.] vit. dec. orat. 841 B.
41 Olympiodoros, in Gorg. XLI 10,198, der über siebenhundert Jahre nach Philiskos schrieb, zitiert vermutlich nicht aus erster Hand.
42 Oder des Enkomions: Momigliano, Greek Biography 64 A.21, sieht in dem isokrateischen Enkomion auf Euagoras das Vorbild für Philiskos' Abhandlung über Lykurg; vgl. Solmsen RE s.v. Philiskos Nr. 9.
43 In diesem Sinne mißverstehen Renehan 229 ff. und Wörle, Platonschüler 64 ff. den Zusammenhang der Äußerung.

te[44], sind bei Lichte besehen, wenn nicht überhaupt zufällig, so doch wenig aussage-kräftig und politisch bedeutungslos. Den platonischen „Geist" entdeckt Renehan in Lykurgs Interesse für Gesetzgebung, in seiner Bewunderung der spartanischen ἀρετή und in seinem gewissenhaften Gerechtigskeitssinn.[45] Das sind jedoch allenfalls thematische Übereinstimmungen, die nicht den Schluß erlauben, daß Lykurgos einen konzeptionellen Platonismus auf dem Feld der „Realpolitik"[46] verwirklichte.

Ein allgemeiner Einfluß der platonischen παιδεία erscheint dagegen durchaus möglich, denn das zeitgenössische Zeugnis von Philiskos verdient ernst genommen zu werden. Außerdem wäre Lykurgos wegen seiner Herkunft aus dem alteingessenen attischen Adel und bei seinem politischen Stil[47] noch am ehesten von den genannten vier Rednern ein enger Kontakt zu Platon zuzutrauen.

Die Quellen für den Akademieaufenthalt von **Hypereides** sind dieselben wie bei Lykurgos, das Philiskos-Zitat natürlich ausgenommen. Beide Redner werden in diesem Punkt stets gemeinsam aufgeführt.[48] Der Autor einer jüngst erschienen Hypereides-Biographie hält einen Unterricht bei Platon zwar für denkbar, vermag aber keine Einflüsse der Lehren Platons auf das Werk und das politische Leben des Hypereides zu entdecken.[49] Da andererseits Spuren formellen isokrateischen Einflus-ses in fast allen Reden des Hypereides zu finden sind, eine Schulzeit bei Isokrates also wahrscheinlich ist, vermutet Engels, „daß Hypereides höchstens im Rahmen des gesamten isokrateischen Bildungsganges einige allgemeinbildende Grundstudien der platonischen Philosophie durchlaufen hat".[50]

2. DIE STRATEGEN

Es gibt antike Zeugnisse, die eine Verbindung zwischen Platon und den drei attischen Strategen **Chabrias**, **Timotheos** und **Phokion** feststellen.[51] Danach er-scheinen letztere jeweils als Schüler, Freunde oder Verwandte Platons. Obwohl die Quellen in ihrer beiläufigen Allgemeinheit bzw. Anekdotenhaftigkeit weitergehende Aussagen über die Art der jeweiligen Beziehung nicht zulassen, ist in der modernen Forschung neuerdings versucht worden, Platon auf diesem Wege – sozusagen als

---

44 The Platonism of Lycurgus, GRBS 11 (1970), 219 ff.: Renehan sieht vor allem Parallelen zu Platons „Nomoi".
45 Ebd. 229.
46 Ebd. 231.
47 Lykurg stammte aus der hochadeligen Familie der Eteobutaden, begann seine politische Karrie-re erst spät und wirkte im engeren Sinne politisch mehr als Fachmann der Finanzverwaltung denn als Demagoge; vgl. MacKendrick, Athenian Aristocracy 22 ff.
48 Plut.] vit. dec. orat. 848 B; Diog. Laert. III 46; Suda s.v.῾Υπερίδης.
49 Engels, Hypereides 15 f.
50 Ebd. 15.
51 **Chabrias**: Plut. adv. Col. 1126 B; Philochoros (FGrHist 328) F 223; Aristeid. ὑπ. τ. τεττ. 249 B und evt. Himerius XXVII 41 ff. – **Timotheos**: Philochoros F 223; Cic. Tusc. V 35,100; Plut. de tuenda san. 127 A. Quest. conv. 686 AB; Athen. 419 CD; Ael. v.h. II 10. 18 – **Phokion**: Plut. Phok. 4,1. 14,4. adv. Col. 1126 B; Philod. Rhet. II 102 Sudhaus.

„fellow-traveller" – bestimmten athenischen Politikern zuzuordnen und in den Parteienhader der attischen Politik zu integrieren.

Es ist bezeichnend für die Methode, daß man dabei zu fast genau entgegengesetzten Ergebnissen gelangt ist. Während Capizzi Platon für einen „hartnäckigen Prospartaner" hält, der im Verein mit dem „konservativen Triumvirat" bestehend aus Chabrias, Kallistratos und Iphikrates für eine Wiederannäherung Athens an Sparta agiert[52], charakterisiert Dušanić Platons außenpolitische Orientierung als „panhellenisch" und „panathenisch" und sieht in ihm darin einen Parteigänger des Timotheos.[53] Der eine identifiziert dementsprechend als politischen Hauptgegner Platons Timotheos, der andere Kallistratos.

Eine Capizzi verwandte Konstruktion von Platons Beziehungen zur attischen Politik gibt Cinzia Bearzot.[54] Danach ist Platons politische Überzeugung trotz unterschiedlicher theoretischer Begründung der des Isokrates sehr ähnlich. Beide sind die intellektuellen Vertreter einer politischen Richtung, die Bearzot als „moderatismo" bezeichnet. Diese Richtung ist als Erbin der Oligarchen des 5. Jahrhunderts tendenziell antidemokratisch, aber kompromißbereit und zur politischen Betätigung innerhalb der demokratischen Verfassung entschlossen. Ihre hervorragenden politischen Vertreter sind Kallistratos, Timotheos, Chabrias und Phokion. Der intellektuelle Flügel, zu dem später auch der alte Xenophon hinzutritt, versucht, die antidemokratische Idee theoretisch zu untermauern und zeigt konsequenterweise ein steigendes Interesse für die großen Monarchien. Aus der ideologischen Gemeinsamkeit folgt die auf verschiedenen Ebenen betriebene kulturelle Propaganda.

Alle diese Darstellungen – ob Capizzi, Dusanic oder Bearzot – beruhen sozusagen auf einer „esoterischen" Interpretation der platonischen Schriften, aus denen die Autoren zwischen den Zeilen einen Kommentar zur zeitgenössischen Politik herauslesen. Capizzi sieht z.B. Chabrias als „ispiratore" der Bücher III und IV der „Politeia", die die Wächtererziehung im Idealstaat betreffen[55]; Bearzot hält etwa die „Nomoi" für einen Reformvorschlag an Eubulos zur Einführung einer „oligarchia moderata" in Athen[56], während nach Dusanic, um wiederum nur ein Beispiel heranzuziehen, die Metapher vom königlichen Weber im „Politikos" Timotheos' politische Linie verteidigt.[57] Dušanić' Bestreben, die platonischen Schriften als politische Manifeste zu verstehen, geht soweit, daß er behauptet: „L'intention des écrits platoniciens étant extra-philosophique; c'est son ungeschriebene Lehre qui doit être prise comme représentative de ses conceptions théoriques."[58] Diese Art der Textexegese ist hermeneutisch unzulässig, weil arbiträr, und noch nicht einmal in sich stimmig, weil

---

52 Capizzi, Platone nel suo tempo, 122 ff., bes. 127 f.
53 Dušanić, L'Académie de Platon et la Paix Commune de 371 av. J.-C. 325. 329; ders., Plato's Academy and Timotheus' Policy 116; ders., Le Médisme d'Ismenias 229; ders., Platon et Athènes 140. 156; etc.
54 Platone e i „Moderati" Ateniesi, MIL 37 (1981), 1-157.
55 Platone nel suo tempo 126.
56 Platone e i „Moderati" Ateniesi 100 ff.
57 Plato's Academy and Timotheus' Policy 142.
58 Le Médisme d'Ismenias 229 A.22; für diese Abwertung der Dialoge beruft sich Dušanić auf die „Tübinger Schule": vgl. auch History and Politics in Plato's Laws 360.

sie großzügig auf nicht integrierbare Daten verzichtet. Hinter dem Text geheime politische Botschaften zu vermuten[59], widerspricht im übrigen dem planen Sinn der Dialoge, in denen Platon häufig genug eine große Distanz zur Realpolitik seiner Zeit zum Ausdruck bringt.[60] Daß sich aber Sinn und Hintersinn (selbst gesetzt, es gäbe ihn in der von Capizzi, Bearzot und Dušanić bezeichneten Richtung) in Platons Schriften geradezu im Gegensatz befinden sollten, ist doch wohl eine absurde Annahme. Was hätte Platon außerdem dazu veranlassen sollen, sich verschlüsselt zu äußern? Und auf welches Publikum sollte er den Code berechnet haben? Breitenwirkung hätte er auf diesem Wege jedenfalls nicht erzielen können, und welchen Sinn sollte es gehabt haben, den engsten Kreis von seiner geheimen Unterstützung der Politik eines Kallistratos oder Timotheos oder sämtlicher „Moderati" zu unterrichten?

Schließlich erfährt auch die historische Überlieferung bei Dušanić, Bearzot und Capizzi keine von der Analyse der Platontexte unabhängige Untersuchung, so daß beide Diskurse einander stützen sollen und schließlich bis zur Unkenntlichkeit angeglichen werden. Ein solches Vorgehen aber läuft auf einen einzigen Zirkelschluß hinaus.

Da Platon als Stichwortgeber der athenischen Politik fungieren soll, sind die drei Autoren gezwungen, einen modernen Parteibegriff zugrunde zu legen, der ein ideologisches Programm und eine quasi-institutionelle Geschlossenheit beinhaltet. Denn warum sonst sollte es eines intellektuellen Beraters und Anregers bedürfen? – Nicht ideologische Motive konstituierten jedoch eine antike „Partei", sondern persönliche Beziehungen, gemeinsame Interessen und konvergierende politische Zielvorstellungen.[61] In diesem weiten Sinne mag man von einer „Partei" des Kallistratos sprechen,[62] zu der, wie vor allem der Oropos-Prozeß im Jahre 366 v. Chr. zeigt, vermutlich auch Chabrias gehörte. Damals wurden Chabrias und Kallistratos wegen des Verlustes der attischen Grenzgemeinde Oropos an Theben des Verrates beschuldigt und auf den Tod angeklagt.[63] In dieser Situation hat eine Anekdote ihren

---

59 In dem Aufsatz „The Political Context of Plato's Phaedrus", RSA 10 (1980), 2 hat Dušanić seine methodischen Voraussetzungen bes. deutlich erklärt: „Plato tended to communicate his message on contemporary political questions in two implicit ways: by adapting topical matters for the major themes of the discourse, and by alluding to actual Athenian phaenomena and characters through significant details – the setting of dialogue, the dramatis personae, the myths, intentional anachronisms and factual inexactitudes – independent of the main line of the discussion." – Auf diese Weise präsentiert er phantastische Ergebnisse, die sich eo ipso jeder Verifizierung entziehen.

60 Siehe Teil B dieser Arbeit, passim.

61 Vgl. Sealey, Callistratos 202 f.; Perlman, Politicians 352 f.; ders., Political Leadership 166 f.; Gehrke, Phokion 16 A.92.

62 Kallistratos begann seine politische Karriere als Radikaler, gewann herausragenden Einfluß jedoch erst als Vertreter einer gemäßigten Linie, die zuerst Theben gegen die spartanische Hegemonie und dann – verstärkt nach Leuktra – Sparta gegen die thebanische Hegemonie unterstützte. Das war folgerichtige Interessenpolitik und hatte dementsprechend weder etwas mit Opportunismus (Dušanić) noch mit einem ideologisch oder ästhetisch bestimmten λακωνισμός (Capizzi), wie ihn etwa Teile der gebildeten Jugend Athens gegen Ende des Peloponnesischen Krieges pflegten, zu tun; vgl. Schäfer, Demosthenes I 11 ff.; Beloch, Die attische Politik seit Perikles 145 ff.; Cloché, Callistratos 8. 32.

63 Beide wurden dank der brillanten Rhetorik des Kallistratos freigesprochen. Zum Prozeß s.

historischen Bezugspunkt, die Platon ins Spiel bringt.[64] Danach wagte es von allen Athenern nur Platon, den Chabrias zu verteidigen, wobei er sich auch gegenüber der Drohung des „Sykophanten" Hegesippos[65], er werde das Schicksal des Sokrates (den Schierlingstrank) erleiden, unbeeindruckt zeigte.

Worauf es der Anekdote ankommt, macht der abschließende Sinnspruch, der Platon in den Mund gelegt ist, deutlich: „Wie ich im Krieg für das Vaterland Gefahren auf mich nahm, so werde ich sie auch jetzt nicht scheuen, da ich der Pflicht für einen Freund nachkomme." Platons intensiver Begriff der Freundschaft ist das Thema, zu dem, wie meistens in Anekdoten, die historische Kulisse in keine innere Verbindung tritt. Daß Platon Chabrias und damit mittelbar etwa auch Kallistratos **politisch** unterstützt habe,[66] darf man also aus der Geschichte keineswegs ableiten, zumal sich in der übrigen, allerdings spärlichen Überlieferung zum Oropos-Prozeß[67] kein Hinweis auf eine Beteiligung Platons findet.

Eine „Partei" des Timotheos vermag ich den Behauptungen von Dušanić zum Trotz in der attischen Politik des 4. Jahrhunderts nicht zu erkennen.[68] Timotheos war ja – wie Chabrias und Iphikrates – weniger Politiker im engeren Sinne als vielmehr militärischer Fachmann,[69] der auch im Dienst auswärtiger Potentaten Krieg führte.[70] Dabei befand er sich zu oft und zu lange im Felde oder auf See, um auf der politischen Bühne Athens eine effektive und dauerhaft richtungweisende Rolle spielen zu können.[71] Gerade deshalb bedurfte er allerdings des Rückhalts von politisch bedeutsamen Kräften in Athen; doch er hat, soweit die Quellen einen Schluß erlauben, zu diesem Zweck im Verlaufe seiner Karriere mit verschiedenen Gruppierungen zusammengearbeitet.[72]

    Arist. rhet. 1364 a 19 ff. 1411 b 6 ff.; Demosth. XXI 64; Hermippos F 61 ap. Gell. N.A. III 13; Plut. Demosth. 5,1 ff.; vgl. Beloch, Die attische Politik seit Perikles 154 f.; Cloché, Callistratos 27 f.; Sealey, Callistratos 187. 195 f.; Gehrke, Phokion 17 ff.

64   Diog. Laert. III 24; vgl. Riginos, Platonica 153 f.

65   Die Anekdote nennt seinen Spitznamen Krobylos: vgl. Schäfer, Demosthenes II 310.

66   Vgl. Bearzot (s.o. A.54), 70 und Capizzi, Platone nel suo tempo 155 ff., der im übrigen in Timotheos den Hintermann der Anklage und in Isokrates – einer der Ankläger, Leodamas, soll nach [Plut.] vit. dec. orat. 837 D sein Schüler gewesen sein – den eigentlichen Anstifter des Prozesses vermutet. Während die erste Annahme immerhin möglich erscheint, ist die zweite ganz absurd und dient lediglich dazu, die suggestive Konstellation aufzubauen: Isokrates und Timotheos gegen Platon, Kallistratos und Chabrias.

67   S.o. A.63. Im Gegenteil nennt Arist. rhet. 1411 b 6 ff. Lykoleon als Verteidiger von Chabrias. Somit wäre Platon, wenn überhaupt, nicht der einzige Verteidiger des Chabrias gewesen, wie die Anekdote behauptet.

68   Vgl. Pecorella Longo, Eterie 60: „Timoteo ... si tenne lontano, come sembra, da ogni partito ..."

69   Sealey, Callistratos 178 f.; Perlman, Political Leadership 162 f. 172; vgl. Isokr. VIII 54 f.; Plut. Phok. 7,3.

70   [Demosth.] XLIX 25: Nach seiner Amtsenthebung im Jahre 372 diente er dem persischen Großkönig als Feldherr gegen Ägypten. Zum Problem generell vgl. Pritchett, The Greek State at War II 59 ff. (The Condottieri of the Fourth Century).

71   Nach Theopompos (FGrHist 115) F 105 (bei Athen. 532 B; Corn. Nep. XII 3,4) haben es die großen attischen Strategen der Zeit außerdem vorgezogen, unbehelligt vom Neid der Masse im Ausland zu leben, Iphikrates in Thrakien, Konon auf Zypern, Timotheos auf Lesbos, Chares in Sigeion und Chabrias in Ägypten.

72   So hat er bei der Einrichtung und Organisation des Zweiten Attischen Seebundes etwa auch

Timotheos' Handeln stellt Dušanić unter das Postulat eines Parteiprogramms, das er mit den Attributen „panathenisch" und „panhellenisch" belegt oder als „attikozentrischen Panhellenismus" bezeichnet.[73] Implizit ist damit eine Identität von athenischem und hellenischem Interesse zum Ausdruck gebracht, wie sie allenfalls die aggressive Politik des ersten attischen Seebundes propagierte.[74] Das geht selbst über die Gedankenspiele des Isokrates hinaus, der im „Panegyrikos" zwar die athenische ἀρχή des fünften Jahrhunderts verteidigte, immerhin aber Athen und Sparta gemeinsam in die panhellenische Führungsrolle einsetzte.[75] Freilich waren schon Isokrates' Vorschläge nicht dazu geeignet, im Rahmen der zeitgenössischen Politik etwas zu bewegen[76]; um wieviel mehr gilt das für ein Programm, wie es Dušanić Timotheos und Platon unterstellt! Explizit sagt Dušanić freilich bloß, daß Timotheos das Interesse Athens und Griechenlands zum Maßstab seines Handelns nahm. In diesem „aristokratischen Patriotismus" sei ihm Platon begegnet[77] und habe ihn mit dem Personal der Akademie, wann immer und wo immer es möglich war, unterstützt; außerdem seien auf diesem Wege platonische Reformen ins Werk gesetzt worden.[78] Die Absurdität solcher Konstruktionen liegt nunmehr auf der Hand; daß sie auch im Detail jeder Grundlage entbehren, wurde bereits an verschiedenen Stellen dieser Arbeit gezeigt.[79]

Ansatzpunkt für Dušanić' Hypothesen zum Zusammenwirken von Platon und Timotheos ist ein Philochoros-Fragment, das freilich aus seinem Zusammenhang verstanden werden muß.[80] Es geht hier um Aristoteles, der gegen Behauptungen von Aristoxenos in Schutz genommen wird, wonach er während Platons dritter Sizilienreise von der Akademie abgefallen sei und eine eigene Schule gegründet habe. Philochoros hält dagegen, daß Aristoteles als ξένος sich einen Bruch mit dem Politen Platon zu dessen Lebzeiten nicht leisten konnte, zumal Platon über so mächtige Verwandte wie die Strategen Chabrias und Timotheos verfügte. – Prosopographische Studien haben die Behauptungen von einer Verwandtschaft zwischen Platon auf der einen und Chabrias und Timotheos auf der anderen Seite bisher nicht bestätigen können.[81] Dennoch wird man auch Philochoros als Beleg dafür heranziehen dürfen,

gemeinsam mit Kallistratos und Chabrias gehandelt: vgl. Beloch, Die attische Politik seit Perikles 141.

73 S.o. A.53.

74 Vgl. z.B. Plut., Perikles 17.

75 Vgl. Bringmann, Isokrates 32 ff.

76 Ebd. 43 ff.: Es besteht einer verbreiteten Meinung zum Trotz kein Zusammenhang zwischen Isokrates' Argumentation im „Panegyrikos" und der Stiftungsurkunde des Zweiten Attischen Seebundes.

77 S.o. A.53.

78 Dušanić hat diese Grundannahme, die bereits in seinem Buch über den Arkadischen Bund begegnet, mit zahl- und materialreichen Aufsätzen seit dem Ende der siebziger Jahre ausgeführt.

79 Vgl. die Kapitel: Aristonymos – Arkadien, Phormion – Elis, Menedemos – Pyrrha, Eudoxos – Knidos, Klearchos – Herakleia Pontike, Chion – Herakleia Pontike, Python und Herakleides – Thrakien.

80 FGrHist 328 F 223 (vit. Aristot. Marc. p. 428,6 Rose) mit Komm. Jacoby und Gigon, vit. Aristot. Marc. 20. 47 f. 51.

81 Vgl. Davies, Athenian Propertied Families Nr. 8792 (Platons Familie), Nr. 15086 (Chabrias), Nr. 13700 (Timotheos).

daß Platon freundschaftliche Beziehungen zu Chabrias und Timotheos unterhielt.[82] Bei der Herkunft Platons sind solche Kontakte innerhalb der Führungsschicht Athens, die sicher noch weit vielfältiger waren als den Quellen zu entnehmen ist, jedoch in keiner Weise überraschend. Erkennbare Konsequenzen für die politische Stellung Platons ergeben sich daraus nicht.

Im Gegensatz zu Chabrias und Timotheos trat Phokion schon als junger Mann in die Akademie ein und blieb ihr bis zu seinem Lebensende verbunden.[83] Dennoch ist unbekannt, wie lange er kontinuierlich am Unterricht in der Akademie teilnahm. Er widmete sich jedenfalls nicht dem βίος θεωρητικός, sondern begann frühzeitig eine politische Karriere im Windschatten des Chabrias, mit dem er vielleicht über die Akademie in Verbindung gekommen war.[84] Phokion war dann über Jahre und Jahrzehnte hinweg einer der bedeutendsten athenischen Politiker. Er hatte allein fünfundvierzigmal das Amt des Strategen inne, ohne bloß militärischer Spezialist gewesen zu sein.[85] Er bewies ein hohes Maß an politischer Unabhängigkeit und Eigenständigkeit, auch gegenüber der – im weitesten Sinne – „konservativen" Richtung, der er selbst zuzurechnen war.[86] Gegenüber Makedonien trat er für eine Politik des Ausgleichs, der friedlichen Verständigung ein.

Seine Mitgliedschaft in der Akademie hat schon antike Autoren dazu verleitet, Phokion zum Philosophen zu stilisieren.[87] Sein tragisches Ende mit seinen oberflächlich an Sokrates gemahnenden Begleiterscheinungen[88] trug zusätzlich zu seiner philosophischen Überhöhung bei. Philosoph-sein ist hier – den Gepflogenheiten der antiken Biographie entsprechend – als ethische Haltung verstanden, die freilich im politischen Kontext nichts erklärt. Wenn Plutarch Phokions Charakter als χρηστότης auf den Begriff bringt[89] und seine Laufbahn unter das sokratische Postulat „Unrecht erleiden ist besser als Unrecht tun" stellt[90], so ist deutlich, wie hier schlechthin unpolitische Kategorien die Darstellung bestimmen.

Wenn Tritle auf den Spuren von Bernays Phokion zuletzt wieder als „Philosophen in der Politik" behandelt hat[91], so kann er folgerichtig nur auf ethische Qualitä-

82 Wobei die Belege für Timotheos schwächer sind als für Chabrias. Im Falle von Timotheos gibt es außer Philochoros nur zwei Anekdoten (s.o. A.1), von denen sich eine in der antiken Literatur einiger Beliebtheit erfreut hat: vgl. Riginos, Platonica 123 f.
83 S.o. A.51
84 Gehrke, Phokion 2 ff.
85 Ebd. 5 ff. bes. 14; vgl. Plut. Phok. 7,3.
86 Gehrke, Phokion 220.
87 Die antike Beurteilung wurde natürlich zunächst von der neuzeitlichen Wissenschaft übernommen. Besonders konsequent ausgeführt findet sie sich in dem Buch von J. Bernays, Phokion und seine neueren Beurtheiler, Berlin 1881; vgl. Gehrke, Phokion 198 ff.
88 Im Jahre 318 v. Chr. wurde Phokion im Zuge der Turbulenzen, die das Freiheitsedikt des Polyperchon in Athen hervorrief, unter dem Vorwurf des Verrates und des Verfassungsumsturzes von einer tobenden Volksversammlung zum Tode durch den Giftbecher verurteilt (Plut. Phok. 34 ff.; Diod. XVIII 66,4 ff.).
89 Plut. Phok. 10,2. 14,1. Der Beiname χρηστός haftete Phokion vermutlich schon zu Lebzeiten an. Er besaß damals vermutlich noch politische Konnotationen, die er zu Plutarchs Zeiten aber längst verloren hatte: vgl. Gehrke, Phokion 193 A.67.
90 Plut. Phok. 32,3 f.
91 Phocion the Good XIV. 141 ff.

ten verweisen, wie sie bereits die antike Biographie herausgearbeitet hat. Phokion sei kein typischer athenischer Politiker gewesen, meint Tritle, weil er die konventionelle Vorteils- und Vergeltungsethik seiner Landsleute nicht teilte und sich stattdessen am platonisch verstandenen Ideal der δικαιοσύνη orientierte. Außerdem habe er stets gesagt, was zum Besten der Stadt gesagt werden mußte, ohne auf seine Popularität zu achten. In dieser Haltung sieht Tritle das Ergebnis seiner philosophischen Erziehung in der Akademie.[92] Abgesehen von Plutarch bringt Tritle einen zeitgenössischen Beleg für den philosophischen Ruf Phokions. Aischines behauptet in der Rede über die Gesandtschaft, daß Phokion alle anderen an Gerechtigkeit übertreffe.[93] Tritle kommentiert dies wie folgt: „The report of Phocion's reputation for δικαιοσύνη supports the credibility of his association and intellectual link to Plato. Moreover, the fact that a contemporary provides this description argues forcefully for its veracity."[94]

Versteht Aischines aber unter Gerechtigkeit das gleiche oder auch nur Ähnliches wie Platon? Der Zusammenhang zeigt, daß die Frage verneint werden muß. Aischines verteidigt sich mit seiner Rede gegen die Anklage der Bestechung und des Verrats. Ganz zum Schluß seiner Ausführungen ruft er als Zeugen seiner Integrität die bekannten Landsleute Eubulos, Phokion und Nausikles herbei. Wenn er dabei dem Namen Phokions die Bemerkung hinzufügt: ἅμα δὲ καὶ δικαιοσύνῃ διενηνοχότα πάντων, so verweist er auf die anerkannte Verfassungstreue seines Bürgen, nicht jedoch auf eine in diesem Zusammenhang völlig uninteressante philosophische Reputation. – Δικαιοσύνη hat bei Platon, grob gesagt, zwei zusammenhängende Bedeutungen, die sich beide beträchtlich vom zeitgenössischen politischen Diskurs unterscheiden. Im ethischen Sinne meint Gerechtigkeit die Herrschaft der Vernunft über die Leidenschaften und die Begierden. Ob Phokion in diesem Sinne gerecht war, wie das plutarchische Bild suggeriert, entzieht sich notwendig unserer Kenntnis. Politisch verlangt Platons Gerechtigkeit jedoch eine nach Tugend und Leistung strenge Hierarchisierung der Gesellschaft. Wenn Phokion diese Gerechtigkeitskonzeption verfolgt hätte, hätte er das politische System Athens revolutionieren müssen.

Sehr viel kritischer als Tritle beurteilt Bearzot Person und Politik Phokions. Dennoch mißt auch sie dem Aufenthalt ihres „Helden" in der Akademie größte Wichtigkeit zu. Für sie ist Phokion der bedeutenste Vertreter des antidemokratischen „moderatismo" im Athen des 4. Jahrhunderts[95], zu dessen Vordenkern sie, wie bereits erwähnt, Platon rechnet. Der Einfluß der „akademischen" Erziehung erscheint ihr in Phokions politischem Verhalten wiedererkennbar, in seinem Konservatismus, in seiner antidemokratischen Orientierung und in seinem äußerlichen Betragen.[96] Leider versäumt es Bearzot, schlüssige Belege für ihre kühnen Kombinationen beizubringen. Sie begnügt sich im wesentlichen damit, Plutarchs typologische Darstellung ins Negative zu wenden und bemerkt nicht, daß sie eben dadurch – ihrer kritischen Attitüde zum Trotz – dem plutarchischen Bild in wichtigen Punkten verpflichtet

---

92 Ebd. 53 f.
93 II 184.
94 Tritle, Phocion 193.
95 Focione tra storia e trasfigurazione ideale 8.
96 Ebd. 74.

bleibt. Im übrigen halte ich, wie aus dem zweiten Teil dieser Arbeit hervorgehen wird, Bearzots Platonverständnis für völlig verfehlt.

Phokions politische Karriere war ungewöhnlich wegen ihrer Dauer von fast sechzig Jahren. Ihrem Wesen nach fiel sie jedoch nicht aus dem Rahmen der Zeit. Zusammenfassend läßt sich daher mit Gehrke festhalten: Phokions Stilisierung als Philosoph „beruht auf Tatsachen, die sich anders und richtiger interpretieren lassen und die Gelegenheit und einen Anknüpfungspunkt für eine nachträgliche philosophische Erhöhung gaben, in ihrem unmittelbar zutage tretenden Sinn jedoch sich einem planen politischen Verständnis öffnen."[97]

3. DIE PHILOSOPHEN

Speusippos und Xenokrates waren nacheinander die beiden Nachfolger Platons in der Leitung der Akademie; ihre politische Stellung gilt es abschließend zu untersuchen. Unsere Möglichkeiten sind in dieser Hinsicht allerdings stark eingeschränkt, weil die biographische Tradition überwiegend unbrauchbares Material liefert.[98]

Speusippos ist uns bereits als enger Freund Dions begegnet, der dessen gewaltsame Rückkehr nach Syrakus sowohl vorbereitete als auch unterstützte und der nach dem Scheitern der Unternehmung die Verherrlichung Dions zu seiner Sache machte.[99] Nach Platons Tod tritt er einzig als Verfasser eines Briefes an König Philipp ins Licht der historischen Überlieferung.[100] Der Brief ist ein Stück aus dem publizistischen Kampf zwischen Isokrates und Speusippos, in dem es nur vordergründig um die Gunst des makedonischen Königs geht. Speusippos will Isokrates vor der griechischen Öffentlichkeit herabsetzen, wobei er auch vor persönlichen Anfeindungen, übler Nachrede sozusagen, nicht zurückschreckt. Er bezieht sich auf den „Philippos" des Isokrates und bekundet sein Einverständnis mit dem Zweck, aber nicht mit der Ausführung desselben. Ein rhetorischer Maßstab dient dazu, die Unfähigkeit des Isokrates zu demonstrieren.[101] Der Form nach ist Speusipps Brief ein Empfehlungsschreiben für einen anderweitig nicht bekannten Historiker namens Antipatros von Magnesia. Dieser wird als Profi der politischen Propaganda vorgestellt, der die

---

97 Gehrke, Phokion 222.
98 Vgl. Leo, Biographie 56 ff.
99 S.o. S. 110. 112.
100 Der Brief (ep. Socr. XXX) ist 1928 von Bickermann und Sykutris herausgegeben, übersetzt und ausführlich kommentiert worden. Der Nachweis der Echtheit ist von beiden Autoren überzeugend geführt worden. Der Brief läßt sich ziemlich genau auf den Winter 343/42 v. Chr. datieren. Der Versuch von Bertelli, AAT 110 (1976), 275 ff. und AAT 111 (1977), 75 ff., diese Datierung und damit die Authentizität des Briefes in Zweifel zu ziehen, hat mich nicht überzeugt. – Aus den wenigen erhaltenen Anekdoten ergeben sich keine historisch verläßlichen Daten zu Speusippos' Leben, wie Taran, Speusippus 3 ff. gegen Merlan, Zur Biographie des Speusippos 198 ff. überzeugend gezeigt hat. Wenn Merlan glaubt, „alle Nachrichten, die aus dem Leben des Speusipp überliefert sind, ... leicht in ein widerspruchsloses Ganzes fügen" (213) zu können, dann deswegen, weil er der eigenen Mutmaßung breitesten Raum gewährt und die Quellen mit einer gewissen Beliebigkeit interpretiert. Unkritisch auch Wörle, Platonschüler 28 ff.
101 Bickermann/Sykutris, Speusipps Brief 19.

εὔνοια Philipps gegen die Griechen viel besser als Isokrates zum Ausdruck bringen
könne. Was Speusippos über die Argumente des Antipatros verlauten läßt, setzt denn
auch durchweg die makedonischen gegen die athenischen Ansprüche mythologisch
ins Recht. Dennoch sollte man, wie Bickermanns brillianter historischer Kommentar
gezeigt hat, in dem Brief eher ein Pamphlet gegen Isokrates denn eine Flugschrift für
Philipp erkennen. Speusippos verrät eine sehr weitgehende „Gleichgültigkeit" gegen
die Interessen seiner Heimatstadt[102] und offenbart gerade dadurch seine fundamentale Distanz zur athenischen Politik, auch der makedonienfreundlichen Richtung. Denn
diese beanspruchte ja ebenfalls, den Interessen Athens zu dienen, indem sie eine
Verständigung mit Philipp suchte. Gerade das Verhalten des Phokion, der ein Vertreter dieser Richtung und zugleich ein Akademiemitglied war, verdeutlicht den grundsätzlichen Unterschied: Etwa zu der Zeit, da Speusippos dem Philipp neue Argumente gegen die Rechtspositionen Athens anbot, „aktivierte jener (Phokion) die Athener zum Schutze Megaras gegen Philipp, ganz im Sinne des Demosthenes".[103]

Speusippos und Isokrates trugen ihre Fehde „abseits vom Parteihader und
-treiben"[104] in Athen aus; daß der aufstrebende Monarch im Norden den Bezugspunkt
ihrer Auseinandersetzungen abgab, wies zweifellos in die Zukunft. Aber sollte man
deswegen schon vermuten, daß es dabei eigentlich um „royal patronage"[105] für die
jeweiligen Schulen ging? Wie hätte dies 346, als der „Philippos" erschien, oder 343/
42, als Speusippos seinen Brief schrieb, aussehen können? Markle weiß eine Antwort, die allerdings nicht überzeugt: Er betrachtet Speusipps Brief in erster Linie als
Intervention für Aristoteles als Erzieher Alexanders. Die Akademie habe auf diesem
Wege versucht, die wichtige Stellung am makedonischen Hof mit einem eigenen
Mann zu besetzen.[106] Leider gibt es für Markles Vermutung nicht den geringsten
Hinweis, weder in Speusipps Brief noch in den übrigen Quellen.[107] Viel wahrscheinlicher war es Aristoteles' familiärer Hintergrund, der ihm den Zugang zum
makedonischen Königshof öffnete.[108]

Nicht als Bittsteller wandte sich Speusippos an den König, sondern aus Geltungs-
bedürfnis. Wie im Falle Dions fühlte sich Speusippos berufen, das Prestige der
Akademie zu verteidigen. Deswegen benutzte er die Gelegenheit, Schmähungen
Platons, wie sie angeblich Theopompos in der Umgebung Philipps ausstreute, aus-
drücklich zurückzuweisen. Und deswegen schreckte er auch vor der verwegenen
Behauptung nicht zurück, daß ja Platon seinerzeit den Grund für die Herrschaft

---

102 Ebd. 45 ff.; vgl. Hammond/Griffith, Macedonia II 514 f.

103 Gehrke, Phokion 222.

104 Bickermann/Sykutris, Speusipps Brief 46.

105 Markle, Support of Athenian Intellectuals for Philip 80. 86 ff.

106 Ebd. 93 f.

107 Markle verweist auf den Brief des Isokrates an Alexander (ep. V). Selbst wenn dieser Brief, was
     ich entschiedenermaßen nicht glaube, echt ist, und sich darin eine gewisse Kritik am aristotelischen
     (= akademischen?) Lehrstoff ausgedrückt findet, so läßt das noch lange nicht auf die Einwir-
     kung des Speusippos bei der Berufung Aristoteles' als Lehrer Alexanders schließen. Auch
     Merlan, Isokrates, Aristoteles and Alexander the Great 60 ff. scheint mir die Bedeutung von ep.
     V bei weitem zu überschätzen.

108 S. 49 ff.

Philipps gelegt habe.[109] Die Verdienste des Stifters waren natürlich bestens geeignet, der Akademie ein langwährendes Licht aufzusetzen.

Eine Anekdote, welche die Reise Speusipps zur Hochzeit des Kassander erwähnt[110], könnte ein weiterer Beleg für die Verbindungen des Philosophen nach Makedonien sein. Die Angabe ist jedoch aus chronologischen Gründen unbrauchbar, weil die einzig bekannte Hochzeit des Kassander (mit Thessalonike) im Jahre 316 v. Chr. und somit über zwanzig Jahre nach Speusipps Tod gefeiert wurde.[111] Alle Versuche, die Geschichte dennoch zu retten, sind vollends im Hypothetischen verblieben.[112]

Ähnlich verhält es sich mit einer zweiten Anekdote, die ebenfalls, ein Topos der antispeusippischen Biographie, die φιληδονία und die φιλαργυρία des Philosophen illustrieren soll. Athenaios zitiert aus einem Brief des abgesetzten Tyrannen Dionysios II. von Syrakus die Behauptung, Speusippos habe die Schulden eines gewissen Hermeias zwar erst bezahlt, das Geld dafür dann jedoch von anderen eingetrieben.[113] Der erwähnte Hermeias könnte mit dem Herrscher Hermias von Atarneus identifiziert werden, in dessen Umgebung sich bekanntlich zeitweise die Akademiker Erastos, Koriskos, Aristoteles und Xenokrates aufhielten. Das vorliegende Zeugnis zeigte dann, daß auch Speusippos dem Freundschaftsbund in Kleinasien „im Geiste wenigstens"[114] angehörte. Als Hermias im Jahre 341 v. Chr. (s.o.) in Persien getötet wurde, hätte sich also Speusippos um die Begleichung von dessen Schulden in Athen gekümmert. – Die Interpretation erscheint plausibel, ist allerdings in keiner Weise verifizierbar, da es sich bei der Quelle, dem Brief des jüngeren Dionysios, aller Wahrscheinlichkeit nach um eine Fälschung handelt.[115] Es bleibt immerhin denkbar, daß der Fälscher um Beziehungen Speusipps zu Hermias von Atarneus wußte und daß er die Schuldentilgung zum Anlaß nahm, gegen Speusippos den Vorwurf der Geldgier zu erheben. Dabei hätte Dionysios als bekannter Feind des Speusippos die Rolle des Anklägers spielen dürfen.

---

109 Bickermann/Sykutris § 12. Speusippos spielt offenbar auf die Tätigkeit des Platonschülers Euphraios von Oreos am makedonischen Hof an; s.o. S. 93 ff.

110 Diog. Laert. IV 1; Philostr. vit. Apoll. I 35: Die Anekdote dient beiden Autoren dazu, die φιληδονία und φιλαργυρία Speusipps zu dokumentieren.

111 Vgl. Taran, Speusippos 179 f. (Komm. zu T 1).

112 Zur Verwertung der Angabe sind zwei Lösungen vorgeschlagen worden: a) Thessalonike war nicht Kassanders erste Frau. Speusippos war Gast auf Kassanders erster Hochzeit, die demnach vor 339, dem Todesjahr Speusipps, stattgefunden haben muß. Dies wiederum zwingt dazu, das Geburtsdatum Kassanders, für das bis dahin ca. 350 (Beloch, GG III 2, 83) oder „kurz vor 355" (Berve, Alexanderreich II Nr. 414) galt, auf ca. 358 zurückzusetzen (Maas, RFIC 55 [1927], 68 ff.; ebenso: Merlan, Zur Biographie des Speusippos 210 f.; Wörle, Platonschüler 30 f.). – b) Die Angabe bezieht sich nicht auf den Sohn des Antipatros, sondern auf einen nur aus einem Theokrit-Scholion (XVII 61) zu erschließenden Bruder desselben. Speusippos hätte dann an der Hochzeit dieses Kassandros teilgenommen (Stähelin, RE s.v. Kassandros Nr. 1). Beide Vorschläge beruhen auf „freien" Kombinationen; außerdem legt die identische Formulierung in beiden Quellen (Sp. begibt sich ἐπὶ τὸν Κασάνδρου γάμον nach Makedonien) nahe, daß **die** Hochzeit **des** Kassandros gemeint ist, also die Heirat des Antipatros-Sohnes mit der Tochter Philipps II.

113 Athen. 279 E.

114 Merlan, Zur Biographie des Speusippos 209.

115 Taran, Speusippos 223 (Komm. zu T 39).

Xenokrates von Chalkedon (396-314 v. Chr.) war von Jugend an Mitglied der Akademie.[116] Möglicherweise gehörte er wie Speusippos zu Platons Begleitung auf dessen dritter Sizilienreise.[117] Nach Platons Tod begab er sich wahrscheinlich mit Aristoteles nach Kleinasien zu Hermias von Atarneus.[118] Im Jahre 339 v. Chr. wurde er als Nachfolger von Speusippos zum Leiter der Akademie gewählt.[119] Als Metoike hat er sich offensichtlich weitgehend aus der athenischen Politik herausgehalten. Dem widerspricht nicht, daß er sich gleichzeitig auf seine Weise mit der makedonischen Monarchie ins Benehmen setzte, auch hier auf den Spuren Speusipps wandelnd. Also widmete er Alexander eine Abhandlung περὶ βασιλείας[120], über deren Inhalt und Charakter nichts Zuverlässiges ausgesagt werden kann. Jedenfalls scheint die Schrift Erfolg gehabt zu haben, wenn die Nachricht stimmt, daß Alexander ihn – vergeblich – zur Teilnahme am Zug nach Asien einlud.[121] Auch sonst unterhielt Xenokrates anscheinend Beziehungen zu führenden Kreisen am makedonischen Hof.[122]

Es waren wohl in erster Linie diese Kontakte, welche die Athener bestimmten, Xenokrates der Gesandtschaft beizuordnen, die im Jahre 322 v. Chr. auf der thebanischen Kadmeia die Bedingungen der Kapitulation im Lamischen Krieg mit Antipatros aushandeln sollte.[123] Außerdem mochten sich die Athener vom allgemei-

---

116 Diog. Laert. IV 6.

117 Diog. Laert. IV 6. 11; Timaios bei Athen. 437 B; Ael. V. H. II 41

118 S.o. S. 73 A.89.

119 Philod. Acad. col. 6,40 ff. (Gaiser 193); vgl. Leo, Biographie 59; Dörrie, RE s.v. Xenokrates Nr. 4 (IX A 2, 1512 ff.).

120 Nach Plut. adv. Col. 1126 D hat ihn der König um die Schrift gebeten, was man sich in Anbetracht von Alexanders politischem Pragmatismus allerdings kaum vorstellen kann (Berve, Alexanderreich II Nr. 576). Cicero, Att. XII 40,2, spricht von einem ἐγκώμιον ᾽Αλεξάνδρου, worauf ansonsten nichts hindeutet, während Athenaios 3 F behauptet, daß Xenokrates, Speusippos und Aristoteles βασιλικοὺς νόμους schrieben. In dem bei Diog. Laert. aufgeführten Schriftenverzeichnis kommt das Werk unter dem Titel Στοιχεῖα πρὸς ᾽Αλέξανδρον περὶ βασιλείας (IV 14) vor. Danach umfaßte es vier Bücher.

121 Plut. de stoic. repugn. 1043 D.

122 Darauf deuten einige – für sich genommen recht problematische – Zeugnisse hin: Nach Diog. Laert. IV 8 (vgl. Cic. Tusc. V 32; Val. Max. 4 ext. 3; Plut. Alex. 8) soll er Geschenke von Alexander und Antipatros zurückgewiesen haben; Diog. Laert. IV 11 setzt einen Kontakt zu Antipatros ebenso voraus wie Plut. de vit. pud. 533 C eine Verbindung zu Polyperchon. Schließlich verweisen uns die im Schriftenkatalog aufgeführten Titel πρὸς ᾽Αρύβαν (Berve, Alexanderreich II Nr. 156) und πρὸς ᾽Ηφαιστίωνα (ebd. Nr. 357) wahrscheinlich an den Kreis der Hetairen Alexanders. (In diesem Punkt hat Bernays, Phokion 43f., wohl gegen Gomperz, Die Akademie und ihr vermeintlicher Philomacedonismus 107 A.8 recht behalten: vgl. Berve, Alexanderreich II Nr. 576; Wörle, Platonschüler 38 A.5.)

123 Außer Xenokrates nahmen an der Gesandtschaft Phokion, Demades und Demetrios von Phaleron teil. Von den Quellen – Plut. Phok. 27; Philod. Acad. col. 7,19 ff. (Gaiser 194 ff.); Demetrios von Phaleron fr. 158. 159 (Wehrli); Diog. Laert. IV 8 f. – verdient Demetrios vor allem aus zwei Gründen den Vorzug: a) Die Darstellungen von Plutarch und Philodem, die übrigens aus derselben Quelle schöpfen, und bes. von Diogenes Laertius beruhen auf dem stilisierten Xenokrates-Bild der biographischen Tradition (s.u.). b) Demetrios von Phaleron war als Mitgesandter Augen- und Ohrenzeuge des Geschehens. – Zum ganzen Komplex vgl. Gehrke, Phokion 88f. mit A.16.
Natürlich haben die Athener Xenokrates nicht zweimal auf eine diplomatische Mission zu makedonischen Königen geschickt: Die Gesandtschaft zu Philipp, von der Diog. Laert. IV 8 f.

nen Ansehen des Philosophen einen günstigen Einfluß auf die Verhandlungen versprochen haben. Xenokrates, den die athenischen Gesandten zuerst reden ließen,
enttäuschte jedoch die in ihn gesetzten Erwartungen, weil er es nicht verstand, sich
auf dem politisch-diplomatischen Parkett zu bewegen. Nach Demetrios von Phaleron,
einem Zeugen seines Auftritts, argumentierte er, als befände er sich in der Akademie[124], und zog mit weitschweifigen philosophischen Erörterungen den Unwillen des
Antipatros auf sich, der sich auf diese Art der Verhandlungsführung natürlich nicht
einließ.

Die Darstellungen bei Philodem und Plutarch machen dagegen die Unfähigkeit
des Antipatros, den Widerspruch des Philosophen zu ertragen, für die Erfolglosigkeit
von Xenokrates' Auftritt verantwortlich. Dabei handelt es sich um einen literarischen
Topos zum Thema: der Weise und der Tyrann, den wir bereits bei der Beschreibung
der Begegnung Platons mit Dionysios I. von Syrakus angewandt fanden.[125] Außerdem unternimmt es die Philodem/Plutarch-Darstellung, die loyale demokratische
Gesinnung des Akademieleiters herauszuarbeiten. Die Vermutung drängt sich auf,
darin eine Gegenversion, eine Antwort auf vorhandene Vorwürfe, zu sehen. Und in
der Tat führt Philodem „einige" an, die Xenokrates für das Ergebnis der Beratungen,
den Verfassungswechsel und die makedonische Besatzung in Athen, verantwortlich
gemacht haben.[126]

Nach der vorherrschenden biographischen Tradition zeigte sich der Philosoph
jedoch mit dem Resultat der Friedensverhandlungen sehr unzufrieden. Wenn er
tatsächlich gesagt haben sollte, Antipaters Friedensbedingungen seien für Sklaven
angemessen, für freie Männer aber bitter[127], so hätte er nur eine weitere Probe seiner
Weltfremdheit gegeben. Die anderen athenischen Gesandten akzeptierten die Bedingungen, weil sie wußten und in Rechnung stellten, daß Antipater die ihm schutzlos
ausgelieferte Stadt noch viel härter hätte anfassen können. Philosophische Konsequenz hätte Xenokrates auch bewiesen, wenn er tatsächlich das Angebot zur
Einbürgerung in Athen mit der Begründung abgelehnt haben sollte, er könne nicht an
einer πολιτεία teilnehmen, die zu verhindern er als Gesandter ausgeschickt worden
sei.[128]

schreibt, gleicht in Anlage und Verlauf zu sehr der gut belegten zu Antipatros, um die Schlußfolgerung vermeiden zu können, daß Diogenes die erste aus der zweiten herausgesponnen hat. Das
hat schon Gomperz, Die Akademie und ihr vermeintlicher Philomacedonismus 108 ff. gegen
Bernays, Phokion 43, in aller Deutlichkeit festgestellt: „Und wie unwahrscheinlich war es doch
von vornherein, daß die gewitzten Athener zweimal in dieselbe Grube sollten gefallen sein, daß
sie durch den Erfolg ungewarnt und unbelehrt, genau denselben Mißgriff wiederholt begangen
hätten" (109). Leider hat er für manche Gelehrte in den Wind gesprochen: vgl. Gigon, MH 15
(1958), 164 f. (s. ARISTOTELES); Merlan, Philologus 103 (1959), 205 f.; Maddoli, D Arch 1
(1967), 306 f. mit A.6; Wörle, Platonschüler 34 ff.
124 Vgl. Wehrli, Komm. zu fr. 158.159 (Schule des Aristoteles IV 80)
125 S.o. S. 105 ff.
126 Philod. Acad. col. 8,11 ff. (Gaiser 200; vgl. Komm. 475).
127 Plut. Phok. 27,4; Philod. Acad. col. 7,39 ff. (Gaiser 196).
128 Plut. Phok. 29,4; Philod. Acad. col. 8,2 ff. (Gaiser 199); Diog. Laert. IV 14: Das Angebot geht je
nach Quelle entweder von Phokion oder von Demades oder von Demetrios aus; eine weitere
Variation der Geschichte findet sich bei [Plut.] vit. dec. orat. 842 B und Plut. Flamin. 12,4; vgl.
Whitehead, RhM 124 (1981), 236 ff. Bei Philodem col. 7,41 ff. wird auch erzählt, daß

Daß die Glaubwürdigkeit solcher Geschichtchen nicht über allen Zweifel erhaben ist, liegt offen zu Tage. In der antiken Überlieferung dominiert – anders als im Falle von Speusippos – die positive Darstellung des Xenokrates. Als hervorstechendste Eigenschaften sind ihm hier Würde (σεμνότης) und Besonnenheit (σωφροσύνη) zugeordnet.[129] Seine Kritik am Ergebnis der Kapitulationsverhandlungen mit Antipatros paßt zu gut in dieses Konzept, als daß man ihr nicht mit Skepsis begegnen müßte. Aber selbst wenn man seine Kritik als historische Tatsache akzeptierte, so zeigte sie Xenokrates nicht als „unbeugsamen Volksfreund"[130] oder Vertreter eines „antimacedonismo"[131], sondern als einen wahrhaft freien Mann, der, wie die geistreichen Apophthegmen vorführen, nicht bereit ist, seine persönliche Würde einem politischen Diktat unterzuordnen.[132] Der Philosoph orientierte sich danach an ethischen Prinzipien[133], vor denen die Kategorien politischer Zweckmäßigkeit zurücktreten mußten.

Xenokrates war also weder Demokrat noch kann ihm die „andauernde Unterstützung der makedonischen Sache"[134] mit Recht zugeschrieben werden. Er ließ sich durchaus nicht auf die Ebene der „Parteipolitik" hinab; dazu hätte er sich als Metöke im übrigen einer nicht unerheblichen Gefahr ausgesetzt.[135] Vielmehr pflegte er Kontakte zu hervorragenden Monarchen seiner Zeit, ohne doch, wie sein Zusammenstoß mit Antipatros zeigt, zum bloßen Handlanger einer überlegenen Macht zu verkommen. Wie Speusippos ist es auch Xenokrates vermutlich darum gegangen, das Ansehen der Akademie zu fördern.

Xenokrates seine εὔνοια πρὸς τὸν δῆμον bewies, indem er sich weigerte, am Jahrestag des Einzuges der Besatzung den Musen zu opfern.

129 Vgl. Dörrie, RE IX A 2, 1513 f.; Isnardi Parente, RFIC 109 (1981), 131 ff.

130 Gomperz, Die Akademie und ihr vermeintlicher Philomacedonismus 107. Vgl. Wilamowitz, Antigonos von Karystos 183 und bes. Maddoli, D Arch 1 (1967), 304 ff., der in Xenokrates geradezu einen Parteigänger des Demosthenes sieht (ebd. 308). Maddolis Argumentation basiert auf einer Interpretation von Philodem, die dessen stark stilisierte und überdies nur fragmentarisch erhaltene Darstellung strapaziert, um daran weitreichende, aber ungedeckte Spekulationen anzuknüpfen.

131 Isnardi Parente, RFIC 109 (1981), 150 ff. Danach hat Xenokrates von den makedonischen Herrschern nicht mehr, wie sein Vorgänger in der Leitung der Akademie, die Verwirklichung einer βασιλεία ἔννομος erwarten können und ist deswegen an die Seite der demokratischen Makedonengegner gedrängt worden, ohne daß es darob eine Konvergenz der Ziele gegeben hätte. Nichts deutet jedoch darauf hin, daß sich jemals ein griechischer Philosoph ausgerechnet von den Makedonenkönigen die Einführung einer gesetzlich fundierten Monarchie versprochen hätte.

132 Vgl. Isnardi Parente, Accadémia platonica antica 302 f.

133 Vgl. R. Heinze, Xenokrates. Darstellung der Lehre und Sammlung der Fragmente, Leipzig 1892, 147 ff.; Dörrie, RE IX A 2, 1525 f.

134 Bernays, Phokion 44; vgl. neuerdings Engels, Hypereides 383.

135 Vgl. Whitehead, RhM 124 (1981), 243.

VIII. ERGEBNISSE

Meine Untersuchungen über die politischen Aktivitäten von Platonschülern lassen sich in sechs Thesen zusammenfassen:

1. Die Überlieferung ist insgesamt gesehen wenig zuverlässig.

Von Anfang an gab es so gut wie keine unabhängigen und unbeteiligten Quellen. Was uns an Material zeitgenössischer Herkunft vorliegt, gehört unverkennbar in den Zusammenhang literarischer Fehden. Dabei ging es der Akademie allem Anschein nach vor allem darum, diejenigen ihrer Mitglieder, die wegen ihrer politischen Betätigung ins Gerede gekommen waren, entweder zu rechtfertigen[1] oder sich von ihnen zu distanzieren[2]. Auf der anderen Seite wollten die Gegner der Akademie die Schule diskreditieren, indem sie auf die verwerflichen Taten einiger ihrer Mitglieder hinwiesen.[3] In den Auseinandersetzungen rivalisierender Philosophenschulen setzte sich diese Frontstellung bis in die römische Kaiserzeit fort.[4] Dabei diente die Verbindung von politischer Betätigung und Philosophie fast ausschließlich der Charakterisierung des jeweiligen Schulethos, während die Frage der Verwirklichung staatsphilosophischer Konzepte kaum eine Rolle spielte.

In hellenistischer Zeit bemächtigten sich Biographen und Doxographen des spannenden Themas. Ihre Darstellungen wollten das Publikum unterhalten und belehren. Da es ihnen nicht um die Ermittlung von Tatsachen, sondern um die Charakterisierung und Typisierung von literarischen Persönlichkeiten, Schulen oder der Philosophie überhaupt ging, hatten diese Autoren keine Scheu, das ihnen zugängliche Material durch fiktive Elemente zu ergänzen. Hierzu zählen vor allem die zahlreichen Anekdoten, aber auch biographische Details schematischer Art. So wurden – im Rahmen der vorliegenden Untersuchung besonders wichtig – Lehrer-Schüler-Verhältnisse konstruiert, um übergeordnete Zusammenhänge zu verdeutlichen.[5] Wenn, um ein Beispiel zu nennen, Demosthenes in der biographischen Überlieferung eine Schulzeit bei Platon zugeschrieben wird, verbirgt sich dahinter wohl ursprünglich die Behauptung stilistischer Gemeinsamkeiten. Später konnte die Angabe symbolischen Wert gewinnen, weil sie geeignet war, die Rhetorik als legitimes Kind der Philosophie erscheinen zu lassen.

Nicht nur in diesem Fall spielt der am Ende des 3. Jahrhunderts in Alexandreia schreibende Hermippos von Smyrna eine hervorragende Rolle für die Überliefe-

---

1 Dieses Bestreben zeichnet sich besonders deutlich in den Fällen Dion und Hermias ab.
2 Bei Chairon von Pellene.
3 Vgl. die Angriffe von Demochares (bei Athen. 508 F – 509 B) und Theopompos (FGrHist 115 T 7. F 250. 259. 294); weitere Belege bei Dörrie, Platonismus II 2 ff.
4 Davon zeugt etwa eine unserer Hauptquellen, Plutarchs Schrift gegen Kolotes: s.o. S. 19.
5 Vgl. Fairweather, Fiction in the Biographies of Ancient Writers, Anc Soc 5 (1974), 262 ff.

rung.[6] Seine zahlreichen Schriften, darunter περὶ νομοθετῶν und περὶ τῶν ἀπὸ φιλοσοφίας εἰς ἀριστείας καὶ δυναστείας μεθεστηκότων sowie Aristoteles- und Demosthenes-Biographien, wurden von späteren Autoren wie Cicero, Philodem, Plutarch und Diogenes Laertius viel benutzt. Ein bezeichnendes Licht auf seine Arbeitsweise wirft die Tatsache, daß er Thukydides zum Geschlecht der Peisistratiden rechnete, weil dieser in seinem Geschichtswerk nicht in die übliche Verherrlichung der „Tyrannenmörder" Harmodios und Aristogeiton einstimmte.[7] Hermippos ist nun keineswegs die Ausnahme, so daß man der antiken Literatur zu unserem Thema insgesamt eine ausgeprägte Tendenz zur Legendenbildung bescheinigen muß.

Nach meinen quellenkritischen Untersuchungen unterscheide ich grob vier Gruppen von Platonschülern:

a) Personen, deren Mitgliedschaft in der Akademie fiktiv, schlecht belegt oder unwahrscheinlich ist, während über ihre politische Tätigkeit sichere Nachrichten vorliegen: Aischines, Chabrias, Demosthenes, Hypereides, Klearchos, Timotheos.[8]

b) Personen, deren politische Tätigkeit fiktiv, schlecht belegt oder unwahrscheinlich ist, während über ihre Mitgliedschaft in der Akademie (relativ) sichere Nachrichten vorliegen: Aristoteles, Erastos, Eudoxos, Koriskos, Menedemos.

c) Personen, für die sowohl eine Mitgliedschaft in der Akademie als auch eine politische Tätigkeit schlecht belegt ist: Aristonymos, Delios (Dias), Phormion.

d) Personen, für die sowohl über eine Mitgliedschaft in der Akademie als auch über eine politische Tätigkeit (relativ) sichere Nachrichten vorliegen: Chairon, Chion, Dion, Euaion, Euphraios, Herakleides (von Ainos), Hermias[9], Kallippos, Leon, Lykurgos, Phokion, Python, Speusippos, Timolaos, Xenokrates.

Natürlich ist die vorstehende Auflistung cum grano salis zu nehmen. Bei dem einen oder anderen Namen könnte man über die richtige Zuordnung streiten. Jedenfalls ist klar, daß man sich nur bei der vierten Gruppe auf tragfähigem Fundament bewegt, wenn man die politischen Aktivitäten von Platonschülern thematisiert.

2. Eine beträchtliche Anzahl von Platonschülern ist an verschiedenen Orten der griechischen Welt in politisch bedeutende Positionen gelangt.

Insofern bestätigen die Aktivitäten einiger Schüler, was bereits durch den Stellenwert des Politischen in Platons Dialogen nahegelegt wird: Die Akademie war nicht der Garten Epikurs.[10] Eine grundsätzliche Enthaltsamkeit von der Politik wurde in der Platonschule offenbar nicht propagiert. Aber folgt daraus schon, daß die Akademie, über deren Charakter und Organisation ansonsten wenig brauchbare Daten vorliegen, als „school of practical statesmenship"[11] angemessen beschrieben wird?

6 Hermippos war als Quelle direkt nachweisbar in den Untersuchungen zu Aristoteles, Eudoxos, Chairon, Hermias, Demosthenes und Aischines; sein Einfluß auf die Überlieferung weiterer behandelter Fälle ist zu vermuten.

7 Fr. 62 Wehrli; vgl. Heibges, RE VIII 848 (s.v. Hermippos Nr. 6); Fairweather, Anc Soc 5 (1974), 238 f.

8 Die Athener Chabrias und Timotheos scheinen immerhin Freunde oder Bekannte Platons gewesen zu sein.

9 Hermias ist wahrscheinlich nie selbst Schulmitglied gewesen; seine Verbindungen zur Akademie sind aber gut belegt.

10 Vgl. Friedländer, Platon I 106.

11 Morrison, CQ 52 (1958), 199. 211. Dieses Bild von der Akademie ist wissenschaftliche

3. Bei keinem Platonschüler fanden sich Momente politischen Wirkens, die schlüssig aus der Mitgliedschaft in der Akademie abzuleiten wären.

Dafür sind prinzipiell zwei Erklärungen möglich. Ein Grund könnte in der Art des platonischen Philosophierens liegen; vielleicht wollte und konnte Platon seinen Schülern keine gemeinsame politische Identität vermitteln. Dieser Frage ist der zweite Teil der vorliegenden Arbeit gewidmet. Ein zweiter Grund könnte in der Zusammensetzung und dem Charakter der Akademie zu finden sein. Die Quellenlage empfiehlt, zwei Kategorien von Platonschülern, sofern möglich, zu unterscheiden[12]:

a)   die eigentlichen Philosophen wie Aristoteles, Eudoxos, Menedemos, Speusippos und Xenokrates (vielleicht auch Aristonymos, Erastos, Euphraios, Koriskos und Phormion), die über Jahre und Jahrzehnte in der Akademie lebten, von

b)   jungen Männern aus wohlhabenden Familien, die für mehr oder weniger kurze Zeit nach Athen und in die Akademie kamen, um ihren geistigen Horizont zu erweitern.

Die politisch herausragenden Platonschüler gehören zur zweiten Kategorie. Über sie schreibt Theodor Gomperz: „Man besuchte Plato's Schule, wie man jene des Isokrates besuchte, wie man ein paar Jahre früher zu Gorgias und Protagoras gegangen war oder Sokrates zu den Wechslertischen begleitet hatte, um denken und sprechen zu lernen, um die geistigen Kräfte für die Lebensarbeit zu stählen; und da eben die Hochstrebendsten, die Talentvollsten und Begütertsten sich in der Akademie zusammenfanden, was Wunder, daß die verschiedensten Parteischattierungen der damaligen Griechenwelt in diesem Kreis erfolgreiche und zum Theil glänzende Vertreter zählten?"[13]

Bei diesen Akademikern „zweiten Grades", die sich nach der Rückkehr in ihre Heimatstädte im politischen Wettbewerb durchsetzten und in politische Führungspositionen gelangten, sollte man von vornherein keine philosophischen Motive vermuten. Das Paradebeispiel für eine derartige Karriere ist Klearchos von Herakleia Pontike. Neben den übrigen „Tyrannen" dürften auch die befreundeten Phokion und Leon von Byzantion sowie die Attentäter Python und Herakleides von Ainos zu dieser Gruppe von Platonschülern gehören. Außerdem wird man, trotz seiner engen Bindung zu Platon, Dion von Syrakus dazu zählen müssen. Dion hielt sich zwar von 365 bis 357 im griechischen Mutterland auf, besaß aber außer in Athen auch in Korinth einen Wohnsitz und besuchte fleißig lokale und besonders panhellenische Spiele. Ab 360 bereitete er den Feldzug vor, mit dem er sich die Rückkehr in die Heimat erzwingen wollte. Daß er vom Umgang mit Platon und der Philosophie mehr

communis opinio; es beruht auf einer bestimmten Interpretation der platonischen Schriften, die in Platon vor allem den „verhinderten Politiker" sieht: vgl. Einleitung, S. 11 mit A.2. Dagegen: Kapp, Platon und die Akademie 161; Cherniss, Die ältere Akademie 74 ff.; Edelstein, Plato's Seventh Letter 162; Lynch, Aristotle's School 54 ff.

12   Abgesehen von den behandelten Zeugnissen deutet auch der (allerdings nur fragmentarisch erhaltene) Bericht des Aristotelesschülers Dikaiarchos bei Philod. Acad. col. Y,18 ff. (Gaiser 153) darauf hin; vgl. Lynch, Aristotle's School 55.

13   Gomperz, WS 4 (1882), 116. Daß die Gründung der Akademie keine radikale Innovation darstellte, wie man rückblickend anzunehmen geneigt sein könnte, sondern im Kontext ähnlicher „Bildungseinrichtungen" verstanden werden muß, zeigt auch Lynch, Aristotle's School 47 ff.

als eine ethische Haltung gewonnen habe, behauptet nicht einmal der Autor des Siebten Briefes oder Plutarch.

Um eigentliche Philosophen, bei denen schon eher ein staatsphilosophisches Konzept zu erwarten wäre, scheint es sich bei den Nomotheten und bei den Beratern der Herrscher Hermias von Atarneus und Perdikkas III. von Makedonien gehandelt zu haben. Leider erfahren wir von ihrer Tätigkeit jeweils nur wenig; bedeutende Auswirkungen hat sie freilich in keinem Fall gezeigt.

Und selbst wenn das Handeln dieser Akademiker von philosophischen Vorstellungen geleitet worden wäre, verliehe ihm das noch kein platonisches Profil. In der Akademie wurde, wie Cherniss[14] überzeugend gezeigt hat, ein Bekenntnis zu einer orthodoxen metaphysischen Lehre nicht verlangt. Schon zu Platons Lebzeiten waren dort die Ideenlehre, aber auch die Astronomie, Mathematik, Psychologie höchst umstritten.[15] Warum also sollte es dann allgemeinverbindliche politische Anschauungen gegeben haben, wie zahlreiche Forscher unausgesprochen voraussetzen? Das ist im Gegenteil bei eigenständigen Persönlichkeiten vom Schlage eines Aristoteles, Eudoxos, Speusippos und Xenokrates sogar sehr unwahrscheinlich.

4. Die politischen Aktivitäten der Platonschüler lassen sich auf keine auch nur annähernd einheitliche Linie festlegen.

Das gilt nicht nur für die Art der Tätigkeit, sondern auch für die politische Orientierung, sei es in außenpolitischer Hinsicht (promakedonisch – prospartanisch – proathenisch etc.), sei es im Hinblick auf konstitutionelle Präferenzen (Demokratie – Oligarchie – Tyrannis). Die Rede vom „Philomakedonismus der Akademie"[16] ist daher ebenso verfehlt wie die Behauptung, daß Platonschüler hauptsächlich zum Vorteil Athens Politik betrieben hätten.[17] Auch einer innenpolitischen Richtung, ob man sie nun als „konservativ"[18] oder „gemäßigt"[19] oder „antidemokratisch"[20] charakterisiert, läßt sich die Akademie nicht zuordnen. Beispielhaft verweise ich auf jene Akademiker, die bei ihrem Wirken in ein Verhältnis zur makedonischen Hegemonie traten.

---

14 Die ältere Akademie 98.
15 Vgl. ebd. 79: „... Platos Rolle scheint nicht die eines ‚Meisters' gewesen zu sein, ja nicht einmal die eines Seminarleiters, der Themen für Forschungsberichte und Preisessays vergibt, sondern die eines individuellen Denkers, der durch seine Einsicht und sein Geschick in der Problemformulierung befähigt ist, anderen ebenso individuellen Denkern allgemeinen Rat und methodische Kritik anzubieten ..."; vgl. Dikaiarchos bei Philod. Acad. Y,2 ff. (Gaiser 152); Lynch, Aristotle's School 55 ff.
16 Bernays, Phokion 44; vgl. Markle, JHS 96 (1976), 98 f.; Isnardi Parente, Studi 284 f.; Engels, Hypereides 383.
17 Grayeff, Aristotle and his School 21. 24. 33. Dušanić assoziiert in all seinen Veröffentlichungen zum Thema Platon und die Akademie mit der „Partei" des Timotheos, die er als „panhellenisch" und „panathenisch" charakterisiert.
18 Capizzi, Platone nel suo tempo 119 ff.
19 Bearzot, Platone e i „Moderati" Ateniesi passim
20 Chroust, Plato's Academy 28 nennt die Akademie „a center of subversive or anti-democratic political activities".

Chairon ließ sich von einem makedonischen General zur Macht verhelfen; Hermias paktierte mit Philipp, wobei er in seinem Bemühen, eine Stütze gegen die persische Bedrohung zu finden, keine Alternative hatte; Delios von Ephesos, der Alexander zum Feldzug nach Kleinasien aufforderte, erhoffte sich wahrscheinlich nicht nur und nicht in erster Linie eine Befreiung von den Persern, sondern auch und vor allem eine Umwälzung der inneren Verhältnisse in seiner Heimatstadt; in dem Bestreben, Isokrates bei Philipp auszustechen, schrieb Speusippos ein Pamphlet, in dem er makedonische Ansprüche gegen Athen mythologisch zu legitimieren versuchte; Phokion war dagegen ein loyaler attischer Bürger, der gegenüber den Makedonen eine Politik der Verständigung und – angesichts offenbarer Übermacht – der Unterordnung befürwortete; Xenokrates schließlich unterhielt anscheinend gute Beziehungen zum makedonischen Königshof, was ihn aber nicht daran hinderte, sich Athen nach der Niederlage im Lamischen Krieg als Gesandter zur Verfügung zu stellen und seine Unzufriedenheit mit dem makedonischen Diktatfrieden zu bekunden. Das also wären die „μακεδονίζοντες" der Akademie. Die Aufzählung zeigt, daß selbst in dieser Gruppe keine einheitliche Haltung gegenüber der makedonischen Hegemonie vorliegt. Zu unterschiedlich waren die Situationen, in denen sich diese Akademiker zur Zusammenarbeit mit den Makedonen entschlossen. Außerdem kennen wir drei Platonschüler, die aktiv gegen die makedonische Machtentfaltung vorgingen: Euphraios verlor im Kampf gegen die Makedonenfreunde in seiner Heimatstadt sein Leben; Leon sorgte, übrigens in Zusammenarbeit mit dem oben genannten Phokion, dafür, daß die Besetzung Byzantions durch Philipp verhindert werden konnte; Lykurgos war in seiner Haltung gegenüber Makedonien ein Parteigänger des Demosthenes und versuchte nach der Schlacht von Chaironeia, durch institutionelle Reformen Athens Verteidigungsfähigkeit wiederherzustellen.

5. Voraussetzung für die Machtentfaltung einer Gruppe sind Koordination und Konzept. Von beidem findet sich in den politischen Aktivitäten der Platonschüler keine Spur. **Daher war Platons Akademie trotz entsprechender Behauptungen in der Literatur[21] keine „politische Macht" im Griechenland des vierten vorchristlichen Jahrhunderts.[22]**

6. Das politische Wirken von Platonschülern erlaubt keine Rückschlüsse auf das politische Denken Platons.
Der Quellenbefund unterstützt keine esoterische Deutung, die in den platonischen Schriften zahlreiche Anspielungen und versteckte Hinweise auf aktuelle politische Ereignisse entdeckt.[23] Daher müssen die Dialoge und relevanten Briefe einer eigen-

21 Ed. Meyer, GdA V 490 und viele andere: siehe Einleitung A.2.
22 Vgl. jetzt auch Brunt, Studies in Greek History and Thought 282 ff. ("Plato's Academy and Politics").
23 Vor allem Dušanić, Capizzi und Bearzot (s.o. S. 131 ff.) folgen dabei mehr oder weniger bewußt dem Muster, das namhafte Platonforscher zur Annahme einer „ungeschriebenen Lehre" geführt hat; während diese die Ideenlehre im Auge haben, geht es jenen um die Politik. Folgende Auffassungen sind allen esoterischen Platondeutungen gemeinsam: 1. Die eigentliche (kohärente, unzweideutige, systematische) Lehre ist den Dialogen nicht zu entnehmen. 2. Die eigentliche

ständigen Auslegung unterzogen und mit der zeitgenössischen Politik konfrontiert werden. Dann wird sich zeigen, ob und gegebenenfalls in welcher Weise Platon eine praktische Reformtätigkeit selbst anstrebte oder programmatisch vorbereitete.

Lehre ist aus den Darstellungen von Schülern oder anderen antiken Autoren über Platon bzw. aus den Taten der Platonschüler zu rekonstruieren. Diese Darstellungen bzw. Taten spiegeln Platons mündlichen Unterricht in der Akademie. 3. Gleichwohl enthalten die Dialoge und Briefe Anspielungen und versteckte Hinweise auf die eigentliche Lehre. Vgl. Tigerstedt, Interpreting Plato 63 ff. – Es dürfte im übrigen kein Zufall sein, daß gerade die großen Vertreter der esoterischen Platonphilologie – von Jaeger und Stenzel über Taylor, Burnet, Hoffmann, Robin und H. Gomperz bis hin zu Krämer und Gaiser – die politischen Ziele des Philosophen und seiner Schule besonders hervorgehoben haben.

B. HERMENEUTISCHER TEIL:
PLATON UND DIE ZEITGENÖSSISCHE POLITIK

I. DIE EINHEIT DER POLIS

μηδ' ἐπιχωρίοις στάσις
πτώμασιν αἱματίσαι πέδον γᾶς.
Aischylos, Hiketiden 661 f.

Die griechische Polis war, wie die zahlreichen Bürgerkriege von Anbeginn bis in die hellenistische Zeit bezeugen, in ihrer Einheit ständig bedroht. Nach Ausbruch des Peloponnesischen Krieges erreichten die Zustände in ganz Griechenland eine neue Qualität: Nicht nur wurden immer mehr Städte von inneren Kriegen erfaßt, auch die Heftigkeit und Unbedingtheit, mit der die Kämpfe geführt wurden, nahmen nicht gekannte Ausmaße an.[1] Thukydides (III 82f.) hat, anknüpfend an die große Stasis auf Korkyra, den Einfluß des Krieges auf die Verwilderung der Sitten eindrucksvoll beschrieben. Freilich fiel es der Großmacht Athen leichter, ihre Einheit zu behaupten, als kleineren Städten. Als Platon im Jahre 428 v. Chr. geboren wurde, stand die Ordnung trotz der verheerenden Pest und dem Tod des Perikles noch sicher. Doch nach der sizilischen Expedition und ihren katastrophalen Folgen begann eine Periode schwerer Turbulenzen, in deren Verlauf die attische Demokratie nicht nur auf den Tiefpunkt ihres Ansehens sank, sondern auch in die totale militärische Niederlage steuerte. Platon wuchs in dieser Zeit fortschreitender Dissoziation heran, und es wäre verwunderlich, wenn sein politisches Bewußtsein nicht von dieser Erfahrung geprägt worden wäre. Tatsächlich spielen die meisten seiner Dialoge während des Peloponnesischen Krieges oder kurz danach und vergegenwärtigen die intellektuelle Atmosphäre seiner Jugend. Hinzu kommt seine Herkunft aus einer altadeligen Familie, die der demokratischen Ordnung wahrscheinlich von jeher mit aristokratischer Distanz gegenüberstand. Nahe Verwandte und Freunde Platons gehörten bekanntlich zu den Anführern des oligarchischen Umsturzes von 404 v. Chr.

Vor diesem Hintergrund ist es durchaus glaubwürdig, wenn Platon[2] im 7. Brief (324 D) sagt, er habe den Umsturz seiner Zeit in dem Glauben begrüßt, daß er eine Umwandlung des unrechtmäßigen Lebens der Polis in einen gerechten Zustand bewirken werde. Die Art und Weise aber, wie die „Dreißig" den Staat verwalteten, ließ die vorherige Verfassung rasch als Gold erscheinen und veranlaßte Platon (jedenfalls nach dem Zeugnis des 7. Briefes), seine Parteinahme zu revidieren.

Platon lernte den Bürgerkrieg auf diese Weise schon in seiner Jugend aus erster Hand (als Athener und Neffe des Kritias) kennen; das Problem sollte übrigens im 4. Jahrhundert nichts an Brisanz verlieren, auch wenn es in Athen bis zu Platons Tod nicht mehr zu gewalttätigen Auseinandersetzungen kam. Eigene Erfahrung und griechische Lebenswirklichkeit führten also Platon die Feder, als er in der „Politeia"

---

1   Vgl. Gehrke, Stasis 255 ff.
2   Oder ein Schüler, der es wissen konnte: s.u. S. 255 ff.

den Sokrates fragen ließ: „Gibt es nun wohl ein größeres Übel für den Staat als das, was ihn zerreißt und zu vielen macht anstatt zu einem? Oder ein größeres Gut als das, was ihn zusammenbindet und zu einem macht?" (462 AB). – Platons gesamtes Werk, seine ethische und metaphysische genauso wie seine im engeren Sinne politische Philosophie, kann m. E. als umfassende Antwort auf die seit der archaischen Nomothetik immer wieder gestellte Frage nach der Einheit der Polis verstanden werden.

II. POLITISCHE PSYCHOLOGIE

> *In den Griechen „schöne Seelen", „goldene Mitten" und*
> *andere Vollkommenheiten auszuwittern, ... war ich durch*
> *den Psychologen behütet, den ich in mir trug. Ich sah*
> *ihren stärksten Instinkt, den Willen zur Macht, ich sah sie*
> *zittern vor der unbändigen Gewalt dieses Triebs – ich sah*
> *alle ihre Institutionen wachsen aus Schutzmaßregeln, um*
> *sich voreinander gegen ihren inwendigen **Explosivstoff***
> *sicher zu stellen.*   Friedrich Nietzsche, GA VI 3, 151

1. KONVENTIONELLE MORALITÄT

Mit der Einheit der Polis nimmt Platon ein traditionelles Motiv griechischen Denkens auf, geht dabei aber insofern über seine Vorgänger hinaus, als er das Problem nicht primär auf der politisch-instrumentellen Ebene ansiedelt, sondern – vermutlich in der Nachfolge des Sokrates – die Seele ($\psi\upsilon\chi\dot\eta$) des Einzelnen zum Ausgangspunkt seiner Überlegungen macht. Die frühen Dialoge Platons setzen sich die Bestimmungen von Tugenden zum Ziel: Im „Laches" geht es um Tapferkeit, im „Charmides" um Besonnenheit, im „Euthyphron" um Frömmigkeit, im „Lysis" um Freundschaft und im ersten Buch der „Politeia", das möglicherweise ursprünglich als eigenständiges Werk unter dem Titel „Thrasymachos" konzipiert wurde[1] und dann in den Zusammenhang der Frühschriften gehört, um Gerechtigkeit. Alle diese Gespräche bringen die herrschenden Meinungen zum jeweiligen Thema zu Wort und enden nach der Destruktion derselben in der Aporie. Sie sind eine Fundgrube für das, was Dover „popular morality" nannte und als vorreflexiven, unsystematischen und nicht widerspruchsfreien Horizont von Wertmaßstäben und Verhaltensnormen der „moral philosophy" entgegensetzte.[2] In den platonischen Frühdialogen entfaltet Sokrates die Argumente der Philosophie gegen die konventionelle Moralität, deren unausgewiesene Annahmen und Behauptungen ihrer Selbstverständlichkeit beraubt werden. Obwohl eine positive Bestimmung der Tugenden am Ende noch ausbleibt, stellt sich im Verlauf der Untersuchungen bereits heraus, daß ein **Wissen** um das Gute ihre notwendige Voraussetzung ist.

Schon hier geht es Platon freilich nicht um rein ethische Probleme: „Tapferkeit, Gerechtigkeit, Besonnenheit und Frömmigkeit sind die alten politischen Tugenden des griechischen Stadtstaats und seiner Bürger."[3] Daher können die Vorstellungen der Normalbürger und besonders ihrer Anführer über diese Tugenden gar nicht ohne

---

1   Vgl. Brandwood, The Chronology of Plato's Dialogues 251 f.; Thesleff, Studies in Platonic chronology 107 ff.
2   Dover, Greek Popular Morality 1 ff.
3   W. Jaeger, Paideia II 150.

schwerwiegende politische Auswirkungen sein. Gut läßt sich das anhand der drei
Definitionen von Gerechtigkeit zeigen, die unterschiedliche Gesprächspartner im
ersten Buch der „Politeia" vorbringen. Der alte naive Kephalos versteht unter Gerechtigkeit „Wahrhaftigkeit und Wiedergeben, was einer von einem empfangen hat"
(331 C). Die Antwort erweist sich als allzu einfach und entbehrt der notwendigen
Allgemeinheit. Es fällt Sokrates leicht, einen Fall zu konstruieren, bei dem das
Wiedergeben und das Die-Wahrheit-sagen dem Adressaten Schaden zufügte und also
nicht als gerecht betrachtet werden könnte. Gerade wegen seiner offenkundigen
Unreflektiertheit ist der Ausspruch des Kephalos charakteristisch für die konventionelle Weltanschauung der Griechen. Kephalos' Ansatz wird fortgeführt und für den
politischen Zusammenhang verdeutlicht von seinem Sohn Polemarchos, der unter
Berufung auf Simonides als Gerechtigkeit bestimmt, den Freunden Gutes und den
Feinden Böses zu tun (331 E ff.). Für diese Maxime, die ein zentraler Ausdruck der
griechischen Vergeltungsmoral ist, haben wir zahlreiche Belege in unserer Überlieferung.[4] Das „do ut des" kann selbstverständlich auch in anderen Verhältnissen auftreten; auf die Götter bezogen dient es etwa dem Euthyphron im gleichnamigen Dialog
(14 C ff.) zur Definition der Frömmigkeit, die in der griechischen Poliswelt bekanntlich keine Privattugend war, sondern als Verehrung der Polisgötter eine eminent
politische Bedeutung hatte.[5]

Der Sophist Thrasymachos schließlich nennt „das dem Stärkeren Zuträgliche"
(τὸ τοῦ κρείττονος ξυμφέρον) gerecht (338 C).[6] „Jegliche Regierung", erläutert er,
„ gibt Gesetze nach dem, was ihr zuträglich ist, die Demokratie demokratische, die
Tyrannis tyrannische und die anderen ebenso. Und indem sie sie so geben, zeigen sie
also, daß dieses ihnen Nützliche das Gerechte ist für die Regierten. Und den dies
Übertretenden strafen sie als gesetzwidrig und ungerecht handelnd" (338 E). Gerechtigkeit ist demnach kein absoluter Wert, sondern Ausdruck des jeweiligen Herr-
schaftsverhältnisses. Von Sokrates gezwungen legt Thrasymachos dann die Karten
auf den Tisch und zieht in einer längeren Rede selbst die Konsequenzen seiner
Behauptung: Es geht ihm letztlich um Herrschaft, und da ist Gerechtigkeit ein
„fremdes Gut", das lediglich der Beruhigung der Beherrschten dient, und Ungerechtigkeit, „wenn man sie im Großen treibt, kräftiger und edler und vornehmer als
Gerechtigkeit".[7] Eine solche Ansicht aber, die Ungerechtigkeit um der Herrschaft
willen rechtfertigt, hat fast zwangsläufig – so weiß Sokrates zu zeigen – Stasis im
Gefolge: in der Stadt ebenso wie im Familienverband wie in einem selbst (351 E f.).

Als entscheidenes Kriterium für Thrasymachos fungiert τὸ ξυμφέρον, das
Zuträgliche oder Nützliche oder Vorteilhafte. Der Vorteil enthüllt sich nach der
Vergeltung als das zweite zentrale Muster, an dem sich seit Homers Zeiten das
Handeln der Griechen und ihre Interpretation der Wertbegriffe orientierte.[8] Daher

---

4 Vgl. Dover, Popular Morality 180 ff.
5 Zum politischen Charakter des Hosion im Vergleich zum Hieron: vgl. Ehrhardt, Politische
   Metaphysik I 61.
6 Vgl. VS 85 B 6a (Diels/Kranz).
7 344 C: καὶ ἰσχυρότερον καὶ ἐλευθεριώτερον καὶ δεσποτικώτερον ἀδικία δικαιοσύνης
   ἐστὶν ἱκανῶς γιγνομένη ...
8 Vgl. Adkins, Merit and Responsibility 231 ff.; Pearson, Popular Ethics 28 ff. mit zahlreichen

kann Gerechtigkeit nur dann auf eine allgemeine und uneingeschränkte Anerkennung hoffen, wenn sie sich als vorteilhaft, sei es für das Individuum oder die Gruppe, mit der es sich identifiziert, erweist. Der gewöhnliche Mann mag mit Thrasymachos über den Punkt streiten, an dem Ungerechtigkeit lohnender wird; grundsätzlich jedoch besteht Einvernehmen: Dient Ungerechtigkeit dem wohlverstandenen Eigeninteresse, hindert letztlich keine Moral, ihr zu folgen.[9]

Geschickt legt Platon im ersten Buch der „Politeia" verschiedene Aspekte derselben Moralität seinen nach Alter und Stellung unterschiedlichen Figuren in den Mund. Vom gutwilligen Alten über den sophistisch gebildeten Sohn bis hin zum aggressiven Sophisten ereignet sich eine Radikalisierung, die dem Entwicklungsgang griechischer Moralvorstellungen in gewisser Weise entspricht. Natürlich liegen im praktischen Verhalten Welten zwischen Kephalos und Thrasymachos, aber man wird nicht sagen können, daß es zwischen ihnen keinen Weg gibt.[10] Diesen Weg repräsentiert vielleicht Menon, der im gleichnamigen Dialog Tugend (ἀρετή) als Vermögen bestimmt, „die Angelegenheiten der Polis zu verwalten und in seiner Verwaltung seinen Freunden wohlzutun und seinen Feinden weh, sich selbst aber zu hüten, daß ihm nichts dergleichen begegne" (71 E). Da diese Definition der ἀρετή der notwendigen Allgemeinheit entbehrt, verlangt Sokrates eine Präzisierung, die Menon wie folgt leistet: „daß man vermöge, über Menschen zu herrschen" (73 C; vgl. Hipp. I 296 A).[11] Hier finden wir als maßgebende Kriterien wieder Vergeltung und Herrschaft und damit verbunden die antithetische Einteilung der Welt in Freunde und Feinde, in Herrschende und Beherrschte.[12]

Die Elemente der griechischen Weltanschauung lassen sich schon bei Homer fassen. Daß die Einheit der Polis von Anbeginn vielfachen Gefährdungen unterlag, hängt damit zusammen. Aus Wertbegriffen, die auf dem αἰὲν ἀριστεύειν, auf Konkurrenz und Agonalität beruhen, ergibt sich kein soziales Normgefüge, das über eine bloße Statusordnung hinausginge. Man stelle sich nur einmal vor, die homerischen Helden mit ihren Gefolgschaften hätten zusammen eine Polis bilden müssen, um zu erkennen, welche Hindernisse die griechische Adelsethik der Ausbildung eines gemeinsamen Polisbewußtseins in den Weg legte. Auf der Basis des homerischen Wertegefüges allein ließ sich keine komplexere Gemeinschaft organisieren. Sowohl die ältere Tyrannis als auch die archaische Nomothetik stellen eine Antwort auf den adligen Machtkampf dar; sie repräsentieren jede für sich über ihre Zeit hinaus die beiden grundsätzlich unterschiedenen Möglichkeiten, die Einheit der Polis in allen Gegensätzen zu wahren bzw. wiederherzustellen. Das heißt jedoch nicht, daß beide Phänomene gleich gültig waren. Die Tyrannis war als Herrschaft eines Einzelnen

---

Beispiele aus der attischen Tragödie sowie der Geschichtsschreibung; Dover, Popular Morality 181 ff., bringt darüber hinaus Beispiele aus den attischen Gerichtsreden des 4. Jahrhunderts.

9 Adkins, From the Many to the One 143 f.

10 Vgl. Pol. 493 A: Obwohl die moralisch gesinnten Normalbürger die Sophisten für ihre Gegenspieler halten, vertreten diese nichts anderes als die Lehre der Menge, mit anderen Worten: sie ziehen lediglich die Konsequenz aus den allgemein gültigen Überzeugungen.

11 Über Menon als typischen „ordinary man" vgl. Adkins, Merit and Responsibility 228 ff.

12 Auch Dover, Greek Popular Morality 64, bemerkt „the strong Greek tendency to antithetical forms of expression".

oder eines Clans das Ergebnis eines gleichsam zu Ende gekämpften Adelskampfes und erwies sich im allgemeinen und auf die Dauer als das schwächere Modell[13]; die besiegten Standesgenossen konnten sich außerhalb der Heimat meistens auf bedeutende persönliche Verbindungen stützen und warteten nur auf eine Gelegenheit, den Kampf zu erneuern. Außerdem konnten sich die adeligen Feinde des Tyrannen das zunehmende Bestreben breiterer Volksschichten auf politische Mitwirkung zunutze machen. Dennoch gab es immer genug Menschen vom Schlage eines Thrasymachos, so daß die Tyrannis nie ganz von der griechischen Bildfläche verschwand. Die Zukunft aber gehörte dem Weg, den die Nomothetik durch „Versachlichung" der sozialen Verhältnisse und die Einbeziehung des Demos in den politischen Entscheidungsprozeß beschritt.[14]

Dabei gelang es dem Demos und seinen Vorkämpfern, **politische** Normen, Umgangsformen und Spielregeln gegen die Adelspraktiken durchzusetzen, freilich **ohne** daß es zu einer Umwälzung des Wertegefüges gekommen wäre.[15] Vielmehr hat die spezifische, sich in den homerischen Epen manifestierende aristokratische Weltanschauung das gesellschaftliche Selbstbewußtsein der Griechen geprägt. Auch als die Polis zum bestimmenden Handlungsrahmen wurde, orientierten sich die griechischen Adligen an Ehre, Macht und Vorteil.[16] Daher entwickelte sich, anders als in Rom, unter der politischen Elite der griechischen Städte kein genuiner Polispatriotismus. Was im 5. Jahrhundert freilich zunehmend gelang, war die Einbindung der adligen Konkurrenz in das System der Polis. Das bedeutete für die Adligen, die Ordnung der Polis als verbindlichen Rahmen für ihr Streben nach Ruhm und Einfluß anzuerkennen. Doch noch nicht einmal in Kriegszeiten kann vorausgesetzt werden, daß die Polis diejenige Gemeinschaft war, mit der sich das adlige Individuum zu allererst identifizierte. Bei Interessenkonflikten konnten zu jeder Zeit, je nach den Umständen, die Familie, die Freunde, die Hetairie den Vorzug erhalten.[17] Das Verhältnis zwischen dem adligen Individuum und der politischen Gemeinschaft blieb also prekär, wovon der Ostrakismos ebenso zeugt wie der „Landesverrat" zahlreicher bedeutender Politiker.[18]

---

13   Etwas anders stellte sich die Situation an der Peripherie der griechischen Welt, in Sizilien und Zypern, dar; die Gründe, etwa die fast permanente Bedrohung durch „Barbaren", tun hier nichts zur Sache.

14   Vgl. Heuß, Antike und Abendland 2 (1946), 39.

15   Vgl. Ch. Meier, Die Entstehung des Politischen 256; der Autor widerspricht sich allerdings, wenn er zugleich (ebd. 83) den Übergang von der Adels- zur Polisethik als „Umwertung der Werte" kennzeichnet. Mir erscheint es nicht sinnvoll, alte Adelsethik und neue Polisethik auseinanderzudividieren, da es sich dabei m.E. um die epochalen Ausprägungen des Gleichen handelt. Dahinter steht eine zusammenhängende Weltanschauung, die auf einer einheitlichen Affektstruktur beruht.

16   Vgl. den schönen Satz von Ehrenberg, Staat der Griechen I 75: „Obwohl das heroische Ideal des Epos durchaus nicht dem Ideal des Polisbürgers entsprach, konnte doch die Ethik eines sich allmählich in die staatliche Gemeinschaft einordnenden Adels zur Polisethik werden."

17   Vgl. Adkins, Form the Many to the One 143. Meier, Entstehung des Politischen 127 ff. 248 ff. scheint mir die Integrationskraft des Politischen, selbst unter den besonderen Umständen der attischen Demokratie, bei weitem zu überschätzen.

18   Vgl. Strasburger, HZ 177 (1954), 227 ff., bes. 238 f. 247.

Außerdem bürdete die vorherrschende Adelsethik der politischen Ordnung eine gewaltige Last auf. Dem Nomos wurde die schwierige Aufgabe übertragen, die Gegensätze friedlich zu kanalisieren. Bei der griechischen Mentalität konnte der Nomos nicht auf Konsensstiftung ausgehen, sondern mußte sich mit der Einhegung bestehender Konflikte begnügen. Der Nomos gibt lediglich den Weg der Entscheidungsfindung vor; die Akzeptanz der Entscheidung, die auf dem Wege genuin politischer Auseinandersetzung erzielt wird, wird zum Problem, wenn kooperative Werte so sehr hinter kompetitiven Werten zurückstehen wie bei den Griechen.[19] Dann existiert eine latente Gefahr, daß die unterlegene Seite zur Gewalt greift, zumal wenn sie sich im Besitz überlegener Machtmittel wähnt. Die Einheit der griechischen Polis ist daher grundsätzlich eine fragile Angelegenheit, wovon die folgenden Verse des Aischylos (Eum. 976 ff.)[20] zeugen mögen:

Den kein Leid sättigen kann, nie durchbrause Bürgerkrieg
Diese Stadt, das ist mein Wunsch.
Nie nehme, trunken vom dunkelen Blute der Bürger
Im Zorn der Rachgier wechselnden Mords Blutrausch
Auf hier der Boden der Stadt!
Freuden mög wechselnd man tauschen,
Einmütig liebenden Herzens,
Und auch hassen eines Sinns!
Das ist's, was viel Leid den Menschen heilt.

Athen folgte dem hier gewiesenen Weg: Die ungewöhnlich lange Phase weitgehenden inneren Friedens, die die Stadt im 5. Jahrhundert erlebte, verdankte sich gewiß nicht zum wenigsten der Möglichkeit, innere Gegensätze in eine imperiale Politik abzuleiten. Aischylos sagt mit wünschenswerter Deutlichkeit, daß sich am herkömmlichen Freund-Feind-Schema nichts geändert hat. Auf dem Höhepunkt der Polisentwicklung wird es lediglich nach außen gewendet. Ähnlich verhält es sich mit dem Gegensatz von Herrschenden und Beherrschten. Auch er wurde – vor allem natürlich in Athen, wo man die Möglichkeit dazu hatte – nach außen projiziert, um die Einheit im Inneren zu erhalten.

Der Imperialismus gab den Athenern die Gelegenheit, die traditionelle Vorteils- und Vergeltungsmoral auf dem Felde auswärtiger Beziehungen ungehemmt auszuleben. Wie aus Thukydides an zahlreichen Stellen hervorgeht, ist das entscheidende Argument für das Handeln der Athener (und nicht nur für das ihre) stets das eigene Interesse, nicht jedoch irgendeine Gerechtigkeit.[21] Natürlich hat man sich in der

---

19 Zum Problem des Dezisionismus am Beispiel der „Eumeniden" des Aischylos vgl. Meier, Entstehung des Politischen 189 ff.

20 Übers. O. Werner; vgl. Eum. 858 ff.; Hik. 661 f. 679 ff.

21 Der locus classicus dürfte Thuk. III 44 sein. Dort läßt der Autor den Demagogen Diodotos für eine Schonung der Mytilener plädieren und legt ihm dabei folgende Worte in den Mund: Ἐγὼ δὲ παρῆλθον οὔτε ἀντερῶν περὶ Μυτιληναίων οὔτε κατηγορήσων. οὐ γὰρ περὶ τῆς ἐκείνων ἀδικίας ἡμῖν ὁ ἀγών, εἰ σωφρονοῦμεν, ἀλλὰ περὶ τῆς ἡμετέρας εὐβουλίας. ἤν τε γὰρ ἀποφήνω πάνυ ἀδικοῦντας αὐτούς, οὐ διὰ τοῦτο καὶ ἀποκτεῖναι κελεύσω, εἰ μὴ ξυμφέρον, ἤν τε καὶ ἔχοντάς τι ξυγγνώμης, εἶεν, εἰ τῇ πόλει μὴ ἀγαθὸν φαίνοιτο. (...) ἡμεῖς δὲ οὐ δικαζόμεθα πρὸς αὐτούς, ὥστε τῶν δικαίων δεῖν, ἀλλὰ βουλευόμεθα περὶ αὐτῶν, ὅπως χρησίμως ἕξουσιν. Vgl. Adkins, Merit and Responsibility 205. 220 ff.; Pearson, Popular Ethics 24 ff. 180 ff.; Dover, Greek Popular Morality 309 f.

Regel bemüht, beide Kategorien für identisch zu erklären, aber daß man darauf auch in der Selbstdarstellung nach außen zur Not verzichten konnte, zeigt mit großer Eindrücklichkeit der berühmte Melier-Dialog. Tatsächlich waren sich die Athener sehr wohl bewußt, daß die Herrschaft über ihre Verbündeten eine „Tyrannis" war und nichts mit Gerechtigkeit zu tun hatte.[22] Dennoch waren sie stolz auf ihr Reich. Sie befanden sich damit ebenso im Einklang mit den griechischen Wertbegriffen wie jene untertänigen Poleis, die, wann immer sich die Gelegenheit ergab, gegen Athen revoltierten, weil sie die Beherrschung durch andere als dauernde Beleidigung ihrer Integrität betrachteten. Es sind somit die gleichen Muster, die sowohl im zwischen-staatlichen Bereich als auch im eigentlich politischen Rahmen eine dissoziierende Wirkung entfalteten.

Das Verhältnis von ἀρετή und δικαιοσύνη war ein zentrales Problem, wenn nicht das Hauptproblem der griechischen Moral.[23] Zu einer überzeugenden Verbindung beider Werte kam es nicht. Und eine Trennung der Einflußgebiete in der Art, daß sich die ἀρετή vorzugsweise in der Schlacht und in den Spielen bewährt, während sie im politischen Leben hinter die δικαιοσύνη zurücktritt, konnte auf die Dauer auch keine Stabilität garantieren.[24] Zu tief war die traditionelle ἀρετή in der griechischen Affektstruktur verankert[25], wohingegen die Gerechtigkeit ihren zwang-haften Charakter niemals verlor.[26] Deshalb mußte die Gerechtigkeit, um erfolgreich zu sein, dem agonalen Treiben Raum gewähren, auch auf die Gefahr eskalierender Konflikte hin. Die Widersprüchlichkeit dieser unverbundenen Koexistenz wurde allerdings in dem Augenblick offenkundig, als sie von den Sophisten zum Gegen-stand vernünftiger Reflexion gemacht wurde.

Für den platonischen Thrasymachos, der die intellektuelle Speerspitze einer allgemeinen Tendenz verkörpert, hat die innere Ordnung jegliche Verbindlichkeit eingebüßt. Jede Herrschaftslegitimation durch politische Übereinkunft gilt ihm als Täuschung; in Wahrheit herrscht der Stärkere und instrumentalisiert „Gerechtigkeit" zum Zwecke der Herrschaftserhaltung. Folgerichtig verliert die Ungerechtigkeit als Verletzung der Gesetze und als Umsturz der Ordnung ihre intellektuelle Anstößig-keit: Im Gegenteil ist der Ungerechteste von allen, der Tyrann, der seine Mitbürger zu

22 Vgl. Perikles in Thuk. II 63,2: „... die Herrschaft, die ihr übt, ist jetzt schon Tyrannis; sie aufzurichten mag ungerecht sein, sie aufzugeben ist gefährlich." Ähnlich sagt Kleon, ebd. III 37,2 zu den Athenern: „... (ihr) wollt nicht sehen, daß ihr eure Herrschaft übt als eine Tyrannis über hinterhältige und widerwillige Untertanen, deren Gehorsam nicht eine Folge der Wohl-taten ist, die ihr zu eigenem Schaden ihnen erweist, sondern eurer Kraft (vielmehr als ihres guten Willens), womit ihr sie meistert." (Übers. G.P. Landmann).

23 Vgl. Adkins, Merit and Responsibility 153 ff.; ders. From the Many to the One 118. 124 f.: Gerechtigkeit, Besonnenheit und ähnliche „stille" Tugenden gehören bis ins 4. Jahrhundert nicht zum konventionellen Arete-Begriff.

24 Vgl. Adkins, Merit and Responsibility 168. 186.

25 Hier bewährt sich besonders Nietzsches Einsicht (GA IV 2,109), derzufolge jede Moral als spezifische „Zeichensprache der Affekte" verstanden werden kann. Ähnlich schreibt Dover in der Einleitung von „Greek Popular Morality" 3: „Moral attitude is a kind of emotional reaction ..." Auch von daher wird deutlich, was für eine Aufgabe Platon sich setzte, als er den Kampf um eine ethische Erneuerung aufnahm.

26 Vgl. z.B. Protagoras in Plat. Prot. 327 C ff.

Sklaven macht, der Glücklichste, weil er – so umschreibt Thrasymachos die Alleinherrschaft – am meisten Vorteile aus dem Staat zieht. Schließlich hat der Tyrann auch
die besten Möglichkeiten, der Gerechtigkeitsdefinition des Polemarchos und der
Tugenddefinition des Menon zu entsprechen: Den Freunden wohlzutun und den
Feinden zu schaden. – Auch die radikalen Ansichten des Thrasymachos basieren auf
der konventionellen Moralität, wie sie sich aus der Adelsethik entwickelt hat, oder
umgekehrt: sie sind eine zwar nicht allgemein notwendige, wohl aber mögliche und
sogar naheliegende Konsequenz der „popular morality".

2. DER PRIMAT DER SEELE

Die Gefahren für die Einheit der Polis wurzeln in den griechischen Wahrnehmungs-
strukturen. Ich glaube, daß Platon dieses Problem erkannt hat. Institutionelle Versuche, die Einheit zu befestigen, wie sie etwa Phaleas von Chalkedon und Hippodamos
von Milet in ihren Verfassungsentwürfen unternahmen[27], mußten demnach zu kurz
greifen. Das galt verstärkt, seitdem der Nomos, der den Institutionen ihren Platz
anweist, an normativer Kraft verlor. Darüber hinaus ging es Platon nicht um eine
Fesselung der Gegensätze, sondern um deren Auflösung. Seine Philosophie machte
sich nichts geringeres als eine „Umwertung der Werte" zur Aufgabe. Ort dieser
Umwertung konnte nach dem Vorigen nur die menschliche Seele sein, die freilich
von Platon niemals individualisiert, sondern immer in ihrem politischen Beziehungs-
feld betrachtet wurde. Wie sehr Platon die sokratische Aufforderung zur „Sorge um
die Seele" aufnahm und zum Ausgangspunkt auch seines politischen Denkens machte, zeigt erstmals deutlich der „Gorgias".

Der Dialog setzt sich mit dem Anspruch der Rhetorik auseinander, πολιτική
τέχνη zu sein. Das geschieht in der Weise, daß Platon nacheinander drei repräsenta-
tive Rhetoren mit Sokrates ins Gespräch bringt. Wie im ersten Buch der „Politeia"
kommt es von Gorgias über Polos zu Kallikles zu einer Radikalisierung der Stand-
punkte, die Platon auf diese Weise als folgerichtige Entwicklung der griechischen
Rhetorik deutet.

Die Redekunst, so die Antwort des Gorgias auf die eingangs gestellte Frage des
Sokrates, bezieht sich auf die wichtigsten unter allen menschlichen Dingen und die
herrlichsten: das Selbst-Freisein und das Über-andere-Herrschen durch das Überreden in politischen Versammlungen (451 D ff., bes. 452 DE).[28] Die Art und Weise,
wie hier ein berühmter Rhetoriklehrer in aller Naivität Freiheit und Herrschaft
gleichsetzt, scheint mir wiederum ein typischer Ausdruck der konventionellen griechischen Weltanschauung zu sein.[29] (Ob das dem historischen Gorgias gerecht wird,
spielt in diesem Zusammenhang keine Rolle. Wichtig ist nur, daß Platon ihn als
hervorragenden Vertreter der Rhetorik mit solchen verbreiteten Vorstellungen in
Verbindung brachte.) Auch Polos und Kallikles werden in ihren Beiträgen Herrschaft

---

27 Vgl. Arist. pol. 1266 a 39 ff.
28 Vgl. Irwin, Plato Gorgias 116.
29 Vgl. z.B. Thuk. II 63,1. III 45,4.

als größtes Gut voraussetzen, ohne dabei allerdings wie Gorgias vor den extremen Konsequenzen dieser Annahme zurückzuschrecken. Dieser meinte, von Sokrates getrieben, nämlich zunächst noch, daß die Reden vor Gericht und in Volksversammlungen, zu denen die ῥητορικὴ τέχνη befähige, sich auf die Unterscheidung zwischen gerecht und ungerecht bezögen (454 B). Doch da die Überredung der Rhetorik, wie Gorgias sogleich zugeben muß, keine Erkenntnis hervorbringt – der Redner könnte einen großen Haufen in kurzer Zeit auch nicht über so wichtige Dinge belehren -, sondern Glauben ohne Wissen, kann die Rhetorik diesen Anspruch nicht einlösen. Ihre Macht ist unabhängig von der Art ihrer Anwendung. Und alle gutwilligen Ermahnungen zu ihrem rechtlichen Gebrauch bleiben wirkungslos, solange der Lehrer (Gorgias) kein Wissen über das, was gerecht ist und was ungerecht, vermittelt. Die Rhetorik selbst aber enthält kein solches Wissen, sondern ist eine bloß instrumentelle Kunst. Die Versuche des Gorgias, sich dieser Konsequenz zu entziehen, enden in Widersprüchen.

Polos, der daraufhin das Wort ergreift, verzichtet auf die rechtliche Begleitmusik des Gorgias. Ihm gelten Ansehen und Macht als in sich gerechtfertigte, mithin absolute Werte. „Scheinen dir denn in den Staaten die ausgezeichneten Redner wie Schmeichler schlecht geachtet zu werden?" fragt er Sokrates, der die Rhetorik zuvor zu einem Teil der Schmeichelei erklärt hatte. „Haben sie nicht am meisten Macht in den Städten? ... Töten sie nicht wie die Tyrannen, wen sie wollen, und berauben des Vermögens und verweisen aus der Stadt, wen ihnen gut dünkt?" (466 A-C). Obwohl die Volksversammlung die wichtigste Voraussetzung für die politische Entfaltung ihrer Kunst ist, erscheint Rhetoren wie Polos die unbeschränkte Herrschaft nach Art des Tyrannen als größtes Gut. Der Widerspruch erklärt sich nicht aus mangelhafter Reflexion, sondern ist Ausdruck gemeingriechischen Empfindens. „Selbst der kleinste Bürger hat etwas von diesem Machtbedürfnis in sich und ist voll heimlicher Bewunderung für den, der sich zu dieser höchsten Stufe der Macht aufschwingt."[30] Deswegen will Polos es auch nicht glauben, daß Sokrates solche Macht, und sei es die des Großkönigs, nicht für begehrenswert hält (468 E. 471 E).

Polos erscheint es selbstverständlich, daß Glück mit Prestige, mit Anerkennung durch die anderen zusammenhängt. Darin drückt sich das gänzliche Fehlen eines autonomen Selbstbewußtseins aus. Tatsächlich ist der griechische Mensch in seiner Selbsteinschätzung vollkommen von der Beurteilung seiner Umwelt abhängig. Daher ist die Reputation der ἀρετή entscheidend, während eine davon abgetrennte „wahre" ἀρετή keinen Sinn ergibt.[31] Sokrates ist, soweit wir wissen, der erste Grieche, der sich von den Forderungen der Schamkultur befreit.[32] Nach dem treffenden Urteil von Gernot Böhme verkörpert er eine „anthropologische Innovation", indem er eine innere Instanz, eine Art von „Gewissen", gegen die äußeren Zumutungen errichtet.[33] Kein Wunder also, daß Polos Verständigungsprobleme bekommt.

---

30 W. Jaeger, Paideia II 196 f.
31 Vgl. Dover, Greek Popular Morality 226 ff.
32 Vgl. Adkins, Merit and Responsibility 155 f.: „Until Socrates, no one takes a firm stand and says ‚let them mock'. It cannot be done: if other's opinion is overtly the standard, it is both logically and psychologically impossible to set one's own views against it. Socrates had his daimonion; and needed it."
33 Böhme, Der Typ Sokrates 32 ff. – Mit der „anthropologischen Innovation" ist also nicht

Als Beispiel für eine glückliche Existenz zitiert er den makedonischen König Archelaos, der, obwohl ihn seine Karriere als Ungerechtesten aller Makedonen ausweise, doch von jedermann für glückselig gehalten werde. Daß er es gleichwohl nicht sei, wie Sokrates ihm nachzuweisen versucht, erscheint Polos zunächst absurd. Sokrates gibt seinem Gesprächspartner ohne weiteres zu, daß über seine Bewertungen ein allgemeiner Konsens besteht, doch er weigert sich, den „gesunden Menschenverstand" der Griechen als Maßstab der Untersuchung zu akzeptieren. Der rhetorischen Art der Beweisführung, die an die Gefühle und unreflektierten Überzeugungen der Zuhörer appelliert, setzt er das Gespräch (διαλέγεσθαι, 471 D 5) entgegen, das der Wahrheit verpflichtet ist (470 C ff.).[34]

Für Polos, das zeigt der weitere Verlauf des Gesprächs, ist eine solche unabhängig von den Menschen seiende Wahrheit offenbar undenkbar. Keiner der drei Rhetoren des „Gorgias" kommt auch nur auf den Gedanken, den Maßstab „Wissen", mit dem Sokrates ihre Argumente zu Fall bringt, in Frage zu stellen. An diesem Punkt gelangt die polemische Dialoggestaltung Platons deutlich zum Vorschein. Denn vom historischen Gorgias wissen wir, daß er die Möglichkeit eines philosophischen Wissens im Sinne Platons grundsätzlich bezweifelt hat.[35] Anstatt dem Sokrates seine Unwissenheit über die Gerechtigkeit so leichthin zuzugeben, hätte Gorgias daher fragen können, ob es eine solche Gerechtigkeit, wie sie Sokrates offenkundig voraussetzt, überhaupt gibt. Dann hätte das Gespräch freilich in diejenigen metaphysischen Bahnen gelangen müssen, in die Platon seinen Sokrates erst in späteren Dialogen geworfen hat. Im folgenden werden wir sehen, daß Platon den Sophisten Protagoras deutlich fairer behandelt hat. Dann werde ich das Problem neu aufrollen.

Dem Polos beweist Sokrates zunächst, daß Macht niemals Selbstzweck sein kann, sondern immer nur Mittel ist, das für die Machthabenden etwas Gutes bewirken soll, wie man Arzneien um der Genesung willen einnimmt oder Schiffahrt um des Reichtums willen betreibt. Daher muß man das Gute erkennen, um es erreichen zu können (470 E).[36]

Freilich hält auch Sokrates an der Eudaimonia als letztem Ziel fest. Zur Rechtfertigung der Gerechtigkeit entwirft er auch nicht nur ansatzweise so etwas wie eine Pflichtethik, die, wenn ihm der Gedanke überhaupt zugänglich gewesen wäre, die ohnehin schwierige Kommunikation mit seinen Mitbürgern wahrscheinlich ganz unmöglich gemacht hätte.[37] Vielmehr muß er beweisen, daß die Gerechtigkeit zur Eudaimonia führt und somit – als ein dem Menschen Zuträgliches – wirklich ἀρετή genannt zu werden verdient. Erst wenn Sokrates der Nachweis gelingt, daß Gerech-

gemeint, daß jetzt der Mensch in den Mittelpunkt des forschenden Interesses rückt. Dies geschieht in gewisser Weise bekanntlich schon lange vor Sokrates; vgl. Meier, Entstehung des Politischen 376. Die Innovation besteht in einer Änderung des menschlichen **Selbstverhältnisses**.

34 Obwohl im „Gorgias" die Dialektik noch nicht im späteren ausgearbeiteten Sinne vorliegt, kommt der Gegensatz von Rhetorik und Dialektik bereits deutlich heraus, vgl. auch 448 D. Die klassische Stelle für diesen Gegensatz dürfte „Phaidros" 264 D – 274 A sein.

35 Das zeigt deutlich seine Schrift περὶ τοῦ μὴ ὄντος, VS 82 B 3 (Diels/Kranz).

36 Vgl. Pol. 577 A ff.

37 Vgl. Adkins, Merit and Responsibility 253: „The Greek moral scene does not provide, and never has provided, even the raw material from which a categorial imperative could be fabricated."

tigkeit vorteilhafter als Ungerechtigkeit ist, könnte jene als ἀρετή für jeden Griechen, ob Sophist oder Durchschnittsbürger, (wenigstens rational) akzeptabel sein.[38] Die Notwendigkeit eines solchen Nachweises offenbart der „Gorgias"; seiner Ausführung ist die „Politeia" gewidmet.

Als dritter Unterredner steht Kallikles, der als attischer Demagoge vorgestellt wird, gegen Sokrates auf, um die Rhetorik als Herrschaftstechnik zu verteidigen. Zu diesem Zweck bringt er die Nomos-Physis-Antithese ins Gespäch. Die Schwachen und der große Haufen geben Gesetze in ihrem Interesse. Da sie die Schlechteren sind, sind sie zufrieden, wenn sie nur Gleiches erhalten. Die Gleichheit bekommt so den Status einer auf Gesetze basierenden Gerechtigkeit. Dagegen will die Natur, daß der Bessere herrscht und mehr hat. Der Rekurs auf die Natur, die nicht willkürlichen, sondern notwendigen Gesetzen gehorcht, dient Kallikles dazu, die Herrschaft des Besseren zu legitimieren. In der Begründung zeigt er sich verglichen mit seinen Gesinnungsgenossen Polos und Thrasymachos auf einem höheren Reflexionsniveau: Herrschaft ist ihm nicht allein das selbstverständliche Ziel aller Menschen, sondern hat ihre Ursache in der Physis, die hier, wie schon bei dem Sophisten Antiphon[39], als Quelle aller Normen fungiert. Die (pseudo-)rationale Begründung ist geeignet, das traditionelle Wertgefüge zu radikalisieren. Nicht überraschend erscheint die vertraute ἀρετή als Manifestation der φύσις.[40]

Herrschaft heißt daher auch hier: tun können, was man will. Wirkliche Herrscher wären nicht bei Verstand, meint Kallikles, „wenn sie, da sie des Guten genießen könnten und ihnen niemand im Wege steht, sich selbst einen Herren setzten, nämlich des großen Haufens Gesetz, Geschwätz und Gericht. Oder wie sollten sie nicht elend geworden sein durch das Schöne der Gerechtigkeit und Besonnenheit, wenn sie nun ihren Freunden nichts mehr zuwenden als ihren Feinden, und das, obwohl sie herrschen in ihrem Staat! ... Üppigkeit und Ungebundenheit und Freiheit sind eben Tugend und Glückseligkeit: Jenes andere aber sind Ziererein, widernatürliche Satzungen der Menschen, leeres Geschwätz und nichts wert" (492 BC). Diese Äußerung faßt noch einmal alle Motive, die wir bei Polemarchos und Thrasymachos, bei Menon und Polos fanden, zusammen.[41]

Von der Philosophie sagt Kallikles, daß sie dem Jüngling gut ansteht, wenn er sie in Maßen betreibt. Dem Manne aber, als dessen Aufgabe es Kallikles ansieht, sich auf der politischen Bühne hervorzutun, gereicht die Philosophie zum Verderben, da sie ihn zum Rückzug in einen Winkel veranlaßt, wo er „mit drei bis vier Knaben flüsternd sein übriges Leben hinbringt, ohne doch je edel, groß und tüchtig herauszureden"(485 D). So ein Mann bleibt unerfahren sowohl in den Gesetzen der Polis als auch im Umgang mit Menschen bei öffentlichen und eigenen Verhandlungen. Er sündigt damit aber nicht nur wider den Geist der griechischen Agonalität, sondern er

---

38 Vgl. ders., From the Many to the One 146 f.
39 VS 87 B 44 (Diels/Kranz).
40 Deswegen weist Adkins, From the Many to the One 118 A.1, zurecht darauf hin, daß „amoralisch" ein irreführendes Attribut für die radikalen Sophisten darstellt. Denn diese verwerfen keineswegs die Werte ihrer Gesellschaft, sondern ziehen bloß die logischen Konsequenzen aus diesen Werten.
41 Vgl. auch das treffliche Gleichnis vom Ring des Gyges, Pol. 359 C – 360 D.

wüßte sich noch nicht einmal selbst zu helfen, fügt Kallikles hinzu, wenn etwa ein ganz gemeiner und erbärmlicher Mensch ihn zu Unrecht vor Gericht zöge und auf den Tod hin anklagte (486 AB). Mit diesem – später wiederholten – Argument steht Kallikles für die weitverbreitete Überzeugung, daß ein Mann auch ohne politischen Ehrgeiz zumindest in der Lage sein sollte, sich selbst zu helfen[42], und das heißt zumal unter athenischen Verhältnissen: über rhetorische und entsprechende politische Kenntnisse zu verfügen.

Sokrates, auf dessen späteres Schicksal hier unverhohlen angespielt wird, gibt seine politische Unerfahrenheit auch ohne weiteres zu; daß er weder Ruhm noch Selbsterhaltung für hinreichende Motive erachtet, praktische Politik und ihre Methoden zu studieren, beweist aufs neue, daß er sich durch Welten von den geläufigen Ansichten seiner Zeitgenossen geschieden wußte. Diese Ansichten bekämpft er vielmehr, indem er sie auf die Seele bezieht und so zu ethischen Problemen umwendet, die zu klären in die Kompetenz der Philosophie fällt.

Sokrates ist eine anstößige Figur, nicht nur bei Sophisten vom Schlage eines Kallikles. Auch ein wohlmeinender Durchschnittsbürger hat große Schwierigkeiten, Sokrates zu verstehen. Das wird besonders in der Argumentation deutlich, mit der Kriton in dem gleichnamigen Dialog Platons seinen Freund zur Flucht aus dem Gefängnis überreden will, in dem dieser die Vollstreckung des Todesurteils erwartet. Kriton befürchtet nämlich nicht nur den Verlust eines einzigartigen Freundes, sondern auch des guten Rufes; er fürchtet die öffentliche Meinung, weil der Eindruck entstehen könnte, er und die anderen Freunde hätten Sokrates aus Geiz, Schlechtigkeit (κακία) und Unmännlichkeit (ἀνανδρία) nicht gerettet, obwohl sie dazu in der Lage gewesen wären (44 B ff.). Denn daß Sokrates sich freiwillig seinen Feinden preisgeben würde, mußte einem Fernstehenden unglaublich erscheinen. Aber, so könnte man einwenden, Sokrates hat für seine Haltung einen guten Grund, indem er die Bindung an die Gesetze der Polis allen anderen Bindungen überordnet. Wo allerdings die Selbstbehauptung und der Vorteil des Oikos und der Freunde direkt vom Ungehorsam gegen die Gesetze abhängt, ist ein solcher Ungehorsam in Übereinstimmung mit der allgemein akzeptierten Werteordnung, zumal wenn, wie im Fall des Sokrates, die Polis nicht unmittelbar bedroht ist.[43] Sokrates bezeichnet sich als Sklave der Gesetze und hält daran mit selbstmörderischer Konsequenz fest. Ein Sklave kann jedoch kein ἀγαθός sein, und ein (in den Augen seiner nicht missionierten Zeitgenossen) ruhmloses Selbstopfer muß αἰσχρόν genannt werden. Und ausgerechnet diesen Sokrates in seinem Leben und Sterben stilisiert Platon zum Inbegriff der ἀρετή.[44] Man sollte der Provokation innewerden: Schon durch die Wahl seines Helden bricht Platon mit der Gesellschaft und ihren überkommenen Werten.

Das Ideal der Herrschaft gerät unter den Händen des Sokrates zum Problem der Selbstbeherrschung (492 E ff.).[45] Die für seine Zuhörer ungeheure Feststellung, daß

---

42   Vgl. Jaeger, Paideia II 106; Pearson, Popular Ethics 162.
43   Vgl. Adkins, Merit and Responsibility 231 f. 263 f.
44   Z.B. Phaidon 118 A; vgl. dazu Adkins, From the Many to the One 144: „... but arete was the quality which let the most agathos to become tyrants, not to die a squalid criminal's death in prison."
45   Die Selbstbeherrschung als solche ist ein uraltes Thema; Sokrates spielt sie hier gegen die

Unrecht-leiden besser sei als Unrecht-tun, demonstriert die Priorität der Seele. Damit ist auch der defensiven Rechtfertigung der Macht, deren Erwerb und Ausübung von Polos und Kallikles selbstverständlich mit Unrecht-tun verbunden wird, als Schutz vor dem Unrecht-leiden der Boden entzogen. Ebenso bedarf es, um sich selbst helfen zu können, nicht der Herrschaft und auch nicht irgendwelcher Herrschaftstechniken wie der Rhetorik, sondern des Wissens um gerecht und ungerecht. Denn im Unrecht-tun besteht das größte Übel, das selbst um den Preis des Lebens zu vermeiden ist (508 C – 513 C). Spätestens mit dem Tode nämlich werden auch scheinbar glückliche Untäter wie Archelaos von ihrem erbarmungslosen Schicksal eingeholt. Mit dem Jenseitsmythos am Ende des „Gorgias", der von der Einsetzung eines Totengerichts durch Zeus erzählt, veranschaulicht Platon, daß nicht der Tod das letzte Wort über die Seele spricht. Auf diese Weise wird der Lohn der Gerechtigkeit, ein immerwährendes Problem auch in Anbetracht der gängigen griechischen Jenseitsvorstellungen, in Aussicht gestellt. Dieses Leben, behauptet Sokrates, ist nicht alles und das nächste auch nicht nur ein bloßer Schatten, bei dem von Belohnung oder Bestrafung keine Rede sein kann.[46] Der scheinbar glückliche Ungerechte hat niemals das bessere Ende für sich. Es sind auch nicht seine Nachkommen, die für seine Untaten büßen müssen.[47] Statt dessen muß jeder einzelne nach dem Tod Rechenschaft über seine irdische Existenz ablegen. Mit der Annahme eines Totengerichts unterlegt Sokrates (bzw. Platon) seiner Ethik ein religiöses Fundament. Ob man freilich einer Glaubenskrise mit voluntaristischen Mitteln Herr werden kann, muß mit Adkins bezweifelt werden: „Out of the confused tradition of punishment after death Platon might derive a belief intellectually more satisfying than any earlier belief of this kind; but if the initial belief in the gods is lacking, this can be of little general influence."[48]

Wie nun beschreibt Sokrates die Methoden der realen Politik? Auf die Frage des Polos, was denn seiner Meinung nach die Rhetorik sei, gibt er zur Antwort: keine τέχνη – die nämlich bei Platon immer an ein sicheres Wissen und einen bestimmten Gegenstand gebunden ist – sondern eine bloße Übung (ἐμπειρία) in Bewirkung von Lust und Wohlgefallen (462 DE).[49] Zur Erläuterung dieser Behauptung entwickelt Sokrates ein Schema, das deutlich macht, wie eng Platon den Zusammenhang zwischen psychischer und politischer Befindlichkeit, zwischen dem Zustand von Einzelnen und der Polis insgesamt, sah. Die Kunst, die sich auf das Wohlbefinden der Seele bezieht, nennt Sokrates πολιτικὴ τέχνη. Als je regulierende bzw. korrigierende Teile derselben werden die Gesetzgebung (νομοθετικὴ τέχνη) und die Rechtspflege (δικαστικὴ τέχνη) bezeichnet, die der Seele die gleichen Dienste erweisen wie Gymnastik und ärztliche Kunst dem Körper. Ihnen entsprechen Sophistik und Rhetorik,

---

Herrschaft über andere aus: „Wahre" Herrschaft setzt demnach Selbstbeherrschung voraus; vgl. Nom. 626 E. 644 B; Buchheim, Sophistik 103.

46   Vgl. etwa Odyssee XI; Soph. Oedip. Col. 394 f.; Eurip. Elek. 583 f.

47   Vgl. etwa Solon, frg. 1,29 ff. (D³); Hesiod, Erga 282 ff.

48   Merit and Resonsibility 148. Ebd. 140 ff. wird Platons Anknüpfung an Vorstellungen aus den Kreisen der Orphik, der Pythagoreer und der Mysterienkulte als Rationalisierung, als Bereinigung einer konfusen Tradition charakterisiert.

49   Zum Unterschied zwischen dem sophistischen und dem platonischen Techne-Begriff, s.u. S. 187 und vgl. Buchheim, Sophistik 121 ff.

freilich nicht als Künste, sondern als deren Schattenbilder (εἴδωλα), die sich auf das nur scheinbare Wohlbefinden der Seele richten und keine Einsicht haben von dem, was sie anwenden. Sie werden von Sokrates zu einer Art der Schmeichelei (κολακεία) erklärt, weil sie das Angenehme zu treffen suchen, nicht das Beste, darin vergleichbar dem Schminken und dem Kochen in ihrer Bemühung um den Körper. Graphisch läßt sich das Schema wie folgt[50] veranschaulichen:

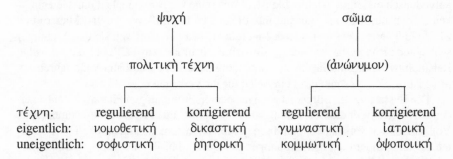

τέχνη:	regulierend	korrigierend	regulierend	korrigierend
eigentlich:	νομοθετική	δικαστική	γυμναστική	ἰατρική
uneigentlich:	σοφιστική	ῥητορική	κομμωτική	ὀψοποιική

Heute ist uns die Metaphorik des politischen Vokabulars vielleicht zu vertraut, um Platons Wortwahl richtig würdigen zu können. Platon hat hier keine Allegorie im Sinn, die als Ausfluß einer bilderreichen Sprache gelten könnte. Vielmehr ist er sehr wörtlich zu verstehen: Indem Begriffe des Politischen auf die Seele übertragen werden, erhalten sie einen neuen Bezugsrahmen, der ihrem ursprünglichen Bedeutungsfeld gleichsam vorgeschaltet ist. Die Kunst, der das Politische aufgegeben ist, hat an der Seele anzusetzen; eigentliche Politik, so hat man Platon hier zu verstehen, ist zunächst „Sorge um die Seele", ist παιδεία. Vor diesem Anspruch versagt die Rhetorik (und die Sophistik), und als Schmeichler, die den Leuten das Angenehme, nicht das Beste, vermitteln, sehen sich die berühmten, um Sokrates versammelten Redner mit Köchen auf eine Stufe gestellt. Kein Wunder, daß sie die Tragweite der von Sokrates vorgetragenen Gedanken nicht ermessen können, ja, zumindest was Polos betrifft, noch nicht einmal verstehen, worum es Sokrates eigentlich geht. So darf dieser hier eine positive Begründung seiner Behauptungen schuldig bleiben.

Natürlich wirken nicht nur Sophisten und Redner schmeichlerisch auf die Seele ein; gleiches gilt, wie Sokrates weiter unten zum Teil in Vorwegnahme späterer Kritik ausführt, für Musiker, Dichter und Politiker (501 D ff.). Ob Themistokles oder Kimon, ob Miltiades oder Perikles, ob „Demokraten" oder „Aristokraten", ob attische „Imperialisten" oder „konservative" Spartafreunde – sie alle haben vor der Aufgabe versagt, das Volk besser zu machen, und niemand von ihnen hat die Athener in besserem Zustand hinterlassen, als er sie vorgefunden hat (503 C. 515 C ff.). Die angeführten Namen zeigen, daß es Sokrates nicht auf die Kritik einer bestimmten politischen Richtung ankommt. Zwar benutzt er bei der kurzen Besprechung der perikleischen Politik zunächst ein typisch oligarchisches Argument: Perikles habe, höre er wenigstens immer, die Athener durch die Einführung der Besoldung für öffentliche Aufgaben „zu einem faulen, feigen, geschwätzigen, geldgierigen Volk"

---

50   Nach Dodds, Plato Gorgias 226.

gemacht. Aber Kallikles' schlagfertige Entgegnung verrät sogleich den komprimittierenden Kontext der Bemerkung: „Das hörst du von denen mit den eingeschlagenen Ohren, o Sokrates" (515 E).[51] Durch diese Gesprächsführung deutet Platon an, daß er das Argument gerade unabhängig von seinem parteipolitischen Zusammenhang verstanden wissen möchte.[52]

Die Politiker haben die Stadt zu einer ungesunden Größe erhoben, so daß sie aufgedunsen und innerlich brüchig ist. „Denn ohne auf Besonnenheit und Gerechtigkeit zu denken, haben sie nur mit ihren Häfen und Schiffswerften und Mauern und Zöllen und derlei Possen die Stadt angefüllt" (518 E f.). Und weil sie ihre Mitbürger schlechter gemacht haben, dürfen sie sich auch in keinem Fall über die schlechte Behandlung beklagen, die ihnen jeweils am Ende ihrer Laufbahn widerfahren ist; diese ist für Sokrates geradezu ein Beleg für ihr Versagen.

Die Besserung der Bürger ist auch in anderen Frühdialogen Platons das entscheidende Kriterium für die Beurteilung von Politikern.[53] Ihre Aufgabe wird demnach als Volkserziehung verstanden, und diese geschieht entsprechend dem oben vorgestellten Schema, indem sie den Ordnungen der Seele, d.h. ihrem Gesetz, Geltung verschaffen. Der Politiker hat seinen Sinn darauf zu richten, wie Gerechtigkeit und Besonnenheit in die Seele seiner Mitbürger gelangen, Ungerechtigkeit aber und Ungebundenheit entfernt werden können (504 DE). Wie der Arzt einen kranken Körper nicht mit angenehmen Speisen und Getränken überfüllt, weil sie ihm schaden, so hält der wahre Politiker die kranke Seele in strenger Zucht und dient nicht ihren Begierden. Die Arzt-Metapher benutzt Platon auch in anderen Dialogen sehr häufig. Die platonische Politik zielt auf die Heilung der Polis von dem Übel der Politik. Es ist die Lebensweise der Philosophie, die Platon der kranken Polis verschreibt. Kann es nach alldem noch überraschen, daß Sokrates, der nach eigenem Bekunden als Prytane nicht einmal die Abstimmung durchzuführen verstand (473 E f.), von sich am Ende sogar glaubt, er allein befleißige sich zu seiner Zeit der wahren Staatskunst (πολιτικὴ τέχνη, 521 D)? Das Paradoxon beweist, daß die sokratisch-platonische Politik durch einen unüberbrückbaren Abgrund von der Politik im herkömmlichen Sinne getrennt ist. Um dies auch dramatisch zu veranschaulichen, deutet Platon den Tod des Sokrates als Ergebnis eines notwendigen Zusammenstoßes des einzig wahren Politikers mit der realen Polis seiner Zeit. Als Arzt von Köchen vor Gericht gezogen, wird er, der „Schneiden und Brennen, Abmagern und Schwitzen, bittere Arzneien, Hunger und Durst" verschreibt, von Kindern, die an Süßigkeiten gewöhnt sind, notwendig verurteilt werden. Schärfer läßt sich der Gegensatz zwischen Philosophie und gewöhnlicher Weltsicht, die der Rhetorik und Sophistik, der Dichtung und alltäglichen Politik zugrundeliegt, kaum ausdrücken. Gemeinschaftliche Übung

---

51 Vgl. Dodds, Plato Gorgias 356 f.
52 Übrigens wird auch Aristeides, dessen Gerechtigkeit 526 B gerühmt wird, nicht von der Politikerschelte ausgenommen, wie Men. 94 A beweist. Nein, es bleibt dabei, „daß wir keinen wissen, der ein tüchtiger Staatsmann gewesen wäre in dieser Stadt" (517 A).
53 Vgl. Prot. 319 E ff. (Perikles); Men. 93 C ff. (Themistokles, Aristeides, Perikles, Thukydides); [Alk. I] 118 C ff. 134 C ff. (Perikles); [Theages] 126 A: Von allen Politikern heißt es wie Gorg. 503 BC. 515 C ff., daß sie noch nicht einmal ihre eigenen Söhne besser gemacht hätten, geschweige denn die Athener.

der Gerechtigkeit und der Besonnenheit ist die Voraussetzung für die politische Tätigkeit; darüber hinaus ist sie als eigentliche Politik anzusehen, solange sich Seele und Polis im Zustand der ἀπαιδευσία befinden (527 DE).

Natürlich hat es die ethische Belehrung, die moralische Paränese, im politischen Denken und Handeln der Griechen immer schon gegeben. Auch eine umfassende Kritik der politischen Zustände ist nicht unbedingt neu.[54] Neu bei Platon ist freilich, und das berechtigt m.E. von einer geistigen Revolution zu sprechen, der grundsätzliche Charakter seiner Kritik. Platons **Fundamentalkritik** sowohl der realen politischen Theorie als auch der realen politischen Praxis, die im „Gorgias" an wortmächtigen Rhetoren und großen attischen Staatsmännern nur exemplifiziert wird, beruht auf der konsequenten Ablehnung einer eigenständigen politischen Sphäre. Wahre Politik geht im „Gorgias" restlos in Ethik auf; sie ist die Anwendung der traditioneller Tugenden, die von Platon allerdings in Auseinandersetzung mit den gängigen Meinungen einer grundlegenden Umwertung unterzogen und in eine neue Rangfolge gebracht werden. Der Boden dieser Umwertung, so gewiß er ist, bleibt allerdings vorerst noch dunkel; er wird sich in der „Politeia" erhellen. Was Platon Politik nennt, darf sich jedenfalls nicht im geschäftsmäßigen Besorgen des Gemeinsamen erschöpfen, sondern muß sich die Vervollkommnung der Mitbürger zur vornehmsten Aufgabe setzen. Erziehen kann natürlich nur, wer selbst erzogen ist, und das heißt für Platon: wer über ein Wissen um das Gute verfügt und sich einer entsprechenden Lebensweise befleißigt. Die wahren Politiker sind also schon im „Gorgias" die Philosophen.

3. PAIDEIA

In der „Politeia" werden die Motive des „Gorgias" aufgenommen, ausgeführt und ausdrücklich auf das Problem der Einheit der Polis bezogen. Bürgerkriege sind die zwangsläufige Folge, wenn man, wie etwa Thrasymachos, Kallikles und Polos, die Herrschaft für ein Gut hält, um das es sich zu kämpfen lohnt (521 A). Dagegen setzt Platon wiederum die Philosophie, die eine Umlenkung der Seele (ψυχῆς περιαγωγή, 521 C; vgl. 518 B ff.) bewirkt.[55]

Ausgangspunkt der „Politeia" ist die Frage nach der Eudaimonia des Menschen. Thrasymachos erklärt in der Konsequenz verbreiteter Anschauungen die unbeschränkte Herrschaft nach Art des Tyrannen zur vollendeten Eudaimonie und bestimmt Ungerechtigkeit als zweckmäßigsten Weg dorthin. So gerät das Thema schon im ersten Buch zum Politikum. Sokrates behält diese Argumentationsebene bei, indem er die Gerechtigkeit als notwendige Voraussetzung der Eudaimonie am Beispiel der gerechten Polis zu verdeutlichen unternimmt. Die politische Reflexion im engeren

---

54 Ich denke dabei vor allem an die pseudo-xenophontische Ἀθηναίων πολιτεία und an die Komödien des Aristophanes.

55 Vgl. Dodds, Die Griechen und das Irrationale 110, der in den Philosophischen Wächtern des platonischen Polisentwurfs „eine neue Art rational gedeuteter Schamanen" erblickt, „die wie ihre primitiven Vorläufer auf ihre hohe Aufgabe durch eine besondere Disziplin vorbereitet werden, die darauf abzielt, die ganze psychische Struktur zu modifizieren".

Sinne wird also nur als heuristisches Mittel zum Zwecke der auf Gerechtigkeit basierenden Eudaimonie eingeführt. Zwar werden politische Probleme dann weit ausführlicher behandelt, als es im Rahmen der skizzierten Fragestellung erforderlich wäre.[56] Das ändert aber nichts an der Tatsache, daß die ideale Politeia von Platon in durchgängiger Analogie zur Seele gestaltet wird. Die Gliederung des platonischen Staates in einen wißbegierigen, einen mutigen und einen erwerbsstrebenden Teil hat ihre Ursache im entspechenden Aufbau der menschlichen Seele (435 E). Die Hierarchie der politischen Stände findet ihr Vorbild im richtigen Verhältnis der Seelenteile. Die Parallele zwischen Psyche und Polis bewährt sich freilich nicht nur im Hinblick auf die Entwicklung des Idealstaats, sondern auch bei der Analyse der realen politischen Einrichtungen. Das führt Platon ausführlich im achten Buch vor, indem er die verschiedenen Verfassungsformen (Aristokratie, Timokratie, Oligarchie, Demokratie und Tyrannis) mit entsprechenden Menschentypen korreliert. Die Verfassungen entstünden nämlich nicht „von der Eiche oder vom Felsen" (d.h. sie haben keine ungeklärte oder sagenhafte Herkunft), sondern aus den Sitten (ἐκ τῶν ἠθῶν) derjenigen Polisbewohner, die den Ausschlag geben und das übrige mit sich ziehen. Bei fünf Staatsformen müssen daher auch die Seelen der Einzelnen auf fünferlei Art eingerichtet sein (544 DE).[57]

In gleicher Weise geht die Einheit der Seele der Einheit der Polis voraus. Platon stellt die Ungerechtigkeit als psychische Stasis (und nicht in erster Linie als eine soziale Frage) vor, bei der ein Seelenteil gegen das Ganze der Seele aufsteht, um in ihr zu herrschen, obwohl es ihm nicht zukommt (444 AB; vgl. 351 D ff., 440 B, 554 DE). Im „Sophistes" definiert Platon Stasis als „ein in dem von Natur Verwandten durch irgendeinen Zwist entstandenes Verderben". Sie ist eine sich als Maßlosigkeit (ἀμετρία) äußernde und als Bösartigkeit (πονηρία) zu klassifizierende Krankheit der Seele, die bewirkt, daß „das Urteil mit den Begierden, das Gemüt mit den Lüsten, die Vernunft mit der Unlust, und dies alles unter sich bei untauglichen Menschen im Streite liegt" (228 AB). Die grundlegende Stasis ereignet sich für Platon in der Seele des Menschen. Bedingung der Möglichkeit von Bürgerkriegen ist der vorgängige Zwist in den aus dem Gleichgewicht geratenen (aus dem Maß gefallenen) Seelen der beteiligten Menschen.

Deswegen sind die sozialen Konflikte nur ein abgeleitetes Phänomen.[58] Platon betont zwar häufig den Gegensatz zwischen arm und reich, wenn er das Übel in den gegenwärtigen Poleis beschreibt.[59] Auch trifft er in seinen beiden Staatsentwürfen genaue Vorkehrungen, um das Entstehen großer sozialer Unterschiede zu verhindern.

---

56 Arends, Einheit der Polis XIII f.
57 Den Primat der Seele betont auch G. Müller, Platons Dialog vom Staat 172 ff., bes. 177: „Nur vom rechten, glückbringenden Verhalten der Seele kann der heillosen Politik dieser Welt Heilung zuteil werden. Nur in diesem Sinne, in diesem Sinne aber auch wirklich ist der Staatsentwurf des weltflüchtigen Platon ganz ernst gemeint."
58 Fuks hat in zwei Aufsätzen, Anc Soc 8 (1977), 49 ff. und 10 (1979), 33 ff. Platons Behandlung der sozialen Frage in der „Politeia" und in den „Nomoi" untersucht. Freilich überschätzt er sein Thema: Der soziale Gegensatz ist für Platon schon eine Erscheinung der Krise, nicht deren Wurzel.
59 Vgl. Pol. 422 E f. 551 D. 566 AB. Nom. 736 C ff. u.a.

Dennoch ist er weit von dem Glauben entfernt, die politische Krise mit sozialen Mitteln lösen zu können. Er sieht die Wurzel des Problems eben nicht in der sozialen Situation, so wichtig sie ihm bei der empirischen Analyse ist, sondern in der psychischen Unordnung, die in der allgemeinen Herrschaft des untersten Seelenteils besteht. Nur weil die Menschen, unter Hintansetzung ihrer Vernunft, dem Trieb zur Bereicherung folgen, reißt überhaupt eine Kluft zwischen Armen und Reichen auf. Platon will den Menschen oder zumindest einer politischen Elite die Pleonexia austreiben. Die Sozialtechnik dient zur Stabilisierung der psychischen Revolution.

Folgerichtig hat die platonische Gerechtigkeit, wie sie in der „Politeia" entwickelt wird, ihr Urbild (παράδειγμα) in der Seele des Philosophen. Diese zeichnet sich nämlich durch Abwesenheit von Stasis aus, so daß jeder Teil dazu gelangt, das Seinige zu verrichten und auch an Lust das ihm Zugehörige und Beste zu ernten (586 E). Die Philosophenherrschaft, die allein die Einheit der Polis zu garantieren vermag, legitimiert sich aus dieser philosophischen Einheit der Seele, die auf der Ausgeglichenheit ihrer Teile beruht.

Von daher erklärt sich der überragende Stellenwert der Paideia im platonischen Staatsentwurf. Aufgabe der vorphilosophischen Erziehung ist es, schon unter Kindern die Überzeugung einzupflanzen, „daß nie ein Bürger den anderen feind zu sein pflegt und dies auch nicht gottgefällig wäre" (378 CD). In dieser Hinsicht werden die traditionellen Erzieher der Griechen, die Dichter (vgl. 599 D ff.), Musiker und bildenden Künstler, in ihrem Versagen ausführlich vorgeführt (376 C – 412 B). Ihre Elaborate beruhen nicht auf Wissen und entdecken nicht die Wahrheit. Sie wirken auf das Unvernünftige der Seele ein und produzieren seelische Stasis als Vorstufe politischer Stasis. Platon offenbart den einheitsgefährdenden Charakter der sich in der Dichtung manifestierenden Vorstellungen über Götter und Heroen sowie über den Tod. Sein Angriff gilt unmittelbar der konventionellen Moralität, die in den Künsten durchweg zum Ausdruck gelangt.[60]

In den „Nomoi" läßt Platon drei alte Männer – einen Athener, dessen Name nicht genannt wird, einen Kreter namens Kleinias sowie einen Spartaner namens Megillos – ein Gespräch über die Gesetzgebung führen. Analog zu der Rolle des Sokrates in den meisten Dialogen gibt der Athener den Ton an und ist leicht als Gewährsmann Platons zu erkennen. Die beiden anderen Gesprächspartner liefern gelegentlich die Stichworte, helfen hin und wieder bei der Entfaltung von Gedanken und erlauben sich nur selten vorsichtige Zwischenfragen. Dennoch ist ihre Anwesenheit keineswegs überflüssig. Sie repräsentieren nämlich die beiden Verfassungen, mit denen Platon eine Auseinandersetzung für notwendig hält und von denen ausgehend er seine Mustergesetzgebung entwickelt. Sowohl die Spartaner als auch die Kreter nehmen einen göttlichen Ursprung für ihre Gesetzgebung in Anspruch, und wir werden sehen, daß Platon es ihnen, wenn auch auf andere Weise, nachtut und daß er dem göttlichen Fundament seines Werkes eine zentrale Bedeutung beilegt.

Ein anderer, ebenso wichtiger Anknüpfungspunkt ist für Platon die Orientierung der Gesetzgebung an der Tugend. Das heißt zunächst einmal nur, daß die spartanische

---

60   Vgl. Reeve, Philosopher-Kings 220 ff.

und kretische Verfassung sich nicht mit der Organisation des politischen Raumes begnügen, sondern darüber hinaus weitreichende Eingriffe in die Lebensweise der Bürger vornehmen, indem sie etwa gemeinsame Mahlzeiten, Leibesübungen und die Art der Bewaffnung gesetzlich vorschreiben. Diese Eingriffe dienen, erklären Kleinias und Megillos auf Befragen des Atheners, dem Zweck der militärischen Selbstbehauptung (625 C ff.). Beide Gesetzgebungen sind im Hinblick auf den Krieg konzipiert und wollen den Bürger zur Tapferkeit erziehen. Das aber erscheint dem Athener unter Verweis auf die Stasis-Problematik eine ungenügende Zielsetzung.

Die Stasis, die sowohl in jeder Polis als auch in jedem Haus als auch in jedem Individuum stattfinden kann (626 C), gilt zu Recht, darin sind sich die Gesprächspartner einig, als allerschlimmster Krieg (628 B 629 D). Um sich gegen die Stasis und in der Stasis zu bewähren, bedarf es allerdings mehr als nur der Tapferkeit, nämlich der gesamten Tugend, die Platon in der Einheit der vier Kardinaltugenden faßt, von denen wiederum die Vernünftigkeit die höchste und die Tapferkeit die niedrigste ist. Das erste Ziel des Gesetzgebers ist vernünftigerweise nicht die Behauptung in Krieg und Stasis, sondern die Herstellung von gegenseitigem Frieden und von Eintracht. Dazu muß die platonisch verstandene ἀρετή im ganzen und allgemeinen den Orientierungsrahmen der Gesetzgebung bilden (630 A – C). Sie durch Gesetze den Bürgern einzuschärfen, ist vornehmste Aufgabe der Gesetzgebung (631 D – 632 C). Anders formuliert: Die durchgängige Aufgabe der platonischen Politik, die Menschen besser zu machen, wird in den „Nomoi" den Gesetzen übertragen. Weil dazu sämtliche Lebensbereiche des Menschen der verbessernden Kraft des Nomos zugänglich sein müssen, steigert Platon den intensiven Gesetzesbegriff, wie er vergleichsweise schon den dorischen Verfassungen zugrundeliegt, noch beträchtlich.[61]

Die pädagogische Funktion der Gesetze macht Platon auch durch eine neue Darstellungsform deutlich. Wo herkömmliche Gesetze konformes Verhalten gewaltsam (durch Strafandrohung) erzwingen, versucht Platon es zunächst mit Überredung. Zu diesem Zweck stellt er sowohl der Gesetzgebung insgesamt als auch jedem einzelnen Gesetz sogenannte Prooimien voran, die die Bürger vom Sinn der jeweiligen Maßnahme überzeugen und für die Belehrungen des Gesetzgebers empfänglicher machen sollen (718 B – 723 E). Die Prooimien, welche Meinung, nicht Wissen hervorbringen sollen, „sind ein Mittel zur Führung und Erziehung einer unphilosophischen Menge".[62] In ihnen entwickelt Platon eine „paränetische Redeform, die ausgesprochen populärphilosophische Züge aufweist".[63] Damit die Prooimien ihr Publikum rechtzeitig erreichen, bestimmt Platon die „Nomoi" außerdem zum Muster für die Schullektüre (811 DE; vgl. 957 C).[64] Nichts zeigt deutlicher, wie sehr das Gesetz als eigentlicher Träger aller Erziehung fungiert.[65]

Die Bedeutung der Erziehung kommt auch im Gesetzeswerk selbst zum Ausdruck. Nahezu das ganze siebte Buch ist mit Regelungen der Kinderaufzucht befaßt. Außerdem sind die beiden ersten Bücher weitgehend pädagogischen Fragen gewid-

61 S.u. S. 223 f.
62 Görgemanns, Beiträge zur Interpretation von Platons Nomoi 70.
63 Ebd. 71.
64 Vgl. ebd. 10 ff.
65 Jaeger, Paideia III 293.

met. Die Kunst wird wie in der „Politeia" für die Zwecke der platonischen Paideia instrumentalisiert. Der Wert eines Kunstwerkes bemißt sich nach dem gesellschaftlichen Nutzen, der wesentlich als Beitrag zur Einheit der Polis gefaßt wird (664 A. 667 BC).

Eng verbunden, wenn nicht identisch mit der Erziehung ist die πολιτικὴ τέχνη, die wie im „Gorgias" die Seelenkunde voraussetzt (650 B). „Das Erkennen der natürlichen Anlagen und Verfassungen der Seelen"[66] gehört in der Tat zu den notwendigen Bedingungen gesetzgeberischen Wirkens im platonischen Sinne. Die Polis der „Nomoi" ist daher so eingerichtet, daß das gesamte bürgerliche Leben „der Sorge für die allseitige Vollkommenheit des Leibes und der Seele gewidmet ist" (807 C) und darin aufgeht. Die Sorge um die Seele bleibt also auch in Platons letztem Dialog ein zentrales Motiv.

Explizit wird das in dem Prooimion zum gesamten Gesetzeswerk ausgesprochen. Die Seele, heißt es dort, ist von allen Besitztümern, die man hat, nach den Göttern das göttlichste, da sie am vertrautesten ist (726 A). Man ehrt sie am besten, wie Platon in weitschweifiger Rhetorik und keineswegs überraschend vorführt, durch unbedingten Gesetzesgehorsam (727 A – 728 D)[67], denn das Gesetz vermittelt ja die Arete.

Auch in den „Nomoi" versäumt es Platon, zwischen der individuellen und der politischen Ebene zu unterscheiden. Das Glück der Polis ist mit dem Glück jedes einzelnen Bürgers identisch (718 B. 742 E; vgl. 743 C). Folgerichtig stellt Platon ausdrücklich fest, daß unsere Polis, was das „gut leben" (εὖ ζῆν) angeht, den gleichen Anforderungen genügen muß wie ein einzelner Mensch. Dazu gehört besonders, daß man weder Unrecht tut noch Unrecht erleidet (828 D – 829 A). Gut lebt sowohl die Polis als auch der einzelne, wenn die Vorstellung vom Besten in den Seelen herrscht und die psychische Tyrannis, als welche Platon die Ungerechtigkeit charakterisiert, überall vernichtet ist (863 E f.). Diese Vorstellung vom Besten jedem Bürger in die Seele zu pflanzen, ist die Sache der pädagogischen Politik Platons.[68]

Platon nimmt in gewisser Weise das Werk der archaischen Nomothetik wieder auf. Er versucht traditionelle Tugenden, von deren Geltung die Einheit der Polis abhing, auf neuer Grundlage[69] zu befestigen. Dabei muß er sich mit jener geistigen Bewegung auseinandersetzen, die seit dem 5. Jahrhundert mit den Waffen der Adelsethik eine immer schroffere Emanzipation des Einzelnen von diesen Tugenden verfocht. Platon bemüht sich dagegen um den Nachweis, daß der unumstrittene Endzweck des Daseins, die Eudaimonia, auf dem Wege der Gerechtigkeit effizienter gesichert werden kann als nach sophistischem Verständnis durch Macht, Ehre und Reichtum. Insofern mag man mit Erec Robertson Dodds vom platonischen Projekt als einer „Gegenreformation"[70] sprechen. Platons Verhältnis zu den, um im Bild zu bleiben, „vorreformatorischen" Zuständen war jedoch ambivalent, weil er erkannte, daß bei

66 650B: τὸ γνῶναι τὰς φύσεις τε καὶ ἕξεις τῶν ψυχῶν.
67 Vgl. Stalley, An Introduction to Plato's Laws 97.
68 Vgl. Vanhoutte, La philosophie politique de Platon dans les „Lois" 459: „La vraie politique est, d'apres lui (Platon), une méthode d'éducation morale."
69 Siehe das nächste Kapitel.
70 Die Griechen und das Irrationale 107. 110.

den herrschenden Wertvorstellungen jede Gesetzgebung, und ermögliche sie eine noch so rationale Regelung der Gegensätze, auf die Dauer notwendig zum Scheitern verurteilt war.[71] Platon entdeckte den fundamentalen Widerspruch zwischen einer Weltanschauung, die in wesentlichen Zügen der **vorpolitischen** Phase der griechischen Geschichte entstammte, und **polisbezogenen** Tugenden wie Gerechtigkeit, Besonnenheit etc. Daß unter solchen Umständen die entscheidende Veränderung in der Seele der Menschen bewirkt werden muß, daß also eine bessere Politik von einer besseren ethischen Verfassung der an ihr beteiligten Personen abhängig ist, zählt zu den bleibenden Erkenntnissen Platons. So schlüssig die Diagnose sich ausnimmt, so fragwürdig ist die Therapie. Läßt sich die Verbesserung der Menschen durch Politik bewerkstelligen? Läßt sich eine Umwertung der Werte, wie sie Platons politische Psychologie intendiert, sozusagen per Dekret durchsetzen? Die Polis dient Platon als Erziehungsanstalt und ist nicht wie bei Aristoteles Selbstzweck. Für Platon ist der Staat nichts weiter als eine Pluralität von Seelen, ohne eigenes Wesen, so daß Paideia als Politik dasselbe ist wie Paideia als Psychologie oder Gerechtigkeit in der Seele dasselbe wie Gerechtigkeit in der Polis. Platons Ablehnung der realen Politik kommt vom Standpunkt einer verallgemeinerten Individualethik, die einen eigenständigen politischen Raum konsequent negiert. Das Geschäft der sokratisch verstandenen Philosophie, die Seelenarbeit oder Paideia, rückt so in den Rang eigentlicher Politik, und sogar die Selbsterziehung eines βίος θεωρητικός ist „politischer" als die Mitwirkung an der gewöhnlichen Praxis. Das semantische Kunststück darf jedoch nicht darüber hinwegtäuschen, daß die sokratische Seelenarbeit, die Platons Denken zumindest in seiner ersten Phase beherrschte, eine entschlossene Abkehr von jeder Politik bedeutet.[72] Es mag hier noch offen bleiben, ob Platon seine Haltung wirklich, wie allgemein angenommen wird, in seinem Mittel- und Spätwerk revidiert hat.

Die problematischen Folgen der ontologischen Parallelisierung von Seele und Staat lassen sich beispielhaft an der sokratischen Formel, „Unrecht-leiden ist besser als Unrecht-tun", aufweisen. Sie mag dem Einzelnen wie Sokrates im Vertrauen auf seine Unsterblichkeit und eine Belohnung im Jenseits zum ethischen Leitfaden seines Verhaltens dienen. Sie mag, von vielen Einzelnen zur Regel erhoben, ebenfalls der Einheit der Polis förderlich sein. Taugt sie aber auch als **politische** Maxime? Schließlich verfügt die Polis nicht über eine unsterbliche Seele. Dennoch ist Platon vor den schwerwiegenden Folgen seines letztlich individualethischen Ansatzes nicht zurückgeschreckt: Er empfielt in den „Nomoi" den Bürgern seiner kretischen Kolonie, eher den Untergang der Polis in Kauf zu nehmen als in einen Verfassungswechsel einzuwilligen, der die Menschen schlechter machen könnte (770 DE).

---

71 Ich erinnere an das Nietzsche-Zitat am Anfang des Kapitels. Platon geht es letztlich nicht um die Erfindung neuer, wirksamerer Schutzmaßregeln, sondern um die Entschärfung des Explosivstoffes.

72 Was wir von anderen Sokratikern wie Antisthenes, Aischines und Aristippos wissen, deutet übrigens in die gleiche Richtung. Letzterer bringt die Haltung der Sokratik überhaupt auf den Begriff, wenn er bei Xenophon Mem. II 1 erklärt, er wünsche weder zu regieren noch regiert zu werden: vgl. Gigon, Gymnasium 68 (1962), 205 f. Platon hebt allerdings aus diesem Kreise die bedeutsame Tatsache heraus, daß er den politischen Anspruch gleichwohl nicht aufgibt.

Ist außerdem die Einheit der Polis tatsächlich von gleicher Art wie die Einheit der Seele bzw. des Individuums? Platon setzt dies durchgängig voraus; in der „Politeia" (462 CD) stellt er ausdrücklich das Individuum, das auf Beeinträchtigungen, Schmerz, Lust und Unlust einzelner Teile als Gesamtheit reagiert, als Vorbild der Polis hin. Dem kann man mit Aristoteles entgegenhalten, daß die Polis „ihrer Natur nach" auf Vielheit beruht und als Einheit erst geschaffen und organisiert werden muß, während sich das Individuum seiner Einheit im vorhinein apodiktisch gewiß ist. „Auch wenn man also", setzt Aristoteles[73] hinzu, „diese Einheit (nach Art des Indvidiuums) herstellen könnte, dürfte man es nicht. Denn man würde den Staat überhaupt aufheben".

---

73 Pol. 1261 a 18 ff.

III. POLITISCHE METAPHYSIK

Das metaphysische Bild, das sich ein bestimmtes Zeital-
ter von der Welt macht, hat dieselbe Struktur wie das, was
ihr als Form ihrer politischen Organisation ohne weite-
res einleuchtet.

Carl Schmitt, Politische Theologie, S. 59 f.

1. DIE AUTONOMIE DES POLITISCHEN

Platon hat immer wieder der Überzeugung Ausdruck gegeben, daß die Politik auf dem Wissen über die fundamentalen politischen Kategorien, in erster Linie der Gerechtigkeit, beruhen müsse. Diese Überzeugung tritt als Anspruch, vor dem die herkömmliche Politik versagt, schon in den Frühdialogen auf. Methodisch ausgear- beitet findet sich das Konzept einer im Sinne Platons wissenschaftlich fundierten Politik allerdings erst in der „Politeia". Später folgen vor allem die Dialoge „Politikos" und „Nomoi" diesem Ansatz und führen ihn fort.

Nun liegt das Wissen um die Gerechtigkeit, d.h. das für die Polis Gute, nach Platon nicht auf der Straße; es erhebt sich unveränderlich und eindeutig über die Ebene der Erfahrung (ἐμπειρία) und der bloßen Meinung (δόξα). Mit anderen Worten: Das Wissen, das in der „Politeia" und in den „Nomoi" das Feld des Politischen strukturiert, ist ein metaphysisches Wissen.[1] Diese Bemerkung erhält ihr spezifisches Gewicht erst im geschichtlichen Zusammenhang. Platon reagiert auf das Zeitalter einer historisch beispiellosen Politisierung. Christian Meier[2] hat gezeigt, wie es zur Zeit der Kleisthenischen Reformen in Athen gelang, „die politische Ordnung aus dem Kontext der gesellschaftlichen herauszulösen und in nennenswer- tem Ausmaß zu verselbständigen". Das Politische emanzipierte sich jedoch nicht nur von der gesellschaftlichen Ordnung, sondern auch von den göttlich gesetzten Nor- men, wie sie etwa der solonischen Eunomie zugrundelagen. Die Konstituierung eines eigenständigen politischen Raumes unabhängig von metaphysischen, gesellschaftli- chen und wirtschaftlichen Beziehungen brachte die Ordnung der Polis in die Verfügbarkeit ihrer Bürger.[3] Vor diesem Hintergrund wird deutlich werden, was Platon unternimmt, indem er die Politik aus dem Unverfügbaren ableitet und zum

---

1 „Metaphysik" kann bei Platon kein abgeschlossenes System bedeuten, das die Gesamtheit des Seienden auf ein höchstes, begrifflich fixierbares Prinzip zurückführt. Insofern läuft hier auch die moderne Metaphysikkritik ins Leere. Platons „Metaphysik", die nicht umsonst gesprächs- weise und auf verschiedenen Wegen vorgebracht wird, ist offen, (selbst-)kritisch und im eigentlichen Sinne frag-würdig. Vgl. Tigerstedt, Interpreting Plato 92 ff.
2 Entstehung des Politischen 92.
3 Vgl. ebd. 118 f. 149 f. 288 ff. Die Orestie (um 460) markiert für Meier den „Moment des Umschlagens von der nomistischen Vorgegebenheit in die kratistische Verfügung" (244).

bloßen Vollzug ewiger Normen bestimmt. Mit der Auflösung der politischen Autonomie negiert Platon das Wesen der „klassischen" Polis.

Um das ganze Ausmaß der platonischen Wende recht würdigen zu können,
empfiehlt es sich, als Kontrast einen Denker heranzuziehen, der das politische
Zeitalter der Griechen in hervorragender Weise repräsentiert: Protagoras. Dieser sieht
die Welt tatsächlich vom Politischen her. Sein berühmter Satz von der Erkenntnisweise des Menschen ist, wie zu zeigen sein wird, Ausdruck seines politischen
Durchblickes, sozusagen die erkenntnistheoretische Konsequenz einer politisch-so-
ziologischen Analyse. Für unser Unternehmen eignet sich Protagoras auch deswegen
besonders gut, weil seine Denkungsart im Gegensatz zu Platon nicht normativ,
sondern affirmativ war. Er wollte diejenige Realität erfassen und bewältigen, die – in
einer älteren, weniger glanzvollen und bereits von Verfallserscheinungen gezeichne-
ten Form – Platon im Geiste zu revolutionieren unternahm. Außerdem hat Platon
Protagoras als einem respektierten Gegner seine Stimme geliehen und sich ausführlich mit ihm auseinandergesetzt, häufig auch ohne ihn beim Namen zu nennen.[4]

Platon gibt Protagoras im gleichnamigen Dialog ziemlich ausführlich Gelegen-
heit, sich sozusagen programmatisch zu seiner Tätigkeit zu äußern. Protagoras stellt
sich gleich zu Beginn seiner Befragung durch Sokrates in die Tradition der griechi-
schen Weisheitslehre. Wie die Dichter, Sänger, Gymnasten beansprucht er, die
Menschen zu erziehen. Im Unterschied zu seinen Vorgängern, die aus Furcht vor
Mißgunst und Verfolgung sich ihrer Künste als Deckmantel bedienten, bekennt sich
Protagoras zu seinem Anspruch. Er tut dies freilich in einer besonderen historischen
Situation.

Für eine Gesellschaft, in der die soziale Ordnung und die in ihr begründeten
Bindungen noch fest stehen, ist ein Fremdling, „der die großen Städte durchreist und
dort die vorzüglichsten Jünglinge überredet, dem Umgang mit den Anderen, Verwandten und Mitbürgern, alten und jungen, entsagend, sich zu ihm zu halten, weil sie
durch den Umgang mit ihm besser würden" (316 CD), tatsächlich ein unkalkulierbares
Risiko. Diese Gesellschaft wird Fremde, aber auch Einheimische solcher Art nicht
dulden. Wenn jetzt aber offen ausgeübt werden kann, was sich früher nach Meinung
des Protagoras unter diversen Masken verstecken mußte, dann haben sich die gesellschaftlichen und politischen Bedingungen augenscheinlich verändert. Offenbar vermitteln die Sophisten etwas, das unter diesen neuen Bedingungen gekonnt werden
muß, wenn man politisch erfolgreich sein will. Was der Adel, aus dem die hauptsächliche Kundschaft der Sophisten kommt, von Hause aus mitbringt – Reichtum, Ansehen und ererbte Gefolgschaft –, qualifiziert unter den neuen Umständen nicht mehr
selbstverständlich zur politischen Führung.[5] Das hat auch der junge, adlige Hippokrates
erkannt, der seinen Freund Sokrates bittet, so hebt der Dialog an, ihn mit den
berühmten im Hause des Kallias versammelten Sophisten bekanntzumachen.

---

4   Als Heitsch, Hermes 97 (1969), 296, bemerkte: „Es wäre zu zeigen, in welchem Umfang die
    platonische Philosophie Auseinandersetzung gerade mit der von Protagoras profilierten Grund-
    position ist ...", dachte er vor allem an die erkenntnistheoretische Problematik. Im folgenden
    wird versucht, eine solche (freilich weitgehend implizite) Auseinandersetzung auch auf dem
    Feld der politischen Theorie zu erweisen.
5   Vgl. J. Martin, Zur Entstehung der Sophistik, Saeculum 27 (1976), 156.

Hippokrates hat – natürlich – politische Ambitionen, die, wie er glaubt, durch ein Studium bei Protagoras gefördert werden könnten.[6]

Sokrates, der sich zum Anwalt von Hippokrates' Bildungsinteresse macht, fragt Protagoras nach dem Gegenstand seiner Lehre. Dieser antwortet mit dem ihm eigenen Selbstbewußtsein, daß sich seine Tätigkeit nicht etwa, wie die anderer Sophisten, auf untergeordnete Künste bezieht, als da wären Rechnen, Astronomie, Geometrie oder Musik, sondern auf die Wohlberatenheit ($\varepsilon\dot{\upsilon}\beta o \upsilon \lambda \acute{\iota}\alpha$) in häuslichen und politischen Angelegenheiten (318 E f.). Protagoras behauptet, die $\pi o \lambda \iota \tau \iota \kappa \grave{\eta}$ $\tau \acute{\epsilon}\chi \nu \eta$ zu lehren und damit die Männer zu guten Bürgern ($\dot{\alpha}\gamma \alpha \theta o \grave{\upsilon}\varsigma$ $\pi o \lambda \acute{\iota}\tau \alpha \varsigma$, 319 A) bilden zu können – und das heißt nach zeitgenössischen Begriffen nichts geringeres als zur höchsten Form des Menschentums.

Nun bringt Sokrates einen grundsätzlichen Einwand vor: Ist das, was Protagoras zu leisten beansprucht, überhaupt möglich? Sokrates bezweifelt, das Beispiel Athen vor Augen, die Lehrbarkeit der $\pi o \lambda \iota \tau \iota \kappa \grave{\eta}$ $\tau \acute{\epsilon}\chi \nu \eta$ mit zwei Argumenten. Erstens ließen die Athener in den Bereichen, die sie für lehr- und lernbar hielten, nur Fachleute zur Beratung zu, im Bauwesen die Baumeister, im Schiffswesen die Schiffsbauer usw. „Wenn aber über die Verwaltung der Stadt etwas zu beraten ist, so steht jeder auf und erteilt seinen Rat: Zimmermann, Schmied, Schuster, Kaufmann, Schiffsherr, Reiche, Arme, Vornehme, Geringe, einer wie der andere, und niemand macht einem Vorwürfe darüber wie im vorigen Falle, daß er, ohne dies irgendwo gelernt zu haben oder seinen Meister darin aufzeigen zu können, sich nun doch unterfangen wolle, Rat zu geben. Offenbar also glauben sie, dies sei nicht lehrbar" (319 C ff.). Zweitens seien selbst die verständigsten und vortrefflichsten Mitbürger nicht imstande, ihre Tugend anderen, und sei es ihren eigenen Söhnen, mitzuteilen, wie das Beispiel des Perikles zeige. Wenn nun nicht einmal die hervoragendsten Bürger jemals irgendeinen besser gemacht hätten, dann könne politische Kunst auch nicht lehrbar sein (320 AB).

Mit der Feststellung, daß es keine Spezialisten und damit auch kein Spezialwissen des Politischen gibt, beschreibt Sokrates die Praxis der attischen Demokratie. Gäbe es solche Spezialisten des Politischen, wären sie durch ihre Sachkenntnis zweifellos zur Herrschaft berufen. Ohne Spezialisten, ohne die Lehrbarkeit politischer Tugend, so könnte man in Sokrates' Sinne weiterdenken, ist die Politik ein Feld von Chaos und Willkür, da ja auch die soziale Schichtung keine politische Ordnung mehr vorzeichnet. Protagoras denkt anders. Daß die Politik keine Fachleute nach Art der Handwerker kennt, wird er Sokrates ohne weiteres zugeben. Aber folgt daraus tatsächlich, daß die $\pi o \lambda \iota \tau \iota \kappa \grave{\eta}$ $\tau \acute{\epsilon}\chi \nu \eta$ nicht vermittelbar ist? Die Frage wird nur dann zu bejahen sein, wenn die $\tau \acute{\epsilon}\chi \nu \eta$ des guten Politikers mit der $\tau \acute{\epsilon}\chi \nu \eta$ des guten Handwerkers identisch ist.

Platon läßt Protagoras mit einem Mythos antworten, der die Prinzipien des Politischen aus der Entstehung der Menschen erklärt (320 C ff.).[7] Nachdem die

6   Die Einkleidung des Gesprächs, zweifellos ein Glanzstück der griechischen Literatur, zeigt viel von der Faszination, die von berühmten Sophisten wie Protagoras auf junge, ehrgeizige Adlige wie Hippokrates ausging.

7   Daß Platon dabei wahrscheinlich auf authentisches Material, wohl aus der protagoreischen Schrift „Über den Urzustand" ($\pi \varepsilon \rho \grave{\iota}$ $\tau \tilde{\eta}\varsigma$ $\dot{\varepsilon}\nu$ $\dot{\alpha}\rho \chi \tilde{\eta}$ $\kappa \alpha \tau \alpha \sigma \tau \acute{\alpha}\sigma \varepsilon \omega \varsigma$, VS 80 A 1), zurückgegriffen hat, zeigt Dietz, Protagoras 115 f. Wie wir sehen werden, fügt sich der Mythos gut zu den überlieferten Fragmenten des Sophisten.

Götter die Lebewesen erschaffen hatten, beauftragten sie Prometheus und Epimetheus, die lebensnotwendigen Fähigkeiten gerecht unter sie zu verteilen. Epimetheus führte das Werk aus, während Prometheus die Rolle des Überwachers und Kritikers übernahm. Epimetheus erfüllte seine Rolle so mangelhaft, daß die zur Verfügung stehenden Fähigkeiten schon an die geringeren Lebewesen vergeben waren, als er sich dem Menschengeschlecht zuwandte. Die hilflose Menschheit wäre der Vernichtung ausgesetzt gewesen, wenn nicht Prometheus eingesprungen wäre und den Menschen Feuer und gewerbliches Wissen (ἔντεχνος σοφία, 321 D 1) vom Himmel gestohlen hätte. Mit anderen Worten: Nicht angeborene Instinkte oder körperliche Vorzüge ermöglichen dem Menschen das Überleben, sondern Intelligenz.[8]

Aus dieser Genese erklärt sich die Stellung des Menschen zwischen Göttern und Tieren: Göttlicher Vorzüge teilhaftig geworden, hat der Mensch zuerst und als einziges unter allen Lebewesen die Götter verehrt; auch vermochte er es nun, sich Wohnungen, Kleider und Nahrungsmittel zu schaffen. Trotzdem erwies er sich ohne die Fähigkeit zum politischen Zusammenschluß als noch nicht überlebensfähig. Denn einmal fehlte ihm mit der πολιτικὴ τέχνη auch die πολεμικὴ τέχνη, die für Protagoras bezeichnenderweise ein Teil derselben ist, so daß er den wilden Tieren nicht standhalten konnte. Und außerdem versagten die Menschen bei dem Versuch, sich durch die Versammlung in Städten zu retten: Weil sie die πολιτικὴ τέχνη nicht hatten, fügten sie einander Unrecht zu (ἀδικεῖν ἀλλήλους) und zerstreuten sich aufs neue. Zeus, der das menschliche Geschlecht zu erhalten wünschte, schickte daraufhin Hermes ab, den Menschen αἰδώς und δίκη zu bringen, mit dem besonderen Auftrag, sie unter alle Menschen zu verteilen. „Denn es könnte", sagte Zeus, „keine Poleis geben, wenn auch hieran nur wenige Anteil hätten wie an den anderen Künsten". Und er fügt verschärfend hinzu: „Und gib auch ein Gesetz von mir, daß man den, der αἰδώς und δίκη sich anzueignen unfähig ist, töte als eine Krankheit der Polis" (322 D). Hier liegt offenkundig eine Inkonsequenz vor[9]: Was Zeus gerade noch unter alle Menschen verteilen ließ, ist jetzt doch kein selbstverständlicher Besitz. Im weiteren Verlauf seiner Rede bestätigt Protagoras, daß die politische Arete οὐ φύσει οὐδ᾽ ἀπὸ τοῦ αὐτομάτου sei (323 C). Um den Widerspruch abzumildern, erscheint es plausibel, zwischen einem potentialen und einem aktualem Gebrauch der Begriffe zu unterscheiden. Was jeder Mensch nach Protagoras als Gabe des Zeus (und damit von Natur aus) hat, ist der Sinn und das Gefühl für Scham und Recht[10], nicht jedoch die Scham und das Recht selbst. Wer freilich mit seiner natürlichen Begabung nichts anzufangen weiß, wer also Scham und Recht – αἰδώς und δίκη werden jetzt als inhaltlich bestimmte Begriffe gebraucht – sich anzueignen unfähig ist, der soll, so verlangt es Zeus, als Krankheitserreger aus dem politischen Organismus entfernt werden. Der zweideutige Wortgebrauch zeigt, daß Protagoras politische ἀρετή als Bedingung **und** als Ergebnis sozialen Lebens postuliert.

8 Vgl. Taylor, Plato 243.
9 Heitsch, Wahrheit als Erinnerung, Hermes 91 (1963), 43.
10 Αἰδώς meint hier „Achtung vor dem Anderen", „Rücksichtnahme", die Fähigkeit zur sozialen und politischen Einordnung, während δίκη am besten mit „Gerechtigkeitssinn" oder „Rechtlichkeit" zu übersetzen ist; vgl. Martin (wie o. A.5) 150. Zur Bedeutungsgeschichte der beiden Begriffe vgl. v. Erffa, ΑΙΔΩΣ und verwandte Begriffe in ihrer Entwicklung von Homer bis Demokrit, passim; Hirzel, Themis, Dike und Verwandtes 56 ff.

Protagoras mißt dem Politischen eine überragende Bedeutung zu, indem er es zu einer Eigenschaft erklärt, die konstitutiv für das Menschsein ist. Der Politik entspricht demnach kein Spezialwissen wie der Heilkunst oder der Baukunst, wo nur den Fachleuten Anteil an der Beratung zusteht. Geht es dagegen um die Beratung über die πολιτικὴ ἀρετή, „bei der alles auf Gerechtigkeit und Besonnenheit ankommt, so dulden sie mit Recht einen jeden, weil es jedem gebührt, an dieser Tugend doch Anteil zu haben, oder es könnte keine Poleis geben" (323 A).

Voraussetzung eines jeden Polislebens ist also die allgemeine Fähigkeit der Bürger zur politischen Arete, als deren Grundlage Protagoras αἰδώς und δίκη nennt. Diese Aussage ist für sich genommen wenig spektakulär. Sowohl Solon als auch Platon hätten schwerlich widersprechen können. Protagoras beschreibt bloß die beinahe selbstverständlichen Bedingungen der Möglichkeit von politischem Zusammenleben; er liefert bloß formale Kategorien ohne jede inhaltliche Bestimmtheit.[11] Bloß? Bemerkenswert ist, daß Protagoras nicht darüber hinausgeht. Das politische Wissen (πολιτικὴ σοφία) bleibt – streng bewacht und nicht einmal für Prometheus erreichbar – bei Zeus (321 D); es ist den Menschen grundsätzlich unzugänglich. Die Götter haben die Menschen polistauglich gemacht, aber – und das ist im Vergleich mit anderen Konzeptionen das Besondere bei Protagoras – mehr nicht. Die Götter haben den Menschen nicht übermittelt, was Gerechtigkeit ist, sondern nur die Fähigkeit, sich auf eine gemeinsame Bestimmung derselben, einen Nomos, einigen zu können. Sie garantieren die Möglichkeit einer Ordnung, füllen sie aber nicht aus. Damit gerät die Ordnung der Polis – im protagoreischen Entwurf analog zu der oben skizzierten tatsächlichen Entwicklung – in die Verfügbarkeit der an ihr beteiligten Bürger.[12] Zum politischen Diskurs gehört immer die Berufung auf die Gerechtigkeit, die Protagoras freilich nicht als Walten göttlich oder metaphysisch abgeleiteter Normen, sondern als gemeinsamen Kommunikationsrahmen faßt; kein Politiker und kein Bürger wird, sofern er bei Sinnen ist, für sein Reden und Handeln jemals Ungerechtigkeit in Anspruch nehmen (323 BC). Da sich die Polis in der Kommunikation ihrer Bürger erfüllt, würde der Bezug auf die Ungerechtigkeit das Wesen der Polis überhaupt negieren. Wenn aber erstens alle Bürger über die Voraussetzung zur politischen Kommunikation grundsätzlich verfügen, und es zweitens für niemanden einen herrschaftslegitimierenden Zugang zum politischen Wissen gibt, dann erscheint es überaus folgerichtig, auch alle Bürger am politischen Leben zu beteiligen.[13] Protagoras denkt, auf der Linie der politischen Entwicklung seiner Zeit,

11 Weil Adkins, JHS 43 (1973), 3 ff., diese Tatsache verkennt, entdeckt er in der ganzen Protagoras-Rede lauter Widersprüche und „confusion". Ihre Bedeutung bei weitem unterschätzend, kommt Adkins zu dem Ergebnis, daß Platon Protagoras ironischerweise eine captatio benevolentiae vorbringen läßt, um die Masse der athenischen Bürger von seiner demokratischen Gesinnung zu überzeugen.

12 326 D6 bezeichnet Protagoras dementsprechend die Nomoi als Erfindungen (εὑρήματα) von Gesetzgebern.

13 Damit beschreibt Protagoras die impliziten Voraussetzungen dessen, was Perikles in der Gefallenenrede bei Thuk. II 40,2 zum Stolz seiner Mitbürger in die berühmten Worte faßte: „Wir vereinigen in uns die Sorge um unser Haus zugleich und unsere Stadt, und den verschiedenen Tätigkeiten zugewandt, ist doch in den politischen Dingen keiner ohne Urteil. Denn einzig bei uns heißt einer, der daran keinen Anteil nimmt, nicht ein untätiger Bürger, sondern ein unnützer ..." (Übers. nach G.P. Landmann).

die Vollendung der Polis als Demokratie.[14]

Nicht nur die Autonomie des Politischen hat Protagoras im Hinblick auf die gegebene Praxis konzipiert; auch seiner „Ontologie" liegt das vorphilosophische, schon durch die griechische Sprache vorgezeichnete Seinsverständnis seiner Landsleute zugrunde.[15] Protagoras gab der Schrift, an deren Anfang der berühmte Homomensura-Satz[16] stand, den programmatischen Titel 'Ἀλήθεια.[17] Titel und erster Satz verbinden sich zu der Botschaft: Die Unverborgenheit ist tatsächlich unverborgen. Oder in den Worten von Thomas Buchheim[18]: „Ihr habt sie schon, die Wahrheit!" Oder: „Nichts, was zur vollen Wahrheit gehört, liegt an einem unerfindlichen oder entlegenen Ort. Vielmehr, das volle Maß des Wirklichen ist schon immer menschlicher Reichweite angemessen."

Wie Ernst Heitsch[19] gezeigt hat, richtet sich die protagoreische ἀλήθεια vor allem gegen Parmenides, der die Unverborgenheit verborgen sein läßt, indem er die Erscheinungen zu „bloßen" Erscheinungen entwertet, die beim Menschen nichts als Irrtum hervorbringen. Dagegen ist bei Protagoras alles Erscheinung, und die Annahme eines dahinter verborgenen wahren Seins absurd. „Wahr ist vielmehr, was erscheint, und was erscheint ist wahr; Sätze, deren Überzeugungskraft erst dann deutlich wird, wenn man sieht, daß sie für Protagoras keine durch eine Theorie bedingte Behauptung, sondern im Griechischen nahezu eine Tautologie darstellen: ἀ-ληθές ist in der Tat nur, was für die Menschen sichtbar ist, was für sie in Erscheinung tritt; allein den Phänomenen also kommt ἀ-λήθεια zu; ἀλήθεια aber als Unverborgenheit wird zur Bezeichnung von Gegenwärtigsein, Präsenz."[20] Damit sind Wahrheit und Erkenntnis eines festen Grundes beraubt. Das Problem der Gegensätzlichkeit der Erscheinungen ist mit Protagoras gedanklich nicht in den Griff zu bekommen. Denn weder betrachtet Protagoras die Gegensätzlichkeit wie Parmenides mit der Sinnenwelt als leeres Wahngebilde noch setzt er wie Heraklit einen Logos, der die Gegensätze in sich versammelt. Vielmehr begründet der Phänomencharakter der Dinge die „Labilität der Welt".[21] Der Mensch ist ihr ausgeliefert. Er befindet sich damit in Situationen[22],

---

14 Damit ist natürlich nicht gesagt, daß Protagoras ein Freund des Demos gewesen ist. Das ist sogar eher unwahrscheinlich, da sein Publikum angesichts der gewaltigen Summen, die er für seinen Unterricht verlangte, hauptsächlich aus reichen Adligen bestanden haben dürfte; vgl. außerdem seine abwertenden Bemerkungen über die Masse in Prot. 317 A.

15 Vgl. Heitsch, Die nicht-philosophische ΑΛΗΘΕΙΑ, Hermes 90 (1962), 24 ff. Kurt von Fritz, RE XXIII 1,916 (s.v. Protagoras), spricht deswegen zutreffend von einer „Philosophie des gesunden Menschenverstandes", wobei man dem „gesunden Menschenverstand" allerdings das einschränkende Attribut „griechisch" hinzufügen sollte.

16 VS 80 B 1 (Diels/Kranz): πάντων χρημάτων μέτρον ἐστὶν ἄνθρωπος, τῶν μὲν ὄντων ὡς ἔστιν, τῶν δὲ οὐκ ὄντων ὡς οὐκ ἔστιν.

17 Vgl. Heitsch, Ein Buchtitel des Protagoras, Hermes 97 (1969), 292 ff.

18 Sophistik 47.

19 Ein Buchtitel des Protagoras (wie o. A.17) 294.

20 Ebd. 295.

21 Vgl. Buchheim, Sophistik 55: „**Sind** die Dinge φαινόμενα, so ist dies allerdings ein **sachlicher** Grund für die Labilität der Welt nach Protagoras. Keinesfalls darf als Grund hierfür die Wechselhaftigkeit menschlichen Denkens und Empfindens angenommen werden, das diese Wechselhaftigkeit in die Sphäre des Dinglichen übertrüge. Vielmehr ist die Verfassung der Dingwelt selbst so."

22 Ebd. 78: „Der HMS charakterisiert alle χρήματα als Situationen. ... Tatsächlich ist das einzige

die er bewältigen muß, „ohne gleichzeitig einen situationsexternen Standpunkt einnehmen zu können".[23]

Aussagen über die Götter sind von diesem Standpunkt aus nicht mehr möglich. Protagoras schreibt folgerichtig: „Von den Göttern vermag ich nichts festzustellen, weder daß sie sind, noch, wie sie etwa von Gestalt sind; denn vieles gibt es, was das Feststellen hindert: die Nichtwahrnehmbarkeit der Sache und die Kürze des menschlichen Lebens."[24] Das ist eine agnostische, keine atheistische Haltung.[25] Selbstverständlich tastet Protagoras die traditionelle Götterverehrung nicht an. Im Gegenteil zeigt seine Rede bei Platon, daß er dem Poliskult (325 A2: τὸ ὅσιον) große Bedeutung beilegt[26]; und sei es nur, um den Menschen die göttlichen Gaben seines Mythos einzuschärfen. Aber die Religion geht jedenfalls in ihrer politisch-sozialen Funktion auf. Wie für Metaphysik gibt es auch für Theologie bei Protagoras keinen Ansatz.

Damit hat Protagoras sich und seinen Mitmenschen die theoretische Basis für eine Normenbegründung entzogen. Die Gaben des Zeus, δίκη und αἰδώς, sind **Setzungen**, die allenfalls eine gewisse praktische Plausibilität beanspruchen können. Die radikale Haltlosigkeit der menschlichen Existenz ist nur in politischer Gemeinschaft zu bewältigen. Um in politischer Gemeinschaft leben zu können, benötigt der Mensch, so behauptet Protagoras, Rechtlichkeit und Rücksichtnahme. Ausgehend vom Homo-mensura-Satz könnte man aber genauso gut behaupten, daß Gewalt die Polis zusammenhält. Spätere Sophisten sind bekanntlich zu dieser naheliegenden Schlußfolgerung gelangt. Protagoras bereitet unwillentlich den Boden für die Abwertung des Nomos als willkürlicher Übereinkunft. Wenn die Normen des menschlichen Zusammenlebens nicht metaphysisch oder theologisch verankert und nicht durch ein Geflecht sozialer Bindungen gesichert sind, was hindert dann noch an der Behauptung, sie seien eine bloße Konvention der Schwachen zur Disziplinierung der Starken? Und was hindert einen „Starken", die willkürliche Gerechtigkeit der „Vielen" zu ignorieren und sich selbst unter Berufung auf eine überlegene φύσις zum Tyrannen aufzuschwingen? Die radikalisierte, weil von sozialen Abhängigkeitsverhältnissen befreite Renaissance des vorpolitischen Physis-Arguments am Ende des 5. Jahrhunderts hatte gewiß vielfältige Ursachen. Sie ist ein Symptom der politischen Krise und setzt den schwankenden Boden der protagoreischen „Erkenntnistheorie", auf dem eine hinreichende Normenbegründung nicht möglich ist, voraus. Außerdem könnte Protagoras keine schwerwiegenden persönlichen Nachteile für den Ungerechten namhaft machen, wenn er nur, etwa als Tyrann, erfolgreich ist.[27]

Beispiel, von dem wir mit einiger Sicherheit annehmen, daß es authentisch sei, eigentlich eine Situationsbeschreibung: ‚Wind-dem-Frierenden-kalt' und ‚Wind-dem-Nichtfrierenden-nicht-kalt' (Tht. 152 b)."

23 Ebd. 77. Nach Buchheim hat Protagoras hierin, „stellvertretend für die gesamte Sophistik, die Struktur menschlicher Praxis beschrieben".

24 VS 80 B 4 (Diels/Kranz).

25 Vgl. Dietz, Protagoras 138 ff.

26 Ebd. 140 ff. mit weiteren Belegen.

27 Vgl. Adkins, Merit and Responsibility 237 f.

Explizit wird die Erkenntnisfrage auch von Gorgias in seiner Schrift über das Nichtseiende gestellt und auf folgende Weise beantwortet: Erstens, daß nichts ist; zweitens, daß, wenn etwas wäre, es unerkennbar wäre, und drittens, daß wenn es erkennbar wäre, es doch nicht mitgeteilt werden könnte.[28] Im Gegensatz zu Protagoras, der die Wahrheit inflationiert, radikalisiert Gorgias den Ansatz des Parmenides und entfernt diese überhaupt aus der Reichweite des Menschen.[29] Das Ergebnis ist freilich das gleiche: Dem einen ist Sein identisch mit Erscheinen, für den Anderen gibt es kein Sein und daher nur Erscheinen. Beiden bleibt also nur die δόξα, und beide haben nicht zufällig ähnliche Strategien des Umgangs mit dieser unsicheren Wirklichkeit entwickelt.

In der Tat bleibt der Satz des Protagoras im gesamten klassischen Polisdenken der Griechen, solange es an der Praxis orientiert ist, so gut wie ohne Alternative.[30] Protagoras hat die ontologische Basis der griechischen Politik seiner Zeit aufgedeckt.

Daß der Mensch ein politisches Lebewesen im oben beschriebenen Sinne ist, läßt sich also aus dem Homo-mensura-Satz nicht ableiten. Vielmehr umgekehrt: Setzt man, wie Protagoras, voraus, daß das Politische den Menschen erst recht zum Menschen macht, offenbart sich schlagartig der politische Sinn des Satzes: Die Polis kann sowenig wie der Einzelne auf externe Kriterien zurückgreifen, mit deren Hilfe sich gut und schlecht scheiden ließen. Vielmehr muß sie die unterschiedlichen Wahrnehmungen ihrer Bürger zur Verhandlung bringen. Die im 5. Jahrhundert zur vollen Entfaltung gelangende Autonomie des Politischen wird von Protagoras mit der Erkenntnisweise des Menschen begründet. So fügen sich Mythos und Homo-mensura-Satz zusammen: Der Mensch ist ein politisches Wesen. Er kann sich bei seinen Entscheidungen nicht auf „höhere" Einsicht berufen. Vielmehr muß er die Dinge nehmen, wie sie ihm erscheinen. Weil er über die Fähigkeit zur politischen Kommunikation verfügt, indem er an αἰδώς und δίκη teilhat, sind die Dinge, deren Wesen es ist, menschlich zu sein (zu erscheinen), verhandelbar.

Unter diesen Bedingungen liegt es nahe, politische Entscheidungen durch Mehrheitsbeschluß der am Entscheidungsverfahren beteiligten Personen zu treffen. Entscheidungsfähig und in der griechischen Demokratie auch entscheidungsberechtigt sind aber alle Bürger. Die Vielfalt der sich dabei zur Geltung bringenden sozialen Verhältnisse auf der einen Seite und der Entscheidungsmöglichkeiten im protagoreischen Sinne auf der anderen Seite verhindert von vornherein Konsensentscheidungen, solange die agonalen Wertbegriffe so eindeutig dominieren wie bei den Griechen. Da es keine Instanz gibt, die im Streit der Meinungen vermitteln könnte, gewinnt die öffentliche Auseinandersetzung als ἀγών der λόγοι für die Entscheidungsfindung herausragende Bedeutung. Das situationsimmanente Kriterium, um gute und schlechte Meinungen zu scheiden – Wissen, also Sicherheit, ist in der labilen Erscheinungswelt des Protagoras bekanntlich unerreichbar –, kann nur der

---

28 VS 82 B 3 (Diels/Kranz). Eine ähnliche Position vertritt schon Xenophanes VS 21 B 34; über die Vorherrschaft der Erkenntnis**kritik** im griechischen Denken bis auf Platon vgl. Heitsch, Erscheinung und Meinung, PhJ 76 (1968/69), 27 ff.

29 Vgl. Buchheim, Sophistik 53 A. 29.

30 Eine Ausnahme von freilich geringem Gewicht bietet allenfalls der Sophist Antiphon: vgl. Martin (wie o. A.5) 152.

Erfolg sein. Der Erfolg bringt die „Wahrheit" ans Licht und macht aus der schwächeren Rede die stärkere. Wenn Protagoras seinen Schülern beibringt, τὸν ἥττω λόγον κρείττω ποιεῖν, entlarvt er sich weder als zynischer Moralverächter noch lehrt er einen bloß rhetorischen Kniff, sondern nennt ein Mittel zur Wahrheitsfindung.[31] Es geht nicht darum, die eigentlich schwächere Rede zur scheinbar stärkeren zu machen. Dieses verbreitete Mißverständnis scheitert schon daran, daß Protagoras kein unabhängiges Maß für „eigentlich" und „scheinbar" kennt. Was stark und schwach, wahr und falsch, gut und schlecht, gerecht und ungerecht ist, entscheidet vielmehr der Agon. Gesucht wird die **wirklich** stärkere Rede.[32] Protagoras nennt im platonischen „Theaitetos" denjenigen weise, „welcher, wem unter uns Übles ist und erscheint, die Umwandlung bewirken kann, daß ihm Gutes erscheine und sei" (166 D). Wie der Arzt diese Umwandlung durch Arzneien bewirkt, so der Sophist durch Reden (λόγοι, 167 A). Weise und gute Redner machen, „daß den Poleis anstatt des Verderblichen das Heilsame gerecht zu sein scheint" (167 C). Gerechtigkeit ist für Protagoras also ein situationsabhängiger Begriff und entzieht sich damit eo ipso einer abschließenden Festlegung.[33]

Der sophistisch geschulte Redner bringt Gerechtigkeit hervor, indem er durch Reden, die unter den Bedingungen der griechischen Polis immer in Konkurrenz mit anderen Reden stehen, bei seinen Zuhörern eine heilsame Umwandlung der Wahrnehmung bewirkt. Was aber heißt hier heilsam oder vorteilhaft? Wieder kann die Antwort mangels externer Kriterien sozialer oder metaphysischer Art nur lauten: dasjenige, was der Mehrheit der Bürger am Ende der Verhandlung vor Gericht oder in der Volksversammlung so erscheint. Die Durchsetzungskraft im Logos bringt das politisch Heilsame und Vorteilhafte und Gerechte an den Tag. Um erfolgreich zu sein, muß der Redner daher ständig an die communis opinio appellieren und sich auf die konventionelle Moralität beziehen. Außerdem muß er Erfahrung besitzen und sich auf Erfahrung berufen können. In all diesen Punkten manifestiert sich die konservative Tendenz nicht nur des protagoreischen Denkens, sondern der Sophistik überhaupt[34]; ihr Streben nach Perfektion findet auf dem selbstverständlichen Boden geltender Wertmaßstäbe und Überzeugungen statt. Eben dieser konservative Zug sollte den Sophisten von Sokrates wiederholt den Vorwurf der Schmeichelei einbringen.[35]

Auf die Bedeutung der Erfahrung weist Protagoras mehrfach hin. In Fragment 10 bestimmt er die τέχνη als dauernde Erweiterung der Erfahrung: μηδὲν εἶναι μήτε τέχνην ἄνευ μελέτης μήτε μελέτην ἄνευ τέχνης.[36] Die zirkuläre Begründung

---

31 Aristoteles' Kommentar, rhet. 1402 a 23 ff.: ψεῦδός τε γάρ ἐστιν καὶ οὐκ ἀληθὲς ἀλλὰ φαινόμενον εἰκός, καὶ ἐν οὐδεμιᾷ τέχνῃ ἀλλ᾽ ἐν ῥητορικῇ καὶ ἐριστικῇ – wird m.E. erst bei der Annahme recht verständlich, daß es Protagoras mit seiner Maxime letztlich gerade auf die ἀλήθεια abgesehen hatte. In die Gegenrede des Aristoteles dürfte auch die Erfahrung vom Mißbrauch eingegangen sein, den jüngere Sophisten mit der protagoreischen „Technik" betrieben hatten.

32 Vgl. Buchheim, Sophistik 17.

33 Vgl. Theait. 172 AB.

34 Vgl. Buchheim, Sophistik 99 ff.

35 So vor allem im „Gorgias" (s.o. S. 166 f.); vgl. auch Pol. 492 A ff.

36 Vgl. auch B 3 (Diels/Kranz).

zeigt, daß sich die sophistische Techne „nur immanent, d.h. durch den praktischen Vollzug ihrer selbst rechtfertigen" kann.[37]

Gleiches gilt für die εὐβουλία, welche Protagoras im gleichnamigen Dialog Platons als das eigentliche μάθημα seiner Kunst bezeichnet. „Der Lehrgegenstand", so sagt er, „ist ein sicheres Urteilsvermögen und zwar sowohl in seinen eigenen Angelegenheiten, wie man sein Hauswesen am besten verwaltet, als auch in politischen Angelegenheiten, wie man in öffentlichen Belangen am wirkungsvollsten im Reden und Handeln ist."[38] Protagoras liefert keine Definition der εὐβουλία, sondern verweist auf den Rahmen, in der sie zur jeweiligen Auswirkung kommt. Πράττειν καὶ λέγειν werden dabei nicht als abgetrennte Gegenstandsbereiche der εὐβουλία verstanden; vielmehr ist das λέγειν im agonalen Kommunikationssystem der entwickelten Polis als die vornehmste Art des πράττειν zu betrachten, weil es zur Entscheidung treibt.[39] Politisch wohlberaten ist also, wer die Mehrzahl seiner Mitbürger von der Vorteilhaftigkeit seiner durch Erfahrung und Übung gewonnenen Meinung überzeugen kann.

Die Identifikation mit der zeitgenössischen Wirklichkeit leitet Protagoras auch bei seinen Ansichten zur Erziehung. Der alte Anspruch des Adels auf eine **natürliche** Überlegenheit wird implizit zurückgewiesen. Protagoras behauptet die Lehrbarkeit der ἀρετή und zeigt dadurch an, daß sich diese für niemanden mehr von selbst versteht, sondern erworben werden muß, aber grundsätzlich auch von allen Bürgern erworben werden kann. Wohl bedarf es einer natürlichen Vorgabe; politische Tugend entsteht jedoch erst durch Erziehung, die Protagoras im wesentlichen als Übung (ἄσκησις) versteht.[40] Dabei ist der Mensch in der Polis immer schon einer Erziehung ausgesetzt, die in der Elementarschule, durch die Gesetze der Stadt und durch die Mitbürger in der Volksversammlung und bei Gericht vermittelt wird (325 C ff.). Platon läßt Protagoras zu Sokrates sagen: „... selbst derjenige, welcher sich dir als der Ungerechteste zeigt von allen, die unter Gesetzen und Menschen auferzogen sind, ist dennoch gerecht und wirklich ein Meister in dieser Sache, wenn du ihn mit solchen Menschen vergleichen solltest, die gar keine Erziehung haben, keine Gerichtshöfe, keine Gesetze und keinen Zwang, der sie zwingt, sich in allen Stücken der Tugend zu befleißigen. ... Nun aber bist du verwöhnt, Sokrates, weil eben alle Lehrer der Tugend sind, jeder so gut er kann, und siehst deshalb nirgends einen. Eben als wenn du nachfragtest, wo es wohl einen Lehrer im Hellenischsprechen gäbe, würdest du auch keinen einzigen finden" (327 C – E). Polis und Gerechtigkeit werden hier unauflöslich aneinander gebunden, freilich nicht als universale Prinzipien, sondern in ihrer partikularen Jeweiligkeit.

---

37 Buchheim, Sophistik 108 f.
38 318 E f.: τὸ δὲ μάθημά ἐστιν εὐβουλία περὶ τῶν οἰκείων, ὅπως ἂν ἄριστα τὴν αὑτοῦ οἰκίαν διοικοῖ, καὶ περὶ τῶν τῆς πόλεως, ὅπως τὰ τῆς πόλεως δυνατώτατος ἂν εἴη καὶ πράττειν καὶ λέγειν. Übers. nach Buchheim, Sophistik 90. Zur Euboulia vgl. Pearson, Popular Ethics 24 ff.
39 Zum Praxisbezug des λέγειν vgl. Buchheim, Sophistik 92 ff.; siehe auch Thuk. III 42,2 und IV 17,2.
40 B 3.10 (Diels/Kranz); vgl. Buchheim, Sophistik 123 ff.

Wie Platon faßt Protagoras die Polis als Erziehungsgemeinschaft auf, wobei allerdings im Gegensatz zu Platon Subjekt und Objekt der Erziehung zusammenfallen. Die Erziehung ist Teil der öffentlichen Kommunikation, zu der alle Bürger beitragen, insofern sie über αἰδώς und δίκη verfügen. Für seine eigene Erziehungsarbeit nimmt Protagoras denn auch keineswegs eine exklusive Kompetenz, sondern nur eine agonale Überlegenheit in Anspruch. Folgerichtig behauptet er, besser als andere zu verstehen, wodurch einer unter vorwaltenden Umständen ein καλὸς κἀγαθός wird (328 B), wie einer sich in wechselnden Situationen auszuzeichnen vermöchte. Der Gegenstand der sophistischen Paideia läßt sich nicht definieren, sondern nur jeweilig und situativ demonstrieren. Deswegen ist die Simulation von Situationen, in denen sich die ἀρετή bewähren kann, ein fester Bestandteil des sophistischen Erziehungsprogramms.[41]

Protagoras ist ein hervorragender Repräsentant einer Epoche, die eine weitgehende Autonomie des Politischen verwirklichte. Die Konstituierung eines eigenständigen politischen Raumes neben der fortbestehenden gesellschaftlichen Ordnung in ihren sozialen Unterschieden und unabhängig von einem metaphysisch oder theologisch ableitbaren Normengefüge beanspruchte die Verständigungsfähigkeit der beteiligten Bürger auf neue Weise. Um es protagoreisch zu formulieren: δίκη und αἰδώς, Rechtssinn und Rücksichtnahme waren ständig neuen, schweren Belastungen ausgesetzt. Protagoras selbst brachte dies zum Ausdruck, indem er die Polis als Zwangssystem zur Tugend beschrieb[42] und voraussetzte, daß selbst der ungerechteste Polismensch dem apolitischen Menschen in der Gerechtigkeit noch weit voraus ist.

Was aber, wenn die Polis als Erziehungsgemeinschaft versagt und partikularen Gewalten unterliegt, wenn der Nomos als Rahmen des politischen Wettbewerbs zerbricht? Und was, wenn illegitime Schüler auftreten, welche die politischen Setzungen als arbiträr entlarven und sich, unbekümmert um diese, selbst zum politischen Maß aller Dinge erklären? Protagoras widmet sich der Vervollkommnung des einzelnen innerhalb der jeweils bestehenden Ordnung, der er stets seine Reverenz erweist. Die Ordnung selbst kommt ihm nicht in den Blick, da er sie voraussetzt. Die mythische Beschwörung verdeckt das Problem der Einheit der Polis.

2. ANTIPOLITIK[43]

Der Dialog „Protagoras" endet mit einem Paradoxon, das aus der Vertauschung der ursprünglich eingenommenen Position resultiert. Wie Sokrates, der die Lehrbarkeit der Tugend anfänglich leugnete, dieselbe schließlich postuliert, sieht sich Protagoras gezwungen, seinen pädagogischen Optimismus fahren zu lassen. Das Paradoxon

---

41 Eine typische Simulation im weiteren Verlauf des platonischen „Protagoras" stellt etwa die Interpretation eines Skolions von Simonides (338 E ff.) dar.

42 Vgl. Dreher, Sophistik und Polisentwicklung 15.

43 Wichtige Anregungen zu diesem Kapitel verdanke ich Egon Flaig, dessen Überlegungen 1994 unter dem Titel „Weisheit und Befehl. Platons ‚Politeia' und das Ende der Politik" in der Zeitschrift Saeculum erscheinen werden.

erklärt sich aus dem Wechsel der Diskursebenen: Während zu Beginn die Praxis der attischen Demokratie Ausgangspunkt der Überlegungen war, bewegt sich das Gespräch am Ende in rein theoretischen Bahnen. Dabei hält sich der Gegensatz zwischen Sokrates und Protagoras durch; er wurzelt letztlich im τέχνη-Begriff, der im einen Fall durch Wissen und im anderen Fall durch Erfahrung strukturiert ist. Die τέχνη des Protagoras vermittelt die aus Erfahrung und Übung zu gewinnende und prinzipiell allen Menschen zugängliche Fähigkeit, sich unter den obwaltenden politischen Umständen zu behaupten und auszuzeichnen. Dieser τέχνη-Begriff korrespondiert mit dem von Christian Meier beschriebenen „Könnens-Bewußtsein" dieser Zeit und ist ganz und gar praxisorientiert.[44] Der sokratisch-platonischen τέχνη entspricht dagegen ein fest umrissener Gegenstandsbereich, ein bestimmtes ἔργον, dessen Erkennbarkeit und Feststellbarkeit Bedingung ihrer Lehrbarkeit ist.[45]

Die politische Konsequenz dieser Annahme hat Sokrates bereits angedeutet: Wenn die attische Demokratie recht hat, gibt es weder politische τέχνη noch ἀρετή als richtige Anwendung derselben, oder umgekehrt: Wenn es eine politische τέχνη im platonischen Sinn geben sollte, dann ist die attische Demokratie das falsche politische Modell. Im Dialog „Protagoras" gelangt diese Alternative nicht zur Verhandlung; Platon läßt die eindrucksvolle Rede des Protagoras samt dem Mythos von der Entstehung des Politischen unbeantwortet.

Später kommt er ausführlich auf das Problem zurück, ja, man könnte Platons „Politeia" als großangelegten Versuch zur Widerlegung des Protagoras lesen.[46]

Das erste Buch zeigt Sokrates in der Auseinandersetzung mit drei typischen Gerechtigkeitsauffassungen. Dabei präsentiert Platon Sokrates' Argumente als unzureichend. Das gilt besonders für den Versuch, Thrasymachos zu widerlegen[47], der wie Protagoras davon ausgegangen war, daß die Gerechtigkeit in den jeweils geltenden Gesetzen liegt. Der Partikularismus der Gerechtigkeit wird von Thrasymachos gegen die Intentionen des Protagoras weitergedacht.[48] Die Gesetze, welche die Gerechtigkeit definieren, sind das Produkt dessen, was die jeweils Herrschenden, ob Demos, Aristoi oder Tyrannos, zu ihrem eigenen Vorteil verfügt haben. Folglich ist Gerechtigkeit der Vorteil der Herrschenden oder Stärkeren. C.D.C. Reeve hat jüngst gezeigt, daß es Sokrates mit den scheinbar bewährten Mitteln der Frühdialoge nicht

---

44 Vgl. Entstehung des Politischen 472 ff. 484 ff.

45 Vgl. Buchheim, Sophistik 121 f.

46 Vgl. Ryffel, ΜΕΤΑΒΟΛΗ ΠΟΛΙΤΕΙΩΝ 88 mit A.226 und 104 ff. Ryffel führt den protagoreischen Einfluß auf die „Politeia" an der Verfallsreihe von Verfassungen vor, die im achten Buch entwickelt wird, sieht ihn aber auch auf die Gestaltung der ganzen „Politeia" wirken. Außerdem verweist er auf die Behauptung des Aristoxenos (fr. 67 Wehrli), Platons „Politeia" habe fast ganz in den „Antilogikoi" des Protagoras gestanden. Die Notiz, die zweifellos eine boshafte Übertreibung ist, könnte darauf hinweisen, daß Platon sich erkennbar an Darstellungen des Protagoras, vor allem die sog. Kulturentstehungslehre, anschließt und diese im Sinne einer kritischen Auseinandersetzung und Überwindung „nachahmt". Spuren einer intensiven Beschäftigung mit Protagoras entdeckt Ryffel, ebd. 114 ff., übrigens auch in den „Nomoi".

47 Vgl. Blößner, Hermes 119 (1991), 61 ff.

48 Auch Ryffel (wie A.45) 105 begreift Thrasymachos' Thesen als „folgerichtige Vergröberung und Verindividualisierung" der protagoreischen Haltung: „Es würde demnach der Thrasymachos des ‚Staates' zu Protagoras in ähnlicher ‚geistiger Filiation' stehen wie Kallikles zu Gorgias."

gelingt, überzeugende Argumente gegen Thrasymachos vorzubringen.[49] Indem Platon das Scheitern des Sokrates vorführt, übt er auf ebenso subtile wie brillante Weise Kritik an den Voraussetzungen und der Praxis des sokratischen Elenchos.[50] Wir haben es daher im ersten Buch der „Politeia" mit einem Wendepunkt des platonischen Philosophierens zu tun: Aus dem Gespräch mit Kephalos, Polemarchos und Thrasymachos entsteht die Notwendigkeit, daß sich Sokrates zum positiven Theoretiker wandelt. Um die meist unbewußten Vorannahmen seiner Gesprächspartner wirklich schlüssig abweisen zu können, muß Sokrates selbst eine angemessene Theorie der Psyche, der Polis und des Wissens vorlegen. Genau dies geschieht im weiteren Verlauf der „Politeia".

Zu Beginn des zweiten Buches bekunden die beiden Zuhörer Glaukon und Adeimantos ihre Unzufriedenheit mit dem bisherigen Gesprächsverlauf. Sie verlangen von Sokrates das Lob der Gerechtigkeit auf eine unerhört neue Weise – abgesehen von ihren positiven Folgen: Denn, so betont Adeimantos, „noch nie hat einer die Ungerechtigkeit anders getadelt oder die Gerechtigkeit anders gelobt, als immer nur um den Ruhm, die Ehren, die Gaben, die ihnen daraus entspringen; jede von beiden aber an sich nach der eigentümlichen Kraft, mit der sie der Seele innewohnt, auch wenn sie Göttern und Menschen entgeht, hat noch nie einer weder in Dichtung noch in gemeiner Rede hinreichend dargestellt, die eine als das größte Übel, welches die Seele nur in sich haben kann, und die Gerechtigkeit als das größte Gut. Denn wenn ihr (Sokrates und die anderen Lobredner der Gerechtigkeit aus allen Zeiten) insgesamt von Anfang an so gesprochen und uns von Jugend auf überredet hättet, so dürften wir nicht einer den anderen hüten, kein Unrecht zu tun; sondern jeder würde sein eigener bester Hüter sein, aus Furcht, wenn er unrecht handelte, mit dem ärgsten Übel behaftet zu sein" (366 E f.). Der Versuch die Gerechtigkeit als direkten Weg zur Eudaimonia zu etablieren, ohne den Umweg über Macht, Ehre und Reichtum, ist in der Tat ein Novum in der griechischen Literatur. Adeimantos bringt noch einmal das ethische Dilemma zum Ausdruck, welches so viel zur Instabilität der griechischen Gesellschaften beitrug: daß Gerechtigkeit, gemessen am traditionellen Arete-Standard, ein „fremdes Gut" war und daher vor allem in ihrem zwanghaften Charakter wahrgenommen wurde. Wer sich wie Gyges unsichtbar machen kann, wird ihr selbstverständlich die Gefolgschaft aufkündigen (359 B ff.). Die Gerechtigkeit an der Spitze einer neuen Wertehierarchie zu befestigen, ist also die fundamentale Aufgabe, vor die sich Sokrates nunmehr gestellt sieht. Man darf von vornherein vermuten, daß er sie ohne Zuhilfenahme politischer und metaphysischer Argumente nicht wird ausfüllen können.[51]

Tatsächlich führt Sokrates sogleich die Polis als heuristisches Mittel ein, indem er das Wesen der Gerechtigkeit am Beispiel der gerechten Polis zu verdeutlichen unternimmt (368 E ff.). Zu diesem Zweck beginnt er die Entstehung und Entwicklung der Polis zu beschreiben, so daß sich der Vergleich zum Protagoras-Mythos geradezu aufdrängt. Während sich Protagoras die Polis als Verteidigungsgemeinschaft gegrün-

---

49 Philosopher-Kings 3 ff.
50 Ebd. 23.
51 Ebd. 41 f.

det denkt, ist es nach Sokrates das Bedürfnis (χρεία), welches die Menschen zum städtischen Zusammenleben veranlaßt. „Es entsteht also (...) eine Stadt (...), weil jeder einzelne von uns sich selbst nicht genügt, sondern gar vieles bedarf" (368 B). Sokrates betrachtet die Polis zu allem Anfang als Versorgungsgemeinschaft, als Zusammenwohnen (ξυνοικία) zum Zwecke der Bedürfnisbefriedigung, welche dagegen für Protagoras dem Menschen dank der Gaben des Prometheus schon im vorpolitischen Stadium gesichert ist. Mit anderen Worten: Was Sokrates hier als Polis beschreibt, wäre dem Protagoras nicht mehr als eine Ansammlung von Häusern gewesen. Die sokratische Stadt genügt dem Bedürfnis, welchem sie ihre Gründung verdankt, durch Arbeitsteilung, weil es unmöglich ist, daß einer viele Künste gleich gut ausüben kann. Einer ist Bauer, ein anderer Baumeister, ein dritter Weber, ein vierter Schuhmacher etc., bis alle Grundbedürfnisse erfüllt werden können. Dabei korrespondiert die objektive Notwendigkeit der Arbeitsteilung mit dem unterschiedlichen subjektiven Vermögen der Bewohner. Schon hier wird deutlich, daß der sokratische Staatsaufbau auf einer scharf akzentuierten Anthropologie der Verschiedenheit beruht. Denn von Natur verschieden ist auch jeder zu einem anderen Geschäft geeignet. So werden sie in der „wahren Polis" (372 E) glücklich miteinander leben, jeder das Seinige verrichtend, „ohne über ihr Vermögen hinaus Kinder zu erzeugen aus Furcht vor Armut oder Krieg" (372 C). Diese Polis, die Sokrates auch als gesund charakterisiert, ist durch die Abwesenheit aller Politik ausgezeichnet; Politik erscheint in dieser Idylle schlicht überflüssig. Doch Glaukon interveniert, indem er Sokrates auf das Phänomen des Luxus verweist und ihn damit auffordert, seine Polisgenese bis in die Gegenwart (372 E1: νῦν) fortzusetzen.

Also wendet sich Sokrates der, wie er sagt, „üppigen" (τρυφῶσα) oder „aufgeschwemmten" (φλεγμαίνουσα) Polis zu, um an ihr die Gerechtigkeit aufzusuchen.[52] Der Luxus, der die Stadt mit einem Haufen Volks anfüllt, zu dem Sokrates ausdrücklich auch die Künstler rechnet, führt zwangsläufig zur Expansion über die Grenzen des Notwendigen hinaus, zum Streben nach ungemessenem Besitz. Sokrates entdeckt die Ursache von Krieg und Herrschaft in der Lebensweise der Städte und ihrer Bewohner. Daher benötigt erst die üppige Stadt Heer und Regierung, wodurch dem primitiven Partikularismus der „gesunden" Stadt eine allgemeine, eben politische Ebene übergeordnet wird.

Ziel ist gerade die Bewahrung der „gesunden" oder, um es paradox zu formulieren, der apolitischen Polis; diese geht denn auch als dritter Stand in den Idealstaatsentwurf ein. Zwar mag man mit Reeve Platons genetische Darstellung in eine systematische übersetzen[53]; doch das ändert nichts daran, daß Sokrates das Problem

---

52 Hierin sieht Gigon, Gymnasium 68 (1962), 211 (vgl. auch Gegenwärtigkeit und Utopie 176) zweifellos zurecht einen realistischen Zug im platonischen Staatsentwurf. Ob er allerdings schwer wiegt, ist eine andere Frage. Sind Pleonexia und Herrschaft als eigenständige Phänomene anerkannt, wenn man glaubt, sie in einer rationalen Ordnung aufheben zu können?

53 Vgl. Reeve, Philosopher-Kings 170 ff., der sich den Idealstaat von Platon in drei Stufen entwickelt denkt, deren erste (die „gesunde" Stadt: 369 A – 372 D) den Idealzustand der Produzenten beschreibt. In einem zweitem Schritt (372 E – 471 C) kommen die Wächter hinzu, während erst die dritte Stufe (473 B – 544 B) mit der Hinzufügung der Philosophenkönige das Ganze umgreift. Die Ablösung der einzelnen Stufen charakterisiert Reeve, ebd. 172, als Überholung, aber Bewahrung. Erst auf der dritten Stufe ist die ideale Polis vollständig und besitzt eine reale Möglichkeit.

der Politik als Folge einer Degeneration beschreibt. Der Kontrast zu der Emphase, mit der Protagoras die Heraufkunft des Politischen gewürdigt hatte, könnte kaum größer sein. Während bei Protagoras die menschlichen Beziehungen am Anfang durch gegenseitiges Unrechttun (Prot. 322 B8: ἀδικεῖν ἀλλήλους) gekennzeichnet sind, statuiert Platon einen entgegengesetzten Urzustand. Aus den unterschiedlichen Vorannahmen erklärt sich die unterschiedliche Bewertung des Politischen, das bei beiden Denkern als Folge ins Spiel kommt. Dem Sophisten gilt es als Bedingung zur Lösung des Problems, dem Philosophen als Ausdruck desselben. Daher muß Platon nach Wegen suchen, es (wieder) aus der Welt zu schaffen. Dabei dient ihm die konsequent durchgeführte Arbeitsteilung als Vehikel.

Die Arbeitsteilung als politisches Prinzip ist vor dem Hintergrund der zeitgenössischen Realität das eigentlich Befremdliche der „Politeia". Indem er einen eigenständigen Kriegerstand konstituiert[54], aus dem wiederum die Herrscher hervorgehen sollen, reserviert er das Politische einer Gruppe von Spezialisten.[55] In der „klassischen" Polis lag der Krieg in der Mitte der bürgerlichen Existenz; politische Mitwirkung und Kriegsdienst waren zwei Seiten derselben Medaille.[56] Damit im Einklang, beschrieb Protagoras im Mythos die Kriegskunst als Teil der politischen Kunst und ließ die Polis aus der Notwendigkeit einer gemeinsamen Verteidigung entstehen. Historisch gesehen war die Teilnahme am gemeinsamen Krieg, – zumal in der Hoplitenphalanx, wo unter gleichen Bedingungen gekämpft werden mußte – eine wichtige, wenn nicht gar die wichtigste Etappe auf dem Weg zur Autonomie des Politischen. Der Kriegsdienst definierte den Bürger, der sich, weil er seinen Schutz selbst in Gemeinschaft mit anderen besorgte, vom Zwang zum Gehorsam gegenüber adligen Schutzpatronen befreien konnte. Daraus ergibt sich als ein zentrales Charakteristikum des Politischen bei den Griechen: die – mindestens fiktive – Aufhebung der „ewigen" Relation von Schutz und Gehorsam. Der griechische Bürger schützt sich gleichsam selbst, und er gehorcht sich gleichsam selbst, etwa indem er den Anweisungen der von ihm gewählten oder aus seinesgleichen erlosten und ihm rechenschaftspflichtigen Beamten, deren Befehlsgewalt somit einem grundsätzlichen Vorbehalt unterliegt, Folge leistet. Oder anders gesagt: Der Bürger-Soldat war kein Untertan; er war nicht das Objekt der Regierung, sondern sein Instrument; er wurde

---

54   In dieser Hinsicht hatte Platon in Hippodamos von Milet einen Vorgänger (Arist. pol. 1267 b 22 ff.). Dessen Aufgliederung der Polis in Krieger, Bauern und Handwerker kritisiert Aristoteles, indem er einfach den griechischen Polisbegriff zugrundelegt: οἵ τε γὰρ τεχνῖται καὶ οἱ γεωργοὶ καὶ οἱ τὰ ὅπλα ἔχοντες κοινωνοῦσι τῆς πολιτείας πάντες, οἱ μὲν γεωργοὶ οὐκ ἔχοντες ὅπλα, οἱ δὲ τεχνῖται οὔτε γῆν οὔτε ὅπλα, ὥστε γίνονται σχεδὸν δοῦλοι τῶν τὰ ὅπλα κεκτημένων (1268 a 17 ff.). Ähnlich argumentiert Aristoteles (pol. 1264 a 10 ff.) gegen Platons „Politeia": Entweder sind die Wächter die Bürger und die Produzenten die Sklaven, oder die Produzenten sind die Bürger und die Wächter eine Art von Besatzung. Im übrigen führt Aristoteles bemerkenswerterweise das Beispiel der Kreter an: „Diese haben sich in allem mit den Sklaven auf gleichen Fuß gestellt und ihnen nur die Gymnastik und den Besitz von Waffen verboten."

55   Vgl. den Einwand des Adeimantos 419 A, der von Sokrates die Auflösung des Paradoxons verlangt, daß die Polis zwar in Wahrheit den Wächtern „gehört", diese aber daraus keine Vorteile ziehen dürfen; vgl. Arends, Einheit der Polis 99.

56   Vgl. z.B. Ehrenberg, Staat der Griechen I 60 f.

nicht regiert, sondern diente beim Regieren.[57] Nun könnte man einwenden, daß Vorstehendes zwar das demokratische Ideal zum Ausdruck bringt, aber den Verhältnissen seit dem Ende des Peloponnesischen Krieges und somit der Publikationszeit der „Politeia" nicht mehr angemessen ist. In der Tat läßt sich im 4. Jahrhundert eine Tendenz zur Spezialisierung politischer Funktionen nicht leugnen. Das gilt auch für den militärischen Sektor, wie die zunehmende Verwendung von Söldnern und das Aufstellen von Elitetruppen nach spartanischem Vorbild zeigt. Doch änderte sich damit etwas an der politischen Struktur? Zwar mochte der Einsatz von Söldnern auf einen Verfall an eigenständiger Verteidigungsfähigkeit hindeuten, doch von einem prinzipiellen Wandel konnte keine Rede sein.[58] Denn einmal verblieben die Söldner selbstverständlich außerhalb der Polis, und zum anderen sollten sie das Bürgerheer nur ergänzen, nicht aber ersetzen. Ebenso sollten die Elitetruppen, die etwa Theben und der Arkadische Bund aufstellten, die militärische Effizienz erhöhen, ohne dabei die militärischen Funktionen zu monopolisieren. – Natürlich ist Platon zuzugestehen, daß er hier epochale Tendenzen aufnimmt, aber er radikalisiert sie in einer Weise, die mit der zeitgenössischen Realität nichts mehr zu tun hat. Die Verhältnisse in seiner Politeia erreichen eine neue Qualität.

Schränkt Sokrates lediglich das Bürgerrecht ein, wenn er die Aufgabe der Kriegführung restlos einer bestimmten Gruppe reserviert? Durch den Verlust der Wehrfähigkeit hätte der dritte Stand der sokratischen Polis nach zeitgenössischen Begriffen seinen Bürgerstatus verloren und wäre auf das Niveau von Staatssklaven herabgesunken.[59] Bildet Sokrates die Strukturen seiner Polis etwa nach spartanischem Vorbild? Schließlich verfügte auch in Sparta ein professioneller Kriegerstand über sämtliche politischen Kompetenzen. Doch die Parallele enthüllt sich als oberflächlich, wenn man die Intentionen von Sokrates ernstnimmt.[60] Denn seine Wächter herrschen nicht, wie die Spartiaten über Perioiken und Heloten, zum eigenen Nutzen, sondern zum Wohl der gesamten Polis, zu der auch der dritte Stand gehört. Alle in der Stadt sollen Brüder sein, wobei einige eben von Natur aus zum Herrschen, andere zum Kämpfen und wieder andere zum Erzeugen von Nahrungsmitteln und Gebrauchsgütern geeignet sind (415 A ff.). Hier befindet sich Platons Politeia im schärfsten Widerspruch zum gemeingriechischen Begriff des Politischen: Daß er von einer Polis spricht, obwohl er Bürgerstatus, Waffendienst und Herrschaftsbefugnis restlos und grundsätzlich voneinander scheidet; daß er vom „Bürger" (πολίτης) spricht, obwohl er ihm zumutet, sich in eine extreme Schutz-Gehorsam-Relation einzufügen. Die Mitglieder des dritten Standes haben also, obwohl Politen, nichts mit Politik zu tun.

---

57 Veyne, Annales 1982, 887.
58 Davon zeugen auch die in A.53 zitierten Aussagen des Aristoteles.
59 Aus dieser Perspektive erscheint der Satz von Gigon, Gegenwärtigkeit und Utopie 386, völlig verfehlt: „Der dritte Stand hat (...) seine eigenen Privilegien in der Freiheit von jeder militärischen Verpflichtung und Verantwortung und im Recht, sich in einer privaten, der Verfügung und Kontrolle des Staates nicht unmittelbar ausgesetzten Sphäre nach eigenem Gutdünken wohnlich einzurichten."
60 Daß Platon in Details durchaus spartanische Einrichtungen vor Augen hatte, etwa in dem den Wächtern verordneten Lagerleben oder im Verbot von Gold und Silber, ist dagegen wahrscheinlich: vgl. Gigon (wie A.15) 386 ff.

Handelt es sich um einen semantischen Trick, mit dem Platon den Sklavenstatus des Nährstandes verschleiern will?

Wenn die Politik im platonischen Staat zur Sache der beiden oberen Stände würde, dann müßte man in der Tat von einer „humanisierten" Variante der spartanischen Ordnung sprechen. Würde die nackte Herrschaft der Wächter über die Produzenten statt Ausbeutung (wie in Lakonien und Messenien) auch die gegenseitige Wohlfahrt bezwecken, änderte dies doch nichts an der strukturellen Ähnlichkeit beider Ordnungen. Aber – und damit fällt die Hypothese endgültig – das Politische hat auch unter den Wächtern der platonischen Polis keinen Raum. Während in Sparta selbstverständlich ein abgetrennter Bereich kommunikativer Entscheidungsfindung samt den zugehörigen Institutionen (Apella, Gerousia, Beamte etc.) existiert, fehlt dergleichen völlig in Platons Kallipolis. Dort ist das Prinzip der Arbeitsteilung vielmehr konsequent zuende gedacht worden: Die Krieger sind nur Krieger, und die Herrscher, wiewohl aus den Kriegern hervorgegangen, als Herrscher nur Herrscher. Hat sich das Politische nun unter diese Herrscher, die Platon auch „die vollkommenen Wächter" nennt, zurückgezogen?

Wie sich zeigt, sucht man es auch dort vergebens. Die platonischen Herrscher besitzen das Wissen um die Polis selbst im ganzen, „auf welche Weise sie mit sich selbst und mit anderen Städten am besten umgehen soll" (428 CD). Sie benötigen keinen Raum der Entscheidungsfindung, da sie aller Entscheidung enthoben sind. Sie garantieren vielmehr nur das Funktionieren der einzig von ihnen erkannten **vorgegebenen** Ordnung, zu welchem Zweck ihnen der zweite Stand als Erzwingungsstab dient. Deswegen bezeichnet Sokrates sie nicht eigentlich als Herrscher, sondern als vollkommene oder wahrhafte Wächter, nämlich der erkannten Ordnung, und nennt ihr Wissen φυλακικὴ ἐπιστήμη (428 D; vgl. 414 B).

Aber eröffnet nicht wenigstens die Pluralität der Regierenden, von der Platon ausgeht, dem Politischen ein Einfallstor, insofern innerhalb des Kreises mindestens Mittel und Wege der Konsensbildung existieren müssen? Wir finden auch dieses Loch verstopft, weil der sokratisch-platonische Begriff des Wissens, das die Wissenden miteinander verbindet, eine wie immer geartete Agonalität ausschließt (349 A ff.). Die Wissenden eint ein vorgängiger Konsens, welcher der Politik keinen Ansatzpunkt läßt und politische Institutionen überflüssig macht.[61] Damit ist das lebensweltliche Ambiente, in dem die εὐβουλία des Protagoras eine praktische Bedeutung besaß, zerstört; die Fähigkeit, in einem agonalen Kommunikationssystem das Gute und Vorteilhafte situativ zu finden und siegreich zu vertreten, hat ihren Sinn verloren.[62] Platons εὐβουλία ist das Wissen um das Ganze der Polis als solcher; wohlberaten und weise nennt er die von ihm aus dem Wissen entdeckte Stadt (428 B).

---

61   Weil Platon glaubt, den politischen Konflikt vollkommen beseitigen zu können, haben ihn schon Leys und Sparshott, in: Vlastos (Hrsg.), Plato II 166 ff., als antipolitischen Denker charakterisiert. Ihre Überlegungen hätten mehr Profil gewonnen, wenn sie die platonischen Entwürfe mit dem besonders intensiven griechischen Begriff des Politischen konfrontiert hätten.

62   Damit fällt freilich auch die Spezifikation des Thrasymachos, der die Ungerechtigkeit als εὐβουλία faßte (348 D). Daß Platon sich hier bewußt auf Protagoras bezieht, macht Ryffel (wie A.45) 48 mit A.146 wahrscheinlich.

Wie die platonische Polis weise durch die Weisheit der vollkommenen Wächter ist, so tapfer durch die Tapferkeit der Wächtergehilfen. Tapferkeit bestimmt Platon in diesem Zusammenhang als die Fähigkeit zur Bewahrung (σωτηρία) der durch Erziehung gewonnenen richtigen Meinung über dasjenige, was im Rahmen der vorgegebenen Ordnung gefährlich ist und was nicht (430 B). Dieser Tapferkeits-begriff bezieht sich nicht nur auf äußerliche Feinde, sondern beinhaltet auch Affektkontrolle.[63]

Der dritte Kardinaltugend, der Besonnenheit, bedarf dagegen die gesamten Polis. Sie ist sozusagen Platons besondere Antwort auf die Frage des Protagoras: „Gibt es oder gibt es nicht etwas Gewisses, an welchem notwendig alle Bürger Anteil haben müssen, wenn es eine Polis geben soll?" Protagoras fand das Gesuchte, wie er versichert, nicht in der Schmiedekunst noch in der Töpferkunst noch in der Zimmer-kunst, sondern in der Arete, die er als Fähigkeit zum politischen Umgang verstand (Prot. 324 D ff.). Das Gemeinsame Platons stellt die σωφροσύνη dar, als Einmütigkeit (ὁμόνοια) der von Natur Verschiedenen über die bestehenden Herrschaftsverhältnisse, die sich in der idealen Polis im vorhinein durch ξυμφωνία und ἁρμονία auszeichnen. Natürlich bedürfen die Beherrschten dieser Besonnenheit mehr als die Herrschenden; sie müssen sich schließlich mit ihrer Beherrschung abfinden. In Platons Polis ist allen Bürgern das Bewußtsein gemeinsam, nichts gemeinsam zu haben, und selbst dieses gemeinsame Bewußtsein der Besonnenheit kommt je nach Stand unterschiedlich zustande: durch Einsicht, durch richtige Meinung oder durch bloße Hinnahme des Gegebenen (430 D – 432 B).

Damit sind wir endlich bei der Gerechtigkeit, von der wir mit Sokrates sagen dürfen: „... wir haben schon lange davon gesprochen und gehört und nur uns selbst nicht verstanden, daß wir eben davon handelten" (432 E). Τὸ τὰ αὑτοῦ πράττειν, d.h. die konsequente Durchführung des von Beginn zugrundeliegenden Prinzips der Arbeitsteilung entsprechend den natürlichen Begabungen der Bürger, macht die Gerechtigkeit aus.[64] Diese Gerechtigkeit hält die dargestellte Drei-Stände-Ordnung zusammen, während πολυπραγμοσύνη[65] ihr als Abkehr von der strikten Aufgaben-verteilung zum Verderben gereicht. Die Ausdrücke πολυπραγμοσύνη und μεταβολὴ εἰς ἄλληλα, mit denen Platon die allgemeine politische Zuständigkeit der Bürger, wie sie etwa Protagoras annahm, perhorresziert, beschreiben folgerichtig die Ungerech-tigkeit (434 BC). Wo nun jeder nur „das Seinige" tun soll, wo sich in der jeweiligen Berufstätigkeit der Beitrag jedes Einzelnen zur Gemeinschaft erschöpft, da kann es ein gemeinsames Tun außer im uneigentlichen, nämlich additiven Sinne nicht geben. Für das Politische als „Beziehungs- und Spannungsfeld"[66] ist jedenfalls in Platons Polis kein Platz.

63 Vgl. Gigon, Gegenwärtigkeit und Utopie 474 f.
64 Dabei tritt die anfänglich festgesetzte strikte Arbeitsteilung unter den Produzenten nunmehr in den Hintergrund; entscheidend für die Gerechtigkeit ist vielmehr, daß die Trennung der Stände in ihrer verschiedenen Aufgabenverteilung feststeht: vgl. Arends, Einheit der Polis 34 ff.
65 Die Verwendung des Begriffs in diesem Zusammenhang hat eine antiathenische Konnotation, denn die πολυπραγμοσύνη wurde weithin als hervorstechende Charaktereigenschaft der Athe-ner betrachtet, die sich nach innen vorzugsweise im Sykophantenwesen und nach außen im Expansionismus kundtat: vgl. Ehrenberg, JHS 67 (1947), 46 ff.
66 So Meier, Entstehung des Politischen 16, nach E.-W. Böckenförde und C. Schmitt.

Die vier Tugenden sind die vier Pfeiler, auf denen die Stabilität der Polis ruht. Sie sind auf die drei Stände in der Weise verteilt, „daß die besondere Leistung jedes Standes an eine einzige Tugend gebunden ist"[67], während die vierte Tugend, die Gerechtigkeit, das der Gesamtordnung zugrundeliegende Prinzip einschärft (433 CD).

Wenn jeder das Seinige verrichtet, ist die Einheit der Polis gesichert, weil der Dissens keinen Ansatzpunkt hat (423 D). In der „gesunden Polis" befanden sich arbeitsteilige Produktion und Bedürfnisse der Bewohner im Gleichgewicht, so daß keine wie immer geartete Regelungsinstanz benötigt wurde. Weil die platonische Gerechtigkeit a priori existierte, scheint sich Platons rückwärtsgewandte Utopie durch Anarchie und Gewaltlosigkeit auszuzeichnen. Mit der Anerkennung von „Zukost", Luxus und Pleonexia tritt Platon jedoch in eine Diskussion der realen Zustände ein. Nunmehr bedarf es der Wächter, sowohl um die Stadt nach außen zu schützen als auch um die Gerechtigkeit, welche die utopische Vergangenheit mit der realen Gegenwart verbindet, nach innen durchzusetzen. Damit stellt sich automatisch die Frage nach der Einheit der Polis, und Platon ist ihr nicht ausgewichen, sondern hat sich in aller Ausführlichkeit mit ihr auseinandergesetzt.

Sein Hauptaugenmerk liegt dabei natürlich auf den Wächtern, die als Inhaber des Gewaltmonopols jederzeit zum Umsturz befähigt sind. Da die platonische Polis keine politischen Institutionen kennt, scheidet die öffentliche Kontrolle aus. Vielmehr müssen die Wächter die Norm, welche ihr Wirken an das Glück (εὐδαιμονία) der gesamten Polis und damit an die Ausübung der Gerechtigkeit bindet, verinnerlichen.[68] Diesem Zweck dient das Erziehungsprogramm, das Platon mit großem Aufwand entwickelt. Es wird flankiert von einer Reihe von Maßnahmen, die seine vollkommene Wirksamkeit garantieren sollen. Allen diesen Maßnahmen, ob es sich um die Vorschrift zur Besitzlosigkeit und zum Lagerleben oder um die Frauen- und Kindergemeinschaft handelt, ist gemeinsam, daß sie eine strikte Absonderung der Wächter von der übrigen Polis vorsehen. Platon befürchtet vom Umgang der Wächter mit den Produzenten offenbar eine Aufweichung der philosophisch fundierten Lebensnormen, die im schroffen Gegensatz zur gewöhnlichen Weltsicht stehen. Doch mit der räumlichen Trennung nicht genug, ist die Abschließung der ersten beiden Stände gegen den dritten total, da es den Wächtern noch nicht einmal gestattet ist, die Verhaltensweisen der Produzenten mimetisch darzustellen (395 E ff., bes. 396 DE).[69] Damit schafft Platon eine radikale Fremdheit zwischen den Teilen seiner Polis, denn es kann weder Verständigung noch Verstehen geben, wenn schon die Darstellung des Anderen abgelehnt wird. Die Pluralität von gegeneinander abgeschlossenen Lebenswelten[70] in

---

67 Gigon, Gegenwärtigkeit und Utopie 473.

68 Voraussetzung der Wächter- und Philosophenerziehung sind selbstverständlich bestimmte Naturanlagen: 374 E ff. 485 A ff.

69 Reeve, Philosopher-Kings 165 nennt das „Gesetz der platonischen Psychologie", das dieser Maßnahme zugrunde liegt: „that imitating someone, by acting like him, one becomes to have a character like his".

70 Besonders scharf ist der Kontrast in den jeweiligen Frauenrollen zu denken: Während die Wächterfrauen gleichberechtigt am Lagerleben teilnehmen und wohl gar zu Herrscherinnen aufsteigen können (540 C), müssen wir gegen Reeve, Philosopher-Kings 219 f., davon ausgehen, daß die Frauen des dritten Standes wie ihre männlichen Genossen der traditionellen Lebensweise folgen.

einer Polis ist freilich notwendig, um die Einheit von Platons Polis zu gewährleisten. Denn die konventionelle Weltanschauung würde die Wächter unweigerlich dazu bringen, sich der Stadt zum eigenen Vorteil zu bemächtigen. Platon muß daher das spezielle Normensystem der Wächter vor der Gefahr der Aufweichung sichern[71], auch um den Preis der Zerstörung des gemeinsamen Kommunikationsrahmens. Hier haben wir das paradoxe Ergebnis, das schon Aristoteles kritisierte[72]: Um der prinzipiellen Einheit willen muß Platon in seiner Stadt eine ebenso grundsätzliche Spaltung einführen.

Der Gefahr der Stasis unter den Wächtern sollen sowohl die Besitzlosigkeit und das Lagerleben als auch vor allem die Frauen- und Kindergemeinschaft begegnen. Der umfassende Kommunismus, den Platon den Wächtern auferlegt, beseitigt die Ursache jeder Dissoziation: das Eigentum. Wenn allen dasselbe gemeinsam ist, darunter selbst dasjenige, was jeder am meisten als das Seinige zu betrachten gewohnt ist, nämlich Familie und Verwandtschaft, dann ist der Zwietracht der Boden entzogen. Platon erstrebt aber unter den Wächtern die maximale Verdichtung der gesellschaftlichen Beziehungen. Neben die aus der Erziehung resultierende Gesinnungsgemeinschaft tritt die Empfindungsgemeinschaft (464 A ff.), die in den sozialen Verhältnissen verankert ist.[73]

Obwohl die Einheit der Polis in erster Linie von der Einheit der Wächter abhängig ist (421 A. 465 B), nimmt Platon ebenfalls den dritten Stand in den Blick, um auch auf dieser Ebene günstige Bedingungen für das Funktionieren der Ordnung festzuschreiben. Dazu müssen die Wächter erst einmal Armut und Reichtum unter den Erwerbsleuten verhindern, denn beides stört das Walten der platonischen Gerechtigkeit und beeinträchtigt den Bürger und seine ihm gerecht zugeteilte Arbeit (421 D ff.). Reichtum bringt Faulheit und Verschwendung, Armut hingegen Untauglichkeit und Gemeinheit hervor, so daß sowohl das Produkt als auch der Produzent selbst schlechter werden. Beiden gemeinsam folgt schließlich die Neuerungssucht (νεωτερισμός), eine Eigenschaft, welche die platonische Ordnung am allerwenigsten ertragen kann. Platon verlangt Homogenität, freilich in deutlich geringerer Intensität, auch vom dritten Stand: der durch Erziehung und Blutsbande vermittelten vollkommenen Homogenität der Wächter entspricht die relative soziale Homogenität der Produzenten.

Die Einheit der Polis wird außerdem durch ein unkontrolliertes Bevölkerungswachstum gefährdet. Platon erklärt es daher zur vordringlichen Aufgabe der Herrscher, „auf alle Weise zu verhüten, daß die Stadt weder klein noch groß scheine,

---

71 Deshalb werden auch einmal gefangene Wächter umstandslos den Feinden überlassen (468 AB). Sie sind durch ihre Gefangennahme unweigerlich mit fremden Normen in Berührung geraten, könnten sich dabei gleichsam infiziert haben und wären bei ihrer Rückkehr daher ein untragbares Risiko für die moralische Gesundheit der Wächtergemeinschaft.

72 Vgl. pol. 1264 a 24 ff.: ἐν μιᾷ γὰρ πόλει δύο πόλεις ἀναγκαῖον εἶναι, καὶ ταύτας ὑπεναντίας ἀλλήλαις.

73 Besonders deutlich ist dies, wenn auch als Ideal und nur Göttern erreichbar, in den „Nomoi" 739 CD formuliert: Nicht nur Frauen, Kinder und Besitz, sondern auch das, was einem von Natur eigen ist, soll gemeinsam werden, „daß zum Beispiel die Augen, Ohren und Hände gemeinsam zu sehen und zu hören und zu arbeiten scheinen, daß ferner alle möglichst einstimmig Lob und Tadel äußern, weil sie sich über dasselbe freuen oder betrübt sind ...".

sondern eine genügsame und eine" (423 C; vgl. 460 A). Die Einheit hängt also auch vom richtigen Größenverhältnis ab.

Die Einheit ist zugleich Ziel und Bedingung der platonischen Stadt, mit einem Wort: ihr „höchstes Gut" (462 AB). Ihre exzeptionelle Einheit macht ihre exzeptionelle Stärke aus. Adeimantos fragt nach dem Ernstfall: Wie kann sich unsere Stadt ohne Reichtum und Größe im Krieg gegen eine feindliche Koalition behaupten (422 A)? Sokrates antwortet zunächst mit drei Argumenten: 1. Die professionellen Kämpfer „unserer" Stadt sind als Spezialisten anderen überlegen und können es mit der doppelten und dreifachen Anzahl von Feinden aufnehmen. 2. Gerade weil „unsere" Stadt arm ist, sollte es ihr gelingen, die Begehrlichkeit der Feinde gegeneinander zu lenken. 3. Weil die Feinde immer eine von Gegensätzen geprägte Vielheit in ihren Mauern versammeln, sollte es „unserer" Stadt möglich sein, die eine Partei gegen die andere aufzuhetzen, z.B die Armen gegen die Reichen oder umgekehrt.[74] Als viertes Argument verweist Sokrates später zusätzlich auf die außergewöhnliche Motivierung und Mobilisierung seiner Soldaten (468 A ff. 471 D). Nicht Reichtum, sondern Einigkeit soll die „Größe" und den Schutz der platonischen Polis garantieren. Sie nämlich bildet im Unterschied zu allen realexistierenden Städten eine vollkommene Einheit, weil in ihr das Politische aufgehoben und damit dem Konflikt kein Raum gegeben ist.

3. METAPOLITIK

Herrschaft legitimiert sich in der platonischen Polis durch Wissen, und zwar nicht durch irgendein Spezialwissen, sondern durch das Wissen schlechthin. Träger dieses Wissens sind die Philosophen, die Platon folgerichtig mit den vollkommenen Wächtern seiner Stadt identifiziert (484 BC). Wie die entworfene Politeia im ganzen faßt Platon die Philosophenherrschaft als Problem auf. Durch Auswahl, hohe Anforderungen an die Natur und Begabung[75] und einen aufwendigen Bildungsgang, der über die allgemeine Erziehung der Wächter hinausgeht, soll sichergestellt werden, daß die Philosophen ihre Funktion im anvisierten Gemeinwesen erfüllen. Hier ist nicht der Ort, diese Vorschriften im einzelnen zu verfolgen. Vielmehr wollen wir den Charak-

---

74   Gigon, Gymnasium 68 (1962), 212, spricht kommentierend von der „Unbedenklichkeit, mit der Platon hier politische Maximen übernimmt, die in der griechischen Geschichte seiner Zeit mehr als einmal durchexerziert worden sein dürften" und sieht darin ein Zeichen von politischem Realismus. Insofern Platon überhaupt mit dem Verteidigungsfall rechnet, trifft dies sicher zu. Aber ist sein Optimismus tatsächlich „realistisch"? Von den sich aufdrängenden Einwänden nur folgendes: Platons Argumente sind, wie übrigens große Teile des klassischen Polisdenkens (vgl. Gehrke, Saeculum 1986, 133 ff.), von der Überschätzung des arm-reich-Schemas geprägt. Außerdem hat er selbst immer wieder dargestellt, daß Herrschaft für einen bedeutenden Teil seiner Landsleute einen Wert repräsentiert, der um seiner selbst willen (d.h. um der Eudaimonia willen, die man sich allgemein von ihm verspricht) angestrebt wird. Warum sollte also die „Armut" der platonischen Polis Feinde vom Zugriff abhalten, zumal sich diese „Armut" jedenfalls nicht auf naturale Güter bezieht?

75   Vgl. 502 D ff. 539 D. Die Gefährdungen der philosophischen Natur werden 490 E ff. in skrupulöser Weise beschrieben.

ter des allgemeinen Wissens, das nach Platon zur Herrschaft legitimiert, in Abgrenzung zu anderen zeitgenössischen Konzeptionen bestimmen, um den Charakter der Herrschaft selbst zu verstehen.

Das Wissen (ἐπιστήμη, γνώμη) bezieht sich auf das vollkommen Seiende, das für Platon vollkommen erkennbar ist (477 A). Nicht vielerlei Schönes oder Gerechtes, sondern das Schöne und das Gerechte selbst, das sich immer auf die gleiche Weise verhält, ist Gegenstand der Erkenntnis (479 DE. 484 B). Die konstanten Wesenheiten nennt Platon Ideen, die für das Denken sind, was die sinnlichen Gegenstände für das Sehen (507 BC). Sein (οὐσία), Wahrheit (ἀλήθεια) und Proportionalität (ἐμμετρία) finden sich nur auf dieser Ebene, der wiederum die Idee des Guten (ἡ τους ἀγαθους ἰδέα) als höchster Erkenntnisgegenstand (μέγιστον μάθημα) vorausliegt (505 A). Die Idee des Guten ist gleichsam die Sonne im Reich der Ideen.[76] Erst in ihrem Lichte ist wahre Erkenntnis möglich, weil sie dem Erkennbaren Unverborgenheit und dem Erkennenden die Fähigkeit, das Erkennbare zu rezipieren, gewährt (508 E). Insofern hat die Idee des Guten als Voraussetzung von Wissen und Wahrheit, ja von Sein, eine alles überragende Dignität (509 AB).

Den mühsamen Weg zu ihrer Erkenntnis aus der Höhle, welche die Erscheinungswelt darstellt, schildert Platon in dem berühmten Gleichnis. Auf der letzten Stufe seiner Bildung ist der Philosoph tatsächlich imstande, die Sonne „selbst an sich an ihrer eigenen Stelle anzusehen und zu betrachten, wie sie ist" (516 B). Dies bedeutet, daß er „am Ende der Wanderschaft" (532 E)[77] die Idee des Guten vollkommen erkennt. Da nun die Idee des Guten „für alle die Ursache alles Richtigen und Schönen" (517 C) ist, besitzt der Philosoph eine unüberbietbare Kompetenz. Ist er also gleichsam ein Gott? Nicht ganz.[78] Sein Erkennen ist, frei von jeglicher Spontaneität, auf Rezipieren beschränkt. Der Philosoph findet eine höhere, unverfügbare Wirklichkeit vor, die er jedoch, im Lichte der Idee des Guten, unmittelbar und total rezipiert. Diese Unmittelbarkeit, die keinen Interpretationsspielraum zuläßt, garantiert den Konsens der Wissenden. So unmöglich Irrtum unter der wahren Sonne, in deren Licht Ideen sind, nicht Dinge erscheinen, ist, so ausgeschlossen bleibt hier jeder Dissens. Die Dialektik, die als letzte Etappe auf dem Weg zur vollkommenen Erkenntnis zur Rechenschaft im Logos befähigt, führt notwendig in den endgültigen Konsens, weil der Logos als Bezugspunkt keinen Gegensatz bestehen läßt. Ja, die Schau der Ideen setzt den dialektisch erzielten Konsens, der im Logos vorgezeichnet ist, voraus.

Die Höhle ist die Welt der „Vielen", durch Uneinigkeit und Ungewißheit gekennzeichnet, die Zwischenwelt der δόξαι: zwischen Wissen und Unwissenheit, zwischen Licht und Finsternis, zwischen Sein und Nichts. Diese Zwischenwelt der δόξαι ist der Ort des Politischen, wo sie „Schattengefechte miteinander treiben und sich entzweien (στασιάζειν) um die Herrschaft, als ob sie ein gar großes Gut wäre" (520 CD). Politik ist es natürlich auch, „wenn sie dort (in der Höhle) unter sich Ehre,

---

76 Vgl. das Sonnengleichnis 507 B ff.
77 Erst mit fünfzig Jahren, nachdem er sich in Theorie und Praxis bewährt hat, soll der Philosophennachwuchs ans Licht und damit zum Ziel geführt werden (540 A).
78 Gottähnlichkeit wird den Philosophen von Platon wiederholt attestiert, weshalb sie nach ihrem Tode als Daimonen oder selige und göttliche Menschen verehrt werden sollen (540 C).

Lob und Belohnungen für den bestimmt hatten, der das Vorüberziehende (die
Schattenbilder) am schärfsten sah und sich am besten behielt, was zuerst zu kommen
pflegte und was zuletzt und was zugleich, und daher also am besten vorhersagen
konnte, was nun erscheinen werde" (516 CD). Darin gelangt zum Ausdruck, daß es
in der Zwischenwelt der δόξαι, dem Ort des Politischen, auf Scharfsinn und höhlen-
immanentes Orientierungsvermögen ankommt, da es dort eine erkenntnistheoretisch
herausgehobene Position nicht gibt. Diese Gleichheit in der Höhle erlaubt es den
Vielen, sich als Erzieher aufzuspielen, „wenn sie zu großen Haufen beisammen in
den Volksversammlungen oder in den Gerichtshöfen oder Schauspielen oder Lagern
oder in was sonst für gemeinsamen Zusammenkünften der Menge mit großem
Geräusch einiges tadeln von dem, was geredet oder getan wird, und anderes loben,
beides übermäßig ausschreiend und beklatschend" (492 B). Diese „Vielen" sind die
wahren Verderber der Jugend und nicht die Sophisten, die ja nur die Lehre der Menge
(τὰ τῶν πολλῶν δόγματα) vertreten und darüber hinaus die Fähigkeit zum Umgang
mit der Masse, „dem großen Tier", als Weisheit verkaufen (493 A ff.). (Schmeichelei
lautet hier einmal mehr der Vorwurf an die Sophisten.)

Wenn man die implizite Polemik einklammert, erkennt man in Platons Höhle
unschwer die politisch zentrierte Welt des Protagoras wieder, – freilich mit dem
entscheidenden Unterschied, daß dieser den „ontologischen Komparativ"[79] einer
Höhlenoberwelt gerade ausschloß. Weil er Sein als Erscheinen auffaßt und Seiendes
mit Erscheinungen identifiziert (den Schatten des Höhlengleichnisses), kann es für
ihn weder das Wissen im platonischen Sinne noch die damit verbundene absolute
Kompetenz geben. Folgerichtig verneint Protagoras ein grundsätzliches pädagogi-
sches Privileg. Die entwickelte Polis, die gegensätzliche Erscheinungen und Meinungen ihrer Bewohner ohne Aussicht auf transzendentale Versöhnung bewältigen muß,
gilt ihm im Einklang mit der zeitgenössischen Realität als eine apriorische Erziehungsgemeinschaft. Die Erziehung ist Teil der öffentlichen Kommunikation, die
den politischen Raum erfüllt. Protagoras beansprucht selbstverständlich eine relative
Kompetenz, deren Vermittlung er als seine eigentliche Tätigkeit ansieht. Dabei
handelt es sich um eben jenes auf die wechselnden Erscheinungen bzw. Schattenbilder bezogene Orientierungsvermögen, das den Philosophen Platons bei der Rückkehr aus dem ewigen Licht in die trübe Höhle so lächerlich erscheinen wird und das in
einer transzendenzlos gedachten Welt doch aller Ehren wert sein muß.[80]

Allerdings genügt Scharfsinn allein unter den Bedingungen agonaler Kommunikation nicht, die „Schattengefechte" zu bestehen. Erst in der Kraft des Logos, der sich
nicht auf jenseits der Erfahrung angesiedelte Urbilder, sondern auf einen gemeinsamen, unüberschreitbaren Wahrnehmungshorizont bezieht, bewährt sich die πολιτικὴ
ἀρετή, als deren integraler Bestandteil somit die Fähigkeit zum Umgang mit den
„Vielen", die übrigens durchaus nicht nur demokratisch aufgefaßt werden müssen, zu
gelten hat. Was Platon abschätzig Schmeichelei nennt, ist dem Protagoras die Summe
seiner Kunst: die εὐβουλία.

---

79 H. Blumenberg, Höhlenausgänge 165.
80 Vgl. ebd. 160: „Die europäische Tradition der Auslegung des Höhlengleichnisses hat nie
    Verständnis gehabt für die Reize der Höhlensituation. (...) Immer ist man von der unbefragten
    Voraussetzung ausgegangen, jeder Mensch sei von Natur ein Metaphysiker."

Was passiert nun, wenn die Philosophen in Platons paradigmatischer Polis in die Höhle zurückkehren und die Herrschaft übernehmen? Weil die Höhle ihre Bewohner gegen die Vorstellbarkeit eines möglichen Draußen hermetisch abschließt, wird es zu Verständigungsproblemen kommen. **Was** die Philosophen im Licht der Idee des Guten erkannten, können sie den Höhleninsassen nicht vermitteln.[81] Das platonische διαλέγεσθαι[82] schafft keine politische Kommunikation, sondern ist eine Erkenntnismethode, die sich auf den jenseits der Wahrnehmung liegenden Logos bezieht. Dieses „Gespräch" zielt auf die unverstellte Rezeption des Guten und ist, ob es nun einsam oder gemeinsam geführt wird, auf die Philosophen beschränkt. Daher bleibt die höhere Wirklichkeit von der Höhle aus inhaltlich völlig unbestimmt und ist mit den Begriffen der Wahrnehmungswelt allenfalls als Anspruch (etwa durch das Höhlengleichnis) zu verstehen. Der Philosoph kann von seiner höheren Einsicht in der Höhle immer nur sagen, „daß er sie habe, nicht aber, was sie enthielte".[83] Außerdem bringen die Philosophen aus der Oberwelt keine „Heilige Schrift" und kein „ewiges Gesetz" mit, wodurch ihr metaphysisches Wissen und damit ihre Herrschaftslegitimation mindestens tendenziell objektivierbar würde.[84] Platon läßt keinen Interpretationsspielraum, der durch einen objektivierbaren Bezugsrahmen entstünde, zu. Wo es aber keine unterschiedlichen Interpretationen des Unverfügbaren gibt, da ist jeder Dissens ausgeschlossen. „Gott" herrscht unmittelbar.

Die doppelte Wirklichkeit bringt eine beispiellose Spaltung der Bürgerschaft hervor. Platon ist sich der Ungeheuerlichkeit seiner Annahme bewußt. Er scheut sich nicht, die Untertänigkeit der „Schattenmenschen" unter die „Lichtmenschen" auf paradoxe Weise als idealisierte Sklaverei zu beschreiben.[85] Die bemerkenswerte Stelle (590 CD) aus dem neunten Buch der „Politeia" lautet wie folgt:

„Niedriges Handwerk (βαναυσία) aber und Tagelöhnerei (χειροτεχνία), weshalb, meinst du, liegt darauf ein Schimpf? Sollen wir wohl eine andere Ursache angeben, als sofern jener beste Teil [der Seele] in einem von Natur so schwach ist, daß er über die anderen Tiere in ihm nicht herrschen kann, sondern ihnen dienen muß und nur die Dienstleistungen, welche sie fordern, zu erlernen vermag?

---

81 Vgl. ebd. 147: „Der Rückkehrer in die Höhle (...) hat seinen unvergleichlichen Gewinn am Seiendseienden eingeholt, aber er kann ihn nicht ausweisen." Daraus zieht Blumenberg drei Seiten später die notwendige Konsequenz: „Weil also die Lehre mißlingen **muß**, ist der Rückkehrer kraft Einsicht ein Machthaber, kein Aufklärer." Dies verkennend behauptet Arends, Einheit der Polis 328, „daß der Philosoph-Herrscher **als Dialektiker** dazu fähig ist, den ‚Vielen' gegenüber möglichst angemessen zu begründen, was er als Philosoph – infolge seiner Kenntnis des ‚Guten, Gerechten und Schönen selbst' – von dem Kriterium dieser Werte her in der politischen Praxis entschieden hat." Eine dialektische Begründung seiner Anordnungen kann der Philosoph jedoch sinnvollerweise nur seinesgleichen geben; für die Masse sind rhetorische Mittel, Märchen und notfalls sogar pädagogische Lügen angebracht.

82 Vgl. Gigon, MH 30 (1973), 149.

83 Blumenberg, Höhlenausgänge 158.

84 Vgl. ebd. 162: „Das zentrale Moment des Höhlengleichnisses wird erst vom Ende her sichtbar: Der Rückkehrer ist mit leeren Händen gekommen, nicht nur als Streiter im Agon der Schatten, sondern als Übermittler von etwas, was doch allein Rechtfertigung sein könnte zu mißachten, was die anderen haben und was ihnen genügt."

85 Vgl. Vlastos, The Theory of Social Justice 27 ff.

... Sollen wir nun nicht sagen, damit doch auch ein solcher von demselben beherrscht werde wie der beste Mann, müsse er der Sklave (δοῦλος) jenes besten Mannes, welcher das Göttliche herrschend in sich hat, werden? Keineswegs jedoch in der Meinung, der Sklave solle zu seinem eigenen Schaden beherrscht werden, wie Thrasymachos von den Beherrschten meinte; sondern daß es beiden das beste sei, von dem Göttlichen und Verständigen beherrscht zu werden, am liebsten zwar so, daß jeder es als sein eigenes in sich selbst habe, wenn aber nicht, dann daß es ihm von außen gebiete, damit wir alle als von demselben beherrscht auch nach Vermögen einander insgesamt ähnlich (ὅμοιοι) seien und befreundet (φίλοι)."

Platon möchte, daß alle Bürger von dem Göttlichen und Verständigen beherrscht werden. Doch während, zumindest von unten betrachtet, diese Beherrschung für die Philosophen allenfalls gleichnishafte Bedeutung hat – sie haben das Göttliche und Verständige ja bereits in sich selbst –, nimmt sie für die überwiegende Mehrheit der „Bürgerschaft" den handfesten Charakter einer totalen persönlichen Abhängigkeit an. Dafür steht im Griechischen das Wort δοῦλος. Die Kommunikationsform, die dem Herr-Sklave-Verhältnis entspricht, ist letztlich Befehl und Gehorsam.[86] Dennoch glaubt Platon, der hier offenbar, um mich auch einmal selbst paradox auszudrücken, dem rationalen Zauber seines eigenen Denkens erlegen ist, daß beide Seiten einander φίλοι und ὅμοιοι sein könnten (590 D7).[87]

„Freundschaft" wird die Philosophen veranlassen, in der Regel – der Ernstfall ist in der „Politeia" nicht vorgesehen – behutsamere Führungsmittel anzuwenden als den Befehl, die doch gleichwohl den unendlichen Abstand zwischen Herrschenden und Beherrschten deutlich machen. Denn auch die elementarste Basis zwischen Philosophen und Höhlenbewohnern ist nur vorgetäuscht; tatsächlich gibt es keine gemeinsame Sprache, weil Platon die Philosophen von der Bindung an die Wahrheit der Höhle suspendiert. Den Machthabern als Wissenden sind „heilsame Täuschungen" zum Nutzen der Polis erlaubt; sie dürfen die Schattenbilder der Höhle manipulieren, während für die Bürger das Lügen und Täuschen (ψεύδεσθαι) ein schwerwiegendes Vergehen darstellt (389 BC).[88] Damit haben Herrschende und Beherrschte wirklich nichts mehr als eine gewisse räumliche Nähe gemeinsam. Wo der gemeinsame Wahrnehmungshorizont aufgehoben wird, wächst die Distanz ins Unermeßliche. – Für die Höhlenbewohner ist die Philosophenherrschaft, die Platon bezeichnenderweise mit den Worten ἐπιμελεῖσθαι und φυλάττειν (520 AB) umschreibt, absolut. Die Masse in der Höhle bleibt gefesselt, insofern ihr keine Aufklärung zuteil wird; sie wird gefesselt, insofern ihre Schattenspiele einer rigiden Normenkontrolle unterworfen werden.

---

86 Platon selbst betont es in den „Nomoi" 777 E f.: „Jedes an einen Sklaven gerichtete Wort muß in der Regel ein Befehl sein."

87 Vlastos (wie A.84) 35 ff. hat darauf hingewiesen, daß mit der erkenntnistheoretischen Selbstkritik in Platons Spätwerk der Abstand zwischen Philosophen und Anderen auf menschliches Maß reduziert wird. In der Tat verzichten die „Nomoi" auf die Annahme einer erkenntnistheoretisch ausgezeichneten Herrscherklasse. Ebenso gelangt Platon in den „Nomoi" (757 A) zur Einsicht, daß Herren und Sklaven niemals Freunde werden können.

88 Vgl. 382 A ff. 414 B. 459 CD. Nom. 663 D.

Auf der anderen Seite erstrebt Platon in seiner Polis jedoch gerade die Auflösung der Herrschaft als Herrschaft im herkömmlichen Sinne. Denn einmal ist, wie schon erwähnt, die Herrschaft grundsätzlich an das Wohl der Beherrschten gebunden, welches die Herrschenden als Wissende nun einmal besser kennen als die Beherrschten selbst. Und zweitens hat die Herrschaft der Philosophen nichts Willkürliches oder Gewaltsames an sich. Der Wissende ist nämlich über das Problem der Dezision hinaus. Wozu es in der Welt gegensätzlicher oder widersprüchlicher Erscheinungen der **Entscheidung** bedarf, das leistet ihm die **logische Deduktion**. Der dialektische Weg nach unten garantiert auf jeder Stufe die restlose objektive Begründung, so daß der Philosoph quasi als Platzhalter des Seins in der Welt des Werdens fungiert. Diese zwar machtgeschützte, doch selbstvergessene und interesselose Platzhalterschaft verändert den Charakter der Herrschaft fundamental. Herrschen wird zum objektiven Normenvollzug. Platon trägt dem Rechnung, indem er die politische Terminologie ausdrücklich entpolitisiert: Aus Herren (δεσπόται) und Herrschern werden in der paradigmatischen Polis Erhalter (σωτῆρες) und Helfer (ἐπίκουροι), aus Sklaven (δοῦλοι) und Beherrschten werden Lohngeber (μισθοδόται) und Ernährer (τροφεῖς), aus Mitherrschern (ξυνάρχοντες) Mithüter (ξυμφύλακες) (463 AB).

Daß sachfremde Erwägungen auf die Herrschaft keinen Einfluß nehmen können, wird außerdem durch das vollkommene Desinteresse der Philosophen an der Herrschaft als solcher gewährleistet. Diesen scheint im Gegensatz zur konventionellen Weltanschauung die Machtausübung weder ein großes Gut zu beinhalten noch gar ein Selbstzweck zu sein. Sie kennen als Lebensweise, die dem Regieren weit überlegen ist, den βίος θεωρητικός der Höhlenoberwelt[89] und sind überhaupt nur unter den Bedingungen der Idealpolis zur Rückkehr in die Höhle und zur Machtübernahme verpflichtet (519 C ff.).[90] Die Distanz der Philosophenherrscher sichert die Einheit der Polis, denn „die Polis, in welcher die zur Regierung Berufenen am wenigsten Lust haben zu regieren, wird am besten und ruhigsten (ἀστασιαστότατα) verwaltet werden, die aber entgegengesetzte Regenten bekommen hat, auch entgegengesetzt" (520 D; vgl. bes. 521 A).

Wie der vorgängige Konsens der regierenden Philosophen politische Beratungs- und Entscheidungsorgane überflüssig macht, so erübrigt ihre vorausgesetzte „Machtvergessenheit" jede Kontrolle. Wer und wieviele von den Philosophen wielange regieren, ist daher an sich völlig gleichgültig. Wenn aber noch nicht einmal im kleinsten Kreise der Machthaber eine politische Kommunikation notwendig ist, dann scheint die alternierende Monarchie das angemessene Organisationsmodell der Herrschaft zu sein. Dementsprechend sagt Platon, daß die wahrhaften Philosophen nach Abschluß ihrer aufwendigen und mühevollen Bildung „die meiste Zeit der Philoso-

---

89 Vgl. Jermann, Philosophie und Politik 284: „Als erste und entscheidene praktisch-philosophische Folge des von Platon inaugurierten Idealismus zeigt sich somit eine klare Abwertung von Praxis überhaupt."

90 Darin liegt eine deutliche Absage an jede Form realer politischer Betätigung. Nochmals sei Jermann 286 zitiert: „Wenn man handelt, soll man vernünftig handeln: Das vermag Platon zwingend zu begründen (was ohne Zweifel ein großes Verdienst ist). Doch findet seine Begründungsleistung ihre Grenze an der Frage, ob und warum man überhaupt handeln, also z.B. ein politisch aktives einem apolitischen Leben vorziehen soll."

phie widmen, jeder aber, wenn die Reihe ihn trifft, sich mit den öffentlichen Angelegenheiten abmühe und der Polis zuliebe die Regierung übernehme, nicht als verrich-
teten sie dadurch etwas Schönes, sondern etwas Notwendiges" (540 B). So erhält die
Einheit der Polis in der Monarchie ihren auch formal sinnfälligen Ausdruck.

4. DIE INSUFFIZIENZ DES NOMOS

Im „Politikos" hat Platon einige zentrale Gedanken der „Politeia" bekräftigt. Der
Politiker, dessen Bestimmung sich der Dialog als dialektische Übung (285 D)[91]
vornimmt, wird von vornherein als Wissender und nicht als empirischer Typ zum
Thema gemacht (258 B. 292 B).[92] Wiederum kennzeichnet die Vereinigung von
Herrschaft und Wissen die beste Polis; Platon hält also auch im „Politikos" am
Postulat der Philosophenherrschaft fest. Vor dem Kriterium des Wissens versagen die
konventionellen Merkmale zur Klassifizierung von politischen Verfassungen: ob
einer, wenige oder viele herrschen, ob Arme oder Reiche, ob mit Gewalt oder über
Freiwillige, ob nach schriftlichen Satzungen oder ohne Gesetze, spielt daher eine
untergeordnete Rolle. Die traditionellen Schemata Königtum oder Tyrannis, Aristokratie oder Oligarchie sowie Demokratie verlieren ihre Aussagekraft. Was die Anzahl betrifft, so werden es freilich niemals viele sein können, welche über die zur
Herrschaft notwendige Erkenntnis verfügen (vgl. Pol. 494 A), so daß „man die
richtige Regierung bei einem oder zweien oder ganz wenigen suchen muß" (293
A). Besonders anstößig aber mußte im zeitgenössischen Kontext das Verhältnis der
platonischen Politik zu Gewalt und Gesetz erscheinen.[93] Platon hat sich indessen im
„Politikos" noch weniger als in der „Politeia" gescheut, die radikalen Konsequenzen
seines Ansatzes vorzuführen.

„Und wenn sie auch einige töten oder verjagen und so zu seinem Besten den Staat
reinigen oder auch Kolonien wie die Schwärme der Bienen anderwärts hinsenden und
ihn kleiner machen oder andere von außen her unter die Bürger aufnehmen und ihn
größer machen: solange sie nur Erkenntnis und das Gerechte anwendend ihn erhalten
und aus einem schlechten möglichst besser machen, werden wir immer nach diesen
Bestimmungen diese Politeia für die einzig richtige erklären müssen" (293 D).[94]
Platon schreckt selbst vor dem Stigma der Tyrannis nicht zurück, um die absolute
Priorität der Erkenntnis zu demonstrieren. Doch wie kann der Normalbürger den

91 Vgl. auch 286 D9: πρῶτον τὴν μέθοδον. Der „Politikos" ist also in erster Linie der Metho-
    denreflexion gewidmet, die in zahlreichen Dihairesen den größten Teil des Dialoges einnimmt.
    Auffällig ist, daß im „Politikos" das Politische wie in der „Politeia" als Mittel und nicht als
    Zweck eingeführt wird. Zum Aufbau des Dialoges vgl. Capelle, Politikos 20 ff.
92 Vgl. 292 E f.: „Denn wer die königliche Kunst besitzt, den müssen wir, er mag nun regieren oder
    nicht, auch nach unser vorigen Rede (258 AB) doch immer König nennen." Man fühlt sich an
    den Anspruch des Sokrates im „Gorgias" (521 D) erinnert, demzufolge er selbst der einzig
    wahre Politiker ist. Platon arbeitet hier also wie stets mit normativen Begriffen.
93 Platon bringt dies dramatisch zum Ausdruck, indem er den jüngeren Sokrates einwenden läßt:
    „Das übrige, o Fremder, scheint mir ganz untadelig gesagt, daß sie (die Idealpolitiker) aber auch
    ohne Gesetze herrschen sollen, ist sehr hart anzuhören" (293 E).
94 Vgl. 308 D ff., Pol. 409 E f. 501 A, Nom. 735 D ff.

Philosophenherrscher vom Tyrannen unterscheiden? Er muß sich mit der Behauptung des Philosophen, die Erkenntnis zu besitzen, zufriedengeben, denn was diese enthält, ist ihm bekanntlich nicht mitteilbar.[95]

Auch beim Verhältnis von Episteme und Nomos verdeutlicht der „Politikos" lediglich eine Position, die wir schon in der „Politeia" finden. Dort ist von Gesetzen nur im Hinblick auf die Inhalte der Wächtererziehung oder die Verfassung als Ganzes die Rede (421 A. 484B. 504 C). Schon Verhaltensnormen festzuschreiben – „daß die Jüngeren vor den Älteren schweigen, wie es sich ziemt, und sich verneigen und aufstehen, und die Achtungsbezeigungen gegen die Eltern und wie man sich schert und kleidet und beschuht und das ganze äußerliche Ansehen und was noch sonst dergleichen ist" (425 B) – hält Platon für wirkungslos und setzt stattdessen auf die Kraft der sozialen Mimesis, die mit der Erziehung einsetzt.[96] Internalisierte Normen sind a priori unverfügbar und auf diese Weise äußerlichen Festlegungen in Gestalt geschriebener Gesetze an Stabilität und Dauer überlegen. Die Angelegenheiten des dritten Standes gesetzlich zu regeln, hält Platon in der „Politeia", um das mindeste zu sagen, für keine vordringliche Aufgabe. „Was irgend Marktrecht oder Stadtrecht oder Hafenrecht oder sonst dergleichen, wollen wir uns damit abgeben, darüber Gesetze zu geben?" (425 D) Wozu bedürfte es auch der Gesetze, wenn die Richter, die in der platonischen Polis zugleich Herrscher sind, aus unmittelbarer Kenntnis der Idee der Gerechtigkeit rechtsprechen? Die Herrscher, sagt Platon, werden bei ihren Rechtsentscheidungen nach nichts anderem mehr streben „als danach, daß einem jeden weder Fremdes zugeteilt noch ihm das Seinige genommen werde" (433 E). Gesetze finden in diesem Zusammenhang keine Erwähnung, und in der Tat scheint sich die platonische Gerechtigkeit, die ja nur als Relation beschreibbar ist, der schriftlichen Materialisation in Form von Gesetzen zu entziehen.

Im „Politikos" werden nun der mit Einsicht begabte Herrscher und die Gesetze ganz offen gegeneinander ausgespielt. Gesetze sind nicht imstande, „das für alle Zuträglichste und Gerechteste genau zu umfassen und so das wirklich Beste zu befehlen. Denn die Unähnlichkeit der Menschen und der Handlungen, und daß niemals nichts sozusagen Ruhe hält in den menschlichen Dingen, die gestattet nicht, daß irgendeine Kunst in irgend etwas für alle und zu aller Zeit einfach darstelle" (294 AB). Daß sich das Gesetz als Unbewegtes auf Bewegtes, als durchaus Einfaches auf niemals Einfaches, als Grobes auf Kompliziertes bezieht, macht seine prinzipielle Schwäche aus, die jeden Gesetzgeber hindert, „jedem einzelnen genau das Gebührende anzuweisen" (295 A).[97] Platons Kritik am Gesetz ergibt sich aus seinem relationalen Gerechtigkeitsbegriff. Das Verhältnis von nomistischer und epistemischer Gerechtigkeit entspricht dem von arithmetischer und geometrischer Gleichheit. Das Gesetz verwirklicht eine arithmetische Gleichheit, die von Alter, Beruf, Begabung, Verdienst, Motiv etc. absieht. Das „jedem Gebührende" aber läßt sich nicht ein- für allemal festlegen. In sich identisch und unwandelbar bleibt nur die Gerechtigkeit selbst, d.h. die Idee der Gerechtigkeit. Ihre Konkretion in der vielfältigen und

---

95   S.o. S. 199 f.
96   Vgl. W. Jaeger, Paideia III 290; Gigon, Gegenwärtigkeit und Utopie 449 ff.
97   Das Verhältnis dieser Gesetzeskritik zur Schriftkritik, besonders im „Phaidros", untersucht
     Capelle, Politikos 57 f.

wechselhaften Erscheinungswelt muß ihrerseits vielfältig und wechselhaft sein, um die „richtige" Relation zu bewahren. Teilhabe an der Idee und damit die Fähigkeit, in der politischen Praxis jedem das Gebührende zuzuweisen, kommt nur dem Philosophen zu, nicht aber dem Gesetz, das der notwendigen Einsicht naturgemäß ermangelt. Die Verwirklichung der Gerechtigkeit erfordert Flexibilität, und diese Flexibiltät ist es, die der Wissende dem Gesetz grundsätzlich voraushat.[98] Als Herrscher wird der Wissende daher nicht so dumm sein, „sich selbst Schranken zu setzen, indem er diese sogenannten Gesetze schriebe" (295 B), sondern seine Kunst zum Gesetz erheben. Für die politische Praxis muß dies in letzter Konsequenz bedeuten, daß das Gesetz durch den herrschaftlichen Befehl ersetzt wird.

Einmal mehr kommt die Ambivalenz des platonischen Herrschaftsbegriffs zum Vorschein. Auf der einen Seite sind die Beherrschten einer absoluten Gewalt unterworfen, die sie nach zeitgenössischen Vorstellungen auf den Status von Sklaven erniedrigt. Auf der anderen Seite besteht die Herrschaft im Vollzug metaphysischer Normen, so daß die Gewalt nur übertragen und nichts weniger denn willkürlich ist. Daß die Beherrschten von der herrscherlichen Legitimationsquelle keinen Begriff, und sei es auch in einer sehr vermittelten Art und Weise, erhalten können, ist m.E. das Problem der platonischen Konzeption. Extreme Tyrannis und Philosophenherrschaft würden so unter Umständen ununterscheidbar.

Am Ende des „Politikos" präzisiert Platon die Bedeutung der πολιτικὴ τέχνη, indem er die Künste, die der politischen Kunst nur dienen, ausscheidet. Dazu zählt neben der Kriegführung und der Rechtsprechung auch „jene mit der könglichen Kunst in Verbindung stehende Rednergabe, welche durch überzeugende Empfehlung des Gerechten die Verhandlungen im Staate leiten hilft" (303 E f.). Dieser rein instrumentellen Rhetorik, welche „die Menge und den großen Haufen zu überreden versteht", entspricht eine besondere Redeweise: Fabeldichtung (μυθολογία), nicht aber Belehrung (διδαχή, 304 CD).[99] Die Trennung von rationalem und mythologischem Diskurs bringt zum Ausdruck, daß Platon den gemeinsamen Kommunikationsrahmen, der zum Wesen der klassischen Polis gehörte, zerbricht. Durch Mythen, Metaphern und Gleichnisse mögen die Philosophen den Untertanen ihren Herrschaftsanspruch verdeutlichen; begründen läßt er sich auf dieser Ebene nicht.

Die politische Letztbegründung der angewandten „Wissenschaften", – „ob man etwas bei diesem oder jenem durch Überredung oder durch Gewalt durchsetzen solle oder vielleicht ganz und gar damit innehalten" (304 D), „ob man Krieg führen oder sich freundschaftlich auseinandersetzen solle" (304 E), welche Rechtssätze in einem Prozeß zur Anwendung kommen sollen (305 B), – entspringt allerdings einzig und allein der wahrhaft königlichen Kunst, die Platon im „Politikos" nach dem Muster (παράδειγμα) der Webkunst denkt (305 E). Die politische Webkunst schafft die Einheit der Polis durch Zusammenflechtung (συμπλοκή) nach Art eines festen Gewebes. Als synthetische Kunst trennt die Weberei zunächst gute und schlechte Materialien voneinander „und nimmt nur das Gute und Tüchtige, um aus diesem

---

98 Vgl. 297 AB.

99 Mit J. Burckhardt (nach Dodds, Die Griechen und das Irrationale 111) ließe sich das hier angewandte Prinzip auch so benennen: „Rationalismus für die Wenigen, Zauberei für die Vielen".

dann, ähnliches und unähnliches in eins verarbeitend, eine bestimmte Kraft oder Gestalt hervorzubringen" (308 C). Politisch gewendet erfordert dies die Aussonderung der von Natur schlechten Menschen, wobei Platon zwei Abstufungen vornimmt. Die völlig entarteten Naturen werden durch Todesstrafen und Verbannungen aus der Gemeinschaft gestoßen, während diejenigen, welche sich in Unwissenheit und großer Niedrigkeit herumwälzen, in das Sklavengeschlecht unterjocht werden (308 D – 309 A). Auch in diesem Punkt scheint der „Politikos" das Konzept der „Politeia" zu radikalisieren oder zumindest in seinen radikalen Konsequenzen zu verdeutlichen. Zwar läßt Platon im Ungewissen, welchen realen Personenkreis er im Auge hat, wenn er von schlechten und niedrigen Naturen spricht, die es politisch zu eliminieren gilt. Sind diejenigen, „welche nicht vermögen, an tapferer und besonnener Gesinnung teilzunehmen und was sonst zur Tugend führt" (308 E), die Produzenten der „Politeia", denen Platon dort noch ausdrücklich den – wenn auch politisch bedeutungslos gewordenen – Bürgerstatus zubilligte? Oder sind nur diejenigen gemeint, die sich in die philosophisch entwickelte Ordnung der Polis partout nicht einfügen können? Es spricht mehr für die erste als für die zweite Lösung. Daß man die „durch die Gewalt einer bösartigen Natur in Gottlosigkeit, Hybris und Ungerechtigkeit" Lebenden (309 A) aus der Polis entfernen muß, kann man unbedenklich auch für die „Politeia" voraussetzen.[100] Aber stellen diejenigen, die wegen ihrer Unwissenheit (ἀμαθία) und geistigen Niedrigkeit (ταπεινότης) der Sklaverei überantwortet werden sollen, nach Platons Überzeugung nicht die große Masse des Volks dar? Mir scheint, daß die Frage zu bejahen ist, zumal diese Unwissenden wegen fehlender Naturanlagen ebensowenig der platonischen Paideia teilhaftig werden können wie die Produzenten der „Politeia". Wenn die Interpretation zutrifft, dann hätte Platon im „Politikos" implizit von der Fiktion Abschied genommen, man könne zugleich Bürger und bedingungsloser Untertan sein. Wer zur Erziehung unfähig ist und daher noch nicht einmal die Bedingungen sowohl der Philosophenherrschaft als auch der eigenen Beherrschung einzusehen vermag, dem bleibt nur das Sklavendasein.

Das Vorherrschen tugendhafter Gesinnung unter den Bürgern bedeutet freilich noch keine Garantie gegen Stasis, da es innerhalb der ἀρετή selbst zwischen Besonnenheit und Tapferkeit zu einem Gegensatz kommen kann, der die ganze Polis in Mitleidenschaft zieht. Platon nennt die Uneinigkeit dieser Eigenschaften und der ihr korrespondierenden Naturen „die verhaßteste Krankheit unter allen für die Städte" (307 D). Angesichts dieser Gefahr bewährt sich die königliche Webkunst, die die entgegengesetzten Naturen durch ein göttliches Band, „die wahrhaft wahre Vorstellung (δόξα) von dem Gerechten, Schönen und Guten" (308 C), verknüpft. Das göttliche Band, das „die von Natur einander unähnlichen und entgegengesetzt fortstrebenden Teile der Tugend" zusammenhält (310 A), ist also nichts anderes als die Erziehung. Wenn Platon in diesem Zusammenhang von νόμοι spricht (310 A) und für den wahren Politiker gar das Wort Nomothet benutzt (309 D), so sind wie in der „Politeia" Erziehungsvorschriften gemeint, nicht aber Gesetze zur Ausgestaltung der politischen Ordnung. Neben die Erziehung tritt, ebenfalls wie in der „Politeia", die Sozialtechnik: Eheliche Verbindungen zwischen besonnenem und tapferem Ge-

---

100 Vgl. Pol. 501 A. 410 A.

schlecht sollen das Polisgewebe verdichten. So stiftet auch die königliche Kunst des „Politikos" die Eudaimonia der Polis als vollkommene Einheit.

5. DIE MÖGLICHKEIT DER PHILOSOPHENHERRSCHAFT

Wie sehr Platon mit der politischen Realität seiner Zeit zerfallen war, zeigt bereits der „Gorgias".[101] Daß die „Politeia" dem in nichts nachsteht, beweisen zahlreiche generalisierende Urteile des Sokrates über die zeitgenössische Polis, die sich durch das ganze Werk hindurch finden.[102] Die Realität aller Poleis wird nach Sokrates von den Gegensätzen zwischen Armen und Reichen, Sklaven und Herren, Vielen und Wenigen bestimmt. In diesen Gegensätzen, deren Ursache seelische Unordnung ist, die wiederum auf Unwissen beruht, liegen zumindest latente Stasiskonstellationen. Dagegen entwickelt Sokrates in Gedanken ($\lambda \acute{o} \gamma \omega$, 369 A 7) eine Polis, die sich durch vollkommene Einheit auszeichnet. Aber wie steht es um die Möglichkeit dieser Polis? Handelt es sich um ein bloßes Gedankenspiel oder um ein politisches Programm, das gar den Anspruch der Akademie auf Machtübernahme in Athen und anderswo verdeutlichen sollte[103]?

Platon läßt das Problem in den zentralen Büchern V bis VII erörtern, die den Charakter eines vertiefenden Einschubs haben. Der zu Beginn von Buch V unterbrochene Gedankengang des Sokrates wird mit Buch VIII fortgesetzt. Der Einschub soll die Darlegungen der vorangehenden Bücher erläutern und auf neuer Ebene befestigen, indem die Möglichkeit der entworfenen Stadt geprüft und die Legitimation ihrer berufenen Herrscher, des ersten Standes, begründet wird. Der neue Anlauf nimmt seinen Ausgang von dem früher (424 A) nur gestreiften Punkt der Frauen- und Kindergemeinschaft. Das Publikum – neben Glaukon und Adeimantos greifen auch Polemarchos und sogar Thrasymachos wieder in das Gespräch ein – fordert Sokrates auf, das pikante Thema in der gebotenen Ausführlichkeit darzustellen. Im folgenden lohnt es sich besonders, die dramatische Dialoggestaltung Platons im Auge zu behalten. Wie Sokrates nun wiederholt zurückweicht, zögert, ablenkt, einschränkt, bis endlich die paradoxe These vom Philosophenkönig herauskommt, vermittelt dem Leser mit kaum überbietbarer Spannung, was für ein gewaltiges Problem sich hier eigentlich verbirgt.[104] Freilich rückt Platon damit die These auch ins Zentrum seines Werkes. Dreimal setzt er seinen Sokrates einander übertreffenden Wellen von Begründungsnot aus, die aus folgenden Paradoxa resultiert: 1. die Gleichbehandlung der Frauen, 2. die Frauen- und Kindergemeinschaft, 3. die Philosophenkönige. Sokrates hält stand, indem er nicht nur die Nützlichkeit, sondern auch die Möglichkeit in allen drei Punkten aufzeigt, „damit nicht die Rede nur gar wie ein frommer Wunsch erscheine" ($\mu \grave{\eta} \ \varepsilon \mathring{\upsilon} \chi \grave{\eta} \ \delta o \kappa \widetilde{\eta} \ \varepsilon \mathring{\iota} v \alpha \iota \ \acute{o} \ \lambda \acute{o} \gamma o \varsigma$, 450 D). Die „Nützlichkeit" von Sokrates' Vorschlägen für die Erziehung und die Einheit der Polis haben wir bereits im

---

101 S.o. S. 167 ff.

102 Vgl. Arends, Einheit der Polis 1 ff.

103 Vgl. Wilamowitz, Platon I 334 f. 348; ähnlich in jüngerer Zeit auch Krämer, PhJ 74 (1966/7), 263: „ein ernst zu nehmendes Staatsprogramm".

104 Vgl. Gigon, Gymnasium 68 (1962), 207.

Vorherigen untersucht. Nunmehr gilt unsere Aufmerksamkeit dem Problem der Möglichkeit.

Zunächst postuliert Sokrates die Gleichbehandlung der Frauen unter den Wächtern. Frauen sollen die gleiche musische und gymnische Erziehung erhalten wie Männer. Das Paradoxon, das in dieser Forderung liegt, hebt Sokrates selbst sogleich seinen Zuhörern ins Bewußtsein. Sein Vorschlag widerspricht den Gewohnheiten und Sitten der Griechen und wird jedermann als lächerlich erscheinen. Oder wären nicht, fragt Sokrates, am lächerlichsten (γελοιότατον) „die nackten Weiber, die sich auf den Übungsplätzen unter Männern üben, und zwar nicht nur die jungen, sondern gar erst die schon älteren, wie ja auch ältere Männer in den Gymnasien, wenn sie schon runzlig sind und gar nicht mehr erfreulichen Anblicks, doch noch die Übungen lieben?" (452 AB). Natürlich stößt das plastische Beispiel bei den Zuhörern auf umstandslose Ablehnung. Dennoch akzeptiert Sokrates den paradoxalen Charakter seines Vorschlages, die „Lächerlichkeit", nicht als Argument gegen die Möglichkeit geschlechtlicher Gleichbehandlung. Das liegt an seinem Möglichkeitsbegriff, der nicht mit den realen politischen und sozialen Zuständen verbunden ist, sondern mit der menschlichen Physis im allgemeinen. Die Gleichbehandlung ist deswegen möglich, weil sich die Geschlechter von Natur aus nicht im Hinblick auf ihre politische Brauchbarkeit und Erziehbarkeit unterscheiden. Die weibliche Physis – „der männlichen gleichartig, nur nicht gleichwertig"[105] – erlaubt den Frauen die Übernahme politischer und militärischer Funktionen. Daher resümiert Sokrates am Ende: „Wir haben also nicht Unmögliches oder leeren Wünschen Ähnliches als Gesetz aufgestellt, da wir ja der Natur gemäß das Gesetz gefaßt haben; sondern was jetzt dem entgegen geschieht, scheint mehr gegen die Natur zu sein" (456 C). Ein leerer Wunsch (εὐχή) wäre die sokratische Forderung, wenn sie der Natur widerspräche; da sie sich jedoch, wie Sokrates gezeigt hat, mit ihr in Einklang befindet, ist sie auch möglich oder wie Gigon[106] formuliert, „grundsätzlich erfüllbar".[107]

Gerhard Müller[108] hat zurecht herausgestellt, daß diese Begründung bereits einen Fingerzeig für die Philosophenherrscherthese gibt. Auch dort wird Sokrates mit Bezug auf die menschliche Physis seine Polis für möglich erklären. Da die menschliche Natur als solche kein empirisches Faktum ist, handelt es sich um eine klassische A-priori-Annahme. Damit ist jedoch die Frage der Realisierbarkeit noch keineswegs befriedigend beantwortet. Der hier zugrundeliegende Möglichkeitsbegriff ist so abstrakt und allgemein wie die Realität der menschlichen Natur, auf die er sich beruft. Seine Aussagekraft ist dementsprechend gering in einer Gesellschaft, deren konkrete Anschauungen und Lebensäußerungen den sokratischen Forderungen in nichts ent-

---

105 G. Müller, Studien 141.

106 MH 30 (1973), 158.

107 Sokrates bedient sich hier nicht, wie es auf den ersten Blick den Anschein haben könnte, der geläufigen Nomos-Physis-Antithese. Er behauptet nicht, daß der gegenwärtige Nomos (τὰ νῦν γιγνόμενα) gegen die Natur sei, sondern nur, daß er offensichtlich mehr gegen die Natur sei als der Nomos, den er vorschlägt. Die Physis eröffnet einen Möglichkeitsspielraum, in dem freilich nicht alle Wege gleichwertig sind. Je rationaler die Begründung, desto eigentlicher („natürlicher") die Möglichkeit.

108 S.o. A.105.

gegenkommen. Auf der anderen Seite ist es gerade die allgemeine, von den gegebenen sozialen Verhältnissen abstrahierende Argumentationsebene, welche den platonischen Überlegungen einen zukunftsweisenden Charakter verschafft. So konnte die
Annahme von der Gleichartigkeit der Frauen, aus der sich ihre Gleichbehandlung
konsequent ergibt, von der gesellschaftlichen Entwicklung der letzten hundert Jahre
eindrucksvoll bestätigt werden. Im zeitgenössischen Kontext aber heißt „möglich"
hier nur, daß die Realisierbarkeit vom logischen bzw. theoretischen Standpunkt nicht
ausgeschlossen ist.[109] Ein praktikables Konzept ergibt sich aus dieser Negation
natürlich noch lange nicht.

Die zweite Einrichtung, die Sokrates nach der Gleichbehandlung der Frauen ins
Gespräch bringt, ist die Frauen- und Kindergemeinschaft. Diese übertrifft nach dem
bezeichnenden Urteil des Glaukon „jene noch bei weitem an Unglaublichkeit (πρὸς
ἀπιστίαν), sowohl was das Mögliche als auch was das Nützliche betrifft" (457 D).
Die Nützlichkeit seines Vorschlages glaubt Sokrates relativ leicht demonstrieren zu
können, die Möglichkeit hingegen erscheint ihm selbst problematisch. Wie problematisch, zeigt sich nicht zuletzt darin, daß er strenggenommen die Antwort auf die
Frage schuldig bleibt. Der Leser wartet vergeblich auf den Beweis, daß die Frauen-
und Kindergemeinschaft, wenn schon nicht mit den üblichen Sitten, doch wenigstens
mit der menschlichen Natur vereinbar ist.[110] Statt dessen stellt sich Sokrates nach
mehrfachem Ausweichen und Zögern der allgemeineren Frage, wie wohl die entworfene Politeia insgesamt zustande kommen kann. Die geschickte Ausweitung macht
klar, daß es Platon nicht um isolierte institutionelle Vorschläge zu tun ist. Vielmehr
steht jetzt seine Polis überhaupt zur Diskussion. Mit dramatischen Mitteln unter-
streicht Platon die Wichtigkeit der sich ankündigenden Rede des Sokrates. Schon
zuvor hatte dieser die geistige Trägheit von Leuten getadelt, die sich mit rein
theoretischen Überlegungen begnügten (458 AB). Doch auch er selbst zögert, den
sicheren Bezirk der freien Anschauung zu verlassen. Er sieht die größte und gefähr-
lichste Welle der ganzen Brandung auf sich zukommen, die nur durch eine wahrhafte
Paradoxie (οὕτω παράδοξον λόγον, 472 A) gemeistert werden könne.

Bevor es dazu kommt, schärft Sokrates noch einmal den Ausgangspunkt des
ganzen Gesprächs ein: die Suche nach der Gerechtigkeit an sich und dem vollkommen
gerechten Mann. Folgerichtig sei ein παράδειγμα und keine Realie entworfen worden. Wir haben im Logos, sagt Sokrates, ein Musterbild einer guten Polis aufgestellt.
Diese ἐν λόγοις liegende Stadt, erfahren wir ergänzend am Ende des neunten
Buches, ist auf Erden nirgends zu finden, sondern „vielleicht am Himmel ein Muster,
aufgestellt für den, der sehen und nach dem, was er sieht, sich einrichten will. Es gilt
aber gleich, ob ein solcher irgendwo ist oder sein wird..."(592 B). Die Frage der
Realisierbarkeit ist also irrelevant und darüber hinaus auch unangemessen, da sie sich
auf einer anderen Diskursebene bewegt. Es liegt in der Natur der πρᾶξις, weniger an
Unverborgenheit (ἀλήθεια) zu erreichen als die λέξις (473 A). Daraus folgt die

---

109 Sokrates bringt dies zum Ausdruck, indem er 499 D (vgl. 540 D) von der beschriebenen
     Verfassung feststellt: Οὐ γὰρ ἀδύνατος γενέσθαι, οὐδ᾽ ἡμεῖς ἀδύνατα λέγομεν· χαλεπὰ δὲ
     καὶ παρ᾽ ἡμῶν ὁμολογεῖται.
110 Wir erhalten lediglich den flüchtigen Hinweis (466 D), daß eine solche Gemeinschaft (κοινωνία)
     auch bei anderen Lebewesen (ἐν ἄλλοις ζῴοις) existiert.

Priorität der Theorie: Platons paradigmatische Polis besitzt mehr Wahrheit als die Praxis jemals erreichen kann.[111] Deswegen kann und muß die entworfene Politeia nicht in allen Stücken als praktikabel erwiesen werden. Es reicht vielmehr, eine Polis zu finden, die der beschriebenen wahren so ähnlich wie möglich eingerichtet ist. Wie könnte eine Stadt mit der geringsten Veränderung zu dieser Ähnlichkeit gelangen? Sokrates weiß eine Veränderung, die er weder klein noch leicht, aber doch möglich nennt, auch wenn ihre Mitteilung ihm Gelächter und einen üblen Ruf (ἀδοξία) einbringen sollte. Es ist – die Philosophenherrschaft.

Die These von der Philosophenherrschaft wirkt als Befreiungsschlag in einer Situation, da sich herausgestellt hat, daß idealer und realer, theoretischer und praktischer Diskurs nicht ohne weiteres kompatibel sind. Wenn der gesprächsweise entwickelten Polis überhaupt irgendeine reale Bedeutung zukommen soll, dann müssen diejenigen an die Macht, die sie in ihrem paradigmatischen Charakter zu würdigen wissen. Das aber können nach Lage der Dinge nur die Philosophen sein. Nur sie können die beiden differenten Diskurse miteinander verknüpfen[112], und zwar dergestalt, daß sie die Praxis der Theorie annähern. Insofern ist die Philosophenherrschaft die Antwort auf die Frage nach der Möglichkeit der paradigmatischen Polis.

Sokrates verkündet die Philosophenherrschaft als eine Vision, von deren Ergreifung das Heil der Menschheit abhängt: „Wenn nicht ... entweder die Philosophen Könige werden in den Staaten oder die jetzt so genannten Könige und Gewalthaber wahrhaft und gründlich philosophieren, ... gibt es kein Ende von dem Übel für die Staaten ... und ich denke auch nicht für das menschliche Geschlecht ...“ (473 CD). Man darf den Satz umdrehen: Wenn politische Macht und Philosophie zusammenfallen, wenn, um es mit einem Platon sehr geläufigen Bild auszudrücken, die wahren Ärzte zur Behandlung der politischen Krankheit zugelassen werden, dann verbreitet sich das Heil, die Eudaimonie in der Einheit von Privatem (ἰδίᾳ) und Öffentlichem (δημοσίᾳ, 473 E), über die Städte und Menschen. Damit hält der innerweltliche Erlösungsgedanke seinen Einzug in die griechische Literatur. Die empirische Wirklichkeit ist durch Krankheitsphänomene wie Streit und Stasis geprägt und bedarf der Erlösung, die, nimmt man die Philosophenherrschaft ernst, bereits im Diesseits zu erreichen ist.[113] Daß die Diät, die die Philosophen ihren Patienten verordnen müßten, schmerzhaft sein würde, hat Platon gelegentlich selbst gesagt und unsere Untersuchung in den vorangehenden Kapiteln, so hoffe ich, bestätigt. Mit welchem Recht den Philosophen die Erlösungsbefugnis zusteht, wurde ebenfalls erörtert. Und schließlich sollte klar sein, daß Platon mit seiner Kritik vor keiner Polis und keiner Verfassungsform haltmacht.[114] Wären nicht ausnahmslos alle Poleis von dem erlösungsbedürftigen

---

111 Vgl. Müller, Studien 142 f.
112 Vgl. 501 E: Die Machtübernahme des philosophischen Geschlechts ist Voraussetzung, damit „die Verfassung, die wir in unserer Rede nur dichten, in wirkliche Erfüllung gehen kann“ (ἡ πολιτεία ἣν μυθολογοῦμεν λόγῳ ἔργῳ τέλος λήψεται); ähnlich 499 CD.
113 An anderer Stelle beschreibt Platon die radikale Umkehr als Einfall des Göttlichen: „... wird es (das philosophische Geschlecht) aber je den besten Staat finden, wie es selbst das Beste ist, dann wird es zeigen, daß dies das wahrhaft Göttliche ist, alles andere aber nur sehr menschlich war, die Naturen sowohl als ihre Bestrebungen“ (497 BC).
114 Explizit 497 AB.

Übel betroffen, wäre, wie Arends[115] ausgeführt hat, die paradoxe These der Philosophenherrschaft überflüssig.

Sokrates nennt zwei Wege zur Philosophenherrschaft: 1. Philosophen werden zusätzlich Machthaber; 2. Machthaber werden zusätzlich Philosophen. Dabei, so zeigt sich, ist der erste Weg noch bei weitem unwahrscheinlicher als der zweite. Die Macht gilt gemeinhin als ein Gut, das um seiner selbst willen erstrebt wird. Deswegen ist nicht damit zu rechnen, daß den Philosophen die Herrschaft in den Schoß fallen wird. Zum Zwecke der Machtergreifung müßten sich die Philosophen also dem politischen Wettbewerb stellen und die Mitbewerber besiegen. Genau das aber ist wahren Philosophen nicht möglich, wie Sokrates anhand der berühmten Schiffsmetapher vorführt. In der Realpolitik gelangt man durch Überredung (πειθώ) oder Gewalt (βία) ans Ruder; beide Mittel stehen dem Philosophen grundsätzlich nicht zur Verfügung. Man kann nach Meinung des Sokrates nicht die Geschicklichkeit besitzen, die dazu gehört, ans Ruder zu kommen, und zugleich über die Steuermannskunst verfügen (488 DE). Die Philosophen gelten daher zurecht als unbrauchbar für die Realpolitik.[116] Außerdem würde dort ihre grundsätzlich abweichende Haltung provozierend wirken und sie in nutzlose Opfer treiben. Und schließlich ziehen sie ihre eigentliche Tätigkeit der Machtausübung bei weitem vor, so daß Sokrates zu dem Ergebnis kommt: „... Dies alles sich zu Herzen nehmend, wird ein solcher (Philosoph) sich ruhig verhalten und, sich nur um das Seinige bekümmernd, wie einer im Winter, wenn der Wind Staub und Schlagregen herumtreibt, hinter einer Mauer untertritt, froh sein, wenn er die anderen voll Frevel sieht, nur selbst frei von Ungerechtigkeit und unheiligen Werken dieses Leben hinzubringen und beim Abschiede daraus in guter Hoffnung ruhig und zuversichtlich zu scheiden" (496 DE). Nach dieser kompromißlosen Absage an die Realpolitik besteht die Frage fort, wie denn die Philosophen an die Macht gelangen können. Platon antwortet, nachdem er das Problem fast dreißig Stephanusseiten lang nach allen Seiten erörtert hat, sehr vage mit „irgendeiner Notwendigkeit durch das Schicksal" (ἀνάγκη τις ἐκ τύχης, 499 B 6).[117]

Der zweite Weg zur Philosophenherrschaft – Machthaber werden zusätzlich Philosophen – scheint leichter beschreitbar zu sein, handelt es sich dabei doch in erster Linie um ein Erziehungsproblem. Denn die gegenwärtig Herrschenden sind nicht notwendig von Natur aus ungeeignet für ihre Tätigkeit, sondern durch eine verfehlte Sozialisation unter den Bedingungen der Realpolitik verdorben worden. Sokrates erkennt die besondere Begabung vieler Politiker zur Philosophie durchaus an (494 B ff.). Gerade als Hochbegabte werden sie Opfer ihres gleichsam herangezüchteten vorzeitigen politischen Ehrgeizes. Hier nun entsteht den Philosophen die

---

115 Einheit der Polis 215.

116 Darin liegt freilich keine Schuld der Philosophen, denn es liegt in der Natur der Sache, daß die Steuerleute den Steuermann um die Schiffsführung oder die Kranken den Arzt um Heilung bitten, und so muß „jeder, der beherrscht zu werden bedarf, zu dem, der zu herrschen versteht, (gehen), nicht umgekehrt aber, daß dieser die zu Beherrschenden bitte, sich beherrschen zu lassen" (489 BC).

117 Vielleicht stellt sich Platon vor, daß eines Tages die Lage in den Poleis so verfahren ist, daß man, um im Bild (siehe A.116) zu bleiben, die Philosophen zur Heilung ruft wie Ärzte.

Aufgabe, solche bereits Regierenden – oder deren Söhne – durch Erziehung umzudrehen und damit ihrer philosophischen Natur zum Durchbruch zu verhelfen. Diese Erziehungsarbeit, nicht die Beteiligung an Machtkämpfen, ist die reale Politik der Philosophen. Das hat Konsequenzen für die praktische Auslegung der These der Philosophenherrschaft: Die Realisierung der Philosophenherrschaft kann nicht von der unmittelbaren Machtübernahme der Philosophen erwartet werden, sondern allenfalls von einer Umerziehung der faktisch auch jetzt schon Regierenden. Diese würden dann die Herrschaft auf der Grundlage der wahren philosophischen Normen ausüben. Insofern schreibt Arends[118] zu Recht, „daß die Spiegelung von Sokrates' These – ‚oder wenn die Herrscher zu Philosophen werden' – die **relevante Interpretation der These der Philosophen-Herrschaft enthält**".

Was sind das für Herrscher, die, zu Philosophen geworden, die Philosophenherrschaft verwirklichen könnten? Sicher keine Demagogen oder gewählte Beamte. Diese Herrscher müssen vielmehr der politischen Konkurrenz bereits enthoben sein, denn politische und philosophische Existenz sind bekanntlich unvereinbar. Ein mächtiger Politiker, der sich zur Philosophie bekehrte, müßte bekanntlich aufhören, Politiker zu sein. Die Philosophenherrschaft kann nicht mit politischen Mitteln erreicht werden, sondern setzt gewissermaßen das Ende der Politik immer schon voraus. Die potentiellen Philosophenherrscher müssen daher Tyrannen oder Könige sein, die fest im Sattel sitzen. Außerdem lassen sich nur so zwei weitere Bedingungen der Philosophenherrschaft erfüllen: die Gewaltlosigkeit ihrer Einführung und die Zustimmung der Vielen (498 D ff.), die eine unbegründete Gewaltherrschaft gegen eine begründete Vernunftherrschaft eintauschen.

So sind wir unversehens auf einen Weg geraten, den Platon ausdrücklich später selbst einschlug. In einem Exkurs der „Nomoi" legt er eine neue Variante der Philosophenherrschaft vor.[119] Jetzt verspricht er sich die Verwirklichung der besten Polis von der Zusammenarbeit eines wahren Gesetzgebers mit einem jungen gedächtnisstarken, lernbegierigen, tapferen, großgesinnten, besonnenen und vom Glück begünstigten Tyrannen (709 E). Dieser Tyrann besitzt alle Eigenschaften, die Platon in der „Politeia" (487 A) der philosophischen Natur zuschreibt. Und der „Nomoi"-Gesetzgeber rückt in die Position des „Politeia"-Philosophen. Platon verweist damit die Philosophie, insofern sie (etwa als Gesetzgebung) praktische Wirksamkeit anstrebt, auf die absolute Herrschaft. Je mehr Herrscher es gibt, desto schwieriger ist die Einführung des besten Staates, meint der Athener, und gelangt deshalb zu der folgenden Rangliste seiner Entstehungsmöglichkeit: 1. aus einer

---

118 Einheit der Polis 237.
119 Müller, Studien 136 f., zeigt, daß der Exkurs (708 E – 712 B) die Situation der kretischen Kolonie preisgibt und tatsächlich die Entstehung des Politeiastaates aus den empirischen Staaten thematisiert. Der Sinn der Passage im Zusammenhang der „Nomoi" ist nicht leicht zu verstehen. Wahrscheinlich will Platon nur auf die fortdauernde Notwendigkeit eines Zusammenwirkens von Geist und Macht aufmerksam machen. Die biographische Deutung, derzufolge Platon hier seinen schönen Hoffnungen in Sizilien mit Dionysios II. nachhängt, ist möglich, aber nicht zwingend, weil der Exkurs davon nicht das geringste verrät. Im übrigen trägt eine solche Deutung nichts zur besseren Verknüpfung in den übergeordneten Gedankengang bei. Der Exkurs muß als Beispiel für das vergleichsweise lockere Strickmuster von Platons letztem Werk angesehen werden.

Tyrannis, 2. aus einer Königsherrschaft, 3. aus einer Art Demokratie. „Die vierte Form aber, die Oligarchie, dürfte wohl die Entstehung eines solchen nur mit größten Schwierigkeiten zulassen, denn in ihr gibt es am meisten Machthaber" (710 E). Nun könnte man aus dieser Passage den Schluß ziehen, daß die beste Polis auch aus anderen Formen als der absoluten Monarchie hervorgehen könnte. In der Tat läßt Platon eine solche Interpretation hier zu. Er beschäftigt sich jedoch in diesem Zusammenhang ausschließlich mit der Tyrannis und behandelt die anderen Ausgangsformen für die Errichtung der besten Polis nicht als realistische Alternativen. Entscheidend ist schließlich die Begründung für den Vorrang der Tyrannis: Die Einführung der besten Polis kann nur auf einer möglichst weitgehenden Einschränkung der Politik basieren. Philosophenherrschaft oder philosophisch fundierte Gesetzgebung setzt das Ende der Politik nicht nur durch, sondern mindestens tendenziell bereits voraus. Denn bei einer Mehrzahl von tatsächlichen Machthabern existiert immer ein Konfliktpotential, das mit politischen Mitteln eingegrenzt, aber niemals aufgelöst werden kann. Wo Streit und Dissens sozusagen in der Verfassung vorgesehen sind, erscheint die Aussicht auf jenen ursprünglichen Konsens, der Bedingung der Möglichkeit der besten Polis ist, entsprechend gering.

Hinzu kommt ein Zweites, das erklärt, warum Platon der Tyrannis den Vorzug vor der Königsherrschaft einräumt. Letztere beruht auf Traditionen, Gebräuchen und Sozialbeziehungen, die nicht ohne Gefahren zur Disposition gestellt werden können. Die reine Gewaltherrschaft bringt dagegen in dieser Hinsicht eine **tabula rasa** hervor, auf die der Gesetzgeber widerstandslos seine rationale Neuordnung zeichnen kann; sie läßt Sozialbeziehungen vorfinden, die radikalen Reformen vergleichsweise wenig Widerstand entgegensetzen. Dementsprechend behauptet der Athener: „Keinerlei Anstrengungen und keine besonders lange Zeit benötigt ein Tyrann, der die Sitten eines Staates umgestalten will (μεταβαλεῖν βουληθέντι πόλεως ἤθη), sondern er braucht nur selbst als erster den Weg einzuschlagen, auf dem er die Bürger zur Ausübung der Tugend oder zum Gegenteil hinführen will, indem er selbst als erster alles durch sein Tun vorzeichnet und das eine mit Lob und Ehre, das andere aber mit Tadel belegt und den Ungehorsamen entsprechend seinen jeweiligen Taten mit Ehrlosigkeit bestraft" (711 BC). Wenn das zutrifft, und Platon glaubt offenbar daran, dann legt die Erziehung des Tyrannen zur Tugend bereits den Grundstein für die Neuordnung seiner Polis. Das Überredungs- und Gewaltmonopol (πειθὼ καὶ ἅμα βίαν, 711 C 5) des Tyrannen gewährleistet die Folgsamkeit der Bürger. In den „Nomoi" erklärt Platon ausdrücklich, was wir bereits in der „Politeia" angelegt fanden: Die Tyrannis ist, um das mindeste zu sagen, der günstigste Ausgangspunkt der Philosophenherrschaft. Die Philosophen betätigen sich dabei zunächst als Erzieher des aktuellen oder designierten Tyrannen, der dann entweder als Philosoph regiert oder den Philosophen das Feld überläßt.

Der Vorrang der Tyrannis für das politische Handeln ergibt sich im übrigen zwangsläufig aus der besonderen kommunikativen Struktur der platonischen Philosophie. Die Dialektik eignet sich nicht für öffentliche Auftritte; gegenüber der Rhetorik kann sie sich vor der Volksversammlung oder dem Volksgericht nicht behaupten. Im Dialog von Einzelpersonen ist sie dagegen der Rhetorik überlegen. Erstrebt die Philosophie politischen Einfluß, ist sie daher auf Machtstrukturen angewiesen, in denen ihre dialektische Überlegenheit zur Auswirkung kommen kann. Solche Machtstrukturen aber sind nur in der Monarchie gegeben, die deswegen den realen Gegenstand philosophischer „Politik" (bzw. Antipolitik) bilden muß.

Was aber soll einen erfolgreichen Tyrannen zu philosophisch-gesetzgeberischen Experimenten bewegen? Und wie kann ein Tyrann, der nach Platons Ansicht von Jugend an gewohnt ist, seinen niedrigen Begierden freien Lauf zu lassen, eine wahrhafte Liebe zur Weisheit fassen oder auch nur die Besonnenheit erlangen, einen Philosophen zu engagieren? Platon bemüht als Antwort ein weiteres Mal die τύχη. Im besprochenen „Nomoi"-Exkurs verweist er einleitend auf die natürliche Bedingtheit allen menschlichen Tuns, um daran die Bemerkung zu knüpfen, „daß Gott alles und mit Gott zusammen der Zufall und der rechte Augenblick die menschlichen Verhältnisse insgesamt lenken; doch klingt es weniger schroff, wenn man einräumt, das zu beidem als Drittes das menschliche Können hinzukommen muß" (709 BC). Ohne göttliche Mitwirkung gelangt auch die wahre nomothetische Kunst des Gesetzgebers nicht an ihr Ziel. Es bleibt dem Gesetzgeber daher gar nichts anderes übrig, als „in der rechten Weise[120] um das zu beten, was ihm durch einen glücklichen Zufall (διὰ τύχης) zuteil werden muß, so daß es nur noch seiner Kunst als Ergänzung bedarf" (709 D). Nur durch τύχη entsteht also überhaupt eine Situation, in der die philosophische Nomothesie zur Anwendung gelangen kann. Der Philosoph kann sie nicht herbeiführen, sondern nur richtig um sie beten. Die Philosophenherrschaft soll als leichtester und schnellster Weg zur besten Verfassung, läßt Platon den Athener abschließend sagen, „wie eine Sage orakelhaft verkündet" (712 A4) und „der kommenden Erörterung als Leitsatz vorangestellt" werden.[121]

In der „Politeia" findet sich eine ähnlich unbestimmte Antwort auf die Frage, wie die politisch oder tyrannisch sozialisierten Machthaber zur Philosophie kommen können.[122] „Durch eine göttliche Eingebung" (ἔκ τινος θείας ἐπιπνοίας, 499 C 1), heißt es dort bei der ersten Wiederholung der Philosophenherrscherthese. Damit ist klar, daß es eine politische Strategie zur Errichtung einer Philosophenherrschaft nicht geben kann. Dennoch sieht Platon keinen Grund (λόγον) zu der Annahme, daß die Philosophenherrschaft, auf die eine oder andere Weise, unmöglich sei. „Denn sonst", sagt Sokrates, „würden wir mit Recht ausgelacht, daß wir umsonst fromme Wünsche (εὐχαῖς) redeten" (499 C). Es ist wieder die Möglichkeit im weitesten, nämlich apriorischen oder „logischen" Sinne, von der Sokrates hier spricht.[123]

---

120 D.h. vernünftig, vgl. 687 D ff.
121 Müller, Studien 156.
122 495 BC nennt Sokrates fünf Gründe, die unter gegenwärtigen Umständen zur Philosophie treiben können: 1. Verbannung; 2. eine zu kleine Polis, deren Angelegenheiten eine große Seele geringschätzig übersieht; 3. das Ungenügen an einer bereits ausgeübten geringeren Kunst; 4. Kränklichkeit, indem sie vom politischen Leben ausschließt und schließlich 5., was Sokrates selbst betrifft, das Daimonion. Allen fünf Gründen gemeinsam ist der äußere Anstoß, welcher die Betroffenen aus der vorgezeichneten (politischen) Lebensbahn wirft und für die radikale Abkehr von den Werten und Zielen normalen Lebens öffnet. Wie aber kann der Tyrann, solange er Tyrann ist, zur Philosophie gelangen?
123 Während Platon in der „Politeia" den Begriff εὐχή zur Kennzeichnung der Philosophenherrschaft ausdrücklich ablehnt, benutzt er diesen Begriff in den „Nomoi", um seine Rede vom Zusammenwirken eines Nomotheten mit einem Tyrannen zu charakterisieren. Dennoch liegt

Wenn die Philosophenherrschaft erst einmal Wirklichkeit geworden ist, werden sich die Philosophen um die Zustimmung der Vielen bemühen und sie überzeugen, „daß ein Staat nicht glückselig sein könne, wenn ihn nicht diese sich des göttlichen Urbildes bedienenden Zeichner entworfen haben" (500 E). Dann werden sie die Polis und die Denkweise der Menschen säubern, um für die Bildung des neuen Menschen mit gottgefälligen Sitten Platz zu schaffen. Bei solchen Maßnahmen, welche die Eudaimonie der Polis und ihrer Bürger bewirkten, würden, meint Sokrates, auch kritische Geister der Philosophenherrschaft nicht länger ablehnend gegenüberstehen.

Wie die Säuberung vonstatten gehen könnte, erklärt Sokrates mit wünschenswerter Deutlichkeit am Ende des VII. Buches: Die Philosophenherrscher schicken alle, die über zehn Jahre alt sind, aufs Land und erziehen die jüngeren Kinder abgesehen von den jetzt geltenden Sitten, die ja auch ihre Eltern haben, nach ihren eigenen Gebräuchen und Gesetzen. Von dieser Maßnahme verspricht sich Sokrates die schnellste und leichteste Realisierung der besprochenen Politeia und die Eudaimonie für das Volk, bei dem sie besteht (540 E f.). Leider erörtert er hier ebensowenig wie bei der Frauen- und Kindergemeinschaft die Frage, ob sich eine solche Maßnahme, einmal ganz abgesehen von konkreten gesellschaftlichen Umständen, auch nur mit der menschlichen Natur vereinbaren ließe. Würden sich, sagen wir, neunzig Prozent der Bevölkerung widerstandslos aus der Stadt vertreiben lassen? Würden Eltern ihre kleinen Kinder widerstandslos den Philosophen überlassen? Nein, hier schlägt Sokrates nicht nur völlig Unrealistisches, sondern geradezu Unmögliches vor. Was ihm ansonsten (noch 540 D) nicht genügte, liegt hier zweifellos vor: eine bloße εὐχή. Damit ist selbst die paradigmatische Bedeutung solcher Aussagen unklar.[124] Denn wie sollten sich eventuelle Philosophenherrscher diese Radikalkur realiter zum Vorbild nehmen? Oder will Sokrates an dieser Stelle mit einem krassen Beispiel nur akzentuieren, daß eine Philosophenherrschaft eine vollkommene ethische Umkehr der Bürger bewirken muß?

Platons Standpunkt läßt sich wie folgt resümieren: Die von Sokrates entworfene Politeia gibt ein Idealmuster, ein παράδειγμα, das zur radikalen Ab- und Umkehr von der geltenden Politik auffordert. Die Voraussetzung einer politischen Ab- und Umkehr im Sinne der entworfenen Politeia ist die Philosophenherrschaft. Wie es unter realpolitischen Umständen zu einer Philosophenherrschaft kommen könnte, läßt Platon offen. Er entwickelt daher keine politische Strategie, wohl aber äußert er eine, wie er meint, realistische Hoffnung. Diese Hoffnung besteht in der „Philosophisierung" eines aktuellen oder potentiellen Alleinherrschers. Am Ende der Erörterung über die Möglichkeit der paradigmatischen Polis stellt Sokrates gleichsam als Fazit fest: Söhne von Königen oder Dynasten mit philosophischer Natur könnten geboren werden. Solche würden zweifellos in der Regel durch die Umstände ihrer Sozialisation verdorben werden; „daß aber in aller Zeit auch nicht einer von allen

kein Widerspruch vor, weil die rationalistische „Nomoi"-Theologie das richtige Beten an die logische Möglichkeit bindet. Vernünftig betet nur, wer sich in diesem Sinne Mögliches wünscht.

124 Es ist bezeichnend, daß zwei jüngst erschiene, umfangreiche Bücher, die eine immanente „Politeia"-Interpretation versuchen (Reeve, Philosopher-Kings und Arends, Einheit der Polis), diesen Abschnitt ignorieren. Müller, Studien 149 ff., hält ihn für eine spätere Einfügung, die es zu athetieren gilt. Seine Auffassung hat, soweit ich sehe, keine Unterstützung gefunden.

sollte gerettet werden können, könnte das wohl jemand behaupten?", fragt Sokrates rhetorisch (502 AB). Der junge Tyrann, der die Herrschaft ererbt, nicht erobert hat, wird also nicht erst in den „Nomoi" zum politischen Hoffnungsträger der Philosophie. Damit verweist Platon die Philosophen an die Tyrannen- und Königshöfe, freilich nicht um dort als Unterhalter zu dienen, sondern um als Erzieher zu wirken. Die Paideia ist ohnehin die praktische Aufgabe der Philosophie; die Erziehung des Herrschernachwuchses birgt die einzigartige Chance, neben dem individuellen auch das politische Heil zu befördern.

Wenig später jedoch hat Platon einer Auffassung zum Ausdruck verholfen, die diesen vorsichtigen Schritt der Philosophie zur Politik wieder zurücknimmt.

6. DAS HEIL DER THEORIE

Im Dialog „Theaitetos" findet sich eine berühmte Passage, in der Platon Philosophie und Politik in einen denkbar großen Gegensatz stellt. Diese Passage wird im Dialogganzen gewöhnlich als Digression oder Exkurs gekennzeichnet und dies insofern zurecht, als Sokrates vom eigentlichen Thema abweicht, um ein leidenschaftliches Plädoyer für den βίος θεωρητικός vorzubringen.[125] Dennoch steht der Abschnitt natürlich in einem Zusammenhang mit dem vorangehenden Gespräch. Dieser Zusammenhang ist zunächst zu betrachten.

Thema des „Theaitetos" ist die Frage nach der Erkenntnis (ἐπιστήμη). Im Laufe des Gesprächs unternimmt der junge Theaitetos drei Anläufe, Erkenntnis zu definieren, die von Sokrates jedesmal mit Ausführlichkeit dialektisch untersucht und schließlich zurückgewiesen werden, so daß der Dialog in der Aporie endet.[126] Der Exkurs, der für das Problem des Praxisbezuges der platonischen Philosophie von großer Bedeutung ist, gehört in den Rahmen der ersten Untersuchung. Deren Ausgangspunkt ist die Behauptung des Theaitetos, daß Erkenntnis Wahrnehmung (αἴσθησις) sei (151 E). Sokrates bringt diese Definition sogleich mit dem Homo-mensura-Satz in Verbindung, und so gestaltet Platon diese erste Untersuchung zu einer Auseinandersetzung mit der „Erkenntnistheorie" des Protagoras. Sokrates leitet aus dem Homo-mensura-Satz die Identität von Erscheinung (φαντασία), Vorstellung (δόξα) und Wahrnehmung (αἴσθησις) auf der einen Seite mit Wahrheit (ἀλήθεια), Erkenntnis (ἐπιστήμη) und Sein (οὐσία) auf der anderen Seite ab (152 A ff. 158 E. 166 C) und verknüpft diese Annahme mit einer allgemeinen Flußtheorie, die das Sein zugunsten des Werdens aufhebt und überall nur Unbeständigkeit, Bewegung, Veränderung, Vermischung von Seiendem erkennt (152 D). Die gesamte philosophische und literarische Tradition mit Ausnahme von Parmenides, fügt Sokrates hinzu, sei sich in solcher Feststellung der ontologischen Basis einig.[127] Damit wird Protagoras in die

---

125 Die knifflige Frage, ob Platon die Auffassung, die er Sokrates hier vortragen läßt, teilt, läßt sich nicht eindeutig beantworten. Einerseits bleibt die Rede unwidersprochen, andererseits steht sie in enger Verbindung mit dem Schicksal des Redners (s.u. A.131) und ist deswegen vor allem, aber nicht nur, als Sokrates-Zeugnis zu betrachten. Daß Platon die Haltung des Sokrates mit großer Sympathie darstellt, ist darüber hinaus offenkundig.

126 Zum Aufbau des Dialogs vgl. Heitsch, Überlegungen Platons im Theaetet 19 ff.

127 Sokrates nennt 152 E exemplarisch Protagoras, Heraklit, Empedokles, Epicharm und Homer.

vorherrschende Linie der griechischen Geistesgeschichte eingeordnet und im folgenden gewissermaßen als deren Repräsentant behandelt.

Die Auseinandersetzung mit Protagoras entwirft Platon weitgehend als inneren
Dialog des Sokrates. Auf eine längere Interpretation der protagoreischen Lehre läßt
Sokrates Kritik folgen, um wiederum dem Protagoras seine Stimme zur Verteidigung
zu leihen; und so wechseln Kritik und Verteidigung mehrmals, bis Sokrates die Lehre
des Protagoras anscheinend endgültig widerlegt. Es erübrigt sich hier, den
Argumentationsgang im einzelnen nachzuzeichnen, zumal ich an anderer Stelle
bereits teilweise darauf eingegangen bin.[128] Offenbar zieht Platon Protagoras (und
nicht Heraklit oder einen anderen Denker) zur Widerlegung der konventionellen
Erkenntnistheorie auch deswegen heran, weil bei ihm die politischen Implikationen
seiner Überlegungen am deutlichsten hervortreten. Diese hat Protagoras vermutlich
schon selbst zum Ausdruck gebracht. Im „Theaitetos" legt ihm Sokrates jedenfalls
die politischen Konsequenzen des Homo-mensura-Satzes in den Mund. Die Inflation
der protagoreischen Wahrheit führt zu ihrer Leugnung als Unterscheidungskategorie.
Wenn jede Erscheinung wahr ist, dann kann ἀλήθεια kein Kriterium für gut und
schlecht sein.[129] Daraus ergibt sich freilich nicht, wie Sokrates zunächst unterstellt
hatte (161 C ff.), eine schrankenlose Beliebigkeit. Vielmehr rückt der praktische
Erfolg in die Position des entscheidenden Kriteriums. Denn es gibt gute und schlechte
Wahrnehmungen, und der Weise, sei er nun Arzt, Bauer oder Redner, bewirkt eine
Umwandlung der Wahrnehmung zum Besseren, Zuträglicheren, Gesünderen. „Der
Arzt nun bewirkt seine Umwandlung durch Arzneien, der Sophist aber durch Reden"
(167 A). Gute und weise Redner wiederum „machen, daß den Poleis anstatt des
Verderblichen das Zuträgliche (τὰ χρηστὰ ἀντὶ τῶν πονηρῶν) gerecht zu sein
scheint. Denn was jeder Polis schön und gerecht erscheint, das ist es ihr ja auch,
solange sie es dafür erklärt; der Weise aber macht, daß anstatt des bisherigen
Verderblichen ihnen nun Zuträgliches so erscheint und ist" (167 C). Was aber
befähigt den Weisen zu einer erfolgreichen Umwandlung der Wahrnehmung? Im
„Theaitetos" verweist Protagoras lediglich auf die Beschaffenheit der Seele (ψυχῆς
ἕξις, 167 B 2), also auf die φύσις, die Begabung und Intelligenz des Weisen. Aus
den Fragmenten darf man Erfahrung und Übung hinzusetzen, während ein wie auch
immer geartetes metaphysisches Wissen jedenfalls ausgeschlossen bleibt.[130]

Der erkenntnistheoretische Relativismus bedingt die Autonomie des Politischen;
er enthüllt die Gesetze in ihrem Charakter als politische Setzungen. Sokrates läßt
Protagoras sagen: „Das Schöne und Schlechte, das Gerechte und Ungerechte, das

---

128 S.o. S. 184.
129 Vgl. 167 AB: „... es ist gar nicht möglich, Nichtseiendes oder anderes als das, was man erlebt
       und erfährt, zum Inhalt von Urteilen zu machen; was man erfährt, ist aber immer wahr. ...
       (Während einige aus Unerfahrenheit Vorstellungen wahr nennen,) nenne ich die einen zwar
       besser als die anderen, keinesfalls aber wahrer" (Übers. nach Heitsch, Überlegungen Platons im
       Theaetet 166 f.).
130 Sokrates wird Protagoras durch den Nachweis widerlegen, daß ein rein empirisches Wissen gar
       nicht möglich ist, weil Wissen die Fähigkeit zur Synthese oder Koordination von Wahrnehmun-
       gen voraussetzt. Für ein Wissen über Erfahrungsgegenstände, das Sokrates hier keineswegs
       ausschließt, reichen bloße Wahrnehmungen nicht aus: vgl. Heitsch (wie o. A.126) 88 ff.

Fromme und Unfromme, was in diesen Dingen eine Polis für eine Meinung faßt und dann feststellt als gesetzmäßig, das ist nun auch für jede in Wahrheit, und in diesen Dingen ist nun um nichts weiser weder ein einzelner als der andere, noch eine Polis als die andere" (172 A). Im Hinblick auf den Erfolg und die Zuträglichkeit unterscheiden sich ihre Setzungen freilich, und keineswegs darf behauptet werden, „daß das, was eine Polis für zuträglich hält, ihr auch auf alle Weise zuträglich sein werde" (172 AB). Jedenfalls haben nach Protagoras weder das Gerechte noch das Heilige von Natur aus ein bestimmtes Sein, welche Feststellung Sokrates zum Anlaß nimmt, ein weiteres Mal den repräsentativen Charakter dieser Annahme zu betonen: „Und so viele doch nicht völlig des Protagoras Lehre lehren, halten sich doch hierzu mit ihrer Weisheit" (172 B). Die politische Praxis seiner Zeit ist eben von dieser Auffassung mindestens untergründig bestimmt, und um dies zu demonstrieren, unternimmt Sokrates seinen berühmten Exkurs über den Gegensatz von Politik und Philosophie.[131] Bevor er daran geht, den Satz des Protagoras zu widerlegen, malt er die Vision des βίος θεωρητικός in strahlenden Farben vor den dunklen Hintergrund des βίος πολιτικός. Der Kontrast zwischen Außergewöhnlichem und Banalem kommt dabei besonders plastisch zum Vorschein.

Die Politiker, die sich schon von Jugend auf an den Gerichtsstätten oder dergleichem herumtreiben, verhalten sich zu den Philosophen wie Knechte zu Freien (172 C). Während auf der Seite der Philosophie Freiheit (ἐλευθερία), Muße (σχολή) und Konsens (εἰρήνη) stehen, bedeutet die Politik Sklaverei (δουλεία), Betriebsamkeit (ἀσχολία) und Streit (172 D – 173 A; vgl. 174 D 8. 175 E 1). Dies ist Sokrates' Eingangsthese, die er mit der folgenden Schilderung zu belegen sucht. Er spricht zunächst nur von der Praxis der Gerichtshöfe, aber es ist klar, daß seine Beschreibung ohne Schwierigkeiten auf die Verhandlungen vor der Volksversammlung oder im Rat übertragen werden könnte. Der Souverän, in der Terminologie des Protagoras die Polis, hält das „Recht" in den Händen (ἐν χειρί τινα δίκην ἔχοντα, 172 E 5). Für Sokrates ist dieser Souverän der Herr (δεσπότης), weil er auf jeden Fall aus Fleisch und Blut ist, handele es sich nun um das Volk oder die Wenigen. Ihm, dem Herrn, müssen die Politiker wie Sklaven mit Worten schmeicheln und mit Taten dienen. Dabei stehen sie immer in Konkurrenz zu „Mitsklaven" um die Gunst des Herrn, der die Regeln des Wettbewerbs – Sokrates nennt für Gerichtsreden den Zeitdruck und den Zwang, das vorgegebene Thema einzuhalten – festlegt. Der Konkurrenzkampf hat mannigfaltige Auswirkungen sowohl für den Charakter des öffentlichen Diskurses als auch für die Bildung der Politikerseelen, denn er erlaubt keine interesselose Sachlichkeit, wie sie das philosophische Gespräch auszeichnet, sondern nötigt zu persönlicher Argumentation. Dieser Personalismus ist freilich notwendig, wenn es keine andere Erkenntnisinstanz als die je eigene Wahrnehmung gibt. Sokrates kritisierte bereits im vorherigen (bes. 170 D), daß Protagoras' These

---

131 Dennoch nimmt sich die Episode, wie Wilamowitz, Platon I 413 f. zurecht feststellt, im Ganzen des Dialogs wie ein „Fremdkörper" aus. Neben der von mir vorgeschlagenen inhaltlichen Assoziation des Exkurses an den übergeordneten Gedankengang erscheint es plausibel, auch an das „setting" des Dialoges zu denken: Kurz vor seinem Tod (142 C. 210 D) erklärt Sokrates, warum der Philosoph, der er ist, Gefahr läuft, in der politischen Welt zu scheitern; vgl. Heitsch (wie o. A.126) 22 f.

einen permanenten Kampf und Streit unter den Menschen, denen Unterschiedliches, ja Gegensätzliches erscheint, bedeute. Wir fügen hinzu, daß der Streit bei Leugnung der Wahrheitskategorie gar nicht in erster Linie sachlich sein kann, sondern persönliche Züge annehmen muß, weil Erkenntnis qua Wahrnehmung und Interesse unter politischen Umständen ununterscheidbar sind. Insofern sagt Sokrates zu Recht: „Und der Streit geht niemals um dieses oder jenes, sondern immer um einen selbst, ja oft geht es um das Leben" (172 E f.). Auch die existenzielle Bedrohtheit des Politikers läßt sich leicht im Ausgang von der protagoreischen „Erkenntnistheorie" erklären: Danach ist der Politiker für sein Reden und Tun, für seine Ratschläge voll verantwortlich; es gibt keine äußere Instanz, auf die er Verantwortung abwälzen könnte.

Unter solchen Umständen bedeutet die Teilnahme an der Politik für Sokrates nichts als Einübung in δουλεία, Hinwendung zur Lüge und zum gegenseitigen Unrechttun, so daß „schon nichts Gesundes mehr an ihren (der Politiker) Seelen ist, wenn sie aus Jünglingen zu Männern werden, wie gewaltig und weise sie auch zu sein glauben" (173 AB). Während die Polis für Protagoras eine entscheidende erzieherische Funktion hat, ist sie nach Sokrates, zumindest in ihrer realexistierenden Form, der hauptsächliche Ort der Jugendverderbnis.

Dagegen setzt Sokrates die Philosophie. Diese kennt keinen Kampfrichter, keinen leiblichen Herrn, mit der Befugnis, Ehren zu verteilen bzw. zu strafen und zu befehlen.[132] Die Philosophen zeichnen sich vielmehr durch eine vollkommene Unkenntnis der politischen Institutionen und Manifestationen, des politischen Personals und der Genealogien aus. Nur ihre Körper wohnen in der Polis, ihre Seelen aber schweifen frei umher, „überall jegliche Natur alles dessen, was ist, im ganzen erforschend, zu nichts aber von dem, was in der Nähe ist, sich herablassend" (173 E f.). Insofern ist das Lachen der thrakischen Magd über Thales, der, um die Sterne zu beschauen, den Blick nach oben gerichtet in den Brunnen fällt, vollkommen berechtigt.[133] Der Philosoph, den Sokrates geradezu zu einem Musterbild eines „Idioten" stilisiert, weiß eben nichts von seinem Nächsten und Nachbarn, sondern untersucht, was der Mensch an sich sein mag. Zur Politik, etwa im Rahmen einer Gerichtsversammlung, gezwungen, „erregt er Gelächter, nicht nur den Thrakierinnen, sondern auch dem übrigen Volk, indem er aus Unerfahrenheit (ἀπειρία) in Gruben und allerlei Verlegenheit (ἀπορία) hineinfällt, und seine gewaltige Ungeschicktheit (ἀσχημοσύνη) erregt die Meinung, er sei unverbesserlich" (174 C).[134] Auf der

---

132 173 C wirft der Gesprächspartner Theodoros ein: οὔτε γὰρ δικαστὴς οὔτε θεατὴς ὥσπερ ποιηταῖς ἐπιτιμήσων τε καὶ ἄρξων ἐπιστατεῖ παρ' ὑμῖν.

133 Eine subtile Interpretation des Exkurses im Lichte der berühmten Anekdote als Beitrag zu einer „Urgeschichte der Theorie" findet sich bei Blumenberg, Das Lachen der Thrakerin 13 ff. Sokrates' Ausführungen beweisen, daß es nicht die Erkenntnisgegenstände sind, die den Philosophen in einen Gegensatz zu seiner Umwelt bringen. Sokrates interessiert sich nicht wie Thales für die Sterne, sondern für die Fragen menschlichen Handelns und Lebens. Trotzdem ist er seinen Mitbürgern nicht näher: „Denn die Theorie der Praxis ist nicht weniger Theorie als die Theorie der Sterne." Sokrates übertrifft Thales noch an Anstößigkeit, gerade weil er die nächstliegende Realität der alltäglichen Vertrautheit entzieht und in einen Abstand versetzt, in dem sie „so fremdartig erscheint wie die Sterne auch" (ebd. 16).

134 Vgl. Gorg. 473 E f., wo Sokrates selbst ein Beispiel seiner politischen Ungeschicklichkeit erwähnt.

anderen Seite erscheinen dem Philosophen die konventionellen Wertvorstellungen lächerlich: Macht, Besitz, Abstammung. Wie die Philosophen in der Volksversammlung oder im Volksgericht machen die Politiker vor dem Forum der Philosophie eine lächerliche Figur, wo die Frage nach dem An-sich-Sein von Gerechtigkeit, Macht und Glück verhandelt wird (174 D ff. 177 B).

Indem beide Seiten einander lächerlich sind, kommt deutlich zum Ausdruck, daß der Kommunikationszusammenhang zerbrochen ist. Wo man übereinander nur noch lachen kann, existiert keine gemeinsame Sprache mehr. In der Tat unterscheiden sich die Sprecharten von Philosophie und Politik sowohl im Hinblick auf die Teilnehmer als auch in Methode und Zielsetzung fundamental. Der Abgrund zwischen Dialektik (als philosophischer Gesprächskunst) und Rhetorik (als politischer Überredungskunst) ist unüberbrückbar. Diese radikale Fremdheit ist freilich mehr ein Problem der Philosophen als der Politiker, der Bürger. Das Phänomen der Lächerlichkeit kann für den Philosophen den „Effekt der Tödlichkeit" annehmen.[135] Denn auch die Philosophen leben in der Polis und sind daher von politischen Entscheidungen und Vorgängen mitbetroffen. Im „Theaitetos" versucht Sokrates diese Tatsache mit der Bemerkung zu bagatellisieren, daß nur die Körper der Philosophen in der Polis wohnen, während ihre Seelen überall in der Welt auf der Suche nach dem Sein des Seienden umherschweifen. In anderen Dialogen hat Platon gerade aus der überlegenen ontologischen Kompetenz der Philosophie ihren überragenden politischen Anspruch abgeleitet. Allerdings könnte dieser Anspruch, wie der „Theaitetos" ein weiteres Mal vor Augen führt, grundsätzlich nicht durch die Beteiligung von Philosophen an der Politik eingelöst werden, sondern allenfalls durch eine schicksalhafte Berufung nach dem Muster der „Politeia". Die Machtübernahme der Philosophen würde dann unwillkürlich das Ende der Politik einläuten müssen.

Im „Theaitetos" läßt Sokrates freilich gar keine politischen Ambitionen erkennen; im Gegenteil dürfte es in der abendländischen Philosophiegeschichte kaum einen Text geben, der eine derart radikale Ablehnung der Politik beinhaltet.[136] Sokrates formuliert die Apotheose des βίος θεωρητικός. Der sterblichen Natur, unter der das Böse notwendig umherzieht, muß man möglichst schnell entfliehen. Diese Flucht aber geschieht als Verähnlichung mit Gott (ὁμοίωσις θεῷ, 176 B 1), soweit irgend möglich; und Verähnlichung heißt, daß man gerecht und fromm mit Einsicht sei (176 B). „Gott ist niemals auf keine Weise ungerecht, sondern im höchsten Sinne vollkommen gerecht, und niemand ist ihm ähnlicher, als wer unter uns ebenfalls der

---

135 Blumenberg, Das Lachen der Thrakerin 14. Ebd. 22 bezeichnet der Autor „den Zugriff der Staatsgewalt als Äquivalent des Brunnensturzes".

136 Platonforscher, die ihr Bild vom (verhinderten) Politiker Platon hochhalten, müssen den Abschnitt daher übersehen oder in seiner Bedeutung relativieren. Letzteres geschieht z.B. in der biographischen Deutung, die den Text als Ausdruck einer vorübergehenden Depression versteht, welche Platon nach dem Mißerfolg seiner zweiten Sizilienreise heimgesucht habe, so etwa Taylor, Plato 336, unter Berufung auf Burnet. Abgesehen von ihrer Willkürlichkeit scheitert diese Interpretation wohl auch aus chronologischen Gründen: es ist wahrscheinlich, daß der „Theaitetos" bereits vor der zweiten Sizilienreise Platons vollendet wurde, vgl. Wilamowitz, Platon I 404 ff. Der Dialog ist also ausgerechnet zu der Zeit entstanden, als Platon sich in die sizilische Politik hineinziehen ließ – was zu sehr unterschiedlichen Vermutungen Anlaß geben könnte.

Gerechteste ist. (...) Deswegen ist die Erkenntnis davon (d.h. der göttlichen Gerechtigkeit) wahre Weisheit und Tugend; (...) die anderen Gewandtheiten und dafür
geltenden Weisheiten aber sind in der politischen Machtausübung prahlerisch, in den
Künsten banausisch" (176 C). Dies richtet sich im Dialogzusammenhang eindeutig
gegen den metaphysischen Agnostizismus des Protagoras und seiner Nachfolger und
verweist bereits auf die Rede von Gott als Maß aller – gerade auch der politischen –
Dinge in den „Nomoi". Einstweilen bleibt diese Gottesvorstellung allerdings das
Privileg der Philosophen, die als apolitische Denker ihre Seele zu Gott erheben. Die
Strafe der Ungerechtigkeit verortet Sokrates wie im „Gorgias" und in der „Politeia"
im Jenseits: Die notwendig aus Dummheit Ungerechten wird nach dem Tod nicht
jener von allen Übeln gereinigte Ort aufnehmen, sondern sie werden, ihrem dieseitigen
Tun angemessen, eine elende Existenz fristen, „als Schlechte im Schlechten lebend"
(177 A).

Die Ablehnung der Politik geht also mit der Abwertung des Lebens einher. Die
sterbliche Natur des Menschen ist der Ort allen Übels, während das Gute bei den
Göttern seinen Sitz hat. Die Flucht von dem einen zum anderen, die Transzendenz der
elenden sterblichen Faktizität, die ὁμοίωσις θεῷ gebietet den Philosophen ihre Sorge
um das ewige Seelenheil. Es ist wohl nicht zu gewagt, hierin eine Antizipation der
spätantiken Frömmigkeit zu sehen. Der βίος θεωρητικός entspringt für Sokrates im
„Theaitetos" nicht nur aus bloßer individueller Neigung oder gar der Chancenlosigkeit
des Philosophen in der Politik, sondern ist ein theologisches Gebot. Aus dieser
Perspektive sind die Praxis, das alltägliche Besorgen, die Geschicklichkeiten und
„Weisheiten" der Politiker Ausdruck einer verachtenswerten Betriebsamkeit. Sokrates
bringt diese Praxisverachtung auf einen idealtypischen Nenner: Nicht der Frage, „ob
ich dir hierin Unrecht tue oder du mir", gilt die Aufmerksamkeit des Philosophen,
sondern „der Gerechtigkeit und Ungerechtigkeit selbst, was jede von ihnen ist, und
wodurch sie unter sich und von allem übrigen unterschieden sind" (175 C).

Im „Theaitetos" ist der Akzent gegenüber der „Politeia" und den „Nomoi"
verlagert. Während hier das Problem erörtert wird, wie die Gerechtigkeit selbst bzw.
die göttliche Norm Eingang in die Polis finden kann, wird dort der Primat der Theorie
gegen die politische Praxis verabsolutiert. Dabei ist die Darstellung im „Theaitetos"
insofern realistischer, als sie gar nicht erst versucht, den abgrundtiefen Gegensatz
zwischen platonischer Theorie und zeitgenössischer politischer Praxis durch Ideal-
konstruktionen zu überbrücken.

IV. PHILOSOPHISCHE GESETZGEBUNG

C'est une très-mauvaise politique de changer par les lois
ce qui doit être changé par les manières.

Montesquieu, L'esprit des lois XIX 14

1. DIE HERRSCHAFT DES NOMOS

Schon im „Politikos" wird als zweitbeste Lösung der politischen Frage (nach der Herrschaft des Wissenden) die Herrschaft des Nomos postuliert (297 DE. 300 A ff.).[1] In den „Nomoi" greift Platon diesen Gedanken auf und setzt ihn in ein Verhältnis zur Realität. Zwar sei das Wissen dem Gesetz und der Ordnung nach wie vor grundsätzlich überlegen, aber seine Herrschaft scheitere realiter an der Unzulänglichkeit der menschlichen Natur. Bereits die Erkenntnis, daß wahre politische Kunst nicht auf den Vorteil des einzelnen, sondern auf das Gemeinwohl bedacht sein muß, ist schwierig. Doch selbst wenn ein Wissender frei von jeder Verantwortung und aus eigener Macht (ἀνυπεύθυνός τε καὶ αὐτοκράτωρ) über die Polis herrscht, heißt es jetzt, wird er wohl nicht die Kraft haben, sein Lebtag dem Grundsatz von der Priorität des Gemeinwohls treu zu bleiben. „Sondern seine sterbliche Natur wird ihn stets zur Selbstsucht und zur Befriedigung seiner persönlichen Interessen antreiben, weil sie unvernünftigerweise vor dem Schmerz flieht und der Lust nachjagt; dem Gerechten und Besseren wird sie die Rücksicht auf diese beiden vorziehen, und indem sie in sich selbst Finsternis erzeugt, wird sie am Ende sich selbst und den gesamten Staat mit lauter Übel anfüllen" (875 BC).[2] Ist Platon auf seine alten Tage unter die Skeptiker gefallen? In erkenntnistheoretischer Hinsicht ist die Frage wohl trotz gelegentlicher Relativierung (z.B. 897 D) zu verneinen. Wissen, das hier auch als vollkommene Orientierung auf das Gemeinwohl gefaßt wird, ist möglich. Aber, und damit wird ein zentraler Grundsatz sokratisch-platonischen Denkens preisgegeben, das Wissen vermag das richtige Handeln nicht zu garantieren.[3] Um es mit dem berühmten Gleichnis aus der „Politeia" zu sagen: Der Aufenthalt in der Höhlenoberwelt bietet nun keine Gewähr mehr für das selbstlose Verhalten in der Höhle. Die Erkenntnis kann mit den der menschlichen Natur innewohnenden Eigenschaften der πλεονεξία und ἰδεοπρα-

---

1   Vgl. Capelle, Politikos 60.
2   Vgl. 691 CD. 713 C.
3   Mit der Trennung von Tugend und Wissen müßte eigentlich auch der Satz von der Unfreiwilligkeit des Unrechttuns, ebenfalls ein zentrales „Dogma" des sokratisch-platonischen Denkens (vgl. etwa Prot. 345 DE. 352 B ff. 358 C ff.; Gorg. 468 CD. 509 E; Men. 77 B ff.; Pol. 382 A. 413 A. 444 A ff. 589 C; Soph. 228 C; Tim. 86 DE), aufgegeben werden. Genau daran jedoch will Platon, wie er wenige Seiten zuvor erklärt (860 D ff.; vgl. 731 C. 734 B), ausdrücklich festhalten. Zu diesem Problem vgl. Müller, Studien 51 ff., der im übrigen zahlreiche Widersprüche und Ungenauigkeiten in den „Nomoi" aufzeigt.

γία (875 B7/8) in Konflikt geraten und unterliegen.[4] Damit ist der Philosophenherrschaft, wie sie in „Politeia" und „Politikos" vorgestellt wurde, die Grundlage entzogen. Denn die absolute Gewalt, die den Philosophen in beiden Dialogen konzediert wurde, beruhte ja gerade auf der Annahme, daß sie als **Wissende** ihre Triebe vollständig der Vernunft unterstellt hätten und daher niemals die Polis zu egoistischen Zwecken instrumentalisieren würden. Das Wissen erübrigte jede Kontrolle. Dagegen wird in den „Nomoi" das Gesetz als Kontrollinstanz eingeführt.

Der Verweis auf die sterbliche Natur des Menschen dient Platon dazu, eine realistischere Ausgangsposition für seine politischen Überlegungen zu gewinnen. Damit hat Platon dem anstößigsten „Politeia"-Prinzip, der Auflösung des homogenen Bürgerbegriffs, die theoretische Grundlage entzogen. In den „Nomoi" legitimiert Wissen nicht mehr uneingeschränkte Herrschaft. So groß die Unterschiede und Gegensätze im einzelnen auch sein mögen, in einer Grundannahme wenigstens befindet sich Platons kretische Kolonie in Übereinstimmung mit den realen griechischen Poleis: Alle Bürger nehmen am politischen Leben teil.

Der Gedanke vom Philosophenkönig wird deswegen nicht widerrufen, sondern als das Beste „göttlicher Fügung" (θεία μοίρα, 875 C4) anheimgestellt. Die zweitbeste Ordnung, welche die „Nomoi" beschreiben, basiert auf dem Gesetz, „das zwar die häufigsten Fälle ins Auge fassen und berücksichtigen, aber natürlich nicht alles überschauen kann" (875 D). Dabei wandelt sich die Unbeweglichkeit, die Platon noch im „Politikos" als wichtige Schwäche des Gesetzes herausgestellt hatte, vor dem Hintergrund der allgemeinen menschlichen Unbeständigkeit in eine entscheidende Stärke. Der ethische Skeptizismus (der sich jetzt auf den Menschen überhaupt, nicht mehr nur auf die „Vielen" bezieht) läßt jedoch, wie auch die komparatistische Terminologie zeigt, das politische Ziel Platons unberührt. Ob das Wissen der Philosophen oder die Gesetze den Ausschlag geben, ob das beste oder zweitbeste Konzept zur Darstellung gelangt, bleibt sich insofern gleich: es geht Platon immer um die Einheit der Polis.[5]

Diesem durchgängigen Ziel sind die unterschiedlichen Beurteilungen des Gesetzes in den verschiedenen Dialogen untergeordnet. Im „Kriton" konfrontiert Platon Sokrates mit den Fluchtplänen seiner Freunde. Obwohl ihm Unrecht widerfahren ist, hält Sokrates den Gesetzen seiner Heimatstadt, die seiner Meinung nach allein politische Stabilität gewährleisten, die unbedingte Treue. Lebt man als Gerechter unter einer Herrschaft, die, in welcher Form auch immer, den Gesetzen verpflichtet ist, hat man sich ihnen, so man sie nicht ändern kann, zu unterwerfen. Durch eine Flucht würde Sokrates für seinen Teil zum Verderben der Gesetze und damit der gesamten Polis beitragen. Im „Kriton" repräsentieren die bestehenden Gesetze Athens die Einheit der Polis, gegen die sich Sokrates auch im Angesicht des Todes nicht

---

4 Man hat diese Wende oft psychologisch als „Resignation" (so die Überschrift des „Nomoi"-
   Kapitels im Platon-Buch von Wilamowitz) oder Altersschwermut gedeutet, welche durch den
   unglücklichen Ausgang der sizilischen Ereignisse noch verstärkt wurde. Natürlich handelt es
   sich dabei mangels Zeugnissen um bloße Spekulationen. Im übrigen ist zweifelhaft, ob psychische Grundmuster aus dem Erfahrungshorizont des 19. und 20. Jahrhunderts sinnvollerweise
   auf die Antike übertragen werden können.
5 Vgl. 627 E ff.

versündigen will. Die gleiche Haltung findet sich im „Politikos" dort, wo von der Nomokratie als dem Zweitbesten die Rede ist. Der „Fremde" hat erkennbar das bestehende Recht im Auge, wenn er – bei Abwesenheit eines vollkommenen Politikers – auf die strikte Einhaltung der Gesetze pocht, „die doch auf langer Erfahrung beruhen und bei denen immer einige Ratgeber verständig geraten und die Menge mit überredet haben, sie so festzusetzen" (300 B). Die Gesetzesherrschaft der „Nomoi" hingegen basiert auf einem höheren Recht, das teils aus vorhandenem nomistischen Material zusammengestellt, teils rational konstruiert wird und als Ganzes dem status quo entgegengesetzt ist. Die Unterschiede, die es in der politischen Bewertung der Gesetze im platonischen Gesamtwerk gibt, sind also nicht eigentlich als Widersprüche aufzufassen, sondern erklären sich aus den verschiedenen Dialogsituationen und den damit verbundenen Perspektivenwechseln. (Immer aber erfolgt diese Bewertung unter dem Gesichtspunkt der Einheit der Polis.)

Welche Konsequenzen ergeben sich, wenn bei unveränderter Zielsetzung Gesetze an die Stelle der Philosophenherrscher rücken? – Auch in den „Nomoi" schafft Platon die Einheit der Polis durch eine weit über das gewöhnliche Maß hinausgehende Versachlichung des Politischen, so daß ungebundene Entscheidungen, die immer die Gefahr der Spannung und Spaltung mit sich bringen, möglichst weitgehend vermieden werden können. Weil das politische Sachwissen nunmehr statt bei den vollkommenen Wächtern in den unflexiblen Gesetzen aufgehoben ist, muß es sich der Vielfalt der Erscheinungswelt ausliefern. Mit anderen Worten: Das Streben nach möglichst weitgehender Versachlichung führt, die anthropologische Skepsis der „Nomoi" vorausgesetzt, zwangsläufig zu dem Versuch, für alle denkbaren Fälle Regeln zu entwerfen, und erklärt den exorbitanten Umfang des Gesetzeswerkes.

Dies wird bei der Erörterung der Aufgaben der Gerichte beispielhaft deutlich. Der ganze Abschnitt zeigt, daß Platon den Gerichten im Grunde wenig Entscheidungsspielraum einräumen möchte. Man muß den Gerichten die Aufklärung des Tatbestandes überlassen und ihnen (implizit: leider) einen Anteil an den Strafentscheidungen zugestehen, „denn für alle Fälle, kleine und große, selber Gesetze zu geben, das ist nahezu unmöglich" (876 A). Aus dieser Einschätzung gewinnt Platon eine doppelte Folgerung: In der gewöhnlichen Polis bei gewöhnlichen Gerichten muß der Gesetzgeber das Unmögliche versuchen. „Für solche Gerichte unter dem Zwang irgendeiner Notwendigkeit Gesetze zu geben ist keine glückliche Sache; wer aber dennoch in diese Zwangslage gerät, der darf ihnen nur in den geringfügigen Fällen die Festsetzung der Strafen überlassen, die meisten Fälle muß er dagegen selber durch Gesetze ausdrücklich regeln, falls jemand wirklich einmal einem solchen Staat Gesetze geben sollte. In einem Staat jedoch, wo die Gerichte so trefflich wie möglich eingerichtet sind, weil die künftigen Richter gut ausgebildet und mit aller Genauigkeit geprüft worden sind, da ist es gut und recht und schön, in vielen Fällen solchen Richtern die Entscheidung darüber zu überlassen, was die schuldig Gesprochenen zu erleiden oder zu entrichten haben." (876 BC) Aber selbst unter den Bedingungen der gesetzlichen Polis bedürfen die Richter skizzenhafter Umrisse und allgemeiner Muster für die Strafen, wie sie Platon denn auch ausführlich darzustellen unternimmt. Im übrigen ändert die Reduktion des festzulegenden Strafrechts nichts am Umfang der Gesetzgebung. Vielmehr verlagert sich das Problem der Gerichtsbarkeit auf die

Erziehung und Auswahl der Richter, welche Platon selbstverständlich an anderer Stelle regelt.

Überhaupt kann es Platon nicht nur um Gesetze im engeren Sinne gehen. Er muß darüber hinaus die Gesinnung der Bevölkerung in den Griff bekommen, damit sie sich bereit findet, den Gesetzen bedingungslos zu gehorchen. Dem pädagogischen Aspekt tragen neben den umfangreichen Erziehungsvorschriften die Prooimien der Gesetze Rechnung. Sie sollen den Sinn der einzelnen Gesetze sowie der Gesetzgebung insgesamt herausstellen und dadurch die Bürger zur Folgsamkeit überreden. Außerdem dürfen die sogenannten ungeschriebenen Gesetze keineswegs außerhalb der Betrachtung bleiben. Sie sind gleichsam die Stützbalken (ἐρείσματα) der Polis und müssen deswegen genau auf ihre richtige Lage hin untersucht werden. „Wenn wir das bedenken, Kleinias", sagt der Athener, „müssen wir deinen Staat (d.h. die geplante Kolonie), da er noch jung ist, von allen Seiten zusammenbinden, indem wir nach Möglichkeit weder Großes noch Kleines von dem außer acht lassen, was man Gesetze (νόμοι) oder Gewohnheiten (ἤθη) oder Sitten (ἐπιτηδεύματα) nennt; denn durch all das wird ein Staat zusammengehalten, und keines von beiden hat ohne das andere Bestand, so daß man sich nicht wundern darf, wenn zahlreiche und dabei scheinbar unbedeutende Bräuche (νόμιμα) und Gewohnheiten (ἐθίσματα) unser Gesetzeswerk anschwellen lassen" (793 CD; vgl. 631 D – 632 C). Der platonische Rationalismus macht vor dem kollektiven Unterbewußtsein nicht Halt. Er zerrt das Dunkle ans Licht, verschriftlicht das Ungeschriebene. Weil Platons Nomothesie eine vollkommene politische Einheit konstruiert, überläßt sie buchstäblich nichts dem Zufall. Grundsätzlich bedürfen alle Bereiche menschlichen Lebens, auch und gerade die privaten Tätigkeiten (τὰ ἴδια), „soweit hierbei ein Zwang möglich ist" (780 A), der gesetzlichen Regelung. Dieser totale Regelungsbedarf verlangt förmlich nach unendlicher Fortschreibung. In der Tat betrachten die drei Gesprächspartner der „Nomoi" ihr Werk nur als Skizze, die von den Gesetzeswächtern auf Grund praktischer Erfahrungen aufzufüllen, zu berichtigen und zu ergänzen ist (769 DE)[6]; dabei halten sie allerdings eine dauerhafte Vollendung innerhalb weniger Generationen für möglich. Das abgeschlossene Werk soll dann unabänderlich sein. Sollte aber doch eine strenge Notwendigkeit zur Änderung entstehen, dann darf sie nur im Einverständnis aller Behörden, des ganzen Volkes und aller Orakel der Götter vollzogen werden (772 CD). Damit werden der Gesetzesänderung fast unüberwindbare Hindernisse in den Weg gestellt.[7] Doch wie schafft Platon seiner Konstruktion die Verbindlichkeit?

2. POLITISCHE THEOLOGIE

Es dürfte kein Zufall sein, daß Platon seine „Nomoi" mit dem Wort θεός beginnt. Ebensowenig scheint der Dialograhmen bedeutungslos zu sein: Drei alte Männer, ein Fremder aus Athen, der Kreter Kleinias und der Spartaner Megillos wandern zur

---

6   Berichtigungen und vor allem Ergänzungen durch die jüngeren Gesetzgeber bzw. Gesetzeswächter werden an zahlreichen Stellen gefordert: vgl. Morrow, Plato's Cretan City 570.

7   Vgl. Klosko, The Development of Plato's Political Theory 232 f., der treffend resümiert: „The ideal is Egyptian stability for thousands of years."

heiligen Grotte des Zeus auf dem Idagebirge[8] und unterhalten sich währenddessen über Staatsverfassung und Gesetze. Kleinias und Megillos versichern auf die einleitende Frage des Atheners, daß sowohl in Kreta als auch in Sparta ein Gott als Urheber der Verfassung gilt.[9] Hier wird die Gesetzgebung also von Anfang an als eine religiöse Aufgabe begriffen, und religiöse Fragen spielen denn auch den ganzen Dialog hindurch eine wichtige Rolle. Weil Platon, um seinen eigenen Ansprüchen zu genügen, die Annahme eines göttlichen Fundaments für seine Gesetzgebung religiös begründen muß, ist er vor die Notwendigkeit gestellt, eine „politische Theologie" zu entwickeln. Diesem Unterfangen sind ein eindrucksvoller Abschnitt des vierten Buches (713 A – 718 A) sowie das gesamte zehnte Buch gewidmet.

Die Unterredner der „Nomoi" wollen bei ihrer fiktiven Staatsgründung die Herrschaft des Gesetzes etablieren. Damit wird dem Gesetz eine politische Bedeutung zugemessen, die das gewöhnliche Maß übersteigt. Aus der ethischen Unzulänglichkeit des Menschen folgt seine Unfähigkeit zu einer direkten Herrschaft, die sich am Wohl des Ganzen orientiert. Die gewöhnlichen Verfassungen – Demokratie, Oligarchie, Aristokratie, Königtum, Tyrannis – sind daher als Herrschaften von Menschen über Menschen gar keine Verfassungen im normativen Sinne[10], „sondern Einrichtungen von Staaten, die von bestimmten Teilen ihrer selbst beherrscht werden und deren Sklaven sind, und jede wird nach der Macht der jeweils Herrschenden benannt" (712 E f.). Für solche Poleis trifft die Diagnose des Thrasymachos zu, gemäß welcher der jeweils herrschende Teil die Gesetze zum Zwecke der Herrschaftserhaltung instrumentalisiert und dies Gerechtigkeit nennt. Dienen die Gesetze aber auf diese Weise den partikularen Interessen einiger Leute, „so nennen wir letztere Angehörige einer Partei, aber nicht Bürger eines Staates (στασιώτας ἀλλ' οὐ πολίτας), und das, was sie als ihr Recht bezeichnen, eine leere Behauptung" (715 B).

Nur das Gesetz kann das Allgemeinwohl zur Geltung bringen. Es steht über den Menschen, ist souverän und unverfügbar. Platon macht dies sinnfällig, indem er das Gesetz in eine göttliche Sphäre entrückt. Er läßt den Athener einen Mythos vortragen, der von glücklichen und nachahmenswerten Zuständen unter dem göttlichen Regiment des Kronos erzählt. Kronos setzte aus Menschenfreundlichkeit (φιλάνθρωπος ὤν, 713 D 6) als Herrscher über die Poleis keine Menschen ein, sondern „Wesen göttlicheren und besseren Ursprungs, nämlich Daimonen" (713 D 1-2). Dieses bessere Geschlecht sorgte für uns, die Menschen, wie ein Hirte für seine Herde „und schenkte uns Frieden (εἰρήνη) und Ehrfurcht (αἰδώς) und Wohlordnung (εὐνομία)

---

8   Die Ortswahl des Gesprächs illustriert das Thema; vgl. Hentschke, Philosophie und Politik 195: „Zeus ist nach alter griechischer Vorstellung der Schützer des wahren Rechts bei den Menschen. Daher ist wohl der Weg zur Zeusgrotte als äußeres Symbol für das zu verstehen, was sich im Gespräch vollzieht: Es wird zum göttlichen Garanten wahren Rechts führen." Vgl. außerdem Gigon, MH 11 (1953), 206; Morrow, Plato's Cretan City 27 f.

9   Platon läßt im weiteren offenbar bewußt offen, ob er einen göttlichen Ursprung der kretischen und spartanischen Gesetze anerkennt oder nicht; vgl. Gigon, MH 11 (1953), 203.

10 Sparta und Kreta, die sich nicht in das Schema der gängigen Verfassungen einordnen lassen, sind positive Ausnahmen, eben wirkliche Verfassungen. Dennoch sind sie natürlich nicht über Platons Kritik erhaben.

und des Rechtes Fülle (ἀφθονία δίκης) und machte dadurch die Geschlechter der
Menschen frei von Zwietracht (ἀστασίαστα) und glücklich (εὐδαίμονα)" (713 E).[11]
– Der Vergleich zum Protagoras-Mythos drängt sich auf. Beide Mythen gehen von
einer ursprünglichen Unfähigkeit des Menschen zum organisierten Zusammenleben
aus, die durch göttliche Einwirkung aufgehoben bzw. neutralisiert wird. Im einen wie
im anderen Falle überläßt der philanthropisch vorgestellte Gott den Menschen die
notwendigen Güter δίκη und αἰδώς, zu denen sich in den „Nomoi" noch εἰρήνη und
εὐνομία gesellen. Doch was hier auf den ersten Blick als Gemeinsamkeit erscheinen
mag, offenbart im Zusammenhang eine fundamentale Differenz der politischen
Auffassung. Während Platon ein vergangenes[12], aber wiederzugewinnendes Ideal
beschreibt, versucht Protagoras den zeitgenössischen Zustand genetisch zu erklären.
Hier ist die Haltung affirmativ, dort normativ: Die beiden Mythen bringen einmal
mehr ein unterschiedliches Verhältnis zur Wirklichkeit, ja eine verschiedene Denkweise zum Ausdruck.

Vor allem aber meint Protagoras mit αἰδώς und δίκη etwas grundsätzlich anderes
als Platon. Zeus schenkt allen Menschen Rücksichtnahme und Rechtssinn, damit sie
sich selbst auf gemeinsame Rechtssätze einigen können. So gewinnt der Mensch
allererst die Fähigkeit zu politischer Organisation. Nicht das Recht selbst ist für
Protagoras göttlichen Ursprungs, sondern das Vermögen der Menschen zu gemeinsamer Rechtssetzung. Damit garantiert der Gott lediglich, daß es überhaupt politische
Ordnungen geben kann. Auf ihren jeweiligen Inhalt dagegen nimmt er keinen Einfluß. Um den Inhalt aber, die Gesetze, geht es gerade Platon. Wenn das Gesetz die
irdische Konkretion einer himmlischen Abstraktion (der „Gerechtigkeit an sich") und
also bereits so vollkommen wie möglich ist und wenn darüber hinaus politische
Stabilität oberstes Ziel ist, dann muß die Ordnung dem Zugriff der Menschen
entzogen werden. Diesem Bestreben dient das Regiment des Kronos als Vorbild.[13]
Die Daimonen, die sich wie eine mythische Reinkarnation der Philosophenkönige
ausnehmen[14], herrschen mit göttlichem Recht, die Menschen gehorchen zu ihrem
eigenen Vorteil. Die protagoreische Politik als allgemeiner, notwendig spannungs-
geladener Kommunikationsraum, so darf man Platon verstehen, überfordert die
Menschen, so daß die Gaben des Zeus sich als Danaergeschenk erwiesen. Der alte
Kronos, der die Menschen offenbar besser kannte, war großzügiger, indem er ihnen
über ihre Zwischenträger schenken ließ, was sie sich im Zeitalter des Zeus (nach
Protagoras) selbst erarbeiten müssen: Frieden, vor allem im Inneren: ἀστασίαστα;

---

11 Interessante Parallelen offenbart der Mythos von der Zeitenwende im „Politikos" (269 C ff.).
    Wie in den „Nomoi" herrschte einst Kronos mittels Daimonen über die Menschen und bescherte
    ihnen ein glückseliges Leben ohne Krieg und Stasis (271 D ff.). Mit der Machtübernahme des
    Zeus nimmt der Mensch seine Geschicke selbst in die Hand. Weil die Erinnerung an die
    ursprüngliche Ordnung zunehmend verblaßt, ist der Weltlauf nunmehr durch fortschreitenden
    Verfall gekennzeichnet (273 C ff.); vgl. Vanhoutte, Philosophie Politique 461. Hinzuzufügen
    wäre, daß in der Verfallszeit nur die Philosophie die ursprüngliche Ordnung wiederentdecken
    kann.
12 Deswegen heißt der Gott, wie im „Politikos"-Mythos, Kronos und nicht Zeus.
13 Vgl. Vanhoutte, Philosophie Politique 328 ff. 427 ff.
14 Vgl. Reverdin, La Religion de la Cité Platonicienne 146 ff.; Dodds, Die Griechen und das
    Irrationale 246 A.9.

Ehrfurcht, voreinander und vor den Gesetzen; eine gute Ordnung; und eine Fülle von Recht, d.h. Rechtssätze.

Welchen Schluß zieht Platon aus diesem idyllischen Bild einer fernen Vergangenheit? Mit prophetischen Worten, wie sie auch das Dogma von der Philosophenherrschaft in der „Politeia" und im Siebten Brief begleiten, stellt er fest, „daß es für alle Staaten, über die nicht ein Gott, sondern irgend so ein Sterblicher herrscht, kein Entrinnen vor Unheil und Leiden gibt" (713 E). Glücklicherweise gibt uns Platon einen Wink, wie sich die Herrschaft Gottes auf Erden verwirklichen läßt. Wir müssen, führt er aus, „dem, was an Unsterblichkeit in uns ist, gehorchend, im öffentlichen wie im persönlichen Leben unsere Häuser und Staaten verwalten, indem wir die Verteilung der Vernunft als Gesetz bezeichnen."[15] Wir ahmen, so verstehe ich die schwierige Stelle, die Kronosordnung nach, indem wir der Vernunft, als dem Göttlichen in uns, zur Herrschaft verhelfen. Diese Vernunft aber konkretisiert sich im Gesetz.[16] Über die Vermittlung der menschlichen Vernunft wird Gott zum Gesetz. Darin kommt die Souveränität und Unverfügbarkeit des Gesetzes ebenso zum Ausdruck wie die radikale Ablehnung persönlicher Herrschaft. Einer Polis, sagt der Athener, in welcher der Nomos „Herr (δεσπότης) über die Herrschenden ist und die Herrschenden Sklaven (δοῦλοι) des Nomos sind, sehe ich Fortbestand (σωτηρία) und alle Güter zuteil werden, welche die Götter je Staaten verliehen haben" (715 D).

In der sich anschließenden fiktiven Ansprache an die Siedler läßt Platon den Athener die Grundsätze seiner theonomen Ordnung erklären. Wer für sich Autonomie in Anspruch nimmt, „als bedürfe er weder eines Herrschers noch eines Führers, sondern als sei er sogar imstande, andere zu führen" (716 A), ist von Gott verlassen, wo doch gerade das Gegenteil zum individuellen und kollektiven Glück führt. Auf dem Weg der Verähnlichung mit Gott gelangt man freilich nur durch unbedingte Gesetzestreue. Die ὁμοίωσις θεῷ, noch im „Theaitetos" (176 B) die Lebensmaxime der weltabgewandten Philosophen[17], wird auf diese Weise in den „Nomoi" zur Aufgabe von jedermann. Der Abschnitt kulminiert in dem Satz: „Der Gott dürfte nun für uns am ehesten das Maß aller Dinge sein, und dies weit mehr als etwa, wie manche sagen, irgend so ein Mensch" (716 C).[18] Dies geht natürlich gegen Protagoras und ist keineswegs eine bloß literarische Spitze. Mit dem Deus-mensura-Satz will Platon nicht nur den homo-mensura-Satz erledigen, sondern auch die dahinterstehende Wirklichkeit ausheben. Die Autonomie des Politischen, die Protagoras, wie

15   713 E f.: ein Wortspiel: τὴν τοῦ νοῦ διανομὴν ἐπονομάζοντας νόμον.
16   Die Identifizierung von νοῦς und νόμος, von G. Müller, Studien 161, als „tragender Grundgedanke der Nomoi" bezeichnet, geschieht häufig: z.B. 644 D. 645 A. 835 E. 957 C. Zur Göttlichkeit des νοῦς vgl. Görgemanns, Nomoi-Interpretationen 205 f.
17   S.o. S. 219 f.
18   Die Bedeutung des Satzes wird von Sandvoss, Soteria 19 ff. betont. Ansonsten ist seine Interpretation jedoch völlig verfehlt. So schreibt er ebd. 23 über den Deus-mensura-Satz: „Mit dieser Wendung seiner Spätphilosophie entzieht sich Platon dem Vorwurf, den man ihm sonst mit einigem Recht hätte machen können: daß er im Grunde genommen, als Philosoph wie als Gesetzgeber, nichts anderes als das Prinzip des Protagoras praktiziere. Indem Platon dieses Prinzip – zum ersten und einzigen Mal in seinen Schriften – ausdrücklich ‚umkehrt' und damit Gott als letztem Maßstab seines philosophischen und politischen Denkens die Ehre erweist, entgeht er dem Verdacht philosophischer oder politischer Anmaßung."

wir oben zeigten, mit der Erkenntnisweise des Menschen begründete, galt Platon schon immer als zerstörerische Illusion. Die protagoreische Gleichung besitzt zwei durchaus gefährliche Bestandteile: den Menschen[19] und die (potentiell widersprüchlichen) Erscheinungen, als welche die Dinge (χρήματα) dem Menschen begegnen. Platon hebt die Labilität, die sich hinter dieser Gleichung verbirgt, auf, indem er ein eingängiges und zukunftsweisendes Tertium, ein ungefährliches Neutrum als Norm aller Normen einführt: Gott.[20] Gott verkörpert für Platon in den „Nomoi" jenes externe Kriterium, welches gut und schlecht, wahr und falsch, gerecht und ungerecht etc. zu unterscheiden und objektive Normen abzuleiten erlaubt. – Gott als Maß aller Dinge schafft der platonischen Gesetzgebung einen festen Boden.

Wie wirkt sich diese monotheistisch anmutende Theologie auf das Leben der Polis aus? Im „Timaios" sagt Platon vom Urheber des Weltalls, daß er schwer zu finden und, wenn aufgefunden, unmöglich allen zu verkünden sei (28 C). Dementsprechend bedient er sich für die kretische Kolonie durchaus traditioneller Formen der Götterverehrung. Der Verkehr mit den Göttern geschieht durch Opfer, Gebete und Weihgeschenke und richtet sich der Reihe nach an die olympischen Götter, die Stadtgötter, die Götter der Unterwelt, die lokalen Daimonen und Heroen. Platon macht sich die integrative Funktion der traditionellen Opferreligion, welche die Polis auch als Kultgemeinschaft zur Geltung bringt, zunutze.[21] Darüber hinaus entwickelt er eine theologische Überhöhung, die nicht ohne Auswirkungen auf die religiöse Praxis bleibt. Diese Praxis wird nunmehr sehr eng an sittliche Normen gebunden, denen der einzelne gerecht werden muß. Die Reinheitsforderung im Umgang mit dem Göttlichen gewinnt eine über das Rituelle hinausgehende moralische Dimension (716 E). Die Annäherung an Gott wird als sittliche Perfektion vorgestellt, die im Kultus einen im Grunde nur noch symbolischen Ausdruck findet. Platon steigert die politische Religion der Griechen zur politischen Theologie.

Nach der eher rhetorischen Darstellung im vierten Buch beschäftigt sich das zehnte Buch der „Nomoi" ausführlich mit dem theologischen Problem. Ausgangspunkt der Erörterung ist das Strafrecht: Weil die Ordnung der Polis aufs engste mit ihrer religiösen Fundierung verbunden ist, muß Asebie als Kapitalverbrechen beurteilt werden. Nun wollen die platonischen Gesetze ja vor allem Zwang zunächst belehren und überzeugen. Platon unternimmt es deshalb, einen dreifachen Irrtum über die Götter zu widerlegen: 1. an das Dasein der Götter gemäß den Gesetzen nicht zu „glauben" (οὐχ ἡγούμενος θεοὺς εἶναι κατὰ νόμους); 2. die Existenz von Göttern zu denken, die sich nicht um Menschen kümmern; 3. die leichte Beeinflußbarkeit der Götter durch Opfer und Gebete anzunehmen (885 B). Demgegenüber ist der Beweis zu leisten, „daß es Götter gibt und daß sie zu gut sind, um sich, durch bestimmte Geschenke bestochen, von der Gerechtigkeit abbringen zu lassen" (885 D). Dieser Beweis wäre, so meint der Unteredner Kleinias, „das schön-

---

19 Vgl. das Stasimon aus der „Antigone" des Sophokles 332 ff.: πολλὰ τὰ δεινὰ κοὐδὲν ἀνθρώπου δεινότερον πέλει etc.
20 Vgl. Buchheim, Sophistik 78 A.87.
21 738 D bezeichnet Platon es als herausragendes Ziel regelmäßiger kultischer Versammlungen, daß „die Leute sich bei den Opfern miteinander befreunden und miteinander vertraut und bekannt werden"; vgl. auch 771 DE.

ste und beste Prooimion für alle unsere Gesetze insgesamt" (887 C). Während der
dritte der genannten Irrtümer eine weitverbreitete religiöse Praxis beschreibt, hat
Platon bei den ersten beiden Häresien zweifellos intellektuelle Urheber im Auge. Es
gibt Leute, sagt der Athener, die hielten die Götter für Erzeugnisse nicht der Natur,
sondern der Kunst und der Gesetze, „und diese seien jeweils verschieden, je nachdem
wie die einzelnen Gesetzgeber hierbei miteinander übereingekommen seien". Damit
würde das Gerechte zum Gegenstand fortwährenden Streits und ständig neuer Festsetzung (889 E).[22] Die politische Konsequenz solcher Auffassung wird von Platon
deutlich herausgestellt: „Daher befallen unfromme Überzeugungen (ἀσέβειαι) die
jungen Leute, als gäbe es keine solchen Götter, wie man sie nach Vorschrift des
Gesetzes zu denken hat, und dadurch entstehen Aufstände (στάσεις), weil jene
(Schriftsteller) die jungen Leute zu dem ‚richtigen Leben gemäß der Natur' hin-
ziehen, das in Wahrheit darin besteht, daß man die anderen beherrscht und nicht dem
Gesetz gemäß anderen dient" (890 A). Die „atheistischen" Schriftsteller betrachten
die φύσις als Quelle aller Normen und leiten daraus einen aristokratischen Willen zur
Macht ab. Die intelligible Welt mit ihren Erzeugnissen gilt ihnen als willkürlich oder
allenfalls als Instrument jenes Herrschaftswillens. Die Götter und Gesetze sinken auf
diese Weise zu bloßen Konventionen herab, die den jeweiligen politischen Erfordernissen angepaßt werden können. Gerade dieser stasisfördernden Ansicht hat Platon in
seiner Polis den Kampf angesagt; und so muß er zeigen, daß die apriorische
Unverfügbarkeit, welche jene Schriftsteller der φύσις zulegten, in Wahrheit den
unwandelbaren Göttern (und damit dem aus ihnen hervorgehenden Gesetz) zukommt.

Hier ist nicht der Ort, den Beweisgang in allen Einzelheiten nachzuzeichnen. Es
ist kaum überraschend, daß die Götter, deren Existenz Platon zu beweisen versucht,
nicht die Olympier und die anderen herkömmlichen Gestalten des Kultus sind. Dazu
hätte der Philosoph seinen Rationalismus aufgeben und zum Dichter werden müssen.
Doch kann sich Platon in seinem Bestreben nach Anschaulichkeit, wie es die „Nomoi"
kennzeichnet, auch nicht mit einer bloßen Idee von Gott oder dem Göttlichen
zufriedengeben. So wendet er sich einer Art von Göttern zu, die jedermann sehen und
in ihrer Göttlichkeit anerkennen kann. Gemeint sind die Himmelskörper, oder genauer: die göttlichen Wesen, von denen jene Körper nach Platon beseelt und gelenkt
werden. Über sie glaubt Platon, haltbare Aussagen machen zu können. Das Handeln
dieser Götter ist sozusagen rational faßbar.[23] Platon etabliert die Theologie in der
Form der Astronomie als Wissenschaft im ureigensten Sinne. Die vernünftige Ordnung des Universums, die an den regelmäßigen Sternenbewegungen abzulesen ist,
bedeutet für ihn den stärksten Beweis für die Existenz der Götter, so daß die

---

22 Hier dürfte Platon fast die gesamte Sophistik im Visier haben: explizit findet sich die angespro-
    chene Aussage bei Kritias (VS 88 B 25, Diels/Kranz); sie liegt aber auch in der Konsequenz der
    Ansätze von Protagoras (vgl. Theait. 172 B), Hippias (vgl. Xen. mem. IV 6 ff.), Archelaos (VS
    60 A 1), Thrasymachos (vgl. Pol. 338 A ff.), „Kallikles" (Gorg. 482 C ff.) u.a.

23 Vgl. Solmsen, Plato's Theology 87: „Thus the firmament represented to Plato a triumph of
    mathematics, numbers, proportions, and figures over the realm of chance. (...) The heavenly
    bodies (...) represented an element of Being in the world of Becoming, showed Sameness and
    Identity triumphant over Difference, Constancy over Change."

Annahme, die Götter könnten irregulär agieren, schlicht blasphemisch ist. Natürlich befindet sich Platon damit im scharfen Gegensatz zur konventionellen Frömmigkeit der Griechen, wie Stalley[24] in seiner „Nomoi"-Einführung hervorgehoben hat: „While conventional religion encouraged men to explain events in terms of arbitrary divine activity, Plato's religion requires us to seek the laws underlying natural phenomena." Stalley hat recht: Platon charakterisiert die Götter einzig und allein durch ihren Willen und ihre Fähigkeit, die Dinge auf rationale Weise zu organisieren.[25] Die göttliche Vernunft, die das Universum gesetzlich regiert, wird nun selbstverständlich zum politischen Paradigma erhoben. Gleichsam wie die Sterne am Himmel repräsentieren die Gesetze die göttliche Vernunft in der Polis. Von der kosmischen Basis leitet Platon ein Naturrecht ab, das er demjenigen der radikalen Sophisten entgegensetzen kann. Seine Gesetze sind deswegen in Übereinstimmung mit der Natur, weil sie diejenige Ordnung und Hierarchie der Werte auf der politischen Ebene durchsetzen, die sichtbar auch das Universum insgesamt bestimmen.[26] Insofern dient der Gottesbeweis des zehnten Buches der Legitimation und Befestigung der Nomokratie.

Doch wie im vierten Buch stellt sich die Frage nach dem Verhältnis der Theologie zum Kult. Für die Astralgötter gelingt Platon die Verbindung: Denn er beschreibt nicht nur die Göttlichkeit von Sonne, Mond und Sternen, sondern er fordert ihre nachdrückliche Verehrung in den üblichen Formen durch Gebet und Opfer. Doch wie kann die kosmische Religion die Aufgaben im Leben der Stadt übernehmen, die gewöhnlich ein ganz anderer Religionstyp vollzieht? Wie kann der theologische Universalismus den politischen Partikularismus stützen? Eine klare Antwort läßt sich Platons Ausführungen jedenfalls nicht entnehmen. Daher wendet Solmsen[27] zurecht ein: „Plato's new religion seems to give a better moral and intellectual support to men who regarded themselves as parts of the Cosmos and citizens of the Universe than to members of a political community." Die Geschichte des Platonismus und der Platonnachwirkung hat diese Auffassung bestätigt.[28]

Insgesamt ist die Religion der kretischen Kolonie also ein ziemlich heterogenes Gemisch. Die Verehrung herkömmlicher Götter, die Platon seinen Bürgern in gereinigter und vergeistigter Form erlaubt, muß zweifellos als ein Tribut an die Konvention angesehen werden. Diese praktische Konzession dürfte aber weitgehend wirkungslos sein. Denn die rituellen Handlungen hängen ohne die alte Mythologie in der Luft. Daß sich in den alten Schläuchen ein ganz neuer Wein befindet, würde den Bürgern nicht lange verborgen bleiben.

Außerdem werden eben „beweisbare" Astralgötter eingeführt, und schließlich scheint hinter allem noch eine höchste Gottheit zu stehen, die das Maß aller Dinge

---

24   Plato's Laws 175.
25   Darin ist Platon ein Vorläufer der Stoa, die freilich darauf verzichtete, die Vernunftreligion im Zusammenhang eines politischen Systems zu diskutieren. Platon war für Jahrhunderte der letzte Grieche, der sich mit der Religion im Hinblick auf die Politik beschäftigte; vgl. Solmsen, Plato's Theology 177 ff.; Dodds, Die Griechen und das Irrationale 127.
26   Solmsen, Plato's Theology 167.
27   Ebd. 163.
28   S.o. A.25; vgl. Dörrie, Platonismus I 20 ff.

abgibt.[29] Aber Platon hat, wenn man E.R. Dodds[30] glauben will, immerhin den Versuch einer symbolischen Verschmelzung der auseinanderstrebenden religiösen Elemente unternommen, indem er einen Kult zum Mittelpunkt „seiner neuen Staatskirche" macht, der Apollon und Helios vereinigt (946 BC. 947 A). „Apollon vertritt den traditionellen Glauben der Masse, Helios die neue ‚Naturreligion' der Philosophen. Das ist Platons letzter, verzweifelter Versuch, eine Brücke zwischen Intelligenz und dem einfachen Volk zu schlagen und auf diese Weise die Einheit des griechischen Glaubens und der griechischen Kultur zu retten." Der Versuch war deswegen „verzweifelt", so verstehe ich Dodds, weil er von vornherein aussichtslos war.

Zurück zum Zehnten Buch: Im Anschluß an den eigentlichen Gottesbeweis versucht Platon die zweite Asebie zu widerlegen, nämlich daß die Götter sich nicht um die menschlichen Angelegenheiten kümmern. Den Göttern ἀμέλεια zu unterstellen, würde ihrem Wesen widersprechen, das der Athener mit den Worten πράττειν καὶ ἐπιμελεῖσθαι umschreibt (901 B 1). Da die Götter außerdem als vollkommen gut angenommen wurden (898 C. 899 B. 900 D. 901 E), können sie nicht „träge und bequem und gleichgültig" sein (900 E) und werden ihre Fürsorge auch dem scheinbar Kleinen zukommen lassen (901 B ff.), zumal es sich bei sterblichen Lebewesen auch um ihr Eigentum (κτήματα) handelt (902 B. 906 A). – Natürlich erhebt sich in diesem Zusammenhang die Frage der Theodizee, und Platon ist ihr keineswegs ausgewichen. Eine geläufige Erfahrung lehrt, daß es oft den Guten schlecht und den Schlechten gut geht. Eine plausible Erklärung dafür wäre, daß sich die Götter nicht um die Sterblichen kümmern, vorausgesetzt, es gibt sie, und sie sind vollkommen gut. Platon weist diese – seiner politischen Theologie überaus abträgliche – Annahme durch einen Mythos zurück, der eine weitere Variation seiner Seelenwanderungslehre darstellt (903 B – 905 D).[31] Die göttliche Gerechtigkeit erfüllt sich spätestens im Schicksal der Seele nach dem Tod: „ wer schlechter wird, wandert zu den schlechteren Seelen, wer besser zu den besseren, und im Leben (d.h. in den Reinkarnationen) und bei allen Toden muß er das erleiden und tun, was Gleichgesinnte Gleichgesinnten gebührendermaßen antun" (904 E).

Die Zurückweisung der dritten „Häresie" hat zweifellos die gravierendsten Folgen für die alltägliche Religionsausübung. Wenn Platon darauf besteht, daß Götter durch Gebete und Opfer weder umzustimmen noch auch nur zu beeinflussen sind, sagt er jeder Form von persönlicher Religiosität den Kampf an. Damit werden sowohl die Mysterien als auch der ganze Bereich der Votivreligion aus der kretischen Kolonie verbannt. Außerdem sind natürlich magische Praktiken aller Art verboten.[32]

---

29 Begrifflich am besten weder als Weltseele noch als Sonne zu fassen, sondern mit Solmsen, Plato's Theology 154, als göttlicher νοῦς „which produces the proper structure of the Universe and effects the just distribution in it".

30 Die Griechen und das Irrationale 119.

31 Mag Platon dabei auch auf alte Traditionen (Orphik, Pythagoreer, Mysterien) zurückgreifen (vgl. Dodds, Die Griechen und das Irrationale 74. 87; Solmsen, Plato's Theology 123 ff. 157), entscheidend ist wie immer, daß er dieselben in einem (neuen) theologischen System zu verankern versucht: s.u. S. 250 f.

32 Der politischen Sinn solcher Maßnahmen besteht in einer Vereinheitlichung der Polis und in der Abwehr von Bewegungen, die aus unkalkulierbarem Aberglauben entstehen können; vgl. Reverdin (wie o. A.14) 228 ff.

Es ist dies eine notwendige Konsequenz seiner Theologie. Da die absolute Regelmäßigkeit der Himmelsbewegungen als Paradeigma des göttlichen Wirkens fungiert: Wie könnte menschliche Bemühung daran etwas ändern? Nein, die platonischen Götter sind unverfügbar und unbestechlich. Sie verraten nicht das Gerechte um irgendwelcher Geschenke willen. Sie kennen keine Gnade. Sie geben den Menschen spätestens im Tode, was ihnen zukommt.

Im Gesetzesstaat Platons kann es ein persönliches Verhältnis zu den Göttern ebensowenig geben wie ein individuelles Heil. Folgerichtig sind Privatkulte jedweder Art streng verboten. So wird verhindert, „entgegen dem Gesetz Götter zu verehren" (909 D). Weder Not noch Krankheit noch außergewöhnliches Glück sollen die Menschen dazu verführen können, mit den Göttern in irregulären Kontakt zu treten. Denn nicht nur wären diese Menschen selbst durch ihren Frevel betroffen, sondern die ganze Stadt müßte die Schuld der Frevler mitbüßen, wenn sie nichts dagegen unternähme (909 E ff.). Platon unterstellt daher die religiöse Praxis der totalen politischen Kontrolle: „... kommt es aber jemandem in den Sinn zu opfern, so soll er sich zu den öffentlichen Heiligtümern begeben, um zu opfern, und seine Opferspenden den Priestern und Priesterinnen übergeben, die für deren Reinheit verantwortlich sind; mit ihnen zusammen soll er sein Gebet verrichten und auch jeder andere, dessen Teilnahme am Gebet er wünscht" (909 DE).

Dem öffentlichen Opfer kommt in der kretischen Kolonie eine doppelte Funktion zu, die rein politischer Natur ist: Es stärkt die Einheit der Polis, indem es diese auch als Kultgemeinschaft konstituiert; es fördert die politische Stabilität, indem es den Bürgern das göttliche Fundament der Ordnung einschärft. Der wahre Gottesdienst des Gerechten besteht freilich im unbedingten Gesetzesgehorsam, denn das Gesetz ist die Emanation der göttlichen Vernunft und Gerechtigkeit.

3. DAS KONKRETE VORBILD

Das Thema der „Nomoi" ist die Gesetzgebung. Deren Ziel, so stellt sich bald heraus, muß die Arete im allgemeinen und ganzen sein, die wiederum nur durch die Selbstbeherrschung erreicht werden kann. Die Gesetzgebung muß also eine Polis schaffen, die durch die Selbstbeherrschung sowohl ihrer einzelnen Mitglieder als auch ihrer gemeinschaftlichen Organe gekennzeichnet ist. Wie dieses Ziel zu verwirklichen ist, wird in den ersten drei Büchern, ungeachtet mancher Abschweifung, an pädagogischen und historischen Beispielen erörtert.

In diesem Zusammenhang entwickelt Platon erstmals die folgenschwere Theorie der Mischverfassung. Wenn Freiheit und Einigkeit (φιλία) im Bunde mit Einsicht in der Polis herrschen sollen, dann darf der Gesetzgeber „keine zu großen und auch keine ungemischten Herrschergewalten durch Gesetze schaffen" (693 B). Eine gute Verfassung entsteht dagegen aus der Mischung der beiden fundamentalen Verfassungsformen Demokratie und Monarchie, als deren Prototypen Athen und Persien fungieren. Beide sind, wie der Athener vorführt, im Laufe der Zeit durch den exzessiven Gebrauch des ihnen innewohnenden Hauptprinzips entartet. Eine zufriedenstellende Ordnung muß daher sowohl demokratische als auch monarchische

Elemente enthalten, so daß sich Freiheit und Disziplin miteinander verbinden. Eine einleuchtende Auffassung, gewiß, aber: Wie kann das en détail funktionieren? Was für eine Polis stellt Platon sich vor?

Ein literarischer Kniff am Ende des dritten Buches ermöglicht die Probe aufs Exempel. Ein wenig überraschend läßt Platon den kretischen Gesprächsteilnehmer Kleinias erklären, daß just in diesem Augenblick der größte Teil von Kreta eine Koloniegründung plane und ihn samt neun weiteren Knossiern mit der Nomothesie beauftragt habe (702 BC). Auf diese Weise macht Platon das vorangehende Gespräch unversehens zum Prolegomenon einer Mustergesetzgebung, die er in den folgenden neun Büchern entfaltet. Während die Bücher IV und V Präliminarien sowie Überlegungen zu den Bedingungen und Zielen der Gesetzgebung enthalten, bringen die Bücher VI bis XII konkrete Rechtssätze, angefangen vom Verfassungsrecht über das Zivil- und Strafrecht bis hin zum Sakralrecht. Die „Nomoi" schließen mit der Einführung eines verfassungstechnisch eigentlich überflüssigen Organs, der sogenannten „Nächtlichen Versammlung", die die Güte und Dauerhaftigkeit der Ordnung sichern soll.

Wie in der „Politeia" (369 AC) nehmen sich die Gesprächspartner der „Nomoi" vor, eine Polis in Gedanken oder im Gespräch (wie immer man λόγῳ übersetzen will) zu gründen (702 DE). Aber während der erste Entwurf auf ein himmlisches Paradeigma verweist (Pol. 592 AB), besitzt der zweite in der kretischen Kolonie einen Bezugspunkt in Raum und Zeit. Kleinias soll ja den gedanklichen Entwurf der „Nomoi" für die geplante Stadt verwenden können. Natürlich geht es Platon dabei nicht um irgendeine kretische Kolonie, sondern um die Gesetzgebung überhaupt.[33] Die Kolonie fungiert nur als fiktives Mittel zu diesem Zweck; sie hat, wie A.B. Hentschke[34] zu Recht feststellt, „die Funktion eines konkreten Vorbildes, an dem die Methode, die mutatis mutandis für die jeweiligen konkreten Gegebenheiten anzuwenden ist, vorgeführt werden kann". Es besteht kein Zweifel, daß Platon mit der Einführung eines konkreten Vorbildes ein – verglichen mit der „Politeia" – anderes und sehr viel näheres Verhältnis zur politischen Realität intendiert.[35] Ob das Vorhaben gelang und ob die „Nomoi" politische Impulse auf die Zeitgenossen auszuüben vermochten, sind Fragen, um die es in den nächsten Kapiteln gehen wird. Zunächst müssen wir verstehen, wie Platon seine Kolonie aufbaut.

Von großer Bedeutung ist erst einmal die Lage der Stadt. Sie sollte eine möglichst weitgehende Abschottung begünstigen. Zwei Punkte sind dabei von großer Wichtigkeit: 1. Die Stadt darf nicht an der Küste oder in der Nähe guter Häfen liegen.

---

33 Deswegen wird die Fiktion auch nicht konsequent durchgehalten: vgl. Müller, Studien 174.

34 Philosophie und Politik 253.

35 746 BC spricht Platon von der paradigmatischen Aufgabe des „theoretischen" Gesetzgebers, die es mit sich bringt, daß er „nichts von dem ausläßt, was das Schönste und Wahrste ist". Der „theoretische" Gesetzgeber muß ein einheitliches und möglichst widerspruchsfreies Werk vorlegen, von dem der „praktische" Gesetzgeber das Unausführbare weglassen kann, aber ihm möglichst nahe kommen soll. Die Frage der Realisierbarkeit entscheidet sich daher nicht an den Details, sondern an den Grundsätzen der Ordnung. – Es soll aber auch nicht verschwiegen werden, daß gelegentlich relativierende Bemerkungen fallen. So bezeichnet der Athener 685 A das Gespräch über die Gesetze als „ein uns Alten angemessenes vernünftiges Spiel"; vgl. 712 B. 769 A. 803 BC und Tigerstedt, Interpreting Plato 35.

2. Die Stadt sollte auf ihrem Territorium alle lebensnotwendigen Erzeugnisse selbst hervorbringen, ohne doch zu reicher Ausfuhr fähig zu sein. Denn nach Platons Überzeugung verderben Handel und Geldgeschäfte den Charakter der Einwohner und bringen außerdem schlechte und niedrige Gesinnungen in die Stadt (704 A – 705 B). Auswärtige Einflüsse muß der Gesetzgeber schon allein deswegen verhindern, weil er sie nicht steuern kann. Dementsprechend werden alle auswärtigen Beziehungen der geplanten Polis auf ein Minimum beschränkt. „Der gegenseitige Verkehr von Staaten mit Staaten pflegt naturgemäß die verschiedenartigsten Sitten miteinander zu vermischen, indem Fremde unter Fremden auf beiden Seiten mancherlei Neuerungen einführen. Gerade das würde nun aber den Staaten, die durch zweckmäßige Gesetze gut verwaltet werden, den allergrößten Schaden bringen..." (949 E f.). Diese Auffassung hat zur Folge, daß Reisen nur im staatlichen Auftrag (als Herold, Gesandter, Festabgeordneter oder Beobachter) und nur Leuten über vierzig Jahren erlaubt ist. Die Aufnahme von Fremden wird hingegen so geregelt, daß ein unbeaufsichtigter Kontakt zur einheimischen Bevölkerung verhindert wird (949 E – 953 E).

Insofern hat Popper[36] natürlich recht: Platon entwirft die geschlossene Gesellschaft mit einer Konsequenz, die sich nach ihm nur noch wenige Denker geleistet haben. Weil er sich jedoch nicht auf Fragen der politischen Organisation beschränkt, sondern die Lebensweise und Gesinnung der Menschen in den philosophischen Griff bekommen will, muß er eine überschaubare, abgegrenzte Gemeinschaft zugrunde legen. Die platonische Polis, in welcher Variante auch immer, funktioniert nur als geschlossenes System; das fragile Gleichgewicht, das Platon mühsam nach allen Seiten abzusichern versucht, muß unter der Einwirkung externer Faktoren zusammenbrechen. Händlermentalität, Kriegergesinnung, Familienegoismus und Aberglauben beschreiben beispielsweise Phänomene, die zweifellos der menschlichen Triebstruktur entgegenkommen. In der kretischen Kolonie sind diese Phänomene, wie wir sehen werden, rational gebändigt, d.h. auf einen sehr engen Rahmen beschränkt.

Platon versucht offene Gewalt zur Durchsetzung seines Konzeptes möglichst zu vermeiden. Er setzt stattdessen auf den indirekten Zwang, auf den Einordnungsdruck, auf die öffentliche Kontrolle. Dazu müssen die Gesetze gleichsam in Fleisch und Blut übergehen. Die an der Arete im allgemeinen und ganzen orientierten Normen der platonischen Polis werden in der Erziehung von Kindheit an eingeübt; ihre Geltung unterliegt jedoch einer ständigen Gefährdung durch menschliche Partikularinteressen. Dagegen vertraut Platon auf die Kraft der sozialen Mimesis, die den Einzelnen unwillkürlich in die politische Disziplin zwingt. Schon der Gedanke an Neuerung ist diesem Modell abträglich. Das betrifft bereits die kleinsten Kleinigkeiten, wie Platon am Beispiel der Spiele (αἱ παιδιαί) zeigt: „Denn wenn die Spiele fest geregelt sind und den Grundsatz verwirklichen, daß dieselben Leute nach denselben Regeln und in derselben Weise stets dieselben Spiele treiben und sich an denselben Vergnügungen erfreuen, dann lassen sie auch die zu ernsten Zwecken aufgestellten Gesetze unge-

---

36 Die offene Gesellschaft und ihre Feinde, Bd. 1: Der Zauber Platons, passim. Eine intelligente Auseinandersetzung mit Poppers Thesen im Hinblick auf die „Nomoi" findet sich bei Stalley, Plato's Laws 179 ff.

stört fortbestehen" (797 AB). Hieraus wird deutlich, wie leicht der Kontakt mit allem Fremden zu einer ernsten Erschütterung der Ordnung führen kann. Es reicht, um von weitergehenden Neuerungen zu schweigen, daß ein Fremder Einwohner der platonischen Stadt mit einem neuen Spiel bekannt macht, „denn unbemerkt verändert er die Sinnesart der jungen Leute und läßt das Alte in ihren Augen wertlos und das Neue wertvoll erscheinen. Es gibt aber, so behaupte ich noch einmal, für alle Staaten keinen größeren Schaden als eine solche Rede und Denkweise" (797 C). Platon strebt auf lange Sicht einen Zustand an, in dem kein Mensch mehr eine Erinnerung an eine frühere Ordnung besitzt, so daß der Bürger den status quo verehrt und „sich fürchtet, irgend etwas an dem jeweils Bestehenden zu ändern" (798 B). Es ist klar, daß ein solches Ziel in der griechischen Welt, an deren Peripherie Platon seine Polis immerhin situiert, nur durch eine nahezu totale Abschottung zu erreichen wäre.

Platon zitiert in diesem Zusammenhang bezeichnenderweise das ägyptische Vorbild (799 A; vgl. 656 C ff. 819 AB). Durch eine entschiedene Sakralisierung bestimmter Lebensbereiche, wie etwa von Fest, Gesang und Tanz überhaupt, soll das Prinzip der Unveränderbarkeit in das kollektive Bewußtsein eingehen. Das in Frage stehende Gesetz lautet dementsprechend: „Abweichend von den im Staat eingeführten und geheiligten Gesängen und dem gesamten Chortanz der jungen Leute darf ebensowenig jemand seine Stimme erheben oder sich im Tanz bewegen, wie er von irgendeinem anderen Gesetz abweichen darf" (800 A).

Ein Aspekt der Sakralisierung ist die Tabuisierung eines Triebverhaltens, das der Gesetzgeber als besonders destruktiv erachtet. Platon zeigt, wie der von der öffentlichen Meinung ausgehende Einordnungsdruck benutzt werden kann, um z.B. sexuelles Wohlverhalten (d.h. hier: Geschlechtsverkehr nur zum Zwecke der Zeugung) durchzusetzen. Als Paradeigma betrachtet er die allgemeine Ablehnung, der geschlechtliche Beziehungen zwischen Verwandten ersten Grades gewöhnlich anheimfallen. Das Inzestverbot beruht seiner Meinung nach auf der Ansicht, daß solche Beziehungen „zutiefst unheilig, den Göttern ein Greuel und von allem Schändlichen das Schändlichste" (838 BC) sind. Die Wirksamkeit des Verbots, die in der unbezweifelten Anerkennung der Norm liegt, verdankt sich der lebenslänglichen Einübung durch soziale Mimesis. Diesen Mechanismus muß der Gesetzgeber in Gang setzen, wenn er über zerstörerische Begierden die Oberhand behalten will: „daß er nämlich bloß dieser öffentlichen Meinung bei allen, bei Sklaven und Freien, bei Kindern und Frauen und dem ganzen Staat gleichermaßen zu heiligem Ansehen zu verhelfen braucht und damit schon die sicherste Grundlage für dieses Gesetz geschaffen hat" (838 DE). In diesen Zusammenhang gehört natürlich auch die außerordentliche Schätzung der αἰδώς, wie sie besonders in den ersten drei Büchern der „Nomoi" wiederholt artikuliert wird. Αἰδώς und αἰσχύνη nennt Platon die „göttliche Furcht" (θεῖος φόβος, 671 D; vgl. 646 E ff. 699 C) vor einem schlechten Ruf, die ein kluger Gesetzgeber einsetzen wird, um sein Normengebäude zu stützen. Das Prinzip findet keineswegs bloß auf die Masse der Bevölkerung Anwendung; auch der Spitze der Gemeinschaft, die sich im sogenannten „nächtlichen Rat" versammelt, droht bei nonkonformem Verhalten, das stets als mangelnde Selbstbeherrschung ausgelegt wird, öffentliche Bloßstellung und Bestrafung.

Die auf Einordnung und Unterordnung abzielende platonische Sozialtechnik gipfelt im Militärwesen. Platon verlangt von der Bevölkerung seiner Stadt in regelmäßigen Abständen die umfassende Mobilmachung. Mindestens an einem Tag im Monat sollen Männer, Frauen und Kinder ausrücken, um schon im Frieden den Krieg einzuüben (829 AB). Im Felde gilt verstärkt, was auch für die zivile Gesellschaft zutrifft (vgl. 806 E. 808 C. 760 A), „daß niemand, weder Mann noch Frau, jemals ohne Führer sein darf" (942 A). Die militärischen Übungen sollen die Seele dazu bringen, „daß sie überhaupt nicht daran denkt oder fähig ist, etwas ohne die andern zu tun, sondern daß vielmehr alle ihr Leben möglichst immer zusammen und gleichzeitig und gemeinsam mit allen anderen zubringen, denn ein kräftigeres, besseres und wirksameres Mittel zur Rettung im Krieg und zum Sieg gibt es nicht als dieses und wird es niemals geben. Darin also muß man sich bereits im Frieden von Kind an üben: anderen zu befehlen und sich von anderen befehlen zu lassen; die führerlose Unabhängigkeit (ἀναρχία) muß dagegen ganz aus dem Leben aller Menschen und aller Tiere ausgerottet werden, die den Menschen untertan sind" (942 CD). Was sich isoliert vom Kontext wie eine Predigt zum Kadavergehorsam und zum unbedingten Kollektivismus liest[37], dient im System der platonischen Polis nicht nur der militärischen Selbstbehauptung, sondern auch der Verdichtung der gesellschaftlichen Beziehungen. Der Einzelne hat sich vorbehaltlos, in Befehl und Gehorsam, der Gemeinschaft auszuliefern, einer Gemeinschaft freilich, die nach vernünftigen Kriterien organisiert ist und die eudaimoniestiftende Arete im allgemeinen und ganzen verwirklicht. Die Probleme des modernen Lesers ergeben sich aus der ehrgeizigen Zielsetzung, die Platon mit der Aufgabe des Gesetzgebers verbindet: nämlich nicht nur die politischen Voraussetzungen für ein friedliches Zusammenleben und das Glück der Einzelnen zu schaffen, sondern dieses Zusammenleben und dieses Glück selbst hervorzubringen.[38] Die Indienstnahme der Politik zum Zwecke der Seelenführung ist das ursprüngliche Problem, während der absolute Gehorsam oder die geschlossene Gesellschaft nur abgeleitete Phänomene beschreiben.

Platon organisiert die kretische Apoikie unverkennbar nach Prinzipien, die bereits in der „Politeia" entwickelt wurden. Die feststehende Lage der zu gründenden Stadt genügt zufällig, so will es die Gesprächsführung des Autors, im großen und ganzen den philosophischen Anforderungen. Auf die Frage des Atheners weiß Kleinias zu berichten, daß die Stadt achtzig Stadien vom Meer entfernt liegt, alle lebensnotwendigen Agrarerzeugnisse selbst hervorbringen kann – aber nicht im Überfluß, da große Teile des Territoriums, wie im übrigen Kreta, bergig sind – und keine Nachbarstädte in ihrer Nähe hat.[39] Das sind fast ideale Voraussetzungen für das

---

37 So versteht Popper (wie o. A.36) die Passage, deren ersten Teil er als abschreckendes Zitat über sein erstes Kapitel setzt. Er ignoriert dabei vor allem die Tatsache, daß der Gehorsam militärischen Beamten gilt, deren Befehlsgewalt zwar absolut, aber auf das Feld der Kriegführung eingeschränkt und insgesamt vorübergehend ist. Gerade charismatisches Führertum und illegitime Machtausübung kann es in Platons kretischer Kolonie nicht geben.

38 Vgl. z.B. 742 DE: Daß die Polis möglichst gut und möglichst glücklich ist, wird nicht durch äußerliche Anordnungen und vor allem nicht durch Reichtum erlangt, sondern dadurch, „daß die Bürger glücklich und zugleich gut werden".

39 Morrow, Plato's Cretan City 30 f., hat den Ort auf Grund von Kleinias' Beschreibung am

gesetzgeberische Unterfangen, auch wenn Platon den Athener bedauern läßt, daß sich an der fünfzehn Kilometer entfernten Küste nach Auskunft des Kreters brauchbare Häfen befinden. Daß Idee und Wirklichkeit sich nicht hundertprozentig decken, soll die Glaubwürdigkeit der Gesprächssituation erhöhen. Dennoch hat sich Platon mit dieser natürlichen Lage eine wichtige Bedingung für seine Mustergesetzgebung erfüllt. Die gravierenden Folgen, die sich daraus für die praktische Relevanz seines Modells ergeben, werden wir im nächsten Kapitel erörtern.

Außerdem kommt sich Platon bei der Frage der Bevölkerungszusammensetzung selbst entgegen. Aus ganz Kreta und von den übrigen Hellenen vor allem aus der Peloponnes, sagt Kleinias, wird das Volk sein, das die Kolonie bildet. Mit dieser Annahme erweitert Platon den Spielraum des Gesetzgebers. Zwar ist bei der heterogenen Zusammensetzung der Bevölkerung zunächst eine gewisse Fremdheit zu überwinden, die freilich durch das Vorherrschen des dorischen Anteils nicht allzu kraß ausfallen dürfte, aber die Einführung neuer Gesetze und neuer Sitten fällt natürlich dort viel leichter, wo keine alten Traditionen und keine gemeinsame Identität die rationale Konstruktion des Gesetzgebers hemmen können (707 E – 708 D).

Selbstverständlich ist nicht jeder, der sich ansiedeln will, in der Kolonie willkommen. Jeder potentielle Bürger wird von den Gründern einer sorgfältigen Prüfung unterzogen, um von vornherein zu verhindern, daß „Schlechte" sich anschließen (736 A – C). Das hier zugrundeliegende Prinzip ist das der „Säuberung" (κάθαρσις wird meistens euphemistisch mit „Reinigung" übersetzt), das wir schon aus der „Politeia" (501 A. 409 E f.) und dem „Politikos" (293 D. 308 C ff.) kennen. In den „Nomoi" wiederholt Platon, daß der Gesetzgeber wie der Schäfer, Rinderhirt oder Pferdezüchter, wenn er eine Herde übernimmt, zunächst die gesunden und die kranken, die edlen und die unedlen Stücke voneinander zu scheiden hat. Die „Säuberung" kann auf zwei Weisen geschehen, von denen die eine radikaler, schmerzhafter, schwieriger und zugleich besser ist und wohl nur von jemand angewandt werden kann, „der Tyrann und Gesetzgeber in einer Person ist", „nämlich diejenige, die auf dem Wege des Rechts mit Hilfe der Vergeltung zur Strafe führt und Tod oder Verbannung als äußerste Grenze der Vergeltung festsetzt". Die mildere Methode, die dem Gesetzgeber ohne Tyrannengewalt angemessen ist, besteht darin, die Schlechten „wie eine eingewachsene Krankheit des Staates, indem man ihnen den Namen Kolonie beilegt auf möglichst freundliche Weise fortzuschicken, eine Beseitigung unter schönklingendem Namen", wie Platon süffisant hinzufügt (735 A – 736 A). Für unser konkretes Vorbild bedarf es jedoch, wie oben gesagt, glücklicherweise weder schmerzhafter noch milder Säuberungsmaßnahmen, weil der Gesetzgeber seine Herde selbst zusammensuchen kann. Nachdem so alle Voraussetzungen für eine möglichst problemlose Formung des Stoffs gegeben sind, kann der Nomothet endlich beginnen, die Wirtschafts-, Verwaltungs- und Sozialstrukturen seiner Stadt zu entwerfen.

Zunächst muß die Größe der Bürgerschaft bestimmt werden. Wie wichtig es für die Einheit der Polis ist, hier das rechte Maß zu treffen, hat Platon schon in der

westlichen Ende der südkretischen Messará-Ebene, zwischen Gortyn und Phaestos, lokalisiert. Außerdem glaubt Morrow, die Tradition eines kretischen Magnesia (die Bürger der zu gründenden Kolonie werden von Platon an mehreren Stellen, z.B. 848 D, als Magneten bezeichnet) dort verorten zu können. Das ändert freilich nichts am fiktiven Charakter der Koloniegründung.

„Politeia" (423 C) hervorgehoben. In den „Nomoi" führt er drei allgemeine Kriterien zur Berechnung der richtigen Gesamtzahl an: Erstens dürfen höchstens so viele Bürger in der Polis Platz finden, wie das zur Verfügung stehende Land bei maßvoller Lebensweise seiner Bewohner ernähren kann. Zweitens müssen aber mindestens so viele Bürger vorhanden sein, daß sie sich notfalls erfolgreich gegen Angreifer verteidigen können. Außerdem sollten sie den Nachbarn, wenn diesen Unrecht widerfährt, beistehen können (737 CD). Drittens schließlich sollte die genaue Zahl durch viele andere Zahlen teilbar sein, um eine vielfältige Gliederbarkeit der Bürgerschaft für die unterschiedlichen organisatorischen Zwecke zu erreichen. – Angewendet auf die kretische Kolonie schlägt der Athener die Zahl von fünftausendvierzig Männern vor, die je ein gleiches Landlos (κλῆρος) erhalten. Die merkwürdige Zahl 5040 hat den Vorteil, daß sie durch alle Zahlen von 1 bis 12 mit Ausnahme von 11 teilbar ist (737 E f.). Ein Beispiel mag den Sinn der politischen Arithmetik veranschaulichen: Das Polisterritorium wird in zwölf gleichgroße Phylen unterteilt, deren jede genau vierhundertzwanzig Kleroi umfaßt (745 B ff.). 420 ist nun wiederum durch viele Zahlen teilbar, so daß sich leicht weitere gleiche Unterabteilungen wie Phratrien, Demen und Komen sowie militärische Kampf- und Marschordnungen bilden lassen (746 D). Wenn man etwa jede Phyle ihrerseits in zwölf gleiche Teile zerlegt, erhält man analog den attischen Verhältnissen die Demen, die genau fünfunddreißig Kleroi bzw. Oikoi enthalten (771 B).

Die Keimzellen der kretischen Kolonie bilden also fünftausendvierzig Grundbesitzer (737 E). Sie erhalten jeweils ein Landlos zum unveräußerlichen Besitz, über das sie demnach nicht frei verfügen können, sondern das sie als Eigentum der gesamten Polis anzusehen haben (740 A).[40] Im folgenden erörtert Platon Maßnahmen, welche die festgelegte Zahl der Haushalte (ἑστίαι) bewahren sollen. Dazu gehören erbrechtliche Bestimmungen, Mittel zum Hemmen bzw. Forcieren der Fortpflanzung, Aussendung von Kolonien bzw. Aufnahme von Neubürgern. Wir werden weiter unten sehen, daß Platon entsprechende Wächter zur Beobachtung der Lage und zur Durchführung bevölkerungspolitischer Maßnahmen einsetzt.

Außerdem sorgt der Gesetzgeber dafür, daß die weitgehende materielle Gleichheit, die am Anfang der kretischen Gründung geschaffen wird, erhalten bleibt. Da Handel und Handwerk den Bürgern ebenso verboten werden wie der Besitz von Gold und Silber, existieren kaum Möglichkeiten zum Gelderwerb (741 E ff.). Armut und Reichtum sind nämlich, wir kennen das Motiv bereits aus der „Politeia", mit der Zielsetzung des rechten Gesetzgebers, „daß sein Staat möglichst gut und möglichst glücklich ist" (742 D), nicht zu vereinbaren.[41] Doch unter der „realistischen" Prämisse der „Nomoi" sieht Platon sich immerhin zu gewissen Zugeständnissen gezwungen. „Gewiß wäre es nun schön", führt der Athener aus, „wenn jeder einzelne auch in allem übrigen (d.h. abgesehen vom Kleros) mit gleichem Besitz in die Kolonie einträte; da das aber nicht möglich ist, sondern der eine mit größerem, der andere mit geringerem Vermögen ankommen wird, so müssen ... ungleiche Vermögensklassen gebildet werden" (744 B), die an den politischen Funktionen in unterschiedlichem

---

40 Zuvor (739 B ff.) hatte Platon noch einmal den Kommunismus nach dem Muster der „Politeia" als Idealzustand beschworen.

41 Vgl. 679 BC.

Ausmaß beteiligt werden. Der Gesetzgeber richtet also vier durchlässige Vermögensklassen ein, von denen der ersten bei Strafandrohung maximal der vierfache Besitz
der letzten erlaubt wird. Da nun jedes Familienoberhaupt mindestens das obligatori-
sche Landlos besitzt, wird als reich eingestuft, wem der vierfache Wert eines Kleros
gehört. So schafft Platon Grenzen für Armut und Reichtum und kommt doch dem
menschlichen Gewinnstreben etwas entgegen, indem er innerhalb eines festgelegten
Rahmens die Vermögensdifferenzierung unter den Bürgern zuläßt (744 C ff.).

Die kretische Kolonie setzt sich aus Haushalten zusammen. Die Zellen des
politischen Organismus sind nicht, wie in der gleichzeitigen griechischen Polis, die
einzelnen Vollbürger, sondern die Familien. Oder um es mit den Worten von Stalley[42]
zu sagen: „The state is seen as a union of households, not as a collection of
individuals." Gesetzliche Regelungen sollen den Familienverband stärken und vor
dem Aussterben bewahren. Männer und Frauen werden gezwungen, in einem bestimmten Alter zu heiraten und ihre geschlechtliche Praxis auf den heterosexuellen,
ehelichen Verkehr zum Zwecke der Fortpflanzung (783 DE) zu beschränken. Es gibt
Familienaltäre (717 B) und Familiengerichte. Wie überall in der Polis kommt dem
Gehorsam auch in der Familie der Rang einer herausragenden Tugend zu. Verbre-
chen gegen die Eltern, angefangen von mangelndem Respekt über Vernachlässigung,
Schmähung und Ungehorsam bis hin zur Mißhandlung, werden von den zuständigen
Beamten mit besonderer Strenge verfolgt (930 E – 932 D; vgl. 717 B – 718 A).

In der „Politeia" betrachtet Platon die Familie als eine mit der Polis konkurrieren-
de soziale Einheit, die einen potentiellen Ansatzpunkt für partikularistisches Verhalten und politische Dissoziation darstellt. Um Interessenkonflikte von vornherein zu
vermeiden, läßt er eine Familienbildung unter den politisch und militärisch führenden
Kreisen seiner Stadt, den „Wächtern", gar nicht erst zu. Wenn er nun in den „Nomoi"
wegen der realistischen Ausgangslage die Familie zur grundlegenden politischen
Einheit macht, betreibt er damit keineswegs eine entgegengesetzte Politik, wie
Stalley[43] und andere behauptet haben. Vielmehr verfolgt er, da sich an seiner Zielsetzung, eine vollkommen einige Stadt zu entwerfen, nichts geändert hat, mit anderen
Mitteln durchaus dasselbe Kalkül. In der „Politeia" ist es die realexistierende Familie,
die Platon als für seinen Zweck ungeeignet verwirft. Die „Nomoi" gehen andersherum
davon aus, daß nun einmal keine menschliche Gemeinschaft ohne die fundamentalen familiären Beziehungen existieren kann. Daher sind diese Beziehungen so
umzugestalten, daß sie, statt eine Gefahr, ein konstruktives Element der politischen
Ordnung bedeuten. Die „Politeia"-Verfassung versucht ihre Akzeptanz durch die
Unmittelbarkeit, mit der alle wichtigen Bürger auf die Ordnung der Polis, und nur auf
sie, bezogen sind, zu erreichen. In den „Nomoi" wird diese Unmittelbarkeit dagegen
aufgegeben und der Familie neben anderen Untergliederungen der Gesellschaft die
Aufgabe übertragen, die politische Loyalität möglichst reibungslos zu vermitteln. Die
Familie kann die ihr zugedachte Vermittlungsfunktion jedoch nur dann zufriedenstel-
lend leisten, wenn sie „offen" ist und keinerlei autonome Tendenzen ausbildet. Der
Gesetzgeber muß die Familie im Griff behalten, und er tut das, indem er durch

42   Plato's Laws 103; ähnlich Morrow, Plato's Cretan City 118.
43   Plato's Laws 103 f.

zahlreiche Gesetze ganz ungeniert in die familiären Beziehungen hineinregiert. Außerdem gibt es spezielle Beamte, die für die Beobachtung der Familien zuständig sind. Und schließlich darf nicht vergessen werden, daß der ganze Komplex der Kindererziehung ein Politikum und damit dem Vater weitgehend entzogen ist.[44] Die Familie fungiert in Platons spätem Konzept als Ort, um Verhaltensnormen wie Ehrfurcht, Zurückhaltung, Fürsorge und Gehorsam einzuüben, die für das gemeinsame Handeln überhaupt von zentraler Bedeutung sind. So erscheint die Ehrfurcht gegenüber den Eltern beispielsweise als Abbild der Götterverehrung (930 E f.). Auf diese Weise dienen **alle** sozialen Gruppierungen allein dem Zweck, die politische Integration der Individuen zu befördern und eine Pluralität von Lebens- und Wertewelten zu verhindern.

Eine weitere Institution, die in diesem Sinne wirken soll, stellen die Tischgemeinschaften (συσσίτια) dar, welche Platon von den Spartanern und Kretern übernimmt. Neu ist freilich, daß er sie auch für Frauen einrichten will.[45] Diese bedürfen, da sie meist sich selbst überlassen im Verborgenen leben, in besonderem Maße der öffentlichen Kontrolle und Disziplinierung (780 D ff.). Umgekehrt werden die Frauen in der kretischen Kolonie aber auch an den politischen Handlungen beteiligt. Sie erhalten die gleiche Erziehung wie die Männer, müssen wie diese Wehrdienst leisten und nehmen an den Sportwettkämpfen teil. Ab dem Alter von vierzig Jahren dürfen Frauen politische Ämter bekleiden (785 B; das entsprechende Alter für Männer beträgt dreißig.). Insofern sie Waffen tragen, nehmen sie an den Wahlversammlungen teil (753 B). Als spezifisch weibliche Beamte nennt Platon zwölf Ehe- und Familienaufseherinnen (784 A. 794 B. 930 A ff.). Alles deutet also darauf hin, daß Platon, ohne dies in den „Nomoi" explizit auszusprechen, den Frauen im wesentlichen die gleichen politischen Rechte und Pflichten zubilligt wie den Männern. Diese im Lichte der zeitgenössischen Praxis überaus merkwürdige Maßnahme – Platon hatte selbst das Gefühl, die Grenze des Lächerlichen zu streifen (780 BC) – geschieht natürlich nicht um der Frau willen. Vielmehr geht es Platon um die Mobilisierung aller menschlichen Ressourcen zum Wohle der gesamten Stadt. Es widerspricht einfach der Vernunft, die Hälfte der Bevölkerung nicht an der Verteidigung des gemeinsamen Territoriums zu beteiligen. Noch gefährlicher wäre es, wollte man die Frauen von der Erziehung ausnehmen, weil man dann die moralische Degeneration der ganzen Gemeinschaft riskierte. Eine Erziehung, die nur die halbe Polis beträfe, bliebe Stückwerk. Die politische Gleichberechtigung der Frauen ist eine bloße Konsequenz von solchen funktionalen Überlegungen.

Die Landbesitzer bilden daher nur das Gerüst der kretischen Kolonie. Hinzu kommen Väter, Mütter, Söhne, Töchter und Ehefrauen, die alle mit zur Bürgerschaft gehören. Die vergleichsweise mittelgroße Polis erreicht durch die beispiellose Mobilisierung, die Platon ihr auferlegt, tatsächliche Größe.

Die Bürger leben ausschließlich von der Landwirtschaft. Ein auf Gewinn ausgerichteter Einzelhandel ist in der kretischen Kolonie grundsätzlich verboten. Für die

---

44 Nach Morrow, Plato's Cretan City 130 f., ist es eine entschiedene Abkehr von den griechischen Bräuchen und „vielleicht Platons größte Innovation", daß er dem Vater nicht nur die Verantwortung, sondern auch das Recht zur Erziehung seiner Kinder nimmt.

45 Daß es für Frauensyssitien kein historisches Vorbild gibt, bestätigt Aristoteles pol. 1274 b 11.

Ausfuhr anfallender Überschüsse sind ebenso Beamte zuständig wie für die Einfuhr unentbehrlicher Güter, die nicht im Lande selbst hergestellt werden können (847 B – D). Auch für die interne Verteilung und den Verbrauch der Bodenprodukte existieren detaillierte Regelungen (847 E – 848 C), die hier nur erwähnt seien. Alle notwendigen handwerklichen Tätigkeiten überträgt Platon den Metoiken, deren Stellung er ebenfalls genauen Bestimmungen unterwirft (846 D ff.). Dazu gehört, daß er ihnen getrennte Wohngegenden anweist (848 E) und ihre Aufenthaltserlaubnis auf zwanzig Jahre begrenzt[46], damit sich auf die Dauer kein von den Bürgern abgesonderter Stand etablieren kann.

Da nun auch die Feldarbeit in der Regel Sklaven übertragen wird, stellt sich die Frage nach der Aufgabe der Bürger.[47] Zu deren Beantwortung greift Platon auf das aus der „Politeia" bekannte Prinzip der ungeteilten Identität zurück. Sich sein Leben lang einer einzigen Tätigkeit zu widmen, verhindert Rollenkonflikte und schafft eine „harte" Identität. Bürger zu sein, ist selbst schon ein Beruf (eine τέχνη), „der viel Übung und viele Kenntnisse erfordert"; der Bürger „muß nämlich die allgemeine Ordnung des Staates erhalten und verwirklichen, was nicht als Nebenbeschäftigung betrieben werden darf" (846 D). In den „Nomoi" hat der Bürger Bürger zu sein und nichts außerdem.[48] Mit der Durchsetzung dieser Maxime werden wiederum spezielle Beamte beauftragt: „Dieses Gesetz sollen die Stadtaufseher (ἀστυνόμοι) mit aller Kraft in Geltung halten, und wenn sich ein Einheimischer zu irgendeiner Kunst mehr als zur Sorge um die Tugend hingezogen fühlt, sollen sie ihn so lange durch Tadel und Ehrenentzug strafen, bis sie ihn wieder auf die ihm geziemende Bahn gebracht haben; wenn aber einer der Fremden zwei Künste betreibt, so sollen sie ihn mit Gefängnis, Geldbußen und Ausweisung aus der Stadt bestrafen und dadurch zwingen, nur eine und nicht viele Personen zu sein" (847 AB). Das streng gehandhabte Identitätspostulat soll hier wie in der „Politeia" dazu dienen, jedem Mitglied der Gesellschaft seinen genau bezeichneten Platz zuzuweisen und so mögliche Ansätze von Unordnung schon im Keim zu ersticken.

Indem Platon den Bürger von allen banausischen Tätigkeiten befreit (vgl. 835 DE) und allein auf Politik verpflichtet, scheint er dem allgemein-griechischen Ideal der Muße zu entsprechen.[49] Doch ist die Übereinstimmung allenfalls formal, weil Platon einen ganz anderen Politikbegriff zugrundelegt. Politik heißt hier nicht bloß die – wie immer geartete – Bewältigung der öffentlichen Angelegenheiten, sondern weit mehr, wie oben zitiert, die Sorge um die Tugend, die in der verbindlichen

---

46 850 A – C: von dieser Regel sind auf Antrag und bei gutem Betragen individuelle Ausnahmen möglich.

47 „Bleibt also für Leute, deren Leben in dieser Weise geordnet ist, keine notwendige und ihnen gänzlich angemessene Tätigkeit mehr übrig, sondern soll jeder von ihnen sein Leben damit zubringen, daß er sich mästet wie das Vieh auf der Weide?", fragt der Athener 807 A.

48 Daß auch in Athen die Teilnahme an der Politik zum Beruf werden konnte, ist gegen Morrow, Plato's Cretan City 143, nur eine oberflächliche Gemeinsamkeit. Denn Platons Bürgerbegriff enthält unendlich viel mehr (oder, wenn man so will, weniger) als den regelmäßigen Besuch von Volksversammlungen, Volksgerichten und öffentlichen Festen. Ich werde auf das Problem im nächsten Kapitel zurückkommen.

49 Vgl. Veyne, Annales 1982, 888 ff. Eine ausführliche Auseinandersetzung mit Veyne findet sich im nächsten Kapitel.

Umsetzung theologisch legitimierter Normen besteht. Nur deswegen nimmt Platon sich das nomothetische Recht heraus, die Bürger zur Politik zu zwingen. Die σχολή (828 D 9. 832 D 1), die die Bürger durch die wirtschaftliche Ordnung der Kolonie erhalten, bedeutet keine Freizeit, sondern schafft die Voraussetzung für eine permanente Tätigkeit im Dienste der Polis. Damit dies nicht nur Willensbekundung bleibt, „muß für alle freien Menschen eine Regelung getroffen werden, wie sie ihre Zeit zuzubringen haben, angefangen etwa von der Morgendämmerung bis zum jeweils folgenden Morgen und Sonnenaufgang" (807 DE).

Einen zentralen Aspekt der gemeinsamen Freizeitgestaltung bilden die Götterfeste. „Es soll nicht weniger als dreihundertfünfundsechzig Feste geben, damit ständig wenigstens eine Behörde jeweils irgendeinem der Götter oder der Dämonen für den Staat und die Bürger und ihren Besitz opfert" (828 AB). Von den Familien über die Demen bis hin zu den Phylen weiten sich die Kreise, in denen der Bürger mit den Göttern regelmäßig kollektiven Kontakt aufnimmt.[50] Die Feiern dienen dazu, Ehrfurcht gegenüber den Göttern und göttlichen Mächten zu bekunden sowie die gegenseitige Bekanntschaft und Freundschaft der Bürger zu fördern (771 D. 738 DE). Die Intensität der Götterverehrung soll das ganze Leben mit einer religiösen Atmosphäre umgeben, die Platon für die psychische Formung der Bürger für nötig hält. „Religion", stellt Morrow[51] zurecht fest, „is not something apart from other areas of life; it penetrates them all." Das gesamte Land ist heilig; seine Untergliederungen, die Phylen, Demen, Komen, und Kleroi, sind heilig; die Autorität der Beamten, die grundsätzlich in Heiligtümern gewählt werden, ist heilig; die Familienbande sind heilig; die gesamte offiziöse Kunst, und eine andere ist nicht erlaubt, die Musik, der Tanz und Gesang sind heilig; et cetera. Heilig heißt aber immer soviel wie unantastbar und unverfügbar. Platons Theologie versucht, wie wir dargelegt haben, diese Sakralisierung aller Lebensbereiche zu stützen und zu rechtfertigen. In Fragen des Kultus und der Riten versichert er sich zusätzlich des autoritativen Rates von Delphi (828 A. 759 CD).[52]

Die kretische Kolonie ist eine Nomokratie. Ihre im engeren Sinne politische Organisation ist darauf angelegt, die ungehinderte Durchsetzung der göttlich sanktionierten Gesetze und Normen zu garantieren und souveräne menschliche Herrschaft, auch in eingeschränkter Form, zu verhindern. Die Beamten, die Platon einsetzt, regieren nicht, sondern verwalten bloß. Doch wie ist das möglich? Kommt durch die Auslegung und Anwendung der Gesetze nicht automatisch ein Element menschlicher Herrschaft ins Spiel?

Diesen Einwand könnte Platon zunächst unter Hinweis auf die durch Erziehung und Sozialtechnik herbeigeführte innere „Gleichschaltung" aller Bürger zurückweisen.[53] Der Gesetzgeber hat seine Leute in einer Weise an der Leine, daß sogar der Gedanke an persönliche Autonomie rasch verschwinden wird. Die Einheit der Polis, die durch die lebenslängliche Internalisierung der geltenden Normen entsteht und eine Gefühlseinheit ist, läßt nur kleine Interpretationsspielräume zu. Deswegen ist für

---

50 Jede Art von persönlichem Kontakt versucht Platon dagegen zu verhindern, s.o. S. 231 f.
51 Plato's Cretan City 468.
52 Vgl. ebd. 408 ff.
53 Vgl. 751 CD. 752 C.

Platon die Ämterbesetzung in den ersten Generationen der kretischen Kolonie, wenn das System der sozialen Mimesis erst etabliert werden muß, ein besonders ernstes Problem (751 D. 753 E ff.). Außerdem soll das Prinzip der mehrfachen Kollegialität und der Rechenschaftspflicht (761 E) sowie die gegenseitige Überwachung verschiedener Ämter eine vollkommene öffentliche Kontrolle im Sinne der Ordnung gewährleisten. Jeder Beamte hat ein eng begrenztes und genau definiertes Aufgabengebiet. Für Amtsmißbrauch sind schwere Strafen vorgesehen. Ferner kann nur Beamter werden, wer eine intensive Prüfung (δοκιμασία) besteht, welche auch die Familie miteinbezieht und das Verhalten von der Kindheit bis zum Tag der Wahl berücksichtigt.[54] Und schließlich schafft Platon eine Behörde von siebenunddreißig νομοφύλακες (752 DE) mit der Aufgabe, die Gesetze zu beaufsichtigen, gegebenenfalls neue Gesetze zu entwerfen und vorhandene Gesetze im Detail zu verbessern (769 A ff.). Darüber hinaus besitzen diese Gesetzeswächter die Macht, alle Aspekte und Bereiche des öffentlichen Lebens zu kontrollieren. In der Tat räumt Platon damit einer Gruppe von alten Männern (zwischen fünfzig und siebzig Jahren) eine überragende Gewalt ein.[55] Das Alter, die Zahl und die sorgfältige Auswahl garantieren ihm, daß nur solche Männer Gesetzeswächter werden, die kein Interesse an der Ausübung persönlicher Herrschaft haben. Von den ersten Nomophylakes, die den schwierigen Anfang zu bewältigen haben, sollen achtzehn Knossier und neunzehn neue Kolonisten sein. Ihre Wahl soll durch hundert Knossier und hundert Kolonisten, „nach Möglichkeit die ältesten und besten" durchgeführt werden. Später soll ihre Wahl in einem dreifachen, offenen, langandauernden Abstimmungsprozeß geschehen, an dem die ganze Bürgerschaft teilnimmt. Ort der Veranstaltung soll das ehrwürdigste Heiligtum der Stadt sein.

Die Wahlbestimmungen für alle Ämter, nicht nur für die Gesetzeswächter, sind außerordentlich kompliziert. Dahinter steht das Bestreben Platons, die der politischen Auslese innewohnenden desintegrativen Tendenzen abzumildern und einen möglichst breiten Konsens bei der Ämterbesetzung zu erreichen. Daß die Wahlen nicht geheim sind und nicht an einem Tag stattfinden, sondern sich über einen längeren Zeitraum (bis zu drei Monaten bei Gesetzeswächtern!) erstrecken, und daß im Vorfeld Interventionen gegen einzelne Kandidaten erlaubt sind (753 CD), nimmt ihnen viel von ihrem Entscheidungscharakter und nähert sie dem Modell der „ewigen Diskussion" an.

Um den politischen Konsens zu verbreitern, kombiniert Platon bei manchen, weniger wichtigen Ämtern die Wahl- mit der Losentscheidung. Obwohl das Los für Platon die schlechte arithmetische Gleichheit bewirkt, bedient er sich seiner, wie er sagt, „notgedrungen wegen der Unzufriedenheit der Masse" (757 E). „Eine so durchgeführte Wahl", meint er, „dürfte wohl die Mitte einhalten zwischen einer monarchischen und einer demokratischen Verfassung, zwischen denen die Verfassung stets die Mitte halten muß..." (753 E f.). Aus dieser Äußerung geht ebenso wie aus der oben zitierten hervor, daß die mittlere Verfassung, die Platon anstrebt,

54 Besonders bei der Ausgestaltung der Institutionen benutzt Platon zeitgenössische Vorbilder; zur Dokimasie vgl. Morrow, Plato's Cretan City 215 ff.

55 Vgl. Stalley, Plato's Laws 116.

politische Prinzipien verschiedener Herkunft (die Wahl als aristokratisches und das Los als demokratisches Prinzip) innerhalb derselben Ordnung kombiniert, nicht aber unterschiedlich (eben monarchisch, oligarchisch und demokratisch) abgeleitete Institutionen, wie es etwa von Sparta behauptet wird, miteinander verbindet.[56] Insofern ist die platonische Verfassung ebensowenig eine Mischverfassung wie sie sich mit den herkömmlichen politischen Begriffen klassifizieren läßt.

Eine eingehendere Besprechung der einzelnen Ämter erübrigt sich für unseren Zweck. Von wenigen Ausnahmen (767 E f. 772 CD. 850 B) abgesehen, hat die Volksversammlung nur die Funktion einer Wahlversammlung. Der Rat (βουλή) besteht aus je neunzig Mitgliedern der vier Vermögensklassen. Der Wahlvorgang ist auch hier sehr kompliziert und dauert fünf Tage. Am Schluß werden die jeweils hundertachtzig gewählten Kandidaten durch Los auf die Hälfte reduziert. Der Rat bildet einen geschäftsführenden Ausschuß von dreißig Prytanen unter der monatlich wechselnden Leitung einer Phyle; darüber hinausgehende Aufgaben des Rates werden nicht deutlich (756 B – 758 D).[57] Offenbar wird in der kretischen Kolonie die Macht allein von den Beamten verwaltet.

In einer „normalen" Polis wären mit den detaillierten Bestimmungen des VI. Buches (751 A – 768 E) die politischen Kompetenzen, wenn auch nicht auf „normale" Weise, geklärt und die institutionelle Organisation abgeschlossen. Nicht so in Platons Gründung. Am Ende seiner Gesetzgebung, gleichsam als Fazit, entwirft Platon ein Organ, das den Gesetzen auf natürliche Weise die Kraft der Unwandelbarkeit einpflanzen soll (960 D). Dieses Organ zur Erhaltung der Gesetze ist die sogenannte nächtliche Versammlung (νυκτερινὸς σύλλογος, 968 A); sie besteht aus den zehn ältesten Gesetzeswächtern, dem amtierenden und den ehemaligen Erziehungsbeamten, den mit den höchsten Auszeichnungen bedachten Bürgern, den Beobachtern, die zu offiziellen Studienzwecken im Ausland unterwegs waren, sowie einer gleichen Zahl von jungen Männern im Alter zwischen dreißig und vierzig Jahren, die von den Älteren ausgesucht werden (951 DE. 961 AB). Auf diese Weise wird der hochbegabte Nachwuchs auf Führungsaufgaben vorbereitet. Außerdem gewährleistet die Generationenverbindung, daß die von den Alten repräsentierte Vernunft nicht den Kontakt zum realen Leben der Polis verliert. Platon benutzt in diesem Zusammenhang einmal mehr den einzelnen Menschen als Bild für die Polis: Während die genannten Alten die Seele bedeuten, in welcher die Vernunft wohnt, erscheinen die Jüngeren als Kopf, an welchem sich die Sinne befinden. Die übrige Stadt bildet dann sozusagen den Rumpf mit den Gliedmaßen als Exekutionsorganen (964 E f.; vgl. 961 D. 942 E). Das Bild verdeutlicht, daß die nächtliche Versammlung, ohne exekutive Funktionen zu besitzen, das Zentrum der Polis sein soll. Deswegen soll sie ihren Sitz auch auf der Akropolis nehmen (969 C). Die Aufgabe des Syllogos besteht nun in nichts anderem als im Philosophieren. Dabei wird vor allem die vollkommene Erkenntnis der Arete angestrebt. Die Arete muß als vierfältige Einheit unter Führung der Vernunft (νοῦς) begriffen werden, so daß die Mitglieder der Versammlung in der

---

56 Vgl. Stalley, Plato's Laws 116 ff.
57 Klosko, The Development of Plato's Political Theory 214 weist darauf hin, daß die geringe Bedeutung des Rates in merkwürdigem Kontrast zum aufwendigen Wahlverfahren steht.

Lage sind, jederzeit Belehrung und vollständige Aufklärung über die Tugend zu erteilen. Denn: „bei einem solchen Staat, in dem es keine in Wort und Tat tüchtigen Wächter gibt, die über die Tugend genau Bescheid wissen – soll man sich da noch wundern, wenn dieser Staat, unbewacht wie er ist, dasselbe Schicksal erleidet wie die meisten der heutigen Staaten?" (964 C). Die nächtliche Versammlung verhindert in der platonischen Polis „unstetes Schwanken" (πλανᾶσθαι, 962 D 7/8) und Stasis, weil sie sich über den Weg zum Ziel, das die Arete im ganzen und allgemeinen bedeutet, von vornherein einig ist. Dieser Weg heißt bei Platon Dialektik und bezeichnet die zusammenschauende Methode, die es ermöglicht, „von dem Vielen und Ungleichartigen aus auf die eine einheitliche Gestalt hinzublicken".[58] Die Dialektik garantiert außerdem bei jedem Schritt eine restlose Begründbarkeit, eine logische Transparenz[59], so daß, Gutwilligkeit und Fähigkeit vorausgesetzt, am Ende immer der Konsens steht.[60] Nach der Erkenntnismethode erläutert Platon die hervorragenden Erkenntnisgegenstände der nächtlichen Versammlung. Das können in der kretischen Kolonie nur die Götter sein. Mag die Mehrzahl der Bürger in theologischen Fragen der Stimme der Gesetze folgen, – die politischen Wächter des Syllogos müssen jedenfalls „alle Mühe darauf verwenden, sich über die Götter jede erdenkliche Gewißheit zu verschaffen, die es nur gibt" (966 C).

Mit der Einsetzung der nächtlichen Versammlung inthronisiert der Gesetzgeber Platon seine Nachfolger, welche sein Werk in seinem Geiste bewahren und fortführen. Wie Platon ein Philosoph ist, sollen auch diese nachfolgenden Wächter Philosophen sein.[61] Und sie sollen herrschen, durch ihre dialektisch und theologisch fundierte Autorität.[62] Die Polis, sagt Platon abschließend, muß dieser göttlichen Versammlung anvertraut werden. „Dann wird das wahrhaft und in Wirklichkeit vollendet sein, was wir kurz zuvor in unserem Gespräch wie einen Traum gestreift haben, als wir ein Bild von der Verbindung des Kopfes und der Vernunft zusammensetzten – dann nämlich, wenn diese Männer von uns sorgfältig ausgewählt und angemessen erzogen worden sind und wenn sie nach Abschluß der Erziehung auf der Akropolis des Landes ihren Wohnsitz genommen haben und zu solchen Wächtern geworden sind, wie wir in unserem früheren Leben noch keine gefunden haben, was ihre Fähigkeit zur Erhaltung (des Staates) betrifft" (969 BC). Präsentiert uns Platon in den „Nomoi" am Ende nur eine weitere Variante der Philosophenherrschaft? Nein und ja. Nein, insofern Platon den Philosophen in einem System horizontaler Machtverteilung und allseitiger öffentlicher Kontrolle nur eine beratende Funktion zuerkennt. Die nächtliche Versammlung hat keine Gewalt über die Gesetze. Ja, insofern Platon den Philosophen das Recht zur verbindlichen Auslegung der Gesetze zumißt. Aber enthüllt sich Platons Rede von der Nomokratie nicht als reine Fiktion, wenn man mit Hobbes die

---

58   965 C: τὸ πρὸς μίαν ἰδέαν ἐκ τῶν πολλῶν καὶ ἀνομοίων ... βλέπειν; vgl. Phaidros 265 D.
59   In den Worten Platons: die Fähigkeit τὴν δὲ ἔνδειξιν τῷ λόγῳ ... ἐνδείκνυσθαι, 966 B 1/2.
60   Vgl. 965 B – 966 B.
61   Morrow, Plato's Cretan City 509 f., entdeckt das Vorbild der nächtlichen Versammlung deshalb ausnahmsweise nicht in zeitgenössischen politischen Institutionen, sondern in der Akademie. Eine solche „Akademie" im Zentrum der kretischen Kolonie hätte allerdings mit dem realen Pendant in Athen nur noch wenig gemein.
62   Vgl. 967 D – 968 B.

ketzerische Frage stellt: Quis iudicabit? Quis interpretabitur? Herrschaft und Souveränität der Gesetze bedeuten dann vielleicht nichts weiter als die Herrschaft und Souveränität derjenigen Menschen, „die sich auf das höhere Recht berufen können und darüber entscheiden, was sein Inhalt ist und wie und von wem es angewandt werden soll".[63] Diese Menschen, die als Schöpfer und Interpreten des Gesetzes die kretische Kolonie beherrschen, sind zweifellos die Philosophen. Im Unterschied zum Konzept der „Politeia" ist ihre Herrschaft in den „Nomoi" freilich nur indirekt und vermittelt[64], und das gilt umso mehr, je höher man die Wirksamkeit der platonischen Erziehung und Sozialtechnik einschätzt.

Allerdings kann die Machtfrage, so griechisch sie ist, bei der kretischen Kolonie leicht in die Irre führen. Das zeigt sich schon bei Aristoteles (pol. 1266 a 5 ff.), der der Verfassung der „Nomoi" wegen der Wahlbestimmungen eine oligarchische Tendenz bescheinigt. Weil Platons Entwurf jedoch aus der genuin griechischen Tradition herausfällt, ist er schwer mit griechischen Begriffen zu erklären. In gewisser Hinsicht scheint sogar die politische Begrifflichkeit der Römer angemessener zu sein. Platon trennt etwa, was den Griechen gänzlich fremd ist und was auch Aristoteles nicht versteht, **auctoritas** und **potestas**.[65] Ich erinnere an die zitierte Metapher, die diesen Tatbestand cum grano salis zum Ausdruck bringt: Die im nächtlichen Rat versammelten Philosophen machen die Seele und die Sinne der Polis aus, während die Gliedmaßen als Vollzugsorgane mit vorgegebenen Aufgaben betrachtet werden können. Die Seele und die Sinne können ebensowenig selbst handeln wie die Gliedmaßen ohne rationale und empirische Aufsicht ihre Funktion erfüllen werden. Die Trennung von Amtsgewalt und Autorität sichert die Souveränität der Ordnung.[66]

4. SYSTEMATISIERUNG UND REALISIERBARKEIT

Paul Veyne hat in einem bemerkenswerten Aufsatz das Verhältnis von Platons „Nomoi" zur politischen Realität Griechenlands untersucht.[67] Er betont die Nähe und sieht daher in dem Spätwerk des Philosophen weder eine Utopie noch eine Halbutopie, sondern ein zwar extremes, aber durchführbares Programm. Zur Begründung verweist Veyne auf den Charakter der Gesetzgebung: Platon tat demnach nichts

63 Carl Schmitt, Der Begriff des Politischen 66.
64 Es fragt sich, wie man die praktische Bedeutsamkeit dieser Tatsache einschätzt. Wer etwa, wie Carl Schmitt, sagt, daß souverän ist, wer über den Ausnahmezustand entscheidet (Politische Theologie, S. 1), wird den Anspruch einer Gesetzessouveränität für eine ideologische Fassade halten, hinter der sich die sehr konkrete Herrschaft des Gesetzgebers und seiner Nachfolger verbirgt.
65 Angedeutet findet sich dieser Tatbestand schon bei Isnardi Parente, Filosofia e politica nelle lettere di Platone 201 mit A.59.
66 Gemessen an Platons Intentionen ist die nächtliche Versammlung nicht überflüssig, sondern im Gegenteil eine theoretisch höchst überzeugende Erfindung: vgl. Morrow, Plato's Cretan City 513 f.
67 Critique d'une systematisation: Les Lois de Platon et la réalité, Annales 1982, 883-908. Die folgende Auseinandersetzung mit Veyne will exemplarisch verstanden werden. Dabei sind Wiederholungen unvermeidlich.

weiter, als die politische Wirklichkeit zu systematisieren. Wie Sokrates wollte er die griechische Gesellschaft seiner Zeit lediglich zwingen, sich nach ihrer eigenen Ideologie zu richten.

Die zitierten Überlegungen Veynes enthalten zwei Thesen: **Erstens** ist das Verhältnis der „Nomoi"-Polis zur zeitgenössischen Polis durch die Begriffe „Systematisierung", „Rationalisierung", „Perfektionierung" gekennzeichnet. Deshalb ist vieles, was dem modernen Leser an Platons Staatsentwurf anstößig vorkommen könnte, für den Zeitgenossen keineswegs anstößig gewesen, sondern nur konsequent. Daraus folgt **zweitens**, daß die „Nomoi" ein realistisches politisches Programm darstellen.

Ad 1: Veyne erläutert seine Thesen nur auf dem Feld politischer und sozialer Organisation (a). Wir werden sehen, daß der Systematisierungsbegriff darüber hinaus sinnvoll auf die Lage der Polis und ihre Beziehung zur Umwelt (b), die Form der Gesetzgebung (c) und die Theologie (d) angewandt werden kann.

(a) Die außergewöhnliche Politisierung der griechischen Gesellschaften wird von Platon in gewisser Weise aufgenommen und verstärkt. Der Bürger, sagt Platon (846 D), soll Bürger und nichts als Bürger sein. Dementsprechend besteht sein Leben im wesentlichen aus der Teilnahme an den gemeinsamen Festen und den gelegentlichen Wahlversammlungen sowie aus Militärdienst. Damit liegt Platon ganz auf der Linie der „Muße-Ideologie der Reichen", die Veyne für einen Hauptzug der griechischen Gesellschaft hält. Nach dieser Ideologie erlaubt nur ein müßiges Leben eine angemessene Beschäftigung mit den öffentlichen Angelegenheiten. Platon trägt dem Rechnung, indem er in Anlage und Planung seiner Polis dafür sorgt, daß jeder Bürger mehr oder weniger ein müßiges Leben führen kann. Doch bleibt er dabei nicht stehen; seine „Muße" führt zu einem wirklichen Aufhören der Arbeit, insofern sie jede nicht gemeinschaftsbezogene Tätigkeit ausscheidet. Die – nach Veyne in der griechischen Gesellschaft angelegte – Politisierung des Mußebegriffs gibt Platon die Möglichkeit, jede Form von Bereicherung als „Privatismus" und damit als „banausisches" Handeln zu stigmatisieren.[68]

Auch Platons Organisation der Feste, Umzüge und Opfer zeigt, daß er ihre Funktion in der realen griechischen Polis genau analysiert hat. Nicht erst Platon macht sie zu Veranstaltungen der bürgerlichen Selbstverherrlichung und politischen Propaganda. Das waren sie vielmehr seit je. Platon reinigt sie nur von ihren zufälligen Anlässen und entwirft einen rationalen Festkalender. Das ändert aber nichts an der Tatsache, daß er die Sitte der kollektiven Feste (nach Veyne ein zweiter Hauptzug der griechischen Gesellschaft) übernimmt und in einer mit realen Städten vergleichbaren Funktion einsetzt.[69]

Als dritten und letzten Hauptzug nennt Veyne die Militanz des griechischen Bürgers. Auch hier macht Platon in den „Nomoi" (im Gegensatz zur „Politeia") keine Abstriche; alle Bürger sind Soldaten, die ihre Wehrbereitschaft in regelmäßigen Übungen unter Beweis stellen müssen.[70]

68 Ebd. 888 ff., bes. 891.
69 Ebd. 897 ff.
70 Ebd. 884 ff. Die genannten Hauptzüge bezeichnet Veyne auch als gesamtgesellschaftliche

Schließlich gibt es einen abgetrennten privaten Bereich eigenen Rechts in der kretischen Kolonie ebensowenig wie in jeder griechischen Polis. Auch daß Platon seine Bürger einer umfassenden und vollkommenen sozialen Kontrolle unterwerfen will, ist nur eine Steigerung der gängigen griechischen Praxis, die durch einen starken Konformitätsdruck innerhalb der Polis gekennzeichnet ist. In den realen Städten existierten bekanntlich ebenfalls Institutionen, die die private Moral überwachten.[71] Der Totalitarismus, den moderne Kritiker Platon zum Vorwurf gemacht haben, ist nach Veyne bereits in der griechischen Wirklichkeit verankert; wenn man so will, ist schon die Polis ein totalitäres Kollektiv, weil sie individuelle Rechte und Freiheiten nicht kennt. Jedenfalls ähnelt sie eher einer militanten politischen Partei als einer modernen Nation.[72]

Die Erziehung war in der griechischen Gesellschaft immer ein Politikum.[73] Platon nimmt also wiederum nur ein vorhandenes Element auf, wenn er die Erziehung in ein widerspruchsfreies System bringt und der vollständigen politischen Kontrolle unterstellt.

(b) Ein von Veyne nur gestreifter Aspekt der Systematisierungsleistung Platons betrifft das Autarkie-Ideal der Griechen.[74] Wie sehr Platon diesem Ideal verpflichtet ist, zeigt bereits die Anlage der kretischen Kolonie. Die naturräumlichen Gegebenheiten sind so gewählt, daß die Polis die Autarkie erreichen kann. Damit nicht genug, ist die ganze Wirtschaftsweise auf dieses Ziel eingestellt. Außerdem werden die Bedürfnisse der Bevölkerung so gesteuert, daß sie weitgehend an den selbsterzeugten Produkten ihr Genügen finden.

(c) Platons Gesetzgebung ist als ganzes das Ergebnis einer Systematisierung. Die Forschung hat ermittelt, daß Platon dabei in weiten Teilen auf nomistisches Material aus Athen, Sparta, Kreta und anderen griechischen Poleis zurückgegriffen hat.[75] Dennoch ist die platonische Nomothesie keine bloße Ansammlung von Gesetzen disparater Herkunft, sondern gehorcht einem rationalen Schema, wie es auch andere griechische Gesetzgebungen auszeichnet. Veyne spricht in diesem Zusammenhang vom „Voluntarismus des antiken Gesetzgebers", der einen relativ freien Umgang mit der Tradition erlaubte.[76] Seine Zuständigkeit konnte sich durchaus auch über Sitte und Erziehung erstrecken. Platon geht lediglich darüber hinaus, wenn er versucht, sämtliche Bereiche menschlichen Lebens zum Gegenstand der Kodifizierung zu machen.

Vorurteile, die Platon selbstverständlich übernimmt. Die experimentelle Aufsprengung der Bürger-Soldat-Verbindung in der „Politeia" zeigt jedoch beispielhaft, daß Platon nicht in dem Maße als Kind seiner Zeit und seiner Gesellschaft begriffen werden kann, wie Veyne offenbar glaubt.

71 Ebd. 899 ff.
72 Ebd. 883. 885. 901.
73 Als Ausnahme nennt Veyne, ebd. 901, zurecht die Tyrannis. Wie schon Aristoteles, pol. 1219 b 30, feststellte, lassen nur die Tyrannen jeden leben, wie er will.
74 Ebd. 895 f.; vgl. Ehrenberg, Staat der Griechen I 72 f.
75 Herausragend in dieser Hinsicht: Morrow, Plato's Cretan City passim, zusammenfassend 591 ff.
76 Veyne (wie o. A.67) 896 f.

(d) Die Verbindung von Polis und Religion war bei den Griechen von jeher eng. Der Zusammenhalt der Bürger manifestierte sich nicht zuletzt in der Kultgemeinschaft. Die Religion schaffte den Regeln, aber auch den Einrichtungen und Organen der Polis dem Anspruch nach eine verbindliche Grundlage. Formal drückte sich das in der Tatsache aus, daß keine bedeutende politische Handlung stattfand, ohne daß sie durch Gebet und Opfer eingeleitet worden wäre.[77] Platon knüpft unverkennbar an diese Praxis an. Gegen die relativistischen Tendenzen der Sophistik versucht er, die Religion als festen Boden der Normenbegründung wiederherzustellen. Zu diesem Zweck entwickelt er eine Theologie, welche die widersprüchlichen und skeptischen Göttervorstellungen seiner Landsleute durch ein kohärentes System des Göttlichen ersetzt. Nicht die religiösen Vorstellungen der Griechen, die einer Systematisierung widerstreben, wohl aber das Verhältnis von Polis und Religion wird von Platon systematisch gefaßt. Insofern ereignet sich auch auf dem Feld der Theologie in Platons Kolonie nur eine Steigerung der Realität.

Ad 2: Platon entwirft in den „Nomoi" ein konkretes Vorbild für einen politischen Neuanfang, wie er durch eine Koloniegründung ermöglicht wird. (Eine andere, in den „Nomoi" nicht näher ausgeführte Chance für einen Neuanfang sieht Platon in der freiwilligen Umwandlung einer Tyrannis.) Die Konstruktion der Reformpolis beruht auf empirischen Studien[78] und versucht eine Verbesserung der Realität, indem sie die realen Elemente zu einem rationalen System vereinigt. Veyne hat also recht: Weil die „Nomoi" in der griechischen Wirklichkeit verwurzelt sind, handelt es sich um keine Utopie. Aber folgt daraus schon, daß wir es mit einem realistischen Programm zu tun haben? Schafft nicht gerade die Systematisierung eine fundamentale Distanz zur Realität, insofern diese Realität wesenhaft unsystematisch ist? Und ist der Systematisierungsbegriff nicht letztlich ein bloßer Formalismus, der gerade angesichts der praktischen Intention Platons die entscheidenden Unterschiede praktischer Art verdeckt? Selbstverständlich zielen die Einwände nicht auf die banale Tatsache, daß bei der Umsetzung theoretischer Konzepte immer mit Abstrichen gerechnet werden muß. Ich werde im folgenden die vier oben ausgeführten Aspekte der platonischen Gesetzgebung noch einmal – in veränderter Reihenfolge – durchgehen und auf ihr Verhältnis zur zeitgenössischen Polis hin prüfen.

(c*) Die alles umfassende Kodifizierung des Rechts, die Platon für seine kretische Musterkolonie anstrebt, soll eine möglichst weitgehende Einschränkung des menschlichen Entscheidungsraumes bewirken. Der Versuch, ungebundene Entscheidungen aus der Polis zu verbannen, entspringt der philosophischen Reflexion über die Ursachen der politischen Krise und ist mitnichten in der griechischen Polis angelegt. Im Gegenteil: Das spezifisch Politische liegt gerade in der jeweiligen Organisation des Entscheidungsraumes, weshalb seine virtuelle Aufhebung im scharfen Kontrast zur politischen Realität der Griechen steht.

Eine neue Qualität gewinnt auch der nomothetische Voluntarismus Platons. Er übertrifft nicht nur alle Vorgänger bei weitem an Radikalität, weil er mit keinem

---

77 Vgl. Ehrenberg, Staat der Griechen I 55 ff.
78 S.o. A.75.

eingewurzelten Traditionsbestand mehr rechnet und alle Lebensbereiche der nomothetischen Zuständigkeit unterwirft. Außerdem zielt dieser Voluntarismus darauf ab,
fürderhin jeden Voluntarismus unmöglich zu machen. Platon ist der letzte Gesetzgeber: Er verfügt das Unverfügbare, Unveränderbare, Dauerhafte.

(d*) Um den Anspruch auf die genannten Attribute einlösen zu können, muß
Platon seiner Ordnung die höchste Legitimität verschaffen; mit anderen Worten: er
bedarf eines religiösen Fundaments. Genau diese Funktion vermag jedoch das „ererbte Konglomerat"[79] im 4. Jahrhundert nicht mehr zu erfüllen. Es hat keinen Sinn,
die zahlreichen, einander oft widersprechenden Göttererzählungen um eine neue
Version zu bereichern und diese zum Staatsmythos zu erklären. Die von Platon
erstrebte Verbindlichkeit läßt sich auf diesem Wege nicht erreichen. Vielmehr braucht
der Gesetzgeber, der seinem Werk Ewigkeit und Unantastbarkeit einpflanzen will,
eine widerspruchsfreie Theorie des Göttlichen. Deswegen entwickelt Platon die erste,
halbwegs ausgearbeitete Theologie der griechischen Geistesgeschichte. Schon dadurch befindet er sich im Gegensatz zum religiösen Denken seiner Zeitgenossen, das,
vielleicht von kleinen philosophischen Zirkeln abgesehen, wesenhaft untheologisch
und unsystematisch ist. Hier, wo es um das Fundament der Ordnung geht, gelangt der
nomothetische Voluntarismus an seine offenkundigste Grenze: keine rationale Begründung reicht aus, um das schlechthin Unverfügbare verfügen zu können. Zu tief
sind religiöse Vorstellungen im kollektiven Unterbewußtsein verankert, zu sehr sind
sie mit Affekten und Emotionen verbunden, die sich der rationalen Planbarkeit
entziehen. Insofern ist eine „Vernunftreligion" notwendig eine intellektuelle Tot-
geburt.

Platon ist sich des Problems bewußt. Er versucht die Tatsache, daß er eine neue
Religion einführt, möglichst zu verschleiern.[80] In der politischen Praxis dominieren
die traditionellen Formen der Götterverehrung, auch werden die bekannten Götter
beibehalten. Doch was nutzt das, wenn die Inhalte vollkommen verwandelt werden?
Was nutzen Gebet und Opfer, wenn die Götter, worauf Platon größten Wert legt,
unbeeinflußbar sind? Was sind die religiösen Feste ohne die bekannten Mythen und
ohne das Theater? Das Umschreiben der alten Geschichten in „rationale Mythen", die
den pädagogischen Zielen der Polis entsprechen, geht an die Substanz der griechischen Mythologie, denn die neuen Geschichten im alten Gewande sollen unveränderbar
und konkurrenzlos sein. Allen oberflächlichen Kontinuitäten zum Trotz bestimmt die
Kosmosreligion auch die religiöse Praxis.

Veyne ignoriert nicht zufällig die Theologie. Auch andere Autoren greifen sich
gern einzelne Institutionen der platonischen Gesetzgebung heraus, erklären diese,
zumal wenn sie offensichtlich aus realem Material abgeleitet sind, für realistisch und
schließen daraus auf den Charakter des Gesamtwerkes.[81] Die Behauptung müßte sich

---

79 Dodds, Die Griechen und das Irrationale 107 ff., bes. 117 f.
80 Vgl. Solmsen, Plato's Theology 170: „Paradoxical though it may sound, Plato's attitude to
    religion is at the same time Archaic and Hellenistic. While he tried to revive the past he prepared
    the way for the future. While he is anxious to restore the original unity of religion and political
    life, he became the founder of ,natural theology'." Es liegt eben in der Natur der Sache, daß
    Platon eine organische Verbindung der heterogenen Bestandteile nicht gelingt.
81 Wilamowitz, Platon I 536 f.; Morrow (wie o. A.75); Bisinger, Der Agrarstaat in Platons

jedoch zuerst am Fundament der ganzen Ordnung bewähren. Denn Platon selbst betont in den „Nomoi" immer wieder implizit, daß der Erfolg seines kretischen Projektes entscheidend davon abhängt, ob es ihm gelingt, Macht über das religiöse Bewußtsein zu erlangen. Wer in den „Nomoi" ein realistisches Programm sieht, müßte vor allem anderen erklären, wie die politische Theologie Platons in einer griechischen Polis des 4. Jahrhunderts v. Chr. eingeführt und durchgesetzt werden könnte.

(a*) Die außergewöhnliche Politisierung, die sowohl die attische als auch – auf andere Weise – die spartanische Gesellschaft für einen begrenzten Zeitraum ihrer Geschichte kennzeichnete, ist in der griechischen Poliswelt eher die Ausnahme. In anderen Poleis behielten soziale Faktoren meistens einen größeren Einfluß auf die Gestaltung des politischen Raums. Dennoch muß man auch für diese Poleis eine vergleichsweise intensive Politisierung konstatieren. Wenn Platon sich nun am Paradeigma der extremen Politisierung orientiert, müßte er realistischerweise die Bedingungen berücksichtigen, unter denen sie sich entwickelt hat. Aber gerade der Fall Sparta zeigt, daß Platon von diesen Bedingungen nichts wissen will. Er bewundert die spartanische Ordnung, weil sie eine beispiellose Mobilisierung der Bürgerschaft hervorbringt. Besonders dieser Aspekt dient ihm für seine kretische Kolonie als Vorbild, das er zu übertreffen sucht. Allerdings mißbilligt er schon auf den ersten Seiten der „Nomoi" (628 A ff.) das Ziel dieser fast alle Lebensbereiche prägenden Mobilisierung in Sparta: den Krieg. Die vollkommene Ausrichtung der Verfassung auf die militärische Selbstbehauptung verwirft Platon unter Hinweis auf die Stasis-Problematik.[82] Statt nur die Tapferkeit müsse die Mustergesetzgebung daher die gesamte Tugend ins Visier nehmen. Doch was, wenn das Ziel gleichzeitig die Bedingung der Mobilisierung ist? Denn offenbar sind gerade der permanente Kriegszustand und die ständige Bedrohung für die spartanischen Besonderheiten entscheidend verantwortlich. Wenn die Mobilisierung der spartanischen Bürgerschaft nicht einer philosophischen Tugendreflexion (nach dem Motto: wir wollen tapfer sein!) entspringt, sondern Antwort auf eine existentielle Gefährdung ist, dann läßt sie sich freilich nicht einfach konstruieren, zumal wenn man, wie Platon, für seine Gesetzgebung den permanenten Kriegszustand ausschließt. Die kretische Kolonie kennt nichts den Heloten Vergleichbares und hat, selbstgenügsam wie sie ist, keinerlei Expansionsgelüste.

Noch deutlicher ist die fundamentale Differenz, die Platons Politisierung von den realen Entwicklungen trennt, wenn wir das Athener Beispiel heranziehen. Politisierung in Athen bedeutet: Schwächung der autonomen Oikos-Sphäre; politische Emanzipation des einzelnen Bürgers von sozialen Beziehungen; Schaffung und Erweiterung eines öffentlichen Entscheidungsraumes, an dem alle Bürger gleichberechtigt teilnehmen können. Während sich die beiden ersten Punkte auf die kretische Kolonie übertragen lassen, verkehrt sich der dritte Punkt in sein genaues Gegenteil: Die

---

Gesetzen 3 ff. 115 ff.; Görgemanns, Nomoi-Interpretationen 107 ff.; Hentschke, Politik und Philosophie 242 mit A.151. 260. 264; Klosko, The Development of Plato's Political Theory 238 ff.

82 Gerade dieses Argument erscheint in Anbetracht der vielgerühmten Konstanz der spartanischen Ordnung seltsam verfehlt.

Entscheidung wird so weit wie möglich durch Gesetzesgehorsam ersetzt. Das Politische konkretisiert sich im gemeinschaftlichen Vollzug der theologisch abgeleiteten Normen, sei es in der Familie, bei den Festen, auf den Wehrübungen oder in den seltenen Wahlversammlungen. Wie in der „Politeia", nur mit realen Organen, versucht Platon das Phänomen der Macht unter den Bürgern seiner Polis zu eliminieren. Die teils gewählten, teils erlosten Beamten herrschen nicht, sondern exekutieren nur die Gesetze. Den Versammlungen bleiben nur die Beamtenwahlen. Aber selbst diese haben wenig mit der entsprechenden griechischen Praxis gemein, weil Platon ihnen mit Hilfe aufwendiger Bestimmungen den dezisionistischen Charakter weitgehend nimmt.

Es ist wiederum bezeichnend, daß Veyne dieser ganze Komplex nicht in den Blick kommt. Platon benutzt tatsächlich die aristokratische Muße-Ideologie, sei es aus strategischer Berechnung oder sei es, weil er das Vorurteil seiner Zeitgenossen teilt. Doch was bedeutet das schon, wenn dasjenige, was für die Griechen den hauptsächlichen Wert der Muße ausmacht, die Mitwirkung oder zumindest die Teilnahme am politischen Entscheidungsprozeß, wegfällt? Mit der Muße verhält es sich wie mit der Eudaimonia. Die Überzeugung, daß die Eudaimonia das höchste Ziel im Leben darstellt, hat Platon mit seinen Landsleuten gemein; bei der Bestimmung dessen, was Eudaimonia ausmacht und wie sie zu erlangen sei, ist freilich kaum ein größerer Gegensatz unter Zeitgenossen und Mitgliedern einer Gesellschaft denkbar. Ebenso könnte Platon das berühmte Diktum des Perikles bei Thukydides (II 40): „Nur bei uns heißt einer, der am Politischen keinen Anteil nimmt, nicht untätig, sondern unnütz..." wortwörtlich für seine kretische Kolonie übernehmen – und meinte doch das genaue Gegenteil.

(b*) Die Möglichkeit, eine weitreichende Autarkie zu verwirklichen, ist eine Voraussetzung von Platons Gesetzgebung in den „Nomoi". Schon deswegen scheidet sie als Modell für die meisten griechischen Poleis aus. Über die naturräumlichen Gegebenheiten hinaus wählt Platon die geographische Lage der Kolonie mit großer Folgerichtigkeit. Im hintersten Winkel von Kreta, von Gebirgen umgeben und mit wenigen Nachbarn, glaubt er ideale Bedingungen vorzufinden, um eine Auto-nomie im höchsten Sinne des Wortes zu verwirklichen. Die konkrete Verortung der Kolonie ist natürlich nur ein Beispiel; das zugrundeliegende Prinzip, die vollkommene Abgeschlossenheit nach außen, ist hingegen ein notwendiger Zug der „Nomoi"-Gesetzgebung.[83] Der philosophische Nomothet muß unbedingt verhindern, daß die Bürger der Musterkolonie unvorbereitet oder beiläufig mit anderen Wertesystemen in Berührung kommen. Diese Abgeschlossenheit ist in der griechischen Welt ohne Beispiel, denn Platon müßte den Bürgern seiner Polis selbst die Teilnahme an polisübergreifenden Festen und Spielen verbieten.[84] Außerdem ist eine solche „wahre Autonomie" im 4. Jahrhundert angesichts zunehmender „internationaler" Verflechtung,

---

83 Deswegen kann die kretische Kolonie weder ursprünglich im Hinblick auf sizilische Neugründungen durch Dionysios II. konzipiert worden sein noch ein Vorbild für solche Unternehmungen abgeben, um von Syrakus selbst ganz zu schweigen; s.u. S. 271 f.

84 Die offiziellen Festabgeordneten (θεωροί, 850 D), die über vierzig Jahre alt sein und im Ruf absoluter Zuverlässigkeit stehen müssen, ändern an dieser Isolierung grundsätzlich nichts.

wie sie sich an der Schiedsgerichtsbarkeit, den Proxeniedekreten u.ä. ablesen läßt, ein Anachronismus.[85]

Wie konnte man aber dennoch Platons „Nomoi" einen bestimmenden Einfluß auf die Verfassungsgeschichte des späten 4. Jahrhunderts, namentlich in Athen, zuschreiben? Möglich wurde dies, indem man von den tragenden Prinzipien der platonischen Ordnung absah und auf scheinbare Übereinstimmungen in Details hinwies. So wird Platons geistige Urheberschaft für die Reformbestrebungen der beiden attischen Politiker Lykurgos und Demetrios von Phaleron in Anspruch genommen[86], die beide über einen philosophischen Hintergrund verfügten.[87] Im Falle von Lykurgos, dessen Maßnahmen zur Wiederherstellung und Stärkung Athens nach der Niederlage bei Chaironeia sich ganz im Rahmen der demokratischen Verfassung bewegten, kann man die Behauptung auf sich beruhen lassen, zumal hier selbst formale Konvergenzen ziemlich unwahrscheinlich sind.[88] Bei Demetrios, der als Vertrauensmann von Kassander den attischen Staat nach 318 neu ordnete, erinnern vor allem die Schaffung oder Aufwertung einer Behörde der νομοφύλακες sowie Gesetze gegen Luxus und übertriebenen Aufwand an Platon. Schaut man jedoch – wie Gehrke in dem angeführten Aufsatz – genauer hin, verlieren die angebenen Institutionen und Vorschriften jede Ähnlichkeit mit dem, was Platon für seine fiktive Kolonie entwickelte. Stattdessen zeigt sich, daß Demetrios' Regelungen einem pragmatischen Kontext entstammen und sich von dort viel besser erklären lassen als im Rückgriff auf die philosophische Tradition. Wüßten wir nicht, daß Demetrios auch Philosoph war, wäre vermutlich niemand auf die Idee gekommen, philosophische Motive in seinem politischen Wirken aufzuspüren.

Doch selbst wenn Demetrios bei seiner Neuordnung die Bestimmungen z.B. über die Gesetzeswächter buchstäblich aus den „Nomoi" übernommen hätte, wäre damit

85 Aktuelle politische Entwicklungen ignoriert Platon konsequent. Vgl. Wilamowitz, Platon I 520: „Man muß sich erinnern, daß er schreibt, während Athens zweiter Seebund zusammengebrochen ist, Sparta und Theben erschöpft sind, in Delphi die phokischen Tyrannen mit den Schätzen des Gottes eine Söldnerschar halten, die nach allen Seiten gewalttätig übergreift, in Sizilien die Zersetzung vollkommen ist, in Makedonien Philippos, in Asien Maussollos die Hellenen Stadt um Stadt unterwerfen." Ein politisches Programm also ohne jede historische Perspektive?

86 Wilamowitz, Platon I 557; Ferguson, Hellenistic Athens 42 ff.; Reverdin, La religion de la Cité Platonicienne 121 f.; Schuhl, REG 59/60 (1946/7), 47; Morrow, Plato's Cretan City 9. 194. 214 f.; Renehan, GRBS 11 (1970), 219 ff.: Es handelt sich bei dieser Auffassung geradezu um einen wissenschaftlichen Topos, woran wohl leider auch der ausführliche Aufsatz von Gehrke, Das Verhältnis von Politik und Philosophie im Wirken des Demetrios von Phaleron, Chiron 8 (1978), 149 ff., nichts geändert hat. Den extremen Standpunkt der genannten Forschungsrichtung vertritt wieder einmal Dušanić, History and Politics in Plato's Laws 381 ff., der die „Nomoi" als praktisches Reformprogramm für Athen versteht, ja darin sogar versteckte Appelle zum Staatsstreich entdeckt. Dabei sollte die Akademie als „nächtliche Versammlung" politisch institutionalisiert werden, um den attischen Staat zu bewachen.

87 Lykurgos war angeblich Platonschüler (s.o. S. 130 f.), während Demetrios von Phaleron als Schüler von Aristoteles und Theophrast in die griechische Geistesgeschichte eingegangen ist. Auch von daher versteht sich bei letzterem der Bezug auf Platon ja wohl keineswegs von selbst. Freilich hat man bei seiner „Gesetzgebung" auch Spuren von Aristoteles entdeckt.

88 Vgl. Gehrke (wie o. A.86) 151 A.6.

für Platon noch nichts gewonnen, solange nicht auch sein Gesetzesbegriff mit all seinen theologischen und pädagogischen Implikationen zur Anwendung gelangte. Gerade davon aber konnte Demetrios von Phaleron, selbst wenn er gewollt hätte, nur träumen. Seine Ordnung erlangte keine Legitimität, wie ihr erbärmliches Ende nach zehn Jahren beweist. Als 307 Demetrios Poliorketes im Piräus erschien, brach die Herrschaft des Phalereers wie ein Kartenhaus zusammen.[89]

Es bleibt also dabei: Wie es unter realen politischen Umständen zur Herrschaft des Gesetzes kommen könnte, vermag Platon in den „Nomoi" nicht zu zeigen. Die kretische Kolonie ist trotz der Nähe zur Realität und trotz unleugbarer Realisierbarkeit mancher Details „eine literarische Fiktion"[90]; die „Nomoi" enthalten kein anwendungsfähiges politisches Programm.[91]

---

89 Ebd. 187 f.
90 Müller, Studien 180.
91 Vgl. jetzt Brunt, Studies in Greek History and Thought 245 ff. („The Model City of Plato's Laws").

V. DER SIEBTE BRIEF:
DIE PRAXIS DES PHILOSOPHEN

*I doubt if anyone could compose a more useless or empty
reply to a request of practical advice.*
Moses I. Finley, Aspects of Antiquity 78

1. DAS PROBLEM DER AUTHENTIZITÄT

Unsere dialogimmanente Auslegung der Philosophenherrscherthese[1] wird durch den
7. Brief eindrucksvoll bestätigt. Der Briefautor zitiert die These am Anfang seiner
Darstellung und verleiht ihr dadurch gleichsam programmatische Bedeutung. Weil
sie im 7. Brief Platons Verwicklung in die sizilische Politik philosophisch erklären
soll, steht sie – anders als in der „Politeia" – in einem praktischen Kontext. Der
Briefautor benutzt die These von der Philosophenherrschaft freilich keineswegs, um
etwaige politische Ambitionen Platons oder seiner Schüler zu begründen, sondern um
den Versuch einer philosophischen Erziehung des Tyrannen Dionysios II. von Syrakus
zu rechtfertigen. Nicht daß Philosophen zu Herrschern würden, war also dem 7. Brief
zufolge Platons Erwartung, als er seine Reisen nach Sizilien antrat, sondern daß ein
junger talentierter Tyrann sich unter seiner Anleitung zum Philosophen entwickele.
Noch im hohen Alter hat Platon dies, wie sich aus den „Nomoi" (709 E ff.) entnehmen läßt[2], für eine sinnvolle Strategie zur Überwindung der allgemeinen politischen
Krise gehalten. Doch bevor ich den Beitrag, den der Brief zur Erhellung der politischen Philosophie Platons leistet, untersuche, muß ich mich kurz einem Problem
zuwenden, an dem sich die Altertumswissenschaft seit zweihundert Jahren abmüht:
Wurde der Brief tatsächlich von Platon oder bloß von einem eifrigen Schüler verfaßt?
Die Erörterung dieser Frage habe ich im ersten Teil dieser Arbeit, als es um die
Rekonstruktion der Ereignisse in Syrakus ging, aufgespart. Es zeigte sich dort
lediglich, daß der 7. Brief ein einseitiges und unvollständiges Bild der Vorgänge
vermittelt.

Die „Untersuchung des historischen Hintergrundes"[3] ist gewiß der naheliegend-
ste Weg, zu plausiblen Argumenten in dieser Frage zu kommen. Eine solche Untersuchung kann sich jedoch nicht in der Feststellung erschöpfen, daß die wenigen im
Brief mitgeteilten Fakten mit der sonstigen Überlieferung, die von ihm und gleichzeitigen Publikationen aus dem Umkreis der Akademie abhängig ist, weitgehend über-
einstimmen. Eine solche Argumention, wie sie etwa von Fritz[4] anbringt, läuft auf

1   S.o. Kap. B III 5.
2   S.o. S. 211 ff.
3   K. v. Fritz, Platon in Sizilien 8.
4   Ebd.

einen Zirkelschluß hinaus. Außerdem ist unstrittig, daß es sich beim Verfasser des Briefes um einen zeitgenössischen Autor handelt. Der historische Hintergrund könnte aber auf andere Art und Weise ein starkes Argument für die Echtheit des 7. Briefes liefern: wenn er mit dem Brief dergestalt harmonierte, daß eine möglichst präzise Datierung desselben gelänge.[5] Doch dafür enthält der Brief selbst so gut wie keine Anhaltspunkte[6], zumal der Tod Dions das letzte erwähnte historische Ereignis ist. Der politische Rat Platons konnte nur dann einen Sinn haben, wenn sich die Freunde Dions, an die der Brief gerichtet ist, in Syrakus an der Macht befanden. Wie aus Diodor XVI 31,7 hervorgeht, bemächtigten sich diese dreizehn Monate nach Dions Tod, also etwa im Herbst 353, der Herrschaft, die sie unter Führung von Hipparinos, den der Brief ausdrücklich erwähnt (324 B), zwei Jahre lang ausübten. Unter der Voraussetzung, daß der vorgebliche Hauptzweck des Briefes, der Rat, nicht ganz und gar literarische Fiktion ist, hat Platon den Brief demnach zwischen Herbst 353 und Herbst 351 geschrieben.[7]

Es ist auch versucht worden, den 7. Brief in den Zusammenhang der attischen Politik einzuordnen. Ausgehend von seinem apologetischen Charakter führt Walter Eder[8] die politische Lage in Athen vor, in der Platon sich zur Verteidigung gezwungen sah. Nach dem unglücklichen Ausgang des Bundesgenossenkrieges im Jahre 355 habe ein oligarchischer Umsturz „im Bereich des Vorstellbaren" gelegen; „denn die Situation erinnerte fatal an die letzten Jahre des peloponnesischen Krieges".[9] Den Ambitionen der Oligarchen hätten vor allem die in diese Zeit fallenden Reden des Isokrates, die Friedensrede und der Areopagitikos, Ausdruck gegeben. Darauf habe der Demos natürlich mit Mißtrauen reagiert und auch Platon, dessen antidemokratische Haltung bekannt gewesen sei, der potentiellen Mittäterschaft verdächtigt. Nachdem nun die Lage im demokratischen Sinne stabilisiert worden sei, hätten sich Isokrates mit seiner Antidosis-Rede und Platon mit dem 7. Brief gerechtfertigt. Platon habe dabei nicht nur seine anrüchigen Verbindungen mit der syrakusanischen Politik erklären, sondern auch den Charakter seiner „Lehre vom Guten" darlegen müssen, weil das Volk dahinter eine oligarchische Geheimlehre gewittert habe.[10] So findet sich denn bei Eder die Datierung „nach 355" oder „ca. 354".[11]

5   So konnten Bickermann und Sykutris (s. EUPHRAIOS) einen Brief Speusipps an König Philipp von Makedonien vor allem deshalb als höchstwahrscheinlich echt erweisen, weil es ihnen gelang, die im Text gegebenen Andeutungen widerspruchsfrei in eine bestimmte politische Situation einzuordnen und ziemlich genau zu datieren (Winter 343/42).
6   Daß die sizilische Politik von heftigen Parteikämpfen heimgesucht wurde, setzt der eigentliche Rat (336 E ff.) zwar voraus, doch ist daraus für die Datierung nichts zu gewinnen, weil die gesamte Zeitspanne von Dions Tod bis zum Auftreten Timoleons durch Stasiskonstellationen gekennzeichnet ist: vgl. Sordi, Sicilia 45 ff.
7   Vgl. Hell, Zur Datierung des 7. und 8. platonischen Briefes, Hermes 67 (1932), 295 ff.; Hölscher, Die Forderung der Philosophie. Über Platons 7. Brief, WJA N.F. 1 (1975), 99.
8   Die Ungeschriebene Lehre Platons: Zur Datierung des Platonischen Vortrags „Über das Gute", in: Festschrift Lauffer, 209 ff.
9   Eder, ebd. 226 f.
10 Ebd. 228 ff.
11 Ebd. 235. 221 A.35.

Hier liegt bereits das erste Problem der Ederschen Hypothesen. Wie wir gesehen haben, kann der Brief, wenn die Nennung der syrakusanischen Adressaten überhaupt einen realen Kern hat, nur ca. 352 verfaßt worden sein. Der Widerspruch läßt sich wohl kaum durch die Annahme beseitigen, daß ein oligarchischer Putsch drei Jahre lang in der Athener Luft gelegen hätte bzw. daß die Demokraten die Lage erst 352 soweit im Griff hatten, um ihre Gegner zu Rechtfertigungen zu zwingen. Außerdem gibt es für die Gefahr eines oligarchischen Umsturzes im Jahre 355 keinerlei Hinweise in den Quellen. Die Heranziehung des Isokrates kann dieses Defizit nicht ausgleichen. Isokrates hat sich ja grundsätzlich aus der praktischen Politik herausgehalten,[12] und mögen seine Verfassungsvorschläge auf das politische Programm des Theramenes und seines Kreises vom Ende des 5. Jahrhunderts zurückgehen[13], so ist doch bekannt, daß die athenischen „Oligarchen" des 4. Jahrhunderts bis auf die Zeiten eines Demetrios von Phaleron die demokratischen Institutionen respektierten.[14] Eder vermag denn auch keine politischen Kräfte zu nennen, die hinter der oligarchischen Gefahr von 355 gestanden hätten. Nach der Niederlage im Bundesgenossenkrieg gelangten die Gemäßigten unter Führung des Eubulos an die „Regierung". Eubulos setzte nach den Turbulenzen des Krieges eine strikte Nicht-Interventionspolitik im Interesse der Besitzenden durch und entsprach insofern den Forderungen, die Isokrates in der Friedensrede erhoben hatte.[15] Doch deutet, wie gesagt, nichts darauf hin, daß er irgendwann auch nur im Sinn gehabt hätte, die Verfassung anzutasten.[16] Im übrigen läßt sich die Situation nach dem Ende des Bundesgenossenkrieges nicht mit den letzten Jahren des Peloponnesischen Krieges vergleichen.[17] Auch nach 355 blieb Athen die erste Seemacht Griechenlands.[18]

Wenn Isokrates' Bedeutung für die reale Politik immerhin noch darin lag, daß er ihr zuweilen die richtigen Schlagwörter lieferte, so wäre das im Falle Platons womöglich schon zu hoch gegriffen. Eders Annahme, es hätte politische Angriffe auf die Akademie gegeben, setzt aber bereits voraus, daß Platon und die Akademie überhaupt eine Rolle im politischen Bewußtsein der Athener spielten. Dafür bleibt er aber wiederum den Beweis schuldig.

Und was schließlich die „Lehre vom Guten" angeht, so erhebt sich die Frage nach der öffentlichen Relevanz philosophischer Interna. Um als „oligarchische Geheimlehre" mißverstanden werden zu können, müßte sie doch zumindest als Gerücht in der breiten Öffentlichkeit präsent gewesen sein. Das ist aber durchaus unwahrscheinlich.[19] Eders Argumente laufen nun genau in diesem Punkt zusammen, da es ihm um die Datierung des platonischen Vortrags „Über das Gute" geht. Mit diesem Vortrag,

---

12 Vgl. Heuß, Hellas 381.
13 Vgl. Bringmann, Studien zu den politischen Ideen des Isokrates 83.
14 Vgl. Mossé, La Fin de la Démocratie Athénienne 295.
15 Vgl. Bringmann, Isokrates 73.
16 Vgl. Ed. Meyer, GdA V 482.
17 Gegen Eder 227. Die attischen Demokraten behaupteten ja sogar nach Chaironeia ihre Position unangefochten: vgl. Mossé, La Fin 293 f.
18 Bringmann, Isokrates 76 ff.
19 Zwar wird der philosophische Exkurs im 7. Brief mit Mißverständnissen motiviert, doch ist dabei offenkundig eine andere Öffentlichkeit als der attische Demos gemeint.

der bei Aristoxenos erwähnt wird, stieß Platon angeblich bei seinen Zuhörern auf
Unverständnis und Ablehnung.[20] Wie kam es dazu? Eder meint, daß sich die Athener
mit Platons Darlegungen zu diesem Punkt im 7. Brief nicht zufrieden gegeben hätten.
Dort hatte er von der Unfähigkeit des Logos, der höchsten Erkenntnis gerecht zu
werden, geschrieben. Schließlich habe er sich nach Eder nicht mehr anders zu helfen
gewußt, als wider besseren Wissens vor das Volk zu treten und diese Unfähigkeit des
Logos zu demonstrieren, um Befürchtungen von einer „Geheimlehre" zu entkräf-
ten.[21] Doch hätte es der rechte oder auch nur überzeugende Weg zu diesem Ziel sein
können, nach Meinung der Menge Nonsens zu reden? – Kurz: Eders Konstruktionen
tragen nichts zur Datierung des 7. Briefes bei.

Es bleibt also nur der Versuch, die Frage der Echtheit durch innere Kriterien
inhaltlicher oder formaler Art zu beantworten. Gerade hier aber läßt sich nichts
„beweisen".[22] Die Beweislast liegt auch nicht einfach, wie etwa Vatai[23] meint, auf
der Seite derer, die die Authentizität der Briefe bestreiten. Schließlich sind die
meisten überlieferten Briefe der großen literarischen Persönlichkeiten aus klassischer
griechischer Zeit fingiert, ja, es war geradezu eine beliebte Schulübung, solche Briefe
zu konstruieren.[24] Nach Abwägung aller Wahrscheinlichkeiten sehe ich mich denn
auch gezwungen, die Frage offen zu lassen. Der Briefautor bemüht sich etwa um
einen auffallend engen Anschluß von Leben und Werk und gebraucht zu diesem
Zweck sehr oft Zitate und Paraphrasierungen aus den platonischen Dialogen.[25]
Handelt es sich dabei um den eitlen Selbstkommentar Platons oder um literarische
Entlehnungen eines findigen Fälschers, der dadurch die Glaubwürdigkeit seiner
Arbeit erhöhen will? Vergleiche mit zweifelsfrei echten Schriften tragen nicht, weil
der Briefkontext ein grundsätzlich anderer, nämlich praktischer, ist. Gegensätze zu
und Vereinfachungen von Auffassungen, wie sie in den Dialogen vertreten werden,
gibt es zweifellos, lassen sich freilich durchweg mit der besonderen Briefsituation
erklären.[26] Die Antwort auf die Frage der Authentizität läuft unter diesen Umständen
auf ein Geschmacksurteil hinaus: Soll man Platon, da er sich und seine Freunde vor
der Öffentlichkeit zu verteidigen sucht, die rhetorischen Verrenkungen, die Wider-

20   Aristoxenos, elem. harm. II 30 f. (p. 39 f. Da Rios).
21   Eder 234 f.
22   Untersuchungen zum Stil sind offenbar nur in besonders krassen Fällen geeignet, eine gewisse
     Klärung herbeizuführen. In allen anderen Fällen werden sich erfahrungsgemäß gerade die
     besten Philologen nicht einig.
23   Intellectuals in Politics 28.
24   Morrow, Plato's Epistles 3 f.; vgl. Susemihl, Literatur in der Alexandrinerzeit II 579 ff.;
     Sykutris, RE Suppl. V 210 ff. (s.v. Epistolographie).
25   Boas, Fact and Legend in the Biography of Plato, PhR 57 (1948), 454 f. hat 32 Anspielungen,
     Paraphrasierungen und Zitate aus 17 verschiedenen Dialogen gezählt.
26   Eine Ausnahme könnte einzig der philosophische Exkurs (341 A – 344 D) bilden. Nicht zufällig
     konzentriert sich die Echtheitsdiskussion auf diese Passage. Wenn hier fundamentale Gegensät-
     ze zum Philosophieren Platons, wie wir sie aus den Dialogen kennen, aufgewiesen werden
     könnten, wäre dies ein sehr starkes Argument gegen die Echtheit des Briefes, zumal die
     Briefsituation hier nichts erklärt. Da jedoch Platon sein Denken bekanntlich niemals dogma-
     tisch fixiert hat, dürfte dies ein schwieriges Unterfangen sein. Aus der Fülle der Literatur
     verweise ich auf die exemplarische Debatte zwischen Gerhard Müller und Harald Patzer, die in
     den Bänden 3 (1949) und 5 (1954) der Zeitschrift „Archiv für Philosophie" geführt wurde.

sprüche und nutzlosen Ratschläge zutrauen?[27] Doch selbst wenn wir Platon (als solche, die es gut mit ihm meinen) die Autorschaft absprächen, behielte der 7. Brief, auch im Rahmen der hermeneutischen Fragestellung, einen gewissen Zeugniswert. Er würde dann immerhin ein helles Licht auf die praktischen Ausdeutungsmöglichkeiten des platonischen Denkens durch einen wohlwollenden Zeitgenossen werfen. Der Brief zeigt daher mindestens, wie das Werk des Meisters verstanden und benutzt werden konnte; möglich ist aber – wie gesagt – auch, daß Platon selbst die Philosophie zur Hilfe nahm, um sein mißglücktes politisches Engagement auf Sizilien zu rechtfertigen. – Der Einfachheit halber werde ich im folgenden den Briefautor „Platon" nennen.

2. DER APOLOGETISCHE HAUPTZWECK

Der 7. Brief ist für sich genommen zweifellos ein rhetorisches Meisterwerk. Bei aufmerksamer Lektüre offenbaren sich jedoch erste, immanente Ungereimtheiten. Vergleicht man einige Briefpassagen mit Platons Dialogen, tun sich weitere Widersprüche auf. Zieht man schließlich noch die andere, übrigens meist platonfreundliche Überlieferung zu den im Brief mitgeteilten und kommentierten Ereignissen hinzu, gerät einem das Meisterwerk leicht zum Machwerk.

Der 7. Brief gibt sich als Antwort auf die Bitte um Rat, die Dions Freunde nach dessen Tod an Platon gerichtet haben (323 D 10 ff.). Wer den Brief von der Länge eines platonischen Frühdialoges jedoch liest, stellt rasch fest, daß der eigentliche Rat nur den kleinsten Teil des Textes ausmacht. Statt dessen findet der Leser Autobiographisches, philosophische Reflexionen, historische Exkurse, politische Entwürfe sowie Charakterstudien der wichtigsten Akteure. Vorgänge werden breit geschildert, „die den Adressaten wohlbekannt sein mußten und in schwieriger Situation kein wesentliches Interesse beanspruchen konnten".[28] Der Brief ist eben nur vorgeblich an die sizilischen Freunde gerichtet.[29] In Wirklichkeit verteidigt er Platon vor einem Publikum, dem schon heftige Vorwürfe über Platons Verstrickung in die sizilischen Vorgänge bekannt waren. Der Brief sollte einer „schlechten Presse" begegnen.[30]

Im übrigen deutet der Platon des 7. Briefes selbst an mehreren Stellen das negative Echo seiner Tyrannenkontakte an. Nach der ausführlichen Begründung seiner ersten Reise zu Dionysios II. schreibt er: „Mit dieser Einstellung und mit etwas

---

27 Die der Frage zugrundeliegende Beurteilung des 7. Briefes vertreten auch G. Misch, GdA I (3. Aufl.!), 114 ff.; G. Müller, Archiv f. Philos. 3 (1949), 251 ff. und GGA 221 (1969), 172 ff.; L. Edelstein, Plato's Seventh Letter, passim; M.I. Finley, Aspects of Antiquity 75 ff. und Ancient Sicily 92 f. Während Misch und Finley die Frage der Autorschaft offen lassen, betrachten Müller und Edelstein den Brief als Fälschung.

28 Müller, Archiv f. Philos. 3 (1949), 267; vgl. Finley, Aspects of Antiquity 78.

29 Vgl. Müller, GGA 221 (1969), 190: „Von den angeblichen Adressaten wird denn auch, ungeschickterweise, 334 C, 338 A und 352 A, in der dritten Person geredet."

30 Finley, Aspects of Antiquity 80; vgl. Tigerstedt, Interpreting Plato 44; Riginos, Platonica 71 f. Epikur z.B. nannte (nach Diog. Laert. X 8) Platon χρυσοῦν und die Akademiker insgesamt Διονυσιοκόλακας.

Wagemut fuhr ich von zu Hause ab, nicht aus Gründen, die manche immer wieder vermutet haben ..." (328 C). Auch wegen der zweiten Reise ist Platon ständigen Fragen ausgesetzt, die er mit dem 7. Brief ein für allemal beantworten will (330 C). Die Ausführlichkeit seiner Darstellung der zweiten Reise rechtfertigt er mit „der Eigenart und Unverständlichkeit des Geschehenen" und beendet den Brief mit den Worten: „Wenn also dem einen oder anderen das, was ich hier dargelegt habe, verständlich geworden ist und die vorgebrachten Erklärungen für die Ereignisse hinreichend scheinen, dann wäre angemessen und hinreichend, was ich jetzt gesagt habe" (352 A). Außerdem versucht Platon seine Vaterstadt gegen die Schande zu verteidigen, die ihr die beiden Athener Kallippos und Philostratos angeblich durch die Ermordung Dions eingebracht haben (334 B). Da die beiden Mörder zumindest aus dem Umkreis der Akademie kamen, wird Platons beredter Patriotismus am besten unter der Voraussetzung verständlich, daß in Athen bereits Vorwürfe über ein rufschädigendes Verhalten der Akademie in Syrakus kursierten.

Schließlich werden im 7. Brief Fehldeutungen von Platons Philosophie zurückgewiesen: Der Verfasser distanziert sich namentlich von dem Buch des Tyrannen Dionysios II. über Philosophie (341 BC), in dem sich dieser auf Platon berufen hatte. Diesem Zweck dient der sog. „erkenntnistheoretische Exkurs" eigentlich: er soll die Sinnlosigkeit der Schrift des Dionysios und anderer unautorisierter Darstellungen begründen.[31]

3. DAS KONZEPT DER PHILOSOPHENHERRSCHAFT

Der 7. Brief erschöpft sich nicht in der Apologie Platons und seiner Freunde. Weil Platon in dem Brief gleichsam als Personifikation der Philosophie erscheint, steht mit seiner Reputation die Philosophie überhaupt auf dem Spiel. Nur so ist es zu erklären, daß die Selbstverteidigung Platon gleichzeitig zu einer Verteidigung der Philosophie gerät.[32] Diese Identifikation bringt ihn dazu, neben dem widrigen Schicksal[33] die Uneinsichtigkeit anderer für sein Scheitern verantwortlich zu machen. Die Heilsbotschaft des Philosophenkönigssatzes steht am Anfang des Briefes. Am Ende glaubt Platon allen Niederlagen zum Trotz, nichts davon zurücknehmen zu müssen. Alles Unheil in Sizilien ist ihm im Gegenteil eine Folge der Nichtbeachtung der Philosophie. Platon legt deshalb Wert auf den Nachweis, daß die seiner Meinung nach schuldigen Akteure – in erster Linie Dionysios II. und außerdem der Dion-Mörder Kallippos – keine Philosophen gewesen sind.[34]

---

31 Vgl. Misch, GdA 146 ff.; Müller, Archiv f. Philos. 3 (1949), 264.
32 Thurnher, Der siebte Platonbrief 15, der einen apologetischen Zweck des Briefes überhaupt leugnet, spielt beide Aspekte gegeneinander aus. Er ignoriert, daß Platon in dem Brief gleichsam als personifizierte Philosophie auftritt. Insgesamt ist Thurnhers „Versuch einer umfassenden philosophischen Interpretation" durch die nahezu völlige Außerachtlassung des historischen Kontextes gekennzeichnet.
33 Vgl. Misch, GdA 136 f.; Edelstein, Plato's Seventh Letter 53 ff.
34 Vgl. Thurnher, Der siebte Platonbrief 15 ff.

Entsprechend dem rhetorischen Charakter des Briefes erläutert Platon den politischen Anspruch der Philosophie nicht dialektisch, sondern durch eine genetische Darstellung seines Denkens.[35] Platon beginnt daher den Brief mit einem Stück Autobiographie, das die Entwicklung seiner politischen Grundüberzeugung als Weg zur Erkenntnis verständlich machen soll (324 B – 326 B). Am Anfang, so erinnert er sich, stand sein selbstverständlicher Wunsch, sich nach Erreichen der Volljährigkeit an den öffentlichen Aufgaben seiner Stadt zu beteiligen. Diese ursprüngliche Neigung zur Politik wird ihm allerdings durch die Zustände Athens am Ende des Peloponnesischen Krieges, die sog. Tyrannis der Dreißig und schließlich durch den Prozeß und die Verurteilung des Sokrates gründlich verleidet. Platons Schilderung ist vor dem historischen Hindergrund seiner ersten dreißig Lebensjahre durchaus glaubwürdig.[36]

Platon war ungefähr fünfzehn Jahre alt, als sich für Athen die sizilische Katastrophe ereignete. Die nächsten zehn Jahre bis zur totalen Niederlage im Peloponnesischen Krieg waren durch Instabilität, Machtverfall und Verarmung seiner Heimatstadt gekennzeichnet; sie dürften im politischen Bewußtsein des jungen Mannes einen tiefen Eindruck hinterlassen haben. Außerdem war sein familiärer Hintergrund[37] nicht dazu angetan, Sympathien für die demokratische Ordnung zu fördern. Immerhin führten mit Kritias und Charmides zwei nahe Verwandte Platons den oligarchischen Umsturz von 404 an. Aus allen diesen Gründen ist es vollkommen einsichtig, daß Platon, wie im 7. Brief (324 CD) zu lesen, den Putsch zunächst begrüßte, weil er sich eine Verbesserung der politischen Zustände erhoffte. Das Schreckensregiment der „Dreißig" ließ ihn jedoch schon bald seines Irrtums gewahr werden und sogar die alten Verhältnisse zurückwünschen.

Nach der Restitution der Demokratie wollte sich Platon erneut an der Politik beteiligen. Doch nach kurzer Zeit öffnete ihm der Sokrates-Prozeß endgültig die Augen. Er konstatierte einen Verfall der Sitten und Institutionen und erkannte, daß es sich nicht nur um ein Problem seiner Vaterstadt, sondern aller zeitgenössischen Städte handelte. Die weitere Argumentation ist aus den Dialogen, namentlich der „Politeia", geläufig: Alle heutigen Städte sind politisch fast unheilbar verdorben; Rettung kann unter diesen Umständen nur die Philosophie bringen, weil sie allein die Einsicht ermöglicht, was in der politischen und privaten Lebensführung gerecht ist; nur die Philosophenherrschaft wird das menschliche Geschlecht vom Übel befreien (326 AB).

Neu an der Darstellung der Philosophenherrscherthese im 7. Brief ist die mittelbare Begründung mit persönlichen Erfahrungen des Autors in Athen. Die These wird auf diese Weise sozusagen „historisiert", weshalb sich die umständliche Rechtfertigung ihres paradoxalen Gehaltes, die im systematischen Zusammenhang der „Politeia" notwendig war, erübrigt. Dennoch überrascht die Geläufigkeit, mit welcher der Briefautor die große These ausspricht, von deren Mitteilung sich der Sokrates der „Politeia" noch Schimpf und Schande erwartet hatte.[38] Der gesamte erste Briefab-

---

35   Vgl. ebd. 13.
36   S.o. S. 153 f.
37   Vgl. Davies, Athenian Propertied Families Nr. 8792.
38   Vgl. Misch, GdA 122.

schnitt läuft geradlinig auf die Aussprache der berühmten These zu, die Platon damit demonstrativ über die folgende Schilderung und Ratgebung stellt. Der Philosophen-königssatz dient im 7. Brief als Motto für den praktischen Anspruch der Philosophie.

„Mit dieser Einstellung", fährt Platon fort, „kam ich nach Italien und Sizilien, bei meiner ersten Reise" (326 B).[39] Mit der sizilischen und unteritalischen Maßlosigkeit im Essen, Trinken und in der Liebe konfrontiert, entdeckt Platon den Zusammenhang von Lebensweise und Politik. Von den sizilischen Sitten führt kein Weg zur Vernunft, weder in individueller noch in kollektiver Hinsicht. Deshalb sind unter solchen Bedingungen ständige Verfassungswechsel unvermeidlich: „Es ist notwendig, daß diese Städte niemals aufhören, zwischen Tyrannis und Oligarchie und Demokratie zu wechseln und daß die jeweiligen Machthaber in ihnen noch nicht einmal ertragen, daß eine gerechte und gesetzlich ausgeglichene Verfassung vor ihren Ohren ausgesprochen wird" (326 D). Die unauflösliche Verbindung von bürgerlichen Sitten und politischer Verfaßtheit ist ein Motiv, dem, wie wir schon herausgearbeitet haben[40], eine zentrale Bedeutung im Denken Platons zukommt. Im 7. Brief wird dieses Motiv, wenn auch charakteristisch verkürzt, auf vielfältige Weise variiert. Dabei benutzt Platon unter anderem die bewährte Arzt-Metapher: Die Voraussetzung für eine erfolgreiche Behandlung des Kranken ist die Änderung der Lebensweise. Ist der Patient dazu nicht bereit, sollte der Arzt seine Tätigkeit einstellen. „Dasselbe gilt auch für eine Stadt, ob nun einer ihr Herr ist oder mehrere ..." (330 CDE).

Die ethische Wende, die Platon fordert, bezieht sich im 7. Brief freilich nur auf den Lebenswandel und läßt alle psychologischen Aspekte beiseite. Von der mentalen Disposition der Griechen zum Bürgerkrieg, die Platon in den Dialogen aus der konventionellen Moral abgeleitet hatte, ist nicht die Rede. Statt dessen begnügt sich Platon in Sizilien damit, das uralte Ideal der Selbstbeherrschung zu predigen und den Dioneern die dorische Lebensweise der Väter zu empfehlen (336 CD). Vielleicht hängt die Verharmlosung seiner Kritik mit dem apologetischen Briefzweck zusammen[41]; ein Frontalangriff auf die zeitgenössische Moral in der gebotenen Kürze hätte bei dem anvisierten Leserkreis Mißverständnisse hervorrufen können.

Auch die im 7. Brief geschilderten Akteure werden zunächst nach ihrer Lebensweise beurteilt. Die Begegnung mit Dion, dem jungen Schwager des Tyrannen Dionysios I., beschreibt Platon als das wichtigste Ereignis seines ersten Aufenthaltes in Syrakus. Der junge Mann habe sich, so Platon, durch eine rasche Auffassungsgabe und aufmerksames Zuhören ausgezeichnet und sei durch seinen Einfluß zu einer Änderung der Lebensweise gelangt (327 AB). Ist er dadurch schon zum Philosophen geworden? Der Platonkenner muß die Frage zweifellos verneinen, zumal wenn er berücksichtigt, daß Platon allenfalls einige Monate mit Dion verkehrt haben kann. Dennoch erweckt Platon im folgenden den Eindruck, als sei Dion einer jener ausgezeichneten Menschen, von deren Herrschaft das Heil abhängt. Dion präsentiert sich nämlich in seiner Einladung an Platon unwidersprochen als Vorbild für die geplante

---

39 Der Satz wird übrigens durch unsere Interpretation des „Gorgias" (s.o. S. 168 f.) unterstützt, wonach dieser Dialog, der kurz vor oder kurz nach der erwähnte Reise geschrieben wurde, die Philosophenherrscherthese bereits implizit enthält.

40 Siehe vor allem Kap. B II 2: Der Primat der Seele.

41 Natürlich könnte die Verharmlosung ebensogut auf das Konto eines Fälschers gehen.

Erziehung des jungen Tyrannen Dionysios II. zum Philosophen. Wiederum ist nirgends von Erkenntnis, Wissen oder dergleichen die Rede. Erst Seiten später erläutert Platon, welcher intellektuellen Anstrengungen es bedarf, um zur wahren Erkenntnis zu gelangen.[42] Nach dem definitiven Scheitern seiner Mission geht es ihm darum, Dionysios als Philosophen grundsätzlich zu disqualifizieren. Bei der Beschreibung der Ausgangsposition tut er dagegen im Anschluß an Dion so, als hätte schon die erfolgreiche Überredung des Tyrannen zu einem maßvollen und zurückhaltenden Lebenswandel die Philosophenherrschaft heraufführen können. Argumentative Unebenheiten wie diese werden in dem Brief durchweg von einer suggestiven Rhetorik überlagert. Dennoch bleibt unbestritten, daß Platon in seinen Dialogen das Streben nach Erkenntnis an eine tugendhafte Lebensgestaltung koppelt.

Platonisch im Sinne der Dialoge ist auch die Interpretation der Philosophenherrscherthese im 7. Brief. In der „Politeia" hat Platon betont, daß die philosophische Reflexion über die beste Polis nicht in reiner Theorie ihr Genügen finden kann. Deswegen setzt er seinen Sokrates dem Zwang aus, die Möglichkeit des entworfenen Staates aufzuzeigen.[43] Der praktische Anspruch der Philosophie kulminiert schließlich im Philosophenkönigssatz. Doch wird das politische Engagement von Philosophen damit gleichzeitig an sehr schwer erreichbare Bedingungen geknüpft. Denn der Philosoph ist, wie Sokrates ohne weiteres einräumt, realpolitisch unbrauchbar, und dies hauptsächlich aus zwei Gründen: Erstens ist es für ihn sinnlos, sich dem politischen Wettbewerb auszusetzen, weil seine Gesprächskunst in der politischen Öffentlichkeit der geläufigen Rede- und Überredungskunst grundsätzlich unterlegen ist. Nicht Dialektik, sondern Rhetorik ist das Kommunikationsmodell der Polis. Zweitens muß sich der Philosoph, um der Philosophie zur Macht zu verhelfen, aller Gewalt enthalten, weil die von ihm inaugurierte Umgestaltung sich nicht in einem Umsturz der Institutionen erschöpft, sondern auf einer freiwilligen Annahme und allmählichen Internalisierung neuer Lebensnormen beruht. Unter diesen Umständen läßt Platon bereits in der „Politeia" andeuten und in den „Nomoi" bestätigen, daß er in der „Philosophisierung" eines aktuellen oder potentiellen Machthabers den einfachsten Weg zur Philosophenherrschaft erkennt. Dies setzt wiederum die Erziehbarkeit des ins Auge gefaßten Machthabers voraus: erstens muß er über eine „philosophische Natur" verfügen, und zweitens darf er durch seine „tyrannische" Sozialisation nicht, wie es normalerweise angenommen werden muß, unheilbar verdorben sein.

Dions Einladung an Platon, die der Brief indirekt wiedergibt, ist nun weitgehend auf diese Ausgangsposition abgestellt. Sie entwirft das Projekt einer philosophischen Erziehung des Tyrannen Dionysios II.; sie formuliert die Hoffnung, auf diesem Weg „ohne Blutbad, Tod und die Untaten, die sich jetzt (d.h. zur Abfassungszeit des Briefes) ereignet haben, ein glückliches und wahres Leben im ganzen Land begründen zu können" (327 D; vgl. 327 C); sie erwähnt die Ausdehnung des Herrschaftsgebietes, um die Bedeutung der geplanten Bekehrung zu steigern; sie betont die philosophischen Neigungen und den Bildungseifer des Tyrannen; sie verweist auf die Aufgeschlossenheit seiner engsten Umgebung für Platons Überzeugungsarbeit, nicht

42 Im Zusammenhang mit der sog. „Philosophenprobe", 340 B ff.
43 Für das Folgende siehe Kap. B III 5.

ohne vor der Gefahr zu warnen, daß andere den jungen Tyrannen vom Pfad der Tugend ableiten könnten, und schließt mit dem Satz: „Daher werde, wenn überhaupt jemals, dann jetzt alle Hoffnung zum Ziel kommen, daß dieselben Philosophen und Machthaber in den großen Städten werden" (328 A). – Die Werbung Dions konnte ihre Wirkung auf Platon nicht verfehlen[44], sofern es ihm mit dem praktischen Anspruch der Philosophie ernst war.[45] Platon entschließt sich denn auch nach kurzem, seiner Skepsis gegenüber der Standhaftigkeit junger Leute geschuldetem Zögern, die von Dion erwirkte Einladung des jungen Tyrannen anzunehmen (328 B). Er sieht in Sizilien die einmalige Chance, seine Absichten über Gesetz und Verfassung zu verwirklichen, „denn ich mußte nur einen einzigen Mann hinreichend überzeugen und hätte damit schon alles zu einem guten Ende gebracht" (328 BC). Mit dieser Aussage bestätigt Platon, was wir oben über den strukturellen Vorrang der Tyrannis als Ausgangspunkt für die Errichtung einer Philosophenherrschaft herausgearbeitet haben. An die Dialoge gemahnt auch der naive Optimismus für den Fall, daß die Erziehung gelingen sollte: als wenn sich danach alle politischen Probleme von selbst lösten! Wieder klingt die mit der Philosophenherrschaft verbundene Heilserwartung an.

4. DER KONFLIKT DER MOTIVE

Bis hierher erklärt Platon sein Engagement in Sizilien einigermaßen überzeugend aus seinem politisch-philosophischen Denken. Im folgenden müssen wir die meisterhafte Rhetorik des Briefes genauer ins Auge fassen.

Die häufige Berufung auf die Philosophie kommt dem apologetischen Hauptzweck des Briefes sehr zugute; sie ist eine erfolgreiche rhetorische Strategie, weil sie die ideale Gesinnung Platons und Dions nicht nur behauptet, sondern auch begründet. Doch vermag der ideale Überbau das Handeln der Akteure kaum überzeugend zu erklären. Deswegen changiert der Brief ständig zwischen zwei verschiedenen Diskursebenen: abwechselnd nimmt der Verfasser die Haltung eines Philosophen oder eines gutwilligen Politikers ein[46]; einmal dominiert – oft ausgehend von Zitaten aus

---

44 Natürlich unter der Voraussetzung, daß sie kein nachträgliches Konstrukt Platons oder eines anderen Briefautors darstellt, was durchaus möglich wäre.

45 Das 328 C5-8 vorgetragene Selbstverständnis des Philosophen zeugt von diesem praktischen Anspruch. Danach entschließt sich Platon, die Reise anzutreten, „weil ich es als äußerst peinlich vor mir selbst empfand, ich sei in allem geradewegs nur ein Gedanke (λόγος) und werde freiwillig niemals an die Tat herangehen". Platons Scham, als bloßer Theoretiker zu erscheinen, verrät nach der treffenden Beobachtung von Vatai, Intellectuals 74 das „self-image" des Aristokraten und berührt, wie man hinzufügen könnte, merkwürdig bei einem Manne, der in seiner sonstigen literarischen Produktion das adelige Selbstbewußtsein immer wieder in Frage gestellt hat. Daß der Satz der „Politeia" in Geist und Buchstaben widerspricht, zeigt Edelstein, Plato's Seventh Letter 16 ff. Das muß freilich kein Beweis gegen die Echtheit des Briefes sein.

46 Misch, GdA 118 ff.; G. Müller, GGA 221 (1969), 192; Edelstein, Plato's Seventh Letter 19, nimmt einen Hinweis von J. Socher (Über Platons Schriften 1820, 419 f.) wieder auf, um den Briefautor mit Platon selbst zu charakterisieren. Im Euthydemos 305 C ff. spricht Sokrates, wohl mit Anspielung auf Isokrates, von den Leuten, die auf der Grenze zwischen Philosophen

den platonischen Dialogen – „die Forderung der Philosophie"[47], ein anderes Mal wieder realpolitisches Kalkül oder Festrhetorik im Stile eines Isokrates.[48] Die Differenz beider Ebenen läßt sich beispielhaft an den Motiven zeigen, die Platon für seine Sizilienreisen angibt.

Die erste Reise zu Dionysios II. unternahm Platon dem 7. Brief zufolge vor allem, um den jungen Tyrannen zum Philosophen zu erziehen und dadurch – gemäß dem Philosophenkönigssatz – „ein glückliches und wahres Leben im ganzen Land zu begründen" (327 D). Platon schildert ausführlich, wie ihn Dion, der die Einladung nach Syrakus betrieb, von der günstigen Gelegenheit für ein Handeln im philosophischen Sinne überzeugte. Daneben scheint aber bereits ein Motiv anderer Art auf. Platon fühlte sich Dion, von dem er für den Zeitpunkt der Einladung ausdrücklich feststellt, daß er „sich wahrhaftig in nicht geringer Gefahr befand", durch Gastfreundschaft und Gefolgschaft (ξενία τε καὶ ἑταιρία) verpflichtet (328 CD). Etwas weiter unten erklärt Platon: „Durch mein Kommen erfüllte ich meine Pflicht gegenüber Zeus, dem Beschützer der Gastfreunde..." (329 B).

Die Bedeutung einer Beziehung wie der Gastfreundschaft (φιλοξενία) mit ihren religiösen und ethischen Implikationen läßt sich in einer Gesellschaft, die wie die griechische überaus stark von persönlichen Strukturen geprägt war, kaum überschätzen.[49] Das gilt besonders für die sich einem engen Polispatriotismus versagenden aristokratischen Kreise[50], denen sowohl Platon als auch Dion durch Geburt und Habitus angehörten. Auch das Sepulkralepigramm, welches Platon nach Dions Tod angeblich dem geliebten Freund widmete[51], gehört in den Zusammenhang der

und Politikern stehen. Sein Fazit (306 C) lautet, daß diejenigen, welche sowohl Politiker als auch Philosophen sein wollen, als die ersten zu erscheinen suchen, obwohl sie in Wahrheit die dritten sind, schlechter im Hinblick darauf, worin Philosophie und Politik ihren Wert haben.

47 Unter dieser Formel verallgemeinert Hölscher, WJA N.F. 1 (1975), 93 ff. ein zweifellos platonisch anmutendes Motiv des Briefes; es ist aber nicht das einzige. Außerdem versucht er damit, den offenkundig apologetischen Charakter des Briefes zu relativieren.

48 An Isokrates erinnert neben dem Panhellenismus (s.u.) auch das hervorgekehrte Selbstbewußtsein, das gleich an mehreren Stellen des Briefes begegnet (335 CD. 336 B. 345 BC. 347 E). Auf Parallelen zwischen dem 7. Brief und der Antidosis-Rede des Isokrates hat Misch, GdA 158 ff. aufmerksam gemacht. Von den Übereinstimmungen in der Phraseologie einmal abgesehen, geht auch in der Isokrates-Rede die Idee der Selbstbiographie mit einer enkomiastischen Darstellung in Form einer fiktiven Apologie zusammen. Dort findet sich in Timotheos auch eine Entsprechung für die Rolle des Dion im 7. Brief. Isokrates' Antidosis-Rede ist im Jahre 353 erschienen. Wenn daher tatsächlich eine Abhängigkeit vorliegt, könnte entweder Isokrates sofort nach Veröffentlichung des Briefes versucht haben, Platon mit seiner eigenen Autobiographie zu übertrumpfen, oder ein Platonschüler Jahre später das Werk des Rhetors als literarisches Vorbild für die Rechtfertigung seines Meisters benutzt haben.

49 Vgl. dazu jetzt G. Herman, Ritualised Friendship and the Greek City, Cambridge u.a. 1987.

50 Ebd. 34 ff.

51 Das Gedicht ist bei Diog. Laert. III 30 überliefert und lautet in der Übersetzung von Wilamowitz (Platon I 509) wie folgt:
„Tränen haben die Schicksalschwestern / Hekabe und den Troerfrauen / zugesponnen vor der Geburt. – Doch du standest im Siegerkranze, / Dion, als das Geschick dir aller / Hoffnung Früchte / plötzlich entriß. – Ruhe in heimischer Erde, teuer / deinem Volke. Wie glühend hat dich / meine Seele, / Dion, geliebt. " – Es liegt nicht nur in der Natur der Überlieferung, daß die

ritualisierten Freundschaft. Es war nämlich durchaus nicht ungewöhnlich, dem verblichenen ξένος auf diese Weise ein Denkmal zu setzen.[52] Über das Institut der Gastfreundschaft hinaus betrachtete Platon den jungen Dion nach seinem ersten Sizilienaufenthalt offenbar auch als einen Freund im Geiste der Philosophie, „denn er war nicht im Sinne einer gewöhnlichen Freundschaft sein Freund geworden, sondern durch die Gemeinschaft, die die Bildung unter freien Männern begründet" (334 B). Der platonische Eros war in diesem Zusammenhang bestens geeignet, das Konzept der ritualisierten Freundschaft philosophisch zu überhöhen und die aus ihm erwachsenen selbstverständlichen Verpflichtungen noch zu verstärken. Platon konnte Dions Bitten um Unterstützung auch von daher kaum zurückweisen.

Die Rede von der „nicht geringen Gefahr", in der Dion schwebte, spielt offenbar auf Auseinandersetzungen in der Umgebung des Tyrannen an, die nach seinem Machtantritt ausbrachen. Dabei war es keineswegs bloß sein pädagogischer Eifer, der Dion in Schwierigkeiten brachte. Der 7. Brief verschweigt bezeichnenderweise, daß Dion kurz vor dem Tode des älteren Dionysios eine Änderung der Thronfolge zugunsten seines Neffen, eines jüngeren Tyrannensohnes aus zweiter Ehe, durchzusetzen versuchte.[53] Es ist daher kein Wunder, daß das Vertrauen von Dionysios II. in seinen Verwandten Dion nach dem gescheiterten Thronfolgemanöver nicht sehr ausgeprägt war.

Als Platon in Syrakus ankam, fand er folglich am Hofe des Dionysios στάσις vor (329 BC). In dem Kampf um Einfluß bei dem Tyrannen war Dion von Anfang an Partei und Platon durch seine Assoziation an Dion ebenfalls. Platon ist sich dessen sehr wohl bewußt: „Ich, ein Athener, kam als Dions Vertrauter, als sein Mitstreiter, um Krieg in Freundschaft zu verwandeln" (333 D). Daß er gleichzeitig als Philosoph kam, ist das Dilemma, welches er durchgängig ignoriert. Denn auf diese Weise gerät die Philosophie zum Instrument der Interessenvertretung. Mit Platon und Dion befindet sich auch die Philosophie in einer **politischen**, durch den Freund-Feind-Gegensatz gekennzeichneten Konstellation, die ihr aber wesensfremd ist und in der sie sich grundsätzlich nicht behaupten kann. Im offenen politischen Wettbewerb, ob nun um die Gunst des Volkes oder des Tyrannen, ist die rationale Argumentation einer genuin politischen Strategie, die sich der Täuschung, Drohung, Verleumdung, druckvollen oder schmeichelnden Werbung etc. bedient, unterlegen. Die Philosophenherrschaft setzt deshalb, wie ich im Vorigen[54] zu zeigen versuchte, bereits ein Ende der Politik voraus. Darin lag ja gerade für Platon – in der „Politeia" implizit, in den

---

Frage der Authentizität nicht geklärt werden kann. Grabepigramme bewegen sich nun einmal in einem konventionellen Rahmen (das schließt qualitative Unterschiede natürlich nicht aus), was die Zuordnung zu einem Autor, unter dessen Namen keine weiteren Beispiele vorliegen, unmöglich macht. Aus diesen und anderen Gründen lehne ich psychologistische Interpretationen, wie die von Wilamowitz (s.o.) und Herter, RhM 92 (1944), 289 ff. ab. Herter schreibt z.B. (a.a.O. 300) über das Gedicht: „Es ist ein ganz spontaner Gefühlsausbruch, der sich Platon über die Lippen gedrängt hat."

52 Vgl. Herman, Ritualised Friendship 129. Ich erinnere daran, daß von Aristoteles ein ähnliches Epigramm über seinen Gastfreund Hermias von Atarneus vorliegt: s.o. S. 66 mit A.40.

53 Plut. Dion 6,2 f.; Corn. Nep. Dion 2,4 f.; zum Folgenden s.o. S. 109 ff.

54 Kap. B III 5.

„Nomoi" explizit – der Vorrang der Tyrannis. Nun stellt sich heraus, daß selbst am Hofe des Dionysios die Politik noch keineswegs an ihr Ende gelangt war.

Dennoch hätten Platons Hoffnungen eine Chance gehabt, wenn er sich von seinem Freund Dion distanziert hätte. Dadurch hätte er eine Position über den Parteien gewinnen können. Denn Dion verfolgte eigene persönliche und dynastische Interessen[55], die verständlicherweise das Mißtrauen des Tyrannen erweckten. Dions Aktivitäten ließen Dionysios um seine Herrschaft fürchten und veranlaßten ihn, Dion außer Landes zu weisen. Platon hielt auch danach an seiner Freundschaft zu Dion fest und forderte seine Rückberufung. Ein Vertrauensverhältnis zu Dionysios konnte unter diesen Umständen nicht entstehen. Deswegen scheute der Tyrann auch weiterhin davor zurück, „die Gedanken zur Philosophie aufzunehmen und anzuhören und auf diese Weise mir vertraut zu werden und näherzukommen. Er fürchtete nämlich die Worte der Verleumder, er könne so in gewisser Weise in Fesseln geraten, und Dion hätte dann doch alles erreicht" (330 B; vgl. 333 BC). Dionysios konnte allzu leicht den Eindruck gewinnen, daß die Philosophie nur das Mittel sei, ihn des Thrones zu berauben, zumal er ja wußte, daß Dion in Platons Augen bereits als Philosoph qualifiziert war. Es versteht sich, daß die dionfeindliche Hofpartei ihn in diesem Eindruck bestärkte. Also vor die Wahl zwischen der philosophisch geforderten Erziehungsaufgabe und den Freundespflichten (ξενία καὶ ἑταιρία!) gestellt, entschied sich Platon für letztere, ohne sich freilich über die Konsequenzen seiner Entscheidung Rechenschaft abzulegen. Damit war das Scheitern seiner Mission unvermeidlich. Seine Wahl konnte aber auch nicht ohne Auswirkungen auf die Apologie bleiben: Auf Dion durfte kein Schatten fallen; seine ideale Gesinnung mußte vielmehr über alle Zweifel erhoben werden. Das Scheitern wurde deshalb Dionysios angelastet, den Platon zum wankelmütigen und mißtrauischen Versager stilisiert. Wenn wir nicht andere Quellen hätten, wären wir dem suggestiven Bild des 7. Briefes hilflos ausgeliefert.

Auch seine zweite Reise zu Dionysios II., die er bezeichnenderweise nur sehr widerstrebend antritt, begründet Platon mit einer Verbindung von philosophischen und politischen Motiven. Freilich hat sich das Gewicht im Vergleich zur ersten Reise nunmehr stark zugunsten der Politik verlagert. Ganz hat Platon allerdings nach seinen eigenen Worten die Hoffnung auf eine „Philosophisierung" des Tyrannen auch zu diesem Zeitpunkt noch nicht aufgegeben. Berichte seiner pythagoreischen Freunde aus Tarent, wonach Dionysios in der Philosophie erstaunliche Fortschritte gemacht habe (339 B), hält er sich nachzuprüfen für verpflichtet. Doch in erster Linie reist Platon jetzt auf Veranlassung und im Interesse des verbannten Dion, der seine Rückkehr nach Syrakus erreichen will, und der tarentinischen Freunde, die um ihr gutes Verhältnis zu Dionysios fürchten. Außerdem setzt ihn der Tyrann mit dem Versprechen unter Druck, daß er im Falle seines Besuches die Angelegenheiten Dions in dessen Sinne entscheiden werde, sonst aber entgegengesetzt (339 C). In Syrakus stellt Platon rasch fest, daß es mit den philosophischen Bemühungen von Dionysios nicht weit her ist; die „Philosophenprobe" (340 B ff.) führt zu einem negativen Ergebnis, und der sog. erkenntnistheoretische Exkurs (341 A ff.) begrün-

---

55   Vgl. Plut. Dion 12,1 ff. 14,4.

det, warum Dionysios, der über das Höchste und Erste in der Natur schrieb, in Wahrheit nichts von der Philosophie begriffen hat.

Platons Aufenthalt wird jedoch auch politisch ein Mißerfolg, weil er als Interessen-vertreter Dions in den Augen des Tyrannen zunehmend an Glaubwürdigkeit verliert. Für die einzelnen Ereignisse muß auf die Darstellung im ersten Teil dieser Arbeit verwiesen werden. Den endgültigen Bruch mit Dionysios kommentiert Platon mit den Worten: „Bis dahin hatte ich auf diese Weise der Philosophie und meinen Freunden beizustehen versucht" (347 E). Daß sich gerade in der doppelten Ziel-setzung ein Problem verbergen könnte, daß die philosophische Aufgabe mit der Freundeshilfe in Konflikt geraten könnte, kommt Platon bzw. dem Briefautor offen-bar nicht in den Sinn. Die Schuld für das Scheitern muß stattdessen wiederum Dionysios übernehmen. Platon wirft ihm Wortbruch vor, ohne die Gründe für das erneut übermächtig werdende Mißtrauen des Tyrannen zu erwähnen: die subversive Betätigung des Platon-Neffen und Dion-Vertrauten Speusippos etwa, der in opposi-tionellen Kreisen in Syrakus verkehrte und die Aussichten für einen von Dion angeführten Putsch erkundete, oder die Aufrüstung Dions in Griechenland, die just zu der Zeit begann, als Platon auf der syrakusanischen Burg mit dem Tyrannen verhan-delte.[56]

Die selektive Präsentation der Tatsachen ist ein rhetorisches Mittel, dessen sich der 7. Brief häufig bedient. Dabei geht es meistens um die Beurteilung Dions. Nicht erst die Hinzuziehung anderer, auch dionfreundlicher Quellen offenbart Unge-reimtheiten. Das ideale Dion-Bild, das der 7. Brief zeichnet, ist zudem weder in sich, noch konfrontiert mit der Forderung der Philosophie, widerspruchsfrei.

Platon schildert, wie er den jungen Dion bei seiner ersten Sizilienreise ca. 388 v. Chr. kennenlernte und zu einer Änderung der Lebensweise veranlaßte. Er knüpft daran folgende Bemerkung: „Und daher lebte er (Dion) nun in einer Weise, die zunehmend bei denen Anstoß erregte, die ihr Leben an den Gepflogenheiten der Tyrannis ausrichteten; und das blieb so bis zu Dionysios' Tod" (327 B). Mit einem rhetorischen Kniff überbrückt Platon die zwanzig Jahre, die zwischen Dions angebli-cher Bekehrung und Dionysios' Tod liegen. So vermeidet er, die großartige Karriere Dions unter dem berüchtigten Tyrannen (s.o.) zu erwähnen. So vermeidet er auch, den Widerspruch zwischen dieser Handlungsweise und seinem Philosophenbegriff zu erklären. Denn wenn Dion durch die Begegnung mit Platon zum Philosophen geworden wäre, hätte er dem Meister nach Athen in die Akademie folgen müssen, statt dem Prototyp eines Gewaltherrschers fortgesetzt treu zu dienen.[57] Freund eines Tyrannen, führt Sokrates im „Gorgias" aus, kann grundsätzlich nur ein solcher sein, „der ihm gleichgesinnt ist, dasselbe lobt und tadelt und sich dennoch beherrschen lassen und dem Gewalthabenden unterworfen sein will" (510 CD). Auch die Beur-teilung der Tyrannis in der „Politeia" läßt es völlig ausgeschlossen erscheinen, daß ein Philosoph oder auch nur ein tugendhafter Mensch sich freiwillig zum Tyrannendienst bereit fände. Platon hätte Dions Karriere nicht rechtfertigen können; er ignoriert sie.

---

56   S.o. S. 110 f.
57   Vgl. Sprute, Hermes 100 (1972), 296 f.; Finley, Aspects of Antiquity 79 f.

Am Schluß des Briefes hebt Platon noch einmal das hohe Ethos seines Schützlings hervor. Zu dessen dreijähriger Regierung in Syrakus nimmt er nicht direkt Stellung. Er deutet lediglich an, daß Dion nicht bereit war, der Mehrheit der Stadt das Gut der Minderheit auf Grund von Abstimmungen zuzuteilen und den Besitz kleinerer unterworfener Städte zu enteignen. Mit diesen Anspielungen auf reale Vorkommnisse versucht Platon, die Rechtlichkeit Dions zu demonstrieren. Wir haben bei der Analyse der Ereignisse im ersten Teil der Arbeit gesehen[58], daß ein oligarchisches Kalkül als mindestens gleichrangig zu bewerten ist. Nicht Macht, sondern eine Verfassung habe Dion angestrebt, fährt Platon fort, „und die Einrichtung der besten und gerechtesten Gesetze, die sich auch nur ohne einen einzigen Fall von Mord und Verbannung verwirklichen läßt. Das hat nun Dion tun wollen, der lieber Frevel erleiden als vollbringen wollte, sich aber auch vorsah, daß ihm nichts zustieß. Dennoch kam er zu Fall, als er den Höhepunkt seiner Überlegenheit über seine Feinde erreicht hatte..." (351 C). Dabei habe er sich nicht über die Schlechtigkeit seiner Mörder getäuscht, sondern nur über das Ausmaß ihrer Verworfenheit. „Und weil er sich hierin täuschte, liegt er nun im Grab und hat damit ganz Sizilien mit unermeßlichem Leid umgeben" (351 E).

Die tiefe Unwahrhaftigkeit des Bildes vom tragischen Helden wird offenbar, wenn man sich die Tatsachen von Dions politischer Laufbahn vergegenwärtigt. „Die Einrichtung der besten und gerechtesten Gesetze" glaubte Dion zuletzt nur durch die Ermordung seines demokratischen Gegenspielers Herakleides erreichen zu können. Dennoch wendet Platon sogar das sokratische Prinzip der Sittlichkeit auf Dion an. Wenn Dion aber Frevel lieber erleiden als tun wollte, warum hat er dann den Feldzug gegen Dionysios unternommen, der den Anstoß für fast zwanzig Jahre Krieg und Bürgerkrieg auf Sizilien gab? Wenige Zeilen zuvor (350 BC) hat Platon selbst das Motiv Dions für seinen Sizilienzug beschrieben: Rache an Dionysios. Wie geht das mit der sokratischen Formel zusammen?[59]

Die Stelle zeigt einmal mehr, daß sich zwischen den beiden Argumentationsebenen des Briefes Widersprüche auftun. Das politische Handeln Dions läßt sich mit dem philosophischen Anspruch nicht vereinbaren. Wird ein solcher dennoch erhoben, nimmt, das führt der 7. Brief exemplarisch vor, die Philosophie Schaden. Zur Rechtfertigung politischen Versagens mißbraucht, wird die philosophische Muse zur wohlfeilen Dirne der Politik.

In vielfältiger Spannung zur Forderung der Philosophie befinden sich auch die Ratschläge, die Platon gemeinsam mit Dion dem jüngeren Dionysios gegeben haben will, als dieser die Herrschaft gerade von seinem Vater übernommen hatte. Danach sollte Dionysios zunächst seinen Lebenswandel im Sinne der Selbstbeherrschung ändern (331 D). Die Bedeutung dieses Motivs wird nicht nur im 7. Brief, sondern auch in anderen platonischen Schriften häufig hervorgehoben. Eine selbstbeherrschte Lebensweise ist zweifellos eine notwendige, allerdings keineswegs hinreichende Voraussetzung für einen platonischen Philosophen. Dennoch scheint sich im 7. Brief die praktische Relevanz der Philosophie – sowohl im Hinblick auf die Erziehung von Dionysios als auch bei der Charakterisierung Dions – in „Diät" zu erschöpfen. Die

---

58 S.o. S. 112 ff., zusammenfassend 121 f.
59 Auf den Widerspruch hat bereits Misch, GdA 156 aufmerksam gemacht.

weiteren Ratschläge haben nämlich nichts mehr mit Philosophie zu tun, sondern gehorchen einem realpolitischen Kalkül. Dionysios wird aufgefordert, sich tüchtige Freunde und Gefährten zu gewinnen, um gemeinsam mit ihnen sein Reich zu regieren. Zur Begründung verweist Platon auf die Erfahrungen des älteren Dionysios, der noch nicht einmal in der Lage gewesen sei, in den wiedereroberten, von den Barbaren zerstörten Städten Siziliens, „nachdem er sie wieder besiedelt hatte, zuverlässige Regierungen mit Männern aus seiner Umgebung einzurichten" (331 E). Als historische Vorbilder führt Platon dem jungen Dionysios den persischen König Dareios und das attische Seereich des 5. Jahrhunderts vor Augen. Die Athener, so der Briefautor in seiner historischen Lektion, „haben die vielen von den Barbaren eroberten Griechenstädte nicht selbst besiedelt, sondern bewohnt übernommen und dennoch ihre Herrschaft über siebzig Jahre erhalten, weil sie in jeder Stadt befreundete Männer hatten" (332 BC). Mit solchen Argumenten soll Dionysios überredet werden, seiner Tyrannis eine kollektive Basis zu geben. Unter dem Gesichtspunkt der Herrschaftserhaltung handelt es sich vielleicht um einen klugen Rat. Doch angeblich reiste Platon nicht nach Syrakus, um einem unerfahrenen Tyrannen bei der Sicherung seiner Herrschaft zu helfen, sondern um das heilbringende Philosophenkönigtum zu installieren. Beide Rollen lassen sich schlechterdings nicht miteinander vereinbaren: Hetairien der beschriebenen Art, und mögen sich ihre Mitglieder noch so sehr einer zurückhaltenden Lebensweise befleißigen, dürften vor dem Auge der platonisch verstandenen Philosophie keine Gnade finden[60], und was aus philosophischer Sicht zum attischen Seereich zu sagen ist, geht mit wünschenswerter Deutlichkeit aus dem „Gorgias" (517 B ff.) hervor.

Auch die Vorschläge, die Platon und Dion dem Tyrannen zur Neuorganisation seines sizilischen Reiches unterbreiten, die Besiedlung der entvölkerten Städte Siziliens sowie ihre Zusammenfügung gegen Karthago durch Gesetz und Verfassung, stehen in keinem erkennbaren Verhältnis zur Philosophie. „Es sei nämlich leicht", fährt der Briefautor fort, „sich danach die Karthager viel abhängiger zu machen, als sie zu Gelons Zeiten abhängig waren – ganz zu schweigen von dem jetzigen Zustand, in dem sich sein Vater (Dionysios I.) verpflichten mußte, den Fremden Abgaben zu zahlen" (333 A). Ihre Leistungen im Kampf gegen Karthago war schon immer das vornehmste Argument der sizilischen Tyrannen für ihre Alleinherrschaft. Die (nach unserer Kenntnis) unprovozierte Aktualisierung des Arguments im Jahre 366, wie sie Platons Konzept angeblich vorsah, mußte die Tyrannis stärken und war darüber hinaus noch im Jahre 352 oder später geeignet, dem Verfasser einer Verteidigungsschrift Sympathien in ganz Griechenland einzutragen. Inwiefern sie aber dazu beisteuern könnte, „das Menschengeschlecht vom Elend zu erlösen", wie doch der die Beratertätigkeit allererst motivierende Philosophenherrschersatz verkündet hatte, bleibt vollkommen unklar.

Mit seinen antikarthagischen Äußerungen fügt sich Platon vielmehr bestens in die panhellenische Rhetorik des 4. Jahrhunderts.[61] Wie wichtig ihm dieses Motiv

---

60   Vgl. Pol. 365 D; Theait. 173 CD; Nom. 856 B. Daß Platon politische Hetairien mit Vehemenz ablehnt, zeigt Sartori, Platone e le eterie, Historia 7 (1958), 157 ff.; ebenso Edelstein, Plato's Seventh Letter 30 ff.

61   Vgl. Müller, Archiv f. Philos. 3 (1949), 274.

war, wird dadurch verdeutlicht, daß er Dion gegen alle anderen Zeugnisse eine gegen Karthago gerichtete Politik unterstellt (335 E ff.), wobei er diesmal Hieron als zu übertreffendes Vorbild herbeiruft (336 A). In Wirklichkeit unterhielt Dion schon seit seiner Zeit als treuer Gefolgsmann des älteren Dionysios gute Verbindungen zu den Karthagern: 366 wurde er wegen unerlaubter Kontakte zu ihnen vom Hof verwiesen; 357 eroberte er die Macht in Syrakus mit ihrer Unterstützung. Daß er in den drei Jahren seiner Regierung gegen sie vorging, ist nicht bekannt und nicht wahrscheinlich. Ebensowenig hören wir übrigens von einer Besiedlung verödeter Städte Siziliens in dieser Zeit. Das ganze Dion unterstellte Programm würde besser zu Timoleon passen, der seine viel erfolgreichere Tätigkeit circa fünfzehn Jahre später auf Sizilien entfaltete. Es wurde deshalb als Indiz gegen die Echtheit gewertet: Edelstein[62] etwa sieht in dem Programm ein vaticinium ex eventu und in dem Verfasser des Briefes einen Zeitgenossen des Timoleon; jener hätte dann die Akademie zu Vorläufern des großen Korinthers stilisiert.

5. DAS KONZEPT DER GESETZESHERRSCHAFT

Abschließend gilt es, den angeblichen Anlaß des Briefes, Platons Rat an die Dioneer, näher zu betrachten. Dazu werde ich den 8. Brief hinzuziehen, der aus dem platonischen Briefkorpus nächst dem 7. Brief die meiste Akzeptanz in der modernen Forschung fand.

Aus den beschriebenen Gründen scheiterten die beiden Versuche Platons, den jüngeren Dionysios zum Philosophen zu erziehen. Damit war das Konzept der Philosophenherrschaft in Sizilien endgültig erledigt. Dions folgender Feldzug gegen die Tyrannis mit seiner schließlichen Machtergreifung in Syrakus läßt sich diesem Konzept, das eine gewaltlose Machtübernahme voraussetzt, nicht mehr unterordnen. Platon bestimmt im 7. Brief die vernünftige Haltung des Philosophen gegenüber seiner Stadt ähnlich wie Sokrates in der „Politeia" (496 CD): „Er muß es sagen, wenn ihm ihre Verfassung nicht gut scheint (sofern zu erwarten ist, daß er es nicht umsonst sagen wird und nicht sterben muß, wenn er es sagt), Gewalt soll er jedoch nicht anwenden gegen sein Vaterland, wenn ohne Verbannung und Ermordung von Männern die beste Verfassung nicht einzurichten ist, sondern lieber Ruhe halten und für sich und die Stadt um Gutes beten" (331 CD). Insofern überrascht es nicht, daß Platon sich von Dions Eroberungsplan distanziert, als er auf der Rückreise von Syrakus in Olympia 360 das erste Mal davon hört. Doch bringt er dafür keine philosophischen Gründe in Anschlag, sondern verweist auf sein hohes Alter und die Verpflichtungen der Gastfreundschaft mit Dionysios (350 CD). Dem Regierungsprogramm Dions unterlegt er trotz dem gewaltsamen Vorgehen ideale Züge. Zwar ist jetzt nicht mehr von der Philosophenherrschaft die Rede, wohl aber von dem anderen großen politischen Entwurf Platons: der Gesetzesherrschaft.

Die Nomokratie macht auch den Kern von Platons Rat an die Dioneer aus: „Macht Sizilien nicht menschlichen Herrschern untertan und auch keine Stadt sonst –

---

62   Plato's Seventh Letter 33 ff.; vgl. Beloch, GG III 2,45.

so mein Wort –, sondern Gesetzen" (334 C). Natürlich liegt hier der Vergleich zu den „Nomoi" nahe. Die Ausgangslage ist jedoch sehr verschieden: Während Platon in seinem letzten Dialog eine Koloniegründung an einem abgeschiedenen Ort in Kreta (fiktiv) ins Auge faßt, ist der 7. Brief mit einer Stasissituation in der größten sizilischen Stadt konfrontiert. Die Einführung einer Nomokratie in der kretischen Kolonie setzt gerade einen anfänglichen Konsens voraus, der in Syrakus im Gefolge der Dion-Expedition längst illusorisch geworden war. Dion hat mit seinem Marsch auf Syrakus die Gewaltspirale angestoßen und sich schon damit die Möglichkeit einer Gesetzgebung nach dem Muster der „Nomoi" verbaut. Das zeigte sich in aller Deutlichkeit, als er mit Hilfe korinthischer Berater versuchte, eine neue Ordnung in Syrakus zu installieren.[63] Dies wurde von Dions Gegnern, die die Mehrheit des Demos hinter sich versammelten, nicht als Beitrag zur Wiederherstellung der politischen Einheit gewertet, sondern als Versuch, die eigene Herrschaft zu befestigen. Insofern tat Platon in den „Nomoi" gut daran, eine **einvernehmliche** Gesetzgebung an den Anfang einer **neuen** Polis zu setzen. Vielleicht hat er sich dabei auch von seinen sizilischen Erfahrungen leiten lassen. Die praktische Relevanz seines Altersentwurfs bewegt sich dadurch freilich gegen Null. Denn außerdem beruht die „Nomoi"-Ordnung ja auf einer stabilen mittelgroßen Bürgerschaft, bestimmten naturräumlichen Gegebenheiten, die eine agrarisch geprägte Wirtschaftsstruktur erzwingen, und einer vollkommenen Abgeschlossenheit gegen den Rest der Welt.[64] Von daher ist ausgeschlossen, daß Platon, wenn er im 7. Brief von Gesetzesherrschaft spricht, das gleiche oder auch nur ähnliches meint wie in den „Nomoi".[65]

Platon empfiehlt den Dioneern die Herrschaft der Gesetze als Versöhnungskonzept zur Überwindung der Stasis. Der Verzicht der Parteien auf Vergeltung an ihren jeweiligen Feinden soll durch die Schaffung von Gesetzen bewirkt werden, die den Überlegenen „nicht mehr Genuß bringen als den Unterlegenen, und sie zwingen, sich an die Gesetze zu halten, mit dem doppelten Zwang, der auf Scheu und Furcht beruht: auf Furcht (φόβος), indem sie als die Überlegenen ihnen ihre Macht unter Beweis stellen, auf Scheu (αἰδώς) hingegen, indem sie sich als überlegen auch gegenüber ihren Leidenschaften erweisen und es vorziehen und vermögen, den Gesetzen untertan zu sein" (337 A). Die einheitsstiftende Funktion der Gesetze wird hier mit einer den „Nomoi" ähnlichen Emphase hervorgehoben. Aber die unterschiedliche Ausgangsposition kann nicht ohne Konsequenzen für den Gehalt der Gesetzgebung bleiben. Als Versöhnungskonzept muß die Nomokratie die Radikalität des platonischen Dialogentwurfes einbüßen. Platon fordert die Dioneer auf, in ganz

---

63   Plut. Dion 53,2 ff.
64   Die von Platon in den „Nomoi" konstruierten Idealbedingungen zwingen zu dem Schluß, daß Syrakus ein denkbar ungeeignetes Pflaster für philosophische Experimente sein mußte. Wickert, Platon und Syrakus, RhM 93 (1950), 27 ff. sucht das Gegenteil zu erweisen, indem er auf die angebliche Unfertigkeit des syrakusanischen Staates aufmerksam macht: „... hier bot sich Platon ein Rohstoff dar, von dem sich alles erwarten ließ, wenn der rechte Meister die Formung übernahm" (43). Vgl. dagegen auch Berve 134 ff.
65   Dagegen behauptet z.B. Klosko, The Development of Plato's Political Theory 238 ff., eine enge Beziehung zwischen Platons Plänen für Syrakus und den „politischen Vorschlägen", die angeblich in den „Nomoi" präsentiert werden.

Sizilien Kolonien zu gründen bzw. verfallende Städte mit Neusiedlern aus Sizilien, der Peloponnes und sogar Athen wiederherzustellen. Dahinter steht offenbar die Erwägung, durch die Hinzuziehung einer nicht involvierten Bevölkerungsgruppe die Versöhnungspolitik zu stärken. Außerdem rät Platon den Dioneern zur allgemeinen Einführung der ἰσονομία. Zu diesem Zweck sollen sie die besten Männer unter den Griechen herbeirufen und sie bitten, „Gesetze zu geben, und sie vorher schwören lassen, weder der siegreichen noch der unterlegenen Partei mehr zuzuteilen, sondern das Gleiche gemeinsam für die ganze Stadt" (337 C).

Die ausdrückliche Verwendung des Begriffs ἰσονομία in 336 D 4 wie die Umschreibung desselben in 337 C 5/6 (... μήτε νικήσασιν μήτε νικηθεῖσιν νέμειν πλέον, τὸ δὲ ἴσον καὶ κοινὸν πάσῃ τῇ πόλει) spricht dagegen, daß Platon hier nur an einen Ausgleich der verfeindeten Bürgerkriegsparteien denkt. Das Wort Isonomia ist bekanntlich eng mit der Entstehung der Demokratie verbunden. Platon war sich dieses Zusammenhanges natürlich bewußt: Er versteht Isonomia in den Dialogen durchweg im Sinne der arithmetischen Gleichheit, die er verurteilt.[66] Das Wort war ihm anscheinend derartig suspekt, daß er auf eine mögliche und in ähnlichen Fällen bei ihm durchaus übliche Umprägung selbst dort verzichtet, wo sie sich, wie in den „Nomoi", förmlich aufdrängt. Dort betont Platon, daß eine Gleichheit im Sinne der Demokratie der fundamentalen Ungleichheit der Menschen widerspricht und daher stasisbefördernd wirkt (Nom. 757 A ff.). Platon richtet in der kretischen Kolonie vier Vermögensklassen ein, „damit die Bürger die Ehren und Ämter in größtmöglicher Gleichheit mit Hilfe der Ungleichheit, aber Verhältnismäßigkeit erhalten und somit nicht miteinander uneins werden" (744 C). Die Einführung timokratischer Strukturen wäre in Sizilien wohl kaum das geeignete Mittel gewesen, die erstrebte Einigung zu erreichen. Dem trägt der 7. Brief Rechnung: Die Verwendung des Begriffs Isonomia spiegelt – gleichsam als kleinster gemeinsamer Nenner – den realpolitischen Spielraum für eine Versöhnung. Platons Nomokratie qua Isonomie läuft im Briefzusammenhang auf eine gemäßigte, gesetzlich fundierte Demokratie hinaus.

Mit diesem Gebrauch der Isonomieformel steht Platon in einem klaren Gegensatz zu anderwärtig geäußerten Auffassungen. Man könnte das für ein Indiz der Unechtheit des Briefes nehmen, man könnte es aber auch auf das Konto seiner Vermittlungtätigkeit buchen. Außerdem ließe sich denken, daß Platon oder sein alter ego mit der populären Parole dem sizilischen Unternehmen der Akademie vor der griechischen Öffentlichkeit Respektabilität verschaffen möchte und Spekulationen über angebliche oligarchische und tyrannische Umtriebe zu zerstreuen versucht.

Das Konzept der Nomokratie bleibt im 7. Brief letztlich unausgefüllt. Eine Präzisierung bietet der 8. Brief, der Platons Rat an die Dioneer wiederaufnimmt und konkretisiert.[67] Anders als in der vorausgehenden Apologie enthält sich der Autor des 8. Briefes aller persönlichen Reminiszenzen; ebensowenig wird das Thema Philosophie oder

---

66 Vgl. Vlastos, Isonomia 22 ff., bes. 33 A.2; Edelstein, Plato's Seventh Letter 35 ff.; s.o. S. 39 f.
67 Die Echtheit des 8. Briefes wird meistens gemeinsam mit der des 7. Briefes entweder behauptet oder bestritten. Eine Ausnahme ist v. Fritz, Platon in Sizilien 110 ff., der den 8. Brief wegen seiner „Unklarheiten" Platon absprechen möchte. Wenn das Kriterium tragfähig wäre, müßte man freilich auch den 7. Brief athetieren, was v. Fritz entschieden ablehnt.

Philosophenherrschaft berührt, wohingegen der Zusammenhang mit Überlegungen, wie sie in den „Nomoi" angestellt werden, unübersehbar ist.

Auch der 8. Brief geht von einer Stasissituation nach der Auflösung der Tyrannis aus. Eine Befriedung scheint Platon wiederum nur bei einem allseitigen Verzicht auf Vergeltung möglich. Seine Aufgabe sieht er in dem schwierigen Unterfangen, Freund und Feind durch einen Rat zusammenzuführen, der allen Seiten wenn nicht Vorteile, so doch mindestens möglichst wenig Schaden bringt (352 E).[68] Die Ausgangslage ist also die gleiche wie im 7. Brief. Die unpersönliche Herrschaft der Gesetze soll auch jetzt die Versöhnung der verfeindeten Parteien bewirken und befestigen. Als histori- sches Beispiel zitiert Platon den sagenhaften spartanischen Gesetzgeber Lykurg, dessen Maßnahmen sich deswegen einer dauerhaften Anerkennung erfreuten, „weil nämlich das Gesetz maßgeblicher König der Menschen wurde und nicht die Men- schen Tyrannen über die Gesetze" (354 C). Platon fordert daher die Umwandlung der Tyrannis in ein Königtum durch Unterwerfung unter königliche Gesetze. Die Gesetze sollen Könige sein, die bisherigen Tyrannen jedoch nicht weniger. Die Vorschläge des 8. Briefes verströmen den Geist des Kompromisses: Durch ihre freiwillige Abdankung erwerben sich die vormaligen Machthaber einen Anspruch auf die höch- sten Ehrenämter der Polis. Platon warnt außerdem vor einem maßlosen Verlangen nach Freiheit, wie es sich seiner Meinung nach vor der Errichtung der Tyrannis durch Dionysios den Älteren in Sizilien austobte. „Denn Abhängigkeit (δουλεία) und Freiheit im Übermaß ($\dot{\epsilon}$λευθερία $\dot{v}$περβάλλουσα) sind beide sehr schlecht, in rech- tem Maß sehr gut. Maßvoll ist die Abhängigkeit gegenüber Gott, maßlos gegenüber den Menschen. Gott aber ist für besonnene Menschen das Gesetz, für unbesonnene die Lust" (354 E f.). Insbesondere die letzten Sätze erinnern nachdrücklich an die politische Theologie der „Nomoi". Ein weiterer Anknüpfungspunkt ist das Motiv des Seelenprimats. Die angestrebte Gesetzgebung soll in erster Linie auf die Vollkom- menheit der Seele abzielen, in zweiter Linie auf die des Körpers, während dem Wert des Besitzes die dritte und letzte Stelle zukommt. Eine dauerhaft glückbringende Ordnung setzt eine Modifikation der psychischen Struktur voraus, die, wie in den „Nomoi", auf dem Wege der Gesetzgebung angestoßen werden soll.[69]

Die konkreten Ratschläge, die Platon (bezeichnenderweise) im Namen des ver- storbenen Dion formuliert, basieren auf einem institutionellen Kompromiß[70]: 1. Die Tyrannenfamilie, der das griechische Sizilien überhaupt seine Existenz verdanke und deren Zerfall die Bürgerkriege auslöste, soll in Zukunft die Könige, drei an der Zahl, stellen. Dions Sohn (Aretaios), Hipparinos und Dionysios sollen Machtbefugnisse etwa nach spartanischem Muster eingeräumt werden. Platon erwähnt in diesem Zusammenhang die Betreuung der Heiligtümer „und was sonst noch alles für einst- mals verdiente Männer in Frage kommt" (356 D). Richterliche Funktionen, soweit es um Tod, Gefängnis und Verbannung geht, dürfen die Könige jedenfalls nicht aus- üben, da sich dergleichen nicht mit dem Reinheitsgebot ihres Priestertums verträgt.

---

68   Vgl. 354 A, wo Platon seine Position als Schiedsrichter, διαιτητής, bestimmt.
69   Vgl. Edelstein, Plato's Seventh Letter 150 f.
70   Die skizzenhaften Vorschläge lassen im Detail, um das mindeste zu sagen, manche Frage offen.
     Von Fritz (wie o. A.67) spricht zurecht von zahlreichen „Unklarheiten".

2. Die gewöhnlichen Polisorgane, Volksversammlung und Rat, sollen restituiert werden. 3. Die Briefadressaten sollen eine gesetzgebende Versammlung berufen, deren Mitgleider einen ausgeprägten Versöhnungswillen besitzen müssen. Diese Versammlung soll eine Behörde von fünfunddreißig Gesetzeswächtern (νομοφύλα-κες) einsetzen, die gemeinsam mit Volk und Rat über Krieg und Frieden entscheiden.[71] Außerdem sollen verschiedene Gerichtshöfe für verschiedene Vergehen geschaffen werden, während für Kapitalverbrechen mit Todes- oder Verbannungsfolge die Nomophylakes und ausgewählte Beamte des Vorjahres zuständig sein sollen. – Schließlich empfiehlt der Briefautor, immer noch in der Rolle des verstorbenen Dion, die Befreiung Siziliens von den Barbaren[72] und die Wiederbesiedlung der früheren griechischen Städte.

Um die realen Chancen des Rates einschätzen zu können, müssen wir uns noch einmal die wenigen überlieferten Nachrichten über die sizilischen Ereignisse nach Dions Tod vergegenwärtigen. Der Athener Kallippos folgt dem auf seine Veranlassung ermordeten Dion in der Herrschaft und regierte dreizehn Monate.[73] In dieser Zeit unternehmen die Freunde Dions unter Leitung von Hipparinos, Dions Schwager und Neffen, einen Aufstand gegen Kallippos, unterliegen und fliehen nach Leontinoi. Kurze Zeit später jedoch gelingt es Hipparinos, Syrakus zu erobern, während Kallippos mit einem aus Bürgern und Söldnern zusammengesetzten Heer versucht, Dionysios II. die Städte Katane, Messana und Rhegion zu entreißen. Hipparinos regiert zwei Jahre in Syrakus, sein Bruder und Nachfolger Nysaios sechs Jahre[74], bevor Dionysios 346 noch einmal für kurze Zeit Syrakus gewinnen kann.

In der Situation, in die sowohl der 7. als auch der 8. Brief fallen oder zu fallen vorgeben, gibt es also, soweit wir wissen, hauptsächlich drei bewaffnete Gruppen, die sich gegenseitig bekämpfen: 1. die von Hipparinos angeführten Dioneer, die im Besitz von Syrakus sind; 2. Dionysios II., der sein unteritalisches Reich und die ihm auf Sizilien verbliebenen Städte von dem epizephyrischen Lokroi aus regiert und 3. Kallippos, der sich als Tyrannentöter und „Schützer des Demos"[75] zu profilieren versucht und erfolgreich in den Herrschaftsbereich von Dionysios eindringt.

Platons Versöhnungsappell bezieht sich nun lediglich auf die ersten beiden Parteien, während der Dion-Mörder Kallippos und seine Mannen in beiden Briefen ausdrücklich davon ausgeschlossen werden. Gerade Kallippos aber verfügte wahrscheinlich über Unterstützung beim Demos. Hätte jedoch eine Versöhnung, die sich auf die einander verfeindeten Mitglieder derselben Tyrannenfamilie beschränkt, die Unruhe und Unzufriedenheit in Sizilien beseitigen können?[76] Der Autor scheint sich die Frage selbst vorgelegt zu haben, wie die ausführliche Rechtfertigung der politischen Rolle des Tyrannenhauses andeutet. Durch die damalige Rettung vor den

---

71 Vgl. von Fritz, Platon in Sizilien 112 f.
72 Nunmehr mit der Einschränkung: „soweit sie nicht mit uns für die gemeinsame Freiheit gegen die Tyrannis gekämpft haben" (357 A7/B1). Der Autor des 8. Briefes scheint damit anders als der des 7. Briefes die Allianzen Dions mit den Karthagern zu berücksichtigen.
73 Diod. XVI 31, 7.
74 Diod. XVI 36, 5. 45, 9 mit Polyain. V 4.
75 Berve, Dion 124.
76 Vgl. Finleys harsche Antwort: Aspects of Antiquity 79 und Ancient Sicily 92 f.

Karthagern, läßt er die Leser wissen, habe sich das von Dionysios I. und Hipparinos (Dions Vater) begründete Tyrannenhaus einen Anspruch auf Dankbarkeit erworben. Seine Herrschaft wird durch die historischen Verdienste in gewisser Weise legitimiert: „Die Vorfahren (der jetzt verfeindeten Parteiführer, Kallippos natürlich ausgenommen, d.Vf.) haben ja damals, um nur das Größte zu nennen, die Griechen vor den Barbaren gerettet, so daß es jetzt überhaupt möglich ist, Gedanken über die rechte Verfassung anzustellen" (355 D). Die Strafe für den späteren Machtmißbrauch hat, so meint Platon, die Tyrannenfamilie „zum Teil schon erhalten, zum Teil mag sie sie noch abzahlen" (353 C). Wieder malt Platon die Barbarengefahr an die Wand: Bei einer Fortsetzung der Stasis „wird ganz Sizilien (...) die griechische Sprache geradezu verlieren, wenn es in Einfluß und Gewalt der Phoiniker oder Opiker gerät"(353 E).[77] Alle Versuche, der sizilischen Tyrannis eine historische Legitimation zu verschaffen, können jedoch die Zweifel an der allgemeinen Akzeptanz einer auf solcher Versöhnung basierenden Neuordnung nicht ausräumen. Eine Wiedervereinigung der traditionellen Tyrannenfamilie hätte wohl kaum diejenige positive Resonanz finden können, die zur friedlichen Einführung der im 8. Brief skizzierten Verfassung notwendig gewesen wäre. Finley[78] hat zurecht bemerkt: „Not a word is said about how the mercenaries, adventurers and petty tyrants could be made to accept this simple round-table solution." Abgesehen davon kommt dem Briefautor die Frage offensichtlich nicht in den Sinn, ob denn eine Versöhnung wahrscheinlich oder auch nur möglich sei, nachdem einmal so viel Blut vergossen war. Tatsächlich ist nicht erkennbar, daß sich die Dioneer, ob unter Führung von Hipparinos oder von dessen Bruder und Nachfolger Nysaios, des vorgeschlagenen Konzeptes bedienten. Vielmehr deutet alles darauf hin, daß auch die Dioneer in bewährter Tyrannenmanier in Syrakus walteten. Zu einer Versöhnung mit Dionysios ist es jedenfalls nicht gekommen, denn dieser eroberte Syrakus im Jahre 346 gewaltsam zurück.[79]

Einer eindeutigen Antwort auf die Frage der Echtheit entzieht sich der 8. ebenso wie der 7. Brief. Aus dem Kontext der sizilischen Affären in den Jahren nach Dions Tod läßt sich hier wiederum nichts gewinnen. Hervortretende Motive, die auch schon im 7. Brief begegnen, wie der rhetorische Panhellenismus und die Bewertung der sizilischen Tyrannis muten sicherlich „unplatonisch" an, ließen sich aber mit speziellen Erfahrungen Platons in Sizilien erklären. Hinzu kommt die fortgesetzte Idealisierung Dions. Dennoch ist m.E. der 8. Brief im Vergleich mit dem 7. Brief das glaubwürdigere Dokument. Das hängt vor allem damit zusammen, daß sich der 8. Brief jener kruden Mischung aus Philosophie und Rhetorik, aus Apologie und Realpolitik, die den 7. Brief charakterisiert, enthält und sich ganz auf den praktischen Rat konzentriert. Eine neutrale, überpersönliche, unangreifbare Instanz über den Parteien sollte die Einheit der Polis wiederherstellen und dauerhaft sichern. Die Forderung wird

---

77 Man hat sich den Kopf darüber zerbrochen, welcher Volksstamm sich hinter den „Opikern" verbirgt. Dabei hat man auch an die Römer gedacht und Platon prophetische Fähigkeiten zugesprochen. Am wahrscheinlichsten scheint mir, daß kampanische Söldner gemeint sind, die sich während der Unruhen nach Dions Tod einiger sizilischer Städte bemächtigt haben (Diod. XVI 67). Vgl. Edelstein, Plato's Seventh Letter 146 mit A.1.

78 Ancient Sicily 92.

79 Vgl. Berve, Tyrannis I 274. II 662.

auch im 7. Brief erhoben; diesmal aber läßt sich der Verfasser herab, das gewaltige Konzept auf eine bestimmte historische Situation anzuwenden und in den Grundzügen zu skizzieren. Durch den realen Grundzug der Vorschläge tritt das Scheitern umso deutlicher hervor. Platons Nomokratie war in der Mitte des 4. Jahrhunderts ein Anachronismus, und der Briefautor offenbart das Anachronistische seines Unterfangens, indem er Lykurg als Beispiel herbeiruft. Wo aber eine alte Ordnung aus den Fugen geraten ist oder gar seit langem nicht mehr besteht, läßt sie sich nicht konstruktivistisch wiederherstellen. In den „Nomoi" hat Platon die Konsequenzen gezogen, insofern er die Nomokratie auf ein leeres Blatt zeichnet: Die Bedingungen seiner kretischen Polis sind derart restriktiv, daß sie einem Ausstieg aus der Geschichte gleichkommen. Damit dementiert er freilich die praktische Relevanz seines Modells für Staaten **in der Geschichte**.

VI. SCHLUSS: PHILOSOPHIE UND POLITIK

> *Die griechische Philosophie war eben auch hier, wo es*
> *um den Menschen ging (bei Platon und Aristoteles, d.Vf.)*
> *in erster Linie theoria, und die Griechen waren vor allem*
> *weder geneigt noch durch irgendwelche inneren Schwä-*
> *chen gezwungen, sich bei ihr eine Lebensstütze zu holen.*
> *Sie waren keine Freunde von Ideologien und hüteten sich*
> *im allgemeinen davor, die Wahrheit durch die sie kom-*
> *promittierende Tat zu verfälschen.*
>
> Alfred Heuß, Hellas, S. 376

Platon hatte kein Verhältnis zur Politik seiner Zeit. Von aktuellen politischen Ereignissen und Entwicklungen ist in seinen Dialogen niemals die Rede. Weder der Aufstieg und Fall Spartas noch die Wandlungen Athens seit dem Peloponnesischen Krieg werden thematisiert. Auch Fragen der Außenpolitik, der zwischenstaatlichen Beziehungen, der äußeren Friedensordnung usw. haben den Philosophen offenbar nicht interessiert. Und für Politik als Kunst, Macht zu erwerben und zu behaupten, hatte Platon nur Verachtung übrig.

Dennoch war er kein unpolitischer Denker. Sein Werk ist zweifellos wesentlich von der politischen Krise seiner Zeit bewegt. Dabei manifestiert sich diese Krise für Platon in der Polis (und nicht zwischen Poleis), ohne doch eigentlich eine **politische** Krise zu sein. Nicht die Polis an sich ist das Problem; im Gegenteil: Platon kann sich so wenig wie später Aristoteles eine höhere Form menschlichen Zusammenlebens vorstellen. Auch die Institutionen und Sozialstrukturen der Polis, so arg es im einzelnen um sie bestellt sein mag, sind nur die Folge eines ursprünglicheren Mißstandes. Die Krise, die Platon konstatiert und seinen Sokrates in Gesprächen mit Männern verschiedener Herkunft und Geisteshaltung aufdecken läßt, ist eine **moralische** Krise.

Platon zeigt, daß die vorherrschenden Moralvorstellungen fast zwangsläufig zu Spaltungen der Bürgerschaft führen. Er offenbart die Widersprüche zwischen konkurrierenden Wertbegriffen: Während Gerechtigkeit und Besonnenheit die politische Einordnung befördern, entfaltet die traditionelle Arete in ihrer Ausrichtung an Ruhm, Macht und Reichtum eine desintegrative Wirkung. Gegen die moralische Konfusion entwickelt Platon eine neue Ethik, welche die Gerechtigkeit an der Spitze einer neuen Wertehierarchie metaphysisch verankert. Zusätzliche Unterstützung soll diesem neuen Denken durch Verbreitung religiöser Vorstellungen, wie z.B. der Annahme eines Totengerichts, erwachsen.

Welche Konsequenzen ergeben sich für die Politik des Philosophen?

1. Wahre Politik ist Erziehung, die die Bürger (moralisch) besser macht. Diese „Politik" betreibt der Philosoph alltäglich, ob er nun auf den Straßen und Plätzen

seine Mitbürger ins Gespräch zieht oder eine Schule leitet oder Dialoge für die Öffentlichkeit schreibt. Insofern sind die Philosophen die wahren Politiker.

2. Diese „Politik" bleibt jedoch notwendig Stückwerk, weil sie die Polis als Ganze nicht erreicht und immer wieder durch andere Einflüsse neutralisiert wird. Um dieses Manko zu beheben, müßten die Philosophen entweder Machthaber oder Gestalter einer neuen Ordnung sein. Dann würde ihre „Politik" für die Durchsetzung und den Vollzug metaphysisch (bzw. theologisch) begründeter Normen sorgen.

Platons „Politik" ist Anti- und Metapolitik, weil sie destruktiv die reale Politik in allen ihren zeitgenössischen Erscheinungsformen ablehnt und weil sie konstruktiv den eigenständigen Raum des Politischen, der sich im Verlaufe des 5. Jahrhunderts herausgebildet hatte, ethisch und metaphysisch (bzw. theologisch) aufzuheben versucht.

Außerdem hat Politik immer mit der Organisation der Macht zu tun. Platons Staatsentwürfe zielen jedoch darauf ab, das (weitgehend irrationale) Machtphänomen überhaupt zum Verschwinden zu bringen. Die Organisation des „politischen" Feldes soll unmittelbar aus dem metaphysischen (bzw. theologischen) Boden hervorgehen. Von diesem Postulat führt kein Weg in die reale Welt.

Die politischen Überlegungen Platons lassen sich nicht zu einem anwendungsfähigen Reformprogramm vereinigen; zu tief war der Abgrund, der den Philosophen von einer Politik trennte, die nicht nur mit anthropologischen und kulturellen Gegebenheiten, sondern auch mit kontingenten Umständen und unkalkulierbaren Zwischenfällen rechnen muß. Nicht umsonst steigert Platon den natürlichen Partikularismus der Polis ins Extrem und versetzt sich dadurch in die Lage, abgeschlossene und dauerhafte Systeme entwickeln zu können. Nur die Abgeschlossenheit ermöglicht es ihm, alle Fäden in der Hand zu halten. Daß dieses Ziel unter realen Bedingungen durch keine noch so rationale Konstruktion zu erreichen ist, versteht sich von selbst.

Diese Einwände richten sich gegen eine bestimmte Platondeutung, nicht jedoch gegen Platon selbst. Es ist ganz unwahrscheinlich, daß Platon sich als „verhinderter Politiker" verstand, der mangels Gelegenheit zur Feder griff. Warum sollte er dann eine so subtile und vieldeutige Darstellungsform gewählt haben wie den Dialog?[1] Keineswegs decken sich Platons Auffassungen in jedem Fall mit denjenigen, die er Sokrates vortragen läßt. Außerdem verhindert die Dialogform eine inhaltliche Kontinuität: Fast alle Dialoge stehen für sich und knüpfen nicht an die Ergebnisse (bzw. Aporien!) vorhergehender Gespräche an. Dabei wird man nicht selten mit Unklarheiten, Widersprüchen und Lücken konfrontiert, die Platon in vielen Fällen zweifellos bewußt einsetzt, um den Leser in ein imaginatives Gespräch zu verwickeln. Diese Feinheiten herauszuarbeiten, ist detaillierten Untersuchungen vorbehalten, die sich einzelner Dialoge oder auch nur einzelner Abschnitte sorgsam annehmen. Da sich die vorliegende Darstellung auf beschränktem Raum um ein Gesamtbild bemüht, konnte sie den Fragen der Dialoggestaltung nicht die gebührende Aufmerksamkeit zuwen-

---

1   Vgl. Tigerstedt, Interpreting Plato 92 ff.; Heitsch, Platons Dialoge und Platons Leser, RhM 131 (1988), 216 ff.

den. Daher mag manches, was auf den vorhergehenden Seiten als Ansicht Platons firmiert, von ihm nur zum Ausdruck gebracht worden sein, ohne streng genommen eine Identifikation mit Platon selbst zu erlauben. Trotz diesen Einschränkungen scheint es mir allerdings möglich, auf dem eingeschlagenen Weg zumindest die Richtung seines politischen Denkens zu bestimmen. Jedenfalls ist nur eine Intention Platons vor aller Interpretation wirklich ganz sicher: daß er seinem Denken eine Form gegeben hat, die seine Leser Sicherheit über seine Intentionen nicht leicht gewinnen läßt.

Wenn schon nicht die Dialoge, verraten dann wenigstens die Briefe 7 und 8 der unter Platons Namen überlieferten Sammlung so etwas wie ein politisches Programm? Die Frage muß verneint werden: Wir erfahren nichts, was über den sizilischen Horizont hinauswiese. Die Empfehlungen, die Platon gemeinsam mit Dion dem jungen Tyrannen Dionysios II. gemacht haben will, haben im übrigen nichts mit Philosophie zu tun: 1. sich Freunde zu gewinnen und diese an der Macht zu beteiligen; 2. die entvölkerten Städte Siziliens wiederzubesiedeln und ihnen einen gesetzliche Ordnung zu geben; 3. die Karthager zu bekämpfen und, wenn möglich, ins Meer zu treiben. – Platons Ratschläge an die Freunde Dions nach dessen Tod wollen die Versöhnung von Bürgerkriegsparteien durch einen institutionellen Kompromiß erreichen, der den wohlklingenden Namen „Nomokratie" erhält. Diese „Herrschaft der Gesetze" hat freilich nur eine oberflächliche Ähnlichkeit mit der Ordnung, die Platon in den „Nomoi" entwickelt, und taugt, wie wir gesehen haben, nicht zur Lösung des Problems. Die Echtheit der Briefe ist bekanntlich, vorsichtig formuliert, nicht über alle Zweifel erhaben. Aber selbst als authentische Zeugnisse genommen, erlauben sie keine Rückschlüsse auf ein politisches Konzept Platons oder der Akademie.

Was bleibt, ist der Philosophenkönigssatz. Er enthält zwar kein Programm, wohl aber einen Anspruch, zumal wenn ihn Platon tatsächlich als Motto seiner Sizilienreisen verstanden haben sollte. Der Theoretiker ist auch der beste Praktiker, weil nur er die wahren Normen, die aller Praxis zugrundeliegen, wirklich durchschaut. Er besitzt sowohl für die direkte Machtausübung als auch für die Gestaltung einer Ordnung durch Gesetze eine alles überragende Kompetenz. Außerdem ist er der beste Erzieher. Was hindert also die Annahme, daß Gesetzgeber, Tyrannen und Berater von Monarchen, die aus dem Kreise der Akademie hervorgingen, mit philosophischem Anspruch auftraten? Bei Platon ist die Philosophenherrschaft an bestimmte Bedingungen geknüpft, wozu neben Bildung, Befähigung und Alter vor allem die Gewaltlosigkeit ihrer Einführung (was Gewalt bei der Ausübung derselben keineswegs auschließt) zählt. Ohne einen ursprünglichen Konsens ist die Machtübernahme des (oder der) Philosophen von vornherein zum Scheitern verurteilt. Wenden wir den Blick noch einmal zurück zu den Fällen, die im ersten Teil dieser Arbeit beschrieben wurden. Ausnahmslos alle „Tyrannen", denen ein Aufenthalt in der Akademie nachgesagt wird, haben sich mit Gewalt der Herrschaft bemächtigt[2] und dürften sich schon deshalb nicht auf Platon berufen haben. Im übrigen deutet in der Überlieferung nichts darauf hin, daß diese Akademiker die Philosophie für ihr Handeln in Anspruch

---

2   Chairon, Dion, Euaion, Kallippos, Klearchos, Timolaos; – Hermias von Atarneus, der die Herrschaft vermutlich als designierter Nachfolger antrat, war kein Platonschüler, wie [Plat.] ep. VI 322 E7 verrät.

nahmen.[3] Und das mit gutem Grund: Sie hätten sich damit nur lächerlich machen können. Wohl deswegen hat Gigon[4] behauptet: „Es ist nur scheinbar paradox, daß sowohl Tyrannen wie auch Tyrannenmörder Platonschüler heißen. Denn gewiß mochte der eine oder andere Platoniker den Ehrgeiz haben, in seiner Polis als Philosophenkönig zu wirken; daß dies nach außen zuweilen als Tyrannis aussehen konnte, darf uns nicht wundern. Umgekehrt war aus Platon zu entnehmen, daß es keine unedle Tat war, eine Polis im Namen der Philosophie vom ruchlosesten aller Menschen zu befreien." Diesem Beispiel psychologischer Einfühlung, für das der Autor natürlich keinen positiven Quellenhinweis anführen kann, läßt sich am besten mit der alten scholastischen Regel begegnen: quod gratis asseritur, gratis et negatur. Was die „Tyrannenmörder" aus der Akademie betrifft, so haben die Brüder Python und Herakleides von Ainos auf jeden Fall aus persönlichen Motiven gehandelt, als sie den thrakischen König Kothys töteten. Und bei Chion von Herakleia liegen die Antriebe völlig im Dunkeln. Im übrigen war, wenn überhaupt, nicht nur aus Platon die Billigung des Tyrannenmordes zu entnehmen, sondern auch aus Isokrates und zahlreichen anderen Autoren der Zeit. Der Tyrannenmord besaß keine spezifische Verbindung zur platonischen Philosophie.

Ähnlich wie mit den „Tyrannen" verhält sich die Sache mit den akademischen Gesetzgebern. Daß die Akademie auch ein Ort staatstheoretischen Nachdenkens und Forschens war, dürfte zwar zu einer gewissen Autorität in nomothetischen Fragen beigetragen haben. Es war in Griechenland eine altehrwürdige Tradition, anerkannte σοφοί als Nomotheten oder Aisymneten heranzuziehen.[5] Freilich darf dabei nicht übersehen werden, daß die verfestigten politischen Strukturen des 4. Jahrhunderts nicht ohne weiteres mit frühen Verhältnissen vergleichbar waren, in denen sich Verfassungsformen erst langsam herausbildeten. Ein Gesetzgeber wie Solon hatte daher von vornherein einen ganz anderen konzeptionellen Spielraum als Platon oder einer seiner Schüler in dieser Funktion, deren Kompetenzen durch eine Vielzahl von Voraussetzungen eingeschränkt sein mußten.[6] Vor diesem Hintergrund erklären sich die überaus bescheidenen Ergebnisse der angestellten Untersuchungen: Von Aristoteles stelle ich eine nomothetische Tätigkeit überhaupt in Abrede, während über die Gesetzgebungen von Aristonymos, Phormion, Menedemos und Eudoxos so gut wie nichts bekannt ist. Doch können die historischen Umstände teilweise rekonstruiert werden, und danach zwingt nichts zu der Annahme, daß den Schöpfungen der Platonschüler besondere Bedeutung zukommt.

Als Bildungsmacht dagegen scheint die Philosophie an Monarchenhöfen durchaus einige Geltung erlangt zu haben. Plutarch[7] beschreibt die Situation, die durch Platons Ankunft in Syrakus entstand: „Ein wahrer Heißhunger nach Wissenschaft und Philosophie zeigte sich plötzlich bei allen Leuten. Überall im Palast, wie es heißt,

---

3 Einzig im Fall von Dion scheint eine Ausnahme vorzuliegen: Nach Plutarch, Dion 53, berief der Syrakusaner ein Synhedrion, das eine aristokratische Verfassung nach dem Muster der „Nomoi" ausarbeiten sollte. Eine genaue Untersuchung des Hintergrundes zeigt jedoch, daß die Philosophie hier höchstwahrscheinlich erst durch die Interpretation Plutarchs ins Spiel kommt.

4 Gymnasium 68 (1962), 209.

5 Vgl. Gehrke, Stasis 261 ff.

6 Platon selbst hat dieses Problem in den „Nomoi" 684 B ff. und 736 C angesprochen.

7 Dion 13,2.

lag Sand, weil alle Welt sich mit Geometrie beschäftigte." Einen ähnlichen Bericht, der ebenfalls die Bedeutung der Geometrie hervorhebt, haben wir auch vom Wirken des Platonschülers Euphraios am makedonischen Königshof in Pella zur Zeit von Perdikkas III.[8] Und von Hermias hören wir, daß er mit den Platonikern, die sich auf seine Einladung hin in seiner Umgebung aufhielten, philosophierte.[9] Schließlich soll Aristoteles an der Erziehung des jungen makedonischen Kronprinzen Alexander beteiligt gewesen sein. Politische Folgen haben, wie sich zeigte, diese Verbindungen zwischen Philosophen und Herrschern nicht gehabt.

Dieser Aspekt des Verhältnisses von Geist und Macht wies in die Zukunft: Hellenistische Könige umgaben sich gern mit Musenhöfen. Die Intention jedoch, die sie damit verbanden, unterschied sich grundlegend von derjenigen, die Platon in die Nähe der Macht führte. Als sich der Philosoph nach Syrakus zu Dionysios II. begab, wollte er (nach Aussage des Siebten Briefes) durch die philosophische Erziehung eines Machthabers eine ethische Erneuerung der Politik bewirken. Der Tyrann sollte das Mittel zu einem letztlich philosophischen Zweck sein. Genau umgekehrt dachten die Monarchen, die sich Philosophen, Literaten und Künstler hielten; ihnen dienten die Geistesgrößen zu einem politischen Zweck, der mit dem Wort Repräsentation umschrieben werden kann.[10] Während Platon den Tyrannen angeblich überreden wollte, seiner Herrschaft eine gesetzliche Grundlage zu geben, benutzten die Könige Leute wie Platon zur Steigerung ihres Charismas. Die Differenz liegt also nicht nur in der gegensätzlichen Erwartung beider Seiten; auch das Verständnis von wahrer Herrschaft – hier gesetzlich fundiert, dort charismatisch – ist gegensätzlich.

Die hellenistische Monarchie steht daher Platons „Politik" noch ferner als die zeitgenössische Polis. Diese Tatsache spiegelt sich in der Rezeptionsgeschichte: Platons Philosophieren über die beste Polis und den idealen Staatsmann, über Gerechtigkeit und politische Gesetze wird selbst von seinen erklärten Nachfolgern nicht fortgesetzt.[11] Statt dessen festigt sich sein Ruf als bloßer Theoretiker.[12] Vielleicht nicht zufällig erlebt der Platonismus seine Blütezeit in der Spätantike, als das charismatische Herrschertum durch eine Art von Gottesgnadentum ersetzt und Macht nicht mehr im strengen Sinne politisch, sondern mehr und mehr theologisch begründet wird. In einer solchen Situation, die er unter sehr verschiedenen Umständen strukturell in gewisser Weise antizipiert hat, wächst auch dem politischen Denker Platon neue Bedeutung zu.[13] Der Polis aber hat Platon nicht helfen können. Zu weit

---

8   Athen. 508 DE.

9   Theopomp (FGrHist 115) F 250.

10 Ein ähnliches Kalkül kann auch schon bei Dionysios II., Hermias, Klearchos sowie den makedonischen Königen Perdikkas und Philipp vermutet werden. Platon war beispielsweise nicht der einzige Philosoph am syrakusanischen Tyrannenhof. Mehr oder minder gleichzeitig hielten sich dort die Sokratiker Aischines (Diog. Laert. II 63) und Aristippos (Plut. Dion 19) sowie der Eudoxos-Schüler Helikon von Kyzikos auf; vgl. Gigon, Gymnasium 68 (1962), 208 f.; Müller, GGA 221 (1969), 195.

11 Vgl. Dörrie, Platonismus I 20.

12 Vgl. ders. Platonismus II 46 ff. (= BS 42).

13 Freilich ist die Religiosität der Spätantike eine existentielle Erscheinung und kein bloßer Ordnungsgedanke wie bei Platon; daher ist auch der Neuplatonismus in erster Linie an dem Erkenntnisproblem und – damit verbunden – an dem individuellen Heil interessiert.

entfernte er sich in seinem Denken von der zeitgenössischen Realität, zu radikal waren seine Antworten auf die Krise, um als „Gesetzgeber" in Frage zu kommen. Für politische Gemeinschaften lag es außerhalb des Vorstellungsbereichs, sich auf Zumutungen der platonischen Art einzulassen. Nicht als philosophischer Täter, nicht als reformistisch gesinnter Politiker hat Platon Geschichte gemacht, sondern als unzeitgemäßer Denker des Politischen. Zu Recht.

LITERATURVERZEICHNISSE

Für Abkürzungen gilt das Verzeichnis von L'Année Philologique.

I. ALLGEMEINES ZUR GRIECHISCHEN GESCHICHTE UND LITERATUR

A.W.H. Adkins, Merit and Responsibility. A Study in Greek Values, Oxford 1960

A.W.H. Adkins, From the Many to the One. A Study of Personality and Views of Human Nature in the Context of Ancient Greek Society, Values, and Beliefs, Ithaca (New York) 1970

A.W.H. Adkins, Ἀρετή, Τέχνη, Democracy, and Sophists: Protagoras 316b – 328d, JHS 93 (1972), 3-12

M. Amit, Great and Small Poleis. A Study in the Relations between the Great Powers and the Small Cities in Ancient Greece, (Collection Latomus 134), Bruxelles 1973

J. Beloch, Griechische Geschichte, 4 Bde., Straßburg bzw. Berlin-Leipzig, 21912 ff.

J. Beloch, Die attische Politik seit Perikles, Leipzig 1884 (Nachdruck: Darmstadt 1967)

H. Bengtson, Die Verträge der griechisch-römischen Welt von 700 bis 338 v. Chr., München 1962

H. Bengtson, Philipp und Alexander. Die Begründung der hellenistischen Welt, München 1985

J. Bernays, Phokion und seine neueren Beurtheiler. Ein Beitrag zur Geschichte der griechischen Philosophie und Politik, Berlin 1881

H. Berve, Das Alexanderreich auf prosopographischer Grundlage, 2 Bde., München 1926

H. Berve, Die Tyrannis bei den Griechen, 2 Bde., München 1967

F. Blaß, Die attische Beredsamkeit, 3 Bde., Leipzig ²1887 ff.

G. Böhme, Der Typ Sokrates, Frankfurt a.M. 1988

K. Bringmann, Studien zu den politischen Ideen des Isokrates, Göttingen 1965

Th. Buchheim, Die Sophistik als Avantgarde normalen Lebens, Hamburg 1986

C.D. Buck, The Greek Dialects. Grammar, Selected Inscriptions, Glossary, Chicago 1955

J. Burckhardt, Griechische Kulturgeschichte, (hrsg. v. J. Oeri), 4 Bde., Berlin-Stuttgart 1898 ff.

G. Busolt/ H. Swoboda, Griechische Staatskunde, 2 Bde., München 1920. 1926

G.M. Calhoun, The Business Life of Ancient Athens, Chicago 1926 (Nachdruck: Rom 1965)

G. Cawkwell, Philip of Macedon, London 1978

P. Cloché, La politique de l'Athénien Callistratos, REA 25 (1923), 5-32

J.K. Davies, Athenian Propertied Families 600 – 300 B.C., Oxford 1971

K.-M. Dietz, Protagoras von Abdera. Untersuchungen zu seinem Denken, Bonn 1976

E.R. Dodds, Die Griechen und das Irrationale, Darmstadt 1970

K.J. Dover, Greek Popular Morality in the time of Plato and Aristotle, Oxford 1974

M. Dreher, Sophistik und Polisentwicklung. Die sophistischen Staatstheorien des 5. Jahrhunderts v.Chr. und ihr Bezug auf Entstehung und Wesen des griechischen, vorrangig athenischen Staates, Frankfurt a.M. – Bern 1983

F. Egermann, Vom attischen Menschenbild, München 1952

V. Ehrenberg, Polypragmosyne: A Study in Greek Politics, JHS 67 (1947), 46-67

V. Ehrenberg, Isonomia, RE Suppl. VII (1940), 293-301

V. Ehrenberg, Der Staat der Griechen, Bd.1: Der hellenische Staat, Leipzig 1957

A.A. Ehrhardt, Politische Metaphysik von Solon bis Augustin, Bd.1: Die Gottesstadt der Griechen und Römer, Tübingen 1959

R. Engel, Untersuchungen zum Machtaufstieg des Antigonos Monophthalmos. Ein Beitrag zur Geschichte der frühen Diadochenzeit, Kallmütz/Opf. 1976

K.E. v. Erffa, ΑΙΔΩΣ und verwandte Begriffe in ihrer Entwicklung von Homer bis Demokrit, Philologus Suppl.-bd. 30,2, Leipzig 1937

M. Errington, Geschichte Makedoniens. Von den Anfängen bis zum Untergang des Königreiches, München 1986

J. Fairweather, Fiction in the Biographies of Ancient Writers, Anc Soc 5 (1974), 231-275

W.S. Ferguson, Hellenistic Athens. An Historical Essay, London 1911

K. v. Fritz, Protagoras, RE XXIII (1957), 908-921

H.-J. Gehrke, Phokion. Studien zur Erfassung seiner historischen Gestalt, München 1976

H.-J. Gehrke, Stasis. Untersuchungen zu den inneren Kriegen in den griechischen Staaten des 5. und 4. Jahrhunderts v. Chr., München 1985

H.-J. Gehrke, Jenseits von Athen und Sparta. Das Dritte Griechenland und seine Staatenwelt, München 1986

H.-J. Gehrke, Die klassische Polisgesellschaft in der Perspektive griechischer Philosophen, Saeculum 37 (1986), 133-150

H.-J. Gehrke, Die Griechen und die Rache, Saeculum 38 (1987), 121-149

H.-J. Gehrke, Bemerkungen zu Hippodamos von Milet, in: W. Schuller u.a. (Hrsg.), Demokratie und Architektur. Der hippodamische Städtebau und die Entstehung der Demokratie, München 1989, 58 – 63

A. Giovannini, Untersuchungen über die Natur und die Anfänge der bundesstaatlichen Sympolitie in Griechenland, Göttingen 1971

G. Glotz, Histoire Grecque, Bd. III, Paris 1941

F. Gschnitzer, Abhängige Orte im griechischen Altertum, München 1958

W.R. Halliday, The Greek Questions of Plutarch, Oxford 1928

N.G.L. Hammond/G.T. Griffith, A History of Macedonia, Bd. II: 350-336 B.C., Oxford 1979

R. Heibges, RE s.v. Hermippos Nr. 6

E. Heitsch, Die nichtphilosophische ἀ-λήθεια, Hermes 90 (1962), 24-33

E. Heitsch, Erscheinung und Meinung, PhJ 76 (1968/9), 23-36

E. Heitsch, Ein Buchtitel des Protagoras, Hermes 97 (1969), 292-296

K. Heldmann, Antike Theorien über Entwicklung und Verfall der Redekunst, München 1982

G. Herman, Ritualised Friendship and the Greek City, Cambridge (u.a.) 1987

A. Heuß, Die archaische Zeit Griechenlands als geschichtliche Epoche, A&A 2 (1946), 26-62 (auch in: Gschnitzer [Hrsg.], Zur griechischen Staatskunde, Darmstadt 1969, 36-96)

A. Heuß, Hellas, in: G. Mann/A. Heuß (Hrsg.), Propyläen Weltgeschichte, Bd. III, Berlin-Frankfurt a.M. – Wien 1962, 69 – 400

R. Hirzel, Themis, Dike und Verwandtes. Ein Beitrag zur Geschichte der Rechtsidee bei den Griechen, Leipzig 1907

S. Hornblower, Mausolus, Oxford 1982

F. Jacoby, Apollodors Chronik. Eine Sammlung der Fragmente (Philologische Untersuchungen 16), Berlin 1902

W. Jaeger, Paideia. Die Formung des griechischen Menschen, 3 Bde., Berlin 21936. 1944. 1947

W. Judeich, Kleinasiatische Studien. Untersuchungen zur griechisch-persischen Geschichte des IV. Jahrhunderts v. Chr., Marburg 1892

U. Kahrstedt, Forschungen zur Geschichte des ausgehenden fünften und des vierten Jahrhunderts v. Chr. , Berlin 1910

L. Kallet, Iphikrates, Timotheus, and Athens, 371-360 B.C., GRBS 24 (1983), 239 – 252

R. Laqueur, RE s.v. Lokalchronik

J.A.O. Larsen, Representative Gouvernment in Greek and Roman History, Berkeley – Los Angeles 1955

J.A.O. Larsen, Greek Federal States. Their Institutions and History, Oxford 1968

Th. Lenschau, Tyrannis, RE VII A (1948), 1821-1842

F. Leo, Die griechisch-römische Biographie in ihrer literarischen Form, Leipzig 1901

P. MacKendrick, The Athenian Aristocracy 399 to 31 B.C., Cambridge/Mass. 1969

H.J. Marrou, Geschichte der Erziehung im klassischen Altertum, Freiburg i.Br. 1957 (Französische Orignalausgabe: Paris 1950)

J. Martin, Zur Entstehung der Sophistik, Saeculum 27 (1976), 143-164

Ch. Meier, Die Entstehung des Politischen bei den Griechen, Frankfurt a.M. 1980

Ed. Meyer, Geschichte des Altertums. Bd. V: Der Ausgang der griechischen Geschichte, hrsg. v. H. E. Stier, Stuttgart [9]1952 ff.

E. Meyer, Einführung in die griechische Staatskunde, Darmstadt 1968

G. Misch, Geschichte der Autobiographie, Erster Band: Das Altertum, 3., stark vermehrte Auflage, Frankfurt a.M. 1949

M. Moggi, I Sinecismi Interstatali Greci, vol. I, Pisa 1976

A. Momigliano, The Development of Greek Biography, Cambridge Mass. 1971

A. Momigliano, Sea-power in Greek Thought, Secondo contributo alla storia degli studi classici, Roma 1960, 57-67

C. Mossé, La Fin de la Démocratie Athénienne. Aspects sociaux et politiques du declin de la Cité grecque au IVe siècle avant J.C., Paris 1962

O. Müller, Antigonos Monophthalmos und „das Jahr der Könige", Bonn 1973

B. Niese, Geschichte der griechischen und makedonischen Staaten seit der Schlacht bei Chaeronea, Bd. I: Geschichte Alexanders des Großen und seiner Nachfolger und der Westhellenen bis zum Jahre 281 v. Chr., Gotha 1893

H.W. Parke, Greek Mercenary Soldiers, Oxford 1933

L. Pearson, Popular Ehtics in Ancient Greece, Stanford 1962

C. Pecorella Longo, „Eterie" e gruppi politici nell' Atene del IV. sec. a.C., Firenze 1971

S. Perlman, The Politicians in the Athenian Democracy of the Fourth Century B.C., Athenaeum 41 (1963), 327-355

S. Perlman, Political Leadership in Athens in the Fourth Century B.C., PP 114 (1967), 161-176

J. Ritter, Naturrecht bei Aristoteles. Zum Problem einer Erneuerung des Naturrechts, Stuttgart 1961

H. Ryffel, ΜΕΤΑΒΟΛΗ ΠΟΛΙΤΕΙΩΝ. Der Wandel der Staatsverfassungen, Bern 1949

A. Schaefer, Demosthenes und seine Zeit, 3 Bde., Leipzig [2]1855 ff.

H.G. Schmidt, Die Lehre vom Tyrannenmord, Tübingen 1901

C. Schmitt, Der Begriff des Politischen. Text von 1932 mit einem Vorwort und drei Corollarien, Berlin 1987

C. Schmitt, Politische Theologie. Vier Kapitel zur Lehre von der Souveränität, Berlin [2]1934

W. Schmitz, Wirtschaftliche Prosperität, soziale Integration und die Seebundpolitik Athens. Die Wirkung der Erfahrungen aus dem Ersten Attischen Seebund auf die athenische Außenpolitik in der ersten Hälfte des 4. Jahrhunderts v. Chr., München 1988

W. Schranz, Theopomps Philippika, Diss. Freiburg/Br. 1912

R. Sealey, Callistratos of Aphidna and his Contemporaries, Historia 5 (1956), 178-203

J. Seibert, Die politischen Flüchtlinge und Verbannten in der griechischen Geschichte. Von den Anfängen bis zur Unterwerfung durch die Römer, Darmstadt 1979

H. Strasburger, Der Einzelne und die Gemeinschaft im Denken der Griechen, HZ 177 (1954), 227-248 (auch in: Gschnitzer [Hrsg.], Zur griechischen Staatskunde, Darmstadt 1969, 97-122)

F. Susemihl, Geschichte der griechischen Literatur in der Alexandrinerzeit, 2 Bde., Leipzig 1891-1892 (Nachdruck: Hildesheim 1965)

J. Sykutris, Epistolographie, RE Suppl. V 185-220

E.N. Tigerstedt, The Legend of Sparta in Classical Antiquity, Bd. I, Lund 1965

M.N. Tod, A Selection of Greek Historical Inscriptions, 2 Bde., Oxford 1933. 1948

F.L. Vatai, Intellectuals in Politics in the Greek World. From Early Times to the Hellenistic Age, London 1984

G.Vlastos, ΙΣΟΝΟΜΙΑ ΠΟΛΙΤΙΚΗ, in: Isonomia. Studien zur Gleichheitsvorstellung im griechischen Denken, hrsg. v. J. Mau u. E.G. Schmidt, Berlin (Ost) 1964

F. Wehrli, Die Schule des Aristoteles. Texte und Kommentar, 10 Bde. und 2 Suppl.-Bde., Basel/ Stuttgart 21967-69. 1974. 1978

R. Westman, Plutarch gegen Kolotes. Seine Schrift „Adversus Colotem" als philosophiegeschichtliche Quelle, (Acta Philos. Fenn. 7), Helsingfors 1955

U.v. Wilamowitz-Moellendorff, Antigonos von Karystos (Philologische Untersuchungen 4), Berlin 1881

G. Wirth, Philipp II. (Geschichte Makedoniens Bd. 1), Stuttgart u.a. 1985

F.R. Wüst, Philipp II. von Makedonien und Griechenland in den Jahren von 346 bis 338 (Münchener Historische Abhandlungen), München 1938

II. ZU PLATON UND DER AKADEMIE IM ALLGEMEINEN

J.F.M. Arends, Die Einheit der Polis. Eine Studie über Platons Staat, Leiden (u.a.) 1988

W.G. Becker, Platons Gesetze und das griechische Familienrecht, München 1932

G. Bien, Das Theorie-Praxis-Problem und die politische Philosophie bei Platon und Aristoteles, PhJ 76 (1968/69), 234-315

J. Bisinger, Der Agrarstaat in Platons Gesetzen, Leipzig 1925

N. Blößner, Zu Platon, „Politeia" 352d – 357d, Hermes 119 (1991), 61-73

H. Blumenberg, Das Lachen der Thrakerin. Eine Urgeschichte der Theorie, Frankfurt a.M. 1987

H. Blumenberg, Höhlenausgänge, Frankfurt a.M. 1989

G. Boas, Fact and Legend in the Biography of Plato, PhR 57 (1948), 439-457

L. Brandwood, The Chronology of Plato's Dialogues, Cambridge (u.a.) 1990

P.A. Brunt, Studies in Greek History and Thought, Oxford 1993

A. Capelle, Platons Dialog Politikos, Diss. Hamburg 1939

A. Capizzi, Platone nel suo tempo. L'Infanzia della filosofia e i suoi pedagoghi, Roma 1984

H. Cherniss, Die ältere Akademie. Ein historisches Rätsel und seine Lösung, Heidelberg 1966 (Originalausgabe: The Riddle of the Early Academy, Berkeley 1945)

A.H. Chroust, Plato's Detractors in Antiquity, R Meta 16 (1962), 98-118

A.H. Chroust, Plato's Academy: The First Organized School of Political Science in Antiquity, R Pol 29 (1967), 25-40

E.R. Dodds, Plato Gorgias. A Revised Text with Introduction and Commentary, Oxford 1959

H. Dörrie, Der Platonismus in der Antike, Bd.1: Die geschichtlichen Grundlagen des Platonismus, Bd.2: Der hellenistische Rahmen des kaiserzeitlichen Platonismus, Stuttgart – Bad Cannstatt 1987. 1990

S. Dušanić, The ὅρκιον τῶν οἰκιστήρων and Fourth-century Cyrene, Chiron 8 (1978), 55-76

S. Dušanić, L' Académie de Platon et la Paix Commune de 371 av. J.-C., REG 92 (1979), 319-347

S. Dušanić, The Political Background of Demosthenes' Speech Against Leptines, Z Ant 29 (1979), 41-71

S. Dušanić, The Political Context of Plato's Phaedrus, RSA 10 (1980), 1-26

S. Dušanić, Plato's Academy and Timotheus' Policy, 365-359 B. C., Chiron 10 (1980), 111-144

S. Dušanić, Athens, Crete and the Aegean after 366/5 B.C., Talanta 12/3 (1980/1), 7-29

S. Dušanić, Platon et Athènes: Quelques Problèmes Historiques et Archéologiques, Z Ant 31 (1981), 135-156

S. Dušanić, Plato's Atlantis, AC 51 (1982), 25-52

S. Dušanić, Le Médisme d' Isménias et les Relations Gréco-Perses dans la Politique de l'Académie Platonicienne (383-378 av. J.-C.), Colloques internationaux du CNRS „La Béotie antique", Paris 1985

S. Dušanić, History and Politics in Plato's Laws (engl. Resümee des serbokroatischen Buches Istoria i politica y Platonobim „Zakonima"), Belgrad 1990

S. Dušanić, Plato's Academy, Elis and Arcadia after Leuctra: Some Observations, in: A.D. Rizakis (Hrsg.), Achaia und Elis in der Antike, Athen 1991, 81-86

L. Edelstein, Plato's Seventh Letter, Leiden 1966

W. Eder, Die Ungeschriebene Lehre Platons: Zur Datierung des Platonischen Vortrags „Über das Gute", in: Studien zur Alten Geschichte (Festschrift S. Lauffer), hrsg. v. H. Kalcyk, B. Gullath und A. Graeber, Bd.1, Roma 1986, 209-235

G.C. Field, Plato and his Contemporaries, London [3]1967

E. Flaig, Weisheit und Befehl. Platons „Politeia" und das Ende der Politik. (Noch unveröffentlichtes Manuskript, wird voraussichtlich in Saeculum 1994 erscheinen)

H.Flashar, Formen utopischen Denkens bei den Griechen, (Innsbrucker Beiträge zur Kulturwissenschaft, hrsg. v. R. Muth, Heft 3), Innsbruck 1974

H. Flashar, Platon und die Krise der griechischen Polis, in: G. Alföldy u.a., Krisen der Antike. Bewußtsein und Bewältigung, (Bochumer Historische Studien 13), Düsseldorf 1975, 62-70

P. Friedländer, Platon. Bd. I: Seinswahrheit und Lebenswirklichkeit, Berlin [3]1964

A. Fuks, Plato and the Social Question: The Problem of Poverty and Riches in the Republic, Anc Soc 8 (1977), 49-83

A. Fuks, Plato and the Social Question: The Problem of Poverty and Riches in the Laws, Anc Soc 10 (1979), 33-78

H.G. Gadamer, Platos Denken in Utopien, Gymnasium 90 (1983), 434-455

K. Gaiser, Platons ungeschriebene Lehre. Studien zur systematischen und geschichtlichen Begründung der Wissenschaften in der Platonischen Schule, Stuttgart 1963

K. Gaiser, Philodems Academica. Die Berichte über Platon und die Alte Akademie in zwei herkulanensichen Papyri, (Supplementum Platonicum, Bd.1), Stuttgart – Bad Cannstatt 1988

J. Geffcken, Antiplatonika, Hermes 64 (1929), 87-109

O. Gigon, Das Einleitungsgespräch der Gesetze Platons, MH 11 (1954), 201-230

O. Gigon, Platon und die politische Wirklichkeit, Gymnasium 68 (1962), 205-219

O. Gigon, Theorie und Praxis bei Platon und Aristoteles, MH 30 (1973), 65-87, 144-165

O. Gigon, Gegenwärtigkeit und Utopie. Eine Interpretation von Platons „Staat", Erster Band: Buch I-V, Zürich – München 1976

Th. Gomperz, Die Akademie und ihr vermeintlicher Philomacedonismus. Bemerkungen zu Bernays' Phokion, Wiener Studien 4 (1882), 102-120

H. Görgemanns, Beiträge zur Interpretation von Platons Nomoi, München 1960

G. Heintzeler, Das Bild des Tyrannen bei Plato, (Tübinger Beiträge zur Altertumswissenschaft 3), Tübingen 1927

E. Heitsch, Wahrheit als Erinnerung, Hermes 91 (1963), 36-52

E. Heitsch, Überlegungen Platons im Theaitet, Stuttgart 1988

E. Heitsch, Platons Dialoge und Platons Leser. Zum Problem einer Platon-Interpretation, RhM 131 (1988), 216-238

A.B. Hentschke, Politik und Philosophie bei Platon und Aristoteles. Die Stellung der „Nomoi" im platonischen Gesamtwerk und die politische Theorie des Aristoteles, Frankfurt a.M. 1971

H. Herter, Platons Akademie, (Bonner Universitätsschriften 4), Bonn 1946

U. Hölscher, Die Forderung der Philosophie. Über Platons Siebten Brief, WJA N.F. 1 (1975), 93-102

T. Irwin, Plato Gorgias. Translated with Notes, Oxford 1979

M. Isnardi Parente, Filosofia e politica nelle lettere di Platone, Napoli 1970

M. Isnardi Parente, Studi sull' Accademia platonica antica, Firenze 1979

Ch. Jermann, Philosophie und Politik. Untersuchungen zur Struktur und Problematik des platonischen Idealismus, Bad Cannstatt 1986

E. Kapp, Platon und die Akademie (1936), in: Ausgewählte Schriften, Berlin 1968, 151-166

E. Kapp, Theorie und Praxis bei Aristoteles und Platon (1938), in: Ausgewählte Schriften, Berlin 1968, 167-179

G. Klosko, The Development of Plato's Political Theory, New York 1986

H.-J. Krämer, Das Problem der Philosophenherrschaft bei Platon, PhJ 74 (1966/67), 254-270

F. Lasserre, De Léodamas de Thasos à Philippe d'Oponte. Temoignages et fragments. Edition, traduction et commentaire, (La Scuola di Platone, vol. II), Napoli 1987

H. Leisegang, RE s.v. Platon (1950)

W.A.R. Leys, Was Plato Non-Political?, in: G. Vlastos (Hrsg.), Plato. A Collection of Critical Essays, Bd.2: Ethics, Politics, and Philosophy of Art and Religion, 166-173

F.L. Lisi, Einheit und Vielheit des platonischen Nomosbegriffes. Eine philologische Untersuchung zur Beziehung von Philosophie und Politik bei Platon, Königstein/Ts. 1985

J.P. Lynch, Aristotle's School, Berkeley and Los Angeles 1972

S. Mekler (Hrsg.), Index Academicorum Herculanensis, Berlin 1902 (Neudruck 1958)

J.-S. Morrison, The Origins of Plato's Philosopher-Statesman, CQ 52 (1958), 198-218

G.R. Morrow, Plato's Cretan City. A Historical Interpretation of the Laws, Princeton 1960

G.R. Morrow, Plato's Epistles, New York 1962

G. Müller, Die Philosophie im pseudoplatonischen 7. Brief, Archiv für Philosophie 3 (1949), 251-276

G. Müller, Studien zu den platonischen Nomoi, München [2]1968

G. Müller, Rezension zu L. Edelstein, Plato's Seventh Letter (Leiden 1966), GGA 221 (1969), 187-211 (auch in: Platonische Studien, Heidelberg 1986, 172-196)

G. Müller, Platons Dialog vom Staat. Kunstform und Lehrgehalt, Sitzungsberichte der Wissenschaftl. Gesellschaft an der J.W. Goethe-Universität Frankfurt a.M., Bd. 18.4, Wiesbaden 1981, 157-177

K.R. Popper, Die offene Gesellschaft und ihre Feinde, Bd.1: Der Zauber Platons, Tübingen [6]1980

C.D.C. Reeve, Philosopher-Kings. The Argument of Plato's Republic, Princeton 1988

O. Reverdin, La Religion de la Cité Platonicienne, Paris 1945

A.S. Riginos, Platonica: The Anecdotes Concerning the Life and Writings of Plato, Leiden 1976

G. Ryle, Plato's Progress, Cambrigde 1966

E. Sandvoss, Soteria. Philosophische Grundlagen der platonischen Gesetzgebung, Göttingen 1971

F. Sartori, Platone e le eterie, Historia 7 (1958), 157-171

H. Schmitz, Die Ideenlehre des Aristoteles. Bd. II: Platon und Aristoteles, Bonn 1985

P.M. Schuhl, Platon et l'Activité Politique de l'Académie, REG 59/60 (1946/47), 46-53

F. Solmsen, Plato's Theology, New York 1942

F.E. Sparshott, Plato as Anti-Political Thinker, in: G. Vlastos (Hrsg.), Plato. A Collection of Critical Essays, Bd.2: Ethics, Politics, and Philosophy of Art and Religion, 174-183

R.F. Stalley, An Introduction to Plato's Laws, Oxford 1983

J. Stenzel, Platon der Erzieher, Leipzig 1928

A.E. Taylor, Plato. The Man and his Work, London 1926 ([10]1963)

H. Thesleff, Studies in Platonic Chronology, Helsinki 1982

R. Thurnher, Der Siebte Platonbrief. Versuch einer umfassenden philosophischen Interpretation, Meisenheim am Glan 1975

E.N. Tigerstedt, Interpreting Plato, Stockholm 1977

M. Vanhoutte, La Philosophie Politique de Platon dans les „Lois", Louvain 1954

P. Veyne, Critique d'une Systmatisation: Les Lois de Platon et la Réalité, Annales 1982, 883-908

G. Vlastos, The Theory of Social Justice, in: H.F. North (Hrsg.), Interpretations of Plato. A Swarthmore Symposium, Leiden 1977, 1-40

U.v. Wilamowitz-Moellendorff, Aristoteles und Athen, 2 Bde., Berlin [2]1893, (Neudruck 1966)

U.v. Wilamowitz-Moellendorff, PLATON. Bd. I: Sein Leben und Sein Werk, Berlin [5]1959; Bd. II: Beilagen und Textkritik, Dublin – Zürich [4]1969

A. Wörle, Die politische Tätigkeit der Schüler Platons, (Göppinger Akademische Beiträge Nr. 112), Lauterburg 1981

Ed. Zeller, Die Philosophie der Griechen in ihrer geschichtlichen Entwicklung, 6 Bde., Leipzig [5]1922

III. ZU DEN EINZELNEN PLATONSCHÜLERN UND IHREN WIRKUNGSSTÄTTEN

Aristonymos – Arkadien

H. Braunert/T. Petersen, Megalopolis. Anspruch und Wirklichkeit, Chiron 2 (1972), 57-90

Chr. Callmer, Studien zur Geschichte Arkadiens bis zur Gründung des Arkadischen Bundes, Lund 1943

S. Dušanić, The Arcadian League of the Fourth Century (engl. Resümee der serbokroatischen Diss. Arkadski Savez IV Veka), Belgrad 1970, 281-345

S. Dušanić, Arkadika, MDAI (AM) 94 (1979), 117-135

V. Ehrenberg, Myrioi, RE XVI (1933), 1097-1103

G. Fougères, Mantinée et l'Arcadie orientale (BEFAR 78), Paris 1898

F. Hiller v. Gärtringen, RE s.v. Arkadia

St.u.H. Hodkinson, Mantineia and the Mantinike: Settlement and Society in a Greek Polis, ABSA 76 (1981), 239-296

E. Lanzilotta, La fondazione di Megalopoli, RSA 5 (1975), 25-46

E. Meyer, KlP s.v. Arkadien

B. Niese, Beiträge zur Geschichte Arkadiens, Hermes 34 (1899), 520-552

H. Pomtow, Ein Arkadisches Weihgeschenk zu Delphi, AM 14 (1889), 15-40˙

J. Roy, Arcadia and Boeotia in Peloponnesian Affairs 370-362 B.C., Historia 20 (1971), 569-599

J. Roy, An Arcadian League in the Early Fifth Century B.C.?, Phoenix 26 (1972), 334-341

J. Roy, Postscript on the Arcadian League, Historia 23 (1974), 505-507

P. Salmon, Etude sur la Confédération béotienne (447/6-386). Son organisation et son administration (Mem. Acad. R. de Belgique, Cl. Lettres, 2e série, T. LXIII fasc. 3), Bruxelles 1978

H. Schaefer, ΠΟΛΙΣ ΜΥΡΙΑΝΔΡΟΣ (1961), in: Probleme der Alten Geschichte. Gesammelte Abhandlungen und Vorträge, Göttingen 1963, 401-427

W. Vollgraf, Novae Inscriptiones Argivae, Mnemosyne 42 (1914), 330-353

Phormion – Elis

O.A. Danielsson, Zu griechischen Inschriften, Eranos 3 (1898),129-148

S. Dušanić, A Contribution to the Constitutional History of the Fourth-Century Elis (engl. Resümee eines serbokroatischen Aufsatzes), Zbornik filozofsky faculteta – Recueil des travaux de la Faculté de Philosophie de Belgrade 11(1970), 49-64

K.v. Fritz, Phormion Nr. 7, RE XX (1941), 540

U. Kahrstedt, Zur Geschichte von Elis und Olympia, NGG 1927, 157-176

B. Keil, Über zwei elische Inschriften, NGG, 1899, 136-164

F. Kiechle, Das Verhältnis von Elis, Triphylien und der Pisatis im Spiegel der Dialektunterschiede, RhM 103(1960),336-366

R. Meister, Elisches Amnestiegesetz auf einer Bronzetafel aus Olympia, Vb Leipzig 1898, 218-228

Th. Reinach, Inscriptions d' Elis, REG 16(1903), 187-190

H. Swoboda, RE s.v. Elis

E. Szanto, Bronzeinschrift von Olympia, Jh ÖAI 1 (1898),197-212 (auch in: ders., Ausgewählte Abhandlungen, Tübingen 1906, 196-214)

A. Wilhelm, Zur Bronzeinschrift von Olympia, Jh ÖAI 1 (1898), Beiblatt, 195-198

Menedemos – Pyrrha

K.v. Fritz, Menedemos Nr. 8, RE XV (1931), 788

M. Paraskevaides, RE s.v. Pyrrha auf Lesbos (XXIV 1404 ff., Nachträge)

H. Pistorius, Beiträge zur Geschichte von Lesbos im vierten Jahrhundert v. Chr., (Jenaer Historische Arbeiten 5), Bonn 1913

Aristoteles – Stageira/Athen

E. Barker, The Life of Aristotle and the Composition and Structure of the Politics, CR 45 (1931), 162-172

M. Brocker, Aristoteles als Alexanders Lehrer in der Legende, Diss. Bonn 1966

A.H. Chroust, Aristotle. New light on his life and on some of his lost works, vol. I: Some novel interpretations of the man and his life, London 1973

I. Düring, Aristotle in the Ancient Biographical Tradition, Göteborg 1957

I. Düring, Aristoteles. Darstellung und Interpretation seines Denkens, Heidelberg 1966

I. Düring, Aristoteles, RE Suppl. XI (1968), 159-336

O. Gigon, Interpretationen zu den antiken Aristoteles-Viten, MH 15 (1958), 147-193

O. Gigon, Vita Aristotelis Marciana, (Kleine Texte für Vorlesungen und Übungen 181), Berlin 1962

F. Grayeff, Aristotle and his School, London 1974
W. Jaeger, Aristoteles. Grundlegung einer Geschichte seiner Entwicklung, Berlin [2]1955
C.M. Mulvany, Notes on the Legend of Aristotle, CQ 20 (1926), 155-167
F. Oberhummer, RE s.v. Stageiros

Eudoxos – Knidos
G.E. Bean/J.M. Cook, The Cnidia, ABSA 47 (1952), 171-212
W. Blümel, Die Inschriften von Knidos I, (Inschriften griechischer Städte aus Kleinasien, Bd. 41),
    Bonn 1992
A. Boeckh, Über die vierjährigen Sonnenkreise der Alten, vorzüglich den Eudoxischen, Berlin 1863
L. Bürchner, Knidos, RE XI (1921), 914-921
K. v. Fritz, Zur Lebenszeit des Eudoxos von Knidos, Philologus 85 (1930), 478 ff.
H. Hultsch, Eudoxos Nr. 8, RE VI (1907), 930-950
H.A. Kahn, Knidos. Die Münzen des sechsten und fünften Jahrhunderts v. Chr., (AM und GS 4),
    Berlin 1970
F. Lasserre, Die Fragmente des Eudoxos von Knidos, Berlin 1966
J. Mau, Eudoxos, Kl P II (1967), 408-410
Ph. Merlan, Studies in Epicurus and Aristotle (darin 98 ff. Appendix: The life of Eudoxus),
    Wiesbaden 1960
G. de Santillana, Eudoxus and Plato. A Study in Chronology, Isis 32 (1940, erschienen 1947), 248-
    262
H.-J. Waschkies, Von Eudoxos zu Aristoteles. Das Fortwirken der Eudoxischen Proportionentheorie
    in der Aristotelischen Lehre von Kontinuum, Amsterdam 1977
K. Ziegler, Knidos, Kl P III (1969), 260

Euaion – Lampsakos
P. Frisch, Die Inschriften von Lampsakos, (Inschriften griechischer Städte aus Kleinasien, Bd.6),
    Bonn 1978

Timolaos – Kyzikos
K.v. Fritz, Timolaos Nr. 1, RE VI A (1936), 1273
F.W. Hasluck, Cyzicos, Cambridge 1910
J. Marquardt, Cyzicus und sein Gebiet, Berlin 1836

Chairon – Pellene
E. Culasso Gastaldi, Ps.Dem. XVIII: appunti di cronologia, Prometheus 6 (1980), 233-242
B. Haussoullier, Traité entre Delphes et Pellana. Étude de Droit Grec, Paris 1917
J. Kaerst, Chairon Nr. 4, RE III (1899), 2032-2033
E.J. Mc Queen, Some Notes on the Anti-Macedonian Movement in the Peloponnese in 331 B.C.,
    Historia 27 (1978), 40-64
E. Meyer, Pellene Nr. 1, RE XIX (1937), 354-366
H. Volkmann, Chairon Nr. 4, Kl P I (1964), 1122

Hermias – Atarneus/Assos
P. Andrews, Aristotle, Politics IV. 11. 1296a, 38-40, CR, N.S. 2 (1952), 141-144
J. Bidez, Hermias d'Atarnée, BAB, 5. Sér., 29 (1943), 133-146
A. Boeckh, Hermias von Atarneus und ein Bündnis desselben mit den Erythräern (1853), in: Kleine
    Schriften VI: Akademische Abhandlungen, Leipzig 1872, 185-210
A. Brinkmann, Ein Brief Platons, RhM 66 (1911), 226-230
H. Diels/W. Schubart (Hrsg.), Didymos. Kommentar zu Demosthenes, Berlin 1904
V. Ehrenberg, Von den Grundformen griechischer Staatsordnung, Sb Heidelberg 1961.3, 31 f., (=
    Polis und Imperium, Zürich – Stuttgart 1965, 124 f.; danach zitiert)

H. Engelmann/R. Merkelbach, Die Inschriften von Erythrai und Klazomenai I (Inschriften griechi-
    scher Städte aus Kleinasien, Bd. 1), Bonn 1972
M.P. Foucart, Etude sur Didymos d'après un papyrus de Berlin, Mémoires de l'Institut National de
    France, Académie des Inscriptions et Belles-Lettres 38.1, Paris 1909, 27-218
K. Gaiser, Theophrast in Assos. Zur Entwicklung der Naturwissenschaft zwischen Akademie und
    Peripatos, Heidelberg 1985 (Abh. d. Heidelb. Akad. d. Wiss., Phil.-hist. Kl., 1985.3)
F. Gschnitzer, Gemeinde und Herrschaft. Von den Grundformen griechischer Staatsordnung, Sb
    Wien 235.3 (1960), 30 ff.
A. Körte, Zu Didymos' Demosthenes-Kommentar, RhM 60 (1905), 388-416
W. Leaf, Strabo on the Troad, Cambridge 1923
E. Macher, Die Hermiasepisode im Demostheneskommentar des Didymos, G Programm Lundenburg
    1914
C. Pavese, Aristotele e i Filosofi ad Asso, PP 16 (1961), 113-119
L. Pearson/S. Stephens (Hrsg.), Didymi. In Demosthenes Commenta, Stuttgart 1983
M. Sordi, La Cronologia delle Vittorie Persiane e la Caduta di Ermia di Atarneo, in Diodoro Siculo,
    Kokalos 5 (1959), 107-118
F. Stähelin, Die griechischen Historikerfragmente bei Didymos, Zweiter Teil, Klio 5 (1905), 141-154
P. Von der Mühll, Hermias, RE Suppl. III (1918), 1126-1130
D.E.W. Wormell, The Literary Tradition Concerning Hermias of Atarneus, Yale Classical Studies 5
    (1935), 57-92

                            Klearchos – Herakleia Pontike
H. Apel, Die Tyrannis von Herakleia, Diss. Halle 1910
S.M. Burstein, Outpost of Hellenism. The Emergence of Heraklea on the Black Sea, (Univ. Calif.
    Publ. Class. Stud. 14), Berkeley 1976
P.R. Franke, Zur Tyrannis des Klearchos und Satyros in Herakleia am Pontos, AA 1966, 130-139
B. Lenk, Die Tyrannen von Herakleia am Pontos, Mitteilungen des Vereins Klassischer Philologen
    in Wien 4 (1927), 77-83

                            Chion – Herakleia Pontike
A. Billaut, Les lettres de Chion d'Héraclée, REG 90 (1977), 29-37
J. Düring, Chion of Heraclea. A Novel in Letters. (Acta Univ. Gotoburg. 57), Göteborg 1951

                    Python und Herakleides – Thrakien
A. Fol, Die Politik Kothys I. und die ägäischen Städte Griechenlands, in: E. Ch. Welskopf (Hrsg.),
    Hellenische Poleis. Krise – Wandlung – Wirkung, Berlin (Ost) 1974, 993-1014
A. Höck, Das Odrysenreich in Thrakien im 5. und 4. Jahrhundert v. Chr., Hermes 26 (1891), 76-117
A. Höck, Zur Geschichte des Thrakerkönigs Kothys I., Klio 4 (1904), 265-269
J.M.F. May, Ainos. Its History and Coinage 474-341 B.C., London 1950
H.H. Schmitt, Python Nr. 3, RE XXIV (1963), 610-611
V. Strazzula, Di Kothys I e Kersebleptes re di Tracia, Klio 3 (1903), 325-330
J. Wiesner, Die Thraker. Studien zu einem versunkenen Volk des Balkanraumes, Stuttgart 1963

                        Euphraios – Makedonien/Oreos
E. Bickermann/J. Sykutris, Speusipps Brief an König Philipp. Text, Übersetzung, Untersuchungen,
    Berichte über Verhandlungen der Sächs. Akad. Wiss., Philol.- hist. Kl., Bd. 80.3, Leipzig 1928
P.A. Brunt, Euboea in the Time of Philipp II, CQ 63 (1969), 245-265
G.L. Cawkwell, Demosthenes' Policy after the Peace of Philocrates, CQ 57 (1963), 120-138. 200-
    213
G.L. Cawkwell, Euboea in the Late 340's, Phoenix 32 (1978), 42-67
F. Geyer, Makedonien bis zur Thronbesteigung Philipps II., München – Berlin 1930

Leon – Byzantion

R. Bux, Leon Nr. 23, RE XII (1925), 2008-2012

W.P. Newskaja, Byzanz in der Klassischen und Hellenistischen Epoche, Leipzig 1955

Delios (Dias) – ?

P. Natorp, Delios Nr. 2, RE IV (1901), 2446

Die Akademie in der syrakusanischen Politik

H. Berve, Dion, (= Abh. Akad. Wiss. u. Lit. Mainz, Geistes- und sozialwissenschaftl. Kl., 1956 Nr. 10), Wiesbaden 1957

H. Breitenbach, Platon und Dion. Skizze eines ideal-politischen Reformversuches im Altertum, Zürich und Stuttgart 1960

M.I. Finley, Ancient Sicily to the Arab Conquest, London 1968

M.I. Finley, Plato and Practical Politics, in: Aspects of Antiquity. Discoveries and controversies, London 1968, 73-88

K. v. Fritz, Platon in Sizilien und das Problem der Philosophenherrschaft, Berlin 1968

A. Fuks, Redistribution of Land and Houses in Syracuse in 356 B.C. and its Ideological Aspects, CQ 18 (1968), 207-223

G. Hell, Zur Datierung des Siebten und Achten Platonischen Briefes, Hermes 67 (1932), 297-302

G.A. Lehmann, Dion und Herakleides, Historia 19 (1970), 401-406

U. Kahrstedt, Platons Verkauf in die Sklaverei, WJA 2 (1947), 295-300

K. Meister, Die sizilische Geschichte bei Diodor von den Anfängen bis zum Tod des Agathokles. Quellenuntersuchungen zu Buch IV – XXI, Diss. München 1967

W. Orth, Der Syrakusaner Herakleides als Politiker, Historia 28 (1979), 51-64

L.J. Sanders, Dionysius I of Syracuse and Greek Tyranny, London (u.a.) 1987

L.J. Sanders, Plato's First Visit to Sicily, Kokalos 25 (1979), 207-219

M. Sordi, La Sicilia dal 368/7 al 338/7 a.C., Roma 1983

J. Sprute, Dions syrakusanische Politik und die politischen Ideale Platons, Hermes 100 (1972), 294-313

K.F. Strohecker, Platon und Dionysios, HZ 179 (1952), 225-259

K.F. Strohecker, Dionysios I. Gestalt und Geschichte des Tyrannen von Syrakus, Wiesbaden 1958

L. Voit, Zur Dion-Vita, Historia 3 (1954/5), 171-192

H.D. Westlake, Dion: a Study in Liberation (1946), in: Essays on the Greek Historians and Greek History, New York 1969

L. Wickert, Platon und Syrakus, RhM 93 (1950), 27-53

Die Akademie in der athenischen Politik

C. Bearzot, Platone e i „Moderati" Ateniesi, MIL 37 (1981), 1-157

C. Bearzot, Focione tra Storia e Trasfigurazione Ideale, Milano 1985

E. Drerup, Demosthenes im Urteile des Altertums, Würzburg 1923

J. Engels, Studien zur politischen Biographie des Hypereides. Athen in der Epoche der lykurgischen Reformen und des makedonischen Universalreiches, München 1989

J.A. Goldstein, The Letters of Demosthenes, New York and London 1968

R. Heinze, Xenokrates. Darstellung der Lehre und Sammlung der Fragmente, Leipzig 1892

M. Isnardi Parente (Hrsg.), Speusippo. Frammenti, (La Scuola di Platone, vol. I), Napoli 1980

M. Isnardi Parente, Per la biografia di Senocrate, RFIC 109 (1981), 129-162

K. Kalbfleisch, Plato und Demosthenes, RhM 92 (1943/4), 190 f.

G. Maddoli, Senocrate nel clima politico del suo tempo, D Arch 1 (1967), 304-327

M.M. Markle III, Support of Athenian Intellectuals for Philip: a study of Isocrates' Philippus and Speusippus' Letter to Philip, JHS 96 (1976), 80-99

Ph. Merlan, Isokrates, Aristoteles and Alexander the Great, Historia 3 (1954/5), 60-81

Ph. Merlan, Zur Biographie des Speusippos, Philologus 103 (1959), 198-214

R.F. Renehan, The Platonism of Lycurgus, GRBS 11 (1970), 219-231

L. Taran, Speusippus of Athens. A Critical Study with a Collection of the Related Texts and Commentary, Leiden 1981

L.A. Tritle, Phocion the Good, London (u.a.) 1988

D. Whitehead, Xenocrates the Metic, RhM 124 (1981), 223-244

INDICES

1. NAMEN

Moderne Namen sind nur dann im Index verzeichnet, wenn sie sich im fortlaufenden Text befinden.

2. SCHLAGWORTE

3. WERKE PLATONS

HERMES-EINZELSCHRIFTEN

Herausgegeben von **Jürgen Blänsdorf, Jochen Bleicken, Wolfgang Kullmann**

44. **George Briscoe Kerferd**, ed.: **The Sophists and their Legacy.** Proceedings of the Fourth International Colloquium on Ancient Philosophy held in cooperation with Projektgruppe Altertumswissenschaften der Thyssen Stiftung at Bad Homburg, 29th August – 1st September 1979. 1981. VII, 141 S., kt.
3427-7

45. **Thomas Berres: Die Entstehung der Aeneis.** 1982. XII, 337 S., kt.   3489-7

46. **Odysseus Tsagarakis: Form and Content in Homer.** 1982. IX, 170 S., kt.   3640-7

47. **Walter Wimmel: Tibull und Delia.** Zweiter Teil: Tibulls Elegie 1,2. 1983. VIII, 130 S. m. 1 Abb., kt.   3809-4

48. **Antonios Rengakos: Form und Wandel des Machtdenkens der Athener bei Thukydides.** 1984. 149 S., kt.   3794-2

49. **William M. Calder III / Adolf Köhnken / Wolfgang Kullmann / Günther Pflug,** Hrsg.:**Friedrich Gottlieb Welcker,** Werk und Wirkung. 1986. VIII, 293 S. m. 5 Abb., kt.   4420-5

50. **Theodora Hantos: Res publica constituta. Die Verfassung des Dictators Sulla.** 1988. 176 S., kt.   4617-8

51. **Hermann Grensemann: Knidische Medizin Teil II.** Versuch einer weiteren Analyse der Schicht A in den pseudohippokratischen Schriften De natura muliebri und De muliebribus I und II. 1987. 91 S., kt.   4688-7

52. **Meinolf Vielberg: Pflichten, Werte, Ideale.** Eine Untersuchung zu den Wertvorstellungen des Tacitus. 1987. 199 S., kt.4569-4

53. **Thomas Clark Loening: The Reconciliation Agreement of 403/402 B. C. in Athens.** Its Content and Application. 1987. 166 S., kt.   4832-4

54. **Dankward Vollmer: Symploke.** Das Übergreifen der römischen Expansion auf den griechischen Osten (Untersuchungen zur römischen Außenpolitik am Ende des 3. Jhs. v. Chr.). 1990.185 S., kt.   5525-8

55. **Otta Wenskus: Astronomische Zeitangaben von Homer bis Theophrast.** 1990. 194 S., kt.   5533-9

56. **Georg Wöhrle: Studien zur Theorie der antiken Gesundheitslehre.** 1990. 295 S., kt.
5599-1

57. **Jochen Althoff: Warm, kalt, flüssig und fest bei Aristoteles.** Die Elementarqualitäten in den zoologischen Schriften. 1992. 311 S., kt.   5826-5

58. **Olaf Perlwitz: Titus Pomponius Atticus.** Untersuchungen zur Person eines einflußreichen Ritters in der ausgehenden Römischen Republik. 1992. 151 S., kt.   6170–3

59. **Loretana de Libero: Obstruktion.** Politische Praktiken im Senat und in der Volksversammlung der ausgehenden römischen Republik (70–49 v.Chr.). 1992. 142 S., kt.,
6180–0

60. **Neill O'Sullivan: Early Greek Style of Rhetorical Style.** 1992. VIII, 168 S., kt.
5420-0

61. **Raimund Schulz: Die Entwicklung des römischen Völkerrechts im vierten und fünften Jahrhundert n. Chr.** 1993. 210 S., kt.
6265-3

62. **Gregor Weber: Dichtung und höfische Gesellschaft.** Die Rezeption von Zeitgeschichte am Hof der ersten drei Ptolemäer. 1993. XII, 492 S., kt.   6297-1

63. **Martin Jehne: Koine Eirene.** Untersuchungen zu den Befriedungs- und Stabilisierungsbemühungen in der griechischen Poliswelt des 4. Jahrhunderts v. Chr. 1994. IV, 320 S., kt.   6199-1

64. **Antonios Rengakos: Der Homertext und die hellenistischen Dichter.** 1993. 197 S., kt.
6341-2

65. **Charles Lichtenthaeler †: Neuer Kommentar der zweiundvierzig Krankengeschichten der Epidemienbücher III und I des Hippokrates.** 1994, 202 S., kt.   6361-7

66. **Kai Trampedach: Platon, die Akademie und die zeitgenössische Politik.** 1994. 300 S., kt.   6453-2

67. **Ursula Gärtner: Gehalt und Funktion der Gleichnisse bei Valerius Flaccus.** 1994. 360 S., kt.   6553-9

FRANZ STEINER VERLAG STUTTGART

ISSN 0341-0064